Uni-Taschenbücher 1281

UTB
FÜR WISSEN
SCHAFT

Eine Arbeitsgemeinschaft der Verlage

Wilhelm Fink Verlag München
Gustav Fischer Verlag Jena und Stuttgart
Francke Verlag Tübingen und Basel
Paul Haupt Verlag Bern · Stuttgart · Wien
Hüthig Verlagsgemeinschaft
Decker & Müller GmbH Heidelberg
Leske Verlag + Budrich GmbH Opladen
J. C. B. Mohr (Paul Siebeck) Tübingen
Quelle & Meyer Heidelberg · Wiesbaden
Ernst Reinhardt Verlag München und Basel
F. K. Schattauer Verlag Stuttgart · New York
Ferdinand Schöningh Verlag Paderborn · München · Wien · Zürich
Eugen Ulmer Verlag Stuttgart
Vandenhoeck & Ruprecht in Göttingen und Zürich

Grundwissen der Ökonomik

Betriebswirtschaftslehre

Herausgegeben von

F. X. Bea, Tübingen
E. Dichtl, Mannheim
M. Schweitzer, Tübingen

Arbeitsbuch Wirtschaftsinformatik I

Lexikon, Aufgaben und Lösungen

Hans Robert Hansen

4., völlig neubearbeitete und stark erweiterte Auflage

Gustav Fischer Verlag · Stuttgart · Jena

Anschrift des Verfassers:

Professor Dr. Hans Robert Hansen
Wirtschaftsuniversität Wien
Abteilung Wirtschaftsinformatik
Augasse 2–6
A-1090 Wien

1. Auflage 1979
2. Auflage 1984
3. Auflage 1987
4. Auflage 1993

Die Deutsche Bibliothek – CIP-Einheitsaufnahme

Wirtschaftsinformatik. – Stuttgart ; Jena : G. Fischer.
(Grundwissen der Ökonomik : Betriebswirtschaftslehre)

1. Arbeitsbuch. Lexikon, Aufgaben und Lösungen / Hans Robert
Hansen. – 4., völlig neu bearb. und stark erw. Aufl. – 1993
   (UTB für Wissenschaft : Uni-Taschenbücher ; 1281)
   ISBN 3-8252-1281-5 (UTB)
   ISBN 3-437-40300-1 (G. Fischer)

NE: Hansen, Hans Robert; UTB für Wissenschaft / Uni-Taschenbücher

Druck und Einband: Clausen & Bosse, Leck
Gedruckt auf TERRAPRESS O matt, 70 g/qm, hergestellt aus chlorfrei gebleich-
tem Zellstoff
Umschlagentwurf: Alfred Krugmann, Stuttgart
Printed in Germany   0 1 2 3 4 5 6 7

UTB-Bestellnummer: ISBN 3-8252-1281-5

Vorwort der Herausgeber

Zu den UTB-Bänden "Grundwissen der Ökonomik - Betriebswirtschaftslehre", die von uns herausgegeben werden, erscheinen, soweit Thematik und Wissensstand es als zweckmäßig erachten lassen, in lockerer Folge Arbeitsbücher. Sie verfolgen die Absicht, dem Studierenden bei der systematischen Erarbeitung eines Gebiets gezielte Hilfestellung zu geben und seinen Lernvorgang möglichst rational zu gestalten. Dies geschieht durch Bereitstellung knapper Definitionen von Grundbegriffen und durch Wiedergabe von Fragen und Antworten zu den wichtigsten Problemkreisen. Auch praktische Fälle werden beschrieben und mit Lösungshinweisen versehen, wenn die behandelten Gebiete dies zulassen. Auf diese Weise soll der pragmatische Aspekt des betriebswirtschaftlichen Studiums hervorgekehrt und dem Studierenden frühzeitig demonstriert werden, daß die Betriebswirtschaftslehre eine Disziplin mit praktischen Problemstellungen ist, die auf tatsächliche Entscheidungssituationen zurückgehen.

Aufbau und Inhalt jedes Arbeitsbuches sind gründlich durchdacht. Es ist so angelegt, daß die Wissensaufnahme, die Lernkontrolle und die Vorbereitung des Lesers auf die spätere Berufspraxis nachhaltig gefördert werden. Neben der zentralen Aufgabe einer fundierten Wissensvermittlung soll es beim Studierenden die Fähigkeit entwickeln, Probleme zu erkennen, zu definieren und einer Lösung zuzuführen.

Ein Arbeitsbuch eignet sich sowohl für das individuelle als auch für das gruppenweise Bearbeiten eines Gebiets. Auch Dozenten gibt es eine Fülle von Material zur Gestaltung ihrer Vorlesungen, Übungen und Seminare an die Hand, so daß es bei zweckmäßigem Einsatz sowohl für die Lernenden als auch für die Lehrenden zu einem brauchbaren Hilfsmittel wird.

Mannheim und Tübingen
August 1993

F.X. Bea
E. Dichtl
M. Schweitzer

Inhalt

Einleitung

Das vorliegende Arbeitsbuch dient als Nachschlagewerk, zur Einübung und zur Überprüfung von grundlegendem Wissen der Wirtschaftsinformatik. Wirtschaftsinformatik ist die Wissenschaft von der Gestaltung rechnergestützter Informationssysteme in der Wirtschaft. Der behandelte Stoff entspricht dem Inhalt des in der UTB-Reihe veröffentlichten Bandes

Wirtschaftsinformatik I
Einführung in die betriebliche Datenverarbeitung *

und stimmt damit im wesentlichen mit dem Lehrangebot überein, das an den meisten Hochschulen im Rahmen der EDV-Einführungslehrveranstaltungen vermittelt wird.

Auch dann, wenn Sie das genannte Textbuch nicht besitzen, können Sie das vorliegende Arbeitsbuch als Repetitorium und zur Vorbereitung auf Prüfungen gut gebrauchen. Von seiner Konzeption her handelt es sich um ein eigenständiges Werk; die zahlreichen Referenzhinweise auf das Textbuch haben überwiegend ergänzenden bzw. vertiefenden Charakter.

Das Arbeitsbuch besteht aus den folgenden Hauptteilen:
1. Wirtschaftsinformatik-Lexikon,
2. Übungsaufgaben samt Musterlösungen,
3. Klausuraufgaben samt Lösungen.

Im ersten Hauptteil wird das grundlegende **Vokabular der Wirtschaftsinformatik** gekennzeichnet. Mehr als 2 000 der in der Datenverarbeitungspraxis gebräuchlichsten Begriffe werden in alphabetischer Reihenfolge erläutert. Eine vertiefende Beschreibung der Stichworte im jeweiligen Kontext erfolgt in dem oben genannten zugehörigen Textbuch. Über dessen umfassendes Sachregister können die jeweils themenrelevanten Seiten rasch aufgefunden werden.

Damit Sie bei der Durcharbeitung des Bandes "Wirtschaftsinformatik I" Ihre Lernfortschritte selbständig überprüfen können, sind in den Lehrtext Hinwei-

---

* *Hansen, H.R.:* Wirtschaftsinformatik I. Einführung in die betriebliche Datenverarbeitung, UTB 802 - Gustav Fischer Verlag, 6. Auflage, Stuttgart - Jena 1992 (952 Seiten).

se auf Übungsaufgaben eingestreut. Diese **Übungsaufgaben** sind im zweiten Hauptteil des vorliegenden Arbeitsbuches enthalten. Sie sollten diese Aufgaben zur Selbstkontrolle jeweils sofort dann bearbeiten, wenn im Text eine Anmerkung erfolgt. Die Aufgaben dienen dazu, Ihr ständiges Mitdenken zu sichern. Im Anschluß an die insgesamt 270 Übungsaufgaben werden hierzu ausführliche **Musterlösungen** dargestellt.

Im dritten Hauptteil sind zehn einstündige **Klausurarbeiten** enthalten, die Sie unter den üblichen Prüfungsbedingungen bearbeiten sollten. Jede Klausur besteht aus ca. 35 Multiple-Choice-Aufgaben mit jeweils fünf vorgegebenen Aussagen, so daß Sie nur die zutreffenden Aussagen markieren müssen. Derartige Probeklausuren sind eine ausgezeichnete Vorbereitung auf die schriftlichen Prüfungen an Hochschulen, die meist für den Erwerb eines EDV-Leistungsscheins erfolgreich zu absolvieren sind. Die ersten vier Klausurarbeiten können Sie bereits dann bewältigen, wenn Sie die erste Hälfte des Bandes "Wirtschaftsinformatik I" durchgearbeitet haben. Mit Hilfe der angegebenen Bewertungsmaßstäbe und **Lösungen,** die auf die Klausurarbeiten folgen, können Sie diese selbst korrigieren und benoten.

Für umfangreiche redaktionelle Arbeiten danke ich Herrn Andreas Schuster, der sich diesem Arbeitsbuch mit ungewöhnlichem Engagement gewidmet hat. An der Gestaltung einzelner Aufgaben haben die meisten meiner Mitarbeiter**, in größerem Umfang Christian Marent und Robert Schischka, mitgewirkt. Karl Binder, Brigitte Eichler, Susanne Kremser und Alexander Vouk haben sich am Korrekturlesen beteiligt. Michael Warmuth hat als Prüfungsdatenbankadministrator mitgeholfen, Christina Drimmel hat die Layoutgestaltung der fotofertigen Druckvorlage übernommen. Ihnen und allen Lesern der vorigen Auflage, die mich auf Verbesserungsmöglichkeiten aufmerksam gemacht haben, möchte ich an dieser Stelle herzlich danken.

Wien, im August 1993   Hans Robert Hansen

** Natürlich sind in dem gesamten Buch immer weibliche und männliche Vertreter aller erwähnten Personengruppen angesprochen, wenn von Mitarbeitern, Studenten, EDV-Benutzern usw. die Rede ist. Aus Gründen der Lesbarkeit verzichtet der Autor jedoch auf Kunstwörter wie MitarbeiterInnen oder Student/inn/en.

Wirtschaftsinformatik-Lexikon

Benutzungshinweise

Nachfolgend werden die grundlegenden **Begriffe der Wirtschaftsinformatik** in knapper Form gekennzeichnet. Dazu gehören die ca. 1 700 Stichworte, die in dem Sachregister des Bands "Wirtschaftsinformatik I. Einführung in die betriebliche Datenverarbeitung" (UTB 802) enthalten sind. Wenn Ihnen also die kurze Erläuterung in diesem Lexikon nicht genügt, so sehen Sie bitte an den im Sachregister genannten Stellen des Textbuchs nach. Dort finden Sie meist eine ausführlichere Begriffsklärung und zusätzliche Angaben zum Kontext. An den im Sachregister angegebenen Stellen können Sie auch die englischen Übersetzungen der jeweiligen Bezeichnungen finden.

Ergänzt wurde dieses Lexikon um Beiträge zu den jüngsten informationstechnischen Entwicklungen (wie zum Beispiel "DATEX-M", "EIS", "Internet", "Pentium", "Windows-NT" u.ä.m.). Weitere zusätzliche Stichworte beziehen sich auf die Methoden und Werkzeuge der Informationssystem-Entwicklung, die in dem erwähnten Textbuch nur einführend und exemplarisch beschrieben sind. Die Beiträge zu solchen Stichworten sind ausführlicher, weil Sie in diesen Fällen ohne die Referenzangaben im Textbuch "Wirtschaftsinformatik I" auskommen müssen.

Soweit möglich und sinnvoll, wurden die vom Normenausschuß Informationsverarbeitung im DIN (Deutsches Institut für Normung e.V.) erarbeiteten grundlegenden Begriffe der Informationsverarbeitung in das Lexikon aufgenommen (DIN 44 300).

Als Stichworttitel werden grundsätzlich die deutschen Ausdrücke verwendet. Englische Bezeichnungen werden nur dann angegeben, wenn es keine entsprechend verbreiteten deutschen Ausdrücke gibt. Das ist vor allem bei Abkürzungen gelegentlich der Fall. Von einer Abkürzung wird in der Regel auf die nicht abgekürzte Version des Begriffs verwiesen, wo die ausführliche Erläuterung erfolgt. Bei mehrgliedrigen Stichworttiteln ist – soweit sinnvoll – der wesentliche Teil an den Anfang gesetzt und durch Klammern vom Rest getrennt. Oft wird auch der spezielle Kontext, auf den die Erklärung bezogen wird, in Klammern nach dem Stichwort angegeben.

Bei der Begriffserläuterung wird auf andere im Lexikon angeführte Stichworte verwiesen, wenn dies der Abrundung des Wissens dient. Bei Synonymen erfolgen ebenfalls solche Verweise.

Abfragemethode

Methode zur Rückgewinnung von abgespeicherten Daten. Synonym: Suchverfahren (siehe dort).

Abfragesprache

Bestandteil von Datenbankverwaltungssystemen, der es ermöglicht, bestimmte Ausschnitte der Datenbestände zu erzeugen.

Abfragesystem

Synonym: Auskunftssystem (siehe dort).

Ablage

Strukturierte Speicherung von Dokumenten, die ein rasches Wiederfinden erlaubt. Im Gegensatz zur Archivierung hat die Ablage eher kurzfristigen Charakter.

Ablaufdiagramm

Darstellung des Verarbeitungsablaufes von Daten in Diagrammform. Es dient zur Veranschaulichung der zeitlichen Folge der einzelnen Funktionen (Arbeitsgänge) und Zustände sowie der gegenseitigen Abhängigkeit verschiedener Funktionen und Zustände des untersuchten Systems. Wichtige Ablaufdiagramme in der Datenverarbeitung sind z. B. ISAC-Graphen, SADT-Diagramme, Struktogramme und Programmablaufpläne.

Ablaufmodell (eines Informationssystems)

Siehe konzeptionelles Ablaufmodell.

Abnahmetest

Begutachtung, bei der geklärt wird, ob das erstellte Informationssystem der in der Definitionsphase festgelegten Anforderungsspezifikation entspricht. Fällt diese Prüfung positiv aus, wird in der Einführungsphase das Informationssystem den Benutzern zur Verfügung gestellt.

Abrechnungsprogramm

Dienstprogramm zur Auswertung der Abrechnungsdatei eines EDV-Systems. Es ermittelt, welche Leistungen die Benutzer in einer bestimmten Zeit verbraucht haben.

Abrollen

Synonym: Scrolling (siehe dort).

absolute Adresse

Bestimmter Ort auf einem Speichermedium. Beispiele: Arbeitsspeicher: Speicherstelle 1029; Diskettenspeicher: 7. Spur, 12. Sektor.

Abstraktion (bei der IS-Entwicklung)

Vorgehensweise zur Abbildung der Realwelt im Rechner: Abstraktion entsteht durch das Erkennen von Ähnlichkeiten zwischen einzelnen Objekten der Realwelt, die Entscheidung zur ausschließlichen Betrachtung dieser Ähnlichkeiten und das Ignorieren der Unterschiede. Der Abstraktionsprozeß vollzieht sich in den Schritten: 1. Auswahl (Selektion) der Objekte, ihrer Attribute und Beziehungen; 2. Benennung, d.h. Zuordnung von eindeutigen Namen; 3. Klassifikation, d.h. Bildung homogener Klassen von Objekttypen. Das Ergebnis dieses Modellierungsvorganges nennt man konzeptionelles Modell (siehe dort).

Abtaster

Synonym: Scanner (siehe dort).

Abteilungsrechner

Rechner, der mehrere Arbeitsplätze bedient.

ACE-Gruppe

1991 gegründeter Zusammenschluß mehrerer EDV-Hersteller (ACE ist die Abkürzung für engl.: Advanced Computing Environment). Derzeit zählt diese Vereinigung etwa 250 Mitglieder. Das Ziel dieses Konsortiums ist die Schaffung einer breit unterstützten Umgebung für offene Systeme auf der Basis verbreiteter Chiparchitekturen (Intel 80486/Pentium, Mips R4000, DEC Alpha) und Betriebssysteme (Open Desktop von SCO, Windows NT von Microsoft, UNIX SVR4 der USL) unter Berücksichtigung der X/Open- und OSF-Richtlinien.

ADA

Programmiersprache der 3. Generation für einen breiten Einsatzbereich (System- und Anwendungsprogrammierung), die im Auftrag des US-Verteidigungsministeriums entwickelt wurde. Mit dieser (PASCAL ähnelnden) Sprache sollten besonders effiziente Programme für Rechner aller Größenklassen und Hersteller geschrieben werden können. Die Programme sollten leicht und zuverlässig zu handhaben sein, der Aufwand für die spätere Programmwartung sollte von vornherein minimiert werden und sie sollten einfach auf verschiedenste Rechnerplattformen portierbar sein. In der Wirtschaft ist diese Sprache bisher kaum verbreitet; die Zukunftschancen werden wegen des Umfangs und der Komplexität dieser Sprache eher skeptisch gesehen.

ADABAS

Relationales Datenbankverwaltungssystem des deutschen Anbieters Software AG für Großrechner.

Adapterkarte

Erweiterung für Einzelplatzrechner (PCs, Workstations) in Form einer Steckkarte, die eine Anbindung an Netzwerke bzw. sonstige Kommunikationskanäle erlaubt. Im LAN-Bereich sind Ethernet- und Tokenring-Adapterkarten vorherrschend. Weite Verbreitung finden derzeit im Telekommunikationsbereich neben ISDN-Adapterkarten auch Fax-Adapterkarten, mit denen der TELEFAX-Dienst ohne spezielle Faxgeräte in Anspruch genommen werden kann. Siehe Faxkarte.

Addieranweisung

Anweisung, mehrere Speicherstellen zu lesen, zu addieren und das Ergebnis in eine Speicherstelle zu schreiben. Eine Addieranweisung besteht meistens aus mehreren Befehlswörtern.

Addierschaltungen

Bestandteile des Rechenwerkes, die hauptsächlich zur Addition der einzelnen Binärstellen dienen.

Addierwerk

Schaltung zur Durchführung von Additionen.

Administrationssystem

Informationssystem zur Rationalisierung der Massendatenverarbeitung in der Verwaltung.

ADPCM

Abkürzung für engl.: Adaptive Delta Pulse Code Modulation. ADPCM bezeichnet ein Verfahren zur Reduktion der Datenvolumina bei digitalen Audioaufzeichnungen um den Faktor 4. Dabei wird die Samplingrate von 44 KHz auf 11 KHz herabgesetzt. Bei den Compact-Disc-Standards CD-I und CD-ROM-XA wird ADPCM bereits hardwaremäßig unterstützt.

Adreßbus
(in der Zentraleinheit)

Bus, durch den der Prozessor die Speicher in einer Zentraleinheit adressiert.

Adresse

Bezeichnung einer Speicherstelle. Siehe absolute und relative Adresse, Basis- und Distanzadresse.

Adreßlistensortieren

Sortierverfahren von Sortierprogrammen, bei dem die "Adressen" der Eingabesätze die Ausgabesätze darstellen.

Adreßraum

Menge aller aufgrund des Adreßaufbaus einer EDVA formulierbaren Maschinenadressen.

Adreßteil
(eines Befehls)

Operandenteil oder ein Bestandteil eines Operandenteils, der für Adressen von Operanden oder Befehlswörtern vorgesehen ist.

ADV(-System)

Abkürzung für: Automatisierte(s) Datenverarbeitung(ssystem). Siehe Datenverarbeitungssystem.

AI

Auch im Deutschen gebräuchliche Abkürzung für engl.: Artificial Intelligence, d.h. Künstliche Intelligenz (siehe dort).

AIA

Abkürzung für engl.: Application Integration Architecture. Anwendungsarchitektur von DEC.

AIX

UNIX-Version von IBM für Workstations, Minirechner und Großrechner.

Akkumulator

Ein Register des Rechenwerks, das für Rechenoperationen benutzt wird, wobei es ursprünglich einen Operanden und nach durchgeführter Operation das Ergebnis enthält.

Aktiv-Matrix-Bildschirm

Flüssigkristallbildschirm, bei dem jeder einzelne Bildpunkt über einen eigenen Transistor individuell aktiviert und deaktiviert wird.

aktiver Bildschirm

Lichterzeugender Bildschirm, wie zum Beispiel Kathodenstrahlröhre und Plasmabildschirm. Im Gegensatz dazu stehen die passiven Bildschirme, die das Umgebungslicht zur Anzeige nutzen.

Akustikkoppler

Datenübertragungseinrichtung für Telefonwege, die den Hörer eines Telefons benutzt, um die Verbindung zum Übertragungsweg mittels akustischer Schwingungen herzustellen.

Akustikmuff

Datenübertragungseinrichtung für Telefonwege, die im Gegensatz zum Akustikkoppler nur über die Sprechmuschel des Telefonhörers mit der Empfangsstation verbunden ist. Da keine Rückmeldung möglich ist, müssen Übertragungsfehler bei der Empfangsstation erkannt und eventuell beseitigt werden.

ALGOL

Programmiersprache der 3. Generation, die für mathematisch-statistische Zwecke konzipiert und in mehreren Stufen weiterentwickelt worden ist. ALGOL wurde wesentlich durch theoretische Erkenntnisse der Informatik beeinflußt, hat jedoch nur im Universitätsbereich und auch dort nur eine beschränkte Verbreitung erfahren.

Algorithmus

Abfolge von Operationen, die Daten bearbeiten.

allgemeiner Informationsdienst

Servicebetrieb, der Zugang zu Datenbanken aller Art bietet. Im Angebot solcher Informationsdienste stehen u.a. wirtschaftsorientierte und wissenschaftliche Datenbanken sowie Volltextdatenbanken über Magazine, Tages- und Wochenzeitungen.

allgemeiner Übertragungsweg

Elektrische Leitung oder (seltener) Lichtleitung, über die "Bit-Impulse" übertragen werden, wobei die Leitung von mehreren Teilnehmern gemeinsam verwendet wird. Siehe Lichtleiter.

allgemeines Register

Mehrzweckregister, das für den Einsatz bei verschiedenen Operationen vorgesehen ist.

Alpha-AXP-Architektur

64-Bit-RISC-Mikroprozessor-Architektur mit 168 Befehlen einer festen Länge von 32 Bits von der Firma DEC. 1992 wurde der erste, mit 133 MHz getaktete Alpha-Chip 21064 mit dieser Architektur eingeführt. Die im Jahr darauf von DEC angekündigte 200-MHz-Version ist der derzeit leistungsfähigste, auf dem Markt verfügbare Mikroprozessor. Er erreicht bis zu 400 Mips bzw. folgende SPEC-Benchmarkwerte (siehe dort): SPECfp92: 200, SPECint92: 106, SPECmark89: 184. Auf dem 13,9 x 16,8 mm großen CMOS-Chip mit 0,75-Mikrometer-Leiterbahnen sind 1,68 Mio. Transistoren integriert. Die Alpha-Architektur ist in bezug auf Höchstleistung optimiert, die über die vorgesehene Lebensdauer von 25 Jahren um den Faktor 1000 gesteigert werden soll. Der 21064-Mikroprozessor verwendet eine siebenfach überlappte Pipeline für Ganzzahl- und Speicheroperationen und eine zehnfach überlappte Pipeline für Gleitpunktoperationen. Die integrierten Daten- und Befehls-Caches sind jeweils 8 KB groß. Der virtuelle Adreßraum ist durch die 64-Bit-Adressierung nahezu unbeschränkt, der unterstützte physikalische Adreßraum beträgt 16 GB. Der Datenbus ist 64 oder 128 Bits breit und wird von 75 MHz bis 18,75 MHz getaktet. Die bei der virtuellen Speicherverwaltung übertragenen Seiten sind 8 KB groß. Die Chip-Architektur ermöglicht den Einsatz verschiedener Betriebssysteme (wie VMS, Ultrix und OSF/1 von DEC sowie Windows NT von Microsoft) und bietet damit die Möglichkeit, alle dafür vorhandenen Anwendungsprogramme auf Rechnern mit den Alpha-Chips zu verwenden.

alphabetische Daten

Schriftliche Daten, die sich ausschließlich aus Zeichen des Buchstabenalphabets zusammensetzen.

alphanumerische Daten

Schriftliche Daten, die sich aus Buchstaben, Ziffern und Sonderzeichen zusammensetzen.

alphanumerische Schlüssel

Attribute, die sich aus Buchstaben, Ziffern und Sonderzeichen zusammensetzen und die dadurch ausgezeichnet sind, daß über sie direkt auf Datensätze zugegriffen werden kann. Siehe Schlüssel.

alphanumerische Tastatur

Tastatur, die aus einem alphanumerischen Bereich (Buchstaben, Ziffern, Sonderzeichen) und einem Funktionstastenbereich besteht.

alphanumerisches Datensichtgerät

Datensichtgerät, bei dem der Bildschirm in alphanumerische Zeichenstellen formatiert ist (typisch: 24 bzw. 25 Zeilen à 80 Zeichenstellen). Es werden jeweils so viele Punkte der Darstellungsfläche auf einmal adressiert, wie für ein Zeichenfeld vorgesehen sind: Zum Beispiel 9 x 16 Punkte, von denen 7 x 9 für die Zeichendarstellung Verwendung finden (der Rest für den Zeichen- und Zeilenabstand). Die Darstellung der Zeichen kann dabei im Punkt- oder Strichrasterverfahren erfolgen. Siehe Strichrasterdarstellung, Puntrasterdarstellung.

ALU

Auch im Deutschen gebräuchliche Abkürzung für engl.: Arithmetical Logical Unit, d.h. das Rechenwerk (siehe dort).

Analog-Digital-Wandler

Gerät zur Digitalisierung von analogen Signalen. Verwendung findet der Analog-Digital-Wandler in Modems und bei der rechnergestützten Verarbeitung von Sprache, wobei die analogen Eingangssignale des Mikrofons in Binärcode umgerechnet werden. Weitere Verwendungsmöglichkeiten bietet auch die Umwandlung von Meßdaten (zum Beispiel im Bereich der Temperaturerfassung).

analoge Daten

Information, die in maschinell verarbeitbarer Form durch kontinuierliche Funktionen repräsentiert wird. Die analoge Darstellung erfolgt durch eine physikalische Größe, die sich entsprechend den abzubildenden Sachverhalten oder Vorgängen stufenlos ändert. Siehe digitale Daten.

analoge Telefonie

Zur Zeit (noch) vorherrschende Art der Telefonie, bei der gesprochene Nachrichten in analoge elektromagnetische Schwingungen umgesetzt, übertragen und beim Empfänger in Schallwellen zurückverwandelt werden. Schwachstellen bei der Datenübertragung sind die schlechte Verbindungsqualität über lange Distanzen und die langsame und fehleranfällige Art der Vermittlungstechnik mittels Relais. Die analoge Telefonie wird in zunehmendem Maße durch die digitale Telefonie ersetzt.

Analogrechner

Computer, der über eine analoge Recheneinheit verfügt (für kommerzielle Zwecke werden ausschließlich Digitalrechner verwendet). Siehe auch Hybridrechner.

Änderungsdaten

Abwicklungsorientierte Daten, die fallweise eine Änderung von Stammdaten auslösen.

Änderungsdienst

Berichtigen, Ergänzen und Löschen von Stammdaten in Datenbeständen.

Anfangsadresse

Adresse des ersten Befehls, die zu Beginn der Programmverarbeitung aus dem Befehlszähler gelesen wird.

Anforderungsspezifikation

Ergebnis-Dokument der Definitionsphase bei der Entwicklung eines Informationssystems, in dem das geplante System dargestellt wird. Methoden dazu sind beispielsweise verbale Systembeschreibungen, HIPO, ISAC und SADT.

Angewandte Informatik

Überbegriff für die anwendungsorientierten Richtungen bzw. Anwendungsfächer der Informatik: z. B. Wirtschaftsinformatik in wirtschaftswissenschaftlichen Fachbereichen, Rechtsinformatik in juristischen Fachbereichen, Ingenieurinformatik in technischen Fachbereichen, medizinische Informatik in medizinischen Fachbereichen usw.

Animation

Bewegtbildausgabe am Bildschirm. Erzeugt wird der Eindruck eines bewegten Bildes durch eine rasche Folge von Einzelbildern. Als Untergrenze für einen ruckfreien Bewegungsablauf bei Animationen kann man ca. 12 Bilder pro Sekunde ansehen.

Anker

Zeiger, der auf den ersten Datensatz einer Datei zeigt.

Anpassungseinrichtung

Datenübertragungseinrichtung, die technische und betriebliche Funktionen bestimmter Endeinrichtungen so anpaßt, daß diese im Rahmen der technischen und betrieblichen Funktionsbedingungen anderer Telekommunikationsdienste als jener, für die diese Endeinrichtungen technisch gestaltet sind, an Anschlüssen oder in Anlagen benutzt werden können.

Anpassungseinrichtungen gibt es zur Teilnahme am Bildschirmtextdienst und Datenübermittlungsdienst über Telefonanschlüsse sowie im TEMEX-Dienst.

Anschalteeinrichtung

Technische Einrichtung von
- Anschlüssen zur Anschaltung der Endstelle,
- Abzweigleitungen zur Anschaltung der Endstelle bzw. der privaten, nicht zum öffentlichen Telekommunikationsnetz gehörenden Fernmeldeanlage,
- posteigenen Stromwegen zur Anschaltung der privaten Fernmeldeeinrichtung.

Die Anschalteeinrichtung kann einen oder mehrere Anschaltepunkte enthalten und je nach Art des Anschlusses oder der Abzweigleitung mit oder ohne Netzabschlußfunktion ausgestattet sein. Eine Anschalteeinrichtung ohne Netzabschlußfunktion ist eine Anschlußdose oder eine Telekommunikationsanschlußeinheit. Sie kommt bei Anschlüssen mit analogen Anschaltepunkten zum Einsatz.

Bei Anschlüssen mit digitalen Anschaltepunkten hat die Anschalteeinrichtung eine Netzabschlußfunktion (zum Beispiel Datennetzabschlußgerät). In diesem Fall dient die Anschlußdose oder

Telekommunikationsanschlußeinheit als "Steckdose" für die Anschalteeinrichtung, sie ist selbst keine Anschalteeinrichtung.

Anschaltepunkt

Teil der Anschalteeinrichtung, an den die Endstelle, die nicht zum öffentlichen Telekommunikationsnetz gehörende Fernmeldeanlage oder die private Fernmeldeeinrichtung angeschaltet wird. Anschaltepunkte sind technisch entweder für analoge oder für digitale Übertragungsverfahren ausgelegt.

Anschlußbox

Bisherige Bezeichnung für ein Gerät, das am Bildschirmtextanschluß eingesetzt wird. Es stellt automatisch die Verbindung über das Telefonnetz zur Btx-Zentrale her und sendet die Identifikation des Anschlusses. Außerdem enthält es den Modem. Neue Bezeichnung: Anpassungseinrichtung zur Teilnahme am Bildschirmtextdienst.

Anschlußkennung

Identifikationsmöglichkeit bei Netzen mit Leitungsvermittlung, bei der der Vermittlungsrechner vor dem Durchschalten der Verbindung die Rufnummer der Gegenstelle sendet.

ANSI

Abkürzung für engl.: American National Standards Institute; das ist der nationale Normenausschuß der Vereinigten Staaten von Amerika.

Antwortzeit

Die Zeit zwischen dem Ende einer Aufgabenstellung (Absenden der Auftragsnachricht) an einem Gerät für die Ein-/Ausgabe und dem Vorliegen der vollständigen Antwort darauf.

Anweisung

Eine in einer beliebigen Sprache abgefaßte Arbeitsvorschrift für eine EDVA, die im gegebenen Zusammenhang wie auch im Sinne der benutzten Sprache abgeschlossen ist.

Anweisungen können nach Art der Arbeitsvorschriften klassifiziert werden. Wichtige Klassen sind zum Beispiel:
- bedingte Anweisung
  * Verzweigungsanweisung
  * Wiederholungsanweisung
- unbedingte Anweisung
  * Zuweisung
  * Sprunganweisung
  * Eingabe-, Ausgabeanweisung
  * Transportanweisung.

Eine Anweisung kann Teile enthalten, die Anweisungen oder Vereinbarungen sind. Siehe auch Befehl.

Anwender

Betrieb bzw. Verein, der EDVA einsetzt (die einzelnen Personen, welche Rechner verwenden, bezeichnen wir als Benutzer).

Anwenderdatennetz

Rechnernetz eines Anwenders (dieses kann auch mittels öffentlicher Fernmeldenetze realisiert sein).

Anwendersystem (des ISO-OSI-Referenzmodells)

Die obersten drei Ebenen des ISO-Referenzmodells für offene Rechnernetze. Hier wird die Kommunikation durch Aufbau, Halten und Abbau von Sitzungen zwischen Partnerinstanzen geregelt (Kommunikationssteuerungsschicht), und es werden Unterschiede zwischen Datenstrukturen und -codierungen mittels einer gemeinsamen Transfersyntax ausgeglichen (Datendarstellungsschicht).

Während auf der fünften und sechsten Schicht Standardvereinbarungen zu beachten sind, werden in der Anwendungsschicht Vereinbarungen zwischen den Prozessen, die miteinander kommunizieren, in Abhängigkeit von den Anforderungen der jeweiligen Anwendung getroffen.

Anwendung

Synonym: Anwendungsprogramm (siehe dort).

Anwendungsarchitektur

Menge von Standards, die das Ziel verfolgen, Anwendungen integriert nach einheitlichen Richtlinien zu entwickeln. Dadurch sollen die Anwendungsprogramme einfach miteinander kommunizieren können, dem Benutzer immer gleichartig erscheinen und auf unterschiedlichen Plattformen (Hardware und Systemsoftware) eingesetzt werden können.

Anwendungsentwicklung

Entwicklung von Anwendungssoftware.

Anwendungsinstanz

Sender bzw. Empfänger im ISO-Referenzmodell für offene Rechnernetze (7. Schicht). Dabei kann es sich um Programme oder menschliche Benutzer handeln. Siehe Anwendungsschicht.

Anwendungsprogramm

Programm, das die Lösung fachlicher Probleme unterstützt. Wir unterscheiden technisch-wissenschaftliche Programme (zum Beispiel für statische Berechnungen), kommerzielle, auf allgemeine betriebliche Funktionen bezogene Programme (zum Beispiel für die Finanzbuchhaltung) und Branchenprogramme (zum Beispiel für Rechtsanwälte).

Anwendungsprogrammierer

EDV-Fachkraft für die Programmierung von anwendungsbezogenen Problemen. Tätigkeiten: Analyse zu programmierender, vorgegebener anwendungsbezogener Aufgaben; Entwicklung einer programmiertechnischen Lösung mit Leistungsspezifikationen, wie Speicherbedarf, Maschinenzeit, Parametervariationen usw.; Programmierung und Test der gewählten Lösung; Dokumentation sämtlicher Erklärungen und Anweisungen, die zum Verständnis und zur Anwendung des Programms notwendig sind; Erprobung und/oder Änderung bereits vorhandener Anwendungsprogramme; Optimierung und Abstimmung von Programmzyklen; Einführung von Anwendungsprogrammen und Überwachung der richtigen Funktionsweise.

Anwendungsschicht

Schicht 7 des ISO-Referenzmodells für offene Rechnernetze. Die Aufgaben und die dort verwendeten Protokolle machen eine Standardisierung schwierig, da sie anwendungsspezifisch sind; Dienste für eine andere Schicht werden ja von dieser obersten Schicht nicht zur Verfügung gestellt. Es gibt jedoch einige Standardanwendungen, für die es einen sehr weiten Interessentenkreis gibt und für die dementsprechend eine internationale Normung sinnvoll ist, zum Beispiel die Mitteilungsübermittlung (Elektronische Post), der Dateitransfer und die Stapelfernverarbeitung. Zum anderen benötigen Entwickler von Anwendungssystemen in Rechnernetzen immer wieder bestimmte Grundfunktionen, für die genormte Bausteine der Anwendungsschicht sinnvoll erscheinen (Beispiel: CCITT-Empfehlungen X.400 ff.).

Anwendungssoftware

Anwendungsprogramm (siehe dort) bzw. Sammelbegriff für Anwendungsprogramme.

Anzeigemarke

Eher ungebräuchliches Synonym für: Cursor (siehe dort).

API

Abkürzung für engl.: Application Program Interface. Schnittstelle für Anwendungsprogramme (zum Beispiel eines Datenbankverwaltungssystems).

APL

Abkürzung für engl.: A Programming Language. Funktionale Programmiersprache, die vor allem für die interaktive Programmentwicklung durch den mit der mathematischen Notation vertrauten Endbenutzer geeignet ist und sich durch eine äußerst kompakte Schreibweise und mächtige Operatoren auszeichnet. APL-Funktionen akzeptieren Skalare, Vektoren, Matrizen und Hypermatrizen als Argumente. Anwendungsbereiche sind kaufmännische Planungssysteme, mathematisch-technische Probleme, Operations Research, Statistik, Rapid Prototyping u.v.a.m.

APPC

Abkürzung für engl.: Advanced Program to Program Communication. Funktion des SNA-Konzepts von IBM.

Apple

Hersteller von Personal-Computern auf Basis der Motorola-680X0-Mikroprozessoren mit einer besonders leicht erlernbaren grafischen Benutzeroberfläche. Obwohl die PCs nicht mit dem Industriestandard kompatibel sind und ein relativ hohes Preisniveau haben, nimmt Apple bei den PC-Umsätzen weltweit (und insbesondere in den USA) einen Spitzenplatz ein. 1992 gelang Apple erstmals der Sprung unter die zehn größten EDV-Hersteller der Welt.

APPLI/COM

Schnittstelle, die Anwendungsprogrammen den standardisierten Zugang zu ISDN-Kommunikationsdiensten erlaubt (Voraussetzung: ISDN-PC-Adapterkarte).

Application Integration Architecture

Siehe AIA.

Applikation

Synonym: Anwendungsprogramm (siehe dort).

APPN

Abkürzung für engl.: Advanced Peer to Peer Networking. Funktion des SNA-Konzepts von IBM.

Arbeitsplatzrechner

Am Arbeitsplatz eines Endbenutzers in der Fachabteilung installierter Rechner (PC oder Workstation).

Arbeitsspeicher

Teil des Zentralspeicher, in dem die laufenden Programme und die von diesen benötigten Daten gehalten werden. Aus ihm entnimmt der Zentralprozessor beim Programmablauf schrittweise die Befehle und die in den Befehlen adressierten Daten, führt die verlangten Operationen aus und gibt deren Ergebnisse an den Arbeitsspeicher zurück.

Archie

Im Internet öffentlich zugängliche externe Datenbank, die einen Index über dreistellige Gigabytemengen von Software enthält (= Softwarekatalogdienst). Ein Archie fragt typischerweise im Tages- oder Wochenrhythmus die kompletten Inhaltsverzeichnisse einiger hundert FTP-Server ab und verarbeitet diese zu einem Gesamtverzeichnis.

Architektur von Datenbanksystemen

Strukturbeschreibung samt genauer Definition der Funktionen, die von einem Datenbanksystem auszuführen sind. Verbreitet ist das sogenannte 3-Schichten-Konzept: Die Schichten eines Datenbanksystems sind
– das konzeptionelle Schema,
– die externen Schemata (auch Sichten genannt) und
– das interne Schema.

Architektur von Rechnernetzen

Strukturbeschreibung samt genauer Definition der Funktionen, die in einem Rechnernetz auszuführen sind. Welchen Software- und Hardwarekomponenten diese Funktionen tatsächlich zugeordnet sind, bestimmt die Implementierung. Siehe dazu auch ISO-Referenzmodell für offene Rechnernetze und ISO-Referenzmodell für die Kooperation von Prozessen in verteilten Systemen.

Archivierung

Auslagerung von Dokumenten auf externe Datenträger wie Magnetband, Mikrofilm oder optische Speicherplatten. Verglichen mit der Ablage hat ein Archiv Langfristcharakter und unterstützt ein Exportieren von Objekten, die zwar zur Zeit nicht benötigt werden, aber einen späteren Zugriff nicht ausschließen lassen.

Arcnet

1977 von Datapoint entwickeltes LAN-System, welches eine Baumtopologie (siehe Baumnetz) aufweist und mit einem Tokenbus arbeitet. Die maximale Übertragungsgeschwindigkeit beträgt 2,5 Mbit/s.

Argumentenbilanz

Gegenüberstellung von Pro- und Kontra-Argumenten (= Aktiva und Passiva) für bedeutsame Entscheidungen (wie zum Beispiel Outsourcing, Umstellung auf neue Technologien usw.). Die Längenunterschiede der Bilanzspalten sollen eine erste Beurteilung der Wirtschaftlichkeit zulassen. Die Argumentenbilanz macht in systematischer Form die Vielzahl von Gesichtspunkten deutlich, die zu berücksichtigen sind und die im Einzelfall unterschiedliches Gewicht besitzen.

Array-Technologie

Siehe RAID-Technologie.

Artikelnummer

Siehe EAN.

AS/400

Minirechner-Familie von IBM, die mit dem proprietären Betriebssystem OS/400 arbeitet. Das Leistungsspektrum der derzeit (1993) 14 Modelle reicht von 2 Mips (für das Einstiegsmodell mit 8 - 24 MB Arbeitsspeicher und 1 - 2 GB Magnetplattenspeicher) bis 55 Mips (für das größte Modell mit 128 - 512 MB Arbeitsspeicher und 2 - 165 GB Magnetplattenspeicher).

ASCII

Abkürzung für engl.: American Standard Code for Information Interchange. Normierter, weitverbreiteter 7-Bit-Code, dessen Grundzeichenvorrat identisch mit der Internationalen Referenzversion des Codes nach DIN 66003 sowie dem Alphabet Nr. 5 nach CCITT-Empfehlung T.30 ist. Unter "Extended ASCII" versteht man einen 8-Bit-Code, wie er im allgemeinen bei IBM-kompatiblen Personal-Computern verwendet wird.

ASIC

Abkürzung für engl.: Application Specified Integrated Circuit. Synonym: kundenspezifischer Chip (siehe dort).

Assembler(sprache)

Programmiersprache, die den prinzipiellen Aufbau der Befehle der Maschinensprache beibehält, die Instruktionsteile jedoch nicht binär verschlüsselt, sondern durch eine Symbolik ausdrückt. Maschinensprachen und Assembler bilden zusammen die maschinenorientierten Sprachen. Siehe auch Assemblierer.

Assemblerbefehl

Anweisung in Assemblersprache. Siehe Assembler(sprache).

Assemblierer

Übersetzungsprogramm, das in einer Assemblersprache abgefaßte Quellenanweisungen in Zielanweisungen der zugehörigen Maschinensprache umwandelt (assembliert). Ein Assemblierer wird auch häufig Assembler genannt (so wie die Assemblersprache).

Asynchronverfahren

Bitserielles Übertragungsverfahren, bei dem der Gleichlauf zwischen Sender und Empfänger für eine Folge von Bits (i.a. ein Zeichen) durch die Datenendeinrichtungen hergestellt wird.

AT&T

Amerikanischer Telekommunikations- und Elektronikkonzern, der durch die Übernahme von NCR weltweit umsatzmäßig auf Rang sieben der größten EDV-Unternehmen liegt.

AT-Bus

Bussystem für 80X86-Rechner mit einer Datenwegbreite von 16 Bits. Das auch ISA-Bus (Industry Standard Architecture) genannte System arbeitet standardmäßig mit 8,33 MHz und verfügt über eine maximale Übertragungsgeschwindigkeit von ca. 16 MB/s.

ATM-Protokoll

Abkürzung für: Asynchroner Transfermodus. Voraussichtliches Vermittlungs- und Übertragungsverfahren des geplanten Breitband-ISDN sowie des IBCN. ATM ist ein Transferprotokoll der Schicht 1 des ISO-OSI-Referenzmodells, das neben dem Transport von Daten auch die Verwaltung von Switching-Services übernimmt. Das Protokoll befördert die Information in Zellen mit definierter Länge (48 Bytes für das Informationsfeld und fünf Bytes für den Header). Der Kopf enthält nicht, wie bei der Paketvermittlung üblich, die Adresse des Empfängers, sondern nur eine Identifizierung. Wird ATM in ISDN-Breitbandnetzen eingesetzt, so lassen sich Wählverbindungen aufbauen, denen je nach aktuellem Bedarf Bandbreiten zugeordnet werden können. Das heißt, daß während der Verbindung die Bitraten dem Übertragungsvolumen entsprechend angepaßt werden können. Solche Netze eignen sich besonders für Anwender, deren Anforderungen an Telekommunikationsdienste häufig wechseln, da bei einer teilnehmergerechten Preisgestaltung nur die benötigte Bandbreite in Rechnung gestellt wird.

ATM-Terminal

Englische Bezeichnung für Selbstbedienungsendgerät in Banken (zum Beispiel Geldausgabeautomat). ATM ist die Abkürzung für engl.: Automated Teller Machine.

Attribut

Beschreibende Eigenschaft, die einem Objekt zugeordnet ist. Siehe einfaches Attribut bzw. zusammengesetztes Attribut.

Auftrag

Aufgabe, die das EDV-System auf Anforderung eines Benutzers übernimmt. Der Benutzer beschreibt den von ihm gewünschten Bearbeitungsablauf, zum Beispiel das Laden und Ausführen eines Programms, in einer Auftragsnachricht an das System. Synonym: Job.

Auftragssprache

Betriebssystemspezifische Programmiersprache (auch Betriebs- oder Kommandosprache genannt), in der die Formulierung der Auftragsnachricht des Benutzers erfolgt. Synonym: JCL.

Auftragsverwaltung(sprogramme)

Systemprogramme zur Koordination und Steuerung der Auftragsabwicklung für einen Benutzer (bei Einprogrammbetrieb) oder für viele, gleichzeitig zur Verarbeitung anstehende Aufträge (bei Mehrprogrammbetrieb). Sie verrichten alle Aufgaben, die bei der Annahme, der Einleitung des Verarbeitungsprozesses und dem Abschluß eines Auftrags bzw. beim Übergang von einem Auftrag zum nächsten anfallen.

aufwärtskompatibel

Eigenschaft von EDVA bzw. EDVA-Komponenten, welche die Verträglichkeit zu älteren oder leistungsschwächeren Modellen beschreibt. So können beispielsweise vorhandene Programme, Daten und Peripheriegeräte bei einem Umstieg auf ein neueres oder leistungsfähigeres Modell derselben (aufwärtskompatiblen) Rechnerfamilie weiter genutzt werden.

Ausführungsphase (eines Befehls)

Zeitabschnitt, in dem ein Befehl ausgeführt wird.

Ausgabedaten

Ergebnisse der Verarbeitung, die ein Datenverarbeitungssystem nach außen hin abgibt.

Ausgabeeinheit

Funktionseinheit innerhalb eines Datenverarbeitungssystems, mit der das System Daten, zum Beispiel Rechenergebnisse, nach außen hin abgibt.

Ausgabegerät

In einer Ausgabeeinheit eine Baueinheit, durch die Daten aus einer EDVA ausgegeben werden können.

Ausgabewerk

Funktionseinheit innerhalb eines Datenverarbeitungssystems, die das Übertragen von Daten von der Zentraleinheit in Ausgabeeinheiten oder periphere Speicher steuert und dabei die Daten gegebenenfalls modifiziert.

Auskunftssystem

Informationssystem, das den Benutzern die Möglichkeit bietet, aus einer Datenbank Information abzurufen. Dabei kann es sich um standardisierte, vorprogrammierte Abfragen und/oder um freie Recherchen handeln. Siehe auch Datenbanksprache.

Ausleuchtgebiet (eines Satelliten)

Gebiet, in dem Satellitensendungen mit normalem Aufwand in guter Qualität empfangen werden können. Dieses Gebiet ist dort begrenzt, wo der Strahl der Satellitenantenne nur noch halb so intensiv auf die Erde auftrifft wie im Strahlungszentrum. Folgende Strahlentypen sind zu unterscheiden: globaler Strahl, hemisphärer Strahl, Zonenstrahl und Bündelstrahl (siehe dort).

Austastlücke

Für den Zuschauer unsichtbare Bildzeilen am Fernsehschirm, die bei der Ausstrahlung des üblichen Fernsehbildes frei bleiben müssen, weil der Elektronenstrahl, der den Bildschirm zeilenweise abtastet, jeweils eine Leerzeile braucht, um vom Ende einer abgetasteten Zeile an den Anfang einer neuen zu springen.

Auswahl (bei strukturierter Programmierung)

– **in Datenstrukturen:**
  Elementare Kontrollstruktur, bei der sich ein Datenelement aus zwei oder mehreren Datenelementen zusammensetzt, wobei in einem konkreten Fall aber nur genau eines von ihnen vorliegen kann.

– **in Programmstrukturen:**
  Elementare Kontrollstruktur, bei der sich eine Programmkomponente aus zwei oder mehreren Komponenten zusammensetzt, wobei in Abhängigkeit vom Wahrheitswert einer zu prüfenden Bedingung jeweils nur eine davon abgearbeitet wird.

– **in der Programmlogik:**
  Elementare Programmstruktur, bei der in Abhängigkeit vom Wahrheitswert einer zu prüfenden Bedingung von zwei oder mehreren Arbeitsanweisungen genau eine auszuführen ist.

Auswahl (Selektion) bei der IS-Entwicklung

Erster Schritt im Abstraktionsprozeß. Das Ziel dieses Schrittes ist, die Vielfalt von Objekten und Beziehungen der Realwelt auf eine als relevant erachtete, leichter überschaubare Menge des Modells zu reduzieren.

Auswahl von Fernmeldewegen

Selektionsprozeß bezüglich der Datenübertragung mittels Telekommunikationseinrichtungen. Folgende Bestimmungsfaktoren sind maßgebend:

– Umfang der zu übertragenden Datenmengen,
– zeitlicher Anfall der zu übertragenden Daten,
– Dringlichkeit der zu übertragenden Daten,
– zu überbrückende Entfernung,
– notwendige Übertragungsgeschwindigkeit,
– gewünschte Übertragungssicherheit,
– erforderliche und vorhandene Hardwareeinrichtungen (insbesondere Datenstationen und Leitungen),
– Übertragungskosten.

Auswahl von Software

Selektionsprozeß bezüglich der Beschaffung von Standardsoftware. Die Vorgehensweise gliedert sich in folgende Schritte:
– Istaufnahme,
– Schwachstellenanalyse,

- Festlegung des Sollzustands,
- Ausschreibung,
- Eingang der Angebote,
- Detailanalysen und -gespräche (mit den besten Anbietern),
- Vertragsverhandlungen,
- Vertragsabschluß,
- Installationsphase.

Auswahlsortieren

Sortierverfahren, bei dem nur die Teile der Eingabesätze als Sortierfelder verwendet werden, die der Benutzer angibt. In der Ausgabedatei stehen die Sätze dann sortiert in der Reihenfolge der angegebenen Sortierfelder.

Authentifizierungsdienst

Dienst für die Identitäts- und Berechtigungsprüfung der Benutzer von Informationssystemen.

Automat

System, das in Abhängigkeit von Eingangsgrößen und seinem momentanen Zustand in einen anderen Zustand übergeht.

automatische Volltextindexierung

Archivierung, bei welcher der gesamte Text zur Inhaltskennzeichnung herangezogen wird ("Volltextsystem"). Es handelt sich hierbei um ein natürlich-sprachliches, quasi vollautomatisches Indexierungssystem, das prinzipiell alle im Text vorkommenden Wörter mit Ausnahme der Stoppwörter aus dem Text extrahiert und somit eine Volltextrecherche ermöglicht.

Automatisierte Datenverarbeitung

Hauptsächlich in der Öffentlichen Verwaltung angewandtes Synonym für: Elektronische Datenverarbeitung.

Automatisierte Textverarbeitung

Bezeichnung für rechnerunterstützte Textverarbeitung. Ziel der Automatisierten Textverarbeitung ist, daß der Benutzer ein Schriftstück (Dokument) nach möglichst wenigen und kurzen Arbeitsschritten in der Form erstellen kann, die er sich vorstellt. Die beiden grundlegenden Arten der Automatisierten Textverarbeitung sind die interaktive und die stapelorientierte Textverarbeitung, wobei sich erstere bei den Mikrorechnern durchgesetzt hat. Im Idealfall entspricht hier der auf dem Bildschirm dargestellte Text dem gedruckten Text in Form und Aussehen (siehe WYSIWYG).

Autorenkorrektur

Typische Aufgabe der Textverarbeitung. Die Autorenkorrektur bezieht sich auf die Reduzierung, Erweiterung, Umstellung oder Änderung von vorhandenen Texten aufgrund von Überarbeitungswünschen des Autors bzw. der Autoren.

Autorenprogramm

Softwarewerkzeug für die Entwicklung von Anwendungen des Computerunterstützten Unterrichts (zum Beispiel Multimedia-Kurse).

B

B-Baum

Indizierte Dateiorganisationsform mit logisch sortiertem Index. Der Index ist als Mehrwegbaum n-ter Ordnung strukturiert, der folgende Eigenschaften hat:
- Jeder Knoten enthält höchstens 2n Elemente (Schlüssel).
- Jeder Knoten, außer dem Wurzelknoten, enthält mindestens n Elemente.
- Jeder Knoten ist entweder ein Blattknoten, d.h. er hat keine Nachfolger, oder er hat m+1 Nachfolger, wobei m die Zahl seiner Schlüssel ist.
- Alle Blattknoten liegen auf der gleichen Stufe.

Obige Datenstruktur wurde nach den Namen der Erfinder Bayer und Mc-Greight B-Baum genannt.

B-Netz

Seit 1971 installiertes analoges Mobilfunknetz in der Bundesrepublik Deutschland, das in absehbarer Zeit aufgelassen werden dürfte. Siehe Funknetz, Mobilfunknetz, Zell(ular)system.

Back-end-LAN

Lokales Hochleistungsnetz zur Verbindung von Zentralrechnern und/oder zur Verbindung von Front-end-LANs (siehe Backbone-LAN). Die typischen Übertragungsgeschwindigkeiten betragen derzeit 50 bis 100 Mbit/s.

Backbone-LAN

Lokales Netz zur Kopplung von Front-end-LANs. Als wichtigste Backbone-LAN-Technologie gilt derzeit FDDI.

Backpropagation-Lernverfahren

Lernalgorithmus neuronaler Netze. Ziel dieses Lernverfahrens ist es, bestimmte Eingabemuster mit bestimmten Ausgabemustern zu assoziieren.

Backtracking

In einem PROLOG-Programm die Rückkehr zu einem vorhergehenden Entscheidungsknoten, wenn sich ein Lösungsweg als falsch erweist, und Wahl eines alternativen Lösungsweges.

Balkencode

Genormte oder herstellerspezifische Strichmarkierung, deren Information bei der Eingabe magnetisch oder optisch aufgrund von Hell-Dunkel-Kontrasten erkannt wird. Als Trägermedien werden Papierbelege unterschiedlicher Formate (vor allem Etiketten), aber auch Verpackungen benutzt. Bekanntestes Beispiel ist der EAN-Balkencode.

Balkendiagramm

Darstellungsart von Zahlenmaterial in Form von Querbalken. Die Länge der einzelnen Balken ist von der Höhe des darzustellenden Zahlenwertes abhängig.

Bandbreite

Frequenzbereich auf einem Übertragungsweg.

Banddrucker

Siehe Typenbanddrucker.

Bandsprosse

Übereinanderliegende Spurelemente auf einem Magnetband (die bei einem

9-Spur-Band zur Darstellung eines alphanumerischen Zeichens dienen).

Bankendienst

Branchendienst im Bankensektor, der nicht nur den Zugriff auf On-line-Datenbanken erlaubt, sondern mittels eigener Terminals bzw. entsprechender PC-Software auch Devisentransaktionen und Börsengeschäfte ermöglicht.

Bankkarte

Magnetstreifen- bzw. Chipkarte, die in Verbindung mit einem persönlichen Code Bankdienstleistungen, wie zum Beispiel Barabhebungen an Geldausgabeautomaten, ermöglicht.

Barcode

Engl. Übersetzung für Balkencode (siehe dort).

10Base2

Billigere Variante des "Original-Ethernet" auf der Basis dünner Koaxialkabel, die daher auch "Thin Ethernet" oder "Cheapernet" genannt wird. Die Übertragungsrate beträgt 10 Mbit/s und die maximale Segmentlänge eines Kabels beträgt 185 m. Für größere Distanzen müssen Repeater (siehe dort) eingesetzt werden. Die Netzteilnehmer werden bei 10Base2 über standardisierte Buchsen an das Netz angeschlossen, wobei sich die Transceiver (siehe dort) meist direkt auf den Ethernet-Adaptern der angeschlossenen Rechner befinden.

10Base5

"Original-Ethernet" mit fingerdickem, vierfach abgeschirmtem Koaxialkabel für die Basisbandübertragung mit einer Übertragungsrate von 10 Mbit/s. Dieses auch als "Thick Ethernet" bekannte Kabel darf maximal 500 m lang sein. Für größere Distanzen müssen Repeater (siehe dort) als Kopplungseinheiten eingesetzt werden. Netzteilnehmer werden über sogenannte Transceiver (siehe dort) an das Kabel angeschlossen. 10Base5 ist sowohl die robusteste als auch die teuerste und unflexibelste Ethernet-Variante.

10BaseT

Ethernet-Variante, die mit verdrillten Kupferkabeln (Twisted-Pair) arbeitet. Die Übertragungsrate beträgt 10 Mbit/s. Hier münden die Anschlußkabel der Rechner - die eine maximale Länge von 100 m aufweisen dürfen - in Verteilerkästen ein, die je nach Netzausdehnung untereinander gekoppelt werden können (siehe Backbone). 10BaseT ist etwas teurer als 10Base2 (Cheapernet), ist aber durch eine höhere Fehlertoleranz gekennzeichnet.

BASIC

Besonders leicht erlernbare höhere Programmiersprache der 3. Generation, die Anfang der 60er Jahre in den USA für Schüler entwickelt worden ist und die mittlerweile in zahlreichen erweiterten Formen existiert. Sie ist vor allem auf kleineren EDVA verbreitet.

Basisadresse

Bezugspunkt auf einem Speichermedium, der als Basis für die Berechnung absoluter Adressen dient (Basisadresse + Distanzadresse = absolute Adresse). Siehe auch Distanzadresse.

Basisanschluß

Teilnehmeranschluß im ISDN (2 x 64 + 16 kbit/s), der von der deutschen Telekom derzeit zu einer monatlichen Grundgebühr von DM 74,- angeboten wird.

Basisbandverfahren

Übertragungsverfahren, bei dem die Signale eins zu eins (nicht moduliert) die zu übertragende Information darstellen. Für die Übertragung wird nur ein einziger Kanal (ein einziges, nicht unterteiltes Frequenzband) verwendet. Die Nachrichten mehrerer Teilnehmer müssen also echt zeitlich nacheinander übertragen werden.

Basisdienst

Trägerdienst im Telekommunikationsbereich.

Basiskanäle

Gleichzeitig und unabhängig voneinander verwendbare Nutzkanäle eines Anschlusses im ISDN.

Basisregister

Indexregister, das die Basisadresse eines Programmsegments enthält.

Batch processing

Siehe Stapelverarbeitung.

Baud

Maßgröße für die Schrittgeschwindigkeit bei der Datenübertragung. Sie entspricht der Frequenz, mit der die informationstragenden Signale auf dem Übertragungskanal übermittelt werden.

Baueinheit

Ein nach Aufbau oder Zusammensetzung abgrenzbares materielles Gebilde. Ein System von Baueinheiten kann in einem gegebenen Zusammenhang wieder als eine Baueinheit aufgefaßt werden. Der Baueinheit können eine oder mehrere Funktionseinheiten entsprechen. Empfohlen wird, bei Benennung bestimmter Baueinheiten in Zusammensetzung vorzugsweise folgende Begriffe zu gebrauchen (in absteigender Rangfolge): -anlage, -gerät, -teil.

Bauelement

Siehe Chip.

Baumnetz

Hierarchisch strukturiertes Rechnernetz, bei dem die Kommunikation zwischen zwei Knoten immer über die in der Hierarchie höherliegenden Knoten bis zu dem beiden Unterbäumen gemeinsamen Knoten erfolgt. Weil die Netzsteuerung auf die höherliegenden Knoten verteilt ist, ergeben sich bezüglich Ausfallsicherheit und Verfügbarkeit ähnliche Nachteile wie bei einem Sternnetz (siehe dort).

Baumstruktur (bei Dateiorganisation)

Datenstruktur, die aus einer Menge von Knoten (= eigentliche Information) und Kanten (= Adreßinformation) besteht. Jede Kante zeigt auf einen Knoten. Die Baumstruktur weist drei Eigenschaften auf:
1. Es gibt genau einen Knoten, der keinen Vorgänger hat; dieser Knoten ist die Wurzel dieser Struktur.
2. Jeder Knoten, außer der Wurzel, hat genau einen unmittelbaren Vorgänger.
3. Zu jedem Nichtwurzelknoten gibt es genau einen Weg von der Wurzel zu diesem Knoten.

Bausteinkorrespondenz

Typische Aufgabe der Automatisierten Textverarbeitung, die das Erstellen von Texten für verschiedene Empfänger aus vorhandenen Textbausteinen (ergänzt um variable Angaben wie Anschrift und individuelle Anrede) beinhaltet. Bei einem vorhersehbaren Problemspektrum sind dadurch empfängerindividuelle Ganzbriefe möglich.

BDE

Abkürzung für: Betriebsdatenerfassung (siehe dort).

BDE-Terminal

Gerät zur Erfassung von Fertigungsdaten am Ort ihrer Entstehung. Wegen den oft rauhen Einsatzbedingungen in den Produktionsstätten müssen diese Terminals besonders robust, zuverlässig und unempfindlich gegen Verschmutzung sein. Ferner muß die Benutzeroberfläche komfortabel und bedienungssicher gestaltet sein.

BDSG

Abkürzung für: Bundesdatenschutzgesetz (siehe dort).

Bedienungsfeld

Baueinheit (auch häufig Bedienungskonsole oder Steuerkonsole genannt), die funktionell zur Zentraleinheit gehört und sich in unmittelbarer räumlicher Nähe zu dieser befindet. Es handelt sich dabei um ein Gerät, das es dem Bedienungspersonal großer EDVA erlaubt, den Betrieb zu überwachen und zu beeinflussen. Das Bedienungsfeld ist entweder nur ein Bildschirmgerät oder eine Kombination aus Blattschreiber und Bildschirm.

Bedienungskonsole

Siehe Bedienungsfeld.

bedingte Anweisung

Anweisung eines Programms mit einer zu testenden Bedingung. In Abhängigkeit vom Testergebnis werden verschiedene Programmzweige durchlaufen.

Befehl

Anweisung an den Rechner, die sich in der benutzten Sprache nicht mehr in Teile zerlegen läßt, die selbst Anweisungen sind. Wenn die benutzte Sprache nicht näher bezeichnet ist, wird normalerweise angenommen, daß es sich bei einem Befehl um einen Maschinenbefehl handelt, die benutzte Sprache demgemäß die Maschinensprache ist. Siehe auch Befehlswort.

Befehls-Cache

Pufferspeicher zwischen Arbeitsspeicher und Zentralprozessor mit schneller Zugriffszeit und geringer Kapazität. Dient zur Zwischenspeicherung oft verwendeter Maschinenbefehle und erhöht so die Rechnerleistung. Bei 32-Bit- und 64-Bit-Mikroprozessoren häufig bereits auf dem Chip integriert.

Befehlsdecodiereinrichtung

Siehe Decoder.

Befehlsformat

Bezeichnung für die Größe und Bauart der Befehle bzw. Befehlswörter.

Befehlsliste

Darstellung des Befehlsvorrats einer EDVA mit Beschreibung der zugehörigen Funktionen und mit Angaben über die Operandenteile.

Befehlsprozessor

Siehe Zentralprozessor.

Befehlsregister

In einem Leitwerk ein Register, aus dem der gerade auszuführende Befehl gewonnen wird.

Befehlsvorrat

Menge der zulässigen Befehle einer EDVA.

Befehlswort

Wort, das einen Befehl beinhaltet; es enthält meist zwei Angaben: Sie bezeichnen den Gegenstand (den oder die Operanden) und die Tätigkeit (die Operation), die mit dem oder den Operanden durchgeführt werden soll. Dementsprechend besteht ein Befehlswort aus einem Operationsteil und einem Operandenteil.

Befehlszähler

In einem Leitwerk ein Register, aus dem die Adresse des nächsten auszuführenden Befehls gewonnen wird.

begrifflicher Graph

Beschreibung von Wissen in Form von Graphen. Bei der Informationssystementwicklung können begriffliche Graphen beispielsweise zur Modellierung von Methoden, Datenstrukturen und Abläufen verwendet werden. Ein begrifflicher Graph setzt sich aus sogenannten Konzepten und begrifflichen Relationen zusammen, die zur Darstellung statischer Sachverhalte dienen. Konzepte dienen zur Darstellung von Entitäten, Attributen und Zuständen. Berechnungen, Abfragen, Ausgaben und andere Vorgänge werden durch Aktoren dargestellt. Zur Darstellung der dynamischen Elemente von Informationssystemen wurde als Erweiterung der von John F. Sowa stammenden Theorie der begrifflichen Graphen das Konstrukt "Trigger" vorgeschlagen.

Beleg

Dokument, das die für die Datenerfassung bzw. -verarbeitung notwendigen Daten beinhaltet.

Belegentwurf

Gestaltung von Belegen, wobei folgende allgemeine Grundsätze zu beachten sind:

– Der Informationsfluß ist folgerichtig von links nach rechts oder untereinander zu konzipieren.
– Logisch zusammengehörige Felder sind nebeneinander (oder unmittelbar untereinander) anzulegen.
– Gleichlautende Daten für eine Gruppe von Sätzen (zum Beispiel Datum, Ordnungsbegriffe) sind in zusammenhängender Folge anzuordnen (wegen der Dupliziermöglichkeit).
– Auf gleiche Feldfolge auf dem Beleg und auf den Aufbau der Eingabesätze ist zu achten (serielles Einlesen).
– Es ist eine sinnvolle Datengruppierung sowohl nach Bearbeitungsgesichtspunkten (der Sachbearbeiter) als auch nach Erfassungsgesichtspunkten (der Datenerfassungskräfte) vorzunehmen.
– Zu erfassende Daten sind auf den Belegen deutlich von den übrigen Belegangaben abzuheben.
– Datenfelder, Stelleneinteilungen, Kommastellen, Belegart und Satzart sind (soweit möglich) vorzudrucken.

Belegleser

Eingabegerät, welches das zeichenweise Einlesen der Daten von Urbelegen (zum Beispiel von Markierungsbelegen oder Klarschriftbelegen) gestattet.

Belegungsverzeichnis

Vom Betriebssystem angelegtes Verzeichnis auf Disketten, Magnetplatten und optischen Speicherplatten, das registriert, welche Sektoren belegt und welche Sektoren noch unbeschrieben bzw. gelöscht sind.

Benchmark(test)

Englische Bezeichnung für: Meßlatte, Meßpunkt. Dient zur Leistungsvermögensanalyse von EDVA. Er besteht aus Programmen im Quellcode, die für die zu vergleichenden Rechner übersetzt und zur Ausführung gebracht werden. Dabei werden die Ausführungszeiten (Durchsatz, Antwortzeit) gemessen und verglichen. Standardbenchmarks sind künstliche, das heißt real nicht verwendete Programme für Meß- und Beurteilungszwecke von Teilleistungen bzw. Gesamtleistungen von EDVA. Siehe auch Dhrystone-Benchmark, Linpack-Benchmark, SPEC-Benchmark, TPC-A/TPC-B/TPS-Benchmarks und Whetstone-Benchmark.

Benennung (bei der IS-Entwicklung)

Zweiter Schritt im Abstraktionsprozeß, wobei jedem Objekttyp der Realität, jeder Beziehung und Eigenschaft ein eindeutiger Name zugeordnet wird.

Benutzer

Menschen, welche die EDVA benutzen, das heißt
- EDV-Fachkräfte (Systemanalytiker, Programmierer, Maschinenbediener, Datenbankadministratoren usw.) und
- Mitarbeiter in Fachabteilungen, wie zum Beispiel Buchhaltung, Einkauf, Fertigung, Vertrieb usw., deren Arbeit durch den Rechner unterstützt wird. Können diese Mitarbeiter durch Datenstationen oder Mikrorechner am Arbeitsplatz direkt - ohne Einschaltung von EDV-Personal - im Dialogbetrieb arbeiten, so werden sie als Endbenutzer bezeichnet.

Benutzeranforderungen

Aufgabenbezogene oder sachmittelbezogene Vorgaben der Benutzer bei der Entwicklung von Informationssystemen.

Benutzerbeteiligung

Aktive Teilnahme der Benutzer am Informationsaustausch- und Entscheidungsprozeß bei der Entwicklung betrieblicher Informationssysteme. Siehe dazu auch Phasenschema.

Benutzerfreundlichkeit (eines Programms)

Erfüllung der ergonomischen Anforderungen hinsichtlich Aufgabenangemessenheit, Transparenz, Selbsterklärungsfähigkeit, Konsistenz, Steuerbarkeit, Verläßlichkeit, Fehlertoleranz und Antwortzeitverhalten.

Benutzergruppe

Vereinigung von EDV-Benutzern zum Erfahrungsaustausch untereinander und mit den Spezialisten eines EDV-Herstellers.

Benutzerkennung

"Eigentumsnachweis", mit dem Dateien bei ihrer Einrichtung in den Systemkatalog eingetragen werden. Benutzerkennungen werden auch zur Identifikation und zur Zugangskontrolle von Benutzern bei der Verwendung von EDVA verwendet.

Benutzeroberfläche

Teile eines Datenverarbeitungssystems (Hardware und Software), mit denen der Mensch beim Gebrauch in Kontakt kommt.

Benutzerschnittstelle

Synonym: Benutzeroberfläche (siehe dort).

Berichtsgenerator

Systemnahes Programm, das nach eingegebenen Steueranweisungen Berichte aus vorhandenen Dateien erzeugt.

Berichtssystem

Informationssystem, das nach vorgegebenen Regeln die Benutzer mit Information bedient. Bei reinen Berichtssystemen werden die Daten periodisch ausgegeben. Bei Berichtssystemen mit Ausnahmemeldungen werden darüber hinaus Abweichungen von Plan-, Vergangenheits- oder anderen Vergleichswerten über bestimmte Schwellenwerte hinaus besonders gekennzeichnet. Expertisesysteme fassen das Datenmaterial im Hinblick auf die Auswertungszwecke in besonders ansprechender Form zusammen und ermöglichen in einer weiterentwickelten Form das Stellen von Diagnosen.

Berichtswesen

Siehe Berichtssystem und Projektberichtswesen.

Berufsbild

Die wichtigsten EDV-spezifischen (Kern-)Berufe sind: EDV-Organisator, Systemanalytiker, Anwendungsprogrammierer, Organisationsprogrammierer, Systemprogrammierer, Datentypist, Maschinenbediener, EDV-Verkäufer, Hardwaretechniker und Lehrer für Datenverarbeitung (siehe dort). Zu den Aufgaben siehe auch: EDV-Abteilung.

berührungsempfindlicher Bildschirm

Synonym: Sensorbildschirm (siehe dort).

Bestandsdaten

Zustandsorientierte Daten, welche die betriebliche Mengen- und Wertestruktur kennzeichnen. Sie unterliegen durch das Betriebsgeschehen einer systematischen Änderung, die durch die Verarbeitung von Bewegungsdaten bewirkt wird. Siehe fließende Daten.

betriebliches Informationssystem

Informationssystem, das zur Abbildung der Leistungsprozesse und Austauschbeziehungen im Betrieb und zwischen dem Betrieb und seiner Umwelt dient.

Betriebsart

Hängt vom Betriebssystem der EDVA ab. Folgende unterschiedliche Ausprägungen sind möglich (siehe dort):
- Einprogrammbetrieb oder Mehrprogrammbetrieb,
- Einplatzbetrieb oder Mehrplatzbetrieb,
- Stapelverarbeitung und/oder interaktive Verarbeitung,
- lokale Datenverarbeitung und/oder Datenfernverarbeitung.

Die interaktive Verarbeitung läßt sich in Dialogverarbeitung (Teilnehmerbetrieb und Teilhaberbetrieb) sowie Prozeßverarbeitung untergliedern.

Betriebsdatenerfassung

Fortlaufende Sammlung und Auswertung von Daten nach produktionswirtschaftlichen Kriterien. Ziel ist es, die Betriebsabläufe transparent zu machen und die Produktionsplanung und -steuerung zu unterstützen.

Betriebsinformatik

Synonym: Wirtschaftsinformatik (siehe dort).

Betriebsmittel (eines Datenverarbeitungssystems)

Teile eines Datenverarbeitungssystems, die in wechselndem Ausmaß belegt werden und deren beschränkte Verfügbarkeit zu Belegungskonflikten führen kann, die im Prinzip durch Vermehrung oder Vergrößerung dieser Teile vermeidbar wären, zum Beispiel Prozessor(en), Speicher, Kanäle, periphere Geräte. (Druckpapier, Disketten u.ä.m. sind hingegen keine Betriebsmittel.)

Betriebssprache

Siehe Auftragssprache.

Betriebssystem

Gesamtheit der Systemprogramme eines Datenverarbeitungssystems, die zusammen mit den Eigenschaften der Rechenanlage die Grundlage der möglichen Betriebsarten bilden und insbesondere den Ablauf der Programme steuern und überwachen.

Betriebssystemkomponenten

Systemprogramme eines Betriebssystems, die sich grob in die Gruppen der Steuerprogramme, Übersetzungsprogramme und Dienstprogramme einteilen lassen. Der Umfang dieser Programme hängt von den angebotenen Funktionen und Leistungen sowie von der Einfachheit und Sicherheit in der Benutzung ab.

Bewegtbildkommunikation

Übertragung von Bildfolgen, die mit der Kamera aufgenommen oder von Rechnern erzeugt werden. Oft müssen Sprache und Bilder synchron übertragen werden. Wegen der großen Datenmengen, die für die Einzelbilder notwendig sind, ist für "Fernsehqualität" eine Übertragungsrate von mindestens 5 Mbit/s erforderlich. Siehe auch Bildtelefondienst und Videokonferenz.

Bewegungsdaten

Abwicklungsorientierte Daten, die immer wieder neu durch die betrieblichen Leistungsprozesse entstehen, die laufend in die Vorgänge der Datenverarbeitung einfließen und dabei eine Veränderung von Bestandsdaten bewirken. Siehe fließende Daten.

Beziehung (in der Datenmodellierung)

Zusammenhang zwischen Objekten. Man unterscheidet:
- Eins-zu-eins-Beziehung,
- Eins-zu-viele-Beziehung (Viele-zu-eins-Beziehung),
- Viele-zu-viele-Beziehung.

Weiters können auch kann- und muß-Beziehungen unterschieden werden.

bibliographische Datenbank

Datenbank mit Referenzangaben und eventuell Zusammenfassungen von Dokumenten (zum Beispiel wissenschaftlicher Literatur).

bidirektional

Nutzbarkeit eines Übertragungswegs in beiden Richtungen (zum Beispiel Datenbus; Gegenteil: unidirektional, zum Beispiel Adreßbus).

BIGFON

Abkürzung für: Breitbandiges integriertes Glasfaserfernmeldeortsnetz. Projekt der Deutschen Bundespost in den frühen 80er Jahren, mit dem die Kosten und der Nutzen einer Umstellung des gesamten Fernmeldenetzes auf Glasfaserkabel unter Integration aller vorhandenen und geplanten Fernmeldedienste getestet wurden.

Bild

Optische Darstellung von Sachverhalten oder Vorgängen auf einer Fläche durch einen unbeschränkten Zeichenvorrat. Wir unterscheiden unbunte und bunte sowie feststehende und bewegte Bilder.

Bildabtaster

Synonym: Scanner (siehe dort).

Bildanalyse

Bereich der rechnergestützten Verarbeitung bildlicher Information mit dem Ziel, aus computergenerierten oder von fotografischen Vorlagen gewonnenen Bildern die Grundmuster und deren logische Zusammenhänge zu erkennen. Anwendungsbeispiele sind Druckschriftlesen, Röntgenbildanalyse, Luftbildauswertung und Qualitätskontrolle von Halb- und Fertigfabrikaten.

Bilddatei

Datei, deren Inhalt bildliche Daten sind.

Bilddatenstruktur

Struktur von Bilddateien, die durch die Darstellungselemente des Bildes (Punkte, Linien, Zeichen) und die Beziehungen zwischen diesen gekennzeichnet ist.

Bildfernsprechen

Siehe Bildtelefon.

Bildgenerierung

Bereich der rechnergestützten Verarbeitung bildlicher Information mit dem Ziel, aus formalen Beschreibungen oder vorgefertigten Bildelementen grafische Darstellungen (Symbole, Linien,

Flächen, Körper) zu erstellen, zu manipulieren und zu zeichnen. Anwendungsbeispiele sind CAD, Präsentationsgrafik, freies Zeichnen, Kartografie, Computerspiele und Trickfilme.

bildliche Daten

Siehe Bild.

Bildpunkt

Synonym: Pixel. Element, aus dem Rasterbilder aufgebaut sind. Bei einem Rasterbildschirm ist jeder einzelne Bildpunkt direkt adressierbar.

Bildschirm

Siehe Datensichtgerät, Sichtgerät, alphanumerischer Bildschirm, grafischer Bildschirm, flacher Bildschirm, Farbmonitor, monochromer Bildschirm

Bildschirmmaske

Im Programm vorgesehener Aufbau des Bildschirms, das heißt von Anordnungen, Datenfeldern und Funktionshinweisen ("Bildschirmformular").

Bildschirmtext (Btx)

Informations- und Kommunikationsdienst, bei dem die Teilnehmer elektronisch gespeicherte, textorientierte Information abrufen, Datenverarbeitungsleistungen und andere Dienste in Anspruch nehmen sowie Mitteilungen an von ihnen bestimmte Teilnehmer elektronisch übermitteln können. Teilnehmerseitig werden typischerweise Telefonverbindungen zur Übertragung und Farbfernsehgeräte oder Personal-Computer unter Verwendung bestimmter Zusatzeinrichtungen (Decoder, Modem) als Endgeräte verwendet. Btx gibt es in vielen Ländern als flächendeckenden, öffentlichen Dienst; seit 1983 bzw. 1985 wird in der Bundesrepublik Deutschland bzw. in Österreich Btx als bundesweiter Postdienst angeboten. Daneben existieren Btx-Inhousesysteme, die mittels geeigneter Software auf privaten EDVA für betriebsinterne Zwecke realisiert sind.

Bildschirmtext-Decoder

Hardware bzw. Software (für Personal-Computer), welche die Teilnahme am Bildschirmtextdienst ermöglicht.

Bildschirmtext-Informationsanbieter

Betrieb oder Privatperson, die im Btx-System Information anbietet (zum Beispiel im Btx-Dienst der Telekom durch Anmietung von Speicherkapazität in einer Btx-Zentrale oder über den eigenen angeschlossenen Externen Rechner).

Bildschirmtextzentrale

Rechner der Telekom, der einerseits über das Telefonnetz mit den Decodern der Btx-Benutzer kommuniziert und andererseits mit Externen Rechnern der Informationsanbieter sowie anderen Btx-Zentralen via DATEX-P-Netz verbunden ist.

Bildtelefon

Ergänzt beim Telefonieren die Sprachkommunikation durch die Übertragung von Bildern (der Gesprächspartner oder vor die Kamera gehaltener Dokumente). Für die Bewegtbildkommunikation ist ein Breitbandübertragungsweg nötig. Im ISDN ist eine "Schmalspurvariante" realisiert (etwa alle vier Sekunden ein neues Farbbild).

Bildverarbeitung

Rechnergestützte Bearbeitung von Rasterbildinformation, wie sie zum Beispiel durch Bildabtaster oder Kameras erzeugt wird. Teilgebiete sind Bildanalyse und Bildverstehen (siehe dort).

Bildverstehen

Bereich der rechnergestützten Verarbeitung bildlicher Information mit dem Ziel, Bildanalysen mit Techniken der "Künstlichen Intelligenz" zu kombinieren. Anwendungsbeispiele sind Druckschriftlesen, Röntgenbildanalyse, Luftbildauswertung und Qualitätskontrolle von Halb- und Fertigfabrikaten.

Bildwiederholfrequenz

Maßzahl für die Bildschirmqualität. Sie gibt an, wie oft die Bildschirmdarstellung bei Kathodenstrahlröhren neu aufgebaut wird. Gebräuchliche Werte qualitativ hochwertiger Geräte liegen zwischen 70 und 100 Hz - darunter kann es zu einem "Flimmern" des Bildes kommen.

Bildwiederholspeicher

Speicher, in dem der gesamte Bildschirminhalt abgelegt ist, um für den Betrieb der Bildwiederholungsröhre zyklisch ausgelesen zu werden.

Bildwiederholungsröhre

Kathodenstrahlröhre (siehe dort), bei der das auszugebende Bild sequentiell ständig neu aufgebaut wird. Das gesamte Bild ist in einem Speicher abgelegt, aus dem es zyklisch ausgelesen und auf dem Schirm angezeigt wird. Je nach Nachleuchtdauer der verwendeten Phosphorbeschichtung muß die Wiederholfrequenz mindestens zwischen 70 und 100 Hz liegen, um das Flimmern des Bildschirms zu verhindern.

binär

Genau zweier Werte fähig; dieser Ausdruck bezeichnet die Eigenschaft von

Elementen, nur eines von zwei Binärzeichen als Wert annehmen zu können.

binärer Baum

Baum der Ordnung zwei: Mit Ordnung (Grad) wird die maximale Anzahl der unmittelbaren Nachfolger eines Knotens bezeichnet. Ein Baum der Ordnung zwei (= ein Baum vom Grad zwei) heißt binärer Baum. Eine Kette läßt sich als Baum der Ordnung eins darstellen.

binäres Suchen

Suchverfahren bei indizierter Dateiorganisation mit physisch sortiertem Index. Das Schlüsselfeld mit dem Adreßverweis des gesuchten Datensatzes wird durch fortgesetztes Halbieren des Indexbereiches gefunden.

Binärzeichen

Jedes der Zeichen aus einem Zeichenvorrat von zwei Zeichen. Zur Darstellung der Bits können beliebige Zeichen benutzt werden; wir verwenden die Zeichen 0 (binäre Null) und L (binäre Eins).

Binder

Dienstprogramm, das übersetzte Objektprogrammodule zu einem ladefähigen Programm bindet. Dabei werden fehlende Programmteile (zum Beispiel EA-Prozeduren) hinzugefügt und externe Adressen im Anwendungsprogramm relativ zum Programmanfang ausgerichtet.

Biochip-Technologie

Möglicherweise zukünftige Alternative zur derzeitigen Halbleitertechnik, die mit extrem kleinen Chipstrukturen auf Basis biochemischer Moleküle arbeitet.

Bit

Kurzform für Binärzeichen, auch für

Dualziffer, wenn es auf den Unterschied nicht ankommt.

8-Bit-Mikroprozessor

Auf einem Chip integrierter Prozessor mit einem acht Bits breiten Datenbus. Einsatzgebiet: zum Beispiel Chipkarten, Adapterkarten und elektronische Steuerungen diverser Geräte.

16-Bit-Mikroprozessor

Auf einem Chip integrierter Prozessor mit einem sechzehn Bits breiten Datenbus. Einsatzgebiet: Zentralprozessoren für Personal-Computer der unteren Preis- und Leistungsklasse, Videokarten.

32-Bit-Mikroprozessor

Auf einem Chip integrierter Prozessor mit einem zweiunddreißig Bits breiten Datenbus. Einsatzgebiet: Zentralprozessoren für Personal-Computer der mittleren und oberen Preis- und Leistungsklasse und Workstations, Hilfs- und Zusatzprozessoren für Mini- und Großrechner.

64-Bit-Mikroprozessor

Auf einem Chip integrierter Prozessor mit einem vierundsechzig Bits breiten Datenbus. Einsatzgebiet: Zentralprozessoren für Hochleistungs-Workstations und Server.

Bit-mapped-Bildschirm

Synonym: Rasterbildschirm (siehe dort).

bit/s

Anzahl der je Sekunde übertragenen Bits. Einheit für die Übertragungsgeschwindigkeit.

bitparallel

Siehe Parallelübertragung.

bitseriell

Siehe serielle Übertragung.

Bitübertragungsschicht

Schicht 1 des ISO-Referenzmodells für offene Rechnernetze. Sie befaßt sich mit den physikalischen Übertragungsmedien zur Kopplung der beteiligten Datenstationen. Dazu gehört die Normung der elektrischen Darstellung der Bits, von Steckern und Kabeln. (Beispiel: RS-232-C-Protokoll, das die elektrischen Eigenschaften einer Steckverbindung sowie deren Benutzungsvorschriften beschreibt.)

Blatt
(in einer Baumstruktur)

Knoten in einer Baumstruktur, der keinen Nachfolger besitzt.

Block
(bei der Datenspeicherung)

Begrenzte Menge von Daten, die zum Zweck einer möglichst kompakten Speicherung und raschen Verarbeitung als Einheit behandelt wird. Die Blockgröße ist vom Speichermedium bzw. -gerät abhängig. Ein Block kann auf einmal gelesen oder geschrieben werden. Er wird auch als physischer Satz bezeichnet (siehe Datensatz und Datei).

Block
(bei der Datenübertragung)

Begrenzte Menge von Daten, die zum Zweck einer möglichst raschen und gesicherten Datenübertragung als eine Einheit behandelt wird. Die Größe der Menge kann von Fall zu Fall verschieden sein und wird in den Übertragungsprotokollen bestimmt. Anfang und En-de eines Datenübertragungsblocks werden durch Steuerbits bzw. -bytes gekennzeichnet.

Blockbetrieb

Betriebsart, bei der ein peripheres Gerät eine relativ lange Zeitspanne mit einem Ein-Ausgabekanal in Verbindung steht.

Blocken

Zusammenfassen mehrerer Datensätze zu einem physischen Satz (Block), um die Kapazität des Datenträgers bzw. die Übertragungsleistung besser auszunützen.

Blocklücke

Synonyme: Blockzwischenraum, Kluft. Zwischenraum zwischen den Blöcken auf einem Magnetband, der durch den Start-Stopp-Betrieb bedingt ist.

Blockmultiplexbetrieb

Betriebsart eines Ein-Ausgabekanals, bei der die Daten blockweise zwischen dem Arbeitsspeicher und verschiedenen peripheren Geräten zeitlich verzahnt übertragen werden.

Blockmultiplexkanal

Ein-Ausgabekanal, der den Blockmultiplexbetrieb zuläßt. Über ihn werden schnelle Peripheriegeräte bedient.

Blocksatz
(bei Textverarbeitung)

Angleichung eines Textes an den linken und an den rechten Rand (wie zum Beispiel in den Spalten auf dieser Seite). Siehe auch Flattersatz.

Blocksegmentation

Bei der Archivierung der Vorgang der

Trennung und Identifikation der verschiedenen Informationsarten in einem Dokument, d.h. Text- und Grafikblöcke werden getrennt und Überschriften, Absätze, Spalten usw. identifiziert. Die Geometrie-Information über das Dokument wird aufbewahrt und nach der Erkennung mit den Erkennungsergebnissen wieder zusammengeführt.

Blockungsfaktor

Anzahl der Datensätze in einem Block.

BMPT

Abkürzung für: Bundesminister für Post und Telekommunikation. Siehe Netzmonopol.

Boolesche Operatoren

Mit Hilfe Boolescher Operatoren können Suchbegriffe, die in Suchanfragen an ein Retrievalsystem verwendet werden, mit den logischen Operatoren UND, ODER, UND NICHT, ENTWEDER ODER verknüpft werden. Programmtechnisch gesehen bedient man sich bestimmter Prozeduren, die den jeweiligen Booleschen Operatoren entsprechend eine Schnittmenge, Vereinigungsmenge und eine Restmenge erzeugen.

bpi

Abkürzung für engl.: bits per inch. Maßzahl für die Aufzeichnungsdichte auf Magnetbändern; Anzahl der je Zoll (2,54 cm) gespeicherten Bits.

bps

Abkürzung für engl.: bits per second. Englische/amerikanische Schreibweise für bit/s (siehe dort).

Branchendienst

Rechnergestützter Informationsdienst, von dem Datenbanken mit branchenspezifischer Information angeboten werden. Branchendienste sind vor allem im Finanz- und Bankensektor aktiv.

Branchenprogramm

Im Zusammenhang mit Standardsoftware übliche Bezeichnung für ein Programm, das zur Unterstützung branchenspezifischer Aufgaben dient.

Breitband

Relativ großer Frequenzbereich. Die Post nennt traditionell alle Fernmeldewege mit einer Bandbreite, die größer als die Fernsprechbandbreite (300 - 3 400 Hz) ist, Breitbandwege. Im heute überwiegenden Sprachgebrauch versteht man darunter nicht ganz präzise einen Übertragungskanal mit einer für die Bewegtbildkommunikation ausreichenden Kapazität (mindestens 5 Mbit/s). Ebenso dient dieser Begriff zur Beschreibung eines Übertragungsverfahrens, bei dem durch Frequenzmultiplexbetrieb ein Übertragungsmedium in mehrere unabhängige Kanäle (Frequenzbänder) aufgeteilt wird (siehe Breitbandverfahren).

Breitband-ISDN

Geplantes breitbandiges flächendeckendes Netz der Post- und Fernmeldeverwaltungen auf Glasfaserkabelbasis, in das alle vorhandenen Dienste und zusätzliche zukunftsträchtige Dienste der Sprach-, Text-, Daten- und Bildkommunikation integriert werden sollen. Das Breitband-ISDN kann als Vorstufe zu IBCN (siehe dort) betrachtet werden. Als Vermittlungstechnik dient ATM (siehe dort).

Breitbandverfahren

Übertragungsverfahren, bei dem das breite Frequenzspektrum des Mediums für mehrere parallele Kanäle verwendet wird. Es existiert eine Grundfrequenz, der Träger. In jedem Kanal wird die Information auf die Trägerfrequenz aufmoduliert, ohne andere Frequenzen zu stören. Das Breitband kann also wie ein "Strang von Einzelleitungen" gesehen werden. Daher ist die gleichzeitige und unabhängige Übertragung mehrerer Nachrichten möglich.

Breitbandweg

Übertragungsweg mit einer Bandbreite, die größer als die Fernsprechbandbreite (300 - 3 400 Hz) ist.

Bridge

Kopplungseinheit zur Verbindung von Netzen, die unterschiedliche Übertragungsmedien benutzen, sonst aber den gleichen Schichtaufbau der Übertragungsprotokolle aufweisen. Sie operiert folglich auf der Sicherungsschicht, wo sie anhand der im gesamten Netz eindeutigen physischen Adressen die Datenpakete an die angeschlossenen Netze weiterleitet.

Bridge-Router

Synonym: Brouter. Kopplungseinheit, die je nach Bedarf Funktionen einer Bridge oder eines Routers verrichten kann.

Broadcastübertragung

Übertragungsverfahren, bei dem in einem Rechnernetz eine Datenstation sendet und alle anderen empfangen (so wie beim Rundfunk).

Brouter

Synonym: Bridge-Router (siehe dort).

Brücke

Nur selten verwendete deutsche Be-

zeichnung für engl.: Bridge (siehe dort).

BS2000

Großrechnerbetriebssystem von SNI (Siemens-Nixdorf).

Btx

Synonym: BTX. Abkürzung für: Bildschirmtext (siehe dort).

Btx-Zentrale

Siehe Bildschirmtextzentrale.

Bubble-Jet-Verfahren

Synonym: Dampfblasentechnik. Preiswertes Druckverfahren von Tintenstrahldruckern, bei dem der Druckkopf aus 48, 64, 128 oder 256 Düsen mit unmittelbar dahinterliegenden winzigen Tintenkammern, Thermoelementen und Elektroden besteht. Kurze Stromstöße auf die Thermoelemente bewirken eine Erwärmung und dadurch die explosionsartige Bildung von Tintendampfbläschen. Der erzeugte Überdruck schleudert die Tintentröpfchen aus den Düsen, die das Papier (bzw. die Folie) an den angesteuerten Stellen einfärben.

Bulletin-Board-System

Elektronisches "Schwarzes Brett" in Rechnernetzen, das als Vorläufer der heutigen Groupware gilt.

Bündelstrahl

Konzentrierter Strahl eines Satelliten, der nur ein kleines Ausleuchtgebiet mit viel Fernmeldeverkehr abdeckt. Siehe Ausleuchtgebiet (eines Satelliten), Satellitenübertragung.

Bundesdatenschutzgesetz (BDSG)

Am 1.1.1978 in der Bundesrepublik Deutschland in Kraft getretene, 1990/91 novellierte gesetzliche Regelung des Datenschutzes. Siehe Datenschutzgesetz.

Büro

Räumliche bzw. organisatorische Einheit eines Betriebes, in der Information be- und verarbeitet wird. Die eingehende Information ist meist ausgehende Information einer anderen büroorganisatorischen Einheit.

Büro der Zukunft

Schlagwort für eine weitgehend integrierte Büroumgebung, in der die einzelnen Datenverarbeitungsaufgaben umfassend aufeinander abgestimmt sind, die Verbindungen zwischen den einzelnen Programmen weitestgehend automatisiert, d.h. frei von menschlichen Eingriffen gestaltet sind und die Daten frühzeitig, möglichst bei ihrem erstmaligen Anfall, erfaßt und für alle übergreifenden Applikationen in einer gemeinsamen Datenbasis (Datenbank) gespeichert werden.

Bürocomputer

Kleinere EDVA, die für kaufmännische Aufgaben eingesetzt wird (Minirechner). Sie verfügt über mehrere Bildschirmarbeitsplätze, Magnetplattenspeicher und kann in jedem Büro installiert werden, da sie keine Klimatisierung benötigt. Bürocomputer werden häufig durch die Endbenutzer in den Fachabteilungen bedient (kein spezielles EDV-Personal erforderlich). Die Kaufpreise liegen derzeit zwischen etwa DM 25 000,- und 250 000,- DM.

Bürofernschreiben

Zeichenweise Übertragung von Textnachrichten über größere Entfernungen hinweg. Es wird durch Endgeräte charakterisiert, die sowohl der Erstellung als auch der Übermittlung von Texten mit dem vollen Zeichenvorrat von Büroschreibmaschinen dienen. Der öffentliche Bürofernschreibdienst der Telekom heißt TELETEX. Wegen der geringen Benutzerzahlen soll dieser Dienst aufgelassen werden.

Büroinformationssystem

Rechnergestütztes Informationssystem zur Unterstützung von typischen Bürotätigkeiten. Es erlaubt den in der Verwaltung arbeitenden Mitarbeitern, die Information, die sie für ihre Aufgaben benötigen, zu erfassen, zu transformieren, zu speichern und auszutauschen.

Büroservice

Meist auf Serverrechnern zur Verfügung gestellte Dienstleistung für Büroarbeitsplätze. Folgende Büroservices sind im Rahmen des ISO-OSI-Referenzmodells als Anwendungen der Schicht 7 standardisiert worden:
– Postdienst (engl.: mail service) nach X.400,
– Verzeichnisdienst (engl.: directory service) nach X.500,
– Ablagedienst (engl.: file service) nach DFR-Standard,
– Druckdienst (engl.: print service) nach ECMA,
– Datenbankzugriffsdienst (engl.: database access service) mit RDA-Protokoll.

Bürosoftware

Anwendungsprogramm(e) für Bürozwecke. Dazu zählen zum Beispiel Textverarbeitungs-, Tabellenkalkulations- und Geschäftsgrafikprogramme, Desktop-Publishing- und Multimediasysteme, Ablage- und Archivierungssysteme sowie Kommunikationssysteme (Elektronische Post, TELEFAX usw.).

Bus

Sammelleitung. Übertragungsweg, der von allen angeschlossenen Einheiten (Teilnehmern) gemeinsam genutzt wird.

Business Television

Innerbetriebliches Fernsehen. Ein Hauptanwendungsgebiet ist das Fernstudium. Dabei empfangen im nationalen oder kontinentalen Raum verstreute Studienzentren Videosendungen per Satellit, die Rückmeldungen der Unterrichtsteilnehmer (geschlossene Benutzergruppe) erfolgen per Telefon.

Busnetz

Lokales Rechnernetz, bei dem alle Stationen in Linienform (= Bus) an ein durchgehendes, gemeinsames Übertragungsmedium angeschlossen sind, das eine passive Nachrichtenübertragung in beide Richtungen vornimmt. Dadurch kann jede Nachricht all ihre Adressaten erreichen, ohne jegliche Aktionen der nicht betroffenen Netzstationen und ohne Verzögerungszeit pro angeschlossener Station.

Busverwalter

Funktionseinheit, die den Zustand des Busses kontrolliert, die Kommunikation regelt und somit Kollisionen bei der Übertragung vermeidet.

Byte

Folge von acht Bits, die gemeinsam in einer EDVA verarbeitet werden. (Diese acht Bits dienen zur Datendarstellung, ggf. ist ein neuntes Bit für Prüfzwecke vorgesehen.)

Bytemultiplexbetrieb

Betriebsart, bei der ein Ein-Ausgabekanal nur relativ kurz mit einem Peripheriegerät verbunden ist, und zwar gerade lange genug, um ein Byte bzw. eine kleine Zahl von Bytes zu übertragen.

Bytemultiplexkanal

Ein-Ausgabekanal, der den Bytemultiplexbetrieb zuläßt. Über ihn werden langsamere Peripheriegeräte bedient.

byteorientierter Rechner (Bytemaschine)

EDVA, bei der das Byte die kleinste adressierbare Speichereinheit darstellt.

C

C

Weit verbreitete, normierte Programmiersprache der 3. Generation für die System- und Anwendungsprogrammierung. Sie zeichnet sich durch "PASCAL-Ähnlichkeit", jedoch einen geringeren Umfang an Datentypen und ihre damit mögliche Nähe zu den Architekturen heutzutage verwendeter EDVA aus. Das dadurch erreichbare effiziente Laufzeitverhalten (= optimale Hardwarenutzung) erlaubt es in weiten Bereichen, auf die Benutzung von Assembler zu verzichten. Das zeigt sich zum Beispiel beim Betriebssystem UNIX, das zu 90% in C geschrieben ist und dadurch relativ rasch auf neue Rechnerhardware portierbar ist. Weitere Eigenschaften von C sind die einfache Erweiterbarkeit und Verfügbarkeit von komplexen Kontrollstrukturen. C++ ist eine auf C basierende und mit objektorientieren Elementen angereicherte Hybridsprache.

C-Netz

Analoges Mobilfunknetz in der Bundesrepublik Deutschland, das derzeit noch weiter ausgebaut wird. Siehe Funknetz, Mobilfunknetz, Zell(ular)system.

Cache

Zwischen Zentralprozessor und Arbeitsspeicher befindlicher Pufferspeicher, durch dessen kurze Zugriffszeit der Rechnerdurchsatz beträchtlich erhöht werden kann.

CAD

Eine auch im Deutschen gebräuchliche Abkürzung für engl.: Computer Aided Design, d.h. rechnergestützte Konstruktion.

CAE

Eine auch im Deutschen gebräuchliche Abkürzung für engl.: Computer Aided Engineering, d.h. rechnergestützter Produktentwurf.

CAM

Eine auch im Deutschen gebräuchliche Abkürzung für engl.: Computer Aided Manufacturing, d.h. rechnergestützte Produktion. Dazu gehören: Arbeitsplanung; NC-Programmierung; Steuerung von NC-, CNC-, DNC-Maschinen, Robotern; Transportsteuerung; Lagersteuerung; Montagesteuerung; Instandhaltung; Qualitätssicherung.

CAP

Eine auch im Deutschen gebräuchliche Abkürzung für engl.:
- Computer Aided Publishing, d.h. rechnergestützte Erstellung von Druckwerken. Siehe auch Desktop Publishing.
- Computer Aided Planning, d.h. rechnergestützte Arbeitsplanung, NC-Programmierung, Steuerung von NC-, CNC-, DNC-Maschinen, Robotern, Transportsteuerung, Lagersteuerung, Montagesteuerung, Instandhaltung.

CAQ

Eine auch im Deutschen gebräuchliche Abkürzung für engl.: Computer Aided Quality Assurance, d.h. rechnergestützte Qualitätssicherung.

CASE

Eine auch im Deutschen gebräuchliche Abkürzung für engl.: Computer Aided Software Engineering, d.h. rechnergestützte Softwareentwicklung. Siehe Softwareentwicklungsumgebung.

CASE-Tool

Siehe Softwareentwicklungsumgebung.

CATV

Abkürzung für engl: Community Antenna-Television, d.h. Kabelfernsehen. Breitbandiges, überwiegend auf der Basis von Koaxialkabeln realisiertes Übertragungssystem (Verteilnetz) für Audio- und Videoinformation.

CCD

Auch im Deutschen gebräuchliche Abkürzung für engl.: Charge-Coupled Device (siehe dort).

CCITT

Abkürzung für franz.: Comité Consultatif International Télégraphique et Téléphonique. International beratender Ausschuß für den Telegraphen- und Fernsprechdienst mit Sitz in Genf, der unter anderem für weltweite Normen im Fernmeldewesen zuständig ist.

CD Audio

Von Philips und Sony entwickelter Standard, der die Spezifikationen einer herkömmlichen Musik-CD beschreibt.

CD-I

Abkürzung für engl.: Compact Disc - Interactive. Standard für den interaktiven Multimedia-Einsatz von CDs auf Mikrorechnern bzw. speziellen Abspielgeräten.

CD-ROM

Abkürzung für engl.: Compact Disc - Read Only Memory. Optische Speicherplatte (siehe dort) mit einer Kapazi-

tät von bis zu ca. 650 MB. Die silbrig glänzende Scheibe (Durchmesser 120 mm = 4,72 Zoll) besteht aus demselben metallbeschichteten, durchsichtigen Plastikmaterial wie die für Musikaufnahmen verwendeten Compact Discs. Die Information wird im Herstellerwerk mittels Laser auf einer spiralförmigen Spur einmalig auf einer Seite aufgezeichnet und kann beliebig oft gelesen werden. Eine einzige Platte faßt zwei Milliarden Pits. Das sind die zur Informationsdarstellung dienenden, mittels Laser eingebrannten winzigen Löcher, die jeweils 0,12 Mikrometer tief und 0,6 Mikrometer breit sind. Die Spurdichte beträgt 16 000 tpi (Abkürzung für engl.: tracks per inch). Ein Schwachpunkt, im Vergleich zu Disketten und Magnetplatten, ist die lange durchschnittliche Zugriffszeit von etwa 250 - 300 ms (1993). Die Datentransferrate liegt bei etwa 150 KB/s. Ein großes Anwendungspotential für die CD-ROM wird vor allem in der Distribution der (bisher mittels On-line-Datenfernverarbeitung genutzten) Datenbanken gesehen, die Informationsdienste anbieten. Auch im Multimedia-Bereich steigt die Bedeutung der CD-ROM.

CD-ROM XA

Erweiterter CD-ROM-Standard, der es ermöglicht, Audio- und Grafikinformation gleichzeitig zu lesen.

CDDI

Abkürzung für engl.: Copper Distributed Data Interface. Implementierung des FDDI-Standards auf abgeschirmten verdrillten Kupferkabeln. Lokales Netzwerkkonzept (Doppelring) für eine Übertragungsgeschwindigkeit von 100 Mbit/s als kostengünstige, bisher jedoch noch kaum erprobte, Alternative zum "Original-FDDI" auf Glasfaserkabelbasis.

CEN

Abkürzung für franz.: Comité Européen de Normalisation; d.h. Europäisches Komitee für Normung.

CENELEC

Abkürzung des Europäischen Komitees für elektronische Normung.

Centronics-Parallel-schnittstelle

Weltweit verbreitete parallele Drucker-Schnittstelle mit einer Verarbeitungs-breite von acht Bits. Jedes Byte wird nach einem präzise festgelegten Verfahren vom Drucker übernommen und quittiert.

CEPT

Abkürzung für franz.: Conférence Européenne des Administrations des Postes et des Télécommunications. Standardisierungs- und Normungsgremium der europäischen Post- und Telegraphenverwaltungen bzw. Telekommunikationsgesellschaften.

Charge-Coupled Device

Halbleiterspeicher mit sequentieller Abfrage; es werden nicht wie üblich Bit-ketten zu einer Sensorstation transportiert, sondern die Ladungen bewegen sich auf die nächstgelegene Lokation, bis sie schließlich eine Sensorstation erreichen.

Chart

Englische Bezeichnung für Diagramm.

Cheapernet

Siehe 10Base2.

Checkliste

Liste zur Aufgaben- bzw. Entschei-dungsunterstützung, die Stichpunkte bzw. Fragen enthält, die typischerweise für eine bestimmte Aufgabe bzw. Entscheidung relevant sind. In der Literatur werden für viele selten auftretende größere Aufgaben (zum Beispiel Tagungsorganisation) oder Grundsatzentscheidungen (zum Beispiel Standardsoftwareauswahl) solche hilfreichen Checklisten vorgeschlagen.

Chekker

Bündelfunkdienst der Telekom, der landläufig auch als "Taxifunk" bezeichnet wird. Eignet sich nur zur Sprach-, aber nicht zur Datenübertragung.

CHILL

Höhere Programmiersprache für technische Kommunikationsanwendungen, zum Beispiel zur Programmierung von digitalen Nebenstellenanlagen und sonstigen Vermittlungeinrichtungen ("CCITT-Standardsprache").

Chip

Halbleiterplättchen (meist aus Silizium) von etwa ein bis zwei Quadratzentimeter Fläche und wenigen Zehntel Millimeter Dicke, das mehrere hunderttausend bis zu Millionen von elektronischen Bauelementen (Widerstände, Dioden und Transistoren) für Logik-(Verknüpfungs-) und/oder Speicherfunktionen enthält. Siehe auch integrierter Schaltkreis. Siehe Funkchip, FROM.

Chiphersteller

Der größte Chiphersteller der Welt ist die kalifornische Firma Intel (siehe dort), die aufgrund des Siegeszugs der Personal-Computer und der darin zu etwa 80 % verwendeten Zentralprozessoren der Intel-Mikroprozessorserie 80X86 (siehe dort) 1992 die bis dahin führenden japanischen Speicherchipproduzenten NEC und Toshiba umsatzmäßig überholt hat. An vierter Stelle der Rangliste der umsatzstärksten Chiphersteller steht der zweite große USamerikanische Mikroprozessorhersteller Motorola (siehe dort), an fünfter Stelle rangiert Hitachi. Die jahrelang führenden japanischen Hersteller von Speicherchips - dazu zählen auch Fujitsu, Mitsubishi und Matsushita - haben einen zunehmenden Anteil ihres Geschäfts an südkoreanische Mitbewerber verloren. Die beiden größten europäischen Chiphersteller sind Philips und Siemens.

Chipkarte
(mit Mikroprozessor)

Plastikkarte in der Standardgröße (85,6 x 54 x 0,76 mm) und mit den gleichen physikalischen Eigenschaften wie eine Magnetstreifenkarte. Ein in die Karte implantierter Chip enthält einen Mikroprozessor und Speicher (ROM, RAM und EEPROM). Derzeit werden hauptsächlich Chipkarten mit einem 8-Bit-Mikroprozessor verwendet.

Über die sogenannte Systemschnittstelle des Chips erfolgt die Energieversorgung und die Kommunikation mit dem Gerät, das die aufzuzeichnenden Daten liefert bzw. die gespeicherten Daten liest. Von acht vergoldeten Kontakten werden derzeit sechs belegt (Initialisierung - Takt - Dateneingabe und -ausgabe - Erde - 5 Volt - 21 Volt).

Der Mikroprozessor steuert die Kommunikation über die Systemschnittstelle, führt das Anwendungsprogramm aus, codiert und decodiert dabei Daten und wickelt die Speicherzugriffe ab. Ferner kontrolliert er die Rechtmäßigkeit der vorgenommenen Transaktionen, indem er aufgrund abgespeicherter Information (wie der PIN, d.h. der persönlichen Identifikationsnummer, und anderer definierter Zugriffsrechte) die Befugnis des Karteninhabers zur Benutzung von Daten und Programmen prüft. Der Speicher besteht aus einem ROM (ca. 1 bis 4 KB), RAM (ca. 32 bis 265 Bytes) und einem EEPROM. Das EEPROM bildet mit 8 bis derzeit maximal 64 KBits den zentralen Teil des Speichers. Es stellt den Benutzerspeicher dar und enthält weitere spezielle Daten der Chipkarte (PIN-Codes, Parameter, Identifikation des Inhabers, kryptografische Schlüssel usw.). Der gesamte Speicher wird entsprechend den Anforderungen der jeweiligen Anwendung in drei Bereiche unterteilt:
– geheimer Bereich,
– geschützter Bereich,
– freier Zugriffsbereich.
Siehe auch Bankkarte, Electronic Cash, POS-System und Warenwirtschaftssystem.

Chipkartentelefon

Telefonautomat, der über einen integrierten oder angeschlossenen Kartenleser verfügt und Chipkarten zur Bezahlung der Gesprächsgebühren akzeptiert.

CIM

In der deutschen EDV-Fachsprache eingebürgerte englische Abkürzung für
– die Integration technischer und betriebswirtschaftlicher EDV-Anwendungen im Industriebetrieb (von engl.: Computer Integrated Manufacturing); siehe hierzu PPS, CAE, CAD, CAM, CAP, CAQ;
– die Eingabe von Daten in eine EDVA mittels Mikrofilm (von engl.: Computer Input by Microfilm).

CISC-Rechner

CISC (Complex Instruction Set Computer) ist die Bezeichnung für konventionelle Rechnerarchitekturen mit einem großen Vorrat an Maschinenbefehlen verschiedener Länge, deren Abarbeitung meist mehrere Prozessorzyklen benötigt. Die Befehle sind überwiegend mikroprogrammiert, wodurch sich eine große Flexibilität bezüglich des Einsatzspektrums ergibt. Die Fortschritte in der Hardware- und Softwareentwicklung wurden bzw. werden durch Hinzufügen immer neuer Befehle genutzt.

Clearing-Stelle (bei EDI)

Neutrale Vermittlungsstelle eines EDI-Mehrwertdienstes, die es ermöglicht, Daten zeitunabhängig zu senden bzw. zu empfangen sowie mit einem einzigen Verbindungsaufbau mehrere Nachrichten an verschiedene Geschäftspartner zu versenden.

Client

Programm, das zur Verarbeitung von Transaktionen die Dienste eines anderen Programms (= Server) anfordert. Siehe Client-Server-System.

Client-Server-System

Kooperative Verarbeitung von Transaktionen durch mindestens zwei Programme bzw. Prozesse - Client und Server - die unterschiedliche Aufgaben wahrnehmen. Client-Prozesse sind Besteller, Server-Prozesse sind Lieferanten von Diensten. Die Kommunikation zwischen Client und Server basiert auf Transaktionen, die vom Client generiert und dem Server zur Verarbeitung überstellt werden. Typischerweise sind bei Anwendungssystemen die Client-Prozesse (wie die Verwaltung der Benutzeroberfläche und eventuell lokale Anwendungs- und Datenverwaltungsfunktionen) auf den kostengünstigeren Arbeitsplatzrechnern implementiert, während die Server-Prozesse (wie Prozeßverwaltung, Datenbankverwaltung, Rechnernetzverwaltung usw.) auf verbundenen leistungsfähigeren und damit teureren Systemen (Workstations, Minirechner, Großrechner) laufen und über das Netz angefordert werden. Ebenso kann es jedoch zum Beispiel sein, daß auf einem einfachen preisgünstigen Rasterbildschirmgerät lediglich ein Server für die Gerätesteuerung und insbesondere die Verwaltung der grafischen Ressourcen implementiert ist, dessen Dienste von Anwendungen auf Rechnern angefordert werden, mit denen die Arbeitsstation über ein lokales Netz verbunden ist (Beispiel: X-Terminal [siehe dort]).

Clipboard

Englische Bezeichnung für die Zwischenablage (siehe dort), über die unter grafischen Benutzeroberflächen ein Datenaustausch zwischen Applikationen erfolgen kann.

Clone

Funktionsgleicher Nachbau (zum Beispiel von Mikroprozessoren), der meist ein besseres Preis-/Leistungsverhältnis als das Original aufweist.

CLOS

Abkürzung für engl.: Common Lisp Object System. Objektorientierte Programmiersprache auf der Basis von LISP (siehe Hybridsprache).

Cluster

Mehrere, über ein Hochleistungsnetz gekoppelte Rechner (zum Beispiel Workstations), die im Parallelbetrieb arbeiten. Sie erzielen Rechenleistungen, die mit denen heutiger Superrechner vergleichbar sind.

CMOS

Weitverbreitete Halbleitertechnologie, mit der auf den Chips mehrere Millionen Transistoren integriert und Leiterbahnen von wenigen Mikrometern (1 μm = 10^{-6} Meter) Breite realisiert werden können.

COBOL

Abkürzung für engl.: Common Business Oriented Language. Weltweit verbreitete, genormte Programmiersprache der 3. Generation, in der hauptsächlich größere betriebswirtschaftliche Anwendungen geschrieben werden. Stärken sind die Funktionen zur Datenverwaltung, die Dokumentationseigenschaften sowie der klare hierarchische Aufbau von COBOL-Programmen.

Code

Vorschrift für die eindeutige Zuordnung (Codierung) der Zeichen eines Zeichenvorrats zu denjenigen eines anderen Zeichenvorrats.

Code 2 aus 5 (interleaved)

Numerischer Strichcode, der im industriellen Bereich Verbreitung gefunden hat.

Code 3 aus 9

Alphanumerischer Strichcode, der im industriellen Bereich Verbreitung gefunden hat.

Code-Generator

Programm, das die Erstellung und Generierung von Codes einer bestimmten Zielumgebung unterstützt. Dazu gehören insbesondere Bildschirmmasken und Transaktionsdialoge, Datenbankdefinitionen und Datenbanktransaktionsroutinen, Anwendungscodes in einer 3. Generationssprache oder einem Assembler, Jobkontrolle für ein spezifisches Betriebssystem.

Code-Inspektion

Methode zur Verifikation von Programmen. Ein vorliegender Programmcode wird durch andere Programmierer als den Ersteller gelesen und auf Richtigkeit überprüft. Diese Methode ist sehr viel effektiver als das Testen durch den Ersteller selbst, da bei diesem immer die Gefahr besteht, daß er primär sich selbst bzw. sein Problemlösungsverständnis zu beweisen sucht.

COM

In der deutschen EDV-Fachsprache eingebürgerte Abkürzung für engl.: Computer Output on Microfilm, d.h. die Ausgabe von Daten aus einer EDVA auf Mikrofilm. Ein COM-Recorder setzt die in einem Speicher aufgezeichneten digitalen Daten in die zur Ausgabe vorgesehene schriftliche oder bildliche Form um und schreibt sie mit hoher Geschwindigkeit auf den Mikrofilm (siehe dort).

COM-Recorder

Ausgabegerät, das die in einem Speicher aufgezeichneten digitalen Daten in die zur Ausgabe vorgesehene schriftliche oder bildliche Form umsetzt und sie mit hoher Geschwindigkeit auf Mikrofilm schreibt. Siehe auch Mikrofilm und COM.

COMET

Kommerzielles Softwarepaket mit mehr als 100 Branchenlösungen für mittelständische Betriebe auf Basis von Siemens-Nixdorf-Minirechnern.

COMMON-ISDN-API

Schnittstelle zwischen Anwendungsprogrammen und der ISDN-PC-Adapterkarte.

Compaq

Einer der führenden Anbieter von Industriestandard-PCs.

Compiler

Siehe Kompilierer.

Computer

Englische, auch im Deutschen gebräuchliche Bezeichnung für Rechner. Siehe Datenverarbeitungssystem.

Computer Aided Publishing

Ein auch im Deutschen gebräuchlicher, englischer Ausdruck für die rechnergestützte Erstellung von Druckwerken. Siehe auch Desktop Publishing.

Computer Output on Microfilm

Siehe COM.

Computervirus

Schädliches Programm, das durch Kopiervorgänge bzw. durch Rechnernetze verbreitet wird und sich selbständig vervielfältigen (replizieren) kann. Die Schäden solcher Programme reichen von harmlosen Bildschirmanzeigen bis zu vollständigem Programm- und Datenverlust. Diese "Sabotageprogramme" lassen sich in drei Arten einteilen: Virenprogramme, Wurmprogramme und Trojanische Pferde (siehe dort).

Concurrent C

Programmiersprache C, die mit Erweiterungen zur Programmierung von Aufgaben verteilter Rechner und von Mehrprozessorsystemen ausgestattet wurde. Siehe verteilte und parallele Programmiersprachen.

Concurrent LISP

Programmiersprache LISP, die mit Erweiterungen zur Programmierung von Aufgaben verteilter Rechner und von Mehrprozessorsystemen ausgestattet wurde. Siehe verteilte und parallele Programmiersprachen.

Cooperative Processing

Siehe Verteilte Datenverarbeitung.

cps

Abkürzung für engl.: characters per second. Maßgröße für die Druckgeschwindigkeit bei Zeichendruckern, die in gedruckten Zeichen pro Sekunde angegeben wird.

CPU

Auch im Deutschen gebräuchliche Abkürzung für engl.: Central Processing Unit. Zentraleinheit (siehe dort).

Cray Research

Führender Hersteller von Superrechnern.

CRJE

Auch im Deutschen gebräuchliche Abkürzung für engl.: Conversational Remote Job Entry. Stapelfernverarbeitung bei dialogmäßiger Auftragserteilung.

CRT

Abkürzung für engl.: Cathode Ray Tube, d.h. auf deutsch Kathodenstrahlröhre (siehe dort).

CSCW

Auch im Deutschen gebräuchliche Abkürzung für engl.: Computer Supported Cooperative Work. Rechnerunterstützung der Zusammenarbeit (Koordinati-

on, Kollaboration und Entscheidungs-
findung) mehrerer räumlich verteilter
Personen. CSCW basiert wesentlich auf
der zweckorientierten Steuerung von
Vorgangsketten und der menschlichen
Kommunikation in Rechnernetzen sowie
dem Vorhandensein gemeinsamer In-
formationsräume (Datenbanken). Siehe
auch Groupware.

CSMA/CD

Abkürzung für engl.: Carrier Sense Multiple Access / Collision Detection. Bei
diesem in lokalen Netzen gebräuchlichen Verfahren der Zugriffssteuerung
(zum Übertragungsmedium) wird von
der sendewilligen Station im voraus geprüft, ob das Netz für eine Übertragung
frei ist (Carrier Sense). Beginnen zwei
Stationen gleichzeitig zu senden, so
wird die Übertragung nach einer zufallsgesteuerten Zeitspanne wiederholt (Kol-
lisionsprüfung). Siehe Tokenverfahren,
Zugangsverfahren (im LAN).

CUA

Abkürzung für engl.: Common User Access. Spezifikation einer einheitlichen
Benutzeroberfläche, die eine gleichartige
Erscheinungsweise aller Anwendungen
auf unterschiedlichen Plattformen sicherstellen soll. Wesentlicher Bestandteil dieses IBM-Standards ist die Ver-
einheitlichung der Terminologie, der An-
zeigeformate, der Menüs und der In-
teraktionstechniken.

Cursor

Synonyme: Zeiger, Schreibmarke, Po-
sitionsmarke und Einfügungsmarke.
Leuchtzeichen oder Zeichen besonderer
Gestalt, das auf dem Bildschirm die
Stelle markiert, wo einzugebende Daten
positioniert werden sollen.

CUU

Abkürzung für: Computerunterstützter
Unterricht.

Cyberspace

Synonym: Virtuelle Realität (siehe
dort).

D

D-Netz

Seit 1991 nach dem GSM-Standard (siehe dort) realisiertes digitales Mobilfunknetz in der Bundesrepublik Deutschland. Das D1-Netz wird von der Telekom betrieben, das D2-Netz von einem privaten Konsortium unter Leitung von Mannesmann Mobilfunk. Siehe auch Funknetz, Mobilfunknetz, Zell(ular)-system.

Dampfblasentechnik

Synonym: Bubble-Jet-Verfahren (siehe dort).

DASAT

Abkürzung für: Datenübertragung über Satellit. Fernmeldedienst der deutschen Telekom. Siehe auch Datenkommunikation über Satellit.

Data Dictionary

Verzeichnis über den Umfang, die Struktur, die Speicherungsform, die Beziehung zwischen Datenobjekten und die Verwendung von Daten eines Informationssystems.

Dataless Workstation

Workstation mit einer kleinen Magnetplatte (zum Beispiel 160 MB), die primär als Paging-Einheit in Zusammenarbeit mit einem Server benutzt wird (siehe virtuelle Speichertechnik).

Datei

Datenobjekt, das aus einem Datensatz oder mehreren Datensätzen besteht. Eine Datei kann beliebige Daten enthalten, beispielsweise Texte, schriftliche formatierte Nutzdaten, Bilder, Sprachaufzeichnungen.

Aus sachbezogener bzw. logischer Sicht hat jede Datei eine bestimmte interne Satzstruktur. Eine Textdatei besteht etwa aus einer Folge von Schriftzeichen mit einer übergeordneten Zeilenstruktur, wobei die Zeilenenden durch besondere Zeichen gekennzeichnet sind. Eine Objektprogrammdatei enthält eine Sequenz von Maschinenworten definierter Länge. Und in einer Personaldatei kann beispielsweise jeweils im ersten Byte die variable Länge der einzelnen Mitarbeitersätze spezifiziert werden. Die physische Satzstruktur bei der Verarbeitung einer Datei ist von der sachbezogenen bzw. logischen Strukturierung unabhängig. Sie wird durch verarbeitungstechnische Gegebenheiten bestimmt (wie etwa die Kapazität von Sektoren, Spuren o.ä. auf Speichermedien).

Dateiaufbereiter

Eher ungebräuchliches Synonym für: Editor (siehe dort).

Dateiorganisation

Formale Ordnung von Dateien, die es ermöglicht, die materiellen Inhalte der gespeicherten Daten wiederzugewinnen. Man unterscheidet nach Art der Suchstrategien: Sequentielle Organisation, indizierte Organisation und gestreute Organisation (siehe dort).

Dateitransfer

Dienst, der auf der obersten Schicht des ISO-OSI-Referenzmodells aufbaut (Anwendungsschicht) und den Zugriff auf entfernte Dateisysteme ermöglicht.

Dateiverwaltungssystem

Systemnahe Software, die es dem Benutzer ermöglicht, Dateien zu definieren und zu verändern, Daten abzuspeichern, selektiv darauf zuzugreifen, zu verknüpfen und daraus Berichte zu generieren.

Dateldienst

"Datel" ist eine aus dem Englischen abgeleitete, international übliche Abkürzung für engl.: Data Telecommunication. Produktbezeichnung für das Dienstleistungsangebot der Telekom im Datenübermittlungsdienst.

Daten

Information, die aufgrund bekannter oder unterstellter Abmachungen in maschinell lesbarer Form dargestellt ist.

Daten-Cache

Pufferspeicher mit sehr kurzer Zugriffszeit (einige ns) und geringer Kapazität (einige KB), der sich zwischen Arbeitsspeicher und Zentralprozessor befindet. Dient zur Zwischenspeicherung der aktuell zu verarbeitenden Daten und erhöht so die Rechnerleistung. Bei 32-Bit- und 64-Bit-Mikroprozessoren häufig bereits auf dem Chip integriert.

Datenaustausch (zwischen Applikationen)

Siehe Zwischenablage, DDE und OLE.

Datenaustausch (zwischenbetrieblicher)

Siehe EDI.

Datenbank

Große Menge von Daten, die auf direkt adressierbaren Speichermedien in gemeinsam verwalteten Dateien aufbewahrt werden.

Datenbankadministrator

EDV-Fachkraft, die für die Verwaltung der Datenbank(en) eines Betriebes bzw. Teilbereiches zuständig ist; sie definiert das konzeptionelle Datenschema und bestimmt die Speicherzuordnung, Dateiorganisationsformen, Zugriffstechniken und -rechte.

Datenbankrechner

Bezeichnung für einen Mehrprozessorrechner mit einer speziell für die Datenbankverwaltung ausgelegten Architektur. Spezielle Prozessoren übernehmen Aufgaben wie Zugriffskontrolle, Transaktionsverwaltung, Abfragenauswertung oder Kommunikationssteuerung.

Datenbankserver

Datenbankverwaltungssystem auf einem eigens dafür vorgesehenen Server-Rechner in einem Rechnernetz. An diesen Datenbankserver wenden sich andere Rechner (Clients), um Datenbankabfragen und -änderungen durchzuführen.

Datenbanksprache

Programmiersprache zur Definition der externen Schemata von Datenbanken, zur Festlegung des internen Schemas und/oder zur Manipulation der Daten. Bedeutendster Vertreter dieser Sprachen ist SQL (siehe dort).

Datenbanksystem

Datenbank(en) und Datenbankverwaltungssystem. Das Wesentliche bei einem Datenbanksystem ist die Ausübung einer zentralen Kontrolle über eine von vielen Benutzern bzw. Programmen verwendete Datenmenge. Es wird ein globales Modell festgelegt, das den für den Betrieb interessanten Realitätsausschnitt widerspiegelt (siehe konzeptionelles Modell). Die Probleme der Datenspeicherung und -organisation werden zentral gelöst und von den speziellen Auswertungen der Daten für die verschiedenen fachlichen Aufgabenstellungen abgekoppelt.

Datenbankverwaltungssystem

Programmsystem zum Aufbau, zur Kontrolle und zur Manipulation von Datenbanken.

Datenbankzugriffsdienst

Bürodienst, der mittels genormter Übertragungsprotokolle Zugriffe auf Datenbankserver erlaubt.

Datenblock

Menge von Daten fester Länge (einige hundert oder tausend Zeichen), die bei Ein- oder Ausgabeoperationen zwischen EA-Prozessor und Peripheriegerät übertragen wird.

Datenbus (in der Zentraleinheit)

Bidirektional verwendeter Bus in der Zentraleinheit zur Übertragung von Befehlen und Nutzdaten.

Datendarstellungsschicht

Schicht 6 des ISO-Referenzmodells für offene Rechnernetze. Aufgabe ist die Codierung von Daten in eine gemeinsame Sprache des offenen Systems. Jeder Benutzerprozeß kann eine eigene lokale Sprache zur Darstellung von Daten (Datentypen, -werte und -strukturen) verwenden, die rechnerabhängig sein kann. Bevor die Datenübertragung beginnt, müssen die Instanzen der Darstellungsschicht deshalb darüber verhandeln, welche gemeinsame Sprache beim Datentransfer benutzt werden soll. Zu übertragende Daten müssen aus der lokalen Syntax der sendenden Datenstation in die verabredete Transfersyntax und auf der Empfangsseite in die lokale Syntax der empfangenden Anwendungsinstanz übersetzt werden. (Beispiel: EHKP-6, das Einheitliche Höhere Kommunikationsprotokoll der Schicht 6 für Bildschirmtext, das den Datentransfer zwischen den Postrechnern und den Externen Rechnern im deutschen Post-Btx-System standardisiert.)

Datendefinition

Erstellung des konzeptionellen Schemas und der externen Schemata; Aufbau der Datenbankstruktur.

Datendefinitionssprache

Programmiersprache, die der Datenbankadministrator zur Beschreibung der Zusammenhänge von Daten in einer Datenbank benutzt (Definition der externen Teilschemata der einzelnen Benutzer und des internen Gesamtschemas der Datenbank). Bei relationalen Datenbanksystemen können damit auch die Endbenutzer die Tabellen "ihres" konzeptionellen Modells festlegen; hierzu wird meist SQL verwendet (eine Datenbanksprache, die Datendefinitions- und Datenmanipulationsfunktionen integriert).

Datendirektverbindung

Spezielle festgeschaltete digitale Verbindung im Datenübermittlungsdienst der Telekom. Umgangssprachlich werden solche Verbindungen häufig auch "Standleitungen" genannt. Sie sind grundsätzlich duplexfähig, können aber auch für Halbduplex-, Simplex-Empfang und Simplex-Sende-Betrieb geschaltet werden. Datendirektverbindungen bieten Übertragungsgeschwindigkeiten von 50 bit/s asynchron, 1 200 bit/s bis 19,2 kbit/s synchron oder asynchron sowie 64 kbit/s und 1,92 Mbit/s synchron.

Datenelement

In einem bestimmten Zusammenhang als nicht weiter zerlegbar anzusehendes Datenobjekt.

Datenendeinrichtung

Bezeichnung für jede Datenquelle oder Datensenke, die über eine standardisierte Schnittstelle mit einer Datenübertragungseinrichtung verbunden werden kann. Eine periphere Datenendeinrichtung wird Datenendgerät oder Terminal genannt.

Datenendgerät

Synonym: Terminal. Periphere Datenendeinrichtung.

Datenerfassung

Entnahme von Daten realer Prozesse nach definierten Anforderungen der ihnen zugeordneten Datenverarbeitungsprozesse; diese Anforderungen spezifizieren im einzelnen den Entnahmeprozeß hinsichtlich des materiellen Inhalts der Daten, der Form der Daten und der Zeit.

Datenerfassung mit Einzelgeräten

Datenerfassung mit autonomen Einplatzgeräten, die unabhängig voneinander arbeiten. Um den Datenerfassungsprozeß zu bewältigen, müssen die einzelnen technisch selbständigen Geräte jeweils über eine eigene Eingabe-,

Verarbeitungs- und Ausgabeeinheit verfügen.

Datenerfassung mit Sammelsystem

Siehe Datensammelsystem.

Datenerfassungsrechner

EDVA zur Datenerfassung mit einem oder mehreren Arbeitsplätzen, die auch für sich allein, d.h. ohne Anschluß an einen Verarbeitungsrechner betrieben werden kann.

Datenerfassungsverfahren

Die Systematisierung dieser Verfahren erfolgt in der Literatur nach unterschiedlichen Gesichtspunkten. Solche sind:
– der Verbindungsgrad zwischen dem realen Prozeß und dem Datenverarbeitungsprozeß (indirekte, halbdirekte und direkte Datenerfassung),
– der Einfügungsgrad des Datenerfassungsprozesses in den realen Prozeß (zentrale und dezentrale Datenerfassung),
– der Integrationsgrad des Datenerfassungsprozesses (sukzessive und simultane Datenerfassung),
– der Intelligenzgrad der Gerätetechnik zur Datenerfassung (intelligente und nichtintelligente Datenerfassung),
– der Abhängigkeitsgrad der Gerätetechnik zur Datenerfassung (mit Einzelgeräten und Sammelsystemen),
– der Steuerungsgrad zwischen Datenerfassungsprozeß und Datenverarbeitungsprozeß (Off-line- und On-line-Datenerfassung) und
– der Mobilitätsgrad der Gerätetechnik zur Datenerfassung (stationäre und mobile Datenerfassung).

Datenermittlung

Aktivitäten der Datenerfassung, die im Hinblick auf die betriebliche Aufgabenerfüllung unabhängig von einem speziellen Datenverarbeitungsverfahren nötig sind. Dazu gehören die Bestimmung der Daten nach Entstehungsart, -ort, Struktur, Heterogenität, Anfallweise, Quantität, der Anforderungen an das Datenmaterial hinsichtlich Aktualität, Verfügbarkeit, Zuverlässigkeit usw., die Bestimmung des Datenflusses und der Zugriffsmöglichkeiten zu den relevanten Daten.

Datenfeld

Synonym: Feld. Datenobjekt, dessen Inhalt ein Zeichen oder eine Folge von Zeichen ist.

Datenfernübertragung

Transport von Daten durch elektromagnetische Signale oder Lichtsignale über größere Entfernungen hinweg (im grundstücksüberschreitenden Verkehr – von wenigen Ausnahmen bei Funknetzen abgesehen – über Fernmeldewege der Telekom bzw. Post).

Datenfernübertragungssystem

Datenstationen, die zu Kommunikationszwecken über größere Entfernungen hinweg durch Datenübertragungswege verbunden sind.

Datenfernverarbeitung

Betriebsart einer EDVA, bei der eine vollständige oder teilweise Fernübertragung der Auftragsnachricht oder -ergebnisse erfolgt.

Datenflußdiagramm

Technik der Informationssystemmodellierung, mit der die Prozesse, Datenspeicher und externen Einheiten (Personen oder andere Systeme) und die Datenflüsse zwischen diesen Elementen grafisch dargestellt werden können. Ausgehend von einem Kontextdiagramm, welches das Gesamtsystem als einen einzigen Prozeß im Zusammenhang mit seiner Umwelt enthält, kann das Design schrittweise verfeinert werden, indem für jeden Prozeß weitere Datenflußdiagramme erstellt werden. Diese zeigen die Teilprozesse des zu beschreibenden Prozesses und die Datenflüsse und Datenspeicher, über die die Teilprozesse verbunden sind.

Datenflußplan

Diagramm, das den Fluß der Daten durch ein Informationssystem zeigt. Zur Beschreibung dienen genormte Sinnbilder (DIN 66001), die in ihrer Bedeutung den Erfordernissen der maschinellen Datenverarbeitung entsprechen. Ein Datenflußplan besteht im wesentlichen aus Sinnbildern für das Bearbeiten von Daten, Sinnbildern für Datenträger und dem Sinnbild Flußlinie (Pfeil). Einige weitere Sinnbilder wie "Übergangsstelle" und "Bemerkung" dienen zur übersichtlichen Gestaltung der Flußpläne. Die Sinnbilder für Datenträger bezeichnen sowohl den betreffenden Datenträger als auch gemeinsam mit einer Flußlinie die Eingabe, Umspeicherung oder Ausgabe der Daten. In die Darstellung können Arbeiten, die vom Menschen auszuführen sind, einbezogen werden.

Dateninkonsistenz

Vorhandensein unterschiedlicher Werte für dieselben, mehrfach gespeicherten Daten.

Datenkasse

Elektronische Kasse, die in ein betriebliches Informationssystem eingebunden ist. Siehe POS-System.

Datenkommunikation über Satellit

Öffentlicher Fernmeldedienst der deutschen Telekom für Wähl- und Festzeitverbindungen mit Übertragungsgeschwindigkeiten von 64 kbit/s und Vielfachen davon bis zu 2 Mbit/s. Es sind Punkt-zu-Punkt- und Punkt-zu-Mehrpunktverbindungen im Simplex- und Duplexverfahren möglich. Siehe auch Satellitenübertragung.

Datenkompression

Überbegriff für unterschiedliche Verfahren der Daten-, Text-, Ton- oder Bildkompression. Sie dienen der Reduktion der Datenmengen und sind im Bereich der Ton- und Bildkompression durch Qualitätseinbußen bei hohen Kompressionsfaktoren (bis zu 1:25) gekennzeichnet.

Datenmanipulation

Einfügen, Löschen und Ändern von Daten, sowie das Erstellen von Abfragen.

Datenmanipulationssprache

Sprache zur Manipulation von Daten in Datenbanksystemen, das heißt zum Abfragen, Einfügen, Ändern und Löschen der Daten. Beispiel: SQL (siehe dort).

Datenmodell

Formales Hilfsmittel und Begriffsapparat, die benutzt werden können, um ein konzeptionelles Datenmodell (siehe dort) auf ein bestimmtes Datenbankverwaltungssystem zugeschnitten zu beschreiben. Die folgenden drei Datenmodelle sind durch ihre Verbreitung am bedeutendsten (siehe dort):

- Hierarchisches Datenmodell,
- Netzwerkmodell und
- Relationenmodell.

Datennetz

Bisherige Bezeichnung für ein spezielles Fernmeldenetz für die Datenübertragung, im Bereich der deutschen Telekom zum Beispiel DATEX-L-Netz, DATEX-P-Netz und Direktrufnetz. Seit Einführung der Telekommunikationsordnung (TKO) sind alle bestehenden Netze unter dem benutzungsrechtlichen Oberbegriff "Öffentliches Telekommunikationsnetz" zusammengefaßt.

Datenobjekt

Einheit (zum Beispiel Feld, Satz, Datei, Datenbank), die durch die sachbezogene Zusammenfassung von Daten entsteht, die in einem verarbeitungstechnischen Zusammenhang stehen. Elemente eines Datenobjekts sind also jeweils die Datenobjekte der darunterliegenden Ebene. Siehe auch Objekt.

Datenorganisation

Siehe Dateiorganisation.

Datenpaket

Von einem Telekommunikationsnetz vorgegebene größte Anzahl von Bits, die als Einheit behandelt wird und Steuerbefehle zur Übermittlung enthält.

Datenpaketvermittlung

Siehe Paketvermittlung.

Datenquelle

Ursprungsort der Daten, Sendestelle.

Datensammelsystem

Datenerfassungsrechner, bei dem
- mehrere Erfassungsplätze an die

Zentraleinheit angeschlossen sind und
– ein gemeinsamer Datenträger erstellt wird.

Der einzelne Datenerfassungsplatz ist nicht allein funktionsfähig. Der Ausfall der Zentraleinheit hat den Ausfall sämtlicher Erfassungsplätze zur Folge.

Datensatz

Synonyme: Satz, logischer Satz. Datenobjekt, das aus einem oder mehreren Datenfeldern besteht.

Datenschutz

Schutz personenbezogener Daten vor Mißbrauch bei ihrer Speicherung, Übermittlung, Veränderung und Löschung.

Datenschutzbeauftragte(r)

Fachkraft zur Überwachung und Kontrolle der Einhaltung von staatlichen Datenschutzgesetzen und von sonstigen Datenschutzregelungen (zum Beispiel aufgrund von Betriebsvereinbarungen, Benutzungsordnungen usw.).

Datenschutzgesetz

Gesetzliche Regelung zur Sicherstellung des Schutzes der Privatsphäre (Bundesdatenschutzgesetz BDSG und Länderdatenschutzgesetze in Deutschland, Datenschutzgesetz DSG in Österreich). Folgende Grundsätze bilden den Kern der meisten Datenschutzgesetze:
– Relevanz,
– Publizität,
– Richtigkeit,
– Weitergabebeschränkungen,
– Trennung der Funktionen,
– Verpflichtung zu Datensicherungsmaßnahmen,
– Statuierung einer eigenen Geheimhaltungspflicht (Datengeheimnis),
– Schaffung eigener Kontrollorgane,

– Kontrolle des internationalen Datenverkehrs.

Datensenke

Bestimmungsort der Daten, Empfangsstelle.

Datensicherheit

Zustand, bei dem Daten, datenverarbeitende Prozesse und Funktionseinheiten von EDVA vor Beeinträchtigung bewahrt sind.

Datensicherung

Maßnahmen und Einrichtungen zur Gewährleistung der Datensicherheit, insbesondere Vorkehrungen gegen die Zerstörung, den Verlust, die Entstellung und den Mißbrauch von Daten.

Datensichtgerät

Peripheres Gerät sowohl für die Eingabe als auch für die Ausgabe von Daten. Die Daten können über die Tastatur, mit Stift bzw. durch Berührung mit dem Finger über den Bildschirm oder sonstige Einrichtungen (zum Beispiel Maus, Mikrofon, Handleser) eingegeben und verändert werden. Eingabe- und Ausgabedaten werden auf dem Bildschirm (Monitor) angezeigt (vorübergehend für das Auge erkennbar gemacht).

Datenstation

Gerät, das aus einer Datenendeinrichtung und aus einer Datenübertragungseinrichtung besteht.

Datenstationsrechner

Vorrechner, der hauptsächlich die angeschlossenen Terminals steuert. Zusammen mit einer lokalen Peripherie ist er auch zu einem Verarbeitungssubsystem ausbaubar.

Datenstrombetrieb

Betriebsart, bei der ein Magnetband ohne Unterbrechung läuft und die Steuereinheit das Band kontinuierlich mit Daten versorgt.

Datenstruktur

Bauart von Datenobjekten, d.h. ihre Komponenten und die zwischen diesen bestehenden Beziehungen.

Datenträger

Zur materiellen Verkörperung oder dauerhaften Aufnahme von Daten geeignetes physikalisches Mittel.

Datentransferrate

Maßgröße für die Übertragungsgeschwindigkeit zwischen einem Laufwerk, d.h. der Vorrichtung für das Schreiben und/oder Lesen von Datenträgern, und der Zentraleinheit.

Datentransformation

Programmgesteuerte maschinelle Verknüpfung von in eine EDVA eingegebenen bzw. dort gespeicherten Daten zu neuen, am Bedarf der Benutzer orientierten Ausgabedaten. Hierzu gehören eine Vielzahl von Verrichtungen. Zum Beispiel können im Rahmen der Datentransformation Daten identifizierende, reproduzierende, vergleichende, sortierende, komprimierende, umformende und rechnende Tätigkeiten stattfinden.

Datentransport

Übermittlung von Daten durch Datenträgertransport (Boten, Kurierdienste, Postversand) oder Datenübertragung (durch elektromagnetische Signale oder Lichtsignale).

Datentyp

Kennzeichnet die zulässigen Werte, die Daten annehmen können. Jedes Datenelement hat einen und nur einen Typ, den es im Programm zugewiesen bekommt. Dadurch wird die Menge von Maschinenoperationen bestimmt, die auf das Datenelement anwendbar sind.

Datentypist

EDV-Fachkraft für die Datenerfassung. Tätigkeiten: Übertragung der Zeichen von Belegen auf maschinenlesbare Datenträger oder Direkteingabe aufgrund vorliegender Anleitung; Prüfung der erfaßten Daten.

Datenübermittlungsdienst

Synonym: Dateidienst. Sammelbegriff für das Dienstleistungsangebot der Telekom zum Übertragen von Daten im öffentlichen Telekommunikationsnetz.

Datenübertragung

Übermittlung von Daten durch elektromagnetische Signale oder Lichtsignale.

Datenübertragungsblock

Siehe Block (bei der Datenübertragung).

Datenübertragungseinrichtung

Einrichtung zur Anpassung der Datensignale zwischen Datenendeinrichtung und Übertragungsweg. Sie kann aus folgenden Einheiten bestehen: Signalumsetzer, Anschalteinheit und gegebenenfalls Fehlerschutzeinheit, Synchronisiereinheit. Jede dieser Einheiten kann mit einem Sendeteil, Empfangsteil und Schaltteil ausgestattet sein. Ist zum Verbindungsaufbau eine automatische Wähleinrichtung vorhanden, so ist diese Teil der Datenübertragungseinrichtung.

Datenübertragungsmedium

Mittel zur Übertragung von Daten durch elektromagnetische Signale oder Lichtsignale. Beispiele: Verdrillte Kupferkabel, Koaxialkabel, Glasfaserkabel, Funk (siehe dort).

Datenübertragungssystem

Zwei oder mehr Datenstationen, die zu Kommunikationszwecken miteinander verbunden sind.

Datenübertragungsvorrechner

Vorrechner, der über einen Kanal an einen zentralen Verarbeitungsrechner (Wirtsrechner, Host) gekoppelt ist. Er erfüllt Aufgaben der Übertragungssteuerung und führt die Nachrichtenbehandlung für direkt an ihn angeschlossene Datenstationen aus.

Datenübertragungsweg

Weg, auf dem Daten durch elektromagnetische Signale oder Lichtsignale transportiert werden. Im grundstücksüberschreitenden Verkehr müssen - von wenigen Ausnahmen bei Funknetzen abgesehen - die Fernmeldewege der Telekom verwendet werden. Siehe auch Übertragungsmedium.

Datenumsetzung

Aktivitäten der Datenerfassung, welche die jeweilige EDV-Lösung bedingt und die nicht zur Datenermittlung zählen. Dazu gehören zum Beispiel Belegerstellung und -prüfung, Aufzeichnung der Daten auf Datenträger oder Direkteingabe, Datenprüfung und -korrektur, Konvertieren und Zusammenführen von Daten.

Datenunabhängigkeit

Erfüllung der Forderung, daß Programme auch dann noch unverändert verwendet werden können, wenn sich entweder die Speichermedien oder die Dateiorganisationsformen ändern.

Datenverarbeitung

Jeder Vorgang, der sich auf die Erfassung, Speicherung, Übertragung oder Transformation von Daten bezieht.

Datenverarbeitungsanlage

Siehe Datenverarbeitungssystem.

Datenverarbeitungssystem

Computer, EDV-Anlage (EDVA), EDV- bzw. DV-System, Datenverarbeitungsanlage, automatisiertes Datenverarbeitungssystem (ADV-System), Rechenanlage, Rechensystem, Rechner. Alle diese Synonyme bezeichnen Maschinen, die mittels gespeicherter Programme automatisch Daten verarbeiten, also mathematische, umformende, übertragende und speichernde Operationen durchführen können. Eine EDVA besteht aus Eingabe-, Verarbeitungs-, Speicher- und Ausgabekomponenten.

Datenverbund

Funktion von Rechnerverbundsystemen, durch die ein Datenbestand unabhängig vom Ort seiner Speicherung im Netz einem Benutzer zugänglich gemacht werden kann. Logische Datenbanken können auch physisch getrennt (zum Beispiel auf den diversen Magnetplatten der angeschlossenen Rechner aufgeteilt) gespeichert werden.

Datenverwaltung(sprogramme)

Systemprogramme zur Katalogisierung und Verwaltung von Dateien sowie zur Steuerung des Datentransfers zwischen Arbeitsspeicher und externen Speichern.

DATEV

Datenverarbeitungsorganisation des steuerberatenden Berufes in Deutschland. Erledigt im Nürnberger Großrechenzentrum Datenverarbeitungsaufgaben für über 32 000 Mitglieder (Steuerberater) und deren Mandanten, wobei vier Großrechner der höchsten Leistungsklasse mit insgesamt ca. 3 GB Zentralspeicherkapazität und 1 TB Magnetplattenspeicher zur Verfügung stehen. Zur täglichen Datenausgabe sind über 50 Hochleistungslaserdrucker sowie einige Plotter und COM-Recorder im Einsatz.

DATEX-J

1993 eingeführtes dezentralisiertes Netz für den deutschen Bildschirmtext und sonstige Mehrwertdienste für gelegentliche Benutzer von Datendialogverbindungen. Mit kleinen dezentralen Zugangsrechnern (PCs) sollten die Btx-Betriebs- und Administrationskosten der Telekom gesenkt werden und die Btx-Funktionen näher an die Teilnehmer herangebracht werden. Dabei wurde die Basisgeschwindigkeit auf 2 400 bit/s für analoge und 64 kbit/s für digitale ISDN-Anschlüsse erhöht. 1994 sollen Datensicherung und -kompression angeboten werden, 1995 soll die Geschwindigkeit 9 600 bit/s eingeführt werden. Außerdem wird Btx für die allgemeine Datenkommunikation geöffnet. Das Zugangsnetz übernimmt dabei die Rolle eines allgemeinen Datenmehrwertdienstes, durch den zum Beispiel externe On-line-Datenbanken zugänglich werden. Zur Abgrenzung von den Btx-Anwendungen erhielt das neue Dienstangebot den Namen DATEX-J, wobei J für "Jedermann" steht.

DATEX-L

Siehe Datexnetz mit Leitungsvermittlung.

DATEX-M

Öffentliches digitales Hochgeschwindigkeitsnetz der deutschen Telekom speziell für die Verbindung von lokalen Netzen. DATEX-M soll bis Ende 1993 in zehn deutschen Großstädten angeboten werden. Diese Metropolitan Area Networks sollen sich durch den zellularen Charakter der Übertragungsmethode auch für die Sprach- und Bildkommunikation eignen. Als Übertragungsprotokoll wird Distributed Queue Dual Bus (DQDB) verwendet, die Übertragungsraten liegen zwischen 2 und 140 Mbit/s.

DATEX-P

Siehe Datexnetz mit Paketvermittlung.

DATEX-P10

Bezeichnung für den DATEX-P-Basisdienst mit dem Standard-DATEX-P-Protokoll (genormt nach der CCITT-Empfehlung X.25).

DATEX-P20

Anpassungsdienst, der auf DATEX-P10 aufbaut und über sogenannte PAD-Einrichtungen - welche die jeweiligen herstellerspezifischen Protokolle an den X.25-Standard anpassen - den Anschluß von zeichenorientierten, asynchronen (fernschreibmaschinenähnlichen) Endgeräten erlaubt.

Datexnetz mit Leitungsvermittlung

Synonym: DATEX-L-Netz. Öffentliches digitales Wählnetz der Telekom, speziell für die Datenübertragung mit leitungsvermittelten Verbindungen. Es gestattet zwischen zwei DATEX-L Hauptanschlüssen durchgeschaltete asynchrone Duplexverbindungen mit der Übertragungsgeschwindigkeit von 300 bit/s sowie synchrone Duplexverbindungen von 2 400, 4 800, 9 600 bit/s und 64 kbit/s. Zwei oder vier 64-kbit/s-Kanäle können parallel geschaltet werden, so daß sich (mit privaten Multiplexern) über einen Anschluß eine Transferrate von 128 kbit/s oder 256 kbit/s realisieren läßt. Siehe auch Leitungsvermittlung.

Datexnetz mit Paketvermittlung

Synonym: DATEX-P-Netz. Öffentliches digitales Wählnetz der Telekom, speziell für die Datenübertragung mit paketvermittelten Verbindungen. Es gestattet im Basisdienst bei synchroner Übertragung über virtuelle Verbindungen für DATEX-P-Hauptanschlüsse Übertragungsgeschwindigkeiten von 2 400, 4 800, 9 600 bit/s und 64 kbit/s. Es sind Verbindungen zwischen Anschlüssen mit unterschiedlicher Übertragungsgeschwindigkeit möglich. Zusätzliche Dienste erlauben auch andere Übertragungsverfahren und -geschwindigkeiten. Siehe auch Paketvermittlung.

Datexnetzabschlußgerät

Datenübertragungsgerät an digitalen Wählanschlüssen der Gruppe L oder der Gruppe P. Es setzt die digitalen Signale der Datenendeinrichtung so um, daß sie über Fernmeldeleitungen übertragen werden können (und umgekehrt). Für Wählanschlüsse der Gruppe L gibt es auch Datexnetzabschlußgeräte, die ein Tastenfeld für die Eingabe der Rufnummer und ggf. ein Anzeigefeld für Dienstsignale besitzen.

DAVID

Abkürzung für: Direkter Anschluß zur Verteilung von Nachrichten im Datensektor. VSAT-Dienst der Telekom, der das Sammeln, Verteilen und Austauschen von Daten über Satellit mit klei-

nen Empfangs- und/oder Sendestationen bei den Teilnehmern ermöglicht. Die Übertragungsgeschwindigkeiten betragen zwischen 300 bit/s und 1,92 Mbit/s.

DB2

Relationales (und seit Version 2 verteiltes) Datenbankverwaltungssystem für Großrechner von IBM.

dBase

Führendes Datenbankverwaltungssystem für Personal-Computer, dessen Versionen III+ und IV einen Marktanteil von derzeit einem Drittel aller Installationen haben. dBase läuft unter dem Betriebssystem MS-DOS.

DBMS

Abkürzung für engl.: Data Base Management System. Siehe Datenbankverwaltungssystem.

DBP

Abkürzung für: Deutsche Bundespost.

DBRT

Abkürzung für engl.: Directed Beam Refresh Terminal; deutsch: Bildwiederholgerät mit gesteuertem Strahl. Synonym für Random-Scan-Bildschirm.

DCA

Abkürzung für engl.: Distributed Communications Architecture. Netzwerkarchitektur von Unisys.

DCC

Abkürzung für: Digitale Compact-Cassette. Von Philips entwickelter Standard für sehr kleine wiederbeschreibbare Tonbandkassetten mit digitaler Aufzeichnung.

DCE

Abkürzung für engl.: <u>D</u>istributed <u>C</u>omputing <u>E</u>nvironment. Konzept der Open Software Foundation (OSF) im Bereich der verteilten Datenverarbeitung.

DDE

Abkürzung für engl.: <u>D</u>ynamic <u>D</u>ata <u>E</u>xchange. Funktion zum Datenaustausch zwischen Applikationen unter grafischen Benutzeroberflächen. Der dynamische Datenaustausch wird derzeit von den Benutzeroberflächen Windows und Workplace Shell (OS/2) unterstützt. Dabei wird der Datenaustausch zwischen den Applikationen selbsttätig über Nachrichten durchgeführt. Es kann hierbei zwischen drei verschiedenen Austauschmöglichkeiten unterschieden werden:
- einmaliger Datenaustausch (engl.: cold link; deutsch: kalte Verbindung)
- dauernder Datenaustausch (engl.: hot link; deutsch: heiße Verbindung)
- Datenaustausch mit Benachrichtigung (engl.: warm link; deutsch: warme Verbindung).

Als Aufbewahrungsort der zu tauschenden Daten dient die Zwischenablage (siehe dort).

DDL

Abkürzung für engl.: <u>D</u>ata <u>D</u>efinition <u>L</u>anguage. Siehe Datendefinitionssprache.

Deadlock

Englische, auch im Deutschen gebräuchliche Bezeichnung für: Verklemmung (siehe dort).

DEC

Abkürzung für engl.: <u>D</u>igital <u>E</u>quipment <u>C</u>orporation (siehe dort).

Decision Support System

Synonym: Entscheidungsunterstützungssystem. Führungsinformationssystem, das die Entscheidungsvorbereitung einzelner Führungskräfte im Dialog mit Modellen unterstützt. Benutzer sind entweder die Manager selbst oder Assistenten, die diese mit Information versorgen. Typisch ist die Ausrichtung auf bestimmte schlecht strukturierte Probleme oder Entscheidungsprozesse. Komponenten sind meist eine einfache Datenbank, Zugriff zu umfassenderen operativen Datenbanken, eine Methodenbank und eine Planungssprache. Ein Beispiel ist etwa ein Portfolio-Management-System für Investment-Manager. Executive Information Systems (siehe dort) sind im Unterschied zu den modellorientierten Decision Support Systems eher datenabfrageorientiert und decken einen breiteren Informationsbereich ab.

Decoder (im Zentralprozessor)

Funktionseinheit des Leitwerks, welche die im Operationsteil eines Befehls angegebene Bitkombination entschlüsselt und diese in Steuersignale umsetzt.

dedizierter Übertragungsweg

Übertragungsweg, der nur von einem Paar von Kommunikationspartnern (Funktionseinheiten) genutzt wird.

dediziertes Textsystem

Büromaschine (Spezialrechner) für die Textverarbeitung. Durch die flexibleren Einsatzmöglichkeiten von Personal-Computern sowie deren günstigeres Preis/Leistungsverhältnis sind dedizierte Textsysteme fast vollkommen vom Markt verschwunden.

deduktives Datenbankverwaltungssystem

Programmsystem zum Aufbau, zur Kontrolle und zur Manipulation von deduktiven Datenbanken. Aus einer solchen Datenbank sind nicht nur gespeicherte Fakten, sondern es ist daraus auch durch Regeln abgeleitete, implizite Information abrufbar. Deduktive Datenbanksysteme benutzen meist einen beweistheoretischen Ansatz der Prädikatenlogik, bei dem die Datenbank als eine Menge von Axiomen und Datenbankabfragen als zu beweisende Theoreme aufgefaßt werden.

DEE

Abkürzung für: Datenendeinrichtung (siehe dort).

Defaultwert

Standardannahme bei der Unterlassung einer Benutzereingabe.

Definitionsphase

Zweite Stufe in unserem Phasenmodell für die Entwicklung von Informationssystemen. Dient der Erstellung der Anforderungsspezifikation für das geplante Informationssystem. Siehe Informationssystementwicklung und Phasenschema.

Dekompression

Rückführung verdichteter Daten in den Originalzustand. Die Dekompression kann mittels reiner Softwarelösungen, aber auch mit Hardwareerweiterungen vorgenommen werden.

deskriptiv

Eigenschaft von Programmiersprachen der 4. Generation, die besagt, daß man der EDVA nur mehr in beschreibender Form mitteilen muß, WAS geschehen soll. Im Gegensatz dazu stehen die prozeduralen Programmiersprachen, bei denen im Detail angegeben werden muß, WIE etwas zu geschehen hat (Einzelschritte des Programmablaufs).

Desktop (PC)

Personal-Computer, dessen Systemeinheit, Bildschirm und Tastatur üblicherweise auf dem Schreibtisch stehen (Tischgerät). Ein mobiler Gebrauch ist nicht möglich. Siehe auch Mikrorechner.

Desktop Publishing

Ein auch im Deutschen gebräuchlicher englischer Ausdruck für die mikrorechnergestützte Erstellung von Druckwerken. Um Text und Grafik in Dokumente integrieren und in hoher Qualität ausdrucken zu können (als kamerafertige bzw. bei kleinen Auflagen kopierfertige Vorlage), sind ein 32-Bit-PC oder eine Workstation mit Raster-Bildschirm(en), Bildabtaster und Laserdrucker sowie leistungsfähige Software für Layout, Satz und Druck nötig.

dezentrale Datenerfassung

Datenerfassung, bei der sowohl die personelle als auch die räumliche Identität zwischen dem Datenerfassungsprozeß und dem realen Prozeß gegeben ist; d.h. die Datenerfassung ist vollständig in die Aufgabenerfüllung der Mitarbeiter in den Fachabteilungen integriert.

Dezentralisierung

EDV-Trend, der durch die steigende Leistungsfähigkeit von Arbeitsplatzrechnern, die Verfügbarkeit von immer schnelleren und kostengünstigeren Netzen sowie sich verändernde Unternehmensstrukturen gefördert wird. Siehe auch Client-Server-System und Virtuelle Unternehmung.

dezimal

Bezeichnung für ein Zahlensystem mit der Basis 10.

Dezimalsystem

Stellenwertsystem mit der Basis 10.

DFS KOPERNIKUS

Deutscher Fernmeldesatellit der Telekom, dessen Ausleuchtgebiet auf Deutschland konzentriert ist.

DFÜ

Abkürzung für: Datenfernübertragung (siehe dort).

DFÜ-Programmierer

Auf Datenfernverarbeitungsanwendungen spezialisierter Programmierer.

Dhrystone-Benchmark

Meßgröße für die Prozessor- und Compiler-Leistungsfähigkeit. Dhrystones werden meist in Mips (millions of instructions per second) ausgedrückt, wobei 1 Mips die Zahl von Dhrystones pro Sekunde repräsentiert, die von der Referenzmaschine VAX 11/780 geleistet wird (1 757 Dhrystones/s).

Diagnoseprogramm

Dienstprogramm zur Unterstützung der Behebung von Hardwarefehlern (durch Auswertung einer intern fortgeschriebenen Zustandsdatei).

Dialogverarbeitung

Betriebsart einer EDVA, bei der zur schrittweisen Auftragsabwicklung eine ständige Kommunikation zwischen dem menschlichen Benutzer und dem EDV-System erfolgt.

Dienst

Im Telekommunikationsbereich das Angebot zur Verrichtung häufig vorkommender, exakt definierter Funktionen der Datenübertragung. Beispiele: Dateitransfer, elektronische Post, TELEFAX.

Dienstnorm

Festlegung der möglichen Interaktionen zwischen Dienstbenutzer und Diensterbringer.

Dienstprogramm

Systemprogramm zur Abwicklung häufig vorkommender, anwendungsneutraler Aufgaben bei der Benutzung eines Datenverarbeitungssystems. Zu den Dienstprogrammen zählen Binder und Lader, Editoren (Dateiaufbereiter), Sortier-, Misch- und Kopierprogramme, Diagnose-, Test- und Dokumentationsprogramme, Abrechnungsprogramme u.v.a.m.

Dienstzugangspunkt

Bezeichnung für den Punkt, an dem der von einer Schicht realisierte Dienst der darüberliegenden Schicht des ISO-OSI-Referenzmodells bereitgestellt wird.

Digital-Analog-Wandler

Funktionseinheit, die digitale Eingangssignale in analoge Ausgangssignale umsetzt.

Digital Equipment Corporation

Großer amerikanischer Computerhersteller, der besonders im Bereich der Minirechner und Workstations einen hohen Marktanteil aufweist. Belegt den vierten Rang unter den umsatzstärksten EDV-Herstellern der Welt (1992).

digitale Daten

Information, die in maschinell verarbeitbarer Form durch Zeichen repräsentiert wird. Ein Zeichen ist ein Element aus einer zur Darstellung von Information vereinbarten endlichen Menge von verschiedenen Elementen, dem sog. Zeichenvorrat. Siehe analoge Daten.

digitale Nebenstellenanlage

Synonym: ISDN-Kommunikationsanlage (siehe dort).

digitale Telefonie

Die Schallwellen der Sprache werden mittels PCM-Technik in digitale Werte umgewandelt, übertragen und beim Empfänger wieder in das analoge Originalsignal transformiert. Die Abtastfrequenz des analogen Sprachsignals beträgt 8 kHz (Messungen im Abstand von 125 Mikrosekunden), und die sich ergebenden Zahlenwerte werden durch acht Bits codiert (256 Stufen). Hieraus ergibt sich für digitale Fernsprechverbindungen die Standardübertragungsgeschwindigkeit von 64 kbit/s. Im Gegensatz zur analogen Telefonie können durch die Vermittlungseinrichtungen im Netz die übertragenen Bitfolgen von Störungen gesäubert werden, wodurch eine wesentlich bessere Übertragungsqualität erreicht wird.

digitale Vermittlung

Vermittlungssystem der digitalen Telefonie, das vollelektronisch funktioniert und einen einfachen, entsprechend raschen Verbindungsaufbau ermöglicht.

Digitalisierer

Synonym: Digitalisiertablett (siehe dort).

Digitalisiertablett

Synonyme: Grafiktablett, Digitalisierer und Kurvenverfolger. Eingabegerät für bildliche Daten. Es besteht aus einem elektronischen "Tablett" (Zeichenbrett) und einem daran gekoppelten frei beweglichen Markierer (Stift oder signalabsendende Lupe), dessen Positionen auf der Zeichenfläche punktweise durch Eingabe der Koordinaten abgespeichert werden.

Digitalisierung

Umwandlung von analogen Signalen (zum Beispiel Sprache) in digitale, von Rechnern interpretierbare Signale. Siehe PCM-Technik und Abtaster.

DIN

Abkürzung für: Deutsches Institut für Normung.

Directory

Englische, auch im Deutschen gebräuchliche Bezeichnung für ein Verzeichnis, zum Beispiel das Inhaltsverzeichnis von Disketten, Magnetplatten und ähnlichen Medien sowie für das Adreßverzeichnis in Rechnernetzen.

Directory Service

Dienst zur Verwaltung der Adressen (Teilnehmer, Ressourcen) in Rechnernetzen. Ermöglicht die sinnvolle Administration immer größer und komplexer werdender Netzwerke durch das Vorhandensein von nur einer einzigen Adreßdatenbasis im System. Der Directory Service ist ein Basisdienst, mit dessen Hilfe andere verteilte Services und zentrale Dienste ihre Leistungen erbringen können.

direkt adressierbarer Speicher

Speicher, bei dem mit Kenntnis der Adresse auf jedes beliebige Datenelement sofort zugegriffen werden kann. Beispiele: Arbeitsspeicher, Magnetplatte, Diskette, optische Speicherplatte.

direkt adressierte Abfrage

Abfrage, die bei einem direkt adressierbaren Speicher durch einen einzigen Lesezugriff beantwortet werden kann.

direkte Datenerfassung

Datenerfassung, bei der auf Datenträger ganz verzichtet wird; die Daten werden direkt in die EDVA eingegeben (zum Beispiel manuell über eine Tastatur oder automatisch über registrierende Geräte).

direkte Verkettung (bei Datenspeicherung)

Im Fall der Kollision bei der gestreuten Organisation werden die kollidierenden Datensätze in einen Überlaufbereich geschrieben und dort untereinander verkettet.

Direkteingabe

Bezeichnung für die Erfassung und Eingabe der Daten direkt über Datenstationen am Ort ihrer Entstehung, ohne daß ein Beleg entsteht. Siehe direkte Datenerfassung.

Direktruf

Besondere Leistung im TELEX- und DATEX-Dienst, die das Wählen erspart, wenn Verbindungen immer zu derselben Datenendeinrichtung hergestellt werden sollen. Abgehende Wählverbindungen zu einer einmal festgelegten, in der Vermittlungsstelle gespeicherten Rufnummer werden durch Drücken der Anruftaste am Fernschaltgerät oder ein Steuersignal der Datenendeinrichtung realisiert.

Direktrufnetz

Alte Bezeichnung für die von der Telekom realisierten Datendirektverbindungen (siehe dort).

Direktrufverbindung

Alte Bezeichnung der Telekom für Datendirektverbindung (siehe dort).

Diskette

Direktzugriffsspeicher in Form einer flexiblen runden Kunststoffplatte, die auf beiden Seiten mit einer magnetisierbaren Schicht bedeckt ist. Die Information wird durch Magnetisierung in konzentrischen Kreisspuren mit Hilfe eines Schreib-/Lesekopfes aufgezeichnet. Zum Schutz ist der eigentliche Datenträger in einer quadratischen biegsamen Hülle oder einem festen Gehäuse eingeschlossen. Beim Lesen und Schreiben rotiert die Diskette in diesem Behältnis in einem Luftpolster.

Disketten sind die weitaus am häufigsten verwendeten austauschbaren Datenträger. Es gibt Disketten
- in verschiedenen Größen (gängiger Standard ist 3,5 Zoll),
- für ein- oder doppelseitige Aufzeichnung (engl.: single sided, double sided),
- mit unterschiedlichen Zeichendichten (einfach, doppelt und hoch; engl.: single, double and high density) und
- mit mehreren, inkompatiblen Aufzeichnungsformaten.

Die Kapazitäten der heute in der kommerziellen Praxis meistverwendeten Disketten betragen 1,44 oder 2,88 MB (netto). Die mittlere Zugriffszeit liegt zwischen 65 und 300 ms. Siehe auch Floptical.

Diskless-Workstation

Workstation, die ohne Magnetplatte konfiguriert ist. Booten und Betrieb sind nur im lokalen Netz über einen LAN-Server möglich. Sowohl Programmpflege als auch Datenhaltung und Datensicherung werden zentral durchgeführt.

Dispositionssystem

Informationssystem, das über die reine Administration hinaus auch die Aufgabe hat, menschliche Entscheidungen bei überwiegend gut strukturierten Problemen vorzubereiten oder zu automatisieren. Tendenziell betreffen Dispositionssysteme hauptsächlich den Aufgabenbereich mittlerer Führungskräfte.

Distanzadresse

Adresse, die den Abstand einer Operandenadresse von der Basisadresse kennzeichnet.

Distributed Computing

Siehe verteilte Datenverarbeitung.

Distributed SMALLTALK

Programmiersprache SMALLTALK, die mit Erweiterungen zur Programmierung von Aufgaben verteilter Rechner und von Mehrprozessorsystemen ausgestattet wurde. Siehe verteilte und parallele Programmiersprachen.

Divisionsrestverfahren

Form der Schlüsseltransformationsfunktion, bei der die Speicheradresse über eine Modularfunktion aus dem Schlüssel errechnet wird.

DML

Abkürzung für engl.: Data Manipulation Language; d.h. auf deutsch: Datenmanipulationssprache (siehe dort).

DNA

Abkürzung für engl.: Digital Network Architecture. Netzwerkarchitektur von DEC.

Dokument

Schriftstück; genereller: Informationsaufzeichnung (Text, Daten, Bild und/oder Sprache), meist in Form einer Datei.

Dokumentation (von Programmen)

Siehe Programmdokumentation.

Dokumentationsprogramm

Dienstprogramm eines Betriebssystems.

Dokumenten-Retrieval

Sammeln, Erfassen, Ordnen, Auswerten und Speichern von Dokumenten sowie deren Bereitstellung zum Zweck der Information. Input und Output eines Retrievalsystems sind daher Dokumente, unabhängig von ihrer Form (Text, Daten, Bild, Sprache). Dem verbreiteten Sprachgebrauch folgend, wird "Dokumenten-Retrieval" für Speicherung und Retrieval von Bürodokumenten, "Information Retrieval" für Literaturdokumentation und Volltextdatenbanken verwendet.

Dokumenten-architekturmodell

Standards bzw. Normen, die ein Modell für den Aufbau und die Strukturen von Dokumenten beschreiben und in einem Dokumentbearbeitungsmodell die Funktionen der Komponenten des Strukturmodells erklären. Ferner werden die Übertragungsformate und ihre Codierung festgelegt.

Doppelring

Topologie eines Datenübertragungssystems, das aus zwei parallel verlaufenden, ringförmigen Übertragungswegen aufgebaut ist. Zum Beispiel besteht ein FDDI-Netz aus einem sog. Primär- und sog. Sekundärring mit einer Gesamtlänge von bis zu 200 km (zweimal 100 km). In beiden Ringen wird gegenläufig zueinander übertragen, wobei der Sekundärring als sog. Backup-Ring dient, auf den bei Bedarf und in Notfällen automatisch umgeschaltet wird. Die Doppelring-Struktur ermöglicht ein hohes Maß an Fehlertoleranz und Ausfallsicherheit. Siehe FDDI.

Doppelsternnetz

Topologie eines Datenübertragungssystems, bei dem von der Zentrale sternförmig ausgehende Übertragungswege unterwegs verzweigt werden, d.h. mit mehreren sternförmig zu den angeschlossenen Teilnehmern oder Teilnehmergruppen weiterführenden Wegen verbunden werden.

Doppelwort

Maschinenwort, das die doppelte Länge eines normalen Wortes aufweist. Bei einem 32-Bit-Rechner ist ein Doppelwort demnach 64 Bits oder 8 Bytes lang.

Downsizing

Auslagerung der Informationssysteme vom Großrechner auf kostengünstigere bzw. effizientere Abteilungsrechner (Minirechner) und Arbeitsplatzrechner.

dpi

Abkürzung für engl.: dots per inch; deutsch: Punkte pro Zoll. Maßeinheit für die Auflösung grafischer Darstellungen von Ein- und Ausgabegeräten (Scanner, Nadeldrucker, Laserdrucker, ...).

DQDB

Abkürzung für engl.: Distributed Queue Dual Bus; Übertragungsprotokoll für DATEX-M (siehe dort).

DR-DOS

MS-DOS-kompatibles PC-Betriebssystem von Digital Research.

drahtlose Datenübertragung

Datenübertragung, die nicht über Kabel erfolgt (sondern zum Beispiel durch Funk, Infrarotlicht oder Laser). Siehe Funknetz.

DRAM

Abkürzung für engl.: Dynamic Random Access Memory. Dynamischer Halbleiterspeicher.

dritte Normalform

Form einer Relation (Datensatz, Datei), bei der diese in der zweiten Normalform ist und zusätzlich jedes Attribut nicht transitiv vom Primärschlüssel abhängig ist. Siehe Normalisierung.

Druckaufbereitung

Umsetzung der internen Datendarstellung in eine für die (Drucklisten- oder Bildschirm-)Ausgabe adäquate Darstellungsform.

Druckdatei

Temporäre Datei, die Druckanweisungen beinhaltet. Siehe Spool.

Druckdienst

Büroservice, der die Ausgabe über Drucker-Server regelt.

Drucker

Ausgabegerät, das nacheinander einzelne Zeichen (= Zeichendrucker, Schreiber), ganze Zeilen (= Zeilendrucker) oder ganze Seiten (= Seitendrucker) von Ausgabedaten auf Papier oder Folie druckt, d.h. durch Kontrasterzeugung visuell lesbar macht.

Druckeremulation

Bezeichnung für die Eigenschaft eines Druckers, sich in einer bestimmten Einstellung exakt so zu verhalten, wie eine andere in der Regel nicht baugleiche Maschine. Emulationen sind notwendig, um Programme, die ausschließlich für bestimmte (oft ältere) Drucker ausgelegt sind, ohne Änderungen weiterverwenden zu können. Der Drucker paßt sich somit der Anwendung / dem Programm an. Durch diese Anpassung versuchen die Hersteller ihre Drucker möglichst flexibel zu gestalten.

Druckerplotter

Ausgabegerät, das schriftliche und bildliche Daten mit nichtmechanischen Verfahren (vorzugsweise elektrostatisch) nach dem Punktrasterprinzip auf Papier oder Folie aufzeichnet.

Druckerschnittstelle

Schnittstelle zur Datenübertragung zwischen Zentraleinheit und Drucker, wobei zwischen seriellen und parallelen Schnittstellen zu unterscheiden ist. Serielle Druckerschnittstellen senden die Bits nacheinander auf einer Leitung (zum Beispiel V.24- bzw. RS 232-Schnittstelle), während parallele Schnittstellen gleichzeitig auf mehreren Leitungen Bits übertragen (siehe Centronics-Parallelschnittstelle).

Druckersprache

Eine zur Druckersteuerung geschaffene künstliche Sprache. Die bedeutendste standardisierte Druckersprache ist PostScript (siehe dort).

Druckmaske

Vorgabe bei der Listenerzeugung, in der die Anordnung der Felder, erklärender Text, Kopf- und Fußzeilen, Gruppenwechsel mit und ohne Zwischensummen individuell festgelegt werden können.

DSE

Abkürzung für engl.: Distributed Systems Environment. Netzwerkarchitektur von Bull.

DSN

Abkürzung für engl.: Distributed Systems Network. Netzwerkarchitektur von Hewlett-Packard.

DSS

Abkürzung für engl.: Decision Support System (siehe dort).

DTP

Abkürzung für engl.: Desktop Publishing (siehe dort).

Dualsystem

Stellenwertsystem mit der Basis 2.

Dualziffer

Ziffer im Dualsystem, deren Nennwert nur zwei verschiedene Werte annehmen kann, nämlich 0 und 1.

DÜE

Abkürzung für: Datenübertragungseinrichtung (siehe dort).

Duplexverfahren

Synonym: Vollduplexverfahren. Betriebsart auf einem Übertragungsweg, bei der Daten im Gegenbetrieb in beiden Richtungen übertragen werden können (Sendebetrieb und Empfangsbetrieb finden in einer Datenstation gleichzeitig statt).

Durchführbarkeitsstudie

Synonym: Machbarkeitsstudie. Studie zur Klärung, ob, wann und wie die in der Definitionsphase ermittelten Anforderungen in einem Informationssystem realisiert werden können und welche Ressourcen (Personal, Finanzmittel und Sachmittel) in welcher zeitlichen Abfolge hierzu benötigt werden.

Durchsatz

Maßgröße für die Verarbeitungsgeschwindigkeit, die sich aus der Anzahl der pro Zeiteinheit abgearbeiteten Aufträge (engl.: jobs) errechnet.

Durchschaltevermittlung

Synonym: Leitungsvermittlung (siehe dort).

DV

Abkürzung für: Datenverarbeitung.

DV-System

Abkürzung für: Datenverarbeitungssystem (siehe dort).

DVST

Abkürzung für engl.: Direct View Bistable Storage; deutsch: bistabiler Direktbildspeicher. Synonym: Speicherbildschirm (siehe dort).

dynamischer Datentausch

Siehe DDE.

dynamisches System

System, bei dem die Beziehungen zwischen den Elementen einerseits und den Elementen und der Umwelt andererseits in einem Austausch von Materie, Energie oder Information (Strömungsgrößen) bestehen. Ein System befindet sich dann im Gleichgewicht, wenn sich die zu beobachtenden Strömungsgrößen oder deren zeitliche Differentiale im Zeitablauf nicht ändern.

E

E-Mail

Abkürzung für engl.: Electronic Mail; auf deutsch: Elektronische Post (siehe dort).

E-Netz

Ab 1994/95 nach dem GSM-Standard (siehe dort) geplantes digitales Mobilfunknetz in der Bundesrepublik Deutschland. Siehe auch Funknetz, Mobilfunknetz, Zell(ular)system.

EA

Abkürzung für: Ein- und Ausgabe.

EA-Kanal

Abkürzung für: Ein-Ausgabekanal (siehe dort).

EA-Prozessor

Abkürzung für: Ein-Ausgabeprozessor (siehe dort).

EA-Werk

Abkürzung für: Ein-Ausgabewerk (siehe dort).

EAN

Abkürzung für: Europäische Artikelnummer. Diese 13-stellige Nummer ist mit Strichmarkierungen codiert und kann so maschinell gelesen werden. Die ersten beiden Stellen dieser Nummer dienen der Kennzeichnung des Ursprungslandes des Artikels, die nächsten fünf Stellen identifizieren den Hersteller. Die weiteren fünf Stellen bezeichnen den Artikel, wobei diese Nummer vom Produzenten selbst gewählt werden kann. Die letzte Stelle des EAN-Codes ist eine Prüfziffer. Unter dem Bal-

kencode befindet sich eine OCR-B-Schriftzeile, die der visuellen Lesbarkeit der Nummer dient. Neben den meisten europäischen Ländern haben sich auch die USA und Japan diesem Standard angeschlossen.

EBAM

Abkürzung für engl.: Electronic Beam-Addressable Memory. Elektronenstrahlspeicher (siehe dort).

EBCDIC

Abkürzung für engl.: Extended Binary Coded Decimal Interchange Code. In der kommerziellen Datenverarbeitung häufig gebrauchter, maschineninterner 8-Bit-Code für die Verschlüsselung von alphanumerischen Zeichen (zum Beispiel Maschinencode von IBM- und Siemens-Großrechnern).

ECD

Abkürzung für engl.: Erasable Compact Disc. Bezeichnung für wiederbeschreibbare optische Speicherplatten.

Echtzeitbetrieb

Synonym: Realzeitbetrieb (siehe dort).

ECL

Herstellungstechnik für leistungsfähige integrierte Schaltungen.

ECMA

Abkürzung für engl.: European Computer Manufacturers Association.

EDI

Abkürzung für engl.: Electronic Data Interchange. Bezeichnung für den elektronischen Datenaustausch über Geschäftstransaktionen (Bestellungen, Rechnungen, Überweisungen, Warenerklärungen usw.) zwischen Betrieben. Die Daten werden in Form von strukturierten, nach vereinbarten Regeln formatierten Nachrichten übertragen. Dadurch ist es dem Empfänger möglich, die Daten direkt in seinen Anwendungsprogrammen weiterzuverarbeiten (Durchgängigkeit der Daten).

EDIFACT

Abkürzung für engl.: Electronic Data Interchange For Administration, Commerce and Transport). Weltweite, branchenübergreifende Norm für die Darstellung von Geschäfts- und Handelsdaten beim elektronischen Datenaustausch zwischen Betrieben.

Editieren

Aufzeichnung und inhaltliche Überarbeitung von Dateien im Dialog (Text, Bild, Sprache).

Editor

Dienstprogramm zum Erstellen, Lesen und Ändern von Dateien.

EDV

Abkürzung für: Elektronische Datenverarbeitung.

EDV-Abteilung

Abteilung in Betrieben mit EDV-Aufgaben. Zu den Aufgaben von zentralen EDV-Abteilungen und der dort vorwiegend beschäftigten Datenverarbeitungsfachkräfte gehören vor allem
– die betriebsweite IS-Gesamtplanung und IS-Organisation,
– die Beschaffung und der Betrieb großer teurer, vielfach verwendeter Zentralrechner, Hochleistungsperipherie, Datenbanksysteme und Anwendungspakete,
– die Koordination dezentraler Hardware- und Softwarebeschaffungen (Arbeitsplatzrechner),
– die Entwicklung und Pflege (Wartung) großer integrierter Anwendungssysteme,
– die Konfigurierung, Steuerung und Kontrolle von Rechnernetzen,
– die Vermittlung von Informationsdiensten (intern und extern),
– die Schulung und Beratung der Endbenutzer in Fachabteilungen,
– das Dienstleistungsmarketing, d.h. das aktive "Verkaufen" der angebotenen EDV-Ressourcen und Dienste.
Siehe hierzu auch: Rechenzentrum.

EDV-Beruf

Siehe Berufsbild.

EDV-Hersteller

Auf der ganzen Welt gibt es Tausende von EDV-Herstellern. Sie fertigen Hardware von einzelnen Bauteilen bis zu Rechnerfamilien aller Größenklassen, erstellen Software in allen Spielarten und bieten Beratung, Systementwicklung, Wartung oder andere Dienstleistungen an. Die größten Firmen haben ihre Entscheidungsbasis in den USA und Japan. Siemens-Nixdorf zählt als einziger europäischer Hersteller zu den Top 10: IBM, Fujitsu, NEC, DEC, Hewlett-Packard, Hitachi, AT&T/NCR, Unisys, SNI (Siemens-Nixdorf) und Apple (gereiht nach dem EDV-Umsatz im Jahre 1992).

EDV-Organisator

EDV-Fachkraft für den Aufbau von Informationssystemen. Tätigkeiten: Planung langfristiger Konzeptionen für die Entwicklung von Informationssystemen; Abgrenzung von Teilinformationssystemen (Architektur); Koordination von Entwicklungsaktivitäten; Analyse und Beurteilung von Projektplänen; Untersuchung und Ausarbeitung neuer Informationstechnologien und Anwendungstechniken; Entwurf und Überwachung von Entwicklungsrichtlinien.

EDV-Tätigkeitsfeld

Folgende Bereiche innerhalb des EDV-Tätigkeitsfeldes lassen sich unterscheiden:
– Organisation,
– Systemanalyse,
– Programmierung,
– Datenschutz und Datensicherung,
– Rechenzentrum,
– Vertrieb,
– Ausbildung und
– Hardware (Kundendienst, Wartung).
Siehe auch Berufsbild und EDV-Abteilung.

EDV-Verkäufer

EDV-Fachkraft für den Vertrieb von Informationssystemen und/oder deren Komponenten. Tätigkeiten: Erschließung, Ausschöpfung und Sicherung von Datenverarbeitungsteilmärkten; insbesondere Akquisition inkl. Information und Beratung bezüglich Hardware und Software, Ausarbeitung von Problemlösungen und Angeboten und deren Präsentation; Koordination und Überwachung der Vertragsverpflichtungen inkl. Installationsvorbereitung, Ausbildungsplanung usw.; Kundenbetreuung während der Nutzungszeit der vertriebenen Objekte.

EDV-Vertriebsbeauftragter

Siehe EDV-Verkäufer.

EDVA

Abkürzung für: Elektronische Datenverarbeitungsanlage. Siehe Datenverarbeitungssystem.

EEPROM (-Chip)

Fest(wert)speicherchip, bei dem die Programmierung und das Löschen des Inhalts durch elektrische Impulse erfolgen. Damit kann die bei EPROM-Chips meist unumgängliche Demontage des Geräts entfallen.

EGA

Abkürzung für engl.: Enhanced Graphics Adapter. Grafik-Standard für Personal-Computer mit einer Auflösung von 640 mal 350 Bildpunkten à 16 Farben.

Ein-Ausgabegerät

Siehe Peripheriegerät, Eingabegerät und Ausgabegerät.

Ein-Ausgabekanal

Funktionseinheit für die Kommunikation zwischen Zentraleinheit und peripheren Geräten. Siehe Byte- und Blockmultiplexkanal.

Ein-Ausgabeprozessor

Prozessor in der Zentraleinheit, der das Übertragen von Daten zwischen peripheren Einheiten und dem Arbeitsspeicher selbständig steuert und dabei die Daten gegebenenfalls modifiziert.

Ein-Ausgabesteuerung

Reglementierung und Überwachung des Datentransfers zwischen Zentraleinheit und Ein-Ausgabegerät(en) durch Steuereinheiten (siehe dort).

Ein-Ausgabewerk

Funktionseinheit innerhalb eines Datenverarbeitungssystems, die den Verkehr mit den peripheren Geräten zur Eingabe und Ausgabe von Daten steuert. Das Ein-Ausgabewerk ist mit keinem eigenen Rechenwerk und Leitwerk versehen.

Ein-Chip-Computer

Auf einem einzigen Chip integrierte vollständige Zentraleinheit.

Einadreßbefehl

Maschinenbefehl, der nur die Adresse eines Operanden enthält.

einfaches Attribut

Einfache Attribute sind Attribute, die nicht in kleinere Teile zerlegt werden (z.B. das Attribut "Alter" einer Person). Im Gegensatz dazu stehen zusammengesetzte Attribute.

Einführung(sphase)

In diesem letzten Tätigkeitsschwerpunkt unseres Phasenmodells der IS-Entwicklung (siehe auch Phasenschema und Informationssystementwicklung) wird ein neu entwickeltes Informationssystem in das gesamtbetriebliche Informationssystem integriert. Hierzu gehören vor allem organisatorische Maßnahmen und personalpolitische Vorkehrungen, die geeignet und erforderlich sind, um die von dem entwickelten System betroffenen Mitarbeiter mit den Systemfunktionen und den dadurch verursachten Aufgabenänderungen vertraut zu machen. Ferner umfaßt diese Phase u.a. die eventuell notwendige Installation von Hardware und Software, die Übernahme von Datenbeständen, die Umstellung sowie die Übergabe des neuen Systems an die Benutzer und das Rechenzentrum (Betrieb/Wartung).

Eingabedaten

Daten, die zur Verarbeitung innerhalb einer EDVA von außen her aufgenommen werden.

Eingabeeinheit

Funktionseinheit innerhalb eines Datenverarbeitungssystems, mit der das System Daten von außen her aufnimmt.

Eingabegerät

In einer Eingabeeinheit eine Baueinheit, durch die Daten in eine EDVA eingegeben werden können.

Einprogrammbetrieb

Betriebsart einer EDVA, bei der einzelne Benutzeraufträge von der Zentraleinheit nacheinander bearbeitet werden. Es befindet sich ein einziges Anwendungsprogramm im Arbeitsspeicher, das für seinen gesamten Ablauf alle vorhandenen Betriebsmittel zugeteilt erhält.

Einzelplatztextsystem

Speziell zur Textverarbeitung ausgelegter Rechner (Textautomat) für einen Benutzer mit Bildschirm, meist abgesetzter Schreibmaschinentastatur mit Funktionstasten, externem Magnetspeicher und Drucker mit Korrespondenzqualität. Die Software bietet umfassende Textverarbeitungsfunktionen und eine speziell für Schreibkräfte konzipierte Benutzeroberfläche. Wegen des Trends zur integrierten Sachbearbeitung und zur Erzeugung von Mischdokumenten werden solche Geräte heute nicht mehr vertrieben und bei den Anwendern durch PCs oder UNIX-basierte Systeme ersetzt.

Einzweckregister

Register, dem eine bestimmte Aufgabe fest zugeordnet ist.

EIS

Auch im Deutschen gebräuchliche Abkürzung für engl.: Executive Information System (siehe dort).

EISA-Bus

Abkürzung für engl.: Extended Industrial Standard Architecture. Bussystem für 80386- und 80486-PCs mit einem jeweils 32 Bits breiten Adreß- und Datenbus sowie einer maximalen Übertragungsrate von 33 MB/s. Bei der Entwicklung dieses Busses wurde darauf Bedacht genommen, daß auch ältere 8-Bit- und 16-Bit-Erweiterungskarten weiterverwendet werden können (siehe AT-Bus).

Electronic Banking

Englische, auch im Deutschen gebräuchliche Bezeichnung für elektronische Zahlungsverkehrs- und Informationsdienste. Überbegriff für Dienstleistungen von Banken, die es dem Kunden ermöglichen, mittels Terminal oder Personal-Computer einfache Bankgeschäfte zu tätigen. Neben Geldausgabeautomaten und anderen Selbstbedienungssystemen von Banken (zum Beispiel Kontenauszugsdrucker) zählen auch Home Banking und EFTS (Electronic Funds Transfer System) zu solchen Bankdienstleistungen.

Electronic Cash

Englische, auch im Deutschen gebräuchliche Bezeichnung für die Zahlung des Rechnungsbetrages mit Hilfe einer Magnetstreifen- oder Chipkarte an einer POS-Kasse. Nach Aufbau der Wählverbindung zur Autorisierungszentrale erfolgt anhand der vom Kunden eingetippten persönlichen Identifikationsnummer (PIN) eine Legitimationsprüfung und ggf. Autorisierung der

Verfügung. Der Käufer wird darüber informiert, daß der Rechnungsbetrag von seinem Konto abgebucht und auf das Konto des Zahlungsempfängers transferiert wird (mittels eines Transaktionsbelegs). Periodisch erfolgen: Umsatzmitteilung an die Händler-Banken, Einzug der Rechnungsbeträge durch die Händler-Banken per Lastschrift, Mitteilung der Electronic Cash-Gebühren an die Karten-Emittenten, Einzug der Electronic Cash-Gebühren durch die Kartenemittenten von den Händler-Banken.

Electronic Publishing

Englische, auch im Deutschen gebräuchliche Bezeichnung für die rechnergestützte Erstellung von Druckwerken. Siehe auch Desktop Publishing.

Elektrolumineszenz-bildschirm

Flacher Bildschirm, bei dem für die Anzeige ein Substrat (festes Material oder flexible Kunststoffolie) verwendet wird, auf das mit fotolithografischen Methoden ganzflächig eine Folge von dünnsten Schichten mit Halbleiterschaltungen aufgebracht wurde. Die Beschichtung besteht aus Substanzen, die bei Anlegen einer ausreichenden elektrischen Spannung Licht abgeben. Die Bildpunkte werden durch Transistorschaltungen erzeugt, die in Matrixform über die aufgedampften Leiterbahnen (Elektroden) angesteuert werden.

Elektronenstrahlbildschirm

Flacher Bildschirm, der wie die herkömmliche Kathodenstrahlröhre mit der Vakuumfluoreszenztechnik arbeitet, wobei jedoch anstelle des voluminösen Glaskolbens eine flache Glaswanne verwendet wird.

Elektronenstrahlspeicher

Speicher, bei dem die Träger der Information elektrische Ladungen sind, die durch die Einwirkung von Elektronenstrahlen auf einem strukturlosen Speichermedium gebildet werden. Dieses Speichermedium ist aber derzeit noch nicht aus dem Laborstadium herausgekommen.

Elektronische Datenverarbeitungsanlage

Siehe Datenverarbeitungssystem.

Elektronische Post

Synonym: E-Mail. Softwaremäßige Nachbildung von Funktionen der "Gelben Post" in Rechnernetzen. Dabei werden alle Nachrichten elektronisch erstellt, versendet, empfangen und gespeichert. Dies ermöglicht den "papierlosen" Austausch der verschiedensten Nachrichtenarten, beispielsweise von Briefen und Grafiken. Durch die Orientierung an der herkömmlichen Post ist die Struktur eines solchen Mail-Systems vorgegeben: Jeder Teilnehmer hat in einem bestimmten "Postamt" (Server) sein Fach (engl.: mailbox), und entsprechend werden solche Systeme auch Mailbox-Systeme genannt. Elektronische Postsysteme unterstützen somit die zeitversetzte (asynchrone) Kommunikation zwischen den Teilnehmern, wobei zusätzlich auch Leistungen wie Zwischenspeichern und 1:n-Beziehungen (Massenversand) angeboten werden.

Elektronische (Speicher-)Schreibmaschine

Schreibmaschine mit Prozessor, Arbeitsspeicher und mit in der Regel eingebautem Druckwerk.

Elektronischer Datenaustausch

Siehe EDI.

Elektronischer Datenträger

Datenträger, bei dem die Daten elektrisch in die Zellen eines Halbleiterspeichers geschrieben werden. Beispiele sind Chipkarten mit Mikroprozessor, Flash-Speicherkarten und Halbleiterplatten (siehe dort).

Elektronischer Markt

Informationssystem zur Ermöglichung des marktmäßig organisierten Tausches von Gütern und Leistungen zwischen gleichberechtigten Partnern (Anbietern und Nachfragern), das alle oder einzelne Phasen der Marktkoordination (Informationsphase, Vereinbarungsphase, Abwicklungsphase) unterstützt. Beispiele sind elektronische Börsen oder Flugreservierungssysteme.

Elektronischer Nachrichtendienst

Mitteilungsdienst in Rechnernetzen, mit dem Diskussionen im Rahmen von Newsgroups (siehe dort) mitverfolgt sowie Problemstellungen im Fachkreis diskutiert werden können. Ein Beispiel für elektronische Nachrichtendienste ist News (siehe dort) im Internet.

Elektronischer Schreibtisch

Benutzeroberfläche, die eine komplette Büroumgebung auf einem vollgrafischen Bildschirm darstellt. Dokumente (Dateien), Mappen (Dateiunterverzeichnisse), Aktenschränke (Dateihauptverzeichnisse), Postkörbe, Drucker usw. werden als kleine Piktogramme in vom Benutzer selbst gewählter Ordnung abgebildet. Mit Hilfe eines Zeigeinstrumentes (zum Beispiel einer Maus) kann der Benutzer die dargestellten Objekte manipulieren.

Element eines Informationssystems

Was als Element eines Informationssystems anzusehen ist, ist eine Frage der Betrachtungsweise und damit des jeweiligen Untersuchungszwecks. Wir gehen von den Systemelementen Mensch und Maschine (insbesondere EDVA) aus, die durch Kommunikationsbeziehungen miteinander verbunden sind.

Embedded SQL

Erweiterung, die es ermöglicht, SQL-Befehle direkt im Quellenprogramm einer Anwendung zu verwenden.

Empfangsbetrieb

Betriebsart der Datenübertragung, bei der Daten nur von der Datenübertragungseinrichtung der Datenendeinrichtung zugeführt werden.

Emulation

Nachbildung von Hardware- und Softwareeigenschaften anderer EDVA(-Komponenten) durch ein Programm. Siehe Druckeremulation und Terminalemulation.

Endbenutzer

Mitarbeiter in einer Fachabteilung (wie Buchhaltung, Einkauf, Fertigung, Verkauf), der durch eine Datenstation oder einen Mikrorechner am Arbeitsplatz direkt - ohne Einschaltung von Datenverarbeitungsfachkräften - im Dialogbetrieb die EDV nutzt.

Endbenutzerwerkzeug

Benutzerfreundliches Programm(system), das es einem EDV-Laien erlaubt, fachliche Problemlösungen mit Hilfe des Rechners ohne Unterstützung durch Datenverarbeitungsfachkräfte und ohne die Aneignung von speziellen EDV-Kenntnissen zu erarbeiten.

Endemarke

In einer linearen Liste hat jedes Datenelement einen oder keinen unmittelbaren Nachfolger. Hat ein Datenelement keinen unmittelbaren Nachfolger, so wird dies durch eine Endemarke gekennzeichnet.

Endsystem

Begriff des ISO-OSI-Referenzmodells, der Datenendeinrichtungen beschreibt, in denen sich die Anwendungsinstanzen befinden.

Entity-Relationship-Modell

Abkürzung: ER-Modell oder ERM. Grafische Darstellung jenes Realitätsausschnitts, der in einer Datenbank abgebildet werden soll (Datenmodellierungsmethode). In diesem Diagramm werden die Objekttypen durch Rechtecke, die Beziehungen durch Rauten und die Attribute durch Ovale dargestellt. Doppelt umrahmte Ovale werden dann verwendet, wenn es mehrere Werte des Attributs (= mehrwertiges Attribut) für ein Objekt geben kann. Die Bezeichnungen werden in den entsprechenden grafischen Elementen eingefügt, wobei identifizierende Attributsnamen (siehe Schlüssel) unterstrichen werden.

Entpacken

Vorgang, bei dem "gepackte" Daten in eine ungepackte Form gebracht werden. Während zum Beispiel gepackte Ziffern nur ein Halbbyte belegen, belegen entpackte Ziffern ein ganzes Byte. Das entpackte Format ist in EBCDIC oder ASCII interpretierbar, während die gepackte Darstellung nur bei der Verarbeitung rein numerischer Daten Verwendung findet.

Entscheidungstabelle

Übersichtliche, tabellarische Funktionsdarstellung, in der detailliert und eindeutig die Bedingungen gekennzeichnet werden, die erfüllt sein müssen, damit bestimmte Handlungen ausgelöst werden ("Wenn-Dann-Beziehungen"). Eine Entscheidungstabelle besteht aus einem Kopfteil und einem Rumpfteil. Im Kopfteil stehen die Tabellenbezeichnung oder eine Kurzbeschreibung des Inhalts, die laufende Nummer der Seitenzahl des Formulars und das Erstellungsdatum. Der Rumpfteil ist in vier Bereiche aufgeteilt. Die beiden oberen Bereiche enthalten die Bedingungen, die beiden unteren die Handlungen. Im linken Bereich des Rumpfteils stehen die Begriffe, welche die Bedingungen und Handlungen beschreiben (allgemeiner Teil). Die rechten Bereiche des Rumpfteils sind in von links nach rechts numerierte Spalten eingeteilt, in denen die "Wenn-Dann-Beziehungen" (Regeln) gekennzeichnet sind (spezieller Teil). Bedingungen und Handlungen werden also durch eine Eintragung im speziellen Teil zeilenweise definiert. Die vier Bereiche des Rumpfteils werden i. a. durch Doppellinien voneinander getrennt.

Entscheidungs-unterstützungssystem

Synonym: Decision Support System (siehe dort).

Entwicklung von Informationssystemen

Siehe Informationssystementwicklung.

Entwicklungsdatenbank

Synonym: Repository (siehe dort).

Entwurfsphase

Synonym: Designphase. Dritte Stufe in unserem Phasenmodell für die Entwicklung von Informationssystemen (siehe auch Phasenschema und Informationssystementwicklung). Dient der Erstellung von konzeptionellen und logischen Modellen (Daten- und Ablaufmodelle) aufgrund der Anforderungsdefinition.

Entwurfsqualität

Niedrigste Druckqualität bei Matrixdruckern.

Entwurfsverifikation

Test, durch den sich die Auftraggeber einer IS-Entwicklung oder sonstige Dritte davon überzeugen, daß die Entwurfsspezifikationen den Vorgaben hinreichend entsprechen. Hierzu ist eine Prüfung aller Annahmen, ein Nachvollziehen aller wichtigen Entscheidungen usw. erforderlich.

EO

Abkürzung für engl.: Erasable Optical Disk. Gängige Bezeichnung für wiederbeschreibbare optische Speicherplatten. Im Gegensatz zur CD-ROM- und WORM-Technologie werden die Daten bzw. diese repräsentierende Markierungen magneto-optisch unter Ausnutzung des sogenannten "Kerr-Effektes" auf den Datenträger geschrieben. Der Kerr-Effekt besagt, daß bestimmte Substanzen unter dem Einfluß hoher thermischer Energie und starker Magnetfelder ihre Polarisationsrichtung ändern (Schreibvorgang mittels eines Laserstrahls und eines magnetischen Feldes). Beim Lesen wird ein schwächerer Laser verwendet, dessen Strahl durch die unterschiedliche Polarisation verschieden reflektiert und über einen Fotosensor in elektrische Impulse umgesetzt wird.

EPROM(-Chip)

Abkürzung für engl.: Erasable Programmable Read Only Memory. Elektrisch programmierbarer Fest(wert)speicherchip (siehe dort), der dem Anwender eine mehrmalige Änderung des Speicherinhaltes erlaubt. Der Löschvorgang erfolgt durch eine etwa halbstündige Bestrahlung mit ultraviolettem Licht.

ER-Modell

Siehe Entity-Relationship-Modell.

Erdefunkstelle

Terrestrische Sende- und Empfangsanlage für den Satellitenfunk. Die großen Erdefunkstellen (10 bis 30 Meter Antennenspiegel) der nationalen Fernmeldeverwaltungen werden primär für den Interkontinentalverkehr der klassischen schmalbändigen Fernmeldedienste (Telefonie, TELEX) und für Fernsehübertragungen verwendet. Durch die Entwicklung der Satellitentechnik sind inzwischen viel kleinere Erdefunkstellen möglich, die wegen des geringeren Preises eine größere regionale Streuung ermöglichen. Siehe hierzu VSAT.

Ergänzungsspeicher

Teil des Arbeitsspeichers, der nicht von Benutzerprogrammen adressiert werden kann.

Ergebnisregister

Register, in dem nach der Operationsausführung das Ergebnis zwischenge-

speichert wird.

Ergonomie

Teilgebiet der Arbeitswissenschaft, das physiologische, psychologische und technische Aspekte der Mensch-Maschine-Kommunikation untersucht. Berücksichtigung findet die Ergonomie bei der Gestaltung der Hardware (zum Beispiel Tastatur, Bildschirm) und der Software (zum Beispiel Menügestaltung, WYSIWYG, Erlernbarkeit).

ERM

Abkürzung für: Entity-Relationship-Modell (siehe dort).

erste Normalform

Form einer Relation (Datensatz, Datei), bei der diese nur aus einfachen Attributen besteht. Siehe Normalisierung.

Erweiterungsspeicher

Bei manchen Großrechnerfamilien durch Benutzerprogramme direkt ansprechbarer Zentralspeicher, der über die architekturbedingte Speichergrenze des Arbeitsspeichers hinausgeht (mehrere GB Kapazität).

ES/9000

IBM-Großrechnerfamilie (ES = Enterprise Systems) mit einer Leistungsbandbreite zwischen 2 und 230 Mips (1993). Die Zentraleinheiten sind zu den IBM-Großrechnerarchitekturen seit den 60er-Jahren aufwärtskompatibel. Das bedeutet, daß Programme, die vor 30 Jahren geschrieben wurden, auch auf den neuesten Rechnern lauffähig sind.

ESCON

IBM-Kanalsystem in Lichtleitertechnik.

ESS

Auch im Deutschen gebräuchliche Abkürzung für engl.: Executive Support System (siehe dort).

Ethernet

Lokales Netzwerkkonzept (genormt), das einen passiven Basisbandbus verwendet, der Übertragungen mit 10 Mbit/s ermöglicht. Das Zugriffsprotokoll CSMA/CD wird vollständig in den Endgeräten abgewickelt. Daher ist Ethernet relativ kostengünstig und bietet trotzdem eine hohe Betriebssicherheit. Ein Ethernet kann mit Repeatern und rein elektrischen Komponenten eine maximale Länge von 2 500 m erreichen und bis zu 1 024 Stationen verbinden (siehe auch 10Base2, 10Base5 und 10BaseT).

EUS

Abkürzung für: Entscheidungsunterstützungssystem. Siehe Decision Support System.

EUTELSAT

Betreiber eines europaweiten Satellitensystems.

EUTELTRACS

Mobiles Satellitenkommunikations- und -ortungssystem.

evolutionäre Systementwicklung

Strategie zur Entwicklung von Software nach folgender Vorgangsweise: Für die bekannten Anforderungen wird ein Programmsystem entwickelt, das als Basissystem den Anwendern übergeben und von diesen in Betrieb genommen wird. Die Anwender definieren aufgrund ihrer Erfahrungen mit dem Programmsystem ihre Änderungs- und/oder Erweiterungswünsche. Das Programmsystem wird entsprechend diesen Anforderungen geändert. Die Systementwicklung wird damit (im Gegensatz zu nach dem Phasenschema abgewickelten Softwareprojekten) zu einem nicht abgeschlossenen Prozeß, der das Softwaresystem während des gesamten Lebenszyklus begleitet. Siehe hierzu auch Prototyping.

Executive Information System

Führungsinformationssystem, das Manager der obersten Ebene (engl.: Executives) im Dialogbetrieb unterstützt; das Schwergewicht liegt bei der Datenabfrage. Benutzer sind entweder die Führungskräfte selbst oder Assistenten, die diese mit Information versorgen. Typische Merkmale sind die Ausrichtung auf einzelne Entscheidungsträger, eine besonders benutzerfreundliche, objektorientierte Oberfläche, weitreichende Grafikfunktionen, verschiedene Präsentationsmöglichkeiten von Daten (Text, Tabelle und Bild), Angebot von Status- und Ausnahmeberichten sowie "Highlight Trends", die Betonung der Zeitbezogenheit von Information, die Sammlung und Auswertung von Daten aus einer Vielzahl interner und externer Quellen.

Executive Support System

Decision Support System (siehe dort), das speziell auf den Bedarf von Top-Managern abgestimmt ist.

Expertensystem

"Intelligentes" Informationssystem, das fachspezifische Kenntnisse, d.h. das Wissen von Experten, in einem (meist eng) abgegrenzten Anwendungsbereich verfügbar macht. Hauptbestandteile sind eine Wissensbasis (Datenbank mit Expertenwissen) und eine Problemlösungskomponente (Inferenzkomponente). Ferner sind meist noch eine Wissenserwerbs- und eine Erklärungskomponente vorhanden.

Expertisesystem

Berichtssystem, welches das Datenmaterial im Hinblick auf die Auswertungszwecke in besonders ansprechender Form zusammenfaßt und eventuell darüber hinaus das Stellen von Diagnosen unterstützt.

externe Daten

Aus der betrieblichen Umwelt stammende Daten.

externe Datenbank

Siehe On-line-Datenbank.

externer Bus

Bus, der Prozessor(en), Arbeitsspeicher und Ein-Ausgabe-Schnittstelle in der Zentraleinheit verbindet.

Externer Rechner

Rechner eines Informationsanbieters, der über das DATEX-P-Netz an eine Btx-Zentrale angebunden ist.

externer Speicher

Speicher, der nicht Zentralspeicher ist. Externe Speicher haben längere Zugriffszeiten, sind dafür aber billiger als Zentralspeicher, und sie verfügen über wesentlich höhere Speicherkapazitäten. Die am häufigsten verwendeten externen Speichermedien sind Disketten und Magnetplatten.

externes Netz

Siehe Fernnetz.

externes Schema

Für einen Benutzer bzw. eine Benutzergruppe relevanter Ausschnitt einer Datenbank (siehe auch Architektur von Datenbanksystemen).

F

Faksimilegerät

Gerät zur Erfassung, Übertragung und Ausgabe von Text- und Festbildvorlagen. Die Vorlagen werden in der Eingabeeinheit optoelektrisch zeilen- und punktweise abgetastet. Die übertragenen Bildpunkte werden auf der Empfangsseite entsprechend der Vorlage positions- und helligkeits- bzw. farbgerecht auf Papier oder Mikrofilm ausgegeben.

Faktendatenbank

Datenbank, in der formatierte Daten, wie Zeitreihen, Meßergebnisse, Wertpapiernotierungen, betriebliche Kennzahlen, Produktmerkmale usw., gespeichert sind.

Farbmonitor

Farbfähiges Sichtgerät; meist auf Basis von Kathodenstrahlröhren. Synonym: Farbschirm. Siehe Bildschirm.

Fax

Siehe TELEFAX(-Dienst).

Faxkarte

Erweiterung für Einzelplatzrechner (PCs, Workstations) in Form einer Steckkarte, die eine Anbindung an den TELEFAX-Dienst ohne spezielle Faxgeräte ermöglicht. Siehe Adapterkarte, Klasse-A-, B- und C-Karte sowie PC-Fax-Kopplung.

FCS

Abkürzung für engl.: Fiber Channel Standard. Spezifikation für Kanalverbindungen in lokalen Hochleistungsnetzen, die hauptsächlich auf optischer Übertragungstechnik beruht. Der Standard sieht für optische Übertragungsmedien vier Durchsatzklassen vor: 100 MB/s (HiPPI-kompatibel), 50 MB/s, 25 MB/s und 12,5 MB/s. Ferner stehen Schnittstellen zu unterschiedlichen Kanalarchitekturen zur Verfügung (zum Beispiel SCSI, HiPPI und IBM S/370). Erste Prototypen dieses Standards sind seit Mitte 1993 im Einsatz. Eine breite Installationsbasis wird es voraussichtlich erst ab 1995 geben. Siehe Kanal.

FDDI

Abkürzung für engl.: Fiber Distributed Data Interface; deutsch: Datenschnittstelle für verteilte Glasfasernetze. Der FDDI-Standard spezifiziert einen Glasfaserring mit einer maximalen Länge von 100 km für Hochgeschwindigkeitsnetze. Durch die Konzeption als Doppelring (Primär- und Sekundärring) ist ein hohes Maß an Fehlertoleranz und damit Ausfallsicherheit gewährleistet. Mit einer Übertragungsgeschwindigkeit von 100 Mbit/s wird er vorwiegend als "Backbone" für unternehmensweite Netze eingesetzt. FDDI unterstützt sowohl die synchrone als auch die asynchrone Datenübertragung und bietet Schnittstellen zu Ethernet- und Tokenring-Netzen an. Bis zu 500 Stationen können an einen FDDI-Ring angeschlossen werden, wobei die maximale Entfernung zwischen zwei Datenstationen 2 km beträgt. Siehe Backbone-LAN, Asynchronverfahren, Synchronverfahren, Rechnernetz.

Federplotter

Synonym: Stiftplotter. Plotter, der die Ausgabedaten mechanisch mit Zeichenstiften aufzeichnet. Entsprechend der Bauart des Bewegungssystems, mit dem der Stift auf der Zeichenfläche geführt wird, unterscheidet man zwei Gruppen: Die Flachbettplotter und die Trommelplotter. Beide Gruppen haben gemeinsam, daß das Bild strichweise (entsprechend den vorgegebenen Positionen in dem x-y-Koordinatensystem der Zeichenfläche) aufgezeichnet wird; sie heißen deshalb auch Vektorplotter. Siehe Plotter.

Fehlerhäufigkeit (bei der Datenübertragung)

Aussage über die Qualität der Übertragung. Man unterscheidet zwischen Bit-, Zeichen- oder Blockfehlerhäufigkeit: Anzahl der fehlerhaft übertragenen Einheiten zu der Gesamtzahl der betrachteten Einheiten.

Fehlerschutzeinheit

Einrichtung zum Erkennen und gegebenenfalls Eliminieren von Fehlern, die während der Datenübertragung entstanden sind.

Fehlertoleranz

Eigenschaft eines Systems, trotz auftretender Fehler den Leistungsumfang ganz oder reduziert aufrechterhalten zu können. Bei einem Rechner wird dies durch Fehlererkennungs- und -eingrenzungsmechanismen sowie mit Hilfe von redundanten, d.h. mehrfach vorhandenen, Bauteilen erreicht.

Fehlerwahrscheinlichkeit

Siehe Fehlerhäufigkeit.

Feld

Synonym: Datenfeld (siehe dort).

Fenstertechnik

Aufteilung der Darstellungsfläche eines Bildschirms in mehrere rechteckige Bereiche (Fenster), die unabhängig voneinander gleichzeitig unterschiedliche Information (zum Beispiel Daten aus verschiedenen Dateien) wiedergeben können. Bei Mehrprogrammbetrieb können in den Fenstern mehrere Programme (quasi) parallel ablaufen. Die Fenster können vom Benutzer bei Bedarf geöffnet, im Dialog verändert, d.h. verschoben, vergrößert und verkleinert, sowie geschlossen, d.h. zum Verschwinden gebracht werden. Innerhalb eines Fensters kann so gearbeitet werden, wie üblicherweise auf dem ganzen Bildschirm. In oder neben "Anwendungsfenstern" können "Hilfe-Fenster" (mit hilfreichen Hinweisen) und "Dienst-Fenster" (zur Inanspruchnahme von Dienstprogrammen) eingeblendet werden. Siehe auch Windows, X-Terminal und X-Window.

FEP

Auch im Deutschen gebräuchliche Abkürzung für engl.: Front End Processor. Siehe Vorrechner.

Fernbetriebseinheit

Funktionseinheit zur Steuerung des Betriebsablaufs der Datenübertragung. Sie kann umfassen: Datenaufbereitungsteil, Überwachungsteil, Stationskennungsteil. Jeder dieser Teile kann einen Sendeteil und einen Empfangsteil besitzen. Siehe Datenübertragungseinheit.

Fernkopieren

Originalgetreue Übertragung von Schrift- und Grafikvorlagen über größere Entfernungen hinweg. Die Vorlagen werden im sendenden Fernkopierer in Form eines Rasters optisch abgetastet, die einzelne Punkte repräsentierenden Abtastsignale werden in analoger oder digitaler Form über Fernmeldewege übertragen und vom empfangenden Fernkopierer (häufig auf Spezialpapier) aufgezeichnet. Siehe TELEFAX(-Dienst).

Fernkopierer

Synonym: Faksimilegerät (siehe dort). Siehe auch TELEFAX(-Dienst).

Fernmeldeweg

Übertragungsweg der Telekom.

Fernnetz

Synonyme: Weitverkehrsnetz, Wide Area Netzwork (WAN). Rechnernetz, bei dem die Datenstationen über geographisch größere Räume verteilt sind (Entfernung der Rechnerknoten i.d.R. über 10 km) und über Fernmeldewege (meist Standverbindungen) kommunizieren. Typische Topologien sind Sternnetz, Baumnetz, Schleifennetz und Maschennetz (siehe dort).

Fernschaltgerät

Synonym: Leitungsanschaltgerät. Datenübertragungseinrichtung bei TELEX- und DATEX-Verbindungen.

Fernschreiben

Siehe TELEX(-Dienst).

Fernschreiber

Endgerät am Telexnetz: Sende- und Empfangseinrichtung für zeichenweise übertragene Signale, einschließlich Tastatur und Druckwerk für nacheinander erfolgenden Abdruck der Zeichen bzw. Auslösung von Funktionen. Siehe TELEX(-Dienst).

Fernsehkonferenz

Synonym: Videokonferenz (siehe dort).

Fernsprechnetz

Synonym: Telefonnetz (siehe dort).

Fernsteuerung

Einrichtung, mit der man mit einfachen Befehlssignalen aus der Ferne Maschinen ein- oder ausschalten oder mit differenzierten Befehlssignalen auch exakte Ferneinstellungen vornehmen kann. Siehe auch TEMEX(-Dienst).

Fernüberwachung

Erfassung von Signalen (Geräusche, Rauchentwicklung, Temperatur) mittels Sensoren und Übermittlung dieser Daten an eine entfernte (Überwachungs-)Station. Dient der Kontrolle von Geräten, Einrichtungen oder Gebäuden. Siehe auch TEMEX(-Dienst).

Fernwartung

Instandsetzung mittels Datenfernverarbeitung. Bei Hardware- oder Softwarefehlern stellt der Maschinenbediener eine Verbindung über einen Fernmeldeweg (zum Beispiel Telefonnetz) zur Wartungszentrale her, über welchen die Statusinformation des Systems übertragen werden kann. Mittels Diagnoseprogrammen werden von den Wartungstechnikern die Fehler lokalisiert und - bei Softwarefehlern - auch in vielen Fällen aus der Ferne behoben. Defekte Hardwareteile können im Normalfall vom Wartungstechniker gleich mitgebracht und ausgetauscht werden. Dadurch wird die Ausfallzeit der EDVA verkürzt bzw. die Verfügbarkeit erhöht.

Fernwirkdienst

Telematikdienst zur Fernüberwachung und Fernsteuerung (siehe dort). Ein Beispiel ist der TEMEX-Dienst.

fest verdrahtete Logik

Feste Schaltungen auf einem Chip, die der EDVA ein ganz bestimmtes Befehlsrepertoire vorgeben. Diese Art der Ablaufsteuerung ist schnell, aber unflexibel. Üblicherweise sind daher bei kommerziellen Großrechnern ungefähr nur 10 bis 20 % der Befehle fest verdrahtet. Bei Minirechnern und Workstations ist hingegen der Anteil fest verdrahteter Befehle oft sehr hoch. Siehe RISC.

Festanschluß

Der Festanschluß verbindet die Endstelle beim Teilnehmer mit einem Netzknoten der Telekom. Zwei Festanschlüsse werden zu einer Festverbindung (siehe dort) zusammengeschaltet, die innerhalb verschiedener Telematikdienste nutzbar ist. Sie haben Anschalteeinrichtungen mit analogen oder digitalen Anschaltepunkten und ermöglichen Festverbindungen der Gruppen 1 und 2.

feste Daten

Synonym: Stammdaten (siehe dort).

feste Verbindung

Synonym: Festverbindung (siehe dort).

Festkommadarstellung

Darstellung von Zahlen, wobei sich die Grenze zwischen dem ganzzahligen und dem gebrochenen Teil an einem festen Platz, relativ zum Zahlenanfang oder Zahlenende, befindet.

Festplatte

Fest eingebaute Magnetplatte (vom Anwender nicht austauschbar).

Festpunktrechnung

Verknüpfung von Zahlen in Radix-schreibweise durch ein Verfahren, das den Radixpunkt an einem festen Platz, relativ zum Zahlenanfang oder Zahlenende, unterstellt. Siehe Radixschreibweise.

Festverbindung

Von der Telekom gegen Gebühr überlassener Übertragungsweg, der zwei Festanschlüsse oder Universalanschlüsse miteinander verbindet. Eine Festverbindung ist analog mit einer Bandbreite von 3,1 kHz oder digital mit einer Übertragungsgeschwindigkeit von 64 kbit/s erhältlich. Auf Wunsch wird eine digitale Festverbindung permanent (Gruppe 2) oder semipermanent (Gruppe 3) zur Verfügung gestellt. Im internationalen Bereich haben Festverbindungen, im Unterschied zu internationalen Mietleitungen, einen besonderen benutzungsrechtlichen Status. Synonym: feste Verbindung.

Fest(wert)speicher

Speicher, der während des normalen Speicherbetriebs nur gelesen werden kann. Man unterscheidet irreversible und reversible Festwertspeicher. Siehe ROM, FROM, PROM, EPROM, EEPROM.

Filterbandtechnik

Verfahren zur Sprachdigitalisierung.

Finanzdienst

Branchendienst im Finanzsektor. Siehe Bankendienst.

Firmware

Sammelbegriff für die Mikroprogramme von EDVA.

Flachbettplotter

Siehe Federplotter.

flacher Bildschirm

Bildschirm von weniger als zehn Zentimetern Tiefe. Am weitesten entwickelt und durch käufliche Geräte realisiert sind: Plasmabildschirme, Elektrolumineszenzbildschirme, Elektronenstrahlbildschirme und vor allem Flüssigkristallbildschirme (siehe dort).

Flash-Speicherkarte

Plastikkarte (85 mm x 54 mm x 3,6 mm) mit integriertem Halbleiterspeicher, die als externes Speichermedium für tragbare Kleinstrechner verwendet wird. Die in den Flash-Speicherkarten enthaltenen Chips sind eine Weiterentwicklung der EPROM- und EEPROM-Technologie. Sie verbinden die Vorteile der sehr geringen Zugriffszeiten (250 Nanosekunden), der konstanten Speicherung ohne Stromversorgung (Nichtflüchtigkeit) und der Wiederbeschreibbarkeit. Auf einer Speicherkarte können bis zu 64 MB Daten gespeichert werden. Siehe auch PCMCIA.

Flattersatz (bei Textverarbeitung)

Wird der Text nur an einen Rand angeglichen (meist linksbündig), ergibt sich durch unterschiedliche Zeilenlängen am anderen Rand kein einheitlicher Abschluß. Diese Formatierung wird Flattersatz genannt Gegenteil: Blocksatz (siehe dort)

Fließbandverarbeitung

Siehe Pipelining.

fließende Daten

Synonym: variable Daten. Bezeichnung für Bestandsdaten und Bewegungsdaten.

Flimmern

Bei einem Bildschirm die Wahrnehmung einer raschen periodischen Schwankung der Leuchtdichte, ohne daß die einzelnen Phasen der Regenerierung des Bildschirminhalts noch erkennbar sind.

Flipflop

Speicherelement (eines Chips) mit zwei stabilen Zuständen, das aus jedem der beiden Zustände durch eine geeignete Ansteuerung in den anderen Zustand übergeht.

Floppy Disk

Englische, auch im Deutschen gebräuchliche Bezeichnung für Diskette (siehe dort).

Flops

Abkürzung für engl.: Floating point operations per second. Diese Maßgröße für die Prozessorleistung (pro Sekunde ausgeführte Gleitkommaoperationen) wird vor allem zur Kennzeichnung des Leistungsvermögens von für technische Zwecke ausgelegten Rechnern verwendet. Siehe Benchmark(test).

Floptical

Neuer Disketten-Standard, der aus einer Kombination der herkömmlichen magnetischen und der optischen Technologie entstanden ist. Ein Floptical-Laufwerk verwendet zum Beschreiben und Lesen der Diskette das normale magnetische Verfahren. Durch eine Infrarotdiode und Markierungen am Datenträger kann der Schreib-/Lesekopf jedoch so genau positioniert werden, daß sich die Anzahl der möglichen Spuren fast verzehnfacht (1 250 tpi). Damit erreicht eine 3,5-Zoll-Diskette eine Kapazität von ca. 20 MB. Ein weiterer Vorteil dieser Laufwerke ist die Fähigkeit, auch "herkömmliche" 3,5-Zoll-Disketten lesen und beschreiben zu können (mit entsprechend niedrigerer Kapazität).

flüchtiger Speicher

Schreib-/Lesespeicher, der bei Ausfall der Betriebsspannung die gespeicherte Information verliert.

Flußdiagramm

Grafische Darstellung organisatorischer und logischer Ablaufzusammenhänge bei der Verarbeitung von Daten. Siehe auch konzeptionelles Ablaufmodell.

Flüssigkristallbildschirm

Synonym: LCD. Flacher Bildschirm, bei dem zur Anzeige in Glasflächen eingeschlossene organische Substanzen, sog. Flüssigkristalle, verwendet werden, deren molekulare Eigenschaften denen fester Kristalle ähneln. Bei Anlegen einer Spannung richten sich die Flüssigkristalle in Richtung des elektrischen Feldes aus und bekommen dadurch andere optische Eigenschaften (Wechsel zwischen Lichtdurchlässigkeit und Lichtundurchlässigkeit, wodurch ein angesteuerter Bildpunkt dem Betrachter hell oder dunkel erscheint).

Font

Synonym: Schriftart. Bezeichnung für Zeichensätze für die Bildschirm- und Druckausgabe.

Formatierer

Dienstprogramm, das einen abgespeicherten Text nach bestimmten (i.a. im Text selbst enthaltenen) Anweisungen formatiert ausgibt (auf Bildschirm, Papier, Film). Zu den Formatierungsfunk-tionen gehören die Gestaltung des Seiten-Layouts, der Textumbruch und die Auswahl verschiedener Zeichensätze.

formatierte Daten

Schriftliche Daten mit einem fest vereinbarten Aufbau. Von unten nach oben betrachtet werden die Daten stufenweise zu folgenden Datenobjekten zusammengefaßt: Zeichen, Feld, Satz, Datei, Datenbank (siehe dort).

Formatsteuerung

Funktionen, welche die Anordnung der Daten auf Datenträgern oder an Einrichtungen für die Ein- und Ausgabe (zum Beispiel Bildschirm) bestimmen, wie zum Beispiel Rückführen, Rückwärtsschritt, Zeilenschritt, Tabulieren, Formularvorschub und Positionsmarkenbewegung.

Formularbearbeitung

Erstellen und Ausfüllen von Formularen bzw. Funktionen eines Textverarbeitungsprogrammes zur Unterstützung dieser Tätigkeiten.

formularorientiertes Abfragesystem

Abfragesystem für Dateien bzw. Datenbanken, bei dem der Benutzer seine Informationswünsche in einem vorgegebenen "Formular" auf dem Bildschirm angibt.

FORTRAN

Im technisch-wissenschaftlichen Bereich weit verbreitete, genormte Programmiersprache der 3. Generation, die sich besonders gut für die Formulierung von Programmen zur Lösung komplexer mathematischer Datenverarbeitungsaufgaben eignet.

Forward Engineering

Siehe Reengineering (eines Informationssystems).

Frequenzband

Zusammenhängender Frequenzbereich des Spektrums elektromagnetischer Wellen. Die Wellenbereiche sind für bestimmte Anwendungen in Frequenzbänder unterteilt. Zur Übertragung eines Signales ist eine Mindestbandbreite erforderlich.

Frequenzmultiplexbetrieb (bei Datenübertragung)

Übertragungsverfahren, bei dem ein breitbandiger Datenübertragungsweg in mehrere schmalere Bänder aufgeteilt wird, über die Daten gleichzeitig und unabhängig voneinander übertragen werden können. Siehe Breitband.

Frequenzmultiplexer

Gerät für den Frequenzmultiplexbetrieb (siehe dort).

FROM (-Chip)

Abkürzung für engl.: Factory Read Only Memory. Fest(wert)speicherchip, dessen Inhalt im Herstellerwerk nach den Kundenwünschen durch Maskenprogrammierung aufgezeichnet wird. Siehe Chip.

Front-end-LAN

Lokales Netz, das Arbeitsplatzrechner und eventuell auch Abteilungsrechner verbindet. Typische Übertragungsgeschwindigkeiten sind heute 10 Mbit/s oder 16 Mbit/s. Siehe auch Ethernet, Tokenring und lokales Netz(werk).

FTAM

Abkürzung für engl.: File Transfer, Access, and Management. Genormtes Dateitransferprotokoll. Siehe Dateitransfer, Protokoll.

FTP

Abkürzung für engl.: File Transfer Protocol. Dateitransferprotokoll und Dienst, um in einem Netzwerk, z.B. Internet, Dateien zu übertragen. Im Internet stehen Tausende von öffentlichen FTP-Servern zur Verfügung, über die man per "anonymous FTP", d.h. auch ohne Paßwort, Programme und Datenbestände abrufen bzw. für interessierte Dritte ablegen kann. Ein Archie (siehe dort) unterstützt die Informationssuche, d.h. die Lokalisierung einschlägiger Server. Siehe Dateitransfer, Protokoll.

Führungs- informationssystem

Informationssystem zur Unterstützung von Führungskräften. Siehe Planungssystem und Kontrollsystem, Decision Support System sowie Executive Information System.

Fujitsu

Größter japanischer EDV-Hersteller, der weltweit umsatzmäßig auf dem zweiten Rang hinter IBM liegt (1992).

Funkchip

Integrierter Schaltkreis, der die drahtlose Anbindung von Telefonapparaten, Datenerfassungsgeräten und tragbaren Rechnern an Funknetze (siehe dort) ermöglicht. Siehe Chip.

Funknetz

Netz für die Übertragung von Sprache und Daten zwischen Menschen oder Maschinen mittels Funk (= elektromagnetische Wellen im freien Raum). Zu unterscheiden sind Netze mit reiner

Nachrichtenverteilung, wie Fernsehen, Radio u.ä. (Verteilnetze), und Netze, bei denen Teilnehmer miteinander kommunizieren (Vermittlungsnetze). Richtfunknetze sind Vermittlungsnetze, bei denen alle Stationen stationär sind. Mobilfunknetze sind Vermittlungsnetze mit mobilen Teilnehmern, die sich also beim Verbindungsaufbau und während einer Verbindung bewegen können. Zentral organisierte Mobilfunksysteme nennt man Zellsysteme bzw. Zellularsysteme (siehe dort), dezentral organisierte heißen "Packet Radio Networks" (sie haben bisher vorwiegend im militärischen Bereich eine Bedeutung). Paging-Dienste und Dienste für Autotelefone basieren auf Zellsystemen. Ältere derartige Systeme übertragen die Signale analog und sind i.d.R., wie in der BRD das A-, B- und C-Netz, auf den nationalen Raum beschränkt. In den 90er Jahren in Europa in Betrieb genommene Zellsysteme, wie in der BRD das D-Netz (genauer: D1 von der Telekom und D2 von Mannesmann Mobilfunk) und das geplante E-Netz, basieren auf dem länderübergreifenden digitalen Standard GSM (siehe dort), der nicht nur für Autotelefone, sondern auch für kleinere Geräte konzipiert ist.

funktionale Programmiersprache

Programmiersprache, die auf dem Lambdakalkül der Funktionentheorie beruht. Es wird dabei davon ausgegangen, daß mit drei Basisfunktionen (Aneinanderketten, Iterieren und Rekursion) alle anderen theoretisch möglichen Funktionen zusammengestellt werden können. Das klassische Beispiel für eine funktionale Programmiersprache ist LISP.

Funktionseinheit

Ein nach Aufgabe oder Wirkung abgrenzbares Gebilde. Ein System von Funktionseinheiten kann in einem gegebenen Zusammenhang wieder als eine Funktionseinheit aufgefaßt werden. Der Funktionseinheit können eine oder mehrere Baueinheiten und/oder Programmbausteine entsprechen. Empfohlen wird, bei Benennung von Funktionseinheiten in Zusammensetzung vorzugsweise folgende Begriffe zu gebrauchen (in absteigender Rangfolge): -system, -werk, -glied, -element.

Funktionstaste

Bezeichnung für Sondertasten, die Funktionen der Formatsteuerung, der Gerätesteuerung, der Verarbeitungsablaufsteuerung sowie der Code-Erweiterung auslösen. Beispiele dafür sind die Leertaste, die Tabulatortaste und die Cursortasten. Bei vielen Geräten gibt es darüber hinaus auch noch frei definierbare Funktionstasten, die meistens mit applikationsspezifischen Funktionen belegt werden.

Funktionsverbund

Funktion von Rechnerverbundsystemen, durch die ein Benutzer Programm- und Gerätefunktionen anderer EDVA des Verbundsystems verwenden kann (zum Beispiel nicht auf dem eigenen Rechner vorhandene Sprachübersetzer, Anwendungsprogramme, Vektorrechner, Laserdrucker, COM-Recorder).

Fuzzy Logic

Regeltechnik, die nicht nach dem Booleschen Schema "0/1", "Ein/Aus" bzw. "Ja/Nein" arbeitet, sondern auf der mathematischen Mengentheorie ("Fuzzy-Sets") von L. A. Zadeh aufbaut. Damit sind auch unscharfe Zwischenwerte möglich, wie sie dem menschlichen Verhalten eher entsprechen.

G

GaAs-Chip

Integrierter Schaltkreis, der auf der Basis von Galliumarsenid (GaAs) hergestellt wird. Da sich die Elektronen in diesem Halbleiter im Vergleich zum überwiegend gebräuchlichen Silizium schneller bewegen können, sind auch die Leistungen derartiger Chips größer (max. um den Faktor 2,5).

GAN

Abkürzung für engl.: <u>G</u>lobal <u>A</u>rea <u>N</u>etwork. Bezeichnung für globale Netze, die Rechner auf mehreren Kontinenten verbinden und zur Übertragung von Daten, Text, Sprache und Bildern (Video) dienen. Die Maximalgeschwindigkeit auf den von den europäischen Postverwaltungen angebotenen Fernstrecken beträgt 2 Mbit/s. Weil die Datenpakete im Netz von Knoten zu Knoten in Richtung Adressat weitergegeben werden und einzelne Strecken oft mit geringer Geschwindigkeit operieren, kann die Übertragung einer Nachricht, je nach Netzwerkbelastung, einige Sekunden bis einige Minuten dauern. Ein Beispiel ist Internet (siehe dort).

Ganzseitenbildschirm

Bildschirm, auf dem mindestens eine ganze DIN-A4-Seite im Hochformat dargestellt werden kann (vor allem in der Textverarbeitung nützlich).

Gate-Array-Technik

Verfahren für den Entwurf von teilkundenspezifischen Schaltungen unter Zuhilfenahme von unverbundenen Transistorstrukturen (Gatter-Matrix; engl.: gate array).

Gateway

Bei Rechnernetzen die mit Intelligenz ausgestattete Übergangsstelle (Schnittstelle) zu anderen Netzen.

Gatter

Synonym: Schaltglied. Nicht weiter teilbare Funktionseinheit zur Verarbeitung (Speicherung und/oder Verknüpfung) von Bits.

GB

Abkürzung für: <u>Gi</u>ga<u>by</u>te; 1 GB = ca. 1 Milliarde Bytes (genau: 1 024 MB = 2^{30} Bytes = 1 073 741 824 Bytes).

Gegenbetrieb

Betriebsart der Datenübertragung, bei der in einer Datenstation gleichzeitig Sendebetrieb und Empfangsbetrieb stattfinden.

Geheimnisprinzip

Grundsatz bei der Entwicklung von Informationssystemen, der besagt, daß der interne Aufbau von einzelnen Modulen der Umgebung verborgen bleiben soll. Die Beziehungen der Module untereinander werden durch die Schnittstellen definiert.

Geldausgabeautomat

Gerät für Barabhebungen in Kundenselbstbedienung.

gelegentlicher Benutzer

Benutzer von EDVA in einer Fachabteilung, dessen charakteristisches Aufgabengebiet die Lösung von einmalig oder selten auftretenden, unstrukturierten Problemen ist, bei denen nicht alle Regeln und Zusammenhänge im vorhinein bekannt sind.

gelochter Datenträger

Papierdatenträger, bei dem die zu speichernden Daten durch mechanisches Heraustrennen der entsprechenden Bitkombinationen (Lochen) dargestellt werden. Beispiele sind Lochkarten und Lochstreifen.

Generation(en von Programmiersprachen)

Siehe Programmiersprache.

Generation(en von Rechnern)

Siehe Rechnergeneration.

3-Generationen-Prinzip

Datensicherungsverfahren, bei dem stets drei zeitlich aufeinanderfolgende Sicherungskopien verwahrt werden, auf die in Notfällen zurückgegriffen werden kann.

geostationärer Satellit

Satellit, der in ca. 36 000 km Höhe mit Erdumdrehungsgeschwindigkeit über dem Äquator kreist und so den Anschein erweckt, am selben Ort stillzustehen.

gepacktes Format

Darstellungsform von numerischen Daten, bei der zwei Dezimalziffern in einem Byte Platz finden.

Geräteverwaltung

Durch Steuerprogramme übernommene Funktionen des Betriebssystems, welche die Zuteilung von Ein- und Ausgabegeräten an aktive Prozesse sowie die Steuerung und Überwachung der Gerätebenutzung umfassen.

Gesamtkonzeption (betrieblicher Informationssysteme)

Strategischer, langfristiger Plan, in dem der Aufbau des gesamtbetrieblichen Informationssystems festgelegt wird. Dieser Plan beschreibt die Aufteilung des Gesamtsystems in selbständige, überschaubare Teilsysteme und trägt durch die Definition der Schnittstellen und die Vorgabe von Entwicklungsprioritäten dazu bei, daß die Teilsysteme stufenweise entwickelt und integriert werden können.

Geschäftsgrafik

Bildliche Darstellung von betriebswirtschaftlichem Zahlenmaterial durch Präsentationsgrafiken (zum Beispiel Linien-, Balken-, Säulen- und Kreisdiagramme).

geschlossenes Datenübertragungssystem

Datenübertragungssystem, an dem nicht jedermann teilnehmen kann. Der Anschluß bzw. die Kommunikation ist auf Teilnehmer beschränkt, die bestimmte, z.T. weitreichende Voraussetzungen erfüllen (zum Beispiel Steuerberater sowie DATEV-Mitglied zu sein und ein von der DATEV zugelassenes Terminal mit bestimmter Übertragungsprozedur zu verwenden).

Gesellschaft für Informatik

Bedeutendste wissenschaftliche und standespolitische Vereinigung von Informatikern im deutschsprachigen Raum (1993: ca. 19 000 Mitglieder; Sitz: Bonn; Abkürzung: GI).

gestreute Dateiorganisation

Synonym: Hash-Verfahren. Form der

Dateiorganisation, bei der die Sätze einer Datei nicht in lückenloser Folge, sondern "gestreut" innerhalb des zur Verfügung stehenden Speicherbereiches gespeichert werden. Die Adressen der einzelnen Datensätze werden aus deren Schlüsseln mit Hilfe der Schlüsseltransformationsfunktion berechnet. Siehe Hash-Funktion.

GFlops

Abkürzung für: Gigaflops (1 Milliarde ausgeführte Gleitkommaoperationen pro Sekunde). Gebräuchliche Maßzahl für das Leistungsvermögen technisch-wissenschaftlicher Rechner. Siehe Flops.

GI

Abkürzung für: Gesellschaft für Informatik (siehe dort).

Gigabyte

Abkürzung: GB. 1 Gigabyte = ca. 1 Milliarde Bytes (genau: 1 024 MB = 2^{30} Bytes = 1 073 741 824 Bytes).

Glasfaserkabel

Synonyme: Lichtwellenleiter, Lichtleiter. Übertragungsmedium, bei dem die Informationsübertragung durch dünne Glasfasern mittels extrem kurzer Laserlichtimpulse (im Nanosekundenbereich) in hoher Impulsrate erfolgt (Bandbreite bis zu mehreren GHz).

Gleitkommadarstellung

Synonym: Gleitpunktschreibweise (siehe dort).

Gleitkommaprozessor

Hilfsprozessor für die schnellere Ausführung rechenintensiver Programme.

Gleitpunktrechnung

Verknüpfung von Zahlen in Gleitpunktschreibweise.

Gleitpunktschreibweise

Schreibweise von Zahlen Z durch Zahlenpaare x und y mit der Bedeutung $Z = x * b^y$, wobei b eine natürliche Zahl, die Basis der Gleitpunktschreibweise ist. Die Zahl x wird Mantisse, die Zahl y Exponent genannt. Beide werden üblicherweise in Radixschreibweise geschrieben.

globaler Strahl

Strahl einer Satellitenantenne, der den ganzen, vom Satelliten aus sichtbaren Bereich der Erdoberfläche versorgt (maximales Ausleuchtgebiet eines Satelliten). Siehe Ausleuchtgebiet (eines Satelliten), Satellitenübertragung.

globales Netz

Siehe GAN.

Gopher

Dienst im Internet (siehe dort), der die Informationssuche in den Datenbanken des Internet erleichtert. Derzeit gibt es über 500 öffentliche Server, die Gopher unterstützen. Gopher verfügt über Schnittstellen zu FTP, WAIS und Archie.

GOTO-Befehl

Unbedingte Sprunganweisung, die besonders für die Programmiersprache BASIC charakteristisch ist.

Grafikeditor

Dienstprogramm, das Unterstützungsfunktionen für das Zeichnen und Ändern von grafischen Darstellungen bietet.

Grafikprozessor

Hilfsprozessor, der den Bildschirmaufbau beschleunigt.

Grafiktablett

Synonym: Digitalisiertablett (siehe dort).

grafische Benutzeroberfläche

Objektorientierte, bildlich gestaltete Benutzerschnittstelle von Programmen auf dem Bildschirm. Objekte (Daten und darauf anzuwendende Prozeduren) werden durch Ikonen (Piktogramme) repräsentiert, die vom Benutzer direkt manipuliert werden können (zum Beispiel durch Anklicken mit der Maus). Die verbreitetste grafische PC-Benutzeroberfläche ist Windows. Siehe auch Elektronischer Schreibtisch, Fenstertechnik, WYSIWYG und X-Window.

grafische Datenverarbeitung

Techniken und Anwendungen der EDV, bei denen Bilder eingegeben oder ausgegeben werden. Dazu gehören die Bildgenerierung, die Bildanalyse, das Bildverstehen sowie die Bildverarbeitung (siehe dort).

grafischer Bildschirm

Sichtgerät, das zur Darstellung bildlicher Daten geeignet ist. Jeder Punkt der Darstellungsfläche kann direkt angesteuert werden, wodurch die Anzeige beliebiger Muster an beliebigen Stellen möglich ist (= vollgrafischer Bildschirm). Bei einem halbgrafischen Bildschirm ist die Darstellungsfläche wie bei einem alphanumerischen Bildschirm in Zeichenstellen unterteilt, der Zeichensatz ist jedoch um Mosaikgrafikzeichen erweitert, wodurch sich Präsentationsgrafiken wiedergeben lassen.

Groß-EDV

Synonym: Großrechner (siehe dort).

Großrechner

Rechner mit einem Kaufpreis ab ca. 0,5 Mio. DM und einer typischen Mips-Rate von 30 bis 100. Die leistungsfähigsten Großrechner kosten bis zu 50 Mio. DM und erreichen über 200 Mips. Die typische Verarbeitungsbreite ist 32 und 64 Bits, die durchschnittliche Arbeitsspeicherausstattung bewegt sich um 100 MB, wobei Ausbaustufen bis in den GB-Bereich keine Seltenheit darstellen. Großrechner, an die meist einige Dutzend bis einige Hundert Bildschirmarbeitsplätze und sonstige Peripheriegeräte angeschlossen sind, verfügen stets über zentrale Pufferspeicher, Fließbandverarbeitung und Hilfsprozessoren. Sie benötigen Klimaanlagen und spezielles Bedienungspersonal. Sie werden traditionsbedingt auch als "Universalrechner" bezeichnet, obwohl diese Bezeichnung auch den meisten Mikro- und Minirechnern zustehen würde (aufgrund der universellen Verwendbarkeit).

Group Decision Support System

Decision Support System (siehe dort), das Arbeitsgruppen unterstützt. Siehe auch Groupware.

Groupware

Software, die Teamarbeit möglichst einfach und weitreichend unterstützt. Typische Einsatzgebiete bzw. Komponenten sind:
- Zeitmanagement,
- Arbeitsablaufsteuerung (Vorgangsketten),
- E-Mail und Konferenzunterstützung,
- verteilte Editoren,

- gemeinsame Nutzung von Datenbeständen.

Das bisher weltweit erfolgreichste Produkt dieser Art ist Lotus Notes. Siehe auch Workgroup Computing.

GSM

Abkürzung für engl.: **G**lobal **S**ystem for **M**obile Communications. Standard für ein digitales Mobilfunksystem, das
- die europaweite Nutzung des Funktelefons,
- die Datenübertragung in störungsfreier Digitalqualität,
- ISDN-Kompatibilität,
- einen verbesserten Schutz gegen unerlaubtes Mithören,
- die Nutzung von TELEFAX, Btx, Kurznachrichtendiensten und
- ein vielfältiges Angebot an Mehrwertdiensten

sicherstellt.

Auf Basis dieses Standards sind in Deutschland das Mobilfunknetz D1 der Telekom und das Netz D2 von Mannesmann Mobilfunk in Betrieb. Ende 1993 sollen diese beiden Netze in Deutschland flächendeckend bereitstehen, und eine Reihe von privaten Dienstleistern haben schon zusätzliche Dienste angekündigt. Ferner soll ab 1994/95 das ebenfalls dem GSM-Standard entsprechende Netz E realisiert werden. Neben diesen Netzen bleiben jedoch die älteren Netze B und C für Mobilfunkdienste weiter bestehen.

H

Halbbyte

Folge von vier Bits, die zusammen mit einem anderen Halbbyte ein Byte ergibt. Gebräuchlich ist diese Einteilung bei der Zeichendarstellung im EBCDIC (siehe dort), wo sich die 8 Datenbits in einen Zonenteil (linkes Halbbyte) und einen Zifferntteil (rechtes Halbbyte) gliedern. Bei gepacktem Format kann in einem Halbbyte eine Ziffer dargestellt werden.

halbdirekte Datenerfassung

Datenerfassung auf im realen Prozeß verwendeten, visuell lesbaren Belegen, die gleichzeitig als Datenträger für die maschinelle Verarbeitung dienen können.

Halbduplexverfahren

Betriebsart auf einem Datenübertragungsweg, bei der Daten abwechselnd in beiden Richtungen übertragen werden können (wahlweiser Sende- und Empfangsbetrieb in der Datenstation).

Halbleiter

Chemische Elemente und Verbindungen, die im Gegensatz zu den Metallen hohe spezifische elektrische Widerstände besitzen, deren Größe im allgemeinen mit abnehmender Temperatur zunimmt. Bei sehr tiefen Temperaturen werden die Halbleiter daher zu Isolatoren. Die Mikroelektronik beruht auf der Anwendung von Halbleitern. Unter ihnen haben vor allem Silizium (Si) und Galliumarsenid (GaAs) als Gleichrichtermaterial große technische Bedeutung gewonnen.

Halbleiterplatte

Synonym: RAM-Disk. Extrem schneller, externer Schreib-/Lesespeicher, der aus einer großen Zahl von Speicherchips aufgebaut ist und der einer ständigen Stromzufuhr zur Erhaltung der aufgezeichneten Information bedarf. Der Name hat nichts mit der Gestalt zu tun (keine Scheibe); die Benennung weist vielmehr darauf hin, daß dieser Datenträger von der Zentraleinheit wie eine Magnetplatte genutzt wird. Auch intern kann ein Teil des Arbeitsspeichers als "Halbleiterplatte" vorgesehen werden (vor allem bei Mikrorechnern üblich).

Half-Bridge

Teil einer Remote Bridge (siehe dort).

Hand-held-Computer

Synonym: Palmtop (siehe dort).

Handleser

Eingabegerät zur Datenerfassung von Strichcodes, OCR-Schrift oder anderen optischen Markierungen. Dabei wird der optische Lesekopf händisch über die zu lesende Zeile geführt, und die Helligkeitsunterschiede der abgetasteten Fläche werden als elektrische Signale an die Erkennungseinheit weitergegeben.

Handschrifterkennung

Maschinelles Verfahren zur Interpretation handgeschriebener Vorlagen (gescannter bzw. durch Stifteingabe erstellter Text). Derzeit sind nur Blockbuchstaben und Ziffern mit einer akzeptablen Erkennungssicherheit von Handschrifterkennungsprogrammen interpretierbar. Verfahren der Handschrifterkennung finden vor allem bei Beleglesern und bei Notepads Anwendung.

Handshake-Betrieb

Datenübertragungsverfahren, bei dem die übertragenen Bytes nach genau bestimmten Regelungen übernommen und quittiert werden.

hardsektorierte Diskette

Diskette, bei der die Spuren und Sektoren bei der Produktion fest vorgegeben werden. Sie sind nicht zu verwechseln mit vorformatierten Disketten, bei denen das Aufzeichnungsformat durch den Benutzer im nachhinein verändert werden kann. Hardsektorierte Disketten sind an das Aufzeichnungsformat eines bestimmten Gerätetyps gebunden und für EDVA mit anderen Aufzeichnungsformaten unbrauchbar. Für die heutige Datenverarbeitung sind hardsektorierte Disketten bedeutungslos geworden - es werden fast ausschließlich softsektorierte Disketten (siehe dort) hergestellt.

Hardware

Sammelbegriff für die technischen, physikalischen Einrichtungen von Datenverarbeitungssystemen (Geräteausstattung).

Hardwareplattform

Implementierung einer einheitlichen Hardware-Software-Schnittstelle, welche die Architektur und Technologie der zugrundeliegenden Baueinheiten auf Maschinensprachebene verdeckt (i.d.R. durch Mikroprogramme).

Hardwaretechniker

EDV-Fachkraft für den technischen Kundendienst bei EDVA. Tätigkeiten: Installation von Datenverarbeitungssystemen; vorbeugende Wartung, Fehlerdiagnose und Reparatur von Datenverarbeitungssystemen; Abbau von Datenverarbeitungssystemen.

Hash-Algorithmus

Synonym: Hash-Funktion (siehe dort).

Hash-Funktion

Funktion, die aus dem Schlüssel eines Datensatzes eine Adresse berechnet. Siehe gestreute Dateiorganisation. Synonym: Hash-Algorithmus.

Hash-Hash-Verfahren

Bei der Suche nach einem freien Speicherplatz mit Hilfe der Hash-Funktion (siehe dort) wird im Kollisionsfall eine zweite (unterschiedliche) Hash-Funktion verwendet.

Hash-Tabelle

Liste der im reservierten Speicherbereich befindlichen Datensätze (bei gestreuter Dateiorganisation). Siehe Hash-Funktion, gestreute Dateiorganisation.

Hash-Verfahren

Synonym: gestreute Dateiorganisation (siehe dort).

Hash-Verfahren mit Index

Dateiorganisationsform, bei der die Adresse, welche die Schlüsseltransformationsfunktion (Hash-Funktion – siehe dort) liefert, nicht die Adresse der Hauptdatei, sondern die Adresse einer zwischengeschalteten Indexdatei darstellt. Siehe auch gestreute Dateiorganisation.

Hauptanschluß

Endstelle eines öffentlichen Netzes und die Anschlußleitung zur Vermittlungs- oder Verteileinrichtung der Telekom.

Hauptspeicher

Synonym: Arbeitsspeicher bzw. der durch Benutzerprogramme adressierbare Teil davon.

HDLC

Abkürzung für engl.: High Level Data Link Control. HDLC ist ein durch die ISO festgelegtes, bitorientiertes Übertragungsverfahren auf Ebene der Sicherungsschicht, bei dem jeder übertragene Block einen einheitlichen Aufbau hat und dieser Aufbau Auskunft über die für die Datenübertragung wesentlichen Größen - wie Menge, Folge, Ursprung und Bestimmung - gibt. Siehe ISO-Referenzmodell für offene Rechnernetze.

HDTV

Abkürzung für engl.: High Definition Television. Bezeichnung für hochauflösendes Fernsehen.

Head-crash

Ausfall eines Magnetplattenspeichers infolge einer Kollision von Lesekopf und Oberfläche der Platte. Hat meist den totalen Verlust der auf der Platte befindlichen Daten zur Folge.

Heimcomputer

Mikrorechner, der für den Einsatz in Privathaushalten ausgelegt ist (besonders preisgünstig, beschränkte Leistungsfähigkeit).

Helical-Scan-Aufzeichnungsverfahren

Aufzeichnungsverfahren für Magnetbandkassetten, das dem der Videotechnik ähnlich ist. Dabei befinden sich die Schreib- und Leseköpfe auf einer sehr schnell rotierenden Trommel (1 800 Umdrehungen/min), die 5 Grad geneigt ist.

hemisphärer Strahl

Strahl einer Satellitenantenne, der die Hälfte des vom Satelliten aus sichtbaren Bereichs der Erdoberfläche versorgt. Siehe Ausleuchtgebiet (eines Satelliten), Satellitenübertragung.

herstellerspezifisches EDV-Netz

Rechnernetz, dessen Kommunikationsarchitektur nicht dem ISO-OSI-Referenzmodell entspricht. Der Informationsaustausch zwischen den verbundenen Datenstationen erfolgt nach herstellereigenen Standards, die zu den Protokollen anderer Hersteller bzw. zu den ISO-Normen nicht oder nur schwach kompatibel sind. Typische Beispiele sind SNA von IBM und TRANS-DATA von SNI. Synonym: proprietäres EDV-Netz.

herstellerspezifisches EDV-System

EDVA, deren Hardware und Betriebssystem nicht zu Marktstandards kompatibel sind und dadurch unter der Kontrolle eines einzelnen Herstellers stehen. Ist eine Investition in ein solches proprietäres System einmal getätigt worden, ist der Wechsel zu nicht kompatibler Hardware oder Software von anderen Anbietern schwierig bzw. oftmals nur durch beträchtliche Umstellungsinvestitionen möglich. Synonym: proprietäres EDV-System.

Heuristik

Vorgehensweise bei schlecht strukturierten Problemen, für deren Lösung keine eindeutigen Wege bekannt sind. In erster Linie "Faustregeln" auf der Grundlage subjektiver Erfahrungen und traditioneller Verhaltensweisen.

Hewlett-Packard

Abkürzung: HP. Bedeutender amerikanischer EDV-Hersteller mit Schwerpunkt auf der Produktion von Hardware (Minirechner, Workstations, Peripheriegeräte). HP liegt weltweit umsatzmäßig auf dem fünften Rang der EDV-Hersteller (1992).

Hexadezimalsystem

Stellenwertsystem mit der Basis 16.

Hexadezimalziffer

Zeichen aus dem Zeichenvorrat des Hexadezimalsystems: 0, 1, 2, 3, 4, 5, 6, 7, 8, 9, A, B, C, D, E, F.

HICOM

Digitale Telekommunikationsanlage von SNI.

hierarchisches Datenmodell

Datenmodell, bei dem als Darstellungsform Baumstrukturen verwendet werden. Die hierarchischen Graphen bestehen aus einem Wurzelobjekttyp, von dem Pfeile nur zu untergeordneten Objekttypen ausgehen können. Es bestehen eindeutige Beziehungen zwischen den Objekttypen. Dies hat eine effiziente, "computergerechte" Datenorganisation zur Folge, allerdings leidet darunter die Änderungs- und Benutzerfreundlichkeit. Abfragen müssen sich an der gegebenen Baumstruktur orientieren.

Hilfefunktion

Hinweise und Erklärungen, die der Benutzer beim Gebrauch von Programmen abrufen kann. Bei Unklarheiten werden diese entweder über Funktionstasten oder über Menüs aufgerufen. Moderne Hilfesysteme sind kontextsensitiv, d.h. sie geben situationsbedingte Hinweise und Erklärungen

HIPO

Abkürzung für: Hierarchy, Input, Prozeß, Output. Methode zur Beschreibung des Istzustands und des Sollkonzepts von Informationssystemen. Bei diesem Verfahren werden die Funktion von Geräten oder EDVA-Komponenten und ihre Einwirkung auf den Verarbeitungsprozeß aufgezeichnet, wodurch indirekt auch der Prozeß definiert wird. Darstellungsschwerpunkt in einem HIPO-Diagramm ist die Beschreibung von EDVA-Funktionen und nicht die Festlegung der Programmlogik über die Umsetzung von bestimmten Verarbeitungsschritten in den Programmcode. Die Beschreibung eines Programmentwurfs mit HIPO setzt sich aus sechs Komponenten zusammen:

1. Verbale Einführung;
2. Programmorganisation;
3. Übersichtsdiagramme;
4. Detaildiagramme;
5. erweiterte Beschreibung;
6. Datenbeschreibung.

Siehe Informationssystementwicklung.

HiPPI

Abkürzung für engl.: High Performance Parallel Interface. ANSI- und teilweise auch ISO-Standard für die Datenübertragung in Back-end-LANs auf Koaxialkabelbasis mit Übertragungsgeschwindigkeiten von 800 Mbit/s, bzw. in einer erweiterten Form von 1 600 Mbit/s. Die maximale Distanz zwischen den Endgeräten beträgt 25 Meter. Für eine Duplexkommunikation sind zwei getrennte HiPPI-Verbindungen einzurichten (für jede Richtung eine Verbindung). Siehe Duplexverfahren.

Hitachi

Japanischer EDV-Hersteller, der umsatzmäßig weltweit auf dem sechsten Rang liegt (1992).

Höhe eines Knotens

In einer Baumstruktur die Länge des Weges von der Wurzel zu diesem Knoten (Anzahl der Knoten auf diesem Weg).

höhere Programmiersprache

Programmiersprache, welche die Erstellung von Programmen in einer weitgehend maschinenunabhängigen, abstrakten Schreibweise ermöglicht. Dazu gehören (prozedurale) Programmiersprachen der 3. Generation, (deskriptive) Programmiersprachen der 4. Generation, objektorientierte Programmiersprachen, funktionale Programmiersprachen, logische Programmiersprachen sowie verteilte und parallele Programmiersprachen (siehe dort).

Hollerithcode

Standardcode für Lochkarten mit 80 senkrechten Spalten zu je 12 Lochpositionen. Pro Spalte ist ein Zeichen durch eine oder mehrere Lochungen darstellbar.

Host

Wirtsrechner bzw. zentraler Verarbeitungsrechner.

HP

Abkürzung für: Hewlett-Packard (siehe dort).

HP-UX

UNIX-Version von Hewlett-Packard.

Hub-Erdefunkstelle

Große, zentrale Erdefunkstelle, die mit einer Vielzahl von kleinen, billigen Parabolantennen der VSAT-Teilnehmer in Verbindung steht.

Hybridrechner

Rechner, der sowohl über eine digitale als auch über eine analoge Recheneinheit verfügt, mit dem Ziel, die Vorteile beider Typen zu nutzen. Die beiden Einheiten sind über eine Kopplungselektronik miteinander verbunden. Siehe Analogrechner.

Hybridsprache

Programmiersprache, die Elemente unterschiedlicher Sprachgruppen in sich vereinigt. Beispiele sind objektorientierte Programmiersprachen, die auf einer traditionellen (nicht objektorientierten) Sprache aufbauen, wie etwa: Object Pascal, C++ und CLOS (Common Lisp Object System).

Hypermedia

Rechnerunterstütztes Verwaltungssystem von Dokumenten mit Daten, Text, Video- und Audioinformation und der Möglichkeit, diese wie bei Hypertext (siehe dort) frei zu verknüpfen. Siehe auch Multimedia.

Hypertext

Rechnerunterstütztes Verwaltungssystem von Schriftstücken, das eine vielfältige, nichtlineare Verknüpfung von Texten bzw. Textteilen erlaubt. Die Beziehungen werden auf dem Bildschirm durch besonders hervorgehobene Markierungen (Verbindungssymbole) und in der Datenbank durch Zeiger gekennzeichnet. Dadurch ist es möglich, komplexe Informationsnetze anzulegen, die kontextbezogene Verzweigungen erlauben, d.h. die eine nicht-sequentielle Informationssuche ermöglichen. Siehe sequentielles Suchen, Hypermedia, Multimedia.

Hz

Abkürzung für: Hertz. Einheit für die Frequenz, mit der die informationstragenden Signale auf dem Übertragungskanal übermittelt werden. 1 Hz entspricht einer Schwingung pro Sekunde.

I

IBCN

Abkürzung für engl.: Integrated Broadband Communications Network. Siehe integriertes Breitbandnetz.

IBM

Abkürzung für engl.: International Business Machines Corporation. Umsatzstärkster Weltkonzern der Computerbranche (ca. 65 Mrd. US-$ Jahresumsatz 1992), der auf nahezu allen EDV-Teilmärkten eine führende Stellung einnimmt.

IC

Abkürzung für engl.: Integrated Circuit, das heißt auf deutsch: Integrierter Schaltkreis. Synonym: Chip (siehe dort).

Icon

Englische Bezeichnung für ein Bildsymbol (Piktogramm), das auf einer grafischen Benutzeroberfläche ein Objekt darstellt. Dieses Symbol kann mittels Zeigeinstrument (zum Beispiel Maus) manipuliert werden und ist in der Regel optisch den Realweltobjekten nachempfunden (zum Beispiel Dokument als Papiersymbol mit Eselsohr).

IDN

Abkürzung für: Integriertes Text- und Datennetz der Telekom. Mit digitaler Vermittlungs- und Übertragungstechnik arbeitendes Netz, das mit Einführung der Telekommunikationsordnung (TKO) benutzungsrechtlich Bestandteil des öffentlichen Telekommunikationsnetzes wurde.

IDRC

Abkürzung für engl.: Improved Data Recording Capability. Zusatzeinrichtung zur Datenverdichtung bei Magnetbandeinheiten.

IEEE

Abkürzung für engl.: Institute of Electrical and Electronics Engineers. Wissenschaftliche Vereinigung und Standardisierungskomitee; vertritt Anwenderinteressen gegenüber den EDV-Herstellern.

Ikone

Siehe Icon.

Impact-Matrixdrucker

Siehe Nadeldrucker.

Implementierung(sphase)

Übertragung (implere [lat.] = anfüllen, vollmachen) eines entworfenen Informationssystems auf die EDVA. Vierte Stufe in unserem Phasenmodell zur Entwicklung von Informationssystemen (siehe auch Phasenschema und Informationssystementwicklung), in der die Codierung der in der vorhergehenden Phase erstellten Modelle erfolgt. Aus Datenmodellen werden Datenbankbeschreibungen, aus Ablaufmodellen werden die Programme gewonnen.

IMS

Hierarchisches Datenbankverwaltungssystem von IBM.

Inch

Englischer Ausdruck für die Maßeinheit "Zoll" (1 Zoll = 2,54 cm).

Index(datei)

Hilfsdatei, deren Datensätze neben den Schlüsseln der Hauptdatei die Adressen der zu diesen Schlüsseln gehörenden Datensätze beinhalten (= Adreßverweise).

Indexierung

Inhaltliche Kennzeichnung eines Dokuments durch Beschlagwortung (Zuteilung von Deskriptoren) für die Zwecke des Information Retrieval (Dokumenten-Retrieval). Die Indexierung kann manuell oder automatisch erfolgen.

Indexregister

Register, das vorwiegend zum Modifizieren von Adressen, zum Durchführen von Zähloperationen an Adressen und zum Einleiten von Verzweigungen dient.

indexsequentielle Organisation

Siehe indizierte Dateiorganisation.

Indexspur

Eine für Angaben zur Kennzeichnung eines Datenträgers (zum Beispiel einer Diskette) und der darauf befindlichen Daten reservierte Spur.

indirekte Datenerfassung

Datenerfassung auf maschinell verarbeitbaren Sekundärdatenträgern, die eigens erstellt werden und die ausschließlich oder vornehmlich der Datenerfassung dienen.

Individualsoftware

Programme, die für einen Anwendungsfall eigens erstellt worden sind und deren Eigenschaften i.a. einer spezifischen Bedingungslage entsprechen.

individuelle Datenverarbeitung

Schlagwort für die selbständige Lösung von Problemstellungen mit Hilfe des Rechners durch die Endbenutzer in den Fachabteilungen ohne Einbeziehung von EDV-Fachpersonal.

individuelle Informationsverarbeitung

Siehe individuelle Datenverarbeitung.

indizierte Dateiorganisation

Dateiorganisationsform, bei der jeder Datensatz durch den Inhalt eines Schlüsselfelds identifiziert wird. Vom Dateiverwaltungssystem wird ein Index mitgeführt, der ein Inhaltsverzeichnis der Datei darstellt. In diesem Indexbereich werden für jeden Datensatz der Schlüsselwert und ein Adreßverweis eingetragen. Aufgrund des aktuellen Inhalts des Schlüsselfelds kann dann über den Index auf die Datensätze der Datei zugegriffen werden. Je nach physischer oder logischer Sortierung der Indexdatei können dabei unterschiedliche Suchverfahren zum Einsatz kommen. Siehe hierzu: Sequentielles Suchen, Binäres Suchen, m-Wege-Suchen, Ketten, Baumstrukturen.

Industrieroboter

Universell einsetzbarer Bewegungsautomat mit mindestens drei Achsen, dessen Bewegungen frei programmierbar und gegebenenfalls sensorgeführt sind.

Industriestandard

Genormte oder von einem mächtigen Hersteller oder einer marktbeherrschenden Gruppe vorgegebene Produktspezifikation, die auf dem Markt weitreichende Akzeptanz gefunden hat.

Informatik

Wissenschaft, die sich mit dem Aufbau von EDVA und ihrer Programmierung befaßt. Siehe Angewandte Informatik und Wirtschaftsinformatik.

Information

Angaben über Sachverhalte und Vorgänge.

Information-Center

Abteilung, die vorwiegend mit Sprachen der 4. Generation kurzfristig auftretende Informationsanforderungen im Betrieb entweder selbst erfüllt oder die Endbenutzer in den Fachabteilungen bei der Problemlösung (bei der individuellen Informationsverarbeitung) berät.

Information Retrieval

Siehe Dokumenten-Retrieval und Retrievalsystem.

Information Warehouse

Umfassendes (von IBM angeregtes) Organisationskonzept, das durch entsprechende Richtlinien, Schnittstellen und Produkte eine unternehmensweite Integration einer heterogenen Daten-, Applikations- und Systemumgebung anstrebt. Das Information Warehouse besteht aus drei Komponenten:
- Verwaltung und Auswahl von Unternehmensdaten (engl.: enterprise data),
- Datenbereitstellung (engl.: data delivery),
- Anwendungen und entscheidungsunterstützende Systeme (engl.: applications and decision support systems).

Informationsdienst (rechnergestützter)

Kommerzieller Teilnehmerdienst mit Zugangsmöglichkeit über das öffentliche Telekommunikationsnetz, der Dialogabfragen von Datenbanken erlaubt. Je nach Informationsangebot sind Branchendienste und allgemeine Informationsdienste zu unterscheiden. Die Datenbanken können bibliographische Datenbanken, Volltextdatenbanken oder Faktendatenbanken sein.

Informationsmanagement

Planung, Koordination und Kontrolle der betrieblichen Informationsverarbeitung zur bestmöglichen Unterstützung der Geschäftsprozesse bzw. der damit befaßten Mitarbeiter im Betrieb. Dazu gehören die strategische, langfristige Informationssystemplanung, die systematische IS-Entwicklung, die Beschaffung und der wirksame und wirtschaftliche Einsatz von technischen und personellen Ressourcen, die Aufbau- und Ablauforganisation des Informationswesens sowie das IS-Controlling.

Informationssystem

Menschen und Maschinen, die Information erzeugen und/oder benutzen und die durch Kommunikationsbeziehungen miteinander verbunden sind.

Informationssystementwicklung

Wir unterteilen die IS-Entwicklung in folgende sechs Phasen (siehe dort):
- Planungsphase,
- Definitionsphase,
- Entwurfsphase,
- Implementierung(sphase),
- Einführung(sphase),
- Betrieb und Wartung.
Siehe auch Phasenschema.

Informationstheorie

Teilgebiet der Kybernetik mit folgenden

drei hierarchischen Teildisziplinen:

– Die Syntaktik als Zeichenkonfigurations- oder Satzbaulehre bezieht sich auf Fragestellungen wie: Welche Zeichen gibt es, wie sehen diese aus, welche Zeichenkombinationen sind möglich, nach welchen Regeln (Grammatik) erfolgt die Zeichenkombination?

– Die Semantik als Bedeutungslehre behandelt Sätze, die Aussagen mit faktisch überprüfbarem Wahrheitsgehalt übermitteln. Dabei werden die Beziehungen zwischen dem in einer Mitteilung bezeichneten Subjekt und den übermittelten Zeichen bzw. Zeichenkombinationen untersucht.

– Die Pragmatik als Zeichengebrauchslehre untersucht die Beziehungen zwischen den Zeichen und den zeichengebrauchenden Menschen und Maschinen.

Informationsverarbeitung

Verarbeitung von Text, formatierten Daten, Bild und Sprache. Soweit diese rechnergestützt erfolgt, sprechen wir von Datenverarbeitung (siehe dort). Häufig werden die Begriffe "Informationsverarbeitung" und "Datenverarbeitung" auch synonym gebraucht. Manchmal wird die Bezeichnung "Informationsverarbeitung" weiter gefaßt, das heißt auf alle Informationsarten (Text, formatierte Daten, Bild und Sprache) bezogen, während unter "Datenverarbeitung" nur die traditionelle Verarbeitung formatierter Daten verstanden wird.

Informations- vermittlungsstelle

In vielen Großbetrieben eingerichtete Stelle zur Betreuung von Benutzern, die nur sporadischen Bedarf an Information aus Datenbanken haben.

Informationszentrum

Siehe Information-Center.

Infrarot-LAN

Lokales Netz, bei dem die Datenübermittlung mittels Infrarotwellen erfolgt. Solche Systeme verfügen über einen sehr beschränkten Sende-/Empfangsradius und relativ geringe Übertragungsgeschwindigkeiten. Sie kommen derzeit hauptsächlich für die mobile Datenerfassung zum Einsatz. Die optischen Netzknoten müssen so montiert werden, daß der infrarote LED-Strahl nicht durch sich bewegende Personen oder Objekte unterbrochen werden kann.

Ingenieurinformatik

Wissenschaft, die sich mit der Gestaltung von Informationssystemen im technischen bzw. ingenieurwissenschaftlichen Bereich befaßt.

Inhaltsverzeichnis

Siehe Directory.

Inhouse-Netz

Innerbetriebliches Rechnernetz.

inkompatibel

Synonym der EDV-Fachsprache für: nicht verträglich. Bezeichnet die Unverträglichkeit von Geräten, Programmen, Datenträgern und anderen Komponenten aufgrund unterschiedlicher Schnittstellen.

Inkonsistenz

Für dieselben Daten existieren unterschiedliche Werte.

INMARSAT

Abkürzung für engl.: International Maritime Satellite Organization. Konsortium, das sich aus 64 Mitgliedsländern zusammensetzt. INMARSAT betreibt derzeit vier Satelliten auf geostationärer Umlaufbahn, welche die Erde in vier Bereichen ausleuchten.

innerer Knoten

Knoten in einer Baumstruktur mit einem oder mehreren Nachfolgern.

Installation

Einrichtung von EDV-Anlagen und Software.

Instruktion

Synonym: Befehl (siehe dort).

Instruktionsphase

Zeitabschnitt, in dem ein Befehl gelesen und decodiert wird.

Instruktionsprozessor

Synonym: Zentralprozessor (siehe dort).

Integration

Wir bezeichnen ein Informationssystem als integriert, wenn

– die einzelnen Datenverarbeitungsaufgaben umfassend aufeinander abgestimmt sind,

– die Verbindungen zwischen den einzelnen Programmen weitestgehend automatisiert, d.h. frei von menschlichen Eingriffen gestaltet sind,

– die Daten frühzeitig, möglichst bei ihrem erstmaligen Anfall im Betrieb, erfaßt und für alle Programme in einem großen, gemeinsamen Datenbestand (Datenbank) gespeichert werden.

Integrierte Projektunterstützungsumgebung

Softwareentwicklungswerkzeuge zur Koordination mehrerer Informationssystementwicklungen (Projekte) und Entwickler. Dazu gehören Plattformen, die eigene und fremde Werkzeuge zur Erstellung und Wartung von Software integrieren, sowie Plattformen, welche die Planung, Steuerung, Kontrolle und Abrechnung von Projekten unterstützen.

Integrierte Software

Programmpaket, das sich aus verschiedenen - aufeinander abgestimmten - Komponenten für einen Anwendungsbereich zusammensetzt. Die wichtigsten Komponenten von integrierten Endbenutzerwerkzeugen für Bürozwecke sind zum Beispiel:

– Textverarbeitung,
– Tabellenkalkulation,
– Dateiverwaltung (mit Abfragesprache und Berichtsgenerator) und
– Grafik.

Integrierter Schaltkreis

Synonym: Chip (siehe dort). Aus mehreren elektronischen Bauelementen (Widerstände, Dioden und Transistoren) bestehender Schaltkreis, dessen gesamte Elemente in einem einzigen Herstellungsprozeß gefertigt werden. Nach der Integrationsstufe (= Anzahl der Schaltglieder) unterscheidet man (siehe dort):

– SSI (engl.: Small Scale Integration, 2 bis etwa 15 Gatter),
– MSI (engl.: Medium Scale Integration, etwa 15 bis 100 Gatter),
– LSI (engl.: Large Scale Integration, etwa 100 bis 500 Gatter),
– VLSI (engl.: Very Large Scale Integration, über 500 Gatter).

Integriertes Breitbandnetz

Zukünftiges breitbandiges Kommunikationsnetzwerk, das alle existierenden Telekommunikationsdienste und - zusammen mit neuartigen Multimedia-Technologien - eine Reihe neuartiger Dienste auf Gebieten wie Ausbildung, Unterhaltung, Wirtschaft und persönlicher Kommunikation bietet. Das vorgesehene breitbandige Paketvermittlungsprotokoll ist ATM (siehe dort).

Intel

Größter Chipproduzent der Welt, der in den 80er Jahren durch die Nutzung der 80X86-Mikroprozessorfamilie in kommerziellen PCs in dieser Sparte eine monopolähnliche Stellung erlangt hat.

Intel-Mikroprozessorfamilie 80X86

Derzeit gebräuchlichste Mikroprozessorfamilie bei Mikrorechnern, die durch den Einsatz bei IBM-PCs ab 1981 zum "Marktstandard" wurde. Nach dem 8086- bzw. 8088-Prozessor (27 000 Transistoren) im PC-1 bzw. PC-XT erschien 1982 der 80286-Prozessor (134 000 Transistoren; 1,5 Mips), der in der sogenannten PC-AT-Klasse Verwendung fand. 1985 wurde mit dem 80386DX (275 000 Transistoren; 8 Mips) der erste 32-Bit-Prozessor für PCs vorgestellt, der bald durch den "Low-Cost"-Prozessor 80386SX (4 Mips) ergänzt wurde. Der 1989 präsentierte 80486DX (1,2 Mio. Transistoren; bis zu 40 Mips) wurde ebenfalls durch ein SX-Modell (ohne Coprozessor) sowie den 1992 vorgestellten 80486DX2 (ca. 50 Mips) ergänzt. Die 1993 eingeführte, neueste Generation dieser Mikroprozessorfamilie (3,1 Mio. Transistoren, 112 Mips bei 66 MHz Taktrate) wurde aus rechtlichen Gründen nicht 80586 sondern "Pentium" (siehe dort) genannt. Dies ist auf die amerikanische Rechtsprechung zurückzuführen, wonach Zahlen nicht markenrechtlich geschützt werden können. Die 80X86-Familie zählt zu den CISC-Prozessoren.

intelligente Datenerfassung

Datenerfassung mit intelligenten Geräten, die nicht nur zur reinen Datenumsetzung, sondern darüber hinaus zur Durchführung arithmetischer und logischer Operationen befähigt sind. Im Grenzfall weisen sie alle Leistungsmerkmale eines Rechners auf.

intelligentes Terminal

Programmierbare periphere Datenstation (mit Eigensteuerungsvermögen).

Intelligenz (eines Peripheriegeräts)

Eigensteuerungsvermögen (i.a. durch eingebauten Mikroprozessor).

INTELSAT

Abkürzung für engl.: International Telecommunications Satellite Organization. 1964 gegründete internationale Betreibergesellschaft leistungsfähiger Kommunikationssatelliten mit Sitz in Washington, D.C. Die 18 derzeit in Betrieb befindlichen Satelliten übertragen zwei Drittel aller interkontinentalen Telefonverbindungen und die meisten Fernsehsendungen aus Übersee.

interaktive Textverarbeitung

Interaktive Verarbeitung (siehe dort) von Schriftstücken (Editieren und Formatieren). Im Dialog werden "auf Knopfdruck" die Textbreite der Dokumente, der Zeilenabstand, die Seitengröße u.v.a.m. verändert. Im günstigsten Fall entspricht der auf dem Bildschirm erstellte Text dem gedruckten Text jederzeit in Form und Aussehen (WYSIWYG).

interaktive Verarbeitung

Betriebsart einer EDVA, bei der ein Auftrag nicht vollständig definiert sein muß, bevor mit der Abwicklung begonnen werden kann. Er wird dem Datenverarbeitungssystem vielmehr in Form von einzelnen Schritten (Teilaufträgen) übergeben, die unmittelbar danach ausgeführt werden. Während der Auftragsbearbeitung findet hierzu ein fortlaufender Informationsaustausch zwischen dem Datenverarbeitungssystem und dem Auftraggeber statt. Je nach Auftraggeber ist die Dialog- und die Prozeßverarbeitung zu unterscheiden.

Interface

Englische Bezeichnung für: Schnittstelle (siehe dort).

Internationale Mietleitung

Festgeschalteter Fernmeldeweg, der dem Anwender von der Telekom für die grenzüberschreitende Datenübertragung zum ständigen Gebrauch überlassen wird. Hiermit sind auf vielen Strecken Übertragungsgeschwindigkeiten bis zu 1,92 Mbit/s möglich.

interne Daten

Im Betrieb anfallende Daten, die nicht von außen übermittelt werden.

interne Verbindungseinrichtungen

Übertragungseinrichtungen, über welche die Funktionseinheiten innerhalb einer EDVA miteinander kommunizieren. Verbindungseinrichtungen gibt es auf folgenden hierarchischen Ebenen:
– innerhalb des Prozessors (Verbin-

dungen zwischen den Registern),
– innerhalb der Zentraleinheit (Verbindungen zwischen Prozessor-(en), Arbeitsspeicher, gegebenenfalls Pufferspeicher, Ein-Ausgabe-Schnittstelle),
– zwischen der Zentraleinheit und der in unmittelbarer Nähe installierten Peripherie,
– zwischen Rechnern und Peripherie im lokalen Bereich (in einem Gebäude, auf einem Grundstück) oder im Fernbereich (grundstücksüberschreitend bis hin zu weltweiten Verbindungen).

interner Bus

Bus, der die internen Einheiten des Zentralprozessors (Leitwerk, Rechenwerk und deren Register) verbindet.

interner Speicher

Synonym: Zentralspeicher (siehe dort).

internes Schema

Physische Datenorganisation (= physische Anordnung der Daten auf den peripheren Speichern) und Zugriffspfadgestaltung in einem Datenbanksystem. Die Zielsetzung ist eine minimale Zugriffsgeschwindigkeit bei bester Speicherplatzausnutzung. Dabei wird ein globales Optimum angestrebt; das heißt: Sehr oft auftretende Abfragen oder Änderungen in der Datenbank sollen besonders schnell durchgeführt werden können.

Internet

Globales Netz aus ca. 8 500 Teilnetzen mit einer Million Rechnern und sieben Millionen Benutzern in mehr als 120 Ländern (Anfang 1993). Für die Zukunft wird ein weiterhin starkes Wachstum vorausgesagt. So soll sich das Datentransfervolumen, das sich Anfang 1993 auf etwa 100 GB pro Tag belief, alle sechs Monate verdoppeln. Als Transportprotokoll kommt TCP/IP zum Einsatz. Dienste sind u.a. E-Mail, Dateitransfer (FTP), virtueller Terminalbetrieb (TELNET) und Zugriff auf externe Datenbanken (zum Beispiel WAIS und Gopher). Diskussionsforen (News) zu fast allen denkbaren Themen sind eine interessante Informationsquelle.

Internetting

Verbindung mehrerer Rechnernetze. Siehe auch Kopplungseinheit.

Interpretierer

Synonym: Interpreter. Systemprogramm, das in eine EDVA eingegebene Quellenanweisungen in einer höheren Programmiersprache jeweils sofort übersetzt und ausführt, bevor die nächstfolgende Anweisung behandelt wird.

IPSE

Abkürzung für engl.: Integrated Project Support Environment; auf deutsch: integrierte Projektunterstützungsumgebung (siehe dort).

Iridium-Projekt

Von Motorola ins Leben gerufenes, weltumspannendes Satellitennetz, auf dessen Basis globale Mobilfunkdienste angeboten werden sollen. 1998 will das Unternehmen den Iridium-Betrieb aufnehmen.

IS

Abkürzung für: Informationssystem.

IS-Abteilung

Siehe EDV-Abteilung.

ISA-Bus

Siehe AT-Bus.

ISAC

Abkürzung für engl.: Information Systems Work and Analysis of Changes. Funktionsorientierte Informationssystementwicklungsmethode, die mit grafischen Beschreibungstechniken besonders die Istaufnahme, die Anforderungsdefinition und den Systementwurf unterstützt. Eine besondere Stärke der Methode liegt in der Analyse von Veränderungen durch eine methodische "Change Analysis" und "Activity Studies". Ausgehend von einer tabellarischen Auflistung der Probleme und der Interessenten (Benutzer, Betroffene, Sponsoren) werden Aktivitäten-Graphen (A-Graphen) entwickelt, die jeweils eine bestimmte Aktivität bzw. ein bestimmtes Subsystem repräsentieren. Mengen werden darin durch Parallelogramme, Aktivitäten durch kleine, gefüllte Kreise und Informationsflüsse durch Linien dargestellt. Je nachdem, ob es sich um Flüsse von realen Objekten oder um reine Informationsflüsse handelt, werden die Linien halbfett oder dünn gezeichnet. Referenzangaben kennzeichnen den Bezug zur Problemtabelle. Begonnen wird mit einem Übersichtsgraphen, der das Gesamtsystem beschreibt und dessen Aktivitäten schrittweise über mehrere Hierarchieebenen durch Subsysteme in Form von A-Graphen verfeinert werden können. Textseiten dienen zur näheren Erläuterung. Die Informationssystem-Kategorientabelle gliedert die "Blätter" des Aktivitäten-Hierarchie-Baumes in vier nach ihrer Automatisierbarkeit abgestufte Kategorien. Die Eigenschaftstabelle ist eine Beschreibung von qualitativen und/oder quantitativen Attributen relevanter Informationsmengen, welche die abstrakten A-Graphen in einen konkreteren Realkontext stellt und für die spätere Implementierung Aufschluß über potentiell kritische Systemeigenschaften gibt. Die C-Graphen beschreiben die Hierarchie der Informationsmengen.

ISDN

Abkürzung für engl.: Integrated Services Digital Network. Universelles öffentliches digitales Fernmeldenetz, das aus dem digitalisierten Telefonnetz entwickelt worden ist. Es bietet für einen Teilnehmerbasisanschluß (eine Rufnummer) eine Vielfalt von Diensten der Sprach-, Daten-, Text- und Festbildkommunikation über zwei 64-kbit/s-Nutzkanäle und einen 16-kbit/s-Steuerkanal. Es sind Wähl- und Standverbindungen für die Mehrfach- und Mischkommunikation möglich.

ISDN-Kommunikations-anlage

Synonym: K-Anlage. Digitale Nebenstellenanlage, die aus einer oder mehreren zentralen Leitungsvermittlungseinrichtungen, dezentralen Endeinrichtungen und dem Leitungsnetz im Haus besteht. Sie ist Bestandteil des öffentlichen Netzes und entspricht in ihren Schnittstellen und Dienstmerkmalen den ISDN-Empfehlungen des CCITT. Dementsprechend werden pro Anschlußleitung zwei digitale Nutzkanäle mit einer Bitrate von 64 kbit/s und ein Steuerkanal von 16 kbit/s durchgeschaltet.

ISIS-Katalog

Softwarekatalog der Firma Nomina für den deutschsprachigen Raum. Das Softwareangebot wird nach einem einheitlichen Raster aufgrund von Herstellerangaben halbjährlich erhoben und beschrieben. Die nach Rechnerklassen getrennten Kataloge sind in Buchform, als externe On-line-Datenbank oder auf CD-ROM verfügbar.

ISO

Abkürzung für engl.: International Standardization Organization. Internationale Standardisierungsorganisation mit Sitz in Genf, der als deutscher Vertreter DIN angehört. Die meisten tatsächlich wirksamen Hardware- und Softwarenormen wurden von dieser weltweit bedeutendsten Normungsvereinigung entworfen bzw. verabschiedet.

ISO 9000-3

Qualitätsmanagement- und Qualitätssicherungsnorm für die Entwicklung, Lieferung und Wartung von Software.

ISO-OSI-Referenzmodell

Synonym: ISO-Referenzmodell für offene Rechnernetze (siehe dort).

ISO-Referenzmodell für die Kooperation von Prozessen in verteilten Systemen

ISO-Referenzmodell für die Kooperation von Prozessen in verteilten Systemen, mit dessen Normung 1987 begonnen wurde. Es handelt sich um ein umfassendes Modell für die Entwicklung verteilter Anwendungssysteme, bei dem von einem Gesamtkonzept ausgegangen wird, in das sich einzelne Standards einfügen sollen. Es enthält einen "Überblick", ein "deskriptives Modell", ein "Vorgehensmodell", ein "Benutzermodell" und eine "Architektur-Semantik". Dabei werden unterschiedliche Sichten unterschieden: Unternehmens-, Informations-, Programm-, System- und Technologie-Perspektive.

ISO-Referenzmodell für offene Rechnernetze

Synonym: ISO-OSI-Referenzmodell. Rahmen für die Normung von Kommunikationsprotokollen. Es gliedert sich im wesentlichen in zwei Teile:

- Beschreibung eines Modells für geschichtete Protokolle und die dazu nötigen Begriffsdefinitionen,
- allgemeine Beschreibung der einzelnen Protokollschichten (Dienste und Protokolle).

In der Beschreibung der einzelnen Schichten werden deren Aufgaben grob festgelegt. In weiteren Normdokumenten werden die Funktionalität und Protokolle der jeweiligen Schicht gekennzeichnet. Folgende sieben Schichten werden (von unten nach oben) unterschieden:

1. Bitübertragungsschicht,
2. Sicherungsschicht,
3. Vermittlungsschicht,
4. Transportschicht,
5. Kommunikationssteuerungsschicht,
6. Datendarstellungsschicht,
7. Anwendungsschicht.

Instanzen in verschiedenen Systemen, die der selben Schicht angehören, werden Partnerinstanzen genannt.

Istaufnahme

Erhebung und Beschreibung der Elemente und Beziehungen eines vorhandenen abgegrenzten Systems. Die Istaufnahme bildet die Grundlage und den Ausgangspunkt für die Entwicklung eines neuen oder zu modifizierenden betrieblichen Informationssystems, indem sie der Projektgruppe die Aneignung eines ausreichenden Faktenwissens über die Struktur und das Verhalten des vorhandenen Systems sowie der durch das System unterstützten Aufgabenerfüllungsprozesse erlaubt und damit einen Überblick über notwendige Systemänderungen vermittelt.

J

Jackson-Methode

Entwurfsmethode, bei der die Programmstruktur (hierarchische Anordnung von Programmkomponenten) eines Informationssystems unmittelbar aus der Struktur der zu verarbeitenden Daten abgeleitet wird. Die Struktur eines Programms wird dabei so entworfen, daß jede Datenkomponente in genau einer Programmkomponente vollständig abgearbeitet wird. Sowohl Daten- als auch Programmstruktur werden unter Verwendung lediglich dreier Strukturierungselemente (Sequenz, Auswahl, Wiederholung) in Form von Bäumen grafisch dargestellt.

JCL

Abkürzung für engl.: Job Control Language. Synonym: Auftragssprache (siehe dort).

JESSI

Abkürzung für engl.: Joint European Submicron Silicon. EUREKA-Projekt, das die Schaffung eines länderübergreifenden europäischen Know-how- und Forschungsverbundes im Mikroelektronikbereich zum Ziel hat.

Job

Auch im Deutschen gebräuchliche englische Bezeichnung für: Auftrag (siehe dort).

JPEG

ISO-standardisiertes Kompressionsverfahren für Bilddaten, das nach der Abkürzung der Joint Photographic Experts Group benannt wurde.

JTM

Abkürzung für engl: Job Transfer and Manipulation. Dienst, der auf der obersten Schicht des ISO-OSI-Referenzmodells (Anwendungsschicht) aufbaut und den Standard für den Transport von Aufträgen und deren Ausführung auf entfernten Rechnern darstellt. Siehe ISO-Referenzmodell für offene Rechnernetze.

Jukebox

Rechnergesteuertes, externes Massenspeichergerät, in dem viele Datenträger (meist optische Speicherplatten oder Magnetbandkassetten), ein bis zwei Lesegeräte und eine entsprechende Mechanik zur vollautomatischen und rechnergesteuerten Handhabung der Datenträger vereinigt sind. Jukeboxen mit WORM-Platten können einige tausend Gigabytes an Kapazität aufweisen.

K

k

Abkürzung für: kilo; vor Maßeinheiten: 1 000.

K

Abkürzung für: Kilo; in der EDV üblicherweise in der Bedeutung eines Faktors 2^{10}; vor Maßeinheiten: 1 024.

K-Anlage

Abkürzung für: Kommunikationsanlage. Siehe ISDN-Kommunikationsanlage.

Kanal

Funktionseinheit in einer EDVA, welche die Daten von der Zentraleinheit zur Peripherie und umgekehrt überträgt. Synonym: Ein-Ausgabekanal.

Kanalprogramm

Programm zur Ein-Ausgabesteuerung.

Kartenmanagementsystem

Software für die Verwaltung, Autorisationsprüfung und Abrechnung von Plastikkarten.

Kartenterminal

Periphere Datenendeinrichtung mit Plastikkartenleser.

Katalog (bei der Datenverwaltung)

Vom Betriebssystem verwaltetes Verzeichnis, in das alle Dateien bei ihrer Einrichtung mit einem Namen und einer Benutzerkennung eingetragen werden. Ferner befinden sich im Katalogeintrag die für die Verarbeitung wesentlichen Dateimerkmale und Zugriffsbeschränkungen.

Kathodenstrahlröhre

Häufigste Anzeigeeinrichtung bei Sichtgeräten. In einem luftleeren Glaskolben sendet eine Kathode - ein auf Rotglut erhitzter Draht mit dünner Oxidbeschichtung - Elektronen aus, die, zu einem scharfen Strahl gebündelt, zur gegenüberliegenden Anodenfläche, der Stirnfläche des Kolbens, fliegen. Eine Ablenkeinheit führt den Strahl elektromagnetisch oder elektrostatisch entsprechend den darzustellenden Zeichen. Beim Auftreffen des Kathodenstrahls leuchtet die Phosphorbeschichtung der Anodenfläche auf, und Zeichen werden durch die Glasfläche sichtbar.

kB

Abkürzung für: 1 000 Bytes.

KB

Abkürzung für: Kilobyte; 1 KB = 1 024 Bytes.

Kennung

Vor der ersten Verwendung eines Datenträgers durch das Betriebssystem vergebene Kennzeichnung, die eine Identifikation des Datenträgers ermöglicht. Siehe auch Benutzerkennung.

Kernspeicher

Alte Bezeichnung für Zentralspeicher (siehe dort).

Kette

Indizierte Dateiorganisationsform mit logisch sortiertem Index. In jedem Datensatz ist die Adresse (Zeiger) des in der Sortierreihenfolge nachfolgenden Satzes gespeichert. Es kann nur sequentiell gesucht werden. Sobald der erste zutreffende Datensatz gefunden ist, wird sequentiell weitergesucht, bis sich der Schlüssel ändert.

Kettendrucker

Mechanischer Zeilendrucker, bei dem die Drucktypen auf einer umlaufenden endlosen Metallkette angebracht sind, die horizontal am Papier vorbeigeführt wird.

kHz

Abkürzung für: 1 000 Hz.

KI

Abkürzung für: Künstliche Intelligenz (siehe dort).

Kilobyte

1 Kilobyte = 1 024 Bytes. Abkürzung: KB.

Klarschriftbeleg

Visuell und maschinell lesbarer Papierbeleg, bei dem die Schriftzeichen aufgrund ihrer optischen Eigenschaften maschinell erkannt werden (durch Vergleich der erfaßten Gestalt mit gespeicherten Zeichenmustern).

Klarschriftbelegleser

Peripheres Gerät zum optischen Lesen standardisierter Schriften (zum Beispiel OCR-A, OCR-B, gängige Schreibmaschinenschriften, Blockhandschrift) auf Belegen unterschiedlicher Formate. Siehe auch Schriftenleser.

Klasse-A-Karte (Fax)

PC-Erweiterungskarte für den TELEFAX-Dienst, die Funktionen dedizierter Fernkopierer wie Sofortausdruck und 24-Stunden-Betrieb bietet.

Klasse-B-Karte (Fax)

PC-Erweiterungskarte für den TELEFAX-Dienst, die nur auf die Einhaltung der Telematikprotokolle und Teilnehmerkennung geprüft ist.

Klasse-C-Karte (Fax)

PC-Erweiterungskarte, die keine Zulassung aufweist und dementsprechend keine Gewähr für eine sichere Übertragung bietet.

Klassifikation

Schritt im Abstraktionsprozeß, wobei die inhomogene Menge der Objekte und Beziehungen in homogene Klassen von Objekttypen unterteilt wird. Kriterien der Klassifikation sind entweder sachbezogener oder verarbeitungstechnischer Natur.

Koaxialkabel

Kabel von 5 bis 10 mm Durchmesser, in dem zwei Kupferleiter ineinanderliegend (koaxial) angeordnet sind. In der Achse eines hohlen Außenleiters (Grund) befindet sich der isolierte Innenleiter (Signal). Die Informationsübertragung erfolgt mittels elektromagnetischer Signale (bis ca. 400 Mbit/s).

Kommando

Anweisung, die im Dialogbetrieb den Aufruf eines ausführbaren Prozesses bewirkt.

Kommandosprache

Siehe Auftragssprache.

kommerzielles Programm

Im Zusammenhang mit Standardsoftware übliche Bezeichnung für ein Programm, das zur Unterstützung der Aufgaben eines betrieblichen Funktionsbereichs dient (keine Branchenspezialisierung).

Kommunikation

Austausch von Information.

Kommunikationsanlage

Synonym: Nebenstellenanlage (siehe dort).

Kommunikationsarchitektur

Bezeichnung für den schichtweisen Aufbau eines Kommunikationssystems. Das bedeutendste diesbezügliche Konzept ist das ISO-Referenzmodell für offene Rechnernetze (siehe dort).

Kommunikationsdienst

Dienst für die Übertragung von Information. Dazu zählen elektronische Postsysteme sowie Telematikdienste (TELEBOX, TELEX, TELETEX, TELEFAX und Bildschirmtext).

Kommunikationskarte

Synonym: Adapterkarte (zum Beispiel für den Netzanschluß an LAN, ISDN, TELEFAX usw.).

Kommunikationskette

Das in der Informationstheorie verwendete Modell einer elementaren Kommunikationskette besteht aus:
- der Quelle, die Information erzeugt,
- dem Sender, der diese Information in geeigneter Verschlüsselung (Codierung) weitergibt,
- dem Nachrichtenkanal, der die Information - mehr oder weniger gestört - übermittelt,
- dem Empfänger (= Senke), der die Information aufnimmt und sie in Klartext übersetzt, und
- dem Ziel, für das die Information bestimmt ist.

Kommunikationsprotokoll

Siehe Protokoll.

Kommunikationsrechner

Spezialrechner zur Steuerung der Kommunikation in Rechnernetzen.

Kommunikationsserver

Überbegriff für Router, Bridges und Gateways (siehe dort).

Kommunikationssoftware

Spezielle, systemnahe Programme, die zur Steuerung der Datenverarbeitung in Rechnernetzen dienen.

Kommunikationssteuerungsschicht

Schicht 5 des ISO-Referenzmodells für offene Rechnernetze. Die wesentliche Aufgabe ist die Synchronisation der Kommunikation zwischen zwei Partnerinstanzen. Dazu gehören die Dienste für den Auf- und Abbau einer Verbindung sowie für die eigentliche Datenübertragung. Ein zentrales Anliegen ist die Aufteilung einer Kommunikation in logische Abschnitte, über deren Anfang und Ende sich die Kommunikationspartner verständigen. Dadurch wissen diese stets, auf welchen Synchronisationspunkt im Fehlerfalle die Kommunikation zurückgesetzt werden kann. Auch zum Unterbrechen und Wiederaufnehmen eines logischen Abschnitts und zum Schachteln von logischen Abschnitten werden die Synchronisationspunkte benötigt (Beispiel: Automatische Durchführung von Anmeldeprozeduren (LOGON-Vorgang) im anderen Endsystem).

Kommunikationsverbund

Funktion von Rechnernetzen, durch die ein Benutzer mit allen anderen Benutzern der verbundenen Rechner Mitteilungen austauschen kann (siehe Elektronische Post).

kompatibel

Synonym der EDV-Fachsprache für: verträglich. Bezeichnet die hard- und softwaremäßige Verträglichkeit von Geräten, Programmen, Datenträgern und anderen Komponenten aufgrund einer Anpassung an Spezifikationen des "Industriestandards".

Kompilierer

Synonym: Compiler. Übersetzungsprogramm, das in einer höheren Programmiersprache abgefaßte Quellenanweisungen in Zielanweisungen einer maschinenorientierten Programmiersprache umwandelt (kompiliert).

Kompression

Siehe Datenkompression.

Konfiguration

Maschinelle Gesamtausrüstung einer Datenverarbeitungsanlage, einschließlich aller angeschlossenen peripheren Ein-/Ausgabe- und Speichereinheiten sowie Datenfernverarbeitungsgeräte.

Konnektionismus

Teilgebiet der Künstlichen Intelligenz, das sich mit der Modellierung neuronaler Netze befaßt.

Konsole

Synonym: Bedienungsfeld (siehe dort).

Konsolprozessor

Spezialisierter Prozessor großer EDVA, der die Systembedienung unterstützt und über Anschlüsse für Bedienstationen und die Fernwartung verfügt.

Konstante

Datenelement, dessen Wert unveränderlich ist.

Kontaktbildschirm

Synonym: Sensorbildschirm (siehe dort).

Kontrollbus
(in der Zentraleinheit)

Bus zur Übermittlung von Steuersignalen, damit die Funktionseinheiten einer Zentraleinheit im Betrieb aufeinander abgestimmt funktionieren.

Kontrollpunkt

Zeitpunkt einer Datensicherung.

Kontrollstruktur

Mögliche Beziehungen zwischen Datenelementen, Programmkomponenten oder Arbeitsanweisungen. Bei der Darstellung sowohl der Daten- und Programmstruktur als auch der Programmlogik beschränkt man sich bei strukturierter Systementwicklung (bzw. strukturierter Programmierung) auf drei elementare Kontrollstrukturen: Sequenz, Auswahl und Wiederholung.

Kontrollsystem

Informationssystem zur Unterstützung von Kontrollaufgaben. Es dient dazu, die Einhaltung von Plänen zu überwachen (Soll-Ist-Vergleiche), und gibt Hinweise darauf, daß korrigierende Maßnahmen eingeleitet werden müssen. Siehe Führungsinformationssystem.

Konvertieren

Aufzeichnung von Daten auf andere Datenträger (zum Beispiel von maschinell lesbaren Papierbelegen auf Magnetband).

Konzentrator

Gerät, das mehrere Nachrichtenkanäle auf einen oder wenige konzentriert. Es erhöht die Anschlußkapazität eines Übertragungsweges und ermöglicht durch Zwischenspeicherung einen Ausgleich der Verkehrslast. Siehe auch LAN-Konzentrator.

konzeptionelles Ablaufmodell

Vereinfachte Beschreibung eines betrieblichen Realitätsausschnitts als strukturierter Rahmen für eine planvolle Informationssystementwicklung, bei der eine ablauforientierte Sicht im Vordergrund steht. Im konzeptionellen Ablaufmodell werden für den zu beschreibenden Anwendungsbereich die relevanten Funktionen bzw. Ablaufsequenzen beschrieben. Dies geschieht in einer Form, die von allen Benutzern akzeptiert werden kann. Das konzeptionelle Ablaufmodell wird in einer meist grafisch orientierten formalen Sprache formuliert. Beispiele für solche Beschreibungsmittel sind Datenflußpläne, ISAC-Graphen, Jackson-Diagramme und SADT-Diagramme (siehe dort).

konzeptionelles Datenmodell

Vereinfachte Beschreibung eines betrieblichen Realitätsausschnitts als strukturierter Rahmen für eine planvolle Informationssystementwicklung, bei der eine datenorientierte Sicht im Vordergrund steht. Im konzeptionellen Datenmodell werden für den von der Datenbank abzudeckenden Anwendungsbereich die relevanten Begriffe mit ihren sachlogischen und strukturellen Zusammenhängen beschrieben. Dies geschieht in einer Form, die von allen Benutzern akzeptiert werden kann. Das konzeptionelle Modell wird in einer meist grafisch orientierten formalen Sprache formuliert. Beispiele für solche Beschreibungsmittel sind ER- und NIAM-Diagramme (siehe dort). Ist das Anwendungswissen in der Repräsentation des konzeptionellen Modells exakt genug formuliert, so kann es durch formale Transformationen in ein konkretes Datenmodell umgewandelt werden, ohne daß der fachliche Gehalt verloren geht.

konzeptionelles Modell

Vereinfachte Beschreibung eines betrieblichen Realitätsausschnitts als strukturierter Rahmen für eine planvolle Informationssystementwicklung. Je nachdem, ob dabei eine eher datenorientierte oder eine eher ablauforientierte Sicht im Vordergrund steht, kann man konzeptionelle Datenmodelle und Ablaufmodelle (Funktionsmodelle) unterscheiden (siehe dort). Weitere Sichten können sich zum Beispiel auf die Kommunikation (= Kommunikationsmodell), auf die Folge von Abläufen (= Vorgangskettenmodell) oder auf organisatorische Aspekte (= Organisationsmodell) beziehen. Die Beschreibung erfolgt in einer Form, die von den Endbenutzern in den Fachabteilungen verstanden werden kann.

KOPERNIKUS

Siehe DFS KOPERNIKUS.

Kopierprogramm

Dienstprogramm eines Betriebssystems, das für die Duplizierung von Dateien (zum Beispiel auf andere Datenträger oder Geräte) verwendet wird.

Kopplungseinheit

Gerät zur Verbindung von Rechnernetzen. Zu den Aufgaben solcher Kopp-

lungseinheiten zählen die Adreßumwandlung, Wegewahl (Routing), Flußkontrolle, Fragmentierung und Reassemblierung (Wiederzusammenfügen) von Datenpaketen, Zugangskontrolle sowie das Netzwerkmanagement. Die wichtigsten Kopplungseinheiten sind (siehe dort):
- Repeater,
- Bridge,
- Router und
- Gateway.

Korrespondenzqualität

Höchste, für den externen Briefverkehr geeignete Druckqualität bei Matrixdruckern.

Kosten-Nutzen-Analyse

Wirtschaftlichkeitsrechnung zur Bestimmung der monetarisierbaren Wirkungen von Investitionen. Es werden die Anschaffungskosten bzw. Entwicklungskosten und die laufenden Kosten den Einsparungen gegenübergestellt, die durch die Investition (zum Beispiel eine neue Anwendung) entstehen. Indirekte Effekte und Integrationswirkungen werden üblicherweise nicht einbezogen. In Varianten dieses Verfahrens werden Nutzengruppen (zum Beispiel direkte, relative sowie schwer erfaßbare Nutzen) unterschieden und - mit Realisierungswahrscheinlichkeiten gewichtet - den Kosten im Zeitablauf gegenübergestellt.

Kreisdiagramm

Darstellungsart von Zahlenmaterial in Form eines Kreises mit mehreren Sektoren. Die Größe der einzelnen Sektoren ist von der Höhe des darzustellenden Zahlenwertes abhängig. Übliche Darstellung für die Visualisierung von prozentuellen Anteilen.

Kryptologie

Wissenschaft, die sich mit der Geheimhaltung von Information durch gezielte Veränderungen befaßt. Teilbereiche der Kryptologie sind die Kryptographie und die Kryptoanalyse. Die Kryptographie bezeichnet Methoden zur Veränderung von Nachrichten, sodaß diese nur von autorisierten Personen interpretierbar sind (für Außenstehende jedoch sinnlos erscheinen). Die Kryptoanalyse beschäftigt sich mit der Entschlüsselung von derartigen codierten Nachrichten.

Kugelkopfdrucker

Mechanischer Zeichendrucker, bei dem der Zeichensatz auf einem auswechselbaren Kugelkopf aufgebracht ist.

Kundendiensttechniker

Siehe Hardwaretechniker.

kundenspezifischer Chip

Auf die speziellen Bedürfnisse einzelner Kunden(gruppen) bzw. Anwendungen ausgelegter Chip. Während bei individuell entworfenen kundenspezifischen Chips die Schaltungen auf niedrigstem Niveau, auf Transistorebene, entworfen werden, greift man bei den teilkundenspezifischen Chips auf vorgefertigte bzw. vorentwickelte Schaltungsteile zurück.

Künstliche Intelligenz

Ein Bereich der Informatik, der sich mit der symbolischen Wissensrepräsentation und Methoden zur symbolischen Problemlösung durch Rechner befaßt. Vereinfacht gesagt, handelt es sich um Versuche, menschliche Intelligenzleistungen durch Rechner zu realisieren. Zu den Teilgebieten gehören u.a. Expertensysteme, Robotik sowie das maschinelle Verstehen von natürlicher Sprache und Bildern. Siehe AI.

Kurvenleser

Eingabegerät zum Umsetzen von Kurven in Signale.

Kurvenschreiber

Synonym: Plotter (siehe dort).

Kurvenverfolger

Synonym: Digitalisiertablett (siehe dort).

Kurzwahl

Besondere Leistung der Telekom für digitale Fernmeldewege, welche die Möglichkeit bietet, bis zu 64 Langrufnummern im Vermittlungsrechner speichern zu lassen, die durch eine ein- oder zweistellige Nummer von den Teilnehmern angewählt werden können. Erhöht die Sicherheit gegen Fehlverbindungen und beschleunigt den Verbindungsaufbau.

Kybernetik

Wissenschaft von der Struktur dynamischer Systeme, den in ihnen bestehenden Beziehungen und ihrem Verhalten. Die Kybernetik umfaßt die Informationstheorie (Semiotik) und die Regelungstheorie.

L

Ladeadresse

Adresse des Arbeitsspeichers bzw. des virtuellen Speichers, ab der ein Programm geladen wird.

Laden

Übertragen eines Programms in den Arbeitsspeicher.

Lader

Dienstprogramm, das einem zum Ablauf zu bringenden Programm den Adreßraum zuordnet und dieses in den Arbeitsspeicher überträgt.

LAN

Auch im Deutschen gebräuchliche Abkürzung für engl.: Local Area Network. Siehe lokales Netz(werk).

LAN-Konzentrator

Hardwareeinrichtung, die als zentrale Verteilerstelle für die Verknüpfung der an ein Netz angeschlossenen Knoten dient. Sie operiert auf der Bitübertragungsschicht und hat die Funktion eines Repeaters, der die ankommenden Signale vom Rauschen säubert und regeneriert (verstärkt). Solche Funktionseinheiten bieten eine ausschließlich physikalische Verbindung für verschiedene Übertragungsmedien und LAN-Standards. "Intelligente" Konzentratoren unterstützen zusätzlich die Netzwerkverwaltung für die Bitübertragungsschicht.

LAN-Manager

Von Microsoft und 3Com entwickeltes Netzbetriebssystem, das auf ein Standardbetriebssystem (zum Beispiel OS/2,

UNIX, VMS, Windows NT) aufsetzt und ohne dedizierten Server auskommt. Die stark erweiterte Version 2.0 wurde von Microsoft unter eigenem Namen entwickelt und wird auch von Microsoft vertrieben.

LAN-Standard

Die IEEE hat mit den Standards IEEE 802 die Vielzahl der verschiedenen LAN-Systeme auf einige Grundsysteme reduziert. Diese Grundsysteme wurden als ISO-8802-Normen übernommen. Die wichtigsten sind (siehe dort):

- IEEE 802.3 (ISO-8802-3): CSMA/CD oder "Ethernet",
- IEEE 802.4 (ISO-8802-4): Tokenbus,
- IEEE 802.5 (ISO-8802-5): Tokenring,
- IEEE 802.6 (ISO-8802-6): Metropolitan Area Network (MAN),
- IEEE 802.8 (ISO-8802-8): FDDI.

langfristige, strategische Informationssystemplanung

Festlegung der Gesamtkonzeption und der vorgesehenen Realisierung des gesamtbetrieblichen Informationssystems für einen Planungshorizont von fünf bis zehn Jahren. Ein solcher Plan beschreibt die Aufteilung des Gesamtsystems in selbständige, überschaubare Teilsysteme und trägt durch die Definition der Schnittstellen und die Vorgabe von Entwicklungsprioritäten dazu bei, daß die Teilsysteme stufenweise entwickelt und integriert werden können.

Laptop (PC)

Bezeichnung für einen etwa sechs bis acht Kilogramm schweren, tragbaren Personal-Computer mit einer Größe von meist ca. 40 mal 30 mal 10 Zentimeter.

Solche Mikrorechner weisen die gleichen Leistungsmerkmale auf wie Tischgeräte und sind mit Plasma- oder LCD-Bildschirmen ausgestattet.

Laserdisc

Mischform aus Video- und Audio-CD, die in Bildplattenspielern eingesetzt wird.

Laserdrucker

Nichtmechanischer Seitendrucker, der nach dem Matrix-Prinzip mit Lasertechnik arbeitet. Die Ausdrucke von Text und Grafik (auch gemischt mit unterschiedlichen Zeichensätzen) sind i.d.R. nur einfarbig möglich, sie haben jedoch eine hohe Qualität (zum Beispiel wurde die Druckvorlage für dieses Arbeitsbuch mit einem Laserdrucker erstellt) und erfolgen mit einem sehr geringen Geräuschpegel (auch für eine Büroumgebung geeignet). Der Leistungsbereich liegt derzeit zwischen 4 und 135 Einzelblatt-DIN-A4-Seiten pro Minute mit typischerweise 300 oder 600 dpi.

Lastverbund

Funktion von Rechnerverbundsystemen, durch die Aufträge je nach Auslastung und Ausstattung auf die verbundenen Rechner verteilt werden, um eine optimale Kapazitätsausnutzung des Gesamtsystems zu erreichen.

Layoutprogramm

Software, die der grafischen Gestaltung von Anzeigen, Plakaten oder Illustrationen dient. Diese meist farbfähigen Programme mit WYSIWYG-Darstellung verfügen über mächtige Zeichenwerkzeuge für objektorientierte Vektorgrafik (in vielen Fällen auch für Pixelgrafik) sowie vielfältige Importmöglichkeiten fertiger Grafiken. Die typografischen Textbearbeitungsmöglichkeiten mancher Layoutprogramme reichen bereits an schwächere DTP-Pakete heran.

LCD

Abkürzung für engl.: Liquid Crystal Display. Synonym: Flüssigkristallbildschirm (siehe dort).

Lean Management

Schlanke Unternehmensorganisation durch den Abbau von Hierarchien, d.h. die vertikale Zusammenfassung von Funktionen. Einerseits können ehemals separate Funktionen höherer Ebenen unmittelbar in die Leistungsprozesse integriert werden, andererseits kann die erwünschte Konzentration auf den Kern der eigentlichen Unternehmensaktivitäten (Wertschöpfungsbereich) durch Auslagerung von Funktionen erfolgen (siehe hierzu auch Outsourcing). Lean Management bedingt eine größere Eigenverantwortlichkeit der Mitarbeiter und Gruppen, deren veränderte Kommunikations- und Kooperationsformen durch Groupware unterstützt werden können.

LED

Abkürzung für engl.: Light Emitting Diode. Halbleiterdiode, die unter Strom Licht ausstrahlt.

LED-Drucker

Nichtmechanischer Seitendrucker, der nach einem dem Laserdrucker ähnlichen Druckprinzip arbeitet. Dabei wird mittels einer LED-Zeile (Reihe von Leuchtdioden) eine lichtempfindliche Trommel belichtet, von welcher der Toner (Farbpulver) auf das Papier gebracht wird.

Lehrer für Datenverarbeitung

EDV-Fachkraft für die Ausbildung der mit der Gestaltung oder Benutzung von Informationssystemen befaßten Mitarbeiter. Tätigkeiten: Ermittlung des EDV-Ausbildungsbedarfs; Aufbereitung der zu lernenden Inhalte nach didaktischen Gesichtspunkten; Erstellung von Stundenplänen und Unterrichtsmaterialien; Durchführung von Lehrveranstaltungen inkl. Kontrolle des Lernerfolges; Beratung der Kursteilnehmer bei der Lösung gestellter Aufgaben sowie bei der Fehlersuche und Fehlerbereinigung; Beurteilung der Kursteilnehmer.

Leistung (eines Rechners)

Siehe Rechnerleistung.

Leistungsmeßprogramm

Dienstprogramm zur Messung der Auslastung einer EDVA, und zwar
- der Belegung von Kanälen,
- der Aktivität peripherer Geräte,
- der Zugriffswerte auf bestimmte Dateien,
- des Antwortzeitverhaltens von Prozessen usw.

Siehe auch Benchmark(test).

Leistungsverbund

Funktion von Rechnerverbundsystemen, durch die aufwendige, rechenintensive Aufträge auf mehrere Rechner aufgeteilt werden, um die Leistungsgrenzen einzelner Komponenten zu umgehen.

Leistungsvermögens-analyse von EDVA

Siehe Benchmark(test).

Leitstation

Jene Datenstation, die bei einer Mehrpunktverbindung die jeweilige Sendestation festlegt und den Betriebsablauf steuert und überwacht.

Leitungsanschaltgerät

Synonym: Fernschaltgerät (siehe dort).

Leitungsvermitteltes Datexnetz

Synonym: Datexnetz mit Leitungsvermittlung (siehe dort).

Leitungsvermittlung

Synonym: Durchschaltevermittlung. Technik für die Vermittlung von Verbindungen, bei der zwischen den Datenstationen für die Dauer ihrer Verbindung ein unmittelbarer Übertragungsweg zur Verfügung gestellt wird. Vermittlungseinheiten im Übertragungsnetz haben eine reine Weiterschaltefunktion. Die durchgehende physikalische Verbindung steht ausschließlich den beteiligten Endgeräten zur Verfügung, unabhängig davon, ob Daten übertragen werden oder nicht.

Leitwerk

Funktionseinheit innerhalb eines Datenverarbeitungssystems, welche
- die Reihenfolge steuert, in der die Befehle ausgeführt werden,
- diese Befehle entschlüsselt oder dabei gegebenenfalls modifiziert und
- die für ihre Ausführung erforderlichen digitalen Signale abgibt.

Das Leitwerk wird häufig auch als Steuerwerk bezeichnet. Bautechnisch ist es ein Teil eines Prozessors. Siehe Zentralprozessor.

Lesegerät

Vorrichtung zur Wiedergabe der auf Datenträgern aufgezeichneten Daten. Durch die Vielzahl von Datenträgern und Anwendungen gibt es auch viele verschiedene spezielle Lesegeräte. Dazu zählen automatische Belegleser (die zum Beispiel im Zahlungsverkehr von Banken Verwendung finden), Handleser für Plastikkarten und Strichcode, die fest eingebauten Strichcodeleser bei Scannerkassen, die ebenfalls fest eingebauten Plastikkartenleser bei Geldausgabeautomaten sowie diverse Scannertypen bei Schriftenlesesystemen.

Lesekopf

Bezeichnung für jene Baueinheit von Laufwerken magnetischer oder optischer Datenträger, die für das Lesen der aufgebrachten Markierungen zuständig ist.

Lichtgriffel

Synonym: Lichtstift. Als Zusatzeinrichtung zu einer Datensichtstation dienender lichtempfindlicher Stift, mit dem von Hand auf dem (Kathodenstrahl-) Bildschirm bestimmte Punkte oder Flächen markiert und Kurven durch ihren Verlauf oder ihre Endpunkte dargestellt werden können.

Lichtleiter

Siehe Lichtwellenleiter und Glasfaserkabel.

Lichtstift

Synonym: Lichtgriffel (siehe dort).

Lichtwellenleiter

Medium für die Übertragung kurzer Lichtimpulse in hoher Impulsrate. Siehe Glasfaserkabel.

LINDA

Sprachunabhängige Erweiterung für konventionelle Programmiersprachen, die verteiltes und paralleles Programmieren unterstützt.

lineare Liste (bei Dateiorganisation)

Menge von Datenelementen, deren Beziehungen untereinander durch ein übergeordnetes Relationsprinzip festgehalten sind. Jedes Datenelement hat einen oder keinen unmittelbaren Nachfolger.

Liniendiagramm

Darstellung von Zahlenmaterial in Form von Linien, die zumeist für die Visualisierung von Zeitreihen verwendet wird.

Liniennetz

Siehe Busnetz.

Linpack-Benchmark

Test des Leistungsvermögens von EDVA bei mathematisch-technischen Anwendungen, bei denen Gleitpunktoperationen dominieren. Die Ergebnisse werden in MFlops (Millions of Floating point operations per second) ausgedrückt.

Lips

Abkürzung für engl.: Logical inferences per second. Maßgröße zur Kennzeichnung der Leistung eines Rechners anhand der pro Sekunde durchgeführten logischen Schlußfolgerungen (Inferenzen). Zugrundegelegte Inferenzen sind zum Beispiel einfache "Wenn, dann ..."-Beziehungen oder aus zwei Prämissen gezogene Schlußfolgerungen vom Allgemeinen auf das Besondere (d.h. "höhere" Anweisungen im Gegensatz zur Mips-Rate, bei der Prozessorbefehle zur Leistungsmessung dienen).

LISP

Funktionale Programmiersprache, die sich besonders für Anwendungen der "Künstlichen Intelligenz" eignet.

Localtalk

Apple-Bussystem zur Kopplung von bis zu 32 Mikrorechnern, Druckern und Dateiservern mit einer maximalen Übertragungsgeschwindigkeit von 230 kbit/s.

Lochkarte

Früher stark verbreiteter, heute kaum noch verwendeter Datenträger in Kartenform aus Papier (Lochkartenkarton; genormte Länge 187,45 mm, Breite 82,73 mm), der mit Lochungen, einem Aufdruck oder auch Kombinationen aus diesen versehen sein kann. Die Lochkarte ist ein Einzelbeleg, der seinerzeit, üblicherweise zu Paketen geordnet, als Datei verarbeitet wurde. Um die Kontrolle der richtigen Lage einer Karte in einem Kartenstapel besser durchführen zu können, wurde diese an der linken oberen Ecke mit einem Eckenschnitt versehen. Um Karten für verschiedene Anwendungen voneinander unterscheiden zu können, war das Kartenmaterial oft verschiedenartig gefärbt. Standardlochkarten hatten 80 senkrechte Spalten mit je 12 Lochpositionen. Pro Spalte war ein Zeichen durch eine oder mehrere Lochungen darstellbar. Neben der Standardlochkarte und dem gebräuchlichen Hollerithcode finden sich in der Praxis auch heute noch vereinzelt Karten mit anderen Maßen und anderen Codes. Als preiswerte Identifikationsnachweise werden solche Lochkarten zum Beispiel als Hotelzimmerschlüssel und Schipässe eingesetzt.

Lochstreifen

Früher stark verbreiteter, heute kaum noch verwendeter Datenträger in Form von Papier- oder Kunststoffstreifen, der in gelochter Form Daten enthält. Die Aufzeichnung der Information erfolgt in mehreren Längsspuren (5 - 8). Eine Lochstreifenrolle hat eine Kapazität von 120 000 bis 130 000 Zeichen, jedoch werden häufig auch kleinere Rollenabschnitte verarbeitet.

logische Programmiersprache

Programmiersprache, die auf der mathematischen Logik beruht und sich deshalb besonders für Anwendungen der "Künstlichen Intelligenz" eignet. Der bekannteste Vertreter ist PROLOG.

logischer Satz

Siehe Datensatz.

lokale Bridge

Bridge, die aus einer Einheit besteht und zwei lokale Netze verbindet.

lokale Datenverarbeitung

Betriebsart einer EDVA, bei der die Eingabe eines Benutzerauftrags und die Ausgabe der Verarbeitungsergebnisse in räumlicher Nähe zur Zentraleinheit erfolgen.

lokales Netz(werk)

Rechnernetz für die Kommunikation zwischen mehreren unabhängigen Datenstationen mit hoher Übertragungsgeschwindigkeit (typisch: 200 kbit/s bis 100 Mbit/s) und niedriger Fehlerrate in einem begrenzten geographischen Gebiet (in vielen Ländern wegen des Netzmonopols der Post bzw. Telekom: begrenzt auf ein Grundstück; maximale Entfernung der Knotenrechner ca. 10 km). Siehe auch LAN-Standard.

LPC-Technik

Abkürzung für engl.: Linear Predictive Coding. Verfahren zur Digitalisierung des Sprachschalls, das mit Datenraten von 2 400 bis 4 800 Bits pro Sekunde arbeitet. Das entspricht weniger als einem Zehntel des Datenvolumens der herkömmlichen PCM-Technik.

lpm

Auch im Deutschen gebräuchliche Abkürzung für engl.: lines per minute. Maß für die Druckgeschwindigkeit von Zeilendruckern (Zeilen pro Minute).

LSI

Auch im Deutschen gebräuchliche Abkürzung für engl.: Large Scale Integration. Zweithöchste Integrationsstufe der Chiparchitektur (etwa 100 bis 500 Gatter pro Chip).

M

m-Wege-Suchen

Suchverfahren bei indizierter Dateiorganisation mit physisch sortiertem Index. Der Adreßverweis des gesuchten Datensatzes wird durch Einteilung des Indexbereiches in Blöcke und den fortlaufenden Vergleich des Suchschlüssels mit dem jeweils letzten Element (Schlüsselfeld) der Blöcke gefunden. Ist der Suchschlüssel größer, wird zum nächsten Block, falls dieser vorhanden ist, weitergegangen. Ist der Suchschlüssel kleiner, wird im so ermittelten Block weitergesucht.

M680X0-Mikroprozessorfamilie

Bestehend aus den Prozessoren M68000, M68010, M68020 (3 Mips), M68030 (10 Mips) und M68040 (1,2 Mio. Transistoren, 40 Mips), entspricht die Entwicklung dieser Mikroprozessorfamilie von Motorola etwa jener der Intel 80X86-Prozessoren. Die Motorola M680X0-Serie ist nicht für PCs des Industriestandards geeignet, sondern findet bei alternativen PC-Systemplattformen Verwendung. Bekannteste Beispiele sind Rechner der Firmen Apple (Macintosh, Performa, Centris und Quadra), Atari (ST-Serie) sowie Commodore (Amiga). Die M680X0-Familie zählt zu den CISC-Prozessoren.

Mac-OS

Betriebssystem für Apple-Rechner, das bereits seit Mitte der 80er Jahre mit einer integrierten grafischen Benutzeroberfläche (Finder) ausgestattet ist.

MACH

Modernes Betriebssystem für Minirechner und Workstations (UNIX-Weiterentwicklung), das die Aufgabenverteilung auf mehrere Prozessoren, d.h. die Datenkommunikation zwischen Prozessen, sowie Multithreading unterstützt.

Machbarkeitsstudie

Synonym: Durchführbarkeitsstudie (siehe dort).

Magnetband

Nichtflüchtiger, sequentieller Speicher in Form eines Bandes, bei dem eine oder mehrere magnetisierbare Schichten auf einem nichtmagnetisierbaren Kunststoffträger aufgetragen sind und bei dem die Information durch Magnetisierung aufgezeichnet wird.

Magnetbänder gibt es auf Spulen in den Normbreiten 0,5 Zoll (12,7 mm), 0,25 Zoll (6,35 mm) und 0,15 Zoll (3,81 mm) sowie in Kassetten mit denselben Formaten sowie mit 8- und 4-Millimeter-Breite. Für die Beschichtung wird üblicherweise Eisenoxid oder Chromdioxid verwendet.

Während in den 60er und 70er Jahren das Magnetband der wichtigste und weitverbreitetste Datenträger für Dateien und Programme war, liegt heute die primäre Funktion von Magnetbändern nur noch in der Sicherung und der Archivierung von Daten.

Als Massenspeicher für Großrechner sind 0,5-Zoll-Bänder üblich, bei denen mindestens 732 Meter Band auf einen Spulenkörper mit dem Außendurchmesser von 10,5 Zoll (266,7 mm) gewickelt sind. Auf einem solchen Band werden die Daten byteseriell bzw. bitparallel in neun Spuren aufgezeichnet, d.h. ein Byte kann auf einmal gelesen oder geschrieben werden und nimmt die gesamte Bandbreite in Anspruch. Die Aufzeichnungsdichte beträgt hierbei meist 6 250 bpi. Ein Zeichen wird durch die übereinanderstehenden Bits aller Spuren dargestellt. Der einem Bit zugeordnete Bereich einer Spur wird als Spurelement bezeichnet. Die zur Darstellung eines Zeichens dienenden Spurelemente bilden eine sog. Bandsprosse. Bei dem oft verwendeten EBCDI-Code enthält eine Bandsprosse also einen Buchstaben, eine Ziffer oder ein Sonderzeichen (8 Datenbits und 1 Prüfbit). Seit einigen Jahren werden für Großrechner auch Magnetbänder angeboten, die 18 oder 36 Spuren haben. Bei diesen können in einer Bandsprosse zwei oder vier Bytes aufgezeichnet werden, wodurch die Gesamtkapazität und die Schreib-/Leserate beträchtlich gesteigert werden. Die Kapazitäten von 18-Spur-Bändern liegen ca. bei 38 000 bpi. Für die Datensicherung kleinerer Rechner werden Streamer eingesetzt, die mit Magnetbandkassetten (siehe dort) arbeiten.

Magnetbandkassette

Datenträger in Form eines Magnetbandes, das in ein Hartplastikgehäuse eingeschlossen ist. Gängige Formate sind 1/2- und 1/4-Zoll- bzw. 8- und 4-mm-Kassetten. Letztere sind vor allem für die Datensicherung kleinerer Rechner vorgesehen und erreichen Schreibdichten von bis zu 43 200 bpi. Auch die aus dem Audiobereich bekannten DAT-Kassetten (DAT = Abkürzung für engl.: Digital Audio Tape), deren Kapazität bis zu einigen GB beträgt, können für die Datensicherung kleiner EDVA verwendet werden. Bei 8- bzw. 4-mm- und DAT-Kassetten wird statt der Aufzeichnung in Längsspuren ein der Videotechnik ähnliches Aufzeichnungsverfahren verwendet (siehe Helical-Scan-Aufzeichnungsverfahren).

Magnetblasenspeicher

Nichtflüchtiges Speichermedium, bei dem die Information auf einem magnetisierbaren Material durch Magnetblasen aufgezeichnet wird. Magnetblasen sind zylindrische Phänomene, die durch magnetische Felder auf der Magnetschicht (Nickel-/Eisen-Legierung) eines Plättchens aus künstlichem Granat erzeugt werden. Die Magnetblasen sind stabil, außer sie werden durch die Einwirkung eines magnetischen Feldes auf den eingeätzten Bewegungspfaden bewegt. In kleinsten Intervallen wird durch eine Art Schreib-/Lesekopf geprüft, ob eine Blase vorbeiwandert, und dadurch festgestellt, ob Information vorhanden ist (binäre Eins) oder nicht (binäre Null). Magnetblasenspeicher erfordern keine Mechanik und erhalten auch bei Stromausfall ihren Zustand. Die Zugriffsform ist sequentiell, die Zugriffszeit ist relativ langsam und liegt - nur wenig besser als bei schnellen Magnetplatten - bestenfalls bei etwa 5 ms. Auf dem Markt erhältliche Magnetblasenspeicher, die zum Beispiel in tragbaren Peripheriegeräten zum Einsatz kommen, kosten derzeit mindestens rund zehnmal so viel wie Magnetplattenspeicher entsprechender Kapazität.

magnetischer Datenträger

Datenträger, bei dem die Daten durch die Magnetisierung von Bitpositionen auf dünnen, magnetisierbaren Schichten eines biegsamen oder starren Trägermediums gespeichert werden. Beispiele sind Magnetstreifenkarten, Magnetbänder, Disketten und Magnetplatten.

Magnetkontenkarte

In den 60er Jahren verbreiteter, heute

nicht mehr verwendeter Datenträger für die "Mittlere Datentechnik", der sich von einem normalen Kontenblatt nur dadurch unterscheidet, daß neben dem für die Beschriftung im Klartext vorgesehenen Formularbereich ein bestimmter Raum für einen Magnetschichtspeicher vorgesehen ist.

Magnetplatte

Externer, sehr schneller Direktzugriffsspeicher mit hoher Speicherkapazität in Form einer oder mehrerer runder Platten, bei denen magnetisierbare Schichten beidseitig auf einem nichtmagnetisierbaren Träger (i.d.R. aus Aluminium) aufgebracht sind und bei denen die Information durch Magnetisierung auf kreisförmigen Spuren aufgezeichnet wird.

Mehrere Platten, die auf einer Spindel übereinander montiert sind, werden Plattenstapel genannt.

Magnetplatten drehen sich mit konstanter, hoher Geschwindigkeit (bis zu ca. 4 200 upm). Auf die Daten wird mit einem oder mehreren Schreib-/Leseköpfen (Zugriffskamm) in wenigen Millisekunden zugegriffen. Diese Schreib/Leseköpfe "schwimmen" in einem sehr geringen Abstand zur Speicheroberfläche auf einem durch die Drehbewegung gebildeten Luftpolster. Es wird beidseitig aufgezeichnet; bei einem Plattenstapel können jedoch oft die oberste und/oder unterste Plattenfläche nicht genutzt werden (Abdeckplatten zu Schutzzwecken).

Die Information wird bit- und byteseriell auf konzentrischen Spuren aufgezeichnet. Die Anzahl der Spuren (bis zu ca. 3 300) ist ebenso wie die Anzahl der Sektoren pro Spur je nach Gerät und Hersteller verschieden.

Die Zeitsynchronisation erfolgt bei Magnetplatten nur durch Softwaresteue-

rung, d.h. es gibt kein Indexloch wie bei Disketten. Übereinanderliegende Spuren eines Plattenstapels werden Zylinder genannt. Es können so mehrere Spuren innerhalb eines Zylinders ohne Bewegung des Zugriffkammes gelesen werden.

Es gibt Magnetplatten

– in verschiedenen Größen (Standards: 14; 8; 5,25; 3,5; 2,5 und 1,8 Zoll),

– die auswechselbar (Wechselplatte) oder fest in das Laufwerk eingebaut (Festplatte) sind,

– mit unbeweglichen (Festkopfspeicher) oder verschiebbaren Schreib-/Leseköpfen,

– mit unterschiedlichen Aufzeichnungstechniken und -formaten, Kapazitätsstufen (bis zu 6 GB pro Laufwerk) und Leistungen (mittlere Zugriffszeit bis herab zu 10 ms und Datentransferrate bis zu 6 MB/s).

Siehe hierzu auch RAID sowie RAID 0 bis RAID 7.

Magnetschriftbeleg

Visuell und maschinell lesbarer Papierbeleg, auf dem die maschinenlesbaren Zeichen mit einer ferrithaltigen Farbe in normierter Form aufgedruckt sind. Beim maschinellen Lesen erfolgt eine Magnetisierung der Zeichen, die sodann - anhand von charakteristischen Merkmalen ihrer Gestalt - durch Vergleiche mit gespeicherten Mustern erkannt werden.

Magnetstreifenkarte

Millionenfach verbreiteter Datenträger (Identifikationskarte) mit einer Standardgröße von 85,6 x 64 x 0,76 mm aus Vollplastik oder Kunststoffschichten, in die andere Materialien eingeschlossen sein können. In die Rückseite ist bei der für Zahlungsverkehrsanwendungen genormten Karte ein 0,5 Zoll (= 12,7 mm) breiter Magnetstreifen integriert, auf dem die Daten in drei parallelen, unabhängigen Spuren bit- und byteseriell aufgezeichnet werden. Beispiel: Eurocheque-Karte.

Magnettrommel

Ein nur in den Anfängen der EDV gebräuchlicher, relativ schneller, direkt adressierbarer externer Speicher. Der Datenträger besteht aus einer ständig mit hoher Geschwindigkeit rotierenden Trommel. Die magnetisierbare Schicht befindet sich auf dem Trommelmantel und ist in Spuren eingeteilt, denen jeweils ein Magnetkopf zum Lesen und Schreiben der Daten zugeordnet ist.

Mailbox

Englische Bezeichnung für Briefkasten. Bei der Datenkommunikation umgangssprachlich als Kurzform von "electronic mailbox" verwendet.

Mailbox-System

Siehe Elektronische Post und Mitteilungsübermittlungssystem.

Makro

Befehlsfolge für häufig verwendete Funktionen, die in einer Bibliothek abgespeichert wird und bei Bedarf jederzeit aufgerufen werden kann. Siehe auch Prozedur.

Makroassembler

Assemblierer (siehe dort), der Makroaufrufe auflösen kann (d.h. vor der Übersetzung durch die Routinen aus der Bibliothek ersetzen kann).

MAN

Abkürzung für engl.: Metropolitan Area Network (siehe dort).

Management-informationssystem

Informationssystem, das überwiegend zur Unterstützung der Entscheidungen von Managern (= Führungskräfte mit Personalverantwortung) dient und damit einen planungs- und kontrollorientierten Charakter aufweist. Siehe auch Decision Support System und Executive Information System.

manuelle Indexierung (bei einem Retrievalsystem)

Beschlagwortung von Dokumenten, das heißt Zuteilung von Deskriptoren durch eine Person, den Indexierer, für Zwecke des Information Retrieval (Dokumenten-Retrieval; siehe dort). Als Hilfsmittel dienen dabei Terminologiebeschreibungen und Vokabularlisten.

MAP

Abkürzung für engl.: Manufacturing Automation Protocol. Standardisierte Kommunikationsarchitektur (Protokolle) für die industrielle Fertigung, insbesondere zur Vernetzung von Robotern, numerischen und speicherprogrammierbaren Steuerungen.

Markierungsbeleg

Von Hand auszufüllender, maschinenlesbarer Papierbeleg, der in der Art eines Fragebogens mit vorgesehenen Antwortfeldern gestaltet ist. Zutreffende Antworten werden durch Striche mit Bleistift (oder anderen schwarzschreibenden Stiften) markiert.

Markierungsleser

Peripheres Gerät zum Lesen von Belegen, auf denen Strichmarkierungen in einem vorgedruckten Raster eingetragen sind.

Marktstandard

Synonym: Industriestandard (siehe dort).

Maschennetz

Rechnernetz, bei dem jeder Knoten mit mindestens zwei, in der Regel jedoch mit mehreren anderen Knoten direkt verbunden ist. Bei einem vollständig vermaschten Netz ist jeder Knoten mit allen anderen unmittelbar verbunden. Vorteile eines vollständig vermaschten Netzes sind, daß jeder Knoten mit einem beliebig anderen Knoten jederzeit parallel zu allen anderen Verbindungen kommunizieren kann, und die sehr hohe Ausfallsicherheit. Nachteilig sind der hohe Aufwand für die große Zahl von Verbindungen und die umfangreiche, von den einzelnen Knoten abzuwickelnde Übertragungssteuerung.

Maschine-Maschine-System

Total automatisiertes Informationssystem. Solche Systeme sind auf gesamtbetrieblicher Ebene nicht realisierbar, da nicht alle Informationsverarbeitungsprozesse eines Betriebes programmierbar und damit automatisierbar sind.

Maschinenbediener

Synonym: Operator. EDV-Fachkraft zur Bedienung einer EDVA. Tätigkeiten: Bedienung aller Einheiten eines Datenverarbeitungssystems aufgrund vorliegender Bedienungsanweisungen und vorgegebener Arbeitspläne.

Maschinenbefehl

Eine im Maschinencode dargestellte Anweisung.

Maschinencode

Siehe Objektprogramm.

Maschinenoperation

Ausführung eines Maschinenbefehls durch das Datenverarbeitungssystem.

maschinenorientierte Programmiersprache

Programmiersprache, deren elementare Anweisungen die gleiche oder eine ähnliche Struktur wie die Befehle einer bestimmten EDVA haben. Man unterscheidet bei den maschinenorientierten Programmiersprachen die Maschinensprachen und die Assemblersprachen (siehe dort).

Maschinenprogramm

Ein in Maschinensprache abgefaßtes Programm.

Maschinensprache

Maschinenorientierte Programmiersprache, die zum Abfassen von Arbeitsvorschriften nur Befehle zuläßt, die Befehlswörter einer bestimmten EDVA sind.

Maschinenwort

Folge von Bits bzw. Bytes, die von den Befehlen einer EDVA als Einheit aufgefaßt und interpretiert wird. Die Länge ist durch den technischen Aufbau der Rechenanlage bestimmt.

Maske

Siehe Bildschirmmaske.

Masseninformationssystem

Rechnergestütztes Informationssystem zur Auskunftserteilung und Abwicklung von Routineaufgaben in Selbstbedienung für eine große Zahl von räumlich verteilten, gelegentlichen Benutzern ohne EDV-Kenntnisse. Typische Benutzer sind Passanten, Ausstellungsbesucher, Zuschauer bei Großsportereignissen (Olympiade, Weltmeisterschaften), Reisende auf Flughäfen und Bahnhöfen, Teleshopping- und Telebanking-Teilnehmer, Kunden von Informationsdiensten (Datenbankdienste, Videotex-Dienste) sowie Bankomat-Benutzer.

Massenspeicher

Magnetische und optische Speichermedien, die sich durch geringe Kosten pro Speichereinheit und hohe Kapazitäten auszeichnen.

massiv paralleler Rechner

Hochleistungsrechner, bei dem eine große Zahl von Standardmikroprozessoren (von acht bis zu mehreren tausend) mit jeweils etwas Arbeitsspeicher in einem dichten Netzwerk mit individuellen, sehr schnellen Verbindungen gekoppelt sind.

Matrixdrucker

Drucker, bei dem die abzubildenden Zeichen aufgrund gespeicherter Muster aus einem matrixförmig angeordneten Block aus Punkten gebildet werden. Es gibt mechanische und nichtmechanische Matrixdrucker. Beispiele sind Nadeldrucker und Tintenstrahldrucker (siehe dort).

Maus

Mausgroße Zusatzeinrichtung zu einem Datensichtgerät, deren Bewegung auf einer ebenen Fläche von der Positionsmarke (Cursor) auf dem Bildschirm in Richtung und Geschwindigkeit unmittelbar nachvollzogen wird. Sie verfügt über einen Auslösemechanismus (Funktionstaste[n]), mit dem die von der Positionsmarke gekennzeichneten Felder aktiviert werden.

MB

Abkürzung für: Megabyte; 1 MB = ca. 1 Million Bytes (genau 1 024 KB = 2^{20} Bytes = 1 048 576 Bytes).

Mbit/s

Abkürzung für: Megabit pro Sekunde (Maßgröße für die Übertragungsgeschwindigkeit); 1 Mbit/s = 1 Million übertragene Bits pro Sekunde.

MCA-Bus

MCA ist die Abkürzung für engl.: Microchannel Architecture. Bussystem für IBM-PCs (PS/2) und IBM-Workstations mit einem jeweils 32 Bits breiten Adreß- und Datenbus sowie einer maximalen Übertragungsrate von 40 MB/s. Der 1987 von IBM eingeführte MCA-Bus ist zu EISA- bzw. ISA-Steckkarten nicht kompatibel.

MD

Abkürzung für: Mini-Disc (siehe dort).

MDE

Abkürzung für: Mobile Datenerfassung (siehe dort).

MDT

Abkürzung für: Mittlere Datentechnik (siehe dort).

mechanischer Drucker

Drucker, bei dem die Druckfarbe durch einen Aufschlagmechanismus auf das Papier aufgebracht wird (üblicherweise Hammer, der ein Farbband gegen das Papier drückt). Mechanische Zeichendrucker sind Typenhebel-, Kugelkopf-, Typenrad- und Nadeldrucker. Mechanische Zeilendrucker sind Impact-Matrixdrucker, Trommeldrucker, Kettendrucker und Banddrucker.

Megabyte

Abkürzung: MB. 1 Megabyte = ca. 1 Million Bytes (genau 1 024 KB = 2^{20} Bytes = 1 048 576 Bytes).

Megahertz

Abkürzung: MHz.
1 Megahertz = 1 000 000 Hz (siehe Hz).

Mehradreßbefehl

Maschinenbefehl, der die Adressen mehrerer Operanden enthält.

Mehrdienstgerät

Multifunktionales Endgerät, das den Zugang zu unterschiedlichen Telekommunikationsdiensten bietet. Als Mehrdienstgeräte für die Daten- und Textkommunikation, die auch die Sprachkommunikation durch das Anwählen unterstützen können, dienen hauptsächlich Personal-Computer mit ISDN-Adapterkarten.

Mehrfacherfassung

Problem, das durch den unkoordinierten Einsatz von PCs (Stand-alone-Betrieb, unterschiedliche Applikationen und Datenformate usw.) entsteht und den Benutzer dazu zwingt, bereits an anderer Stelle erfaßte Daten nochmals von Computerlisten abzutippen.

Mehrfachkommunikation

Durch zwei Nutzkanäle eines ISDN-Teilnehmeranschlusses realisierte Verbindung zu zwei unterschiedlichen Datenstationen.

mehrläufiger Prozeß

Prozeß, der aus mehreren Abläufen besteht, die auf gemeinsame Speicherstellen zugreifen.

Mehrplatzfähigkeit

Möglichkeit des Betreibens mehrerer Bildschirmarbeitsplätze bzw. sonstiger Benutzerstationen an einer Zentraleinheit, die eine betriebssystemunterstützte Regelung des gleichartigen Zugriffs mehrerer Benutzer auf dieselben Betriebsmittel (Prozessor[en], Arbeitsspeicher, Peripherie) und Datenbestände bedingt. Siehe Mehrprogrammbetrieb.

Mehrplatztextsystem

Textautomat für den Mehrbenutzerbetrieb, bei dem mehrere Textverarbeitungsplätze mit einem Textverarbeitungsrechner verbunden sind und Ressourcen gemeinsam benutzen (wie zentrales Archiv, Anwendungssoftware, Spezialgeräte). Der Rechner kontrolliert, verarbeitet, speichert und verteilt die Ressourcen auf die angeschlossenen Arbeitsstationen unter einem meist herstellerspezifischen Betriebssystem. Die Arbeitsstationen sind mindestens mit einem Bildschirm, einer Tastatur und einem beschränkten lokalen Speicher ausgestattet. Sie verfügen entweder über eigene Intelligenz und können damit auch autonom ("stand alone") arbeiten ("distributed logic"-Architektur), oder sie beziehen die Rechnerleistung von der Zentrale, auf deren Steuerungspotential sie im Betrieb angewiesen sind ("shared logic"-Architektur).

Mehrprogrammbetrieb

Betriebsart einer EDVA, bei der mehrere Benutzeraufträge von einer Zentraleinheit gemeinsam - bei den in der Praxis vorherrschenden Einprozessorsystemen abwechselnd in Zeitabschnitten verzahnt - bearbeitet werden. Es befinden sich gleichzeitig mehrere Programme ganz oder teilweise im Arbeitsspeicher, denen das Betriebssystem die benötigten Betriebsmittel wechselseitig zuteilt.

Mehrprozessorsystem

EDVA mit mehreren Zentralprozessoren. Bei eng gekoppelten Mehrprozessorsystemen greifen wenige (derzeit bis zu 16) Zentralprozessoren auf einen geteilten, großen Arbeitsspeicher zu. Sie befinden sich an einem Ort und benutzen einen gemeinsamen Speicherbus. Bei lose gekoppelten Mehrprozessorsystemen verfügt jeder Zentralprozessor über einen eigenen (lokalen) Speicher. Die Prozessoren kommunizieren über einen gemeinsamen Systembus oder auch über geteilte Verbindungen in der Form lokaler Netze. Bei massiv parallelen Rechnern sind eine große Zahl von Prozessoren (von acht bis zu mehreren tausend) mit etwas Arbeitsspeicher in einem dichten Netzwerk mit individuellen, sehr schnellen Verbindungen gekoppelt. Die Zahl und die Übertragungskapazität der Verbindungen steigt mit der Zahl der verbundenen Prozessoren. Synonym: Multiprozessorsystem.

Mehrpunktverbindung

Verbindung zwischen mehr als zwei Datenstationen. Die Verbindung kann jeweils festgeschaltet oder über Vermittlungsstellen geführt werden.

Mehrrechnersystem

Datenverarbeitungssystem, bei dem eine gemeinsame Funktionseinheit (Programm) zwei oder mehr Zentraleinheiten steuert, von denen jede über mindestens einen Prozessor allein verfügt.

Mehrwertdienst

Kommunikationsdienst, der über das reine Übermitteln von Information (Basisdienst) hinausgeht. Man unterscheidet netznahe und anwendungsnahe Dienstleistungen. Der Mehrwert solcher Dienste kann in der Geschwindigkeit der Informationsübermittlung, in der besonderen Aufbereitung oder in einer weitreichenden Verarbeitung (zum Beispiel in Servicerechenzentren) liegen. Auch die Anbieter von Elektronischer Post, TELEX, TELETEX, TELEFAX, Bildschirmtext und EDI-Clearingstellen (siehe dort) bieten Mehrwertdienste.

Mehrzweckregister

Register, die für den Einsatz bei verschiedenen Aufgaben vorgesehen sind.

Mengenorientierung

Eigenschaft von Programmiersprachen der 4. Generation (zum Beispiel SQL): Das Ergebnis einer Abfrage wird nicht Satz für Satz zur Verfügung gestellt, sondern es werden alle gefundenen Lösungen als Ergebnis geliefert. Wird vom Benutzer nichts anderes bestimmt (zum Beispiel durch einen Sortierbefehl), ist die Reihenfolge der Lösungen unerheblich.

Mensch-Maschine-System

System, in dem die einzelnen Abläufe unterschiedlichen Automatisierungsgrades durch ein Zusammenwirken von Menschen und Maschinen gekennzeichnet sind.

Mensch-Mensch-System

System, dessen Elemente ausschließlich durch Personen repräsentiert werden.

Menü

Liste der in einem bestimmten Zusammenhang zulässigen Kommandos bzw. Eingaben an den Rechner, die auf dem Bildschirm angeboten wird. Der Benutzer trifft seine Auswahl durch die Kennzeichnung der auszulösenden Aktion (Eintasten der Nummer, "Anklicken" mit der Maus o.ä.).

Message Handling System

Englische, auch im Deutschen gebräuchliche Bezeichnung für: Mitteilungsübermittlungssystem bzw. Nachrichtentransportsystem (siehe dort). Siehe auch Elektronische Post.

Message Transfer System

Dienst zur Übermittlung von Mitteilungen beliebiger Art vom Absender-User-Agent zum Empfänger-User-Agent bei Elektronischer Post nach X.400. Das Message Transfer System ist auf asynchrone Kommunikationsformen ausgerichtet.

Metadaten
(bei einem Datenbanksystem)

Information, die das konzeptionelle Schema und die externen Schemata einer Datenbank betrifft (zum Beispiel Tabellennamen, Tabellenattribute, Schlüssel und Attributstypen) und in einem Data-Dictionary gespeichert ist.

metrische Recherche

Suchanfrage an ein Retrievalsystem (siehe dort) unter Zuhilfenahme von Kontextoperatoren. Solche Kontextoperatoren können "NEBEN", "IM ABSTAND VON ...", "IM SELBEN SATZ", "IM SELBEN ABSATZ" usw. sein.

Metropolitan Area Network

Öffentliches, auf eine Stadt beschränktes Hochgeschwindigkeitsdatennetz mit Übertragungsraten von derzeit meist einigen Dutzend bis zu mehreren hundert Mbit/s auf Glasfaserbasis. Ein Trägerdienst der Telekom ist DATEX-M.

MFlops

Abkürzung für: Mega-Flops (1 Million ausgeführte Gleitkommaoperationen pro Sekunde). Gebräuchliche Maßzahl für das Leistungsvermögen technisch-wissenschaftlicher Rechner. Siehe Flops.

MFV

Abkürzung für: Mehrfrequenzwahlverfahren.

MHS

Abkürzung für engl.: Message Handling System. Siehe Mitteilungsübermittlungssystem.

MHz

1 MHz = 1 000 000 Hz (siehe Hz).

Microsoft

Eines der größten und gewinnträchtigsten US-amerikanischen EDV-Unternehmen, das durch Entwicklung und Vertrieb des PC-Betriebssystems MS-DOS (Microsoft Disk Operating System) eine marktbeherrschende Stellung erworben hat. Durch die enge Zusammenarbeit mit IBM und Intel gelang es Microsoft, mit weiteren Betriebssystemversionen und neuen Produkten (zum Beispiel der grafischen Benutzeroberfläche MS-Windows und einer Reihe von Anwendungsprogrammen wie MS-Word und MS-Excel) diese Stellung am Softwaremarkt noch weiter auszubauen. Meinungsverschiedenheiten mit IBM führten zu einem Ausstieg aus der Weiterentwicklung des MS-

DOS-Nachfolgers OS/2 und zur Entwicklung von Windows NT (einem OS/2-ähnlichen 32-Bit-PC-Betriebssystem).

Mietleitung

Gegen Gebühr überlassener Übertragungsweg im internationalen Bereich, im nationalen Bereich Festverbindung (siehe dort) genannt. Siehe auch internationale Mietleitung.

Mikrobefehl

Anweisung für die Ausführung einer Elementaroperation in der Hardware. Siehe auch Mikroprogramm.

Mikrofiche

Mikrofilmkarte im Format DIN-A6. Je nach Vorlagenart, -format und Dokumentenumfang läßt sich auf einem Mikrofiche eine unterschiedliche Zahl von Mikrobildern der Druck- oder Bildvorlagen unterbringen. Dabei unterscheidet man konstante und variable Bildfeldeinteilung. Bei COM (siehe dort) ist eine feste Bildeinteilung mit Verkleinerungsfaktoren von bis zu 60 üblich (das entspricht 420 Mikrobildern im Vorlagenformat DIN-A4). Nur vereinzelt werden Ultrafiches bzw. HR-Fiches (High Reduction Mikrofiches) mit 2 100 bzw. 3 200 Mikrobildern des Vorlagenformates DIN-A4 verwendet. Siehe auch Mikrofilm.

Mikrofilm

Datenträger aus Filmmaterial, auf dem mittels fotografischer Verfahren schriftliche und bildliche Information stark verkleinert aufgezeichnet wird. Die analog gespeicherte Information ist visuell lesbar, wozu jedoch eine optische Vergrößerung (spezielles Lesegerät) nötig ist. Siehe auch Mikrofiche und COM.

Mikroinstruktion

Siehe Mikroprogramm.

Mikrometer (Mikron)

Ein tausendstel Millimeter; Abkürzung: μm.

Mikroprogramm

Programm, das zusammen mit Baueinheiten eine Funktionseinheit bildet, deren Aufgabe es ist, einen Befehl einer Maschinensprache auszuführen. (Die Mikroprogrammiersprache ist i.a. eine besondere, an die verwendeten Baueinheiten angepaßte Sprache. Mikroprogrammierung ist nicht gleichbedeutend mit Programmierung von Mikroprozessoren.)

Mikroprogrammspeicher

Teil des Zentralspeichers oder eines nichtflüchtigen externen Festspeichers, der zur Aufnahme von Mikroprogrammen dient. Siehe Firmware.

Mikroprozessor

Vollständiger Prozessor auf einem Chip.

Mikrorechner

Rechner, dessen Zentralprozessor auf einem Chip integriert ist. Dabei kann es sich um einen Personal-Computer oder eine Workstation handeln. Personal-Computer (abgekürzt: PC) sind vorwiegend - soweit in Wirtschaft und Verwaltung eingesetzt - an den Arbeitsplätzen der Benutzer in Fachabteilungen aufgestellt. Es gibt sie in zahllosen Varianten, millionenfach, wobei der typische Preis für kommerziell einsatzfähige Systeme zwischen 5 000,- und 10 000,- DM (ca. 35 000,- bis 70 000,- öS) liegt. Ein Großteil der Geräte besitzt 32-Bit-Mikroprozessoren. Ältere Modelle und im Hobbybereich weitverbreitete sog. "Home Computer" verfügen noch oft über 8- oder 16-Bit-Mikroprozessoren. Von Taschenrechnern sind sie aufgrund der Möglichkeit zur Verwendung höherer Programmiersprachen (zum Beispiel BASIC, PASCAL) und ihrer wesentlich größeren Arbeitsspeicher (einige MB) abgrenzbar. Mikrorechner sind selten mehrplatzfähig und fast nie hardwaremäßig spezialisiert. Sie verfügen oft über Hilfsprozessoren, welche die Ein-/Ausgabe, den grafischen Bildschirmaufbau oder die Gleitkommaarithmetik unterstützen. Die Mips-Leistung bewegt sich von 0,2 bis über 100, der häufigste Wert liegt heute bei etwa 10 Mips. Im Gegensatz zu Minirechnern der oberen Leistungsklasse und Großrechnern besitzen Mikrorechner regelmäßig keine Parallelprozessorstrukturen mit mehreren voneinander unabhängigen Verbindungssystemen (d.h. mehrere Daten-, Adreß- oder Steuerbusse).

Workstations sind vorwiegend technisch-wissenschaftliche Arbeitsplatzrechner, die bezüglich ihrer Technologie und ihres Preis-/Leistungsverhältnisses eine Zwischenstellung zwischen Personal-Computern und Minirechnern einnehmen. Am unteren Ende des Angebotsspektrums sind "Workstation-Familien" preislich und leistungsmäßig mit den vorwiegend für kommerzielle Zwecke eingesetzten 32-Bit-PCs vergleichbar. Zum Teil verwenden sie auch dieselben Mikroprozessoren. Auf der anderen Seite besitzen Workstations im oberen Bereich Leistungen von Mini- und Großrechnern. Die nachfolgende Tabelle zeigt einige typische Abgrenzungsmerkmale zwischen kommerziellen Personal-Computern und technisch-wissenschaftlichen Workstations.

	Personal-Computer	Workstation
Primäre Anwendungsgebiete	kommerzielle Anwendungen	technisch-wissenschaftliche Anwendungen
Vorherrschende Betriebssysteme	MS-DOS, OS/2, Mac-OS, Windows NT	UNIX, Windows NT
Dezentrale Vernetzung	Stand-alone-Betrieb und Netzanschluß	Betrieb in lokalen Netzen
Vorherrschende Rechnerarchitektur (verbreitete Prozessoren)	CISC (Intel 80X86, Pentium, Motorola M680X0)	RISC (Hewlett-Packard PA, IBM POWER, SUN SPARC, MIPS R 3000/R 4000, DEC Alpha), sowie leistungsfähigste CISC-Prozessoren mit integriertem Arithmetikprozessor von Intel (80486DX, Pentium) und Motorola (M68040).
Vertriebskanal	Computerfachhandel, Versandhandel, Warenhäuser	Herstellerdirektvertrieb

Durch die enormen, auch weiterhin zu erwartenden Leistungssteigerungen der Mikroprozessortechnologie verschwimmen zunehmend die Grenzen zwischen Personal-Computern und Workstations. Deshalb bleiben wir bei dem gemeinsamen Oberbegriff "Mikrorechner" (auch wenn das bezüglich mancher Workstations, bei denen der Zentralprozessor aus einigen Prozessorchips aufgebaut ist, eine nicht ganz exakte Zuordnung darstellt).

Mikrorechner-Zentralrechner-Verbund

Synonym: PC-Host-Verbund. Anbindung eines Arbeitsplatzrechners an einen Zentralrechner, um auf abteilungsübergreifende Anwendungen, Datenbanken und Großrechnerressourcen zugreifen zu können. Der physikalische Anschluß des Mikrorechners wird meist über eine spezielle Adapterkarte realisiert, die in ein Erweiterungsfach des Mikrorechners gesteckt wird. Die Kommunikation erfolgt üblicherweise im Dialogbetrieb (Terminalemulation).

Spezielle Verbundsoftware auf dem Mikrorechner und dem Zentralrechner ermöglicht es, daß sich der Benutzer nicht nur ganze Dateien senden lassen kann, sondern daß er aus Datenbeständen Daten selektieren kann, die ihm im gewünschten Format für die Weiterverarbeitung mit der PC-Software zur Verfügung gestellt werden. Um die Codeumwandlung (vom EBCDIC des Großrechners in den ASCII des Mikrorechners) oder die Datenformatkonvertierung braucht er sich nicht zu kümmern. Allerdings benötigen diese vom "Adapterrechner" übernommenen Funktionen Zeit. Deshalb bringen Programme, die auf den beiden kommunizierenden Rechnern in derselben Codierung und mit denselben Datenstruktu-

ren arbeiten, eine wesentliche Entlastung. Ferner erlauben sie es, daß auf beiden Seiten dasselbe Ablagesystem verwendet wird. Auch gleichartige Softwarestrukturen und einheitliche Benutzeroberflächen der auf dem Zentralrechner und dem Mikrorechner verwendeten Programme erleichtern die Kommunikation wesentlich.

Ein Höchstmaß an Integration und Multifunktionalität läßt sich realisieren, wenn ein Mikrorechner mit Multitasking-Betriebssystem verwendet wird. Auf einem derartigen Gerät können jeweils mehrere Zentralrechner- und Mikrorechneranwendungen parallel laufen, zwischen denen sich mittels Fenstertechnik ohne jegliche Zusatzprogrammierung Daten austauschen lassen.

Mikrosekunde

Eine millionstel Sekunde; Abkürzung: µs.

Millisekunde

Eine tausendstel Sekunde; Abkürzung: ms.

Mini-Disc

Optische Speicherplatte mit einem Durchmesser von 64 mm, die vorerst nur als Speichermedium für Audio-Information in der Unterhaltungselektronik eingesetzt wird. Die in einem Schutzgehäuse befindliche Mini-Disc sieht ähnlich aus wie eine 3,5-Zoll-Diskette und ist ebenfalls wiederbeschreibbar. Die dabei angewandte Technik entspricht der der EO (siehe dort).

Minirechner

Rechner mit mehreren Arbeitsplätzen (typisch ca. 10 bis 30, selten über 100) und einer Verarbeitungsbreite von 32 oder 64 Bits. Die Mips-Rate liegt zwischen 2 und etwa 50, wobei der Wert aufgrund der teilweise sehr spezialisierten Hardwarearchitektur stark schwankt. Der typische Preis liegt zwischen 100 000,- und 1 Mio. DM, gängige Arbeitsspeicherausstattungen bewegen sich zwischen 5 und 100 MB. "Superminis" sind von Großrechnern der unteren Leistungsklasse oft kaum zu unterscheiden und übertreffen diese vielfach im Durchsatz. Typische Einsatzbereiche von Minirechnern sind die Prozeßsteuerung und kommerzielle Anwendungen begrenzten Umfangs (Abteilungsrechner in Großbetrieben oder Zentralrechner in mittelständischen Betrieben).

Minirechnerbetriebssystem

Betriebssystem für den Mehrbenutzerbetrieb (bis zu ca. 100 Arbeitsplätze). Bei Minirechnern ist zwischen proprietären und offenen Betriebssystemen zu unterscheiden. Proprietäre Betriebssysteme (zum Beispiel VMS oder OS/400) sind an die Hardware eines bestimmten Herstellers gebunden, während offene Betriebssysteme herstellerunabhängig standardisiert sind (zum Beispiel UNIX).

Minisupercomputer

Superrechner mit "geringer" Rechengeschwindigkeit (etwa 100 bis 800 MFlops) und einem Preis ab 100 000,- DM.

Mips

Abkürzung für: Millionen Instruktionen (Prozessorbefehle) pro Sekunde. Gebräuchlichste Maßgröße für die Rechnerleistung im engeren Sinn.

MIS

Abkürzung für: Managementinformati-

onssystem (siehe dort).

Mischdokument

Synonym: Verbunddokument (siehe dort).

Mischkommunikation

Aufeinanderfolgender Betrieb mehrerer Geräte auf einem ISDN-Nutzkanal (Dienstwechsel).

Mischprogramm

Dienstprogramm zum Mischen der Datensätze gleichartig sortierter Eingabedateien in eine ebenso sortierte Ausgabedatei.

Mitteilungsübermittlungssystem

Softwaresystem für die Elektronische Post (siehe dort) nach der ISO-X.400-Empfehlung.

mittlere Datentechnik

In den 70er und 80er Jahren gebräuchlicher und auch heute noch gelegentlich verwendeter Begriff für Bürocomputer mit einer beschränkten Zahl von anschließbaren Dialogstationen (Bildschirmarbeitsplätzen).

Mixed Hardware

EDVA-Konfiguration, die aus Baueinheiten verschiedener Hersteller zusammengestellt ist.

MMS

Abkürzung für engl.: Manufacturing Message Service. Standard für den Austausch von Nachrichten im Produktionsbereich. Findet als Teil des MAP (Manufacturing Automation Protocol) Verwendung.

MO

Abkürzung für engl.: <u>M</u>agnetical <u>O</u>ptical Disk. Siehe EO.

mobile Datenerfassung

Datenerfassung mit tragbaren Erfassungsgeräten.

mobile Satelliten-kommunikation

Ermöglicht die Datenübertragung zwischen einer Leitzentrale und mobilen Einheiten über Satellit. Solche mobilen Einheiten sind zum Beispiel Schiffe, Flugzeuge, Bohrinseln und Kraftfahrzeuge. Die Zwei-Wege-Kommunikation kann weltweit erfolgen, darüber hinaus können per Satellit die mobilen Einheiten geortet und Sensoren abgefragt werden. Typische Übertragungsgeschwindigkeiten sind 50 bis 9 600 bit/s.

Mobilfunknetz

Mit Funkübertragung arbeitendes Vermittlungsnetz, bei dem sich die Teilnehmer beim Verbindungsaufbau und während der Verbindung bewegen können. Die Datenübertragungsrate ist bei den derzeit fortschrittlichsten digitalen Mobilfunknetzen, die nach dem europaweiten GSM-Standard realisiert wurden, auf 9 600 bit/s beschränkt. Siehe Funknetz, GSM und Zell(ular)system.

MODACOM

Öffentliches digitales Datenfunknetz der Telekom, das zur häufigen, qualitativ hochwertigen und wirtschaftlichen Übermittlung von kleinen Datenmengen (Kilobit-Bereich) und Statusmeldungen zwischen stationären und mobilen Teilnehmern genutzt werden kann. Das derzeit in Erprobung befindliche System soll 1995 in Deutschland flächendeckend zur Verfügung stehen. Die hierbei anfallenden Gebühren hängen, im Gegensatz zum Fernsprechnetz, nicht von der Verbindungsdauer ab, sondern richten sich nach der Quantität der übertragenen Daten. Die Übertragungsgeschwindigkeit bei der Datenkommunikation liegt bei max. 9 600 bit/s.

Modem

Datenübertragungseinrichtung an Telefon- oder Breitbandwegen (der Modem = Kunstwort aus "<u>Mo</u>dulator und <u>Dem</u>odulator"). Ein Modem paßt die digitalen Signale der Datenendeinrichtung und die analogen Datenübertragungssignale der Telefonleitung oder des Breitbandweges aneinander an.

Modul

Untersystem eines modularen Systems (siehe dort).

MODULA-2

Durch die Weiterentwicklung von PASCAL entstandene Programmiersprache der 3. Generation, die sich vor allem für die Entwicklung großer Programmsysteme eignet. Sie erzwingt strukturiertes Programmieren, kennt "Module" als autonome Programmbestandteile und unterstützt die Entwicklung nebenläufiger Prozesse.

modulares System

System, dessen Untersysteme unter den Gesichtspunkten der Überprüfung der Funktionsfähigkeit des Systems, der Austauschbarkeit und/oder der Arbeitsorganisation gebildet sind. Untersysteme, die einer dieser Voraussetzungen genügen, werden als Module bezeichnet.

Modulbibliothek

Datei, in der ladefähige Programmmodule gespeichert werden.

Momentaufnahme

Zustandsbeschreibung der in einer EDVA ablaufenden Prozesse zu bestimmten Zeitpunkten auf externen Speichern für Sicherungszwecke.

Monitor

Programmsteuersystem (siehe OLTP-Monitor) oder Bildschirm eines Datensichtgeräts (siehe dort) oder Meß- bzw. Überwachungseinrichtung.

monochromer Bildschirm

Datensichtgerät, das nur zwei Farben (eine Vordergrund- und eine Hintergrundfarbe) darstellen kann. Dabei ist zwischen Negativdarstellung (grün, amber-gold oder weiß auf schwarzem Untergrund) und Positivdarstellung (schwarze Zeichen auf weißem Untergrund) zu unterscheiden.

Monomodefaser

Glasfaserart, die nur einen Lichtwellentyp übertragen kann. Monomodefasern weisen eine höhere Übertragungskapazität als Multimodefasern auf und werden daher diesen in der Regel beim Aufbau von Kommunikationsnetzen vorgezogen. Die realisierten Übertragungsgeschwindigkeiten liegen typischerweise zwischen einigen Mbit/s und mehreren hundert Mbit/s, mehrere Gbit/s sind heute schon technisch möglich.

Mosaikgrafik

Flächengrafik, bei der das Bild aus "Mosaiksteinchen" gebildet wird, die selbst ein Muster tragen.

Motif

Bei UNIX-Systemen weit verbreitete, standardisierte grafische Benutzeroberfläche der Open Software Foundation.

Motorola

Bedeutender Elektronikhersteller, der seine Geschäftsschwerpunkte in den Bereichen elektronische Bauelemente, Computer, Steuerungstechnik und Mobilkommunikation hat. Nach Intel ist diese Firma der umsatzstärkste Produzent von Mikroprozessoren; neben CISC-Prozessoren (siehe M680X0-Mikroprozessorfamilie) werden auch RISC-Prozessoren (M88000) produziert.

MPP-Rechner

MPP = Abkürzung für: Massiv Parallele Prozessoren. Siehe massiv paralleler Rechner.

ms

Abkürzung für: Millisekunde; 1 ms = 1/1000 Sekunde.

MS-DOS

Abkürzung für: Microsoft - Disk Operating System. Erfolgreichstes Betriebssystem in der Geschichte der Informationsverarbeitung (über 100 Mio. Installationen weltweit). Dieses (auch von IBM unter dem Namen PC-DOS vertriebene) Betriebssystem wurde Anfang der 80er Jahre für den IBM-Personal-Computer (IBM PC 1) von Microsoft entwickelt und stellt seitdem das Standardbetriebssystem für PCs dar.

MSI

Auch im Deutschen gebräuchliche Abkürzung für engl.: Medium Scale Integration. Dritthöchste Integrationsstufe der Chiparchitektur (etwa 15 bis 100 Gatter pro Chip).

MTS

Abkürzung für engl.: Message Transfer System (siehe dort).

Multimedia

Bezeichnung für die rechnergestützte Koordination und Synchronisation mehrerer Ein- und/oder Ausgabemedien für Text, Daten, Bild (Grafik, Foto, Video) und Ton. Multimedia-Systeme werden vor allem für Auskunftssysteme, Präsentationen sowie für die Aus- und Weiterbildung eingesetzt, wobei die unterschiedlichen Medien gleichzeitig genutzt werden. Das Herzstück solcher Systeme bilden leistungsfähige Mikrorechner, die mit spezieller Software und Hardwareerweiterungen sowohl Abspielgeräte ansteuern können (zum Beispiel Videorecorder), als auch Bild und Ton selbst in Echtzeit verarbeiten können. Siehe auch Hypertext und Hypermedia.

Multimodefaser

Glasfaserart, die mehrere Lichtwellentypen übertragen kann. Multimodefasern weisen eine geringere Übertragungskapazität als Monomodefasern (siehe dort) auf.

Multiplexbetrieb

Siehe Zeitmultiplex- und Frequenzmultiplexbetrieb.

Multiplexer

Gerät, das es ermöglicht, daß Datenstationen unabhängig voneinander mit räumlich entfernten Stationen über getrennte Verbindungen kommunizieren können, indem es mehrere Verbindungen mit geringer bis mittlerer Übertragungsgeschwindigkeit in einem gemeinsamen Weg mit hoher Übertragungsgeschwindigkeit zusammenfaßt bzw. am anderen Ende des Weges wieder entfächert.

Multiport-Repeater

Siehe LAN-Konzentrator.

Multiprozessorchip

Chip, auf dem mehrere Prozessoreinheiten integriert sind.

Multiprozessorsystem

Synonym: Mehrprozessorsystem (siehe dort).

Multiservicekarte

Chipkarte, die für verschiedene Anwendungen benutzt werden kann, ohne daß dabei eine unerwünschte gegenseitige Beeinflussung auftritt.

Multitasking

Englische, auch im Deutschen gebräuchliche Bezeichnung für: Mehrprogrammbetrieb (siehe dort).

Multithreading

Englische, auch im Deutschen gebräuchliche Bezeichnung für den parallelen Ablauf mehrerer Verarbeitungsschritte (engl.: threads) innerhalb eines Prozesses (sog. "mehrläufiger Prozeß").

MULTOS

Dokumentenarchitekturmodell, das im Rahmen eines ESPRIT-Projekts entwickelt wurde. Zum syntaktischen Aufbau eines Dokumentes in ODA werden für das Retrieval semantische Beschreibungen in Form einer konzeptionellen Struktur hinzugefügt.

Mupid

Abkürzung für: Mehrzweck universell programmierbarer intelligenter Decoder. In Österreich in den 80er Jahren entwickelter, nur noch selten verwendeter 8-Bit-Mikrorechner mit integriertem Decoder für Bildschirmtext. Mupid, Modem und Fernsehgerät bilden zusammen ein intelligentes Bildschirmtextterminal.

Mustererkennung

Bereich der rechnergestützten Bildverarbeitung, der sich mit der Erkennung
von Grundmustern und deren logischen
Zusammenhängen beschäftigt.

MVS/ESA SP

Abkürzung für engl.: Multiple Virtual
Storage / Enterprise Systems Architecture System Product. IBM-Betriebssy-
stem für den oberen Großrechnerbereich, das speziell zur effizienten Verarbeitung umfangreicher Datenmengen
konzipiert wurde und permanente Verfügbarkeit sowie hohe Sicherheit garantiert.

N

Nachrichtentransportsystem

Siehe Mitteilungsübermittlungssystem und Elektronische Post.

Nadeldrucker

Mechanischer Matrixdrucker, bei dem die Zeichenmatrix aus einem Block von Nadeln gebildet wird. Am meisten verbreitet sind heute 24-Nadeldrucker, die zu einem relativ geringen Preis eine gute Druckqualität bieten.

Nanosekunde

Eine milliardstel Sekunde; Abkürzung: ns.

NAS

Abkürzung für engl.: Network Application Support. Anwendungsarchitektur von DEC für heterogene Rechnernetze.

NASAT

Abkürzung für: Nebenstellenanlagen-Wählverbindungen über Satellit. Dienst der Telekom zur Verbindung durchwahlfähiger Nebenstellenanlagen mittels gewählter Verbindungen über Satellit. Der Aufbau einer NASAT-Verbindung aus der Nebenstellenanlage geschieht wie bei normalen Telefonverbindungen in das öffentliche Telefonnetz. Neben der Sprachübertragung - dem Telefonieren - ist Text- und Datenkommunikation wie im öffentlichen Telefonnetz möglich.

Nassi-Shneiderman-Methode

Siehe Struktogrammtechnik.

natürlichsprachliches Abfragesystem

Softwaresystem, das es mit Hilfe von Methoden der "Künstlichen Intelligenz" ermöglicht, in natürlicher Sprache Abfragen an Datenbanken zu formulieren.

Nebenstellenanlage

Vermittlungseinrichtung auf privatem Gelände, an die mehrere Teilnehmer-Endeinrichtungen (sog. Nebenstellen) über Nebenstellenanschlußleitungen angeschlossen sind und die durch eine oder mehrere Hauptanschlußleitungen (Amtsleitungen) mit dem öffentlichen Fernmeldenetz verbunden sind. Nach der englischen Bezeichnung "Private (Automatic) Branch Exchange" werden Nebenstellenanlagen auch PABX- bzw. PBX-Systeme genannt. Siehe auch ISDN-Kommunikationsanlage.

NEC

Japanischer EDV-Hersteller, der weltweit umsatzmäßig auf dem dritten Rang liegt (1992).

Nennwert einer Ziffer

Absoluter, positionsunabhängiger Wert einer Ziffer. Siehe Stellenwert, Ziffer.

Netware

Verbreitetes offenes Netzbetriebssystem (siehe dort) von Novell.

Netz (für die Datenübertragung)

Gesamtheit aller vermittlungs- und übertragungstechnischen Einrichtungen zum Übertragen von elektrischen Signalen.

Netzbetriebssystem

Betriebssystem, das die Kommunikation und Zusammenarbeit der an ein Netz angeschlossenen Rechner steuert und überwacht. Es ermöglicht die gemeinsame Verwendung von Betriebsmitteln sowie die verteilte Datenverarbeitung im Rahmen von Client-Server-Architekturen. Weitere Funktionen beinhalten die Netzwerkverwaltung, Datenschutz- und Datensicherungsfunktionen sowie Schnittstellen nach außen.

Netzknoten (der Telekom)

Einrichtung des öffentlichen Telekommunikationsnetzes mit Vermittlungs-, Konzentrator- oder Verteilfunktion für den öffentlichen Telekommunikationsverkehr.

Netzknotenrechner

Vorrechner, der entfernt vom Verarbeitungsrechner eingesetzt ist und hauptsächlich Aufgaben verrichtet, die zur Steuerung des Netzes notwendig sind; zum Beispiel Betriebsmittelverwaltung, Belegung und Freigabe von Geräten, Programmen und Leitungen u.a.m.

Netzmonopol

Aufgrund des Netzmonopols bestimmt allein der Bundesminister für Post und Telekommunikation (abgekürzt: BMPT) für die Bundesrepublik Deutschland, welche Übertragungswege zu welchen Gebühren von der Telekom angeboten werden müssen. Die Deutsche Bundespost (abgekürzt: DBP) wurde 1989 neu organisiert. Das Bundesministerium für Post und Telekommunikation ist Eigner der drei öffentlichen Unternehmen Postbank, Postdienst und Telekom, und es ist Regulierer für die Monopolbereiche. In dieser Eigenschaft legt es die "Pflichtdienstleistungen" der drei Unternehmen fest. Das ehemalige "Fernmeldemonopol" wurde ersetzt durch das "Telefondienst- und Netzmonopol". Es endet aus der Sicht der Telekom vor den Datenübertragungseinrichtungen. Telefonapparate und Modems zum Beispiel können auf dem freien Markt beschafft und eingesetzt werden, wenn sie eine Zulassungsnummer des Zentralamts für Zulassungen im Fernmeldewesen (abgekürzt: ZZF) haben. Dieses Amt untersteht dem Ministerium, so daß auch die Telekom sich beim Einsatz von Geräten um eine Zulassungsnummer bemühen muß. Diese Entwicklung wurde u.a. durch die Liberalisierungsgebote der EG angestoßen. In Österreich und in vielen anderen europäischen Ländern läuft eine ähnliche Entwicklung mit unterschiedlichem Fortschritt. Der Anwender kann mit Ausnahme der "Vermittlung von Sprache für andere ... (Telefondienstmonopol)", so § 1 Absatz 4 des deutschen Fernmeldeanlagengesetzes vom 21.07.1989, aus dem Angebot verschiedener Anbieter das für ihn am günstigsten erscheinende auswählen. Er kann selbstverständlich auch das Leistungsangebot der Dateldienste der Telekom wählen.

Netzplantechnik

Verfahren zur Terminplanung, die das Gesamtgeschehen komplexer Projekte in logische Folgen von Teilaufgaben zerlegen und den Zusammenhang dieser Aktivitäten in Form gerichteter Graphen darstellen. Voraussetzung für die Aufstellung eines Netzplans ist die Bestimmung aller in der Planungsperiode anfallenden Vorgänge und der zwischen ihnen bestehenden Beziehungen, die zweckmäßigerweise in Form eines Ablaufplans dargestellt werden. Diese grafische Darstellung, die für eine beliebige Zahl miteinander verknüpfter und sich gegenseitig beeinflussender Tätigkeiten die Verkettung und sinnvolle Schrittfolge verdeutlicht, stellt die Aktivitäten (bzw. Teilaufgaben, Vorgänge, Tätigkeiten) als zeitbeanspruchende Elemente durch gerichtete Strecken (Pfeile) und die Termine (Ereignisse), zu denen die einzelnen Aktivitäten beginnen oder enden, als Punkte im Zeitablauf durch Kreise oder Knoten dar. Zur Identifizierung wird in diesem unmaßstäblichen Ablaufplan die Bezeichnung der jeweiligen Aktivität an den zugehörigen Pfeil geschrieben, und die Ereignisse werden durch Zeichen markiert, wobei die Zeichen im allgemeinen frei wählbar sind (zum Beispiel Buchstaben und/oder Ziffern). Bei nicht hintereinander folgenden Tätigkeiten wird die Abhängigkeit durch Scheintätigkeiten, die selbst keine Zeit beanspruchen, mittels gestrichelter Pfeile dargestellt. Sodann wird unter Berücksichtigung der vorhandenen Ressourcen für jede Tätigkeit die erwartete Zeit geschätzt und an dem zugehörigen Pfeil des Netzplans gekennzeichnet.

Durch Summierung der Zeiten lassen sich für Zwecke der Terminplanung nunmehr für alle Ereignisse und Aktivitäten bzw. für das Gesamtprojekt die frühestmöglichen und spätestzulässigen Termine aufgrund der Dauer der einzelnen Tätigkeiten berechnen. Die Folge von Tätigkeiten mit dem größten Zeitbedarf stellt den kritischen Weg vom Startereignis bis zum Endereignis dar und bestimmt die Mindestdauer des Projekts. Alle nicht auf dem kritischen Weg liegenden Aktivitäten zeichnen sich durch Zeitreserven (Schlupfe, Pufferzeiten) aus. Diese Zeitreserven geben an, um welche Dauer eine Tätigkeit ausgedehnt, bzw. verzögert werden kann, ohne daß es zu einer Verspätung des Endtermins des Gesamtprojekts kommt. Verzögerungen bei Aktivitäten, die auf dem kritischen Weg liegen, führen zu gleichen Verzögerungen der Gesamtdauer des Projekts.

Standardsoftware für die Netzplantechnik beinhaltet unterschiedliche Verfahrensvarianten (wie CPM, MPM, PERT), die Möglichkeit zur Berücksichtigung der Unsicherheit der Planung durch mehrere Schätzwerte der Planparameter, die Erweiterung der reinen Zeitplanung durch die Einbeziehung von Kapazitäts- und Kostenbetrachtungen sowie Funktionen zur Multiprojektanalyse.

Netzschnittstellenkarte

Synonym: Adapterkarte (für den Rechnernetzanschluß) (siehe dort).

Netzwerk

Siehe Rechnernetz.

Netzwerkkarte

Synonym: Adapterkarte (für den Rechnernetzanschluß) (siehe dort).

Netzwerkmodell (bei Datenbankorganisation)

Datenmodell, bei dem eine Informationsstruktur in Form von gerichteten Graphen beschrieben wird. Im Gegensatz zum hierarchischen Datenmodell gibt es keine Wurzelobjekte, jedes Objekt kann direkt mit vielen anderen Objekten in Beziehung stehen. Die Beziehungen werden in sog. Sets aufgezeichnet.

Netzwerktopologie

Siehe Topologie.

neuronales Netz

Zukunftsweisende Methode aus dem Bereich der Künstlichen Intelligenz, mit der menschliche Denktechniken simuliert werden. Ähnlich dem Gehirn mit seinen annähernd 100 Milliarden Nervenzellen bestehen solche Softwaresysteme grundsätzlich aus einem Netzwerk von Schaltelementen, die untereinander vielfach verbunden sind. Durch die Gewichte der Kommunikationsverbindungen können Signale verstärkt oder gehemmt werden. Sie können bestimmten Vorschriften gemäß verändert werden, was als Lernen, Selbstorganisation oder Selbstadaption interpretiert werden kann. Neuronale Netze arbeiten derzeit mit wenigen hundert Neuronen und einigen zehntausend Verbindungen (zum Vergleich: Im menschlichen Gehirn gibt es ca. 100 Billionen Neuronenverbindungen).

News

Elektronischer Nachrichtendienst im Internet, der es erlaubt, öffentliche Nachrichten an Sachgruppen (siehe auch Newsgroup) zu übermitteln. Als Protokoll wird NNTP (siehe dort) eingesetzt.

Newsgroup

Öffentliches Diskussionsforum zu einem bestimmten Thema im Internet. Derzeit gibt es über 2 500 unterschiedliche Newsgroups, zu denen jeder Internet-Teilnehmer eigene Beiträge liefern kann. Das Themenspektrum reicht von Wissenschaft, Hobby, politischen Themen und Jux bis zu Computerthemen. Mit dieser Einrichtung ist es möglich, innerhalb von Stunden Nachrichten zu bestimmten Themen rund um die Erde zu verteilen.

NeXT

US-amerikanisches EDV-Unternehmen, das bis 1993 Hochleistungs-PCs auf Basis von Motorola-680X0-Prozessoren produziert hat. Die wesentlichsten Merkmale dieser modernen, schwarz gestylten Rechner mit hochauflösenden Großbildschirmen und einer vorbildlichen grafischen Benutzeroberfläche waren: Mehrprogrammbetrieb, Auslegung auf Netzwerkbetrieb und Multimedia-Anwendungen. Nach dem Rückzug aus der Computerproduktion konzentriert sich NeXT auf die Erstellung innovativer Software.

NIAM

Abkürzung für engl.: Nijssens Information Analysis Methodology. Faktenorientierte Datenmodellierungsmethode für relationale Datenbanksysteme. Ausgehend von einer strukturierten, natürlichsprachlichen Beschreibung des zu entwickelnden Informationssystems wird das konzeptionelle Datenmodell durch schrittweise verfeinerte Diagramme (CSD) dargestellt, die nur eine elementare Datenstruktur (fact type), aber viele Neben- oder Randbedingungen (constraints) zur Beschreibung von Objekten verwenden. Constraints sind Teil der konzeptionellen Grammatik und bilden die Regeln, die das Verhalten im Objektsystem beschreiben. Ihr Zweck ist es, den Unterschied zwischen Realität und Modell möglichst gering zu halten. Durch Informationsflußdiagramme (IFD) können auch Abläufe modelliert und damit funktionsorientierte Aspekte berücksichtigt werden.

nichtintelligente Datenerfassung

Datenerfassung mit Geräten, die ausschließlich Daten auf maschinell verarbeitbaren Datenträgern aufzeichnen und dabei nicht zur Durchführung arithmetischer und logischer Operationen befähigt sind.

nichtmechanischer Drucker

Druckausgabegerät, bei dem nach dem

Matrix-Prinzip die Zeichen nacheinander (Zeichendrucker), zeilenweise (Zeilendrucker) oder seitenweise (Seitendrukker) nach thermografischen, elektrostatischen, elektrofotografischen oder Tintenstrahlverfahren erzeugt werden.

NMOS

Herstellungstechnik für integrierte Schaltungen.

NNTP

Abkürzung für engl.: Netnews Transfer Protocol. Datenübertragungsprotokoll des elektronischen Nachrichtendienstes News im Internet.

Normalisierung

Vorgang zur Eliminierung von Redundanz (im Relationenmodell). Dabei werden jene Tabellen, in denen Redundanzen vorkommen, in weitere Relationen zerlegt.

NOS

Abkürzung für engl.: Network Operating System. Siehe Netzbetriebssystem.

Notebook (PC)

Tragbarer Mikrorechner mit den Maßen eines dicken Notizbuches (ca. DIN A4) und einem Gewicht von etwa drei Kilogramm oder weniger. Diese mit der Leistungsfähigkeit herkömmlicher Schreibtisch-PCs ausgestatteten Rechner haben LCD- oder Plasmabildschirme und verfügen über eine integrierte Tastatur. Sie sind mehrere Stunden ohne Netzanschluß betreibbar (Akku).

Notepad (PC)

Tragbarer PC mit den ungefähren Abmessungen eines DIN-A4-Blocks, drei bis vier Zentimeter Stärke, mit einem integrierten, berührungsempfindlichen, vollgrafischen LCD-Bildschirm mit i.d.R. 10-Zoll-Diagonale. Man zeichnet oder schreibt mit einem Spezialstift auf dem Bildschirm wie auf einem gewöhnlichen Schreibblock. Die eingegebenen Daten werden in einem Bildspeicher punktweise abgelegt und unmittelbar am Bildschirm wiedergegeben, wo sie vom Benutzer korrigiert und im Dialog weiterverarbeitet werden können. Ein Handschrifterkennungsprogramm interpretiert mit dem Stift geschriebene Zahlen und Blockbuchstaben in Groß- und Kleinschreibung und setzt diese in ASCII-Zeichen auf dem Bildschirm um. Üblicherweise verfügen Notepads über keine Tastatur. In vielen Fällen kann eine solche jedoch optional angeschlossen werden.

Novell

US-amerikanische EDV-Firma, die das verbreitete Netzbetriebssystem Netware entwickelt hat und dieses seit 1984 vertreibt.

ns

Abkürzung für: Nanosekunde; 1 ns = eine milliardstel Sekunde.

NStAnl

Abkürzung für: Nebenstellenanlage (siehe dort).

NuBus

Bussystem der Apple- und NeXT-Rechner, das eine maximale Datenübertragungsrate von 37,5 MB/s erlaubt. Der Datenbus und der Adreßbus sind jeweils 32 Bits breit.

Nulldurchgangsanalyse

Siehe PCM-Technik.

numerische Daten

Ziffern und Sonderzeichen zur Darstellung von Zahlen.

numerische Datenbank

Faktendatenbank (siehe dort), die in erster Linie Zahlenmaterial enthält.

numerische Tastatur

Aus einem numerischen Bereich (Ziffern, Sonderzeichen) und einem Funktionstastenbereich (Auslösen von Steuerfunktionen und Befehlen) bestehende Tastatur.

numerische Variable

Variable, die nur Zahlenwerte enthalten kann.

Nur-Lesespeicher

Siehe Fest(wert)speicher.

Nutzdaten

Maschinell verarbeitbare Information über die Objekte der realen Welt.

Nutzeffekt (der EDV)

Leistung oder Ertrag. Bei Informationssystemen lassen sich monetär bewertbare, monetär schwer quantifizierbare, sowie nicht monetär quantifizierbare Nutzeffekte unterscheiden. Siehe auch Wirtschaftlichkeit und Wirtschaftlichkeitsrechnung.

Nutzkanal

Bezeichnung für einen Basiskanal einer ISDN-Anschlußleitung mit einer Übertragungsgeschwindigkeit von 64 kbit/s.

nutzungszeitabhängige Tarifierung (bei Datenübertragung über Fernmeldewege)

Es wird die Nutzungszeit einer festgeschalteten Verbindung (Standverbindung) gemessen und die über die Mindestnutzung hinausgehende Zeit getrennt berechnet.

Nutzwertanalyse

Methode der Wirtschaftlichkeitsrechnung mit dem Zweck, komplexe Entscheidungsalternativen entsprechend den Präferenzen der Entscheidungsträger hinsichtlich eines mehrdimensionalen Zielsystems zu ordnen. Die Abbildung dieser Ordnung erfolgt durch die Angabe der Nutzwerte der Alternativen, d. h. ihrer Entsprechung im Hinblick auf ein bestimmtes Wertesystem Der Nutzwert einer Alternative ist ein dimensionsloser Ordnungsindex, der die relative Stellung der Alternativen hinsichtlich ihrer Vorteilhaftigkeit kennzeichnet. Er entspricht dem Anpassungsgrad an das gegebene Zielsystem mit zugehörigen subjektiven Präferenzen.

Object Pascal

Höhere Programmiersprache mit objektorientierten und funktionalen Elementen auf Basis von Pascal. Siehe Hybridsprache.

Objekt

Eine in dem betrachteten System selbständig existierende Einheit. Objekte werden durch ihre Eigenschaften beschrieben. Objekte mit gemeinsamen Eigenschaften bilden Objekttypen. Bei den Objekteigenschaften werden zwei Arten unterschieden:

- Deskriptive Eigenschaften werden durch Attribute gekennzeichnet, die Objekten Attributwerte zuordnen. Attribute (oder Kombinationen von Attributen) können Schlüsseleigenschaft haben.
- Strukturelle Eigenschaften beschreiben den Aufbau eines Objekts aus Unterobjekten, die miteinander in Beziehung stehen können. Diese Unterobjekte können wiederum strukturierte Objekte sein, so daß man auf diese Weise ganze Objekthierarchien erhält.

Objekt-Manager

Steuerprogramm, das für die Ausgabe von objektorientierten Verbunddokumenten zuständig ist. Das Verbunddokument existiert nur am Bildschirm und am Drucker. Jede Applikation, welche die Befehlsstruktur des Objekt-Managers versteht, kann am Verbunddokumentenaufbau teilnehmen und muß die anderen Informationsteile nicht interpretieren.

Objektcode

Synonym: Objektprogramm (siehe dort).

Objektkommunikation zwischen Programmen

Siehe OLE.

objektorientierte Informationssystementwicklung

Ganzheitliche, Daten- und Funktionssicht integrierende Entwicklung eines Informationssystems. Objektorientierung heißt nach E. Denert, daß durch das Informationssystem ein Ausschnitt der realen Welt als eine Menge von interagierenden Objekten abgebildet wird. Ein Objekt hat Eigenschaften, die durch Daten(-attribute) beschrieben werden, und Fähigkeiten, d.h., es ist in der Lage, Funktionen auszuführen. Jedes Objekt gehört einer Klasse an, die das Gemeinsame aller ihrer Objekte definiert, nämlich deren Eigenschaften und Fähigkeiten. Man kann auch sagen, sie bildet eine Datenkapsel, in der gemeinsame Daten und Funktionen zusammengefaßt, eben gekapselt sind. Die einzelnen Objekte unterscheiden sich durch die Werte ihrer Eigenschaften; jedes Objekt hat seine Identität. Zwischen den Objekten bestehen Beziehungen, die unterschiedlicher Art sein können: Freie Beziehungen (häufig m:n), Aggregationen, Generalisierung bzw. Spezialisierung (Vererbungsbeziehung) und Funktionsaufruf (Fähigkeiten aktivieren und Eigenschaften - Daten - erfragen). Die Vererbungsbeziehung erlaubt es, gemeinsame Eigenschaften und Fähigkeiten in übergeordneten Objektklassen zusammenzufassen. Dadurch wird eine starke Modularität ermöglicht und damit eine gute Grundlage für die Wiederverwendbarkeit von Software geschaffen.

objektorientierte Programmiersprache

Programmiersprache, bei der die Trennung zwischen Daten und darauf anzuwendenden Prozeduren (d.h. Programmen im konventionellen Sinn) traditioneller Softwaresysteme aufgehoben wird. Es werden nicht mehr gültige Algorithmen für globale und lokale Datenbereiche implementiert, sondern Objekte definiert. Diese Objekte bestehen aus Datenstrukturen und der Beschreibung der darauf anwendbaren Operationen. Jedes Objekt besitzt einen Namen, der benutzt wird, um über Nachrichten dieses Objekt zu aktivieren und die dort definierten Operationen ausführen zu lassen. Die bekanntesten objektorientierten Sprachen sind C++ und SMALLTALK.

objektorientiertes Datenbankverwaltungssystem

Datenbankverwaltungssystem, das Eigenschaften von objektorientierten Programmiersprachen (wie Vererbung, Objektidentität, Klassenhierarchie) integriert hat. Es ermöglicht die Repräsentation von komplexen Sachverhalten, wie zusammengesetzte Objekte, komplexe Strukturen oder neue Datentypen. Jedes objektorientierte Datenbanksystem ist eine Implementation eines objektorientierten Datenmodells. Siehe hierzu objektorientierte Informationssystementwicklung und objektorientierte Programmiersprache.

Objektprogramm

Synonyme: Objektcode, Maschinencode. Programm, das in der Maschi-nensprache abgefaßt ist.

Objekttyp

Objekte mit gemeinsamen Eigenschaften. Siehe auch Objekt.

OCCAM

Höhere Programmiersprache für verteilte und parallele Anwendungen.

OCR

Auch im Deutschen gebräuchliche Abkürzung für engl.: Optical Character Recognition. Maschinelle Erkennung von gedruckten oder handgeschriebenen Zeichen auf optischem Wege. Im Archivierungsprozeß ist dies die Voraussetzung für eine maschinelle Inhaltserschließung.

OCR-A

Standardschrift für die maschinelle optische Zeichenerkennung, die hauptsächlich im anglo-amerikanischen Raum Verwendung findet.

OCR-B

Besonders in Europa verbreitete Standardschrift für die maschinelle optische Zeichenerkennung. Beispiele finden sich vor allem im Zahlungsverkehr der Banken (Beschriftung der Lesezonen von Eurocheques und Zahlscheinen).

ODA

Abkürzung für engl.: Office Document Architecture. ISO-Standard zur Beschreibung von elektronisch zu übermittelnden (Büro-)Dokumenten.

ODIF

Abkürzung für engl.: Office Document Interchange Format. ISO-Dokumentenaustauschformat, das die Reihenfolge und die Codierung, mit der die ODA-Beschreibung von Dokumenten übermittelt wird, festlegt.

ODP

Abkürzung für engl.: Open Distributed Processing (siehe ISO-Referenzmodell für die Kooperation von Prozessen in verteilten Systemen).

OEM

Abkürzung für engl.: Original Equipment Manufacturer oder Other Equipment Manufacturer. EDV-Hersteller, der Geräte oder auch Komponenten von anderen EDV-Herstellern bezieht und diese in eigenen Anlagen unter eigenem Namen vertreibt. Meist bietet er dabei einen Zusatznutzen in Form spezieller Software, Firmware oder Hardware; OEMs werden in diesem Sinne auch als VARs (Abkürzung für engl.: Value Added Resellers) bezeichnet.

Off-line-Betrieb

Betriebsart, bei der ein peripheres Gerät getrennt von der Zentraleinheit betrieben wird.

Off-line-Datenerfassung

Datenerfassung, bei der zwischen einem Erfassungsgerät und der Zentraleinheit des Verarbeitungsrechners kein Steuerungszusammenhang besteht. Die Daten werden auf Datenträgern zwischengespeichert.

offene Adressierung

Beim Auftreten von Kollisionen bei der gestreuten Speicherung wird im Adreßbereich entweder in konstanten oder in quadratisch aufsteigenden Abständen nach freien Speicherplätzen gesucht.

offener Netzzugang

Ungehinderte, durch Normen und Standards erleichterte Möglichkeit für jedermann zur Nutzung von Fernmeldewegen, von beliebigen, zugelassenen Datenübertragungseinrichtungen und zum Angebot von Mehrwertdiensten. Ziel der EG-Harmonisierungsbestrebungen in bezug auf öffentliche Telekommunikationsnetze im europäischen Binnenmarkt. Insbesondere bei internationalen Mietleitungen soll ein nichtdiskriminierender und effizienter Zugang gewährleistet werden.

offenes EDV-Netz

EDV-Netz, das auf einer herstellerneutralen Kommunikationsarchitektur (z.B.: OSI, TCP/IP, DCE) basiert.

offenes Kommunikationssystem

Siehe ISO-Referenzmodell für offene Rechnernetze.

offenes System

System, in dem herstellerunabhängige Spezifikationen für Schnittstellen, Dienste und unterstützende Formate implementiert sind. Auf dieser Basis werden Anwendungssoftware gewährleistet
- Portierbarkeit auf verschiedene Systemplattformen,
- Zusammenspiel mit anderen Anwendungen und
- Durchgängigkeit von Benutzerinteraktionen mit konsistenter Benutzeroberfläche.

Die genauen Spezifikationen sind dabei veröffentlicht, in einem offenen Abstimmungsprozeß unterstützt und gepflegt sowie mit internationalen Normen bzw. Marktstandards konsistent gehalten.

öffentliches Telekommunikationsnetz

Von der Telekom für die Nutzung durch jedermann zur Verfügung gestelltes Telekommunikationsnetz. Für alle Teilnehmer gelten dieselben Bedingungen.

öffentliches Wählnetz

Öffentliches Netz, bei dem für den Teilnehmer die Möglichkeit besteht, eine große Zahl von anderen Anschlußteilnehmern anzuwählen und damit - wenn die Gegenstelle nicht besetzt ist - eine Verbindung herzustellen. Die möglichen Kommunikationspartner sind in vom Betreiber (BRD: Telekom) herausgegebenen Teilnehmerverzeichnissen angeführt. Typischerweise werden für die Datenübertragung derartige Verbindungen nur beschränkte Zeit in Anspruch genommen (andernfalls empfehlen sich meist aus Kostengründen Standverbindungen). Öffentliche Wählnetze sind das Telefonnetz, das Telexnetz, das Datexnetz mit Leitungsvermittlung, das Datexnetz mit Paketvermittlung und das ISDN.

OLE

Abkürzung für engl.: Object Linking and Embedding. Funktion zum Datenaustausch zwischen Windows-Applikationen, die mit einem genormten Protokoll und genormten Bibliotheksschnittstellen ab Windows-Version 3.1 zur Verfügung steht. OLE entstand als Synthese der Vorschläge bzw. Protokolle namhafter Hersteller von PC-Software zur Objekteinbindung und arbeitet nicht mit genormten Standardformaten, sondern mit den jeweiligen applikationsspezifischen Originalformaten. Dadurch gehen keine Datendetails verloren; das Editieren und die Ausgabe der eingebetteten Daten ist daher nur mit der Originalapplikation möglich. Aktualisierungen innerhalb eines OLE-Dokumentes sind durch das Herstellen einer Verknüpfung mit den Datenobjekten in den Originalapplikationen realisierbar.

OLTP-Monitor

Abkürzung für engl.: On-Line Transaction Processing Monitor. Systemprogramm zur Steuerung von Transaktionsprogrammen beim Teilhaberbetrieb. Wesentliche Koordinationsaufgaben muß der OLTP-Monitor auch in Zusammenarbeit mit dem vom Transaktionsprogramm angesprochenen Datenbanksystem lösen.

On-line-Betrieb

Betriebsart, bei der zwischen einem peripheren Gerät und der Zentraleinheit ein Steuerungszusammenhang besteht.

On-line-Datenbank

Gebräuchliche Bezeichnung für eine externe Datenbank, auf die über Fernmeldewege von den zugelassenen Teilnehmern gegen Entgelt im Dialog zugegriffen werden kann. Es kann sich dabei um eine bibliografische Datenbank, eine Volltextdatenbank oder eine Faktendatenbank handeln (siehe dort).

On-line-Datenerfassung

Datenerfassung, bei der zwischen einem Erfassungsgerät und der Zentraleinheit des Verarbeitungsrechners ein Steuerungszusammenhang besteht.

On-line-Datenfernverarbeitung

Datenfernverarbeitung, bei welcher der zur Verarbeitung eingesetzte Rechner mit den zur Datenübertragung benutzten Wegen unmittelbar verbunden ist (Steuerungszusammenhang in bezug auf die angeschlossenen Datenstationen); er ist selbst Datenstation.

OPAL-Projekte

Serie von Glasfaserkabel-Pilotprojekten der Telekom, mit denen innovative Konzepte für Teilnehmeranschlußleitungen erprobt werden.

Open Distributed Processing

Siehe ISO-Referenzmodell für die Kooperation von Prozessen in verteilten Systemen.

Open Software Foundation

1988 gegründete Vereinigung namhafter EDV-Hersteller (u.a. Apollo, Bull, DEC, HP, IBM, SNI), die eine herstellerunabhängige UNIX-Weiterentwicklung und die Entwicklung darauf basierender systemnaher Softwareprodukte zum Ziel hat. Bisherige Ergebnisse sind das Betriebssystem OSF/1, die grafische Benutzeroberfläche Motif und die Anwendungsarchitektur für verteilte Systeme DCE. Mittlerweile hat OSF über 300 Mitglieder.

Operand

Gegenstand, auf den sich eine Maschinenoperation bezieht.

Operandenregister

Register, in dem vor und nach der Operationsausführung ein Operand steht. Das Ergebnis der Operationsausführung wird in ein eigenes Ergebnisregister geschrieben.

Operandenteil

Teil eines Befehlswortes, der für Operanden oder Angaben zum Auffinden der Operanden oder Befehlswörter vorgesehen ist.

Operating

Tätigkeit eines Maschinenbedieners (siehe dort).

Operation

Ausführung eines Maschinenbefehls durch das Datenverarbeitungssystem.

Operationsschlüssel

EDVA-spezifischer Schlüssel (Bitfolge) zur Kennzeichnung einer Maschinenoperation.

Operationsteil

Teil eines Befehlswortes, der die auszuführende Operation angibt.

Operator

Siehe Maschinenbediener.

optische Speicherkarte

Plastikkarte in der Standardgröße (85,6 x 54 x 0,76 mm) und mit den gleichen physikalischen Eigenschaften wie eine herkömmliche Scheck- oder Kreditkarte. Zur Datenspeicherung dient ein implantierter optischer Speicherbereich (Streifen), der mittels Laser sukzessive beschrieben und gelesen wird (Kapazität: 2 - 4 MB). Die optische Speicherkarte ist derzeit noch nicht wiederbeschreibbar (löschbar).

optische Speicherplatte

Massenspeicher in Form einer festen runden Scheibe, auf deren beschichteter Oberfläche die Information mittels Laser aufgezeichnet und gelesen wird. Vorteile von optischen Speicherplatten sind:

– höchste Zeichendichte und extrem große Speicherkapazität des einzelnen Datenträgers,
– direkter Zugriff,

- Aufzeichnung von schriftlichen, akustischen und bildlichen Daten,
- Unempfindlichkeit gegen Umwelteinflüsse,
- schnellerer Zugriff auf große Datenmengen als in herkömmlichen Papier- und Mikrofilmarchiven,
- niedrige Datenträgerkosten.

Durch die exakte Positionierung des Laserstrahls bei Laufwerken von optischen Speicherplatten - auch bei relativ großem Abstand des Schreib-/Lesekopfes von der Plattenoberfläche - und die größere Dichte der markierbaren bzw. markierten Bitpositionen sind extrem hohe Kapazitäten, je nach Größe der Speicherplatten von etwa 100 MB bis zu 6 GB, möglich. Nachteile von optischen Speicherplatten liegen vor allem in der Vielfalt inkompatibler Normen und Spezifikationen sowie in der fehlenden Löschbarkeit von CD-ROM und WORM-Platten. Optische Speicherplatten lassen sich nach dem Kriterium der Beschreibbarkeit grundsätzlich in drei Gruppen unterteilen:

- wiederbeschreibbare optische Speicherplatten (zum Beispiel EO, Mini-Disc),
- einmalig beim Anwender sukzessive beschreibbare optische Speicherplatten (zum Beispiel WORM) und
- einmalig und insgesamt vor der Nutzung beim Hersteller (eventuell mit anwenderspezifischen Daten) fest beschriebene optische Speicherplatten (zum Beispiel CD-ROM).

Die Aufzeichnung bei wiederbeschreibbaren optischen Speicherplatten erfolgt durch einen Magneten und einen Laserstrahl. Dabei wird punktweise die Polarisation der aus magneto-optischen Stoffen bestehenden Speicherschicht geändert und dadurch die Information auf die Platte geschrieben. Sie kann mittels eines schwächeren Laserstrahls, der von der Oberfläche reflektiert wird, gelesen werden. Bei einmalig beschreibbaren optischen Speicherplatten werden mit dem Laser Markierungen auf der Speicherschicht eingebrannt, die nicht mehr zu entfernen sind und ebenfalls mittels eines schwächeren Laserstrahls gelesen werden können. CD-ROM-Laufwerke arbeiten nach dem gleichen Lese-Prinzip. Die Zugriffszeiten unterscheiden sich von Plattentyp zu Plattentyp; auch bei den schnellsten optischen Speicherplatten sind sie jedoch derzeit immer noch etwa doppelt so hoch wie die schnellen Magnetplatten. Siehe auch CD-ROM, EO, Mini-Disc, WORM.

optischer Datenträger

Datenträger, bei dem Licht zur Datenaufzeichnung dient, und zwar durch Belichten von Filmen mit Mikrobildern oder durch Einbrennen von Bitpositionen mittels scharf gebündelter Laserstrahlen auf diversen Speichermedien. Beispiele sind Mikrofilme, optische Speicherplatten und optische Speicherkarten.

optisches Archivsystem

System zur Verwaltung langfristig aufzubewahrender digitalisierter Text- und Bild-Dokumente auf optischen Speicherplatten (Schlagwort: papierloses Büro). Als Basis dient ein Datenbankbzw. Information-Retrieval-System (Volltextrecherche).

Oracle

Weit verbreitetes, auf Rechnern aller Größenklassen und vieler Hersteller lauffähiges, relationales Datenbankverwaltungssystem von ORACLE. Der Marktanteil von Oracle an Datenbankverwaltungssystemen auf UNIX-Basis beträgt rund 50 Prozent.

Organisationsmodell

Siehe konzeptionelles Modell.

Organisationsprogramm

Siehe Steuerprogramm(e).

Organisationsprogrammierer

EDV-Fachkraft mit den Aufgaben eines Systemanalytikers und eines Anwendungsprogrammierers (siehe dort).

Organisator

Siehe EDV-Organisator.

Orgware

Sammelbegriff für organisatorische Konzepte, Methoden und Werkzeuge zur Gestaltung rechnergestützter Informationssysteme.

OS/2

Multitaskingfähiges Betriebssystem von IBM für PCs der oberen Leistungsklasse (32-Bit-PCs). Dieses als Nachfolger von MS-DOS konzipierte Betriebssystem mit grafischer Benutzeroberfläche wurde in Kooperation mit Microsoft entwickelt, die sich jedoch aufgrund von Meinungsverschiedenheiten von diesem Produkt distanzierte. Besondere Merkmale von OS/2 sind die Kompatibilität zu MS-DOS und MS-Windows sowie die Fähigkeit, mehrere DOS-, Windows- oder OS/2-Applikationen gleichzeitig ablaufen zu lassen.

OS/400

Im kommerziellen Bereich verbreitetes proprietäres Minirechnerbetriebssystem von IBM für die AS/400-Serie (CISC-Technologie). Das System bietet ein vollintegriertes relationales Datenbankverwaltungssystem, ein Ausbildungssystem, Sicherheitseinrichtungen, Netzwerkunterstützung und integrierte Bürofunktionen. Auf dem Markt steht eine breite Palette von Anwendungssoftware zur Verfügung.

OSF

Abkürzung für engl.: Open Software Foundation (siehe dort).

OSF/1

Standardisiertes UNIX-Betriebssystem der Open Software Foundation.

OSI

Abkürzung für engl.: Open Systems Interconnection. Siehe hierzu ISO-Referenzmodell für offene Rechnernetze.

Outsourcing

Vollständige oder teilweise Übertragung von zuvor innerbetrieblich erfüllten Aufgaben der Informationsverarbeitung (IS-Entwicklung, IS-Betrieb usw.) an wirtschaftlich unabhängige Dienstleistungsbetriebe.

P

PABX

Abkürzung für engl.: Private Automatic Branch Exchange. Automatisierte Nebenstellenanlage (siehe dort).

Packen

Maschineller Vorgang, bei dem numerische Daten aus der ungepackten in die gepackte Form gebracht werden. Zur Darstellung einer Dezimalziffer wird in der ungepackten Form ein Byte, in der gepackten Form jedoch nur ein Halbbyte benötigt.

Packet Radio Network

Siehe Funknetz.

PAD

Abkürzung für engl.: Packet Assembly/Disassembly Facility. Einrichtung, über die zeichenorientierte oder bitorientierte Datenendgeräte an das paketvermittelte Datexnetz herangeführt werden können.

Pager

Personenrufdienst auf Mobilfunkbasis (in der BRD: Cityruf).

Paketvermittlung

Vermittlungstechnik, bei der zur Datenübertragung zwischen den beteiligten Datenstationen keine direkte (physikalische) Verbindung, sondern eine virtuelle (logische) Verbindung hergestellt wird, über die Daten in Form von standardisierten und mit Adressen versehenen Paketen übermittelt werden. Daher können auf einer Leitung gleichzeitig verschiedene virtuelle Verbindungen bestehen.

Palmtop (PC)

Synonym: Hand-held-Computer. Tragbarer Mikrorechner mit sehr geringen Maßen (etwa der Größe einer Handfläche bis max. DIN A5). Diese sogenannten Hand-held-Rechner arbeiten zum Teil mit eigenen herstellerspezifischen Betriebssystemen, aber auch mit Standardbetriebssystemen (zum Beispiel MS-DOS) und verfügen über Schnittstellen, die den Datenaustausch mit Desktop-PCs und Peripheriegeräten erlauben.

Papierdatenträger

Zu dieser nur noch in Anwendungsnischen gebräuchlichen Datenträgergattung zählen Lochkarten, Lochstreifen, Markierungsbelege und Klarschriftbelege. Die Aufzeichnung der Daten erfolgt durch mechanisches Heraustrennen der entsprechenden Bitpositionen (Lochen), durch Drucken oder manuelles Schreiben von Strichmarkierungen oder Schriftzeichen. Die Speicherkapazitäten und die Zugriffsgeschwindigkeiten sind im Vergleich zu magnetischen und optischen Datenträgern gering.

Parallelbetrieb

Betriebsart, bei der mehrere Funktionseinheiten eines Datenverarbeitungssystems gleichzeitig an mehreren (unabhängigen) Aufgaben oder an Teilaufgaben derselben Aufgabe arbeiten.

Paralleldatenerfassung

Siehe simultane Datenerfassung.

parallele Programmiersprache

Sprache, die für die Programmierung von Aufgaben für Mehrprozessorsysteme - unter besonderer Berücksichtigung der speziellen Probleme hinsichtlich Kommunikation und Koordination - ausgelegt ist.

paralleler Drucker

Synonym: Zeilendrucker (siehe dort).

Parallelrechner

Siehe Mehrprozessorsystem.

Parallelübertragung

Betriebsart der Datenübertragung, bei der die Binärzeichen, aus denen sich ein n-Bit-Zeichen zusammensetzt, an der Schnittstelle zwischen Datenendeinrichtung und Datenübertragungseinrichtung über n Leitungen gleichzeitig übergeben werden.

Parallelumstellung

Die vollständige Inbetriebnahme eines neuen Systems wird parallel zu den bisher praktizierten Verfahren durchgeführt, d.h. beide Systeme werden einen gewissen Zeitraum (zum Beispiel zwei Abrechnungsperioden) nebeneinander betrieben. Zweck der Parallelumstellung ist es, festzustellen, ob das Nachfolgesystem korrekte Ergebnisse - verglichen mit den Ergebnissen des bisherigen Systems - liefert und ob die Aufgaben hinsichtlich Umfang, Abwicklung, Termineinhaltung und Engpaßsituationen befriedigend gelöst werden können.

parametrischer Benutzer

Benutzer von EDVA in einer Fachabteilung, der wohldefinierte und bekannte Problemstellungen zu lösen hat und der hierzu im Teilhaberbetrieb mit Trans-aktionscodes arbeitet.

Paritätsprüfung

Kontrolle, die zur Diagnose auftretender Fehler bei der Übertragung und Speicherung von Daten dient. Für die Paritätsprüfung wird jedem Byte ein neuntes zusätzliches Bit zugeordnet. Dieses Prüfbit ergänzt die Summe der acht Bits, die das Byte darstellen, zu einem ungeraden Wert (odd parity) oder zu einem geraden Paritätswert (even parity). Bei der Paritätskontrolle wird zu jedem übertragenen Byte nach dem gleichen Verfahren ein Paritätswert ermittelt, der mit dem Prüfbit verglichen wird. Stimmen die beiden Werte nicht überein, so liegt ein Lese- oder Übertragungsfehler (Paritätsfehler) vor.

Partition

Der bei der Auftragsdurchführung einem Prozeß zugewiesene Arbeitsspeicherbereich in einem Mehrprogrammsystem. Über die Belegung dieser Bereiche wird laufend vom Betriebssystem Buch geführt, um freie Abschnitte dynamisch den Prozessen zuteilen zu können.

PASCAL

Programmiersprache der 3. Generation, die den Top-down-Entwurf von Programmen sowie die strukturierte Programmierung unterstützt und eine reichhaltige Datenstrukturierung erlaubt.

passiver Bildschirm

Bildschirm, der das Umgebungslicht zur Anzeige nutzt. Bekanntester Vertreter ist die passive LCD-Technik, die zum Beispiel in Uhren, Taschenrechnern und tragbaren Mikrorechnern eingesetzt wird. Im Gegensatz dazu stehen lichterzeugende aktive Bildschirme.

Paßwort

Kennwort zur Identifikation eines berechtigten Benutzers. Es bietet nur dann einen wirksamen Schutz, wenn es eine lange, sinnlose Zeichenkette ist und regelmäßig geändert wird.

PB

Abkürzung für: 1 Petabyte (1 PB = rund eine Billiarde [2^{50}] Bytes).

PBX

Auch im Deutschen gebräuchliche Abkürzung für engl.: Private Branch Exchange. Hausinterne Nebenstellenanlage. Synonym wird oft der Begriff PABX (Private Automated Branch Exchange), d.h. automatisierte Nebenstellenanlage, verwendet. Siehe hierzu Nebenstellenanlage.

PC

Auch im Deutschen gebräuchliche Abkürzung für engl.: Personal Computer (das heißt auf deutsch: Persönlicher Rechner). Siehe Mikrorechner, Desktop (PC), Laptop (PC), Notebook (PC), Notepad (PC) und Palmtop (PC).

PC-AT

Auch im Deutschen gebräuchliche Abkürzung für engl.: Personal Computer - Advanced Technology. Bezeichnung für die IBM-kompatible PC-Klasse mit Intel-80286-Mikroprozessoren, die Mitte der 80er Jahre den Industriestandard bildete.

PC-Betriebssystem

Arbeitsplatzrechnerbetriebssystem. Je nach zugrundeliegender Prozessorarchitektur lassen sich 8-Bit-, 16-Bit- und 32-Bit-Betriebssysteme unterscheiden. Bei den (heute nicht mehr üblichen) 8-Bit-PCs war das Betriebs-system CP/M der Industriestandard. Mit dem Aufkommen der 16-Bit-PCs Anfang der 80er Jahre etablierte sich MS-DOS (PC-DOS) als Standard, der bis heute Geltung hat. Geringere Bedeutung bei den 16-Bit-Betriebssystemen hat Mac-OS, das Betriebssystem der Apple-Macintosh-Familie. Bei den Betriebssystemen für 32-Bit-Mikrorechner ist noch kein eindeutiger Trend erkennbar, da die wichtigsten Vertreter - OS/2 Version 2.0 (IBM) und Windows NT (Microsoft) - erst kürzlich am Markt erschienen sind bzw. nur als Prototypen zu bewundern sind. Ferner soll Mitte der 90er Jahre mit der IBM-Apple-Coproduktion "Pink" (siehe dort) ein neues Betriebssystem ins Rennen geschickt werden. UNIX (zum Beispiel NeXTstep) spielt aufgrund der mangelnden Benutzerbasis bei Betriebssystemen für Personal-Computer eine untergeordnete Rolle.

PC-DOS

Siehe MS-DOS.

PC-Fax-Kopplung

Es gibt folgende Möglichkeiten für PC-TELEFAX-Lösungen:

– Anschluß eines preisgünstigen Telekopierers über die V.24-Schnittstelle des PCs. Durch entsprechende Software läßt sich der Funktionsumfang des Telefaxgeräts erhöhen, und es lassen sich Dokumente direkt aus dem Speicher versenden.

– Verwendung einer PC-Faxkarte (Adapterkarte), wobei kein Faxgerät für das Versenden bzw. Empfangen von Fernkopien erforderlich ist. Alle Funktionen eines Faxgerätes werden vom PC, der Software und einem Drucker (sowie eventuell einem Scanner) übernommen.

Siehe hierzu Klasse-A-Karte (Fax), Klasse-B-Karte (Fax) und Klasse-C-Karte (Fax).

PC-Host-Verbund

Siehe Mikrorechner-Zentralrechner-Verbund.

PC-Netz

Rechnernetz, in dem ausschließlich Personal-Computer integriert sind.

PC-Tastatur

Tastatur für Personal-Computer, die im wesentlichen aus folgenden Tastenblöcken besteht:
- Schreibmaschinenblock (inkl. Umschalttasten),
- Funktionstastenblock,
- Pfeiltasten für Cursorbewegungen und
- Zifferblock.

PC-Wildwuchs

Bezeichnung für den massiven, in vielen Fällen unkoordinierten Einsatz von Personal-Computern, der durch mangelnde Vernetzung (Arbeitsplatzrechner im Stand-alone-Betrieb) und die daraus resultierende Mehrfacherfassung von Daten, Redundanz bei der Datenspeicherung und Dateninkonsistenz gekennzeichnet ist.

PCM-Hersteller

PCM ist eine Abkürzung für engl.: Plug Compatible Manufacturer (zu einem völlig anderen Sinngehalt dieser Abkürzung siehe jedoch: PCM-Technik). PCM-Hersteller bieten an die Anlagenspezifikationen anderer Hersteller (meist IBM) angepaßte, als Ersatz geeignete Baueinheiten von EDVA an. Dies können ganze Zentraleinheiten und Peripheriegeräte oder einzelne Komponenten

(zum Beispiel Arbeitsspeichererweiterungen) sein. Meistens bieten die PCM-Baueinheiten ein besseres Preis-/Leistungsverhältnis als die "Originale", da sonst für den EDV-Anwender kaum ein Beschaffungsanreiz bestünde. An sich ziehen es die Anwender nämlich im allgemeinen vor, alles "aus einer Hand" zu beziehen - aus einem Sicherheits- und Bequemlichkeitsbedürfnis heraus, um bei Zuverlässigkeitsproblemen nicht lange den "Schuldigen" suchen zu müssen, nicht mit unterschiedlichen Lieferanten verhandeln zu müssen und nicht früher oder später (zum Beispiel bei Konfigurationsänderungen aufgrund von Neuankündigungen) doch Verträglichkeitsprobleme zu haben.

PCM-Technik

PCM ist eine Abkürzung für: Puls-Code-Modulation (zu einem völlig anderen Sinngehalt dieser Abkürzung siehe jedoch: PCM-Hersteller); ein Synonym ist: Nulldurchgangsanalyse. Bei diesem Verfahren zur Digitalisierung natürlicher Sprache wird gezählt, wie oft die elektrische Spannung, die dem Sprachsignal entspricht, in einem festgelegten Zeitabschnitt zwischen positiven und negativen Werten wechselt. Die Zahl der sog. Nulldurchgänge ist ein Maß für die Frequenz des Signals. Man kann die Nulldurchgangsanalyse verfeinern, indem man das Sprachsignal mit Hilfe dreier Filter zunächst in drei Frequenzbänder unterteilt und in jedem dieser Bänder die Zahl der Nulldurchgänge getrennt mißt. Dieses Verfahren ist wirtschaftlich attraktiv, weil es mit Hilfe sehr einfacher elektronischer Schaltungen durchgeführt werden kann.
Bei der PCM-Technik, die beim digitalen Telefonieren verwendet wird, erfolgen 8 000 Messungen pro Sekunde. Die einzelnen Meßwerte werden durch jeweils

acht Bits dargestellt. Damit müssen pro Sekunde Sprechen 64 000 Bits übertragen und - bei Weiterverarbeitung - abgespeichert werden.

PCMCIA

Abkürzung für engl.: Personal Computer Memory Card Industry Association. Vereinigung, welche die Standardisierung von Schnittstellen für Flash-Speicherkarten (siehe dort) zum Ziel hat. Diese Standardisierung beschreibt die elektrischen, mechanischen und funktionalen Eigenschaften der Schnittstellen von PC-Karten, die auf eine rechnerinterne Steckvorrichtung mit 68 Stiften aufgesteckt werden. Über die Schnittstelle wird eine direkte Verbindung der Karte zum Ein-Ausgabebus der Zentraleinheit hergestellt. Die erste, 1990 eingeführte Version (Release 1.0) des PCMCIA-Standards für Speicherkarten unterstützte alle gängigen Standardspeichertypen (wie zum Beispiel ROM, UV-EPROM, EEPROM, Flash-Speicher, SRAM) mit Ausnahme von DRAM. Mit Release 2.0 des Standards wurde diese Schnittstelle sogar für andere Ein-Ausgabe-Karten (zum Beispiel Modems, Netzwerkadapter und 1,8-Zoll-Magnetplattenlaufwerke) nutzbar gemacht. Die bedeutendsten Mitglieder der PCMCIA sind Apple, Hewlett-Packard, IBM, Intel, Kodak, Mitsubishi, Polaroid, Texas Instruments und Zenith Data Systems.

PDA

Abkürzung für engl.: Personal Digital Assistant (siehe dort).

Pen-Computing

Datenerfassung und Bedienung von tragbaren Mikrorechnern mittels Eingabestift. Diese Technik wird vor allem bei Notepads (siehe dort) eingesetzt.

Pentium

Leistungsfähigster Mikroprozessor der Intel-80X86-Familie (siehe dort), der aus markenrechtlichen Gründen nicht 80586 genannt wurde. Der Pentium-Chip wird mit 0,8-Mikron-CMOS-Technologie hergestellt und enthält 3,1 Millionen Transistoren. Die derzeitige Taktrate von 60 und 66 MHz, der intern und extern 64 Bits breite Datenbus und die jeweils 8 KB Befehls- und Daten-Cache machen den Pentium-Chip zum derzeit leistungsfähigsten CISC-Mikroprozessor. Die 66-MHz-Version des Pentium ist etwa doppelt so schnell (112 Mips) wie das bisherige Spitzenmodell 80486DX2/66 der Intel-Prozessorfamilie 80X86 und erreicht damit für kommerzielle Anwendungen Benchmarkwerte (SPECint92: 64,5), die dem derzeit schnellsten RISC-Chip der Welt, dem Alpha-AXP-21064 (siehe dort), am nächsten kommen. Bei rechenintensiven Anwendungen (Gleitkommaoperationen; SPECfp92: 56,9) ist der Pentium zwar fünfmal so schnell wie der 80486DX2/66, er erreicht jedoch trotzdem nur etwas mehr als ein Viertel der Leistung des 64-Bit-RISC-Prozessors Alpha 21064/200 (SPECfp92: 200). Damit kann der Pentium aber auch in diesem Bereich mit den ansonsten leistungsfähigsten RISC-Chips (MIPS R4000/5, SuperSPARC/40, PA750/66, RS/6000/350) fast mithalten. Das hohe Leistungsvermögen verdankt der Pentium seiner superskalaren Architektur: das heißt, einer fünffach überlappten Fließbandverarbeitung mit zwei parallel arbeitenden Rechenwerken für ganze Zahlen und einer zusätzlichen Einheit für die Gleitkommaverarbeitung. Für 1994 wurden von Intel Pentium-Versionen mit bis zu 100 MHz in Aussicht gestellt. Siehe hierzu SPEC-Benchmark.

periphere Einheit

Funktionseinheit innerhalb eines Datenverarbeitungssystems, die nicht zur Zentraleinheit gehört.

peripherer Speicher

Jeder Speicher, der nicht Zentralspeicher ist.

peripheres Gerät

Baueinheit in einer peripheren Einheit.

permanente Festverbindung

Festverbindung der Gruppe 2 zwischen zwei Festanschlüssen, die dauernd zur Verfügung steht; es gibt weder einen Verbindungsaufbau noch einen Verbindungsabbau.

Personal-Computer

Mikrorechner für den professionellen Einbenutzerbetrieb (= Arbeitsplatzrechner). Siehe Mikrorechner, Desktop (PC), Laptop (PC), Notebook (PC), Notepad (PC) und Palmtop (PC).

Personal Digital Assistant

Kleiner Hand-held-Rechner, der mittels Stifteingabe (in einigen Fällen auch mit einer Tastatur) zu bedienen ist. Die Einsatzgebiete dieser auch für den Privatgebrauch gedachten neuartigen Mikrorechner liegen in erster Linie bei der Termin- und Adressenverwaltung sowie der Erfassung von Notizen.

PES

Abkürzung für engl.: Personal Earth Station. Kostengünstige Satellitenbodenstation mit relativ kleinem Antennendurchmesser. Siehe VSAT.

Petabyte

Abkürzung: PB (1 PB = rund eine Billiarde [2^{50}] Bytes).

Pfeiltasten

Tasten, die der Steuerung des Cursors dienen.

Pflichtenheft

Siehe Anforderungsspezifikation.

Phasenschema

In der Wirtschaft weit verbreitete Methode zur Planung, Steuerung und Kontrolle des Systementwicklungsprozesses. Das Phasenschema wird den Mitarbeitern für die Erstellung von Informationssystemen vorgeschrieben und dient auch dem Management zur Orientierung über die Projektfortschritte. Im Vordergrund der Unterteilung von Systementwicklungen in zeitliche Abschnitte steht das Bedürfnis, den kontinuierlichen Entscheidungsprozeß zur Reduzierung der Komplexität in einzelne Entscheidungsstufen aufzugliedern. Deshalb werden die Phasen eines derartigen Modells nach den Zeitpunkten unterteilt, an denen Entscheidungen von grundsätzlicher Bedeutung zu fällen sind. In den gebildeten Zeiträumen (Phasen) werden die Grundlagen für diese Grundsatzentscheidungen erarbeitet. Durch diese Unterteilung werden die Entwicklungsrisiken überschaubarer, und der jeweilige Entwicklungsstand wird auch für nicht unmittelbar Beteiligte (zum Beispiel höherer Managementebenen) transparent.
Jede Phase läßt sich durch typische Entscheidungen und Tätigkeiten charakterisieren. Die Eröffnungsentscheidung besteht aus einer Auftragserteilung, der Formulierung von Zielsetzungen und der Mitteilung von Restriktionen be-

züglich des Mitteleinsatzes. Typische Tätigkeiten innerhalb einer Phase sind die Sammlung benötigter Information, die Anwendung von Planungsmethoden und -hilfsmitteln, die Darlegung der Annahmen und Ausgangsvoraussetzungen, die Formulierung von Fragen an die Entscheidungsträger, die Erarbeitung von Maßnahmen und die Formulierung von Entscheidungsvorschlägen, die Dokumentation der Aktivitäten und Phasenergebnisse (inkl. negativer Ergebnisse), die Überprüfung der Zielsetzungen (insbesondere deren Verträglichkeit mit eventuellen Auflagen) sowie deren Verfeinerung und Modifikation, die Erfassung kritischer, die Entwicklung möglicherweise beeinträchtigender Punkte und die terminliche Detailplanung der übernächsten Phase. Die Schlußentscheidung beinhaltet eine Prüfung der Entscheidungsvorschläge, die Genehmigung, Ablehnung oder die Beratung von Auflagen, die Formulierung neuer Fragen, Wünsche oder Erkenntnisse und die schriftliche Dokumentation der Entscheidung.

Ein allgemeingültiges Phasenschema gibt es nicht, jedoch ähneln sich die Ansätze in ihrer Grobstruktur. Unterschiede der in der Literatur vorgeschlagenen bzw. in der Praxis verwendeten Vorgehensmodelle gibt es vor allem bezüglich der Zahl und Art der Stufen sowie der Zeitdauer und dem Detaillierungsgrad der einzelnen Tätigkeitsschwerpunkte. Wir unterscheiden (siehe dort):

– Planungsphase,
– Definitionsphase,
– Entwurfsphase,
– Implementierung(sphase),
– Einführung(sphase) sowie
– Betrieb und Wartung.

Phonem

Bedeutungsunterscheidende Minimaleinheit einer Sprache, die für sich allein keine Bedeutung hat.

Phonemgenerator

Programm zur Sprachausgabe, das aus schriftlichen Zeichen bzw. Lautschrift mit Hilfe von kleinsten phonetischen Einheiten (den sog. Phonemen) die Sprache synthetisch nachbildet. Dabei bedient es sich eines umfangreichen Lexikons von mehreren hundert bis tausend Ausspracheregeln. Durch die Kombinationsmöglichkeit der Phoneme ergibt sich ein praktisch unbegrenzter Wortschatz. Der synthetische Ursprung von Sprachausgaben nach diesem Verfahren ist jedoch nicht zu überhören.

Photo-CD

Compact Disc für die Speicherung von Bilddaten, die bis zu 100 herkömmliche Kleinbild-Dias oder -Negative speichern kann. Ein Bild wird dabei in 18 MB unkomprimierte, digitale Daten mit einer Auflösung von bis zu 2 048 mal 3 072 Bildpunkten umgesetzt. Die Photo-CD ist sowohl für Haushalte (in Kombination mit einem Abspielgerät als Alternative zu Dias) als auch für die professionelle Bildverarbeitung geeignet.

Phrasenspeicher

Speicherbereich eines Textverarbeitungssystems, in dem oft benötigte Redewendungen gespeichert werden, die dann "auf Knopfdruck" in den Text eingefügt werden können.

physische Datenorganisation

Bezeichnung für die physische Anordnung der Daten auf einem peripheren Speicher.

piezoelektrisches Verfahren

Druckverfahren bei Tintenstrahldruckern, wobei die Druckköpfe aus Hartkeramikelementen bestehen, welche die Tintenkammern umgeben. Durch Anlegen einer Wechselspannung verkrümmen sich diese Elemente und der entstehende Überdruck führt zum Ausstoß von Tintentröpfchen. Nach dieser Methode lassen sich Taktfrequenzen von bis zu 20 000 Hertz erzeugen (entspricht ca. 700 Zeichen pro Sekunde im Listendruck). Der - im Vergleich zum Bubble-Jet-Verfahren - höhere Preis ist durch die höheren Leistungen und die längere Lebensdauer der Druckköpfe gerechtfertigt.

Piktogramm

Siehe Icon.

Pilotphase

Die Durchführung einer Pilotphase ist eine bei größeren Projekten und Einsatz neuer Technologien und Verfahren bewährte Methode zur Vorbereitung der Einführung auf breiter Basis. Dabei werden zusammen mit einer besonders positiv motivierten Gruppe bzw. Abteilung die Abläufe entwickelt und in der Anwendung erprobt, bevor mit der betriebsweiten Einführung begonnen wird.

PIN

Abkürzung für: Persönliche Identifikationsnummer. Vierstelliges numerisches Paßwort für die Berechtigungsprüfung bei der Verwendung von Bankplastikkarten mit Magnetstreifen oder Chip (wie zum Beispiel Eurocheque-Karte).

Pink

Objektorientiertes Betriebssystem für Mikrorechner auf Basis von IBM-RISC-Prozessoren (POWER), das in einer Kooperation von IBM und Apple entwickelt wird. Mögliche Rechnerplattformen und der Zeitpunkt der Markteinführung sind derzeit noch ungewiß.

Pipelining

Synonym: Fließbandverarbeitung. Befehlsverarbeitung, bei der sich zur Erhöhung des Durchsatzes die Abarbeitungsphasen aufeinanderfolgender Befehle überlappen. Im einfachsten Fall sind die einzelnen, sich überlappenden Phasen: Laden/Decodieren, Ausführen und Verfügbarhalten bzw. Speichern der Ergebnisse. Pipelining gilt als eine wesentliche Voraussetzung für schnelle Prozessoren. Zum Beispiel ist bei der RISC-Technik eine bis zu siebenfach überlappte Befehlsverarbeitung üblich, wodurch pro Taktzyklus durchschnittlich ein bis zwei Maschinenbefehle ausgeführt werden können.

Pitch

Maß für den Zeichenabstand, das in Zeichen pro Zoll gemessen wird.

Pixel

Englische, auch im Deutschen gebräuchliche Bezeichnung für: Bildpunkt.

PL/1

Programmiersprache der 3. Generation für kommerzielle und technisch-wissenschaftliche Anwendungen mit einem großen Sprachumfang. Die Verbreitung ist im wesentlichen auf große IBM-Anwender beschränkt.

Planungsphase

Erste Stufe in unserem Phasenmodell für die Entwicklung von Informationssystemen. Dient der Klärung, ob die

vorgesehene Informationssystementwicklung sinnvoll, sowie ökonomisch,
technisch und personell durchführbar
ist. Ausgangspunkt ist eine Istaufnahme, an die sich eine Durchführbarkeitsstudie anschließt. Beendet wird diese
Phase mit der Entscheidung, ob das Informationssystem entwickelt werden
soll oder nicht.

Planungssprache

Zu den höheren Programmiersprachen zählende spezielle Sprache für die
Durchführung von Planungsaufgaben.
Derzeit sind über 50 Planungssprachen
verfügbar.

Planungssystem

Informationssystem zur Unterstützung
von Planungsaufgaben. Dabei handelt
es sich um überwiegend schlecht
strukturierte Probleme, die nur in
größeren Zeitabständen oder unregelmäßig anfallen und die normalerweise
im Mensch-Maschine-Dialog gelöst
werden müssen. Entsprechende Pla-
nungsmodelle werden vor allem für die
Unternehmensführung entwickelt. Siehe Führungsinformationssystem.

Plasmabildschirm

Flacher Bildschirm, der aus zwei Glasplatten besteht, zwischen denen ein io-
nisiertes Gas (Plasma, Neon) eingeschlossen ist. In einer der beiden
Glasplatten befinden sich feine, hori-
zontale Stromleiter, in der anderen Glas-
platte vertikale. Erhält die Kreuzung
zweier Leiter einen Stromstoß, so
fängt ein Bildpunkt zu leuchten an. Eine zusätzliche ständige "Speisespan-
nung" auf allen horizontalen und vertikalen Stromleitern sorgt dafür, daß ein
"angezündetes" Rasterbild beliebig lange erhalten bleibt.

Plastikkarte

Kleinformatiger (Standardgröße: 85,6 x
54 x 0,76 mm) Datenträger aus Kunststoff, der über ein individuelles Be-
zugsobjekt (im allgemeinen eine Person) Angaben enthält. Für den Menschen erkennbare Information kann auf
Schriftfeldern, Prägebereichen und in
Form von Bildern enthalten sein. Zur
Speicherung der maschinenlesbaren
Information können Lochungen, Strichcodes, Schriften, magnetische, optische
und Halbleiterspeicher dienen. Siehe
hierzu Bankkarte, Chipkarte, Magnetstreifenkarte, Optische Speicherkarte
und Electronic Cash.

Plattenstapel

Mehrere auf einer Spindel übereinander
montierte Magnetplatten.

Plattform

Ebene eines Systems, die für die darü-
berliegende Schicht Funktionalität in
Form einer einheitlichen Schnittstelle
zur Verfügung stellt. In der Plattform
selbst ist die Differenz zwischen der von
ihr angebotenen und der von der darunter liegenden Schicht zur Verfügung gestellten Schnittstelle implementiert. Wesentliche Zwecke von
Plattformen sind das Verbergen von Heterogenität zugrundeliegender Schichten und die Möglichkeit zur Anbindung
unterschiedlicher Sprachumgebungen.
Siehe auch Hardwareplattform und
Softwareplattform.

Plausibilitätsprüfung

Aktivität der Datenumsetzung, bei der
die Daten auf unmögliche (nicht plau-
sible) Werte geprüft werden.

Plotter

Synonym: Kurvenschreiber. Ausgabegerät, das mit großer Genauigkeit Ausgabedaten in Form von Kurven oder Einzelpunkten aufzeichnet. Siehe Federplotter und Druckerplotter.

Pop-up-Menü

Bei grafischen Benutzeroberflächen mögliche Art der Selektion, bei der das Auswahlmenü durch Anklicken einer gekennzeichneten Stelle zum Vorschein gebracht wird.

Portabilität

Tragbarkeit - im Sinne von Beweglichkeit - von Rechnern und Peripheriegeräten (Hardware). In bezug auf Software spricht man von Portabilität oder Portierbarkeit, wenn ein Programm auf verschiedenen Systemplattformen lauffähig ist, bzw. mit geringem Aufwand lauffähig gemacht werden kann. Diese Eigenschaft ist vor allem für offene Systeme (UNIX) charakteristisch.

Portfolio-Modell

Modell zur Unterstützung strategischer Entscheidungen, in dem komplexe Objekte der realen Welt (zum Beispiel Geschäftsbereiche) zweidimensional (zum Beispiel nach den Kriterien Marktattraktivität und relatives Marktwachstum) positioniert und auf dieser Basis bestimmte Normstrategien empfohlen werden. Die betrachteten Kriterien sind vielfach aggregierte Größen, die nach meist nicht näher beschriebenen Verfahren aus präziser formulierten Subkriterien abgeleitet werden. In der Wirtschaftsinformatik werden u.a. Technologie-Portfolios, Portfolios zur Entscheidung über Eigenerstellung oder Fremdbezug von Software und Dienstleistungen sowie Portfolios zur Entscheidung über IS-Entwicklungsprioritäten (Projekt-Portfolios) verwendet.

Portierbarkeit

Übertragbarkeit von Software auf verschiedene Systemplattformen. Siehe Portabilität.

POS

Englische, auch im Deutschen gebräuchliche Abkürzung für: Point Of Sales; das heißt auf deutsch: Verkaufsort (Kasse).

POS-System

Informationssystem zur rechnergestützten Abrechnung verkaufter Waren am Verkaufsort mit Datenkassen. Dies können Scannerkassen für das automatische Lesen des EAN-Strichcodes und/oder Kartenterminals sein. Die erfaßten Artikel- und eventuell Kundendaten (bei Bezahlung mit Bank- bzw. Kreditkarten) bieten die Basis für umfangreiche Absatzstatistiken und eine differenzierte Logistik- und Marketingplanung. Siehe Warenwirtschaftssystem.

POS-Terminal

Periphere Datenendeinrichtung am Verkaufsort. Zu den POS-Terminals zählen Magnet- bzw. Chipkartentelefone ebenso wie kartenlesende Computerkassen und Scannerkassen (siehe dort). Siehe auch POS-System.

Positionsmarke

Siehe Cursor.

Positivdarstellung

Darstellungsart bei Datensichtgeräten, die durch schwarze (dunkle) Zeichen auf weißem (hellem) Untergrund charakterisiert ist. Dieser Modus wird von Ergonomen auf Grund des geringeren Anpassungsprozesses für das menschliche Auge im Bereich der Texterfassung bzw. Textverarbeitung bevorzugt, da die gleiche Untergrundfarbe bei Beleg und Monitor eine geringere Augenbelastung bedeutet.

POSIX

Familie von Standards, die von der IEEE entwickelt worden sind. POSIX.1 beschreibt die Standard-Schnittstelle zwischen dem Betriebssystem und Anwendungsprogrammen. Diese Systemspezifikation wurde als gemeinsamer Bestandteil der wichtigsten UNIX-Systeme entwickelt, um die Portabilität von Quellencodes zu gewährleisten. Das zugrundeliegende Betriebssystem muß jedoch nicht zwangsläufig ein UNIX-System sein. Vielmehr ist entscheidend, daß POSIX-genormte Unterprogrammaufrufe in zielsystemspezifische Funktionsaufrufe mit standardmäßigen Rückgabewerten umgewandelt werden. POSIX.2 definiert die Programmierumgebung und Hilfsprogramme. Der im Entwurfsstadium befindliche Standard POSIX.4 befaßt sich mit der Interprogrammkommunikation, POSIX.12 mit der Netzwerkprogrammierung.

Postdienst

Im Rahmen des ISO-OSI-Referenzmodells als Anwendung der Schicht 7 standardisierter Dienst (X.400). Siehe Elektronische Post.

posteigener Stromweg

Aus dem allgemeinen Netz der Telekom überlassener Übertragungsweg als Bestandteil einer nicht zum öffentlichen Telekommunikationsnetz gehörenden Fernmeldeanlage.

postrelationales Datenbankverwaltungssystem

Derzeit herrschen in der Praxis relatio-

nale Datenbankverwaltungssysteme vor. Folge- bzw. Weiterentwicklungen, die sich oft noch im Entwicklungs- bzw. Erprobungsstadium befinden, denen aber große Zukunftschancen nachgesagt werden, heißen "postrelational". Beispiele sind objektorientierte und deduktive Datenbankverwaltungssysteme (siehe dort).

PostScript

Von der amerikanischen Firma Adobe entwickelte stapelorientierte Programmiersprache zur Druckersteuerung, die u.a. das Erstellen von vektororientierten Zeichnungen, das Darstellen von Rastervorlagen und das freie Definieren von Zeichensätzen ermöglicht. Alle Objekte können mit Hilfe von PostScript willkürlich gedreht, gedehnt und verschoben werden. Damit Seitendrucker diese Druckersprache einsetzen können, müssen sie zumindest über einen Interpreter und einen eigenen Prozessor verfügen, der die Programmanweisungen in entsprechende Punkte für die zu druckenden Seiten umsetzt.

ppm

Abkürzung für engl.: pages per minute. Maß für die Druckgeschwindigkeit von Seitendruckern (Seiten pro Minute).

PPS

Abkürzung für: Produktionsplanungs- und -steuerungssystem (siehe dort).

Pragmatik

Siehe Informationstheorie.

Präsentationsgrafik

Grafische Darstellung auf Papier, Overhead-Folie, Dia, Video oder Bildschirm, die mittels eines Präsentationsprogrammes erstellt wurde. Solche Programme haben sich aus einfachen Zeichen- und Chartprogrammen zu funktionell mächtigen Universalwerkzeugen weiterentwickelt. Wichtige Zusatzfunktionen sind die Verwaltung gemeinsamer Hintergründe von Präsentationen, der automatische Ablauf von Präsentationen am Bildschirm, Werkzeuge zur Erstellung von Handouts und Referatskonzepten, der Import diverser Grafikformate sowie der Zugriff auf mitgelieferte Clip-Art-Bibliotheken.

Prellen

Fehler einer Tastatur, der bei einmaliger, kurzer Betätigung einer Taste das betreffende Zeichen mehrmals am Bildschirm erscheinen läßt. Solche Störungen treten vor allem bei älteren und billigen Tastaturen auf.

Primärmultiplexanschluß

ISDN-Anschluß für Nebenstellenanlagen, der 30 Basiskanäle und einen Kanal für die Zeichengabe mit je 64 kbit/s zur Verfügung stellt. Es sind digitale Wählverbindungen der Gruppe 1 und semipermanente Festverbindungen (Festverbindungen der Gruppe 3) möglich.

Primärmultiplexfestan-schluß

Technische Daten wie beim Primärmultiplexanschluß; es sind jedoch nur permanente Festverbindungen (Festverbindungen der Gruppe 2) möglich.

Primärschlüssel

Besonders ausgezeichnetes Attribut oder eine Kombination mehrerer Attribute, die ein Objekt zweifelsfrei identifizieren; bei der Datenspeicherung ein eindeutiger Suchbegriff, über den meistens der Direktzugriff auf ein Datenob-

jekt erfolgt und der primär die Dateiorganisation bestimmt.

private Fernmeldeanlage

Anwendereigenes (privat gekauftes oder gemietetes) Nachrichtenübermittlungssystem, das nur dem internen Verkehr des Anwenders dient. Es darf weder mit anderen Fernmeldeanlagen noch mit einem öffentlichen Netz verbunden werden. Unterschieden wird zwischen Drahtfernmeldeanlagen, Funkanlagen und sonstigen Fernmeldeanlagen.

problemorientierte Programmiersprache

Höhere Programmiersprache, deren Elemente an den Anforderungen (Lösungsalgorithmen) größerer Anwendungsbereiche orientiert sind (zum Beispiel COBOL für kommerzielle und FORTRAN für technisch-wissenschaftliche Aufgabenstellungen).

Problemsprache

Höhere Programmiersprache, deren Elemente an den Anforderungen (Lösungsalgorithmen) spezieller Anwendungsprobleme orientiert sind (zum Beispiel Simulation, Textverarbeitung, Finanzplanung).

Produktionsplanungs- und -steuerungssystem

Informationssystem für primär betriebswirtschaftlich-planerische Funktionen im Produktionsbereich. Dazu gehören: Auftragsteuerung (Vertrieb); Kalkulation; Planung des Primärbedarfs; Materialwirtschaft; Kapazitätsabgleich; Auftragsfreigabe; Fertigungssteuerung; Betriebsdatenerfassung; Kontrolle (Mengen, Zeiten, Kosten); Versandsteuerung (Vertrieb).

Programm

Eine zur Lösung einer Aufgabe vollständige Anweisung an eine EDVA; der Vorgang der Erstellung einer derartigen Anweisung heißt Programmieren.

Programmablauf

Zeitliche Beziehungen zwischen den Teilvorgängen, aus denen sich die folgerichtige Ausführung eines Programms zusammensetzt.

Programmablaufplan

Darstellung der Gesamtheit aller beim Programmablauf möglichen Wege. Die Sinnbilder für Programmablaufpläne sind in DIN 66001 genormt.

Programmbibliothek

Sammlung von Programmen in einer Datei.

Programmdokumentation

Unterlagen, die zur Vorbereitung und zur Durchführung von Programmläufen auf EDVA, zum Verständnis der Programmergebnisse und für eventuell später erforderliche Programmänderungen notwendig sind. Durch ausführliche Beschreibungen soll vor allem für Zwecke des Systembetriebs die Übersicht über das System vereinfacht werden und es sollen die Zusammenhänge zwischen den einzelnen Programmen und Programmteilen deutlich sichtbar gemacht werden. Je nach Zielgruppe unterscheidet man eine Benutzer- und eine Systemdokumentation.

Programm-entwicklungssystem

Softwarewerkzeug(kasten) für Programmierer. Es gibt solche interaktiven Systeme zur Unterstützung einzelner oder aller Phasen der Neuentwicklung (von der Istanalyse über Sollkonzeption, Entwurf, Programmierung bis hin zur Inbetriebnahme) und der Wartung von Anwendungs- und Systemprogrammen. Siehe auch CASE.

Programmieren

Erstellung von Programmen. Siehe Programmierung.

Programmierer

Siehe Anwendungs- und Systemprogrammierer.

Programmierschnittstelle

Einheitliche Schnittstellenspezifikation von Systemsoftware, welche die Produktivität der Anwendungsentwicklung erhöhen und Anwendungen für ein breiteres Einsatzspektrum ermöglichen soll.

Programmiersprache

Eine zum Abfassen von Programmen geschaffene künstliche Sprache. Es lassen sich folgende Gruppen von Programmiersprachen unterscheiden: Maschinensprachen (1. Generation); Assemblersprachen (2. Generation); prozedurale Sprachen (3. Generation); deskriptive Sprachen (4. Generation); objektorientierte Sprachen; funktionale Sprachen; logische Sprachen; verteilte und parallele Sprachen.

Programmiersprache der 1. Generation

Siehe Sprache der 1. Generation.

Programmiersprache der 2. Generation

Siehe Sprache der 2. Generation.

Programmiersprache der 3. Generation

Siehe Sprache der 3. Generation.

Programmiersprache der 4. Generation

Siehe Sprache der 4. Generation.

programmierte Textverarbeitung

Programmgesteuerte Erstellung von Schriftstücken für häufig wiederkehrende Zwecke (Routineaufgaben) unter Verwendung von Textbausteinen (= vorprogrammierte Abschnitte). Für die Programmierung solcher Abläufe gibt es spezielle textmengenorientierte Programmiersprachen.

Programmierumgebung

Synonym: Programmentwicklungssystem (siehe dort).

Programmierung

Erstellung von Programmen entsprechend der Entwurfsspezifikation:
– Umsetzung des Programmentwurfs in eine Programmiersprache,
– Eingabe in die EDVA und Speicherung auf einem externen Speichermedium,
– Übersetzung des Quellenprogramms in die Maschinensprache,
– Programmverifikation (Test).

Programmlogik

Ausführungsreihenfolge von Arbeitsanweisungen für EDVA.

Programmschleife

Folge von Befehlen innerhalb des Programms, die während der Verarbeitung mehrfach durchlaufen wird.

Programmstatus

Rechnerzustand zu einem bestimmten Zeitpunkt der Durchführung eines Programms.

Programmstatuswort

In einem Statusregister angegebener Programmzustand.

Programmstruktur

Programmkomponenten und die Beziehungen zwischen ihnen.

Programmstrukturdiagramm

Baumdiagramm zur grafischen Beschreibung von (hierarchischen) Programmstrukturen.

Programmunterbrechung

Unterbrechung des Programmablaufs mit der Möglichkeit, das Programm zu einem späteren Zeitpunkt fortzusetzen.

Projekt

Ein nicht routinemäßiges Vorhaben, das in seinen Zielen, seinem Mitteleinsatz und seiner Terminierung abgegrenzt ist. Ein Projekt wird häufig von mehreren Mitarbeitern realisiert, die in einer temporären Organisationseinheit, der Projektgruppe, zusammenarbeiten. Ein Projektleiter koordiniert die Aktivitäten der Mitglieder einer Projektgruppe und ist für den Erfolg oder Mißerfolg des Projektes verantwortlich.

Projektberichtswesen

Das Projektberichtswesen sichert die laufende Überwachung der Projektfortschritte sowie die Information aller von dem Projekt Betroffenen. Art und Häufigkeit der Berichte werden durch die Träger der Kontrolle in der Form eines Kommunikationsplans bestimmt, der die Empfänger, Inhalte, Termine und Wege der Information festlegt. Für Soll-Ist-Vergleiche ist es zweckmäßig, zumindest nach Abschluß der einzelnen Phasen den Stand der Entwicklung ausführlich zu beschreiben. Der Projektleiter sollte ferner in regelmäßigen zeitlichen Abständen durch Statusberichte einen Überblick über die Projektstufen und -schritte mit Angabe der Fertigstellungstermine (ursprünglicher Plan, letzter genehmigter Plan und letzte Schätzung), den Personalaufwand (in Mann-Monaten) und die Kostenentwicklung (Plan- und Istwerte) vermitteln. Tritt eine Ausnahmesituation ein, so ist ein "Out-of-line"-Bericht mit Hinweisen über die Entstehungsursachen, die Auswirkungen und die eingeleiteten Maßnahmen zu erstellen. Ein derartiger Signalbericht ist dann erforderlich, wenn sich im Laufe der Systementwicklung Änderungen der Zielsetzungen, der Anforderungen der Auftraggeber, der Entwicklungstendenzen, der Abgrenzungen, der Zwischen- oder Endtermine und der Einsatzmittel ergeben, oder wenn der Projekterfolg gefährdet erscheint.

Projektmanagement

Planung, Steuerung und Kontrolle von nicht routinemäßigen, zeitlich begrenzten Vorhaben. Zur Termin-, Kapazitäts- und Kostenplanung werden häufig Methoden der Netzplantechnik verwendet. Die Einsetzung einer eigenen Projektgruppe erscheint dann sinnvoll, wenn die Entwicklung eines Systems im Rahmen der gegebenen Organisationsstruktur nicht möglich bzw. nicht zweckmäßig ist. Dies ist im allgemeinen dann der Fall, wenn es sich bei dem Entwicklungsprozeß um ein umfangreiches, komplexes, zeitlich begrenztes Vorhaben handelt, das sich voraus-

sichtlich nicht oder sehr selten in derselben oder ähnlichen Weise wiederholt und an dem mehrere Mitarbeiter aus verschiedenen Abteilungen beteiligt sind. Siehe auch Projektberichtswesen.

PROLOG

Logische Programmiersprache. Die Programmierung erfolgt in der Sprache der Prädikatenlogik, die Problemspezifikation entspricht der Implementierung. In PROLOG steht die Symbolmanipulation im Vordergrund, es ist keine Vereinbarung von Datenstrukturen notwendig (so wie zum Beispiel in COBOL). Aufgrund der Möglichkeit der kompakten Darstellung komplexer Sachverhalte ist die Sprache für Problemstellungen der "Künstlichen Intelligenz" besonders geeignet, jedoch sind auch alle "traditionellen" Datenverarbeitungsprobleme in PROLOG realisierbar. Haupteinsatzgebiet sind derzeit Expertensysteme.

PROM (-Chip)

Auch im Deutschen gebräuchliche Abkürzung für engl.: Programmable Read Only Memory. Anwenderprogrammierbarer Fest(wert)speicher(chip) (siehe ROM).

Proportionalschrift

Schriftart, bei der die Zeichenbreite der einzelnen Buchstaben verschieden ist. Ein "M" ist demnach breiter als ein "I".

proprietäres EDV-Netz

Synonym: herstellerspezifisches EDV-Netz (siehe dort).

proprietäres EDV-System

Synonym: herstellerspezifisches EDV-System (siehe dort).

Protokoll
(bei Datenübertragung)

Regeln für die Verständigung unter Kommunikationspartnern. Man unterscheidet Transportprotokolle, die technische Einzelheiten für die Übermittlung festlegen (zum Beispiel Art der Signale, Format der übertragenen Information), und Anwenderprotokolle (sog. "höhere Protokolle"). Kommunikationsfähigkeit (Kompatibilität) besteht stets nur unter solchen Datenstationen, für die identische Protokollebenen festgelegt sind und bei denen auf jeder Ebene die Protokolle übereinstimmen. Siehe ISO-Referenzmodell für offene Rechnernetze, DCE, TCP/IP, SNA, TRANSDATA.

Prototyp

Ausführbares Modell (d.h. eine Vorversion) eines Informationssystems, wobei bestimmte Aspekte desselben hervorgehoben werden. Prototypen dienen der Kommunikation mit den Benutzern, der Evaluation von Alternativen oder zu Machbarkeitsanalysen. Siehe auch Prototyping und Rapid Prototyping.

Prototyping

Verfahren zur Entwicklung von Softwaresystemen, bei dem frühzeitig mit ablauffähigen (Vor-)Versionen von Programmsystemen (Prototypen) - zumeist gemeinsam mit den späteren Benutzern der Software - experimentiert wird. Ziel ist dabei die Bewertung der Systemanforderungen und ihrer technischen Realisierbarkeit. Siehe evolutionäre Systementwicklung, Prototyp, Rapid Prototyping.

Prozedur

Programmbaustein, der aus einer zur Lösung einer Aufgabe vollständigen Anweisung besteht, aber nicht notwendigerweise alle Vereinbarungen über Namen für Argumente und Ergebnisse enthält. Eine Prozedur kann innerhalb des Gültigkeitsbereichs der Prozedurvereinbarung an beliebiger Stelle und beliebig oft durch Prozeduranweisungen aufgerufen werden. Sogenannte Makros und Unterprogramme sind Prozeduren.

prozedurale
Programmiersprache

Synonym: Sprache der 3. Generation (siehe dort).

Prozeß

Umformung bzw. Transport von Materie, Energie und/oder Information. Im Zusammenhang mit der Abwicklung von Benutzeraufträgen durch eine EDVA versteht man unter einem Prozeß (engl.: Task) eine endliche sequentielle Folge von Bearbeitungsschritten, die durch die Ausführung von Instruktionen erfolgen.

Prozessor

Funktionseinheit innerhalb eines Datenverarbeitungssystems, die Leitwerk, Rechenwerk und Verbindungskomponenten umfaßt.

Prozessorchip

Chip mit logischen Funktionen - von untergeordneten Einheiten bis hin zu kompletten Prozessoren - für Zentraleinheiten und zur Steuerung peripherer Geräte. Ein vollständiger Prozessor, der auf einem Chip integriert ist, heißt Mikroprozessor.

Prozessorspeicher

Im IBM-Sprachgebrauch übliches Synonym für: Zentralspeicher (siehe dort).

Prozeßrechner

Rechner zur prozeßgekoppelten Verarbeitung von Prozeßdaten. Damit ist es möglich, die Umformung bzw. den Transport von Materie, Energie und/oder Information zu messen, zu steuern oder zu regeln. Die Betriebsart ist typischerweise Echtzeitbetrieb. Prozeßrechner verfügen meist über Analog-Digital/Digital-Analog-Umsetzer, um Meßdaten aufnehmen und Lenkungsprozesse einleiten zu können. Oft werden Hybridrechner als Prozeßrechner eingesetzt.

Prozeßverarbeitung

Interaktive Betriebsart eines Rechners, bei der zwischen dem EDV-System und einem physikalisch-technischen Prozeß ein fortlaufender Informationsaustausch erfolgt, um den Prozeß zu überwachen, zu steuern und/oder zu regeln.

Prozeßverwaltung(sprogramme)

Systemprogramme zur Steuerung der kurzfristigen Zuteilung von Betriebsmitteln durch die Verwaltung der darauf wartenden Prozesse.

Prüfbit

Zusätzliches Bit, das einem Byte für die Paritätsprüfung (siehe dort) bei Lese- oder Übertragungsoperationen zugeordnet wird.

Prüfsummentechnik

Softwaremäßige Schutzmaßnahme gegen Computerviren, bei der mittels Prüfsummen die durch Virenprogramme verursachten Veränderungen an Daten und Programmen festgestellt werden.

Pseudocode

Formulierung der Programmlogik in einer um Kurznotationen, Kunstwörter und Wörter mit festgelegter Bedeutung erweiterten künstlichen Sprache.

PTT

International übliche Kurzbezeichnung für Post- und Fernmeldeverwaltung, identisch mit der Abkürzung der französischen Bezeichnung: Postes, Télégraphe et Téléphone.

Public-Domain-Software

Programme, die von den Softwareeigentümern (i.d.R. deren Entwicklern) kostenlos der Allgemeinheit zur Verfügung gestellt werden. Angebot, Versand und gegebenenfalls Kommunikation zwischen Anbieter und Verwender erfolgen i.d.R. über Rechnernetze. Der Softwarelieferant garantiert nicht für die Korrektheit, Sicherheit oder Stabilität eines solchen Programms. Ebensowenig übernimmt er Dokumentations- oder Wartungsverpflichtungen. Public-Domain-Programme dürfen frei kopiert und weitergegeben werden.

Public-Key-System

Verschlüsselungsverfahren, das auf der Verwendung großer Primzahlen basiert. Dabei wird ein Schlüsselpaar verwendet von dem jeweils ein Schlüssel geheim und ein Schlüssel öffentlich ist. Zusammen mit dem ebenfalls bekannten Verschlüsselungsmechanismus kann so eine "elektronische Unterschrift" erzeugt werden. Der Absender verschlüsselt seine Nachricht mit dem nur ihm bekannten geheimen Schlüssel. Kann der Empfänger diese mit dem öffentlichen Schlüssel erfolgreich entschlüsseln, ist die Echtheit der Nachricht gewährleistet. Umgekehrt kann eine Nachricht, die nur von einem bestimmten Empfänger gelesen werden soll, mit dessen öffentlichem Schlüssel verschlüsselt werden. Diese kann dann nur mit dem geheimen Schlüssel des Empfängers entschlüsselt werden.

Puffer(speicher)

Speicher, der Daten vorübergehend aufnimmt, die von einer Funktionseinheit zu einer anderen übertragen werden. Siehe auch Cache(speicher), Zentralspeicher.

Pufferregister

Bestandteile des EA-Werks, in die ein- bzw. auszugebende Daten des Zentralprozessors zwischengespeichert werden.

Pull-down-Menü

Bei grafischen Benutzeroberflächen gebräuchliche Art der Selektion, bei der das Auswahlmenü am oberen Rand des Bildschirmes bzw. Bildschirmfensters - mittels Bewegung des Zeigeinstruments (zum Beispiel Maus) und Betätigung einer Taste - zum Vorschein gebracht wird.

Puls-Code-Modulation

Siehe PCM-Technik.

Punkt-zu-Punkt-Verbindung

Verbindung zwischen genau zwei Datenstationen.

Punktrasterdarstellung

Bei einem Bildschirm ein Verfahren zur Bildung von Zeichen, bei dem jedes Bildelement auf einem Gitterpunkt (Kreuzungspunkt von Koordinatenlinien im Raster) angeordnet ist.

Q

QMF

Abkürzung für engl.: Query Management Facility. Formularorientiertes Abfragesystem für das IBM-Datenbank-
verwaltungssystem DB2.

Quantenchip

Chip, dessen Transistoren unter Ausnutzung quantenmechanischer Effekte
funktionieren. Damit sind Struktur-
breiten von unter 1 Mikrometer bei extrem niedrigem Leistungsverbrauch
möglich. Diese zukunftsträchtige Technologie befindet sich noch im Laborstadium. Mit einer industriellen Fertigung dieser Chips ist erst im nächsten
Jahrtausend zu rechnen.

Quelle

Teil eines Datenverarbeitungssystems,
in dem Daten entstehen. Im Falle der
Datenübertragung steht "Quelle" für den
Ausgangspunkt der Übermittlung (siehe auch Datenquelle).

Quell(en)programm

Programm, das nicht in Maschinensprache abgefaßt ist.

R

Radixschreibweise

Stellenschreibweise, bei welcher der Zahlenwert jeder Ziffer als Produkt aus dem Nennwert der Ziffer und der der Stelle entsprechenden Potenz einer bestimmten Grundzahl B, der Basis der Zahlendarstellung, gebildet wird.

RAID

Abkürzung für engl.: Redundant Array of Inexpensive Disks. Integration von mehreren kleinen und preiswerten Magnetplatten (meist 3,5- oder 5,25-Zoll-Magnetplatten) zu einer Einheit. Dabei sollen bei gleichzeitiger Erhöhung der Leistung und der Ausfallsicherheit die Anschaffungs- und Betriebskosten gesenkt werden. Siehe auch RAID 0 bis 7.

RAID 0

Bei diesem RAID-Standard werden die Dateien in einzelne Blöcke zerlegt und auf mehrere Magnetplatten verteilt geschrieben. Da keine Information mehrfach abgelegt wird, gibt es auch keine Möglichkeit, diese im Fall eines Datenverlustes wiederherzustellen. Allerdings wird auf diesem Level die höchste Ein-/Ausgabe-Leistung erreicht, da keine Paritätsprüfung stattfindet. Die gesamte Speicherkapazität steht für Daten zur Verfügung. Siehe RAID.

RAID 1

Bei diesem RAID-Standard wird mit gespiegelten Platten gearbeitet, d.h. die gleichen Daten werden auf unterschiedliche Laufwerke gleichzeitig geschrieben. Bei Datenverlust eines Laufwerkes steht die gesamte Information auf dem Duplikat zur Verfügung. Ein Parity-Code fehlt auch auf dieser Stufe, so

daß ein schneller Datentransfer möglich ist. Eine Schwäche dieser Lösung sind die relativ hohen Kosten, die durch die Bereitstellung der doppelten Speicherkapazität entstehen. Stehen zur Verminderung des Ausfallrisikos auch zwei getrennte Steuereinheiten zur Verfügung, spricht man von einem "doppelten System". Siehe RAID.

RAID 2

Bei diesem RAID-Standard werden kleine Datenblöcke abwechselnd auf die einzelnen Laufwerke geschrieben (Bit-Interleaving-Verfahren), wobei zu den eigentlichen Daten Fehlerkorrekturcodes mitaufgezeichnet werden. Sollte nun ein Datenblock fehlerhaft sein, ist er aufgrund des Korrekturcodes wiederherzustellen. Obwohl RAID-2-Systeme eine deutlich geringere Redundanz aufweisen als gespiegelte/doppelte Systeme, ist die Schreib-/Lesegeschwindigkeit aufgrund der Codegenerierung niedriger. Siehe RAID.

RAID 3

Bei diesem RAID-Standard wird, wie bei RAID 2, mit parallelem Bit-Interleaving über alle Laufwerke gearbeitet. Die Prüfsumme wird hier jedoch auf einer speziellen Parity-Platte abgelegt. Diese Lösung eignet sich besonders für CAD- und Grafiksysteme, bei denen es auf Leistungsfähigkeit und Durchsatz ankommt. Siehe RAID.

RAID 4

Bei diesem RAID-Standard werden zusammengehörende Dateneinheiten (etwa eine einzelne Datei) stets auf eine einzelne Magnetplatte geschrieben, die

Prüfsumme ist auf einem speziellen Laufwerk abgelegt. Mit dieser Methode lassen sich hohe Leseraten erzielen, während die Schreibleistung unter dem Durchschnitt liegt. RAID 4 wird vor allem bei kleineren Transaktionsrechnern im Bankenbereich und im Berichtswesen eingesetzt, wo die Dateneinheiten nicht allzu groß sind. Siehe RAID.

RAID 5

Bei diesem RAID-Standard verzichten die Hersteller auf eine dedizierte Parity-Platte; Daten und Prüfsummen werden einfach quer über alle Laufwerke geschrieben. Dabei sind mehrere Schreiboperationen gleichzeitig möglich. RAID 5 wird für Anwendungen mit hohem Anteil an Leseoperationen empfohlen. Siehe RAID.

RAID 6

Dieser RAID-Standard unterstützt die unabhängige und asynchrone Übertragung und Steuerung. Er übertrifft RAID 5 bei kleineren und größeren Schreibvorgängen an Geschwindigkeit. Siehe RAID.

RAID 7

Bei diesem RAID-Standard laufen sämtliche Ein-/Ausgabe-Übertragungen vollkommen unabhängig und asynchron ab. RAID 7 bedarf der Integration eines prozeßorientierten Betriebssystems und eines separaten Kommunikationskanals zwischen Array-Plattform und Hostrechner. Siehe RAID.

RAM

Auch im Deutschen gebräuchliche Abkürzung für engl.: Random Access Memory. Ein Schreib-/Lesespeicher, bei dem jede einzelne Speicherstelle über ihre fest zugeordnete Adresse beliebig

oft gelesen oder beschrieben (und damit auch gelöscht) werden kann. Er heißt deshalb auch Speicher mit wahlfreiem Zugriff. Die Zugriffszeit ist für alle Speicherstellen in etwa gleich lang. Siehe flüchtiger Speicher.

RAM-Disk

Synonym: Halbleiterplatte (siehe dort).

Random-Scan-Bildschirm

Siehe DBRT.

Rapid Prototyping

Synonym für Prototyping, bei dem bereits durch die Bezeichnung auf die möglichst rasche Entwicklung der Prototypen hingewiesen wird. Siehe auch Prototyping.

Rasterbild

Bild, das aus einem Raster von Bildpunkten (Pixel) zusammengesetzt ist.

Rasterbildschirm

Sichtgerät, bei dem das auszugebende Bild aus einer Matrix von in Zeilen und Spalten angeordneten Bildpunkten (Pixel) (von links nach rechts und von oben nach unten) in einem festen Zeitzyklus (i.a. 70 bis über 100 Hz) aufgebaut bzw. aufgefrischt wird. Die Intensität des meist elektromagnetisch gesteuerten Kathodenstrahls wird fortlaufend an den Positionen der Pixel auf der Darstellungsfläche entsprechend dem "Abbild" im Wiederholspeicher verändert. Siehe Zeilensprung.

Rasterdruck

Druckmethode, bei der die Zeichen und Symbole aus einer Matrix von Punkten gebildet werden, die mit Nadeln oder nichtmechanischen Verfahren auf das Papier bzw. die Folie gebracht werden.

Rastergrafik

Siehe Rasterbild.

realer Prozeß

Geschäftsprozeß im Betrieb.

realer Speicher

Tatsächlich in der Zentraleinheit vorhandener Arbeitsspeicher (der gemeinsam mit dem Seitenspeicher bei virtueller Speicherverwaltung eine organisatorische Einheit bildet).

Realzeitbetrieb

Synonym: Echtzeitbetrieb. Betriebsart einer EDVA, bei der Programme zur Verarbeitung anfallender Daten ständig betriebsbereit sind, so daß die Verarbeitungsergebnisse sofort verfügbar sind.

Recall

Maßzahl für die Vollständigkeit der Suche (Ausbeute) bei einem Retrievalsystem. Das ist das Verhältnis der wiedergewonnenen relevanten Dokumente im Systemvorschlag zu der Anzahl aller bezüglich der gestellten Suchfrage relevanten Dokumente im Dokumentenbestand.

Rechenanlage

Siehe Datenverarbeitungssystem.

Rechenprozessor

Synonym: Zentralprozessor.

Rechensystem

Siehe Datenverarbeitungssystem.

Rechenwerk

Funktionseinheit innerhalb eines Datenverarbeitungssystems, die Rechenoperationen ausführt. Zu den Rechenoperationen gehören auch Vergleichen,

Umformen, Verschieben, Runden usw. Siehe ALU, Zentralprozessor.

Rechenzentrum

Organisationseinheit zur zentralen Abwicklung von Datenverarbeitungsaufgaben (Schwerpunkt: Betrieb von Großrechnern und darauf laufender abteilungsübergreifender Anwendungssysteme). Man unterscheidet:
- interne Abteilungen in Wirtschaftseinheiten,
- Gemeinschaftsbetriebe mehrerer Firmen,
- herstellerabhängige oder anwenderabhängige Rechenzentren,
- freie, selbständige Dienstleistungsunternehmen.

(Siehe hierzu auch: EDV-Abteilung).

Rechner

Siehe Datenverarbeitungssystem.

Rechnerfamilie

Menge von Rechnern gleicher Architektur, aber verschiedener Leistung. Software, die für einen Rechner entwickelt wurde, ist auf allen größeren Rechnern der Familie lauffähig.

Rechnergeneration

Die Entwicklung der Rechnertechnologie wird in fünf "Generationen" eingeteilt. Bestimmend für die ersten vier Generationen war die Technik der jeweils eingesetzten Bauelemente: Röhren (1. Generation), Transistoren (2. Generation), integrierte Schaltungen (3. Generation) und höchst integrierte (VLSI-)Schaltungen (4. Generation). Die als Zukunftsvision gesehenen Rechner der 5. Generation sollen Wissensverarbeitungsanlagen sein, d.h. durch ihre Hardware- und Softwarearchitektur speziell für KI-Anwendungen umfangreiche Unterstützung bieten. Über eine natürlichsprachliche Benutzeroberfläche sollen schriftliche, bildliche und gesprochene Problemschilderungen des Benutzers entgegengenommen und automatisch in Programme zur Problemlösung umgesetzt werden können.

rechnergestützter Informationsdienst

Dienst, der Teilnehmern gegen Entgelt die Benutzung von On-line-Datenbanken über Fernmeldewege (und eventuell zusätzlich über den Versand von Disketten, CD-ROMs o.ä.) anbietet. Dabei kann es sich um bibliographische Datenbanken, Volltextdatenbanken und Faktendatenbanken, wie numerische Datenbanken, textlich-numerische Datenbanken und Verzeichnisse, handeln.

rechnergestütztes Informationssystem

Informationssystem, bei dem die Erfassung, Speicherung, Übertragung und/oder Transformation von Information durch den Einsatz der EDV teilweise automatisiert ist.

Rechnergruppe

Hauptsächlich nach den Kriterien "Preis", "Leistung" und "Bedienungserfordernisse" lassen sich (wenig exakt) die angebotenen Rechner in folgende Hauptgruppen einteilen: Mikrorechner (Personal-Computer und Workstations); Minirechner; Großrechner; Superrechner.

Rechnerleistung

Die Rechnerleistung im engeren Sinn ist eine durch Mips, Flops oder Lips konkretisierte Maßzahl der "Geschwindigkeit" eines Rechners, die durch die Hardware der Zentraleinheit bestimmt

wird. Die Rechnerleistung im weiteren Sinn ist jene Leistung, die eine EDVA im praktischen Einsatz tatsächlich erbringt. Sie wird durch alle Komponenten (d.h. durch die Zentraleinheit, die Peripherie, das Betriebssystem und die Anwendungsprogramme) beeinflußt. Maßgrößen für die Verarbeitungsgeschwindigkeit sind der Durchsatz, d.h. die pro Zeiteinheit abgearbeiteten Aufträge, und die Antwortzeit, d.h. die Reaktionszeit der EDVA auf Eingaben des Benutzers im interaktiven Betrieb. Siehe hierzu Benchmark(test).

Rechnernetz

Räumlich verteiltes System von Rechner(n), Steuereinheit(en) und peripheren Geräten, die durch Datenübertragungseinrichtungen und -wege miteinander verbunden sind. Siehe auch Fernnetz, Funknetz, GAN, lokales Netz (werk), Metropolitan Area Network, Netzbetriebssystem, Rechnerverbundsystem.

Rechnernetzkonzept

Siehe offenes und herstellerspezifisches EDV-Netz sowie ISO-Referenzmodell für offene Rechnernetze.

Rechnerverbundsystem

Zusammenschluß von mindestens zwei autonomen EDVA über Datenfernverarbeitungseinrichtungen zu einem Rechnernetz, in dem die zusammengeschlossenen Rechner ohne manuellen Eingriff miteinander kommunizieren können. Dieser Zusammenschluß kann dem Anwender eine Reihe von Vorteilen bieten, wie Kommunikationsverbund, Datenverbund, Funktionsverbund, Lastverbund, Leistungsverbund und Sicherheitsverbund (siehe dort).

Rechtsinformatik

Wissenschaft, die sich mit der Gestaltung von Informationssystemen im juristischen Bereich befaßt.

Redundanz

Mehrfache Speicherung derselben Datenwerte.

Reengineering

Überarbeitung eines Informationssystems (Ausgangssystem), um es in neuer Form und/oder Umgebung (Zielsystem) wieder zu implementieren. Von "Restrukturierung" spricht man, wenn ein existierendes Informationssystem strukturell an Änderungen der Bedingungslage angepaßt wird und sich dabei das Ausgangssystem und das Zielsystem auf derselben Ebene des IS-Entwicklungsprozesses befinden (zum Beispiel in der Implementierungsphase: Umstellung einer Anwendung auf neue Hardware). Die Bezeichnung "Redesign" wird verwendet, wenn sich das Ausgangssystem und das Zielsystem auf unterschiedlichen Ebenen befinden (zum Beispiel bei der Ableitung eines ER-Modells aus einer Datenbankbeschreibung). Der Reengineering-Zyklus teilt sich in die Rückwärtsentwicklung (= Arbeitsschritte, die aus vorhandenen Strukturen den Informationsgehalt höherer Abstraktionsebenen extrahieren und in einer eigenen Repräsentation darstellen; engl.: Reverse Engineering) und die Vorwärtsentwicklung (= Arbeitsschritte, die auch bei einer Neuentwicklung anfallen; engl.: Forward Engineering).

Referenzmodell (für die IS-Entwicklung)

Abstraktes Schema, das betriebliche Informationssysteme nach einem bestimmten Integrationsansatz branchenabhängig bzw. für eine bestimmte Betriebsklasse so beschreibt, daß ein der Branche bzw. Betriebsklasse angehörender Betrieb die Implementierung seiner Anwendungen (Datenbankbeschreibung und Programmierung) daran orientieren kann.

Referenzmodell (für offene Rechnernetze)

Siehe ISO-Referenzmodell für offene Rechnernetze.

Regelkreis

Blockschaltbild zur Darstellung der durch Rückkopplung geschlossenen Wirkungskreise einer Regelung. Ein einfacher Regelkreis besteht aus folgenden Elementen:

- einer Regelstrecke (das ist der zu lenkende Prozeß),
- einem Regler (das ist ein Übertragungsglied, welches die Regelstrecke beeinflußt),
- einer Meßstelle (am Übergang von der Regelstrecke zum Regler, welche die zu regelnde Größe [Regelgröße = Istwert] mißt, Abweichungen von dem vorgegebenen Sollwert feststellt und diese an den Regler meldet),
- einer Additionsstelle (am Übergang vom Regler zur Regelstrecke, welche die Summe aus der Eingangsgröße der Regelstrecke [Stellgröße] und der aus dem Außenbetrieb des Regelkreises auf die Regelstrecke wirkenden Störgrößen bildet und diese an die Regelstrecke weitergibt).

Ein zu regelnder Prozeß (Regelstrecke) empfängt als Input die Summe aus Stör- und Stellgröße und produziert als Output einen Istwert (Regelgröße). Dieser wird von der Meßstelle gemessen und mit dem von der Umwelt vorgegebenen Sollwert verglichen. Soll-Ist-Abweichungen werden an den Regler weitergegeben, der mit der Stellgröße Anweisungen an die Regelstrecke erteilt. Durch diese Anweisungen soll erreicht werden, daß die Regelstrecke eine Regelgröße erzeugt, die exakt oder innerhalb bestimmter Toleranzgrenzen dem Sollwert entspricht.

Regeln (in einem Expertensystem)

Häufig verwendete Form der Wissensrepräsentation, bei der Wissen als Anzahl von Regeln mit einem Wenn- und einem Dann-Teil formalisiert wird. Wenn der Wenn-Teil der Regel erfüllt wurde, kann der Dann-Teil der Regel abgeleitet werden, bzw. die in ihm enthaltene Problemlöseaktivität ausgeführt werden. Mehrere Regeln können durch Vorwärts- oder Rückwärtsverkettung abgearbeitet werden.

Regelung

Rückkoppelungsvorgang, bei dem das Ergebnis eines bestimmten Prozesses (Istwert) fortwährend mit einer anderen Größe (Sollwert) verglichen und dieser angenähert wird. Diese Annäherung wird durch Korrekturmaßnahmen bewirkt, die bei Soll-Ist-Abweichungen ausgelöst werden.

Regelungstheorie

Lenkung dynamischer Systeme mit Hilfe von Regulierungsmechanismen. Die Aufgabe einer Regulierung besteht darin, den Störungen, die ein System beeinflussen, mit dem Ziel entgegenzuwirken, das System in einem vorgegebenen Gleichgewichtszustand zu halten. Dabei werden insbesondere die Prinzipien der Steuerung und Regelung verwendet.

Register

Kleiner, sehr schnell arbeitender Speicher innerhalb eines Prozessors. Er hat i.d.R. die Kapazität von einem Wort, bei Bedarf können zwei Register zur Speicherung eines Doppelworts gekoppelt werden. Register dienen während der Verarbeitung zur kurzzeitigen Speicherung von Angaben, die sofort wieder greifbar sein müssen (zum Beispiel Befehlszähler, Befehlsregister, Statusregister, Operanden- und Ergebnisregister).

rekursiv

Eigenschaft eines Programms oder einer Prozedur, sich selbst unmittelbar oder mittelbar aufzurufen.

Relation

Tabelle eines Relationenmodells, die aus einem Tabellennamen, dem Tabellenkopf und den eigentlichen, in der Tabelle gespeicherten Daten besteht. Der Tabellenkopf setzt sich aus einer Menge von festen Attributen zusammen, wobei jedem Attribut ein Wertebereich zugeordnet ist. Der Tabelleninhalt besteht aus einer Menge von veränderbaren Datensätzen (Tupeln).

relationales Datenbanksystem

Datenbanksystem, das auf dem relationalen Datenmodell aufbaut. Bei Groß- und Minirechnern sind rund 75 % der in der Praxis verwendeten Datenbankverwaltungssysteme relationaler Natur. Die wichtigsten Produkte dieser Marktsegmente sind DB2 (IBM) und ORACLE (Oracle). Bei Mikrorechnern sind es annähernd 100 %.

relationales Datenmodell

Synonym: Relationenmodell (siehe dort).

Relationenmodell

Datenmodell, bei dem davon ausgegangen wird, daß die Informationsstruktur in geordneten atomaren Folgen von Objekten und Attributen dargestellt werden kann. Da beliebig viele Attribute zur Beschreibung eines Objekttyps aneinandergereiht werden können, bezeichnet man die entstehenden Gebilde auch als n-Tupel. Im Relationenmodell sind diese Tupel normalisiert, das heißt, alle Attributausprägungen in einem Tupel dürfen selbst keine Attribute enthalten und dürfen keine Mengen sein, sondern müssen atomar auftreten.

relative Adresse (bei Dateiorganisation)

Adresse, welche die Stellung eines Datensatzes in bezug auf den Dateianfang kennzeichnet.

relative Datei

Bei relativen Dateien wird ein Dateibereich auf einem Massenspeicher in einzelne Teilbereiche unterteilt, in denen jeweils ein Datensatz abgespeichert werden kann. Für jeden dieser Satzbereiche wird (bei 1 beginnend) eine relative Satznummer vergeben (relativ in bezug auf den Dateianfang), mit deren Hilfe ein Datensatz in den betreffenden Speicherbereich geschrieben bzw. von dort gelesen werden kann.

relative Dateiorganisation

Dateiorganisationsform, bei der für jeden Datensatz eine Positionsnummer relativ zum Dateianfang, vergeben wird (relative Satznummer). Der wahlfreie Zugriff erfolgt aufgrund der relativen Satznummern.

Relevanzfeedbackverfahren

Retrievalmethode, bei welcher der Recherchierende im Dialog mit dem System den Suchvorgang steuert und somit qualitativ verbessern kann. Eine solche interaktive Informationssuche beginnt meist mit einer näherungsweisen Suchfrage. Aufgrund der Antwort des Benutzers und weiterer Hilfen des Systems (Vokabularlisten, Häufigkeitsinformation, Synonymlisten usw.) kann die Frageformulierung ständig wiederholt und dadurch verbessert werden.

Remora

Informationssystementwicklungsmethode, bei welcher der Systementwurf in zwei Schritten erfolgt: Im ersten Schritt wird die reale Welt in einem konzeptionellen Modell beschrieben, das eine formale Repräsentation der natürlichen Struktur von Fakten und ihrer statischen und dynamischen Dimensionen darstellt. Dieses konzeptionelle Modell spiegelt sowohl die Aufbaustruktur (Datenmodell) als auch die Verhaltensstruktur (Ablaufmodell) des Systems wider. Der zweite Schritt befaßt sich mit technischen Aspekten der Lösung (internes Modell), die im ersten Schritt bewußt vernachlässigt werden, und mit den Besonderheiten der vorgesehenen Systemnutzung (Benutzermodell). Gegenstand sind zum Beispiel Datenbank-Zugriffswege und mögliche Zusammenfassungen dynamischer Komponenten. Für jeden Schritt gibt es Vorgehensmodelle, formale Beschreibungssprachen und Werkzeuge zur Unterstützung des Entwurfsprozesses.

Remote Bridge

Englische, auch im Deutschen gebräuchliche Bezeichnung für eine Bridge, die für die Kopplung von lokalen Netzen über Weitverkehrsnetze verwendet wird. Dabei befindet sich an den beiden Enden des Weitverkehrsnetzes je eine sog. "Half-Bridge", die zusammen funktional identisch mit einer lokalen Bridge sind.

Remote Procedure Call

Mechanismus, um die Programmierung verteilter Anwendungen zu unterstützen (zum Beispiel Client-Server-Systeme). Synchrone Kontrollfluß- und Datenübergabe in Form von Prozeduraufrufen und von aktuellen Parametern zwischen Programmen in unterschiedlichen Adreßräumen über einen (im Vergleich zu lokalen Aufrufen) schmalen Kanal.

Repeater

Einfachste Kopplungseinheit zwischen zwei Rechnernetzen. Wie seine Bezeichnung bereits andeutet, bestehen die Funktionen eines Repeaters im "Wiederholen", d.h. im "bloßen" Empfang, im Verstärken und im Weitersenden physikalischer Signale. Da er auf der untersten Schicht, der Bitübertragungsschicht, operiert, müssen die Architekturen und Protokolle der zu verbindenden Netze völlig identisch sein.

Repository

Datenbank mit aller Entwicklungsinformation, die beim Aufbau eines Informationssystems anfällt. Dabei handelt es sich gleichermaßen um Methoden und Daten, um Ausgangs-, Zwischen- und Endergebnisse aller Art, die im Repository abgelegt werden. Die in den früheren Entwicklungsphasen erzeugte Information kann in den Folgephasen abgerufen werden. Damit ist es jenes Instrument, das alle Phasen integriert. Auch die beteiligten Personen und Werkzeuge können über das Repository koordiniert werden.

Retrieval

Methoden, die Suchvorgänge in einem bestimmten Datenbestand unterstützen.

Retrievalsystem

Gesamtheit der methodologischen Grundlagen, technischen Verfahren und technischen Einrichtungen, die das Retrieval (siehe dort) ermöglichen. Gegenstand eines Retrievalsystems sind daher die Repräsentation, Speicherung und Organisation sowie der Zugriff auf Information. Im weiteren wird unter einem Retrievalsystem eine solche Gesamtheit verstanden, wobei neben Informationswiedergewinnung auch die Informationserschließung einbezogen wird. Erst eine konzeptionell (und praktisch) gelöste Informationserschließung (Indexierung im weiteren Sinne) bietet die notwendige Voraussetzung für das Retrieval.

Reverse Engineering

Siehe Reengineering.

Reverse-Engineering-Werkzeug

Softwarewerkzeug, das es erlaubt, aus Quellencode, Bildschirmmaskendefinitionen und/oder Datenbankbeschreibungen eine systematische Sicht auf einen Ausschnitt eines bereits implementierten Informationssystems zu geben. "Reverse" bezieht sich auf den Schritt von der physischen Implementierungsebene auf die logische Entwurfsebene. Die so gewonnenen Daten- oder Ablaufmodelle können wieder für das "Forward"-Engineering verwendet werden. Siehe Reengineering.

Richtfunknetz

Mit Funkübertragung arbeitendes Vermittlungsnetz mit stationären Teilnehmern. Die Informationsübertragung erfolgt mittels gebündelter elektromagnetischer Wellen, die von den Sendern den Empfängern zugestrahlt werden. Auf der Sende- und auf der Empfangsseite werden Richtantennen mit hoher Bündelung verwendet, wodurch auch mit Sendern kleiner Leistung eine störungsarme Übertragung erreicht und eine gewisse Sicherheit gegen Abhören gewährleistet wird. Siehe Funknetz.

Ringnetz

Lokales Rechnernetz, bei dem jede Datenstation mit genau einem Vorgänger und einem Nachfolger direkt verbunden ist. Die Übertragung erfolgt in der vorgegebenen Senderichtung von einer Station zur nächsten, wobei die Stationen eine aktive Funktion haben: Sie entscheiden, ob eine Nachricht unverändert (d.h. nur verstärkt) oder verändert weiterzuleiten oder ob sie vom Ring zu nehmen ist.

RISC

Abkürzung für engl.: Reduced Instruction Set Computer. Ein Rechner mit RISC-Architektur verwendet einen im Vergleich zu CISC-Rechnern (siehe dort) kleinen Vorrat von einfachen Maschinenbefehlen, die in meist nur einem Prozessorzyklus (oder weniger) abgearbeitet werden können. Die Befehle sind nicht mikroprogrammiert, sondern fest verdrahtet. Durch registerorientierte Verarbeitungskonzepte werden zeitaufwendige Arbeitsspeicherzugriffe minimiert. Vor allem Workstations und zunehmend auch Minirechner werden mit dieser Architektur gebaut. Beispiele sind die Alpha-AXP-Architektur und die SPARC-Architektur (siehe dort).

RISC-Workstation

Arbeitsplatzrechner mit RISC-Prozessor(en), der hauptsächlich für technisch-wissenschaftliche Anwendungen genutzt wird. Siehe Mikrorechner und Workstation.

RJE

Abkürzung für engl.: Remote Job Entry. Stapelfernverarbeitung (siehe dort).

RLE

Abkürzung für engl.: Run Lenght Encoding. Verfahren zur Kompression von Bilddaten, das auf dem Prinzip der Verdichtung identischer Zeichenfolgen basiert.

Roboter

Bewegungsautomat. Siehe auch Industrieroboter.

ROD

Abkürzung für engl.: Rewritable Optical Disk. Gängige Bezeichnung für wiederbeschreibbare optische Platten. Siehe EO.

Rollen

Synonym: Scrolling (siehe dort).

ROM

Abkürzung für engl.: Read Only Memory. Synonyme: Nur-Lese-Speicher, Fest(wert)speicher (siehe dort). Bei Halbleiter-ROMs unterscheidet man einige Varianten (FROM, PROM, EPROM, EEPROM) danach, ob der beliebig oft lesbare Inhalt irreversibel oder reversibel eingeschrieben wird und auf welche Weise dies geschieht.

Router

Kopplungseinheit von Rechnernetzen,

die auf der Vermittlungsschicht operiert. Ein Router unterscheidet sich von einer Bridge vor allem dadurch, daß er die in jedem Datenpaket enthaltenen Adreßangaben zur Wegewahl (Routing) benutzt und über wohldefinierte Protokolle, die Routing-Protokolle, mit den einzelnen Stationen kommunizieren kann. Router sorgen mit Hilfe interner Adreßtabellen für den zielgerichteten Austausch von Datenpaketen zwischen den einzelnen Teilnetzen und für die Auswahl alternativer Pfade zum Zielknoten bei Leitungs- oder Stationsüberlastungen.

Routing

Siehe Wegewahl.

RPC

Abkürzung für engl.: Remote Procedure Call (siehe dort).

RPG

Programmiersprache der 3. Generation, die vor allem bei kommerziell eingesetzten Minirechnern weit verbreitet ist. Sie erlaubt eine einfache Erzeugung von Ausgabelisten; die Programme haben einen geringen Arbeitsspeicherbedarf. RPG ist jedoch aufgrund der sehr beschränkten Sprachfunktionen vergleichsweise unflexibel.

Rückwärtsentwicklung

Siehe Reengineering.

S

S/390-Architektur

Am Weltmarkt dominierende Großrechnerarchitektur von IBM, die auch zu älteren Architekturen (ab der S/360-Architektur aus den 60er Jahren) dieses Herstellers kompatibel ist. Siehe auch ES/9000.

SAA

Abkürzung für engl.: Systems Application Architecture. Anwendungsarchitektur von IBM, bei der eine einheitliche Benutzer-, Anwendungs- und Kommunikationsunterstützung auf Basis der proprietären IBM-Betriebssysteme (OS/2, OS/400, VM/ESA und MVS/ESA) vorgesehen ist.

SADT

Abkürzung für engl.: Structured Analysis and Design Technique. Strukturierte Vorgehensweise zur Erhebung und Darstellung der funktionalen Aspekte eines Informationssystems in grafischer Form. Es enthält Methoden zur schrittweisen Verfeinerung, Eingabe-/Ausgabe-Abgleich, mehrdimensionale und multipersonale Systemsichten. Die einzelnen Methoden werden durch Übergangs- und Verfahrensvorschriften zu einem Vorgehensmodell kombiniert. Solche Vorschriften beziehen sich zum Beispiel auf die grafische Darstellungsform (Aktivitäten sind durch Rechtecke, Eingabe-, Ausgabe- und Steuerdaten sowie die Ablauflogik sind durch Pfeile zu repräsentieren), die Benennung von Aktivitäten durch Verben, die Benennung von Daten durch Substantive, die Einhaltung einer strikten Hierarchie (kein Überspringen von Ebenen) usw.

Sammelsystem

Siehe Datensammelsystem.

SAP

Softwarehaus, das die im deutschsprachigen Raum meistinstallierte kommerzielle Anwendungssoftware für Großrechner (sowohl von IBM als auch von Siemens) geschaffen hat. Das unter R/2 bekannte, modular aufgebaute Softwarepaket integriert von Finanzbuchhaltung über Anlagenbuchhaltung, Kostenrechnung, Projektsteuerung, Personalwesen, Instandhaltung, Qualitätssicherung, Materialwirtschaft, Produktion und Vertrieb/Fakturierung/Versand sämtliche betriebswirtschaftlichen Funktionsbereiche. Das 1992/93 eingeführte Folgesystem R/3 beinhaltet dieselben umfassenden Anwendungsfunktionen, basiert jedoch auf einer modernen Client-Server-Architektur mit grafischen Benutzeroberflächen. Weil konsequent auf allen Ebenen die verbreitetsten Marktstandards berücksichtigt wurden, kommt nun hierfür ein viel größerer Kreis von Plattformen in Betracht (primär UNIX-Systeme). Bei entsprechender Preisgestaltung werden künftig auch in mittelständischen Betrieben große Einsatzchancen gesehen.

SAR

Abkürzung für engl.: Automated Storage And Retrieval. Roboter, die bis zu 300 Filmkassetten (dies entspricht ungefähr 1,2 Mio. Faksimiles) enthalten. Vom Computer vollautomatisch gesteuert werden dabei das Laden der richtigen Kassette, das Einspannen des Films, Vorspulen bis zum gewünschten Bild, Digitalisieren mittels

CCD (siehe dort) und das Übertragen auf den Bildschirm.

Satellitenübertragung

Richtfunkübertragung über Satellitenverbindungen. Die Sendung erfolgt dabei eine Erdfunkstelle über eine Parabolantenne zu dem geostationären Satelliten und von dort zur Erde zurück (zu einer anderen Erdfunkstelle beim bzw. in der Nähe des Empfängers). Ein Satellit kann derzeit, je nach Betriebsverhältnissen, ca. 6 000 bis 30 000 64-kbit/s-Verbindungen durchschalten, die sich zur Breitbandübertragung mit Übertragungsraten im Mbit/s-Bereich zusammenfassen lassen. Siehe auch Datenkommunikation über Satellit und VSAT.

Satz

Siehe Datensatz.

Satzsystem

Software zur Dokumentenerstellung (Druckausgabe), bei der Editier- und Formatierungsfunktionen getrennt sind und hintereinander ausgeführt werden. Ein bekanntes Beispiel ist T_EX.

Säulendiagramm

Darstellungsart von Zahlenmaterial in Form von vertikalen Balken (Säulen). Die Länge der einzelnen Säulen ist von der Höhe des darzustellenden Zahlenwertes abhängig.

SAVE

Name einer SNI-Anwendervereinigung sowie Bezeichnung des Bereichs des "Zentrums für internationale Text- und Datenkommunikation" der Telekom, der für die internationalen Satellitenkommunikationsdienste zuständig ist.

SB

Abkürzung für: Selbstbedienung.

Scanner

Synonym: Abtaster. Gerät für das optoelektrische Abtasten von Bild- bzw. Textvorlagen, wobei die gewonnene visuelle Information in digitalisierter Form (Helligkeits- oder Farbwerte sowie Lageinformation) dem Rechner zur Verfügung gestellt wird.

Scannerkasse

POS-Kasse mit einem Strichcodeleser.

Schalter (bei der Programmierung)

Variable zur Steuerung des Programmablaufs, die nur ganz bestimmte Werte annehmen kann. In Abhängigkeit von dem in diesem Datenfeld enthaltenen Wert werden bei der Programmausführung bestimmte Programmteile durchlaufen oder nicht.

Schattenspeicher

Synonym: Ergänzungsspeicher (siehe dort).

Schichtenmodell der Abstraktion

Stufenweise Abbildung eines Ausschnitts der Realwelt in Form eines konzeptionellen Modells. Ziel ist die Reduktion der Komplexität des abzubildenden Ausschnittes. Die einzelnen Stufen sind durch definierte Schnittstellen mit der Umgebung verbunden, wobei der interne Aufbau der Schichten dieser Umgebung verborgen bleibt (siehe auch Geheimnisprinzip). Die Anzahl der Stufen des Abbildungsprozesses bzw. der Modellschichten hängt vom jeweiligen Zweck ab.

Schichtenmodell der Rechnerkommunikation

Siehe ISO-Referenzmodell für offene Rechnernetze.

Schichtenmodell von Datenbanksystemen

Siehe Architektur von Datenbanksystemen.

Schichtenprotokoll

Für zwei Partnerinstanzen gültige Kommunikationsregeln und Datenformate im ISO-Referenzmodell für offene Rechnernetze.

Schieberegister

Register, das Schalteinrichtungen zum Verschieben der im Register befindlichen Information enthält.

Schleife (bei der Programmverarbeitung)

Wiederholung eines bestimmten Programmteiles. Damit zu den vorher verarbeiteten Befehlen zurückgesprungen werden kann, wird der Befehlszähler nicht auf den im Arbeitsspeicher nächstfolgenden Befehl eingestellt, sondern er wird mit der Zieladresse des Sprungbefehls geladen. Die Anzahl bzw. das Ende der Wiederholungen wird i.d.R. durch Abbruchbedingungen definiert.

Schleifennetz

Rechnernetz, bei dem jeder Knoten mit genau zwei anderen Netzknoten direkt durch je eine separate physikalische Verbindung verknüpft ist. Jede Nachricht wird in ihrer Gesamtheit von einem Knoten des Netzes zum nächsten weitergeleitet, bis sie die Zielstation erreicht hat. Die Netzsteuerung liegt i.a. bei den einzelnen Netzknoten und ist damit aufwendiger als eine zentrale Lösung

(wie bei einem Stern). Die Ausfallsicherheit ist relativ hoch, da bei Ausfall einer Strecke oder eines Knotens immer noch jede Verbindung möglich ist.

Schlüssel

Ein Attribut oder eine Kombination mehrerer Attribute eines Objekts, die besonders ausgezeichnet sind. Bei Primärschlüsseln (siehe dort) ist diese Auszeichnung die eindeutig identifizierende Eigenschaft. Siehe auch Sekundärschlüssel.

Schlüsseltransformationsfunktion

Algorithmus, durch den bei gestreuter Organisation aus alphabetischen, numerischen oder alphanumerischen Schlüsseln eine Menge von Adressen berechnet wird (= Hash-Algorithmus).

Schnelldrucker

Zeilendrucker oder Seitendrucker mit hoher Leistung.

Schnittstelle

Stelle, an der eine Beziehung zwischen Elementen eines Systems zusammengefügt bzw. zerschnitten wird.

Schnittstellenvervielfacher

Einrichtung, die den Anschluß mehrerer Datenendeinrichtungen mit der gleichen Übertragungsgeschwindigkeit an einen Anschluß ermöglicht. Das Datenübermittlungsprotokoll muß die Auswahl der Endeinrichtungen steuern.

Schreib-/Lesespeicher

Speicher, der beliebig oft gelesen oder beschrieben (und damit auch gelöscht) werden kann.

Schreiben

Aufzeichnung von Information auf Datenträger, die durch Menschen und/oder Maschinen erfolgen kann.

Schreiber

Siehe Plotter.

Schreibkopf

Jener Teil eines magnetischen oder optischen Laufwerks, mit dem die Information auf dem Datenträger aufgezeichnet werden kann. Der Schreibkopf besteht bei magnetischen Datenträgern aus einem oder mehreren Schreibmagneten und bei optischen Datenträgern aus einer Laserdiode. Bei kombinierten Verfahren (siehe EO und Floptical) befinden sich beide Komponenten im Schreibkopf.

Schreibmarke

Synonym: Cursor (siehe dort).

Schreibring

Schreibsperre bei Magnetbandspulen, die vor unbeabsichtigtem Schreiben und Löschen schützt.

Schreibstifteingabe

Stiftorientiertes Eingabeverfahren bei Digitalisiertabletts und Notepads (siehe dort). Siehe auch Pen-Computing.

Schreibtischzubehör

Dienstprogramme bei grafischen Benutzeroberflächen. Dazu zählen:
- Uhr,
- Taschenrechner,
- Notizblock,
- privater Kalender usw.

Siehe auch elektronischer Schreibtisch.

Schrift A

Siehe OCR-A.

Schrift B

Siehe OCR-B.

Schrift H

Genormte "Hand"-Blockschrift für die maschinelle optische Zeichenerkennung.

Schriftart

Synonym: Font (siehe dort).

Schriftenleser

Eingabegerät, das optisch oder magnetisch die Bedeutung einzelner, auf den Datenträgern gespeicherter Schriftzeichen erkennt und diese in maschinell weiterverarbeitbarer Codierung (zum Beispiel ASCII, EBCDIC) ausgibt. Hierzu werden vorher definierte Bereiche der Datenträger ausgewertet, in denen die Zeichen in maschinell lesbarer Form aufgezeichnet sind. Das Layout der Datenträger wird nicht miterfaßt.

schriftliche Daten

Daten, die nur mittels Schriftzeichen (Buchstaben, Ziffern, Sonderzeichen) repräsentiert werden. Es lassen sich unformatierte schriftliche Daten (Texte) und formatierte schriftliche Daten unterscheiden. Letztere haben eine hierarchische Struktur und bilden - von unten nach oben betrachtet - Datenfelder, Datensätze, Dateien und Datenbanken.

Schrittgeschwindigkeit

Frequenz, mit der die informationstragenden Signale auf dem Übertragungsweg übermittelt werden. Sie wird durch die Zahl der Schwingungen des Trägermediums (Elektrizität, Licht) bestimmt, die in Hertz gemessen wird (1 Hz = 1 Schwingung pro Sekunde). Die Übertragungsgeschwindigkeit ist das Produkt aus der Schrittgeschwindigkeit und der Anzahl der Bits, die je Schritt übertragen werden.

schrittweise Umstellung

Untersysteme eines neuentwickelten Informationssystems, die in sich logisch geschlossen und selbständig arbeitsfähig sind, werden über einen längeren Zeitraum hinweg nach und nach umgestellt. Neue Module werden erst dann in Betrieb genommen, wenn die bereits umgestellten Systemteile einwandfrei funktionieren.

Scrolling

Synonyme: Abrollen, Rollen. Verschiebung des Bildschirminhalts zur Darstellung größerer Datenmengen. Scrolling erfolgt üblicherweise in vertikaler Richtung und stellt eine Alternative zum "Blättern" dar.

SCSI

Abkürzung für engl.: Small Computer System Interface. International genormte Schnittstelle für die Kopplung schneller Peripheriegeräte an Mini- und Mikrorechner. Damit können Speicherlaufwerke (Streamer, Magnet- und optische Platteneinheiten) unterschiedlicher Hersteller direkt auf Busebene an die Zentraleinheit angeschlossen werden. Die Datenübertragung erfolgt mit einer Geschwindigkeit von mehreren MB/s. Derzeit gibt es zwei SCSI-Standards: SCSI-1 (8-Bit-Datenwegbreite) und SCSI-2 (16- oder 32-Bit-Datenwegbreite).

Seite (bei virtueller Speicherverwaltung)

Block von Daten, der mit einem Zugriff auf einen virtuellen Speicher zwischen Arbeitsspeicher und einem peripheren Speicher übertragen werden kann.

Seitendrucker

Drucker, der jeweils eine ganze Seite nach der anderen druckt, d.h. der Druckvorgang kann nur zum Seitenende gestoppt werden. Die meisten Seitendrucker arbeiten mit Lasertechnik und elektrofotografischem (xerografischem) Druckprinzip. Der Leistungsbereich liegt derzeit zwischen vier und 135 DIN-A4-Einzelblättern bzw. über 200 DIN-A4-Seiten bei Endlospapier pro Minute.

Seitenspeicher

Externer Speicher, auf den auswechselbare Teile (sog. "Seiten" in der Größe von mehreren KB) des virtuellen Speichers ausgelagert werden. Siehe virtuelle Speichertechnik.

Seitenumbruch

Aufteilung eines Textes auf mehrere Seiten. Diese Funktion wird von allen gängigen Textverarbeitungsprogrammen automatisch unterstützt.

Sektor

Abschnitt einer Spur auf einer Diskette, Magnetplatte, optischen Speicherplatte oder eines sonstigen externen Speichermediums, auf das bei der Verarbeitung direkt zugegriffen werden kann. Die Größe der Sektoren ist von Gerät zu Gerät verschieden. Gebräuchliche Sektorenlängen sind 128, 256, 512 oder 1 024 Bytes.

Sekundärdatenträger

Datenträger, der eigens für Datenerfassungszwecke erstellt wurde und der ausschließlich oder vornehmlich der Datenerfassung dient.

Sekundärschlüssel

Jeder Schlüssel, der nicht ein Primärschlüssel ist; er bietet die Möglichkeit des direkten Zugriffs auf ein Datenobjekt, ohne dieses notwendigerweise eindeutig zu identifizieren.

Selbstbedienungssystem

Überbegriff für Geräte, die vom Kunden selbständig bedient werden. Solche besonders im Bankenbereich verbreiteten Geräte sind zum Beispiel Geldausgabeautomaten, Kontoauszugsdrucker und Auskunftsterminals. Im Handel sind SB-Waagen üblich, Selfscanning-Kassen werden erprobt. Diese Systeme sollen (Personal-)Kosteneinsparungen sowie eine einfachere, sichere und schnellere Abwicklung von Vorgängen gewährleisten.

Selektorkanal

Kanal für Blockbetrieb.

Selfscanning

Selbstbedienung der Strichcodeleser an den Kassen durch die Konsumenten in Endverbrauchermärkten. Mehrere Scanner (Registrierplätze) sind an eine POS-Kasse (Kassierplatz) angeschlossen, wo bar bzw. bargeldlos gezahlt werden kann.

Semantik

Siehe Informationstheorie.

semantisches Netz

Häufig verwendete Form der Wissensre-präsentation bei KI-Anwendungen, wobei das Wissen als ein Netz von Beziehungen zwischen Objekten formalisiert wird.

Semiotik

Synonym: Informationstheorie (siehe dort).

semipermanente Verbindung

ISDN-Festverbindung der Gruppe 3. Leitung zur Datenübermittlung zwischen zwei definierten Anschlüssen, die je nach Bedarf in Betrieb genommen werden kann. In der übrigen Zeit steht der Basiskanal für Wählverbindungen zur Verfügung. Die Übertragungskapazität beträgt 64 kbit/s.

Sendebetrieb

Betriebsart der Datenübertragung, bei der Daten nur von der Datenendeinrichtung der Datenübertragungseinrichtung zugeführt werden.

Senke

Teil eines Datenverarbeitungssystems, der Daten aufnimmt. Im Falle der Datenübertragung steht "Senke" für den Endpunkt der Übermittlung. Siehe auch Datensenke und Kommunikationskette.

Sensorbildschirm

Synonyme: Kontaktbildschirm, berührungsempfindlicher Bildschirm. Bildschirm, der die Auswahl von Kommandos bzw. die Eingabe von sonstigen angezeigten Daten (aus einem Menü) durch Markierung der auszulösenden Aktion mit dem Finger (Zeigen auf ein Eingabefeld) erlaubt.

sequentielle Dateiorganisation

Dateiorganisationsform, bei der die Datensätze in jener Reihenfolge gespeichert werden, in der sie in die Datei eingetragen wurden. Die Sätze einer sequentiell organisierten Datei können ausschließlich in der Reihenfolge ihrer Speicherung (d.h. durch sequentielles Suchen) verarbeitet werden.

sequentieller Speicher

Speicher, bei dem die Datensätze unmittelbar nacheinander abgespeichert werden und bei dem auf die Datensätze nur in der Reihenfolge ihrer Speicherung zugegriffen werden kann.

sequentielles Suchen

Suchverfahren, bei dem alle Datensätze einer Datei nacheinander in der gespeicherten Folge gelesen werden, bis der gesuchte Datensatz gefunden wird.

Sequenz (bei strukturierter Programmierung)

– **in Datenstrukturen:**
  Elementare Kontrollstruktur, bei der sich ein Datenelement aus zwei oder mehreren Datenelementen zusammensetzt, wobei jedes einzelne genau einmal (in einer von links nach rechts zu interpretierenden Reihenfolge) vorkommt.
– **in Programmstrukturen:**
  Elementare Kontrollstruktur, bei der sich eine Programmkomponente aus zwei oder mehreren Komponenten zusammensetzt, die in der vorgegebenen Reihenfolge ausgeführt werden müssen.
– **in der Programmlogik:**
  Elementare Kontrollstruktur, bei der zwei oder mehrere Arbeitsanweisungen hintereinander (in einem Struktogramm von oben nach unten) auszuführen sind, und zwar jede genau einmal.

serielle Übertragung

Betriebsart der Datenübertragung, bei der die Binärzeichen, aus denen sich ein n-Bit-Zeichen zusammensetzt, an der Schnittstelle zwischen Datenendeinrichtung und Datenübertragungseinrichtung über eine Leitung nacheinander übergeben werden.

serieller Drucker

Zeichendrucker (siehe dort).

Serienbrief

Brief, der aus einem konstanten Text (zum Beispiel einer Werbemitteilung) und einem variablen Text (zum Beispiel Adressen und Anreden) gebildet wird. Typische Aufgabenstellung: einen Brief an mehrere Adressaten verschicken.

Server

Rechner mit Software für einen oder mehrere Dienste (zum Beispiel Datenverwaltung, Drucken, elektronische Post, TELEFAX usw.), die von anderen Rechnern bzw. darauf laufenden Programmen, den sog. Clients (engl. Bezeichnung für: Klienten bzw. Kunden), über ein Rechnernetz angefordert werden können. Zwischen Client und Server findet also eine Arbeitsteilung bei der Datenverarbeitung statt. Server-Aufgaben können Rechner aller Größenklassen verrichten. Siehe dazu genauer: Client-Server-System.
Ferner dient "Server" auch als Bezeichnung für Software, die anderen Programmen Dienste zur Verfügung stellt. Beispiele sind Datenbankserver und grafische Benutzeroberflächen (siehe X-Window).

Serviceprozessor

Prozessor, der den laufenden Betrieb der übrigen Prozessoren, der Stromversorgung und der Kühlung in der Zentraleinheit überwacht. Er führt im Fehlerfall Diagnoseoperationen aus und erleichtert damit Wartungseingriffe.

Set-Function Approach

Siehe SF.

SF

Abkürzung für engl.: Set-Function Approach. Formale Sprache zur Spezifikation von konzeptionellen Modellen. Sie basiert auf einer exakten Definition der Typen der modellierten Objekte, die in Mengen und Untermengen zusammengefaßt werden, und auf der Spezifikation von Funktionen, welche die Attribute der Objekte darstellen. Eine SF-Spezifikation baut ein konzeptionelles Modell modular aus SF-Segmenten auf. Ein SF-Segment ist die Spezifikation eines Objekttyps, der zulässigen Operationen auf die beschriebenen Objekte, einer zeitabhängigen Kontrollkomponente und der Schnittstellen zu anderen SF-Segmenten.

SGI

Abkürzung für engl.: Silicon Graphics Inc. Bedeutender Hersteller von Workstations. SGI-Produkte bestechen vor allem durch ihre Leistungen im Bereich der Computeranimation und in anderen speziellen grafischen Anwendungsgebieten.

Shareware

Billigsoftware, die von Versandhändlern oder über Mailboxes in Rechnernetzen angeboten wird. Der Interessent erhält ein solches Programm zunächst kostenlos und kann es unverbindlich eine kurze Zeit lang ausprobieren. Wenn es seinen Anforderungen entspricht, kann er es auf Dauer behalten und hat dafür dem Anbieter (= i.d.R. der Entwickler) eine geringe Registrierungsgebühr zu überweisen. Der Softwareanbieter bietet üblicherweise keine Zusatzleistungen und übernimmt keine Gewährleistungspflichten.

Sharing

Die aus der Sicht des Benutzers gleichzeitige Inanspruchnahme eines Betriebsmittels. "Geteilt" werden können sowohl Hardware- als auch Softwarekomponenten eines Datenverarbeitungssystems.

Sicherheitsverbund

Funktion von Rechnerverbundsystemen, durch die Terminals eines gestörten Rechners auf einen anderen Rechner des Verbundsystems umgeschaltet werden können, über den die Programme und Datenbestände des gestörten Rechners verfügbar sind.

Sichern

Kopieren von Datenbeständen auf nichtflüchtige Medien als Vorsorge gegen Datenverlust. Siehe Datensicherung.

Sicherungsschicht

Schicht 2 des ISO-Referenzmodells für offene Rechnernetze. Sie dient dazu, die Übertragung von Bitfolgen zwischen den kommunizierenden Datenstationen zu sichern. Dazu gehören die Erkennung und Behebung von Übertragungsfehlern und die Flußregelung, das heißt die Anpassung der Sendegeschwindigkeit an die Empfangsgeschwindigkeit. In lokalen Netzen kommt die Abwicklung des Zugangsprotokolls zum physischen Medium hinzu, also die Vermeidung oder Auflösung von Kollisionen, die beim gleichzeitigen Sendewunsch mehrerer Kommunikationsteilnehmer auftreten (Beispiele: HDLC-Protokoll, das von DATEX-P verwendet wird; CSMA/CD-Zugangsprotokoll von Ethernet).

Sicht

Externes Schema in der Architektur eines Datenbanksystems, d.h. jener Ausschnitt des konzeptionellen Schemas, der für die einzelne Benutzergruppe (bzw. den einzelnen Benutzer) relevant ist.

Sichtgerät

Ausgabegerät mit der Funktion, dem Benutzer Daten vorübergehend für das Auge erkennbar zu machen. Die weitaus wichtigsten Sichtgeräte sind Bildschirmgeräte, es gibt jedoch auch andere, wie etwa Ziffernanzeigen. Siehe auch Datensichtgerät, alphanumerischer Bildschirm, grafischer Bildschirm, flacher Bildschirm, Farbmonitor.

Siemens

Deutscher Weltkonzern der Elektro- und Elektronikbranche. Die Tochter Siemens-Nixdorf Informationssysteme AG (Abkürzung: SNI) produziert und vertreibt ein breites Spektrum von EDVA (vom Großrechner bis zum PC), Software und EDV-Dienstleistungen. Sie ist der größte europäische EDV-Hersteller und nimmt auf dem Weltmarkt mit einem Umsatzanteil von ca. 2 % den 9. Rang ein (1992). Bei Telekommunikationssystemen gehört die Siemens AG zu den drei größten Herstellern der Welt (11 % Weltmarktanteil).

Signal

Darstellung von Information durch den Wert oder Werteverlauf einer physikalischen Größe.

Signalsystem

Berichtssystem (siehe dort), das Berichte nur dann ausgibt, wenn vorgegebene Schwellenwerte über- oder unterschritten werden.

Signalumsetzer

Funktionseinheit zur Umsetzung der von der Datenendeinrichtung angelieferten Signale in eine für die Übertragung geeignete Form und/oder der vom Übertragungsweg empfangenen Datensignale in die für die Datenendeinrichtung vorgeschriebene Form.

Silizium

Halbleiter, der für die Erzeugung von integrierten Schaltungen Verwendung findet.

Simplexverfahren

Betriebsart auf einem Übertragungsweg, bei dem die Übertragung von Daten in nur einer Richtung erfolgen kann (Sendebetrieb in der einen, Empfangsbetrieb in der anderen Datenstation).

simultane Datenerfassung

Datenerfassung, die parallel zur realen Aufgabenerfüllung in einem einzigen geschlossenen Schritt erfolgt, zum Beispiel Aufzeichnung von Daten auf Disketten synchron zum Kassiervorgang (Paralleldatenerfassung).

Sinix

UNIX-Version für Minirechner und Workstations von SNI.

Sinnbild

Siehe Icon.

SMALLTALK

Objektorientierte Programmiersprache (siehe dort).

SNA

Abkürzung für engl.: Systems Network Architecture. Rechnernetzkonzept von IBM.

SNI

Abkürzung für: Siemens-Nixdorf Informationssysteme AG. Tochter des deutschen Siemens-Konzerns, die aus der Fusion der Firma Nixdorf mit dem Siemens-EDV-Geschäftszweig entstanden ist. Größter europäischer EDV-Hersteller. Mit einem Jahresumsatz von rund 8,3 Milliarden US-Dollar befindet sich SNI - als einziges europäisches Unternehmen - unter den größten zehn EDV-Herstellern der Welt auf Rang neun (1992). Siehe auch Siemens.

Sofortkorrektur

Typische Funktion der automatisierten Textverarbeitung. Die Sofortkorrektur ermöglicht ein unmittelbares Korrigieren beim Schreiben und bezieht sich vor allem auf Tipp- und Rechtschreibfehler.

softsektorierte Diskette

Diskette, die vor dem ersten Gebrauch initialisiert werden muß (d.h. es werden vom Betriebssystem Spuren und Sektoren angelegt). Softsektorierte Disketten können - im Gegensatz zu den nicht mehr gebräuchlichen hardsektorierten Disketten (siehe dort) - jederzeit umformatiert werden (zum Beispiel um den Datenträger in EDVA mit einem anderen Aufzeichnungsformat zu verwenden). Dies hat jedoch den Verlust der aufgezeichneten Information zur Folge.

Software

Sammelbegriff für die Programme von Datenverarbeitungssystemen. Geistiges Produkt, das aus dem Code, dem Verfahren und den dazugehörigen Beschreibungen besteht, die zur Arbeit mit einem Datenverarbeitungssystem gehören. Sie ist unabhängig von dem Medium, auf dem sie gespeichert ist.

Softwareauswahl

Siehe Auswahl von Software.

Softwaredatenbank

Datenbank, von welcher der Benutzer ausführbare Programme (Software) auf seinen Rechner herunterladen kann.

Softwareentwicklungs- umgebung

Synonym: CASE. Werkzeuge, die den gesamten Informationssystementwicklungsprozeß (Softwarelebenszyklus) unterstützen. Dazu gehören Werkzeuge zur Unterstützung der Planungs-, Definitions- und Entwurfsphase durch die interaktive grafische Spezifikation des Informationssystems, Code-Generatoren, IPSEs, Entwicklungsdatenbanken (Data Dictionaries / Repositories) und Reverse-Engineering-Werkzeuge. In einer erweiterten Begriffsdefinition fallen darunter auch Programmierumgebungen, Compiler, Interpreter, 4. Generationssprachen, Debugger, Testwerkzeuge, Bibliotheksverwaltungssysteme, Projektmanagementsysteme, Datenbanksysteme und Datenfernverarbeitungssysteme.

Unter einer *integrierten* Softwareentwicklungsumgebung bzw. einem *integrierten* CASE versteht man einen "Werkzeugkasten", der eine methodisch lückenlose Integration von der Planung bis zur Einführung und Wartung, d.h.

sämtliche Tätigkeiten der Informationssystementwicklung, mit Werkzeugen unterstützt.

Softwareentwicklungswerkzeug

Programm, das EDV-Fachkräfte durch menügesteuerte Funktionen bei der Anforderungsdefinition, Daten- und Ablaufmodellierung, Datenbankbeschreibung oder Programmierung unterstützt. Synonym: CASE-Tool (siehe dort).

Softwarekatalog

Verzeichnis von am Markt angebotenen Softwarepaketen in Form eines Buches, einer externen On-line-Datenbank oder einer CD-ROM.

Softwarelebenszyklus

Siehe Informationssystementwicklung.

Softwaremaß

Synonym: Softwaremetrik (siehe dort).

Softwaremetrik

Maß(zahlen) zur Kennzeichnung der Komplexität und Qualität von Software anhand bestimmter, allgemein anerkannter Anforderungen. Ziel von Software-Metriken ist es, mit Kennzahlen den Aufwand für eine Programmentwicklung bestimmen zu können, d.h. die Komplexität der jeweiligen Aufgabe abzuschätzen, und mit Kennzahlen die Korrektheit, Zuverlässigkeit, Benutzerfreundlichkeit, Effizienz und Portabilität von Programmprodukten zu ermitteln.

Softwareplattform

Softwareschicht, die aufsetzenden Applikationen (oder weiteren Schichten) anwendungsfeldspezifische Funktionalität zur Verfügung stellt. Typische Vertreter sind Betriebssystemplattformen, die auf speziellen Betriebssystemen aufsetzen und nach oben hin eine standardisierte Betriebssystemschnittstelle anbieten (zum Beispiel POSIX).

Softwaretechnologie

Methodische Programmentwicklung mit ingenieurmäßigen Methoden.

Softwarewerkzeug für EDV-Fachkräfte

Siehe Softwareentwicklungsumgebung und Softwareentwicklungswerkzeug.

Softwarewerkzeug für Endbenutzer

Siehe Endbenutzerwerkzeug.

Sollkonzept

Beschreibung eines angestrebten, realmöglichen zukünftigen Zustandes. Im Sollkonzept wird ein zu entwickelndes System durch eine Menge von gewünschten Eigenschaften gekennzeichnet, deren Relevanz sich aus den Entwicklungszielen ergibt.

Sonderzeichen

Allgemein gebräuchliche Schriftzeichen, die nicht Buchstaben oder Ziffern sind, wie zum Beispiel die arithmetischen Operationszeichen + - */ =, die Interpunktionszeichen . , ; : ? ! - " ( ) ', Abkürzungssymbole wie § $ % & usw. Ferner kann man dazu die Steuerzeichen zählen, wie zum Beispiel Zeichen für Zeilenvorschub, Unterstreichung, Fettdruck, Schriftinvertierung, Farbmarkierung usw., die auf Tastaturen vorhanden sein können. Bei modernen EDV-Systemen ist es möglich, benutzerspezifische Sonderzeichen jeglicher Art im Rahmen der technischen Möglichkeiten der jeweiligen Peripheriegeräte frei zu definieren (zum Beispiel Firmenembleme, Warenzeichen, Spielkartenfarbensymbole oder sonstige grafische Zeichen).

SONET

Abkürzung für engl.: Synchronous Optical Network. Zukunftsträchtiges Übertragungsprotokoll für Breitbandnetze auf Glasfaserkabelbasis.

Sortierprogramm

Dienstprogramm zur Sortierung von Datensätzen nach vom Benutzer festgelegten Kriterien. Im allgemeinen ist Vollsortieren, Auswahlsortieren und Adreßlistensortieren (siehe dort) möglich.

Spaghetticode

Umgangssprachliche Bezeichnung für schlecht lesbaren Code, der durch unzureichende Strukturierungsmöglichkeiten mancher Programmiersprachen (zum Beispiel BASIC-Dialekte) und die dadurch bewirkte häufige Verwendung von GOTO-Befehlen, sowie fehlende lokale Datenbereiche entsteht. Die Folgen sind mangelnde Nachvollziehbarkeit und somit Schwierigkeiten bei der Wartung der Programme.

SPARC-Architektur

Abkürzung für engl.: Scalable Processor Architecture. In der Praxis verbreitetes offenes 32-Bit-RISC-Konzept von Sun Microsystems.

SPEC-Benchmark

Der SPEC-Benchmark bzw. SPECmark stammt von der Systems Performance Evaluation Cooperative (SPEC); das ist eine Non-Profit-Organisation, die allgemein erhältliche Serien von Benchmark-Programmen entwickelt und eine vierteljährlich erscheinende Zeitschrift

(SPEC Benchmark) veröffentlicht.
Die SPEC Serie 1.2 besteht aus zehn rechenintensiven Programmen. Vier der zehn Programme sind in der Programmiersprache C geschrieben und messen die Prozessorleistung mit dem Schwerpunkt Festpunktrechnung. Das geometrische Mittel der Ausführungszeiten dieser C-Programme ist die Maßgröße SPECint. Die anderen sechs Programme sind in FORTRAN geschrieben und sind gleitpunktintensiv (d.h. hier, daß mehr als 1% der ausgeführten Befehle Gleitpunktoperationen beinhalten). Das geometrische Mittel ihrer Ausführungszeiten ist der Wert SPECfp. Der SPECmark ist das geometrische Mittel der Ausführungszeiten aller zehn Programme, bezogen auf eine VAX 11/780. SPECthroughput ist eine Variante von SPECmark, die die CPU/Speicher-Leistung von Multiprozessorsystemen mißt.
SPEC SDM 1.0 (Systems Development Multitasking) wurde 1991 angekündigt. Es handelt sich dabei um zwei Benchmarks, welche die gleichzeitige Ausführung vieler Programme auf einer EDVA messen. Die Ergebnisse werden in grafischer Form (als Kurvenverläufe) ausgegeben und können nur schwer zu einzelnen Kennzahlen verdichtet werden (für Marketingzwecke werden oft die Extremwerte des Durchsatzes veröffentlicht).

Speicher

Funktionseinheit innerhalb eines Datenverarbeitungssystems, von der Daten aufgenommen, verfügbar aufbewahrt und abgegeben werden. Man unterscheidet zwischen dem Zentralspeicher (in der Zentraleinheit) und peripheren Speichern (zum Beispiel Magnetplatteneinheiten), die mit der Zentraleinheit verbunden sind.

Speicherbildschirm

Bildschirm mit sehr hoher Auflösung, bei dem das auszugebende Bild nur einmal aufgebaut wird und in der Phosphorschicht der Stirnfläche der Kathodenstrahlröhre mit geringer Energie durch ständig fließende Elektronen für längere Zeit gespeichert werden kann.

Speicherchip

Chip, der als Speicher dient. Speicherchips kann man grob einteilen in Bausteine für:

- RAM-Schreib-/Lesespeicher ("RAM" ist die Abkürzung für engl.: Random Access Memory);
- ROM-Nur-Lesespeicher bzw. Fest(wert)speicher ("ROM" ist die Abkürzung für engl.: Read Only Memory), bei denen man einige Varianten (FROM, PROM, EPROM, EEPROM) danach unterscheidet, ob der beliebig oft lesbare Inhalt irreversibel oder reversibel eingeschrieben wird, und auf welche Weise dies geschieht;
- Flash-Schreib-/Lesespeicher, die eine Zwischenstellung einnehmen. Sie können fast beliebig oft für die Datenaufzeichnung verwendet werden, wobei jeweils der ganze Chip auf einmal gelöscht und neu beschrieben wird. Im Gegensatz dazu ist bei einem RAM-Chip jede einzelne Speicherstelle separat beschreibbar.

Speicherhierarchie

Rangordnung der einzelnen Speicher untereinander.

Speicherprogrammierung

Möglichkeit, Programme in einer Funktionseinheit (Speicher) innerhalb eines Datenverarbeitungssystems aufzubewahren.

Speicherschutz

Vorkehrungen gegen Lesen aus geschützten Speicherbereichen oder gegen Schreiben in geschützte Speicherbereiche. Ein Speicherbereich wird dann als geschützt bezeichnet, wenn er gegen unerwünschtes Lesen oder Schreiben gesperrt ist.

Speicherstelle

Kleinstmögliche Einheit eines Speichers, die über eine Adresse durch die Befehle eines Programms angesprochen werden kann (bei einer Bytemaschine: ein Byte, das zum Beispiel ein alphanumerisches Zeichen repräsentieren kann).

Speicherwerk

Synonym: Zentralspeicher (siehe dort).

Speicherzelle

Synonym: Speicherstelle (siehe dort).

Spiralmodell (der Informationssystementwicklung)

Das Spiralmodell der Informationssystementwicklung entstand durch eine Weiterentwicklung des traditionellen Phasenschemas (siehe dort). Wichtigster Unterschied zu diesem ist die Steuerung des Softwareentwicklungsprozesses durch Risikoüberlegungen. Jeder Spiralzyklus besteht aus Planung, Risikoanalyse (plus Maßnahmen zur Risikoreduktion), Durchführung und Review der Phase (zum Beispiel Definition, Entwurf, Implementierung). Wenn das Risiko falscher Entscheidungen (ob sie jetzt die Benutzerschnittstelle, die Funktionalität oder andere Aspekte betreffen) hoch ist, wird versucht, durch geeignete Maßnahmen (Prototyping, Benutzerbefragungen) das Risiko zu verringern. Ist das Risiko gering, so nähert sich das Spiralmodell dem traditionellen Phasenmodell an.

Spool

Ein- und Ausschleusen von Daten in EDVA; die Daten werden - um Wartezeiten auf Peripheriegeräte zu vermeiden - in temporären Dateien zwischengespeichert. Anforderung und Zuteilung der realen Geräte für die Ein-/Ausgabe in/von Spool-Dateien übernimmt das Betriebssystem.

Sprach-Mailboxsystem

Siehe Sprachspeicher- und -übermittlungssystem.

Sprachausgabe

EDV-Ausgabe in akustischer Form. Anwendungsmöglichkeiten für diese Ausgabeart ergeben sich überall dort, wo vorübergehende Information nur einmal wahrgenommen werden muß, besondere Aufmerksamkeit erregt werden soll und die Geräuschentwicklung nicht stört. Nach der Art der Generierung der Sprachausgabe läßt sie sich in die Ausgabe natürlicher Sprache (abgespeicherte Mitteilungen und Einzelwortkonserven) und in die Ausgabe künstlicher Sprache (Phonemgeneratoren) unterscheiden.

Sprachdatei

Bezeichnung für eine Datei, die gesprochene Nachrichten enthält.

Sprache

Gesprochenes oder geschriebenes, natürliches oder künstliches Verständigungsmittel. Die natürliche, menschliche Lautsprache besteht aus phonetischen Einheiten (Phonemen, Silben, Wörtern), die in sinnvoller Weise zu-einander in Beziehung stehen und der zwischenmenschlichen Verständigung dienen. Beispiele für künstliche Sprachen sind die Programmiersprachen.

Sprache der 1. Generation

Synonym: Maschinensprache. Auf die Rechnerarchitektur ausgelegte, herstellerspezifische Programmiersprache, mit der die Befehle in binärer Form (als Folge von O- und L-Zeichen) ausgedrückt werden, sodaß sie von der EDVA unmittelbar ausführbar sind. Programme in der Maschinensprache sind infolge des extrem beschränkten Zeichenvorrats für die Darstellung von Anweisungen außerordentlich unübersichtlich und deswegen auch sehr fehleranfällig.

Sprache der 2. Generation

Synonym: Assemblersprache. Eine solche Programmiersprache bedient sich mnemotechnischer (gedächtnisstützender) Abkürzungen für die Maschinenbefehle, was die Handhabung im Vergleich zur Maschinensprache wesentlich erleichtert. Die Assemblersprache ist (wie die Maschinensprache) maschinenorientiert.

Sprache der 3. Generation

Abkürzung: 3GL (von engl.: 3rd Generation Language). Höhere, d.h. maschinenunabhängige Programmiersprache, bei der sich die Programmstruktur an der traditionellen von-Neumann-Rechnerarchitektur orientiert. Zur Problemlösung werden Algorithmen formuliert, d.h. es wird eine Abfolge von Operationen, die jeweils Daten bearbeiten, definiert. Zur Übersetzung in die Maschinensprache, die für die Ausführung der Programme notwendig ist, werden Übersetzungsprogramme (Compiler oder Interpreter) benötigt.

Beispiele für solche "Compilersprachen" sind z.B.: C, COBOL, FORTRAN, PASCAL und MODULA-2. Die bedeutendste "Interpretersprache" dieser Generation ist BASIC. Synonym: prozedurale Programmiersprache.

Sprache der 4. Generation

Abkürzung: 4GL (von engl.: 4th Generation Language). Der Begriff 4GL wird (wohl aus Marketinggründen) in unterschiedlichen Bedeutungen verwendet. Zumeist handelt es sich um deskriptive Programmiersprachen (die aber prozedurale und objektorientierte Elemente enthalten können). Sie unterstützen die professionelle Entwicklung von Anwendungssoftware, und hierbei insbesondere Anwendungen auf der Basis von Datenbanken (zum Beispiel mit SQL). Weitere Kennzeichen sind oft eine benutzerfreundliche Programmentwicklungsumgebung und die Möglichkeit zur Generierung von Programmteilen, zum Beispiel aus Pseudocode oder Bildschirmbeschreibungen.

Spracheingabe

Eingabe natürlicher Sprache über ein Mikrofon und Abspeicherung in digitaler Form.

Spracherkennung

Maschinelle Interpretation von über ein Mikrofon eingegebener natürlicher Sprache. Derzeit im praktischen Einsatz befindliche Systeme können meist nur einige tausend Wörter bestimmter Sprecher durch den Vergleich mit gespeicherten Mustern erkennen. Der Durchbruch zur sprecherunabhängigen und fließenden Worterkennung ist erst langfristig zu erwarten, wobei auch Methoden der Künstlichen Intelligenz Anwendung finden werden.

sprachliche Daten

In digitalisierter (= von Rechnern verarbeitbarer) Form vorliegende gesprochene Information. Durch Betonung, Satzmelodie, Rhythmus und Tempo des Sprechers wird ein weitaus größerer Informationsumfang übermittelt als bei der schriftlichen Information. Digitalisierte Sprachdaten haben deshalb auch einen hohen Speicherbedarf (je nach Digitalisierungsverfahren bzw. Qualität zwischen 2 400 Bits und einigen MB pro Sekunde). Die verbreitete PCM-Technik (siehe dort) arbeitet mit 64 kbit/s. Durch Datenkompression (siehe dort) läßt sich der erforderliche Speicherbedarf jedoch wesentlich reduziert.

Sprachspeicher- und -übermittlungssystem

Elektronisches Postsystem, das es Benutzern ermöglicht, von jedem beliebigen Telefonapparat aus gesprochene Nachrichten in den Postfächern anderer Teilnehmer (bzw. den eigenen) zu deponieren. Die Mitteilungen werden in digitaler Form auf dem Magnetplattenspeicher eines Servers abgespeichert und beim Abruf durch den berechtigten Benutzer wieder in die gewohnte analoge Form gebracht. Die Eingabe der Benutzerkenndaten (Name, Paßwort) und der Steuerbefehle für das Aufnehmen, Anhören, Absenden und Abrufen der gesprochenen Nachrichten erfolgt (mittels eines nach CCITT international genormten Buchstabenschemas) über die Telefontastatur.

Sprachübersetzer

Siehe Übersetzungsprogramm.

Sprechererkennung

Verfahren zur Identifikation eines nicht an der Erkennung interessierten Sprechers aufgrund des charakteristischen Klangbilds seiner Stimme. Die Sprechererkennung wird zum Beispiel bei kriminologischen Untersuchungen anonymer Anrufe eingesetzt.

Sprecherverifikation

Verfahren zur Prüfung der Identität von kooperativen, d.h. an der Erkennung interessierten, Personen anhand von Sprachproben. Die Sprecherverifikation dient zu Berechtigungsprüfungen, zum Beispiel bei der Zugangskontrolle.

Sprungoperation

Programmanweisung, bei welcher der Befehlszähler nicht auf den im Arbeitsspeicher nächstfolgenden Befehl, sondern auf eine durch die Sprunganweisung definierte Zieladresse eingestellt wird.

Spur

Bereich eines Datenträgers, auf dem Bits seriell gespeichert werden. Bei Magnetplatten und Disketten sind Spuren konzentrische Kreise, auf denen die Zeichen als sequentielle Bitmuster innerhalb einer Spur dargestellt werden. Bei einer CD-ROM verläuft eine Spur spiralförmig von außen nach innen. Bei Magnetkarten und Magnetbändern verlaufen die Spuren als parallele, gerade Linien; ein Zeichen wird oft durch die Bits gleicher Position der parallel laufenden Spuren repräsentiert.

Spurelement

Der einem Bit zugeordnete Bereich einer Spur.

SQL

Abkürzung für engl.: Structured Query Language. Zum Marktstandard gewordene genormte, deskriptive Daten-

definitions- und -abfragesprache für relationale Datenbanken (ursprünglich von IBM entwickelt).

SQL-Server

Datenbankserver, der auf die Sprache SQL ausgerichtet ist (siehe dort).

SQL/DS

Relationales Datenbankverwaltungssystem für Großrechner von IBM.

SSI

Abkürzung für engl.: Small Scale Integration. Niedrigste Integrationsstufe der Chiparchitektur (etwa 2 bis 15 Gatter pro Chip).

Stadtnetz

Siehe Metropolitan Area Network.

Stammdaten

Synonym: feste Daten. Zustandsorientierte Daten, die der Identifizierung, Klassifizierung und Charakterisierung von Sachverhalten dienen und die unverändert über einen längeren Zeitraum hinweg zur Verfügung stehen.

Stand-alone-Betrieb

Autonomer Betrieb einer EDVA ohne Verbindung zu anderen Rechnern bzw. Netzen.

Stand-alone-Workstation

Leistungsfähiger, voll ausgebauter Arbeitsplatzrechner (mit Festplatte und Diskettenlaufwerk), der ohne Verbindung zu anderen Rechnern oder Netzen betrieben werden kann.

Standard

Bezeichnung für vereinheitlichte Produktspezifikationen im Hardware- und

Softwarebereich, die von einer großen Zahl am Markt vertretener Hersteller und Interessenvertretungen unterstützt bzw. seitens der Mehrheit der Anwender akzeptiert werden. Standards bilden die Basis für herstellerunabhängige, offene Systeme. Beispiele sind etwa die Programmiersprachen C und COBOL, die Betriebssysteme MS-DOS und UNIX, die Benutzeroberflächen Windows und X-Window, die Datenbanksprache SQL oder die ISO-OSI-Kommunikationsprotokolle (siehe dort).

Standardchip

Chip, der für einen breiten Markt produziert wird und integrierte Schaltungen für häufig vorkommende, von vielen Geräteherstellern bzw. -verwendern gleichermaßen benötigte Funktionen beinhaltet.

Standardprogramm

Fertiges, mehrfach verwendbares Programm. Standardprogramme werden für häufig wiederkehrende, bei einer Vielzahl von EDV-Anwendern in gleichartiger bzw. ähnlicher Form gegebene Aufgabenstellungen angeboten.

Standardqualität (bei einem Nadeldrucker)

Mittlere Druckqualität für Entwurfszwecke.

Standardsoftware

Siehe Standardprogramm.

Standleitung

Siehe Standverbindung.

Standverbindung

Festgeschaltete Verbindung zwischen zwei Datenendeinrichtungen, die sich an einem Ende auch zu mehreren Datenendeinrichtungen verzweigen kann (Gegenteil: Wählverbindung). Standverbindungen bieten den Vorteil der ständigen Dienstbereitschaft (keine Besetztfälle). Siehe Datendirektverbindung, Festverbindung und Internationale Mietleitung.

Stapelfernverarbeitung

Stapelverarbeitung (siehe dort), bei welcher der Benutzer und sein Terminal vom Rechner, der die Aufträge bearbeitet, räumlich getrennt sind.

stapelorientierte Textverarbeitung

Auf Großrechnern verbreitete Betriebsart der Textverarbeitung. Bei dieser wird der erfaßte Text mit Formatierungsbefehlen (meist in der Form von zwei- oder dreibuchstabigen Abkürzungen, oft in Verbindung mit Sonderzeichen) aufgefüllt und hat bezüglich seines Aussehens im unformatierten Zustand wenig mit dem fertigen Text gemein. Ist der Text vollständig erfaßt, wird ein Formatierungsprogramm aufgerufen, welches das Dokument entsprechend den im Text codierten Befehlen in seiner endgültigen Version erstellt.

Stapelverarbeitung

Betriebsart einer EDVA, bei der eine Aufgabe vollständig gestellt sein muß, bevor mit der Abwicklung begonnen werden kann. Aufträge werden nacheinander, d.h. schubweise, abgearbeitet.

Start-Stopp-Betrieb (bei Magnetbandgerät)

Blockweises Schreiben und Lesen bei Magnetbandspeichern; durch das Starten und Stoppen des Datenträgers wird eine Blocklücke verursacht.

Start-Stopp-Verfahren
(bei Datenübertragung)

Siehe Asynchronverfahren.

Startzeit
(bei Magnetbandgerät)

Zeit vom Startsignal bis zum Erreichen der zum Schreiben oder Lesen erforderlichen Bandgeschwindigkeit.

stationäre Datenerfassung

Datenerfassung mit fest installierten Erfassungsgeräten.

Statusregister

Speicherstelle, die ein Programmstatuswort enthält.

Stelle

Die einem Zeichen innerhalb einer Folge von Zeichen zukommende Lage.

Stellenschreibweise

Darstellungsart für Zahlen, bei welcher der Zahlenwert jeder Ziffer von ihrer Stelle und ihrem Nennwert abhängt. Die häufigste Stellenschreibweise ist die Radixschreibweise. Ein Beispiel für eine andere Stellenschreibweise ist die Angabe einer Zeitspanne in Tagen, Stunden und Minuten.

Stellenwert

Wert, welcher der Position einer Ziffer innerhalb einer Ziffernfolge zugeordnet ist. Siehe Nennwert.

Stellenwertsystem

Zahlensystem, bei dem der Wert einer Ziffer innerhalb einer Ziffernfolge von ihrer Stellung abhängt.

Sternnetz

Rechnernetz mit einem zentralen Vermittlungsknoten, an dem jeder andere Knoten direkt durch eine physikalische Verbindung angeschlossen ist. Andere physikalische Verbindungen gibt es nicht. Daraus folgt, daß in jeden Übertragungsvorgang der Zentralknoten eingeschaltet ist. Die Vorteile einer sternförmigen Topologie sind die relativ einfache und kostengünstige zentrale Netzsteuerung, -kontrolle und -wartung. Der Ausfall eines Endgerätes oder einer Leitung betrifft die anderen Knoten nicht. Nachteilig ist die Abhängigkeit aller anderen Stationen von der Funktionsfähigkeit und der Belastung der Zentralstation.

Steuerbus

Synonym: Kontrollbus (siehe dort).

Steuerdaten

Daten, welche die Verarbeitung von Nutzdaten veranlassen und steuern (zum Beispiel Programmanweisungen).

Steuereinheit

Für die Reglementierung und Überwachung des Datentransfers zuständige Einheit. Sie schaltet Komponenten ein und aus und übernimmt teilweise Verarbeitungsfunktionen (zum Beispiel die Zwischenspeicherung). Hierzu werden heutzutage regelmäßig Mikroprozessoren verwendet, die mit einem Mikroprogrammspeicher arbeiten. Damit ist eine flexible Anpassung an sich wandelnde Gerätespezifikationen und Anwendungsbedingungen möglich.

Steuerknüppel

Zeigeeinrichtung für einen Bildschirm (Synonym: Joystick). Die Bewegung des Steuerknüppels bewegt entsprechend den Cursor (Verwendung vor allem bei Computerspielen). Es gibt viele Varianten, die sich in bezug auf die Auslöseknöpfe und -empfindlichkeit, die Exaktheit der Positionierung, die Gestaltung des Handgriffs u.ä.m. unterscheiden.

Steuerkonsole

Siehe Bedienungsfeld.

Steuerprogramm(e)

Kern des Betriebssystems. Die Steuerprogramme, auch Organisationsprogramm(e) genannt, haben die Bearbeitung der Benutzeraufträge in einer EDVA sicherzustellen. Hierzu gehören die Auftragsverwaltung, die Steuerung der Verarbeitungsprozesse bei der Auftragsabwicklung, insbesondere die Zuteilung der benötigten Betriebsmittel (= Prozeßverwaltung) und die Verwaltung der Benutzerdaten (= Datenverwaltung).

Steuerung

Prozeß, der dazu dient, Abweichungen eines Istwertes von einem vorgegebenen Sollwert durch kompensierende Einflüsse auf den Istwert so weit wie möglich zu vermeiden. Störungen wird durch Anweisungen an ein Systemelement unmittelbar bei ihrem Auftreten entgegengewirkt, wobei keine Rückmeldung über den Regulierungserfolg vorgesehen ist. Die Steuerung orientiert sich dabei nur am Auftreten der Störungen, nicht jedoch an den Wirkungen der Störungen auf den Istwert.

Steuerwerk

Synonym: Leitwerk (siehe dort).

Steuerzeichen

Zeichen, das die Erfassung, Speicherung, Transformation oder Übertragung von Zeichen beeinflußt.

Stichtagsumstellung

Zu einem zuvor definierten Zeitpunkt wird das bisherige System eingestellt und von dem neuen System zur Gänze ersetzt. Für die Umstellungsarbeiten eignen sich besonders Wochenenden oder Feiertagsperioden.

Stiftplotter

Synonym: Federplotter (siehe dort).

stiftunterstützter Rechner

Siehe Notepad.

Stoppzeit (bei Magnetbandgerät)

Zeit zwischen Stoppsignal und Stillstand des Bandes.

STP

Abkürzung für engl.: Shielded Twisted Pair. Abgeschirmte, verdrillte Kupferkabel, die bei lokalen Netzen Verwendung finden.

Streamer (Tape)

Magnetbandlaufwerk für die Datensicherung von Festplatten im Datenstrombetrieb. Eine Kassette hat eine Kapazität von einigen GB.

Strichcode

Synonym: Balkencode (siehe dort).

Strichgrafik

Synonym: Vektorgrafik. Bild, das aus Strichen (Vektoren) besteht.

strichmarkierter Datenträger

Überbegriff für Markierungsbelege und Datenträger mit Balkencode.

Strichrasterdarstellung

Bei einem Bildschirm ein Verfahren zur Bildung von Zeichen aus Strichen, die sich geradlinig zwischen zwei Gitterpunkten des Rasters erstrecken.

String

Englische, auch im Deutschen gebräuchliche Bezeichnung für eine alphanumerische Zeichenkette.

Stromweg

Benutzungsrechtliche Bezeichnung für einen von der Telekom für private Fernmeldeanlagen (ohne Verbindung mit dem öffentlichen Telekommunikationsnetz) überlassenen Übertragungsweg (siehe posteigener Stromweg). Ferner dient dieser Begriff auch umgangssprachlich für Standleitungen.

Structured Editor

Editor, der Syntax, Semantik, Format und Struktur der editierten Daten berücksichtigen kann. Solche Editoren sind meist für unterschiedliche Anwendungen programmierbar und somit vielseitig einsetzbar.

Struktogramm

Synonym: Nassi-Shneiderman-Diagramm. Grafisches Hilfsmittel für die Darstellung der Programmlogik, wobei nur die drei elementaren Kontrollstrukturen Sequenz, Auswahl und Wiederholung verwendet werden dürfen.

Struktogrammtechnik

Synonym: Nassi-Shneiderman-Methode. Methode für den Programmentwurf, bei der die Programmlogik von oben nach unten durch schrittweise Verfeinerung von Teilproblemen entworfen wird. Für die Darstellung der Programmlogik werden (genormte) grafi-

sche Sinnbilder verwendet, welche die Zusammenhänge zwischen den Arbeitsanweisungen beschreiben. Dabei regeln ausschließlich die Kontrollstrukturen Sequenz, Auswahl und Wiederholung die Ausführungsreihenfolge der Arbeitsanweisungen.

strukturierte Programmierung

Vorgehensweise beim Programmentwurf, die durch folgende Merkmale gekennzeichnet ist:

– Die Ablaufsteuerung in einem Programm wird durch die Einhaltung von bestimmten Verzweigungsregeln vollständig reglementiert: Das Programm setzt sich ausschließlich aus standardisierten Bausteinen zusammen (Sequenz, Auswahl, Wiederholung), die je eine Teilaufgabe des Programmierproblems widerspiegeln.

– Jeder Programmbaustein hat genau einen "Eingang" und einen "Ausgang".

– Das Programm sollte linear lesbar sein, d.h. es sollte keine unbedingten Sprünge von einem Programmteil zu einem anderen enthalten.

Suchbaum

Menüauswahl über mehrere hierarchische Ebenen. Bei Bildschirmtext (und ähnlichen Informationssystemen) gebräuchliche Hilfe zur Informationsauswahl. Der Benutzer hat die Möglichkeit, durch eine Abfolge von logisch strukturierten Inhaltsverzeichnissen (Verzweigungen) zum gesuchten Themenbereich zu gelangen.

Suchverfahren

Verfahren zur Rückgewinnung abgespeicherter Daten (Synonyme: Abfragemethode, Zugriffsmethode). Hierzu gibt es folgende, grundsätzliche Möglichkeiten:

1. Es können alle Datensätze nacheinander in der gespeicherten Folge gelesen werden, bis der gesuchte Datensatz gefunden wird (sequentielle Organisation);
2. Es kann ein Index angelegt werden, der neben allen Schlüsseln noch die Adressen der zugehörigen Datensätze anführt (indizierte Organisation, indexsequentielle Organisation);
3. Es kann aus dem Schlüssel die Adresse des Datensatzes berechnet werden (gestreute Organisation, Hash-Verfahren).

Bei sequentiellen Speichern kann nur das sequentielle Suchen angewendet werden, bei Direktzugriffsspeichern sind alle drei genannten Suchverfahren möglich.

sukzessive Datenerfassung

Datenerfassung, bei der verschiedene Umsetzungsaufgaben nacheinander Schritt für Schritt abgewickelt werden (im Gegensatz zur simultanen Datenerfassung).

Sun Microsystems

Weltweiter Marktführer im Bereich der Workstations (ca. 30 % Absatzanteil) und Entwickler der SPARC-Architektur (siehe dort).

SUN-OS

UNIX-Version für Workstations von Sun Microsystems.

Super VGA

Grafik-Standard für Personal-Computer mit einer Auflösung von 800 mal 600 Bildpunkten bzw. 1 024 mal 768 Bildpunkten à 16 Farben.

Supermini

Bezeichnung für Minirechner der oberen Leistungsklasse.

Superrechner

Auf technisch-wissenschaftliche Aufgabenstellungen ausgelegter Hochleistungsrechner mit einer Verarbeitungsleistung von etwa 100 MFlops bis zu vielen GFlops. Diese meist als Vektorrechner oder Parallelrechner ausgeführten Rechner kosten etwa zwischen DM 100 000,- und DM 50 Mio. Die bedeutendsten Firmen in diesem Marktsegment sind Cray Research und Convex.

Synchronisiereinheit

Funktionseinheit, die dazu dient, den Synchronismus zwischen miteinander verkehrenden Datenstationen herzustellen und während des Betriebs aufrechtzuerhalten. Unter Synchronismus wird hier verstanden, daß Datenstationen sowohl den gleichen Schrittakt besitzen, als auch hinsichtlich des Beginns von Zeichen und/oder Datenübertragungsblöcken in definierter Beziehung zueinander stehen.

Synchronverfahren

Bitserielles Übertragungsverfahren, bei dem zwischen Sender und Empfänger ein ständiger Gleichlauf besteht; die Taktinformation wird im allgemeinen von der Datenübertragungseinrichtung geliefert (Taktgeber).

Syntaktik

Siehe Informationstheorie.

System

Menge von Elementen mit Eigenschaften, wobei die Elemente durch Beziehungen verbunden sind.

System-Anwendungs-Architektur

Siehe SAA.

Systemanalyse

Eine an den Grundgedanken der Systemtheorie orientierte, pragmatische Vorgehensweise zur Erklärung und Gestaltung von Systemen. Sie kann als eine heuristische Methode bezeichnet werden, durch die am Anfang einer Untersuchung noch unbekannte Elemente, Beziehungen und Verhaltensweisen eines Systems im Sinne einer sukzessiven Annäherung ermittelt werden. Der systemtheoretischen Forderung nach einer ganzheitlichen Betrachtungsweise genügt die Systemanalyse durch eine schrittweise Determinierung zu erklärender oder zu gestaltender Systeme, bei der die Interdependenzen zwischen den Systemteilen schon bei der Untersuchung berücksichtigt werden.

Systemanalytiker

EDV-Fachkraft für die Entwicklung von Informationssystemen. Tätigkeiten: Ermittlung des Bedarfs nach neuen Informationssystemen oder nach Änderungen bestehender Informationssysteme; Analyse des Istzustandes bestehender Systeme; Entwicklung von Lösungsvorschlägen und von Sollkonzepten für neue Informationssysteme; ökonomische und technische Rechtfertigung der Vorschläge; Entwurf der Ausgaben, Eingaben, Dateien und Verarbeitungsalgorithmen für neue Systeme; Einführung von Systemen; Systemkontrollen und -anpassungen an Änderungen der Bedingungslage.

Systementwicklung

Siehe Informationssystementwicklung.

Systemkatalog

Siehe Katalog.

Systemklassifikation

Systeme lassen sich nach folgenden Merkmalen einteilen:
– Nach der Art der Elemente (abstrakte, technische, soziale und Mischsysteme, zum Beispiel soziotechnische Systeme),
– nach den Strömungsgrößen (Informations-, Materie-, Energiesysteme),
– nach der Art der Entstehung (natürliche und künstliche Systeme),
– nach dem "Verhalten" im Zeitablauf (statische und dynamische Systeme),
– nach dem Verhältnis zur Umwelt (starre, adaptive und lernende Systeme),
– nach der Intensität der Beziehungen zur Umwelt (geschlossene und offene Systeme),
– nach der Zahl der Elemente und Beziehungen (einfache, komplexe und äußerst komplexe Systeme),
– nach dem Verhaltensantrieb (passive und aktive Systeme),
– nach der Lenkbarkeit (kontrollunfähige und kybernetische Systeme).

systemnahe Software

Anwendungsneutrale Software, die das Funktionsspektrum der entsprechenden Betriebssystemkomponenten ergänzt und teilweise weit übertrifft; zum Beispiel: Datenbankverwaltungssysteme, Kommunikationssysteme oder Programmentwicklungssysteme.

Systemprogramm

Anwendungsneutrales Programm. Es übernimmt Steuerungs-, Überwachungs-, Übersetzungs- oder Dienstleistungsfunktionen beim Ablauf von anderen Programmen. Siehe Betriebssystem.

Systemprogrammierer

EDV-Fachkraft für die Programmierung und Wartung von Systemprogrammen und systemnahen Programmen für EDVA. Tätigkeiten: Einführung und Überwachung von Betriebssystemen, Datenbankverwaltungssystemen, Kommunikationssystemen, Programmentwicklungssystemen und sonstiger systemnaher Standardsoftware; Entwicklung, Programmierung, Test und Dokumentation von anwenderindividuellen Systemprogrammen; Entwurf von Programmier- und Anwendungsrichtlinien für Systemprogramme; Beratung und Unterstützung von Anwendungsprogrammierern bei der Verwendung von Systemprogrammen; Planung der Größe, Zusammensetzung und Auslegung von zu installierenden Datenverarbeitungssystemen.

Systemsoftware

Siehe Systemprogramm.

T

Tabelle

Eine in Zeilen und Spalten gegliederte Menge von Datenfeldern (Zellen); Synonym: Relation (siehe dort).

Tabellenkalkulation

Planung mit Arbeitsblättern in Matrixform auf dem Bildschirm (die von entsprechenden Programmen unterstützt wird). Die Grundidee von Tabellenkalkulationsprogrammen besteht in dem Versuch, die händische Arbeitsweise mit Tabellen auf einem normalen Blatt Papier nachzuvollziehen. Auf dem Bildschirm wird ein in Zellen gegliedertes elektronisches Arbeitsblatt dargestellt. Jede Zelle ist durch die zugehörige Zeilen- und Spaltenbezeichnung eindeutig bestimmt. In den verschiedenen Zellen können in beliebiger Abfolge Zahlen, Texte, arithmetische und logische Ausdrücke, mit oder ohne Bezugnahme auf andere Zellen, eingetragen werden. Damit ist es dem Benutzer möglich, auf sehr flexible Art und Weise individuelle Rechenschemata (Rechentabellen) samt erklärendem Text zu gestalten. Der Benutzer bewegt bei der Modellerstellung und Modellmodifikation den Cursor mit den Pfeiltasten, der Maus o.ä. von einer Zelle zur anderen, die Zelleninhalte werden in der Eingabezeile eingetragen und dann vom Programm in das Arbeitsblatt übernommen. Elektronische Tabellen ermöglichen es, mathematische Beziehungen zwischen den Zellen herzustellen. Die Erstellung eines Modells wird durch leistungsfähige Kopier-, Einfüge- und Formatbefehle unterstützt. Der größte Nutzen ergibt sich jedoch aus der besonders einfachen Durchführung von "Was wäre, wenn ..."-Abfragen. Durch die Veränderung eines oder mehrerer Zellenwerte und die anschließende sofortige Neuberechnung des gesamten Modells durch den Rechner ist es dem Benutzer möglich, schnell und ohne großen Aufwand mehrere Varianten durchzurechnen und diese Ergebnisse seinen Entscheidungen zugrundezulegen.

Taktfrequenz

Synonym: Taktrate. In Megahertz (MHz) angegebene Maßgröße für die Verarbeitungsgeschwindigkeit eines Prozessors.

Taktgeber

Pulsgenerator zur Synchronisierung von Operationen.

Taktrate

Synonym: Taktfrequenz (siehe dort).

Taktzeit

Synonyme: Zykluszeit, Taktzyklus. Immer gleich lange, zyklisch aufeinanderfolgende Zeitspanne, die für die Abarbeitung der Befehle zur Verfügung steht. Die Taktzeit wird meist in Nanosekunden (ns) angegeben und stellt den Kehrwert der Taktfrequenz dar.

Taktzyklus

Synonym: Taktzeit (siehe dort).

Task

Englische, auch im Deutschen gebräuchliche Bezeichnung für einen Prozeß (siehe dort) bei der Abarbeitung von Programmen.

Tastatur

Eingabegerät mit einer Vielzahl von Tasten, die auf bestimmte Weise angeordnet und mit bestimmter Bedeutung (Zeichen, Funktionen) belegt sind. Die Dateneingabe erfolgt durch die aufeinanderfolgende Betätigung der Tasten mit den Fingern.

TB

Abkürzung für: Terabyte (siehe dort).

Tbit/s

Abkürzung für: Terabit pro Sekunde (1 Terabit = 1 Billion Bits). Maßzahl für hohe Übertragungsgeschwindigkeiten, wie sie heute nur mit Glasfaserkabeln erreicht werden.

TCP/IP

Gebräuchliche Abkürzung für: Transmission Control Protocol / Internet Protocol. Dabei handelt es sich um einen in vier Schichten aufgebauten Satz von herstellerneutralen, häufig verwendeten Anwendungs- und Transportprotokollen.

technisches Programm

Im Zusammenhang mit Standardsoftware übliche Bezeichnung für ein Programm, das technische Aufgaben unterstützt. Dazu gehören u.a. Statik, Werkzeugmaschinensteuerung, Rohrleitungsbau, Prozeßtechnik, Architektur, Mathematik/Statistik/Operations Research u.v.a.m.

Teilhaberbetrieb

Synonym: Transaktionsbetrieb. Form des Dialogbetriebs, bei der mehrere Benutzer dasselbe Aufgabengebiet mit einem oder mehreren zentral gespeicherten Anwendungsprogrammen (Transaktionsprogrammen) bearbei-

ten. Der Benutzer arbeitet nicht eigenverantwortlich, sondern unter Systemverantwortung, d.h. er kann nur zu verarbeitende Daten eingeben und durch Kommandos Transaktionsprogramme anstoßen.

Teilnehmer (an einem Fernmeldedienst)

Von der Telekom normalerweise im benutzungsrechtlichen Sinn verwendeter Begriff. Jeder, der einen Anschluß am öffentlichen Telekommunikationsnetz hat, ist Teilnehmer und damit Kunde der Telekom.

Teilnehmerbetrieb

Form des Dialogbetriebs, bei der mehrere Benutzer unabhängige, im allgemeinen voneinander verschiedene Aufgaben bearbeiten.

Teilnehmerbetriebsklasse

Im öffentlichen Telekommunikationsnetz kann im allgemeinen jeder mit jedem Verbindung aufnehmen. Auf Wunsch der Teilnehmer programmiert die Telekom deren Anschlüsse so, daß nur Berechtigte miteinander Verbindungen herstellen können, sie bilden dann eine Teilnehmerbetriebsklasse. Diese Dienstleistung dient der Erhöhung der Datensicherheit.

TELEBOX(-Dienst)

Öffentlicher Fernmeldedienst der Telekom für die personenbezogene Mitteilungsübermittlung (elektronischer Postdienst nach X.400). Jeder Teilnehmer erhält eine sog. Box (= "elektronisches Postfach") oder mehrere gemietete Boxen, die über das Telefon-, DATEX-L- und DATEX-P-Netz sowie das ISDN zugänglich sind. Er kann über seine Box Texte eingeben, lesen, editieren, formatieren, speichern, an andere Teilnehmer versenden und Texte von diesen empfangen.

TELEBRIEF(-Dienst)

Öffentlicher Dienst der Telekom für das Fernkopieren unter Einschaltung von mit Fernkopierern ausgerüsteten Postämtern. Dort kann jedermann Briefe als Fernkopie verschicken lassen, entweder direkt an einen TELEFAX-Teilnehmer oder an ein anderes, mit einem Fernkopierer ausgestattetes Postamt, das die Telekopie als Eilbrief zum Empfänger befördert. Umgekehrt kann auch jeder TELEFAX-Teilnehmer eilige Briefe an eines dieser "Fernkopier-Postämter" übermitteln, wo sie dann der Eilzusteller zur Weiterbeförderung übernimmt.

TELEFAX(-Dienst)

Öffentlicher Fernmeldedienst der Telekom, der jedem Teilnehmer die Möglichkeit bietet, nach einheitlichen Übertragungsnormen Vorlagen (Dokumente) mit Fernkopierern über größere Entfernungen hinweg zu übertragen. Die Vorlagen werden im sendenden Fernkopierer in Form eines Rasters optisch abgetastet, die Abtastsignale werden über Fernmeldewege (Telefonnetz und ISDN) übertragen und vom empfangenden Fernkopierer (häufig auf Spezialpapier) aufgezeichnet. Sämtliche für diesen Dienst zugelassenen Typen von Fernkopierern können miteinander korrespondieren. Die Übertragungsdauer bei Benutzung der heute am meisten gebräuchlichen Fernkopierer der CCITT-Gruppe 3 beträgt etwa 20 Sekunden bis zu einer Minute pro DIN-A4-Seite. Fernkopierer der CCITT-Gruppe 4 benötigen im Gegensatz dazu, durch die digitale Übertragung über das ISDN (64 kbit/s), nur zwischen 5 und 10 Sekunden. Siehe hierzu

auch Faxkarte, Klasse-A-, B- und C-Karte, PC-Fax-Kopplung.

Telefon

Endgerät am Telefonnetz (siehe dort).

Telefondienst

Öffentlicher Dienst der Telekom zur "Vermittlung von Sprache für andere" über das Telefonnetz (siehe dort).

Telefondienstmonopol

Siehe Netzmonopol.

Telefonnebenstellenanlage

Siehe Nebenstellenanlage.

Telefonnetz

Synonym: Fernsprechnetz. Öffentliches Wählnetz der Telekom zur Sprachübertragung, das mit Hilfe von zugelassenen Zusatzeinrichtungen auch zur Übertragung von schriftlichen Daten und Festbildern benutzt werden kann. Es erlaubt Datenübertragungsgeschwindigkeiten bei Parallelübertragung bis maximal 40 Zeichen/s und bei serieller Übertragung (im asynchronen bzw. synchronen Betrieb) bis maximal 19 200 bit/s. Derzeit erfolgt die Übertragung noch überwiegend analog, die Umstellung auf die Digitaltechnik ist jedoch seit einigen Jahren im Gange.

Telekom

Unternehmen der Deutschen Bundespost, das Netze und Dienste für die Telekommunikation anbietet. Die deutsche Telekom hat ein Telefondienst- und Netzmonopol (siehe dort).

Telekommunikation

Austausch von Information durch elektromagnetische Signale oder Lichtsignale über größere Entfernungen hinweg. Je nach der Art der übertragenen Information unterscheidet man zwischen Daten-, Text-, Sprach- und Bildübertragung. Auch kombinierte Formen sind möglich.

Telekommunikationsanlage

Abkürzung: TK-Anlage; siehe Nebenstellenanlage.

Telekommunikationsdienst

Dienst zur Übertragung von Sprache, Daten, Texten und/oder Bildern durch die Telekom und/oder private Anbieter im öffentlichen Telekommunikationsnetz. Zu unterscheiden sind dabei Trägerdienste und Mehrwertdienste. Siehe auch Telekommunikationsdienstleistungen der Telekom, Telematikdienst und die dort angegebenen Hinweise auf einzelne Dienste.

Telekommunikationsdienstleistungen der Telekom

Dienstleistungen der Telekom:
- innerhalb der öffentlichen Telekommunikationsdienste, zum Beispiel Datenübermittlungsdienst,
- für die Benutzung des öffentlichen Telekommunikationsnetzes für sonstige Telekommunikationszwecke des Teilnehmers, zum Beispiel Bildübertragung, und
- für nicht zum öffentlichen Telekommunikationsnetz gehörende Fernmeldeanlagen, zum Beispiel posteigene Stromwege.

Zu den Telekommunikationsdienstleistungen der Telekom gehört auch die Erlaubnis, private Endstelleneinrichtungen und Leitungen mit Endpunkten auf nicht benachbarten Grundstücken innerhalb des öffentlichen Telekommunikationsnetzes zu benutzen.

Telekommunikationsordnung

Abkürzung: TKO. Verordnung über die Bedingungen und Gebühren für die Benutzung der Einrichtungen des Fernmeldewesens in Deutschland. Die TKO ist seit 1.1.1988 für alle nationalen Telekommunikationsdienste der Telekom (vormals: DBP) gültig.

Telematikdienst

International standardisierter Fernmeldedienst, der alle Schichten des ISO-OSI-Architekturmodells in vereinbarter Weise in Anspruch nimmt. Telematikdienste der Telekom für den Bürobereich sind u.a. TELEBOX (Elektronischer Postdienst nach X.400), TELEX (Fernschreiben), TELEFAX (Fernkopieren) und Bildschirmtext.

Teleprogramm

Programm, das aus einer Softwarebibliothek bzw. -datenbank über Datenübertragungswege in einen räumlich entfernten Rechner heruntergeladen und dort im autonomen Betrieb ausgeführt werden kann.

TELETEX(-Dienst)

Öffentlicher Fernmeldedienst der Telekom für das originalgetreue Übertragen von Schreibmaschinentexten über das öffentliche Telekommunikationsnetz (DATEX-L), früher Bürofernschreiben genannt. Der beim Sender mit einer elektronischen Schreibmaschine (oder dergleichen) erstellte Text wird beim Empfänger originalgetreu abgedruckt. Dabei ist der Zeichenvorrat aller Schreibmaschinen mit lateinischen Schriftzeichen (einschließlich nationaler Sonderzeichen) zulässig. Dieser Dienst wird wegen mangelnder Akzeptanz aufgelassen.

Teletext(dienst)

Ein-Weg-Videotex. Siehe Videotex.

TELEX(-Dienst)

International standardisierter Fernmeldedienst für das Übertragen von Fernschreibzeichen im internationalen Telegrafenalphabet Nr. 2 und, bei Einhaltung bestimmter Regeln, das Übertragen anders codierter Information im 5-Bit-Code mit einer Übertragungsgeschwindigkeit von 50 bit/s.

TELNET

TCP/IP-Dienst, der es erlaubt, sich auf fremde, an das Internet angeschlossene Rechner einzuloggen. Dazu müssen die Netzadressen bzw. die Rechnernamen dieser Rechner bekannt sein. Ferner muß der Benutzer über eine Kennung auf diesem Rechner verfügen, wobei eine Identifikation über Benutzerkennung und Paßwort erfolgt.

TEMEX(-Dienst)

"TEMEX" ist die Abkürzung für: Telemetry-Exchange, einem öffentlichen Fernmeldedienst der Telekom für das Übertragen von Fernwirkinformation unter Mitbenutzen der vorhandenen Anschlußleitungen der Telefonanschlüsse. Die Gebühren für TEMEX-Anschlüsse sind sehr niedrig.

Terabyte

Abkürzung: TB. 1 TB = ca. 1 Billion Bytes (genau: 1 024 GB = 2^{40} Bytes = 1 099 511 627 776 Bytes)

Teraflops

Abkürzung: TFlops; 1 TFlops = 1 000 GFlops = 1 Billion Flops; Maßgröße für die Rechnerleistung zukünftiger Superrechner. Siehe GFlops und Flops.

Terminal

Siehe Datenendeinrichtung.

Terminaladapter (für den ISDN-Anschluß)

Adapter für die Verwendung von Datenendgeräten mit V- oder X-Schnittstellen an einem ISDN-Anschluß. Sie sorgen für die Bitratenadaption zwischen Endgerät und B- oder D-Kanal und die Umsetzung der Signalisierungsinformation des Endgerätes auf die Signale des D-Kanal-Protokolls des ISDN-Anschlusses.

Terminalemulation

Nachbildung des Kommunikationsverhaltens einer Datenstation durch eine andere (zum Beispiel eines 3270--Terminals durch einen Mikrorechner mittels Adapterkarte und entsprechender Software).

Terminalserver

Server, durch den mehrere "unintelligente" Terminals an ein Rechnernetz gekoppelt werden können.

terrestrisches Netz

Erdgebundenes Netz.

Test (von Programmen)

Verifikation von Programmen (Module, Untersysteme, Gesamtsystem) zum Nachweis der funktionalen Richtigkeit und der technischen Leistungsfähigkeit. Hierzu eignen sich folgende Methoden: Entwurfsverifikation; Code-Inspektion; Prüfung von Quellenprogrammen bei der Umwandlung und Aufbereitung; Beweisen von Programmen.

Testhilfe

Hilfsmittel zur Erleichterung und Beschleunigung des Testens von Programmen. Hierzu gehören Testvordrucke für die Planung von Tests, Testdatengeneratoren, Überwachungs- und Diagnoseprogramme des Betriebssystems und Konsolprotokolle.

Testprogramm

Dienstprogramm, das für diverse Systemtests verwendet wird.

Tetrade

Viererkombination von Bits.

Text

Nichtformatierte alphanumerische Daten.

Textautomat

Siehe Textverarbeitungssystem.

Textentwurf

Konzeption und Formulierung von Texten.

Textfixierung

Maßnahmen, die dazu dienen, einen Text physisch auf einem Trägermedium festzuhalten. Beispiele sind das Niederschreiben auf ein Blatt Papier oder auf eine Diskette, das Besprechen eines Tonbandes, Fotografie im Zusammenhang mit Lichtsatzgeräten oder ähnliches.

Textkommunikation

Austausch von textorientierter Information durch elektromagnetische Signale oder Lichtsignale.

textmengenorientierte Programmiersprache

Stark auf Textverarbeitungsaufgaben ausgerichtete Programmiersprache, bei der in allgemeinen höheren Programmiersprachen gebräuchliche Funktionen (mathematische Funktionen, Dateibehandlungsbefehle usw.) meist "verkümmert" sind.

Textumformung

Inhaltlich unveränderte Übertragung eines Dokumentes von einem Trägermedium auf ein anderes (zum Beispiel Abschreiben eines Textes), inhaltliche Veränderungen sowie redigierende und korrigierende Tätigkeiten, wie zum Beispiel Einfügen, Ersetzen, Umstellen und Löschen von Textstellen.

Textverarbeitung

Geistige und technische Produktion von Texten, die man in die Schritte Textentwurf, Textfixierung, Textumformung und Textweiterverwendung gliedern kann. Die Textverarbeitungsaufgaben können manuell, mechanisch und/oder automatisch abgewickelt werden. Typische Aufgabengebiete der Automatisierten Textverarbeitung sind zum Beispiel das Erstellen von Serienbriefen oder die Textbausteinverarbeitung (Bausteinkorrespondenz).

Textverarbeitungsprogramm

Programm zur Automatisierten Textverarbeitung (siehe dort).

Textverarbeitungssystem

Dedizierter Rechner, der durch ein spezielles Betriebssystem für die besonderen Belange der Automatisierten Textverarbeitung ausgelegt ist (elektronische Speicherschreibmaschine, Einzelplatztextsystem mit Bildschirm bzw. Mehrplatztextsystem), oder ein universeller Rechner, der über Textverarbeitungssoftware (Editor, Formatierer) verfügt.

Textweiterverwendung

Aktivitäten zur Reproduktion, Übertragung und Archivierung von Texten. Beispiele hierfür sind Kopieren und Drucken, das Zusammenfassen von gleichartigen Schriftstücken in Ordnern oder das Verschicken von Texten nach einer Verteilerliste.

TFlops

Abkürzung für: Teraflops (siehe dort).

TFT-Technik

"TFT" ist die Abkürzung für engl.: Thin Film Transistor. Die Dünnfilm-Transistor-Technik ist eine für flache Flüssigkristall-Farbbildschirme verbreitete Technik. Sie weist zwar im Vergleich zu monochromen LCD-Bildschirmen einen hohen Stromverbrauch und einen hohen Preis auf, bietet jedoch eine hervorragende Bildschärfe und Farbwiedergabequalität.

Thermodrucker

Nichtmechanischer Matrixdrucker, bei dem ein auf wärmetechnische Reize reagierendes Spezialpapier an den jeweiligen Druckstellen in der entsprechenden Zeichengestalt erhitzt wird.

Thermotransferdrucker

Nichtmechanischer Matrixdrucker, bei dem der Druckkopf ein hitzeempfindliches Farbband erhitzt und die "geschmolzene Tinte" auf Normalpapier überträgt.

Thesaurus

Verbindliche Schlagwortliste (bzw. Wörterbuch) mit zwei wesentlichen Eigenschaften: Er zeigt hierarchische und andere Beziehungen zwischen den Begriffen auf und deckt ein Fachgebiet möglichst systematisch und umfassend ab. Dadurch übt er eine terminologische Kontrolle aus. Von der Form her wird aus einer Schlagwortliste ein Thesaurus, wenn die bedeutungsmäßigen Beziehungen zwischen den Schlagworten angegeben werden.

Thick Ethernet

Siehe 10Base5.

Thread

Verarbeitungsschrittfolge innerhalb eines Prozesses.

Time-Saving/Time-Salary-Verfahren

Wirtschaftlichkeitsrechnung zur Beurteilung von Zeiteinsparungen, die vor allem bei Bürosystembeurteilungen eingesetzt wird. Dazu werden für einzelne Arbeitsplätze Zeiteinsparungen, die durch neue Verfahren erzielt werden können, in Personalkosteneinsparungen umgerechnet.

Tintenstrahldrucker

Nichtmechanischer Matrixdrucker, bei dem Texte und Bilder ein- und mehrfarbig auf Normalpapier oder Folie mittels kontrollierter Strahlen von Tintentröpfchen aus Tintendüsen erzeugt werden. Verbreitete Techniken sind hierbei das Bubble-Jet-Verfahren und das Piezoelektrische Verfahren (siehe dort).

TK-Anlage

Abkürzung für: Telekommunikationsanlage. Siehe Nebenstellenanlage.

TKO

Abkürzung für: Telekommunikationsordnung (siehe dort).

Token

Spezielles Bitmuster, das in einem LAN kursiert und die Sendeberechtigung für die am Netz angeschlossenen Stationen darstellt. Jede Station, die senden will, muß auf das Token warten. Wenn es bei ihr eintrifft, kann sie es vom Netz entfernen und darf eine begrenzte Menge von Daten senden. Wird die Übertragung beendet, wird das Token als Endemarke an die Nachricht angefügt. Damit wird die Sendeberechtigung für eventuell wartende Stationen freigegeben.

Tokenbus

Rechnernetz, das als logischer Ring auf einem physikalischen Bus implementiert ist. Das heißt, die Stationen sind physikalisch durch einen Bus miteinander verbunden. Als Zugangsregelung wird das Tokenverfahren verwendet.

Tokenring

Von IBM favorisierter Standard für lokale Rechnernetze, der in der ISO-8802-5-Norm definiert ist. Die Netzwerktopologie ist ein Ring, und die Zugangsregelung erfolgt mittels des Tokenverfahrens. Die typische, derzeit in der Praxis realisierte Übertragungsgeschwindigkeit ist 16 Mbit/s. Als Übertragungsmedium dient ein Kupferkabel mit zwei verdrillten Doppeladern, doppelt abgeschirmt, je eine Abschirmung pro Doppeladern plus eine gemeinsame Abschirmung.

Tokenverfahren

Spezifisches Kontrollverfahren für den kollisionsfreien Zugriff auf eine im lokalen Netz übertragene Information. Das Token (siehe dort) ist ein definiertes Bitmuster, das einer Datenstation (Sender) die Information vermittelt, daß das Netz zur Übertragung bereit ist. Siehe Zugangsverfahren (im LAN).

Top-down-Entwicklung

Methode der Informationssystementwicklung, bei der ein zunächst noch zu großes und zu komplexes Gesamtsystem in mehrere kleinere, einfacher überschaubare, möglichst geschlossene Teilsysteme zerlegt wird. Diese Verfeinerung wird schrittweise über mehrere Hierarchiestufen so lange fortgesetzt, bis eine beherrschbare Komplexität bzw. gut handhabbare, einfache Module erreicht sind.

Topologie

Struktur der physikalischen (nicht virtuellen!) Verbindungen, die zwischen den Knoten eines Netzes bestehen. Siehe auch Baum-, Bus-, Maschen-, Ring-, Schleifen- und Sternnetz.

TP-Monitor

Abkürzung für engl.: Teleprocessing Monitor. Systemprogramm, das Transaktionsprogramme oder Teile von diesen steuert und koordiniert.

TPC-A/TPC-B/TPS-Benchmarks

Diese vom Transaction Performance Council geschaffenen Benchmarks messen das Leistungsvermögen datenbankorientierter Systeme in Transaktionen/Sekunde (tps).

tpi

Auch im Deutschen gebräuchliche Abkürzung für engl.: tracks per inch. Maßgröße für die Spurdichte bei magnetischen und optischen Speichermedien.

tps

Abkürzung für engl.: transactions per

second. Maßgröße für die Transaktionsleistung, die in Transaktionen pro Sekunde gemessen wird.

Trabantenstation

Jede an einer Mehrpunktverbindung betriebene Datenstation mit Ausnahme der Leitstation.

Trader

ODP-Komponente (siehe dort), deren Normung durch die ISO schon relativ weit fortgeschritten ist. Der Trader bietet einen Vermittlungsdienst, dem sogenannte Exporteure (Servers) die von ihnen angebotenen Dienste bekanntgeben, und von dem sogenannte Importeure (Clients) nach entsprechenden Anfragen Referenzen auf Dienste erhalten. Dadurch müssen Klienten ihre Server sowie Dienstanbieter ihre Kunden nicht mehr selbst suchen. Mögliche Diensttypen sind alle Nutzungsvarianten der in einem Netz verfügbaren Ressourcen.

tragbarer Mikrorechner

Mikrorechner mit geringen Abmessungen und niedrigem Gewicht, der mittels Akku einige Stunden netzunabhängig betrieben werden kann. Es lassen sich drei Gruppen von tragbaren Mikrorechnern unterscheiden (siehe dort):
– Laptops (ca. 6 - 8 kg, mit Griffen tragbar),
– Notebooks (ca. 2 - 3 kg, in DIN A4-Format) und
– Palmtops (unter 2 kg, teilweise kleiner als DIN A5-Format).

tragbares Datenerfassungsgerät

Für den Einsatz in der mobilen Datenerfassung entwickeltes Gerät. Eigenschaften sind: geringes Gewicht, Un-

abhängigkeit von einer äußeren Stromquelle sowie ausreichende Speicherkapazitäten für die zu erfassenden Daten und die Erfassungsprogramme. Zur Datenspeicherung werden heute üblicherweise integrierte, batteriegespeiste Halbleiterspeicher und Flash-Speicherkarten verwendet, die sowohl hohe Kapazitäten als auch ein geringes Gewicht aufweisen. Zur Übertragung der dezentral erfaßten und im mobilen Gerät gespeicherten Daten an den räumlich entfernten Verarbeitungsort kommt neben dem körperlichen Transport der handlichen Geräte auch die Datenübertragung über Fernmeldewege in Frage.

Trägerdienst

Basisdienst im öffentlichen Telekommunikationsnetz, der von der Telekom angeboten wird und durch sogenannte Mehrwertdienste (siehe dort) ergänzt werden kann.

Transaktion

Verarbeitung eines Geschäftsvorfalls: Folge logisch zusammengehörender Aktionen, die Operationen auf die gemeinsam gespeicherten Daten ausführen.

Transaktionsbetrieb

Synonym: Teilhaberbetrieb (siehe dort). Siehe auch OLTP-Monitor und Transaktionsprogramm.

Transaktionscode

Kommando, mit dem ein Transaktionsprogramm gestartet oder der Ablauf eines Transaktionsprogramms gesteuert werden kann. Siehe auch OLTP-Monitor und Transaktionsprogramm.

Transaktionsleistung

Anzahl der durchgeführten Transaktionen pro Zeiteinheit. Siehe tps.

Transaktionsprogramm

Programm, das im allgemeinen mehrere Transaktionen entsprechend dem jeweils angegebenen Transaktionscode durchführt. Es kann von mehreren Benutzern gleichzeitig verwendet werden.

Transceiver

Kunstwort aus Transmitter und Receiver. Bezeichnung ein für Gerät, das in Ethernet-Netzwerken die Aus- und Einkopplung von Datensignalen übernimmt.

TRANSDATA

Rechnernetzkonzept von SNI.

Transferdaten

Daten, die von einem Programm verarbeitet wurden und anschließend einem anderen bereitgestellt werden.

Transistor

Schalteinheit, die aus drei Elektroden besteht: Basis, Emitter und Kollektor. Durch entsprechende Spannung an der Basis des Transistors ist es möglich, den Widerstand zwischen Emitter und Kollektor sehr groß oder verschwindend klein werden zu lassen, was den temporären Schalterstellungen offen oder geschlossen entspricht. Transistoren finden in großer Zahl auf den Chips (Halbleiterplättchen) Verwendung.

Transitsystem

Besteht aus den untersten drei Schichten des ISO-Referenzmodells für offene Rechnernetze (siehe dort) und dient der Vermittlung (= Aufbau, Aufrechterhaltung und Abbau von Verbindungen) und der reinen Datenübertragung.

Transponder

Dieses Kunstwort aus "transform" und "respond" bezeichnet eine technische Einrichtung, die auf Nachrichtensatelliten zunächst die von der Erde übertragenen Signale in die gewünschte Frequenz umsetzt und verstärkt und sie anschließend in einer bestimmten Richtung zur Erde zurücksendet.

Transportschicht

Schicht 4 des ISO-Referenzmodells für offene Rechnernetze. Sie hat die Aufgabe, Verbindungen zwischen Anwendungsprozessen zu unterstützen, wobei die beteiligten Prozesse auf demselben oder auf verschiedenen Rechnern laufen können. Wenn ein Anwendungsprozeß eine Transportverbindung zu einem Partnerprozeß aufbauen will, so muß er zu dessen Adressierung einen Transportdienstzugangspunkt angeben. Beim Verbindungsaufbau als Parameter angegebene Dienstgütemerkmale können zum Beispiel der geforderte Durchsatz (Anzahl der erfolgreich übertragenen Transportdateneinheiten pro Zeiteinheit), die maximale Übertragungsdauer für eine Transportdateneinheit und die Wahrscheinlichkeit für einen durch einen Fehler der Schichten 1 - 4 verursachten Verbindungsabbruch sein.

Transportsystem

Überbegriff für die Schichten 1 bis 4 des ISO-Referenzmodells für offene Rechnernetze. Im Transportsystem erfolgt die Abbildung von seitens der Anwendungsinstanzen verwendeten logischen Namen auf die im Transportsystem verwendeten Adressen und in weiterer Folge der Aufbau der gewünschten Endsystemverbindung. Die spezifischen Eigenschaften des eingesetzten Transitsystems haben für das – über dem

Transportsystem liegende – Anwendungersystem keinerlei Auswirkungen.

Traversierung

Systematisches Aufsuchen aller Knoten einer Baumstruktur.

Treiber(programm)

Gerätespezifisches Steuerungsprogramm, das der Anpassung von Systemen an unterschiedliche Hardware dient. Treiber(software) wird bei der Konfigurierung von Netzwerken, Druckern, Scannern etc. eingesetzt.

Treibereinheit (eines Verbindungssystem)

Bestandteil eines Verbindungssystems, der zur Signalverstärkung verwendet wird. Meist treten Treibereinheiten in Kombination mit Puffern auf, die der Zwischenspeicherung von Bits dienen.

Trojanisches Pferd

Sabotageprogramm, das eine nützliche Funktion vortäuscht oder ausführt, aber in Wahrheit für den Benutzer schädliche Funktion hat. So kann zum Beispiel ein Compiler (= Trojanisches Pferd) während des Übersetzungsvorgangs in das Objektprogramm einen Virus einfügen, der erst zu einem späteren Zeitpunkt mit seinem Zerstörungswerk beginnt. Die Verbreitung dieser Art von Programmen erfolgt durch das Kopieren von Dateien anderer EDVA oder von Datenträgern.

Trommeldrucker

Mechanischer Zeilendrucker, bei dem auf einer mit hoher Geschwindigkeit rotierenden Trommel für jede Schreibstelle alle Zeichen des Zeichensatzes auf den Trommelumfang verteilt sind.

Trommelplotter

Zu den Federplottern zählende Plotterart, bei der das Papier über eine rotierende Trommel läuft, die sich vor- und rückwärts bewegt. Der Stiftschlitten bewegt sich unabhängig von der Trommel im rechten Winkel zu dieser. Siehe Plotter und Federplotter.

Ttx

Abkürzung für: TELETEX. Siehe TELETEX(-Dienst).

Tupel

Veränderbarer Datensatz, der im Relationenmodell als Zeile einer Tabelle dargestellt ist.

TURBOchannel

Abkürzung: TC. Bussystem in Workstations mit Übertragungsgeschwindigkeiten von 50 bis 100 MB/s und einer Taktrate von 12,5 bis 25 MHz.

Twisted-Pair-Kabel

Englische, auch im Deutschen gebräuchliche Bezeichnung für: verdrillte Kupferkabel (siehe dort).

Typ

Siehe Datentyp.

Typ-A-Station

Datenstation, die direkt an ein FDDI-Netz (Primär- und Sekundärring) angeschlossen ist. Sie enthält die Komponenten der physikalischen Schicht in doppelter Ausführung. Siehe FDDI.

Typ-B-Station

Datenstation, die über einen bzw. mehrere Konzentratoren (also indirekt) an ein FDDI-Netz angeschlossen ist. Sie enthält die Komponenten der physikalischen Schicht in einfacher Ausführung. Siehe FDDI.

Typenbanddrucker

Mechanischer Zeilendrucker, bei dem die Drucktypen auf einem umlaufenden endlosen Metall- oder Kunststoffband aufgeprägt sind, das horizontal am Papier vorbeigeführt wird.

Typendruck

Mechanisches Druckverfahren, bei dem feste Symbole (auf Typenhebeln, Kugelköpfen oder Typenrädern) durch "Anschlag" zu Papier gebracht werden. Dieses Verfahren wurde bzw. wird bei Schreibmaschinen verwendet und ist bei EDV-Ausgabegeräten nicht mehr üblich.

Typenraddrucker

Mechanischer Zeichendrucker, bei dem der Zeichensatz auf einer Scheibe (Typenrad) aufgebracht ist.

U

überlassener Stromweg

Siehe Mietleitung.

Übersetzungsprogramm

Systemprogramm, das Anweisungen in einer höheren oder maschinenorientierten Programmiersprache liest, analysiert und in bedeutungsgleiche Maschinenbefehle umwandelt.

Übertragungs- geschwindigkeit

Wert für die Beurteilung der Leistungsfähigkeit von Übertragungswegen, der nach der Anzahl der je Sekunde übertragenen Bits in bit/s (engl.: bps) gemessen wird (bzw. bei höheren Datenraten in kbit/s oder MB/s).

Übertragungsmedium

Mittel, um Daten zu transportieren. In Rechnernetzen verwendete Übertragungsmedien sind:
- verdrillte Kupferkabel,
- Koaxialkabel,
- Glasfaserkabel,
- Funkwellen (erdgebunden oder über Satellit) und
- Infrarotwellen.

Übertragungsweg

Siehe Datenübertragungsweg.

UDS

Proprietäres Netzwerk-Datenbankverwaltungssystem für das Betriebssystem BS2000 von Siemens-Nixdorf (SNI).

UI

Abkürzung für: UNIX International (siehe dort).

Ultrix

UNIX-Version von DEC (Digital Equipment Corporation).

Umbruch

Einteilung eines Textes in Zeilen (siehe Zeilenumbruch) bzw. Seiten (siehe Seitenumbruch).

Umwelt eines Systems

Menge von Elementen mit für das System relevanten Eigenschaften, die nicht zu dem System gehören (Umsystem).

Umweltinformatik

Gestaltung von Informationssystemen für den Umweltschutz. Methoden aus unterschiedlichen Teilgebieten der Informatik werden mit Anwendungswissen aus Chemie, Physik, Geo-, Bio- und Werkstoffwissenschaften, Rechts- sowie Wirtschaftswissenschaften kombiniert, um den Informationsstand über die Umwelt zu verbessern und bessere umweltbezogene Entscheidungen zu ermöglichen.

unformatierte Daten

Daten, die keinen fest vereinbarten Aufbau (wie zum Beispiel Zeichen, Feld, Satz, Datei) haben.

ungepacktes Format

Darstellungsform von numerischen Daten, bei der jede Dezimalziffer ein ganzes Byte belegt.

unidirektional

Eigenschaft einer Leitung, die nur in einer Richtung für den Datentransport nutzbar ist (zum Beispiel der Adreßbus).

unintelligent

Attribut von Datenstationen, die auf die Steuerung durch einen anderen Rechner angewiesen sind.

Unisys

Amerikanischer EDV-Hersteller, der weltweit umsatzmäßig auf dem achten Rang liegt (1992). Das Angebot umfaßt Rechner aller Größenklassen, Software und Service.

Universalanschluß

Anschluß am ISDN, über den eine oder mehrere Telekommunikationsdienstleistungen innerhalb eines oder mehrerer Telekommunikationsdienste genutzt werden können. Es besteht die Möglichkeit, während einer Verbindung den Dienst zu wechseln. Universalanschlüsse werden als Basisanschlüsse (siehe dort) oder Primärmultiplexanschlüsse (siehe dort) angeboten.

Universalrechner

Siehe Großrechner.

UNIX

Mehrplatzbetriebssystem, das infolge seiner Schichtenstruktur und damit weitgehenden Hardwareunabhängigkeit für Rechner (vor allem Workstations und Minirechner) vieler Hersteller angeboten wird. Es ist zu etwa 90 % in der Programmiersprache C geschrieben (siehe dort).

Die unterste UNIX-Schicht, der sogenannte Kern, umfaßt die Steuerprogramme. Darüber liegt die Schicht der Benutzerprozesse, die einerseits über die Datenstationen mit den Benutzern kommunizieren und andererseits an den Kern Aufträge erteilen und von diesem überwacht werden. Zu den Benutzerprozessen gehören nicht nur wie üblich die Anwendungsprogramme, sondern auch der UNIX-Kommando-Interpreter (Shell) und die Dienstprogramme (insbesondere Softwareentwicklungswerkzeuge). Die um den Betriebssystemkern implementierte "Schale" (Shell) bildet die Kommandoschnittstelle, über welche die Benutzer(programme) alle Systemleistungen aufrufen können. Sie kann entsprechend speziellen Benutzerbedürfnissen gestaltet werden, z.B. "auf konventionelle Weise" durch Eintasten der Kommandozeilen, menügesteuert oder mit Hilfe grafischer Oberflächen. Als besondere Stärken von UNIX gelten die hierarchische Dateiverwaltung, das Prozeßkonzept, das breite, jederzeit vom Benutzer erweiterbare Angebot an Dienstprogrammen sowie - vor allem - die Portabilität (Hardware- und Herstellerunabhängigkeit). Weil nur die unterste Schicht (Hardware-Schnittstellen, Gerätetreiber) an die jeweilige Maschinenkonfiguration angepaßt werden muß und die UNIX-Lizenz von AT&T seit 1976 zu günstigen Konditionen für jeden Interessenten erhältlich ist, haben sich im vergangenen Jahrzehnt fast alle Hardwarehersteller entschieden, UNIX für ihre Rechner anzubieten. Dementsprechend groß ist die Zahl der auf dem Markt angebotenen UNIX-Varianten (ca. 150), die sich vor allem in ihren benutzernahen Komponenten unterscheiden.

Im deutschsprachigen Raum verbreitete UNIX-Versionen für Minirechner und Workstations sind beispielsweise AIX (IBM), HP-UX (Hewlett-Pakkard), OSF/1 (OSF), Sinix (Siemens), SUN-OS (SUN) und Ultrix (DEC). Eine UNIX-Weiterentwicklung, die die Verteilung auf mehrere Prozessoren, d.h. die Datenkommunikation zwischen Prozessen, unterstützt, ist MACH.

UNIX International

Als Gegenpol zur OSF gegründete EDV-Herstellergruppe, die sich mit der Standardisierung von UNIX beschäftigt.

Unterbrechung (eines Programms)

Unterbrechung des Programmablaufs mit der Möglichkeit, das Programm zu einem späteren Zeitpunkt fortzusetzen.

UPC

Abkürzung für engl.: Universal Product Code. Bezeichnung für einen - dem EAN-Code ähnlichen - amerikanischen Artikelstrichcode.

upm

Abkürzung für: Umdrehungen pro Minute. Maßgröße für die Umdrehungsgeschwindigkeit von Disketten, Magnetplatten und optischen Speicherplatten.

Urbeleg

Beleg, auf dem Information erstmals aufgezeichnet wird.

Urladeprogramm

Programm, das den eigentlichen Ladevorgang des Betriebssystems von externen Speichern ermöglicht. Es enthält im wesentlichen Treiberroutinen (Steuerprogramme), die das Ansprechen externer Speicher ermöglichen.

User Agent

Abkürzung: UA. Anwendungsprozeß, der dem Teilnehmer die Dienste des Message Transfer Systems (MTS) zugänglich macht. Er stellt Hilfsmittel zum Erstellen, Absenden, Empfangen und Archivieren von Mitteilungen bereit.

UTP

Abkürzung für engl.: Unshielded Twisted Pair. UTP bezeichnet nicht abgeschirmte, verdrillte Kupferkabel, die als Übertragungsmedium bei lokalen Netzen zunehmend an Bedeutung gewinnen. Sie sind - im Vergleich zu den bisher gebräuchlichen Koaxialkabeln - biegsamer, dünner und billiger.

V

V-Serie

CCITT-Schnittstellenempfehlungen für die Datenübertragung im Telefonnetz und auf analogen, festgeschalteten Leitungen (zum Beispiel V.24).

VANS

Abkürzung für engl.: Value Added Network Services. Synonym: Mehrwertdienst (siehe dort).

VAR

Abkürzung für engl.: Value Added Reseller. Bezeichnung für EDV-Hersteller, die Geräte bzw. Komponenten anderer Hersteller in eigenen Anlagen unter eigenem Namen vertreiben und dabei einen Zusatznutzen in Form spezieller Software, Firmware oder Hardware anbieten.

Variable

Datenelement, dessen Wert durch Operationen bei der Programmausführung verändert werden kann.

variable Daten

Synonym: fließende Daten (siehe dort).

VAX-Rechner

Seit den 80er Jahren im technisch wissenschaftlichen Bereich verbreitete Minirechnerfamilie (mit 32-Bit-CISC-Technologie) von DEC (Digital Equipment Corporation).

VBN

Abkürzung für: Vermittelndes Breitbandnetz. Digitales, selbstwahlfähiges Netz, das es interessierten Kunden der Telekom ermöglicht, mit neuen, breitbandigen Kommunikationsformen zu experimentieren und Erfahrungen zu sammeln. Einsatzmöglichkeiten bestehen zum Beispiel bei der Verknüpfung von LANs, bei Hochgeschwindigkeitsübertragungen für medizinische Anwendungen oder Multimedia-Anwendungen sowie bei Videokonferenzen.

VDM

Abkürzung für engl.: Vienna Development Method. Formale Methode bzw. Sprache zur Spezifikation von Software (vorwiegend für algorithmische Probleme).

Vektorgrafik

Siehe Strichgrafik.

Vektorplotter

Siehe Federplotter.

Vektorprozessor

Hilfsprozessor für die schnellere Ausführung rechenintensiver Programme.

Vektorrechner

Rechner, der über einen speziellen Satz von Befehlen verfügt, die mit Vektoren operieren.

Verarbeitungsbreite

Wesentliches Kriterium für das Leistungsvermögen eines Rechners. Man kann zwischen Prozessoren mit Verarbeitungsbreiten von 8, 16, 32 und 64 Bits unterscheiden.

Verarbeitungsleistung

Siehe Rechnerleistung.

Verarbeitungsprozessor

Synonym: Zentralprozessor (siehe dort).

Verbindungsgebühr (der Telekom)

Gebühr für eine Verbindung, abhängig von der Verbindungszeit, der Tageszeit, der Entfernung und (nur bei Wählverbindungen der Gruppe 5) der Datenmenge.

Verbindungssystem (von EDVA)

System zur Kopplung der Baueinheiten von EDVA. Es besteht aus
- Übertragungswegen, das sind elektrische oder seltener Lichtleitungen (Drähte oder gedruckte Schaltkreise), über die "Bitimpulse" übertragen werden,
- Vermittlungseinrichtungen (zentrale, dezentrale oder eventuell auch keine),
- Treibereinheiten zur Signalverstärkung und Puffer zur Zwischenspeicherung von Bits, die von den angesteuerten Einheiten erst zu einem späteren Zeitpunkt gebraucht werden können.

Verbindungszeit

Zeit, während der eine Verbindung besteht. Die Verbindungszeit beginnt mit der Entgegennahme des Anrufs bei der gerufenen Endstelle oder öffentlichen Telekommunikationsstelle bzw. mit dem Verbindungsaufbau zwischen Partnerinstanzen des ISO-OSI-Referenzmodells. Sie endet, sobald die Verbindung getrennt wird. An die Stelle der gerufenen Endstelle kann eine technische Einrichtung in einem Netzknoten der Telekom treten. Bei Festverbindungen der Gruppe 2 beginnt sie mit dem Senden eines Beginnzeichens durch die rufende Endstelle.

Verbunddokument

Synonym: Mischdokument. Ein Dokument, das aus Informationsteilen besteht, die aus verschiedenen Quellen bzw. von verschiedenen Werkzeugen (zum Beispiel Texteditor, Tabellenkalkulationsprogramm, Zeichenprogramm, Datenbank) geliefert werden.

Verbunddokumentenverarbeitung

Die Verarbeitung von Verbunddokumenten ist durch Einfügevorgänge und Verbindungen (engl.: links) charakterisiert. Diese können
- durch einen einfachen statischen Verweis (engl.: cold link),
- durch Einfügen von Dokumentteilen über eine Zwischenablage (engl.: clipboard) oder
- durch dynamisches Verknüpfen (engl.: live link oder hot link) erfolgen. Siehe hierzu auch DDE und OLE.

Verbundsoftware

Programme für den Rechnerverbund (Dateitransfer, Mitteilungsübermittlung usw.).

Verdichtungstechnik

Siehe Datenkompression.

verdrillte Kupferkabel

In der Telefonie für den Teilnehmeranschluß verwendetes schmalbandiges Übertragungsmedium. Über zwei Kupferleiter (0,6 mm Durchmesser) erfolgt die Informationsübertragung mittels elektromagnetischer Wellen. Die Drähte sind miteinander verdrillt, um soweit wie möglich gegenseitige Störungen benachbarter Adern innerhalb eines Kabels (sog. Nebensprechen) auszuschließen. Auch in LANs kommen zunehmend verdrillte Kupferkabel zum Einsatz; siehe hierzu STP und UTP.

Vereinbarung

Absprache über in Anweisungen auftretende Sprachelemente. Vereinbarungen werden als implizit bezeichnet, wenn sie für Sprachelemente in einem Programm zwar erforderlich sind, aber darin nicht genannt, sondern vom Übersetzer substituiert werden.
Beispiele für Vereinbarungen sind: Namensvereinbarung, Dimensionsvereinbarung, Formatvereinbarung, Prozedurvereinbarung.

Vererbung

Im Bereich der objektorientierten Programmierung übliche Bezeichnung für die Übertragung von Eigenschaften (Methoden und Datenstrukturen) von hierarchisch übergeordneten Klassen auf eine definierte untergeordnete Klasse. Es wird, je nach Zahl der vererbenden Oberklassen, zwischen der einfachen Vererbung und der mehrfachen Vererbung unterschieden.

Verifikation (von Programmen)

Siehe Test (von Programmen).

Verkabelungssystem

Datenübertragungsnetz, das mit Kabeln realisiert ist. Dazu zählen verdrillte Kupferkabel (UTP und STP), dicke und dünne Koaxialkabel und Glasfaserkabel.

Verkäufer

Siehe EDV-Verkäufer.

Verklemmung

Synonym: Deadlock. Zustand, bei dem sich zwei (oder mehrere) Transaktionen gegenseitig blockieren. Diese Situation kann zum Stillstand des betroffenen Systems führen und ist nur durch einen künstlichen Abbruch einer der blockierten Transaktionen zu beenden.

vermaschtes Netz

Siehe Maschennetz.

vermittelndes Breitbandnetz

Siehe VBN.

Vermittlungseinrichtung

Teil eines Verbindungssystems (siehe dort).

Vermittlungsknoten

Vermittlungsknoten ermöglichen eine bessere Ausnutzung von Übertragungswegen durch die Verknüpfung von Einzelverbindungen. Als Vermittlungsknoten bei digitaler Übertragung kommen Schnittstellenvervielfacher, Multiplexer, Konzentratoren und Kommunikationsrechner in Betracht (siehe dort).

Vermittlungsschicht

Schicht 3 des ISO-Referenzmodells für offene Rechnernetze. Sie befaßt sich mit Protokollen zwischen Endsystemen, also zwischen der Datenstation des Senders und der des Empfängers, gegebenenfalls über mehrere Zwischensysteme hinweg (während die Schichten 1 und 2 Protokolle zwischen unmittelbar benachbarten Stationen festlegen). Wesentliche Aufgaben sind die Wegewahl (Routing), das Multiplexen von mehreren Endsystemverbindungen über eine Zwischenverbindung, die Fehlerbehandlung sowie die Flußregelung zwi-

schen Endsystemen. (Beispiel: CCITT-
-Standard X.25 für paketvermittelte
Datennetze der öffentlichen Postver-
waltungen, wie DATEX-P in der BRD.)

Verschlüsselung

Schutz von sensiblen Daten durch Bearbeitung (Codierung) derselben mit
meist aufwendigen mathematischen
Verfahren. Siehe Kryptologie.

verteilte Datenbank

Logisch zusammengehörende, gemeinsam verwaltete Daten einer Datenbank sind physisch auf mehrere, in
einem Netz verbundene Rechner verteilt.

verteilte Datenverarbeitung

EDV-Trend, der auch als "Client-Server-
Computing", "Cooperative Processing"
und "Distributed Computing" bekannt
ist. Es handelt sich dabei um ein Konzept, das mittels Vernetzung eine optimale Ausnutzung der Ressourcen der
beteiligten Systeme gewährleisten soll.
Voraussetzungen für eine verteilte Datenverarbeitung sind:
- einheitliche Kommunikationsschnitt-
  stellen,
- ein Kommunikationssystem zur
  Unterstützung der Interprogrammkommunikation,
- netzweite Adreßverzeichnisdienste,
- Dienste für die gemeinsame Nutzung teurer Ressourcen,
- Schutzmechanismen gegen unbe-
  rechtigten Zugriff und
- Verwaltungsdienste für das verteilte System.

verteilte
Programmiersprache

Sprache, die für die Programmierung
von Aufgaben der verteilten Datenver-

arbeitung – unter besonderer Berücksichtigung der speziellen Probleme
hinsichtlich Kommunikation und Koordination – ausgelegt ist.

Vertriebsbeauftragte(r)

Siehe EDV-Verkäufer.

Verwaltung
persönlicher Dateien

Erfolgt durch Kommandos der Auftragssprache. Damit kann der Benutzer
seine Dateien
- identifizieren,
- speichern,
- wieder auffinden,
- kopieren,
- mit Zugriffsbeschränkungen und
  Schutzwörtern versehen,
- für andere Benutzer verwendbar erklären und
- löschen.

Verzeichnisdienst

Siehe Directory Service.

VGA

Abkürzung für: Video Graphics Array.
Grafik-Standard für Personal-Computer
mit einer Auflösung von 640 mal 480
Bildpunkten à 16 Farben.

Videokonferenz

Synonym: Fernsehkonferenz. Bespre-
chung räumlich getrennter Personen
mit Unterstützung von Zwei-Wege-
Fernsehen im Dialogbetrieb. Die Teilnehmer bzw. von diesen verwendete
Medien werden gefilmt, Bild und Ton
werden laufend über breitbandige Übertragungswege an ihre Gesprächspartner
übermittelt. Große Firmen haben hierfür eigene Videostudios eingerichtet;
solche können aber auch bei der Telekom gemietet werden.

Videotex

Internationaler Oberbegriff für die Übertragung von Texten und Festbildern mittels elektromagnetischer Signale auf Fernsehmonitore. Man unterscheidet interaktives Videotex auf Zwei-Weg-Basis (in der Bundesrepublik Deutschland "Bildschirmtext" genannt) und über Fernsehsender im Ein-Weg-Verkehr ausgestrahltes Videotex (von ARD/ZDF "Videotext", von RTL "RTL-Text", von RAI "Televideo", von den staatlichen Fernsehsendern in Frankreich, Großbritannien, Österreich und der Schweiz "Teletext" genannt). Die in Großbritannien übliche Bezeichnung "Videotex" entspricht dem deutschen "Bildschirmtext".

Videotext(dienst)

Übertragen von Information in der Austastlücke des Bildsignals über Fernsehsender.

vierte Normalform

Form einer Relation (Datensatz, Datei), bei der keine Abhängigkeit zwischen Nicht-Primärschlüssel-Attributen besteht. Siehe Normalisierung.

Virenprogramm

Sabotageprogramm, das seinen Programmcode in fremde Programme einfügt und das zunächst die Funktionsfähigkeit dieser befallenen (infizierten) Programme nicht verändert. Erst zu einem späteren Zeitpunkt wird ein durch den Programmcode bestimmter (vorgegebener) Schaden angerichtet. Diese Programme verbreiten sich durch Selbstreplikation (indem sich diese selbst abbilden) und durch Kopiervorgänge.

Virenschutzprogramm

Software, die EDVA vor dem Befall durch Virenprogramme schützen soll. Meist erfolgt der Schutz durch die Lokalisierung von infizierten Dateien anhand von Bitmustern bzw. Prüfsummen, der Überwachung der Ein-Ausgabeprozesse sowie der Überprüfung der Boot- bzw. Root-Sektoren bei beschreibbaren Datenträgern (zum Beispiel Disketten).

virtuell

Sich auf eine gedachte Funktionseinheit beziehend, deren Funktionen vollständig durch vorhandene Funktionseinheiten erbracht werden. Ein Beispiel ist der virtuelle Speicher, der durch Arbeitsspeicher, periphere Speicher und Teile des Betriebssystems realisiert wird.

Virtuelle Realität

Computergenerierte, dreidimensionale künstliche (imaginäre) Welt. Als typische Schnittstelle zu dieser "Virtuellen Realität" dient zur Zeit eine mit zwei LCD-Schirmen bestückte Brille ("Eyephone"), die ein dreidimensionales, begehbares Bild der Computersimulation liefert, sowie ein Datenhandschuh ("Dataglove"). Dreht der Benutzer den Kopf, verändert sich der durch das "Eyephone" dargestellte Blickwinkel entsprechend. Es entsteht die Vorstellung, sich im computererzeugten Raum wirklich zu bewegen. Der Datenhandschuh nimmt die Gelenkstellung der Finger über Glasfaser-Meßoptik auf und dient der Navigation durch den künstlichen Raum bzw. der Interaktion zwischen dem Benutzer und einzelnen Objekten der künstlichen Welt. Die Einsatzgebiete der "Virtuellen Realität" reichen von diversen Simulationen im militärischen Bereich und in der Luft- und

Raumfahrt über Simulationen in der Architektur bis zur Unterhaltungsindustrie. Neben dem Datenhandschuh sind auch andere Behelfe für die Dateneingabe denkbar, wie zum Beispiel der Ganzkörperanzug ("Datasuit").

virtuelle Speichertechnik

Durch die zunehmende Verbreitung von Multitasking-Betriebssystemen, die mehrere Programme gleichzeitig ausführen können (und somit im Arbeitsspeicher halten müssen), und die generelle Tendenz zu umfangreicheren Applikationen steigen die Ansprüche an den zur Verfügung stehenden Arbeitsspeicher. Bei der sog. virtuellen Speicheradressierung werden die schnellsten peripheren Direktzugriffsspeicher mit dem Arbeitsspeicher funktional zu einem einzigen homogenen Speicher verschmolzen. Wenn der Platz im Arbeitsspeicher für Daten und Programme nicht ausreicht, werden Teile auf die Peripheriespeicher (Hintergrundspeicher) ausgelagert. Dadurch wird der adressierbare Bereich (Arbeitsspeicherkapazität) wesentlich ausgeweitet.

virtuelle Unternehmung

Zwischenbetriebliche Kooperationsform "der Zukunft"; heutige Vorläufer sind Joint Ventures und Strategische Allianzen. Eine virtuelle Unternehmung ist eine Gruppe von erwerbswirtschaftlichen Betrieben, die zeitlich begrenzt zusammenarbeiten, um sich dadurch bestmöglich an spezifische Aktionsräume anzupassen und damit zeitlich begrenzte Chancen schnell und flexibel realisieren zu können. In einer virtuellen Unternehmung können die Mitglieder Kosten, Know-how oder den Zugang zu bestimmten Märkten teilen, wobei jeder Partner seine Stärken bzw. "Kernkompetenzen" einbringt. Dadurch

entsteht eine "Von-allem-das-Beste"-Organisation, deren Qualitätsniveau und Schlagkraft von einer einzelnen Unternehmung nicht erreicht werden könnte. Koordination und Zusammenarbeit werden durch Rechnernetze unterstützt.

virtueller Drucker

Um Wartezeiten auf Drucker zu vermeiden (zum Beispiel beim Mehrprogrammbetrieb), übernimmt das Betriebssystem die Zwischenspeicherung dieser Ausgaben in Druckdateien (siehe Spool). Dabei kommuniziert die Applikation mit der als "virtueller Drucker" bezeichneten Druckdatei wie mit einem realen Drucker. Die Weitergabe der Daten an den Drucker erfolgt i.d.R. automatisch durch das Betriebssystem.

virtueller Rechner

Gesamtheit aller virtuellen Betriebsmittel, die einem einzelnen Programm im Mehrprogrammbetrieb zur Verfügung stehen.

virtueller Speicher

Großer, adressierbarer Speicherbereich, von dem jeweils nur ein Teil im realen Arbeitsspeicher gehalten wird. Siehe virtuelle Speichertechnik.

virtuelles Betriebsmittel

Scheinbar vorhandenes Betriebsmittel einer EDVA. Siehe virtuell.

virtuelles Terminal

Dienst der obersten Schicht des ISO-OSI-Referenzmodells (Anwendungsschicht). Ein virtuelles Terminal definiert die Schnittstelle zwischen einem Terminal und dem Host für den entfernten Zugriff auf eine Anwendung am Host.

Virus

Siehe Computervirus.

VLSI

Abkürzung für engl.: Very Large Scale Integration. Höchste Integrationsstufe der Chiparchitektur (über 500 Gatter pro Chip).

VM/ESA

Abkürzung für engl.: Virtual Machine / Enterprise Systems Architecture. Ein von IBM ursprünglich zum Entwickeln und Testen von Systemsoftware entwickeltes proprietäres Großrechnerbetriebssystem, heute für IBM ES/9000-Rechner. VM bietet die Möglichkeit, einen Großrechner in mehrere virtuelle Maschinen aufzuteilen, die der interaktiven Datenverarbeitung, dem Betrieb von Gastsystemen sowie dem Betrieb von virtuellen Servern dienen. Gastsysteme bezeichnen Betriebssysteme (wie zum Beispiel MVS, VSE und UNIX), die unter VM/ESA auf einem virtuellen Rechner ablaufen. Der direkt adressierbare Speicherbereich (Zentralspeicher) liegt bei 10 GB.

VMS

Abkürzung für engl.: Virtual Management System. Proprietäres Betriebssystem von DEC (Digital Equipment Corporation) für die VAX-Rechnerfamilie.

Voice Mail

Synonym: Sprachspeicher- und -übermittlungssystem (siehe dort).

Voice Mailbox System

Synonym: Sprachspeicher- und -übermittlungssystem (siehe dort).

Vollduplexverfahren

Siehe Duplexverfahren.

Vollsortieren

Sortierverfahren, bei dem die Eingabesätze - in voller Länge sortiert - in die Ausgabedatei geschrieben werden.

Volltextdatenbank

Datenbank, in der Dokumente in ungekürzter Form abgespeichert sind. Gegenüber einer bibliografischen Datenbank (siehe dort), ist es von Vorteil, daß
- die Dokumente aktueller sein können, weil keine zeitaufwendige Verdichtung durch den Datenbankbetreiber nötig ist,
- die in voller Länge interessierenden Dokumente sofort zur Verfügung stehen (und nicht erst, wie bei den Referenz-Datenbanken, zeitaufwendig beschafft werden müssen),
- die Subjektivität bei der inhaltlichen Auswertung durch Dritte entfällt.

Volltextretrievalsystem

Siehe Retrievalsystem und automatische Volltextindexierung.

Volltextsystem

Siehe automatische Volltextindexierung.

von-Neumann-Rechner

Universalrechner, dessen klassische sequentielle Architektur den Prinzipien entspricht, die 1946 von John von Neumann vorgeschlagen worden sind:
- Der Rechner besteht aus fünf Funktionseinheiten: Speicher(werk), Leitwerk, Rechenwerk, Eingabewerk und Ausgabewerk.
- Die Struktur des Rechners ist unabhängig von den zu bearbeitenden Problemen. Zur Problemlösung

wird von außen eine Bearbeitungsvorschrift, das Programm, eingegeben und im Speicher abgelegt. Erst dieses Programm macht den Rechner arbeitsfähig.

– Im Speicher werden nicht nur die Programme, sondern auch die zu verarbeitenden Daten (= Nutzdaten), Zwischen- und Endergebnisse abgelegt. Der Speicher ist in gleich große Zellen unterteilt, die fortlaufend durchnumeriert sind. Über die Nummer (= Adresse) einer Zelle kann deren Inhalt aufgerufen oder verändert werden.

– Aufeinanderfolgende Befehle eines Programms können vom Leitwerk im allgemeinen aus aufeinanderfolgenden Speicherzellen geholt werden. Das Ansprechen des nächsten Befehls erfolgt durch das Erhöhen der Befehlsadresse um 1. Durch Sprungbefehle kann von der gespeicherten Befehlsreihenfolge abgewichen werden.

– Das Leitwerk steuert die Reihenfolge, in der die Befehle eines Programms ausgeführt werden, es entschlüsselt diese Befehle, modifiziert diese gegebenenfalls und gibt die für die Ausführung erforderlichen Steuersignale ab. Alle anderen Funktionseinheiten (Werke) sind dieser zentralen Steuerung unterworfen und werden nach Bedarf angesprochen und aktiviert.

– Das Rechenwerk verknüpft die vom Leitwerk bezeichneten Daten. Es führt arithmetische und logische Befehle aus.

– Alle Information (Befehle, Daten, Adressen usw.) wird binär codiert. Geeignete Schaltwerke im Leitwerk und an anderen Stellen sorgen für die Entschlüsselung (Decodierung).

Vorgangsbearbeitung

Rechnerunterstützte Abwicklung von stark strukturierten, verketteten Büroarbeitsprozessen mit Wiederholungscharakter. Sie erweitert das Funktionsspektrum von Arbeitsplätzen um die Möglichkeit der Zusammenarbeit zwischen mehreren Beteiligten nach festgelegten Regeln und Methoden. Innerhalb der Vorgangsbearbeitung unterscheidet man drei Ebenen:
– die Objektbearbeitungsebene,
– die Tätigkeitsebene und
– die Steuerungsebene.
Die Einsatzgebiete von Vorgangsbearbeitungssystemen liegen im Verwaltungsbereich von Behörden (Aktensysteme, Schriftgutverwaltungssysteme, Kanzleiinformationssysteme) und bei Versicherungen.

Vorgangskettenmodell

Siehe konzeptionelles Modell.

Vorrechner

engl.: Front-End-Processor, Abkürzung: FEP. Spezialrechner in Rechnernetzen, der Aufgaben der Übertragungssteuerung, wie die Abwicklung von Datenübertragungsprozeduren, die Zwischenspeicherung von Daten und Steuerangaben oder andere Aufgaben der Nachrichtenbehandlung, übernehmen kann. Nach dem Einsatzart unterscheidet man Datenübertragungsvorrechner, Netzknotenrechner und Datenstationsrechner.

VSAT

Abkürzung für engl.: Very Small Aperture Terminal. Satellitenübertragungsdienst für Daten-, Text-, Sprach- und Bildkommunikation. VSAT-Netze können nach den Betriebsarten bei der Datenübertragung in zwei Gruppen unter-

schieden werden:
- Verteilnetze mit Einwegkommunikation,
- Netze zur bidirektionalen Kommunikation.

Derzeit von VSAT-Anbietern in Deutschland offerierte Übertragungsdienste für
die Telefonie (bzw. auf Telefonverbindungen basierende Datenübermittlung
und Textkommunikation) erreichen
Übertragungsgeschwindigkeiten von
9 600 bit/s bis 128 kbit/s. Bei Festverbindungen bzw. Videokonferenzen werden Übertragungsgeschwindigkeiten
von bis zu 1,92 Mbit/s realisiert. VSAT-
Terminals bestehen aus einer Parabolantenne und einer Steuereinheit, die
auch als Schnittstelle zu lokalen Netzen
genutzt wird. Siehe Hub-Erdfunkstelle.

VSE/ESA

Abkürzung für engl.: Virtual Storage Extended / Enterprise Systems Architecture. Proprietäres Betriebssystem von
IBM für kleinere und mittlere Anlagen
der ES/9000-Großrechnerfamilie.

VT

Abkürzung für: Virtuelles Terminal
(siehe dort).

W

Wafer

Einige zehntel Millimeter dicke, hochreine Siliziumscheibe, die Platz für einige hundert oder tausend Chips bietet. Auf solchen Scheiben werden durch gezielte Oxidations-, Diffusions- und Implantationsschritte sowie durch Aufdampfen metallischer Verbindungen und mikroskopisch präzise Ätzverfahren die Schaltkreise der Chips erzeugt.

Wählverbindung

Verbindung zwischen Datenstationen, die bei Bedarf für einen bestimmten Zeitabschnitt wahlweise über Vermittlungseinrichtungen hergestellt wird. Gegenüber Standverbindungen ist das mögliche Auftreten von Besetztfällen ein Nachteil.

WAIS

Abkürzung für engl.: Wide Area Information Service. Dienst im Internet (siehe dort), der die Informationssuche in den Datenbanken des Internets erleichtert. WAIS ist derzeit auf über 300 öffentlichen Servern im Internet installiert und wird hauptsächlich im Bibliotheksbereich eingesetzt.

WAN

Auch im Deutschen gebräuchliche Abkürzung für engl.: Wide Area Network. Siehe Fernnetz, öffentliches Telekommunikationsnetz und Internet.

Warenwirtschaftssystem

Umfassendes, alle Warenprozesse unterstützendes Informationssystem im Handel. Im Warenausgangsmodul erfolgen die artikelspezifische Warenausgangserfassung, die Warenbestands-

verbuchung sowie die Erfassung von Verkäufer- und Kundendaten (auf der Basis von POS-Scannerkassen). Die Aufgaben des Wareneingangsmoduls bestehen in der artikelspezifischen Wareneingangserfassung, dem Abgleich zur Bestellung und ggf. Fehlermeldung sowie der Lagerbewertung und Bestandsführung. Im Dispositions- und Bestellwesenmodul können unter Heranziehung der aktuellen Artikelumsätze und Berücksichtigung von Bedarf, Lieferzeit, Umschlagshäufigkeit, Mindestbestellmengen und Konditionen automatisch Bestellvorschläge erzeugt werden. Die abgeschlossene Disposition führt zur automatischen Bestellschreibung und Abspeicherung der Daten zur Überwachung von Bestellung und Wareneingangsaviso. Im Führungsinformationsmodul werden Inventurstatistiken, Absatzstatistiken (Artikel- und Sortimentsanalysen), Verkaufsflächenanalysen, Preis- und Sonderangebotsanalysen u.v.a.m. zur Unterstützung einer gezielten Marketingpolitik erzeugt. Durch EDI lassen sich einzelbetriebliche Warenwirtschaftssysteme zu informationslogistischen Netzwerken unter Integration von Industrie, Banken, Marktforschungsinstituten und Logistik-Dienstleistern erweitern.

Wartung

Instandhaltung. Dazu gehören bei einem Informationssystem auch die Fehlerbehebung und die erforderlichen Anpassungen und Änderungen. Die Wartung stellt den letzten Tätigkeitsschwerpunkt in unserem Phasenmodell für die Entwicklung von Informationssystemen dar (siehe Phasenschema).

Wartungstechniker

EDV-Fachkraft für die Installation, vorbeugende Wartung, Fehlerdiagnose und Reparatur von Datenverarbeitungssystemen. Weitere Tätigkeiten: technische Änderungen und Kapazitätsänderung von Datenverarbeitungssystemen; Abbau von Datenverarbeitungssystemen.

Wechselbetrieb

Betriebsart der Datenübertragung, bei der in einer Datenstation abwechselnd Sendebetrieb und Empfangsbetrieb stattfindet.

Wechselplatte

Austauschbarer Plattenspeicher; umgangssprachlich ist damit i.d.R. eine Magnetplatte gemeint.

Wegewahl

Synonym: Routing. Vom Router übernommene Funktion der Auswahl des Übertragungsweges anhand der in jedem Datenpaket enthaltenen Adreßangaben. Siehe Router.

Weitverkehrsnetz

Synonym: Fernnetz (siehe dort).

Whetstone-Benchmark

Meßgröße für die Prozessorleistungsfähigkeit, die auf dem typischen Befehlsmix von kleineren FORTRAN-Programmen bei technisch-wissenschaftlichen Anwendungen basiert. Whetstones werden in Kwips (thousands of whetstone instructions per second) ausgedrückt.

Wiederanlauf

Wiederherstellung und Fortsetzung von Prozessen nach einer Fehlersituation (auf der Basis von Momentaufnahmen).

Wiederholung

– **bei Datenstrukturen:**
  Elementare Kontrollstruktur, bei der ein Datenelement aus keinem, aus einem oder aus mehreren gleichartig aufgebauten Datenelementen besteht.

– **bei Programmstrukturen:**
  Elementare Kontrollstruktur, bei der - in Abhängigkeit vom Wahrheitswert einer zu prüfenden Bedingung - eine Programmkomponente keinmal, einmal oder mehrmals ausgeführt wird.

– **in der Programmlogik:**
  Elementare Kontrollstruktur, bei der - in Abhängigkeit vom Wahrheitswert einer zu prüfenden Bedingung - Arbeitsanweisungen keinmal, einmal oder mehrmals ausgeführt werden.

Winchester-Technologie

Magnetplatte(n) und Zugriffseinrichtung(en) sind in ein hermetisch abgeschlossenes, mit Edelgas gefülltes, fest montiertes Gehäuse eingeschlossen. Die Schreib- und Leseköpfe schweben beim Betrieb in der Höhe von etwa 1 µm auf einem Luftpolster über der Plattenoberfläche.

Windows

Verbreitetste grafische Benutzeroberfläche von Microsoft. Diese funktional an Vorgänger von Xerox und Apple angelehnte Oberfläche entwickelte sich zum Standard im PC-Bereich und somit zur Basis für die meisten Anwendungsprogramme. Erweiterungen wie OLE (siehe dort) sowie spezielle Windows-Versionen für Pen-Computing, Workgroups und Multimedia steigern weiterhin die Attraktivität dieser auf dem

Betriebssystem MS-DOS basierenden Oberfläche.

Windows NT

32-Bit-PC-Betriebssystem von Microsoft, primär für verteilte Systeme im kommerziellen Bereich. Es ist fast gänzlich in C bzw. C++ geschrieben und ist dadurch nicht nur - wie der "Vorgänger" MS-DOS/Windows - auf Intel-80X86-Prozessoren, sondern auch auf anderen Prozessor-Plattformen (u.a. den 64-Bit-RISC-Mikroprozessoren R4000, Alpha) lauffähig. Durch seine Skalierbarkeit (preemptives Multitasking und Multithreading) ist es für Multiprozessorsysteme besonders interessant. Es ist nach dem Client-Server-Prinzip aufgebaut: Eine übergeordnete Einheit, der Betriebssystemkern ("Executive" genannt), verwaltet autarke Systemdienste (zum Beispiel die Server für die Bildschirm- und Speicherverwaltung), die von Clients (Anwendungsprogrammen oder anderen Servern) durch Mitteilungen angefordert werden können. Es ist für den Einsatz in Netzwerken konzipiert und bietet dementsprechend geeignete Schutzmechanismen für Programme und Dateien verschiedener Benutzer (Benutzerkennung und Paßwort) im Netz. In sogenannten Subsystemen können vorhandene DOS-, 16-Bit-Windows- und OS/2-Programme (allerdings nur 16-Bit-Anwendungen im Textmodus) laufen. UNIX-Anwendungen können ebenfalls - aber nur mittels Softwareemulation (und damit verbundenen Leistungseinbußen) - laufen; der POSIX-Standard wird unterstützt. Der minimale Arbeitsspeicherbedarf für das Betriebssystem beträgt 8 - 12 MB, auf der Magnetplatte sind 60 - 100 MB erforderlich.

Wirtschaftlichkeit

Begriff zur Kennzeichnung des Zielerreichungsgrades von Handlungsmöglichkeiten im wirtschaftlichen Bereich. Eine Handlungsweise wird dann wirtschaftlich genannt, wenn sie es ermöglicht, mit gegebenen Mitteln ein bestmögliches Ergebnis bzw. ein bestimmtes Ergebnis mit geringsten Mitteln zu erzielen. Ihren geldmäßigen Ausdruck findet die Wirtschaftlichkeit in Relationen, wie dem Verhältnis zwischen der gegebenen und der günstigsten Kostensituation (Istkosten/Sollkosten) oder dem Quotienten aus Ertrag und Aufwand. Der von uns verwendete Wirtschaftlichkeitsbegriff bezieht jedoch nicht nur die in Geldeinheiten ausdrückbaren, sondern *alle* wertbestimmenden Einsatz- und Ausbringungsgrößen in die Betrachtung ein. Die Wirtschaftlichkeit (d.h. die Vorteilhaftigkeit) einer Handlungsweise bzw. mehrerer Alternativen wird von uns also als Beziehung zwischen den Einsatzgütern und den angestrebten Zielsetzungen abgebildet und gemessen.

Wirtschaftlichkeitsrechnung

Ermittlung der Wirschaftlichkeit von Handlungsmöglichkeiten durch die Erfassung und Verrechnung ihrer wertbestimmenden Faktoren. Siehe hierzu Argumentenbilanz, Kosten-Nutzen-Analyse, Nutzwertanalyse und Time-Saving/Time-Salary-Verfahren.

Wirtschaftsdatenbank

Informationsdienst, der Zugriff auf Wirtschaftsdaten (Wirtschaftspublikationen, Firmenprofile, Angebote, Gesuche, Kontakte etc.) bietet. Mehr als die Hälfte der international angebotenen Datenbanken sind Wirtschaftsdatenbanken.

Wirtschaftsinformatik

Wissenschaft, die sich mit der Gestaltung rechnergestützter Informationssysteme in der Wirtschaft befaßt.

"Die Wirtschaftsinformatik versteht sich als interdisziplinäres Fach zwischen Betriebswirtschaftslehre (BWL) und Informatik und enthält auch informations- bzw. allgemein-technische Lehr- und Forschungsgegenstände. Sie bietet mehr als die Schnittmenge zwischen diesen Disziplinen, beispielsweise besondere Methoden zur Abstimmung von Unternehmensstrategie und Informationsverarbeitung (siehe Abbildung).

... Die Arbeitsteilung mit der Informatik (zur Abgrenzung von den Angewandten Informatiken zuweilen als Hauptfach- oder Kern-Informatik bezeichnet) liegt im wesentlichen darin, daß die Informatiker die Rechenanlagen, Kommunikationsnetze und die sogenannte Dienst-Software (z.B. Programmiersprachen, Betriebssysteme, Datenbank-Verwaltung) entwickeln. Informatiker befassen sich auch mit grundlegenden Methoden (Algorithmen), wie z.B. zur Verschlüsselung, Komprimierung, Übertragung, zum Abspeichern und Wiederfinden von Daten, mit Verfahren der sogenannten Künstlichen Intelligenz oder zur Erkennung von Mustern durch Roboter." (P. Mertens im Studien- und Forschungsführer Wirtschaftsinformatik, Springer-Verlag, 4. Aufl., Berlin u.a. 1992, S. 3) Die Wirtschaftsinformatik baut auf solchen methodischen Vorarbeiten der Informatik auf und setzt diese bei der Planung, Entwicklung und Nutzung von betrieblichen Anwendungssystemen um.

Wirtsrechner

Siehe Host.

wissensbasiertes System

Siehe Expertensystem.

Wissensbasis

In einem Expertensystem die Datenbank mit Expertenwissen (= meist fachlich eng eingegrenzte Wissensmenge).

Wissensrepräsentation

In einem Expertensystem die formale Beschreibung des gespeicherten Wissens (zum Beispiel in Form eines semantischen Netzes oder in Form von Regeln).

Berührungspunkte der Wirtschaftsinformatik (nach P. Mertens)

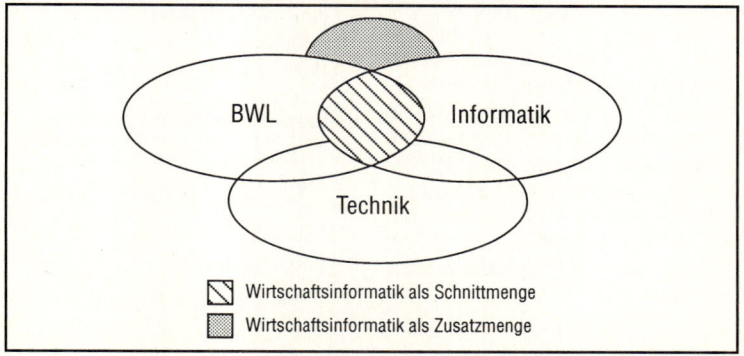

BWL | Informatik

Technik

◩ Wirtschaftsinformatik als Schnittmenge

▦ Wirtschaftsinformatik als Zusatzmenge

Workgroup Computing

Neue Form des rechnerunterstützten Zusammenwirkens von Arbeitsgruppen. Dabei wird Information gemeinsam erzeugt, gesammelt, kommentiert, strukturiert bzw. verteilt und ist somit vielfältig für die täglichen Aufgaben einsetzbar. Software, die diesen Prozeß möglichst einfach und weitreichend unterstützt, ohne die Dynamik und die Flexibilität dieser ablaufenden Gruppenarbeitsprozesse in die Zwangsjacke starr vorgegebener Funktionalität zu pressen, bezeichnet man als Groupware (siehe dort).

Workstation

Auch im Deutschen gebräuchlicher, englischer Ausdruck für eine Arbeitsstation. Am Arbeitsplatz eines Endbenutzers in der Fachabteilung installierter Mikrorechner. Vielfach wird dieser Begriff auch eingeschränkt auf einen Hochleistungsarbeitsplatzrechner (32- oder 64-Bit-RISC-CPU) für primär technisch-wissenschaftliche Anwendungen auf UNIX-Basis im Netzverbund.

World Wide Web

Dienst im Internet (siehe dort), der die Informationssuche in den Datenbanken des Internets erleichtert. World Wide Web (abgekürzt: WWW) ist auf über 30 öffentlichen Servern im Internet installiert und verfügt über Schnittstellen zu FTP, WAIS und Archie.

WORM

Abkürzung für engl.: Write Once Read Many. Technologie für optische Speicherplatten, die beim Anwender sukzessive einmal beschrieben und beliebig oft gelesen werden können. Für diese meist für Archivierungsaufgaben eingesetzten Datenträger konnte sich bisher kein Standard durchsetzen. Die Ka-

pazitäten von größeren WORM-Platten (im 12-Zoll- bzw. 14-Zoll-Format) können bis zu mehreren GB betragen.

Wort

Siehe Maschinenwort.

Wortgenerator

Programm zur Sprachausgabe, das mit Hilfe von "Einzelwortkonserven" Ausgabenachrichten bilden kann. Dabei bedient es sich eines umfangreichen Lexikons von gespeicherten (digitalisierten) Worten, die je nach Zweck der Ausgabe über ihre Speicheradressen in der jeweils sinnvollen Reihenfolge aufgerufen werden.

wortorientierter Rechner (Wortmaschine)

EDVA, die mit einer festen Wortlänge von mehr als einem Byte arbeitet (zum Beispiel mit 32 oder 64 Bits).

Wurmprogramm

Sabotageprogramm, das über Netze Rechner befällt und diese in der Folge arbeitsunfähig macht. Siehe hierzu Computervirus.

Wurzel

Knoten einer Baumstruktur, ohne Vorgänger hat.

WWW

Abkürzung für engl.: World Wide Web (siehe dort).

WYSIWYG

Abkürzung für engl.: What-You-See-Is-What-You-Get. Damit ist gemeint, daß ein am Bildschirm manipuliertes Dokument stets genauso aussieht wie beim späteren Ausdruck.

X.25

Internationaler Standard der CCITT für den Transport von Daten, die in paketvermittelten Netzen (wie zum Beispiel DATEX-P) übertragen werden.

X.400

Von ISO und CCITT gemeinsam erarbeiteter Standard für Mitteilungsübermittlungssysteme (Elektronische Post; siehe dort).

X.500

Von ISO und CCITT gemeinsam erarbeiteter Standard, der die Struktur eines umfassenden, baumartig aufgebauten Adreß- und Namensverzeichnisses in Rechnernetzen und die Funktionen eines verteilten Verzeichnisdienstes beschreibt (siehe Directory Service).

X-Serie

CCITT-Schnittstellenempfehlungen für die Datenübertragung in digitalen Netzen (zum Beispiel X.25).

X-Server

Siehe X-Terminal und X-Window.

X-Terminal

Einfaches, preisgünstiges Rasterbildschirmgerät für UNIX-Systeme mit der grafischen Benutzeroberfläche X-Window (siehe dort). Das X-Terminal übernimmt lediglich die Funktionen eines X-Servers, der die Geräte genau eines Arbeitsplatzes verwaltet (Tastatur, Zeigeeinrichtung und ein oder mehrere Bildschirme). Zu den verwalteten grafischen Ressourcen gehören Bildschirmfenster, virtuelle Ausgabebereiche im Speicher, Farbtabellen und ihre Einträge sowie die am Bildschirm verwendeten Schriftarten (Fonts). Der X-Server empfängt und bearbeitet Ausgabe- und Verwaltungsanforderungen der Anwendungen und benachrichtigt diese von Benutzereingaben und von Änderungen der Geometrie (Größe, Position, Sichtbarkeit) der ihnen zugeordneten Fenster. Sämtliche Anwendungen und das Fensterverwaltungsprogramm (Window Manager) werden auf anderen, über ein lokales Netz zugänglichen Rechnern ausgeführt.

X-Window (X.11)

Vom "Massachusetts Institute of Technology" (MIT) seit 1984 entwickelte, frei verfügbare grafische Benutzeroberfläche für UNIX-Systeme, die auf dem Client-Server-Modell basiert. Die zentrale Instanz, der X-Server, ist auf der Arbeitsstation implementiert und kommuniziert mit mehreren Anwendungen (Clients), die auf anderen, über ein lokales Netz zugänglichen Rechnern ausgeführt werden. Fast alle EDVA-Hersteller unterstützen mittlerweile dieses rechner- und herstellerunabhängige Protokoll. Siehe auch X-Terminal.

X/Open-Gruppe

Vereinigung führender Hersteller und Softwarehäuser mit einem Anwenderbeirat, welche die Schaffung einer standardisierten Applikations- und Entwicklungsumgebung für UNIX zum Ziel hat. Damit soll unabhängigen Softwarehäusern ein Anreiz gegeben werden, die Softwarepalette für UNIX zu bereichern.

XGA

Abkürzung für engl.: Extended Graphics Adapter. Grafik-Standard für Personal-Computer mit einer Auflösung von 1 024 mal 768 Bildpunkten à 256 Farben.

Z

Zahlensystem

System zur Darstellung von Zahlen. Dabei ist zwischen Stellenwertsystemen (Dual-, Dezimal- und Hexadezimalsystem) und anderen Systemen (zum Beispiel dem römischen Zahlensystem) zu unterscheiden.

Zählregister

Schaltwerk, in dem eine Zahl gespeichert ist, zu der abhängig von einer Schaltvariablen eine konstante Zahl, die Zähleinheit, addiert wird. Die Zähleinheit ist eine positive oder negative ganze Zahl, meist 1.

Zeichen

Element aus einer zur Darstellung von Information vereinbarten endlichen Menge von verschiedenen Elementen, dem sog. Zeichenvorrat. Schriftzeichen sind Buchstaben, Ziffern, Sonderzeichen und das Leerzeichen. Unter Sonderzeichen versteht man allgemein gebräuchliche Schriftzeichen, die nicht Buchstaben oder Ziffern sind, wie zum Beispiel + - * / = . , ; : ? ! ( ) $ % & usw.

Zeichendrucker

Druckausgabegerät, das - wie eine Schreibmaschine - Zeichen für Zeichen druckt. Zeichendrucker arbeiten meist relativ langsam, aber dafür oft (zum Beispiel bei der Textverarbeitung) mit hoher Druckqualität. Die wichtigsten Arten sind Nadel-, Thermo-, Thermotransfer-, Tintenstrahl- und Typenraddrucker (siehe dort).

Zeichenerkennung

Siehe OCR.

Zeichensatz

Menge der zur Zeichendarstellung verwendbaren Symbole (zum Beispiel auf einem peripheren Gerät). Siehe Font.

Zeichenvariable

Variable, die nur alphabetische oder alphanumerische Zeichen enthalten kann.

Zeichenvorrat

Vereinbarte endliche Menge von verschiedenen Elementen zur Darstellung von Information.

Zeiger

Adresse des in der Sortierreihenfolge nachfolgenden Satzes (bei Ketten).

Zeilendrucker

Ausgabegerät, das jeweils eine Zeile nach der anderen als Ganzes druckt und dadurch eine hohe Druckgeschwindigkeit erreicht. Mechanische Zeilendrucker sind Impact-Matrix-, Trommel-, Ketten-, Typenbanddrucker (siehe dort).

Zeilensprung

Sowohl bei Fernsehapparaten als auch bei einigen Computerbildschirmen eingesetztes Verfahren, bei dem pro Durchlauf nur jede zweite Zeile des Bildschirmes vom Kathodenstrahl aufgefrischt wird. Der Vorteil des scheinbar schnelleren Bildaufbaus wird dabei durch teilweise erhebliches Flimmern beeinträchtigt.

Zeilenumbruch

Automatische Aufteilung des Textes in Zeilen. Diese Funktion wird von allen

Textverarbeitungsprogrammen unterstützt.

Zeitmultiplexbetrieb

Betriebsart des Mehrprogrammbetriebes, bei der von einer Funktionseinheit mehrere Aufgaben abwechselnd, in Zeitabschnitten verzahnt, bearbeitet werden.

Zeitscheibenverfahren

Betriebsart einer EDVA, bei welcher der Prozessor den um ihn konkurrierenden Programmen in einer bestimmten Reihenfolge jeweils für eine feste Zeit zugeteilt wird (das heißt, der Prozessor arbeitet im Zeitmultiplexbetrieb).

Zell(ular)system

Mobilfunknetz mit zentraler Organisation (Vermittlungsnetz). Die zu versorgende geographische Region ist in Abhängigkeit von der Sendereichweite in abgegrenzte Gebiete, sogenannte Zellen, eingeteilt, die jeweils von einer ortsfesten Sende/Empfangsstation (= Basisstation) gesteuert werden. Jede Mobilstation in einer Zelle kann Signale an die entsprechende Basisstation senden und von ihr empfangen. Benachbarte Basisstationen verwenden unterschiedliche Frequenzen, weil sich sonst ihre Signale bei den Mobilstationen überlagern und damit nicht empfangen werden könnten. Aus diesem Grund wird jeder Basisstation ein Frequenzbündel zugewiesen; auf diesen Frequenzen kommuniziert eine Basisstation mit den Mobilstationen ihrer Zelle. Wenn sich eine Mobilstation über eine Zellengrenze bewegt, wird sie von der bisherigen Basisstation an die nun zuständige andere Basisstation übergeben (Kanalwechsel). Grundlage für digitale europäische Zellsysteme ist der GSM-Standard (siehe dort). Die Datenübertragungsra-

te ist auf 9 600 bit/s beschränkt. Siehe Funknetz.

Zentralamt für Zulassungen im Fernmeldewesen

Für die Zulassung von Datenübertragungseinrichtungen zuständige Instanz in Deutschland. Siehe auch Netzmonopol.

zentrale Datenerfassung

Datenerfassung, bei der weder eine personelle noch eine räumliche Identität zwischen der Datenentstehung und der Datenerfassung besteht. Die Datenerfassung ist aus den Fachabteilungen ausgegliedert und wird von speziellem Personal meist unter Verantwortung der zentralen EDV-Abteilung durchgeführt.

Zentraleinheit

Funktionseinheit innerhalb eines Datenverarbeitungssystems, die Prozessor(en), Eingabewerk(e), Ausgabewerk(e) und Zentralspeicher umfaßt.

Zentralprozessor

Funktionseinheit der Zentraleinheit, die Leitwerk und Rechenwerk umfaßt. Das Leitwerk steuert die Reihenfolge, in der Befehle eines Programms ausgeführt werden, es entschlüsselt diese Befehle, modifiziert diese gegebenenfalls und gibt die für die Ausführung erforderlichen digitalen Signale ab. Das Rechenwerk führt die internen Operationen aus.

Zentralspeicher

Bezeichnung für jenen in der Zentraleinheit befindlichen Speicher, zu dem der bzw. die zentralen Prozessoren und gegebenenfalls EA-Prozessoren unmittelbar Zugang haben. Man unterscheidet Arbeitsspeicher, Pufferspeicher, Register- und Mikroprogramm-speicher (siehe dort).

Zentrieren

Einmitten, d.h. Textstücke, Grafiken o.ä. in die Mitte einer Zeile, Spalte oder Seite stellen.

Ziffer

Zeichen aus einem Zeichenvorrat von N Zeichen, denen als Zeichenwerte die ganzen Zahlen 0, 1, 2, ..., N-1 umkehrbar eindeutig zugeordnet sind. Je nach der Anzahl N nennt man die zugrundeliegenden Ziffern Dualziffern (N=2), Oktalziffern (N=8), Dezimalziffern (N=10), Duodezimalziffern (N=12), Hexadezimalziffern (N=16).

Ziffernteil

Rechtes Halbbyte eines für die Zeichendarstellung verwendeten Bytes. Siehe Zonenteil, Halbbyte.

Ziffernwert

Ergebnis der Multiplikation des Nennwerts einer Ziffer mit ihrem Stellenwert.

Zoll

Deutsche Bezeichnung für die englische Maßeinheit "Inch". (1 Zoll = 2,54 cm).

Zonenstrahl

Strahl einer Satellitenantenne, der ein großes Gebiet der Erdoberfläche (z.B. Europa oder Nordamerika) ausleuchtet. Siehe Ausleuchtgebiet (eines Satelliten), Satellitenübertragung.

Zonenteil

Linkes Halbbyte eines für die Zeichendarstellung verwendeten Bytes. Siehe Ziffernteil, Halbbyte.

Zugangsverfahren (im LAN)

Verfahren, das die Sendeberechtigung für Stationen in einem lokalen Netzwerk festlegt. Dabei ist zwischen einer strengen Zugangsregelung (Tokenverfahren) und dem Wettkampfverfahren (CSMA/CD) zu unterscheiden.

Zugriffsmethode

Siehe Suchverfahren.

Zugriffsschutz

Technische Maßnahme, die dem Datenschutz dient. Dabei wird jedem Benutzer ein eigener (mit Paßwort geschützter) Speicherbereich und/oder eine Benutzerklasse zugeordnet. Die Benutzerklassen sind nach den Anforderungen der Benutzer gegliedert (vom "einfachen" Benutzer bis zum Systemverwalter) und stellen dementsprechend mehr oder weniger umfangreiche Befugnisse zur Datenmanipulation zur Verfügung.

Zugriffszeit

Bei einer Funktionseinheit die Zeitspanne zwischen dem Zeitpunkt, zu dem von einem Leitwerk die Übertragung bestimmter Daten nach oder von der Funktionseinheit gefordert wird, und dem Zeitpunkt, zu dem die Übertragung beendet ist.

zusammengesetztes Attribut

Zusammengesetzte Attribute sind Attribute, die aus mehreren Teilattributen bestehen (z.B. besteht das Attribut "Adresse" aus den Teilen "Straße", "Postleitzahl" und "Ort"). Im Gegensatz dazu stehen einfache Attribute.

Zweiadreßbefehl

Befehlswort mit zwei Adressen. Je nach

der gewünschten Operation können die beiden Adressen zwei einem Rechenvorgang zu unterziehende Operanden angeben.

Zweidrahtleitung

Im öffentlichen Fernsprechnetz und in betriebsinternen Telefonnebenstellenanlagen verwendetes Medium für die Datenübertragung auf elektrischem Wege. Die Übertragung erfolgt über zwei Kupferleiter, die miteinander verdrillt sind. Siehe verdrillte Kupferkabel.

zweite Normalform

Form einer Relation (Datensatz, Datei), bei der diese in der ersten Normalform ist und jedes Attribut voll funktional vom Primärschlüssel abhängig ist. Siehe Normalisierung.

Zwischenablage

Englische, auch im Deutschen gebräuchliche Bezeichnung: Clipboard.

Ablage in grafischen Benutzeroberflächen, die Texte, Tabellen, Grafiken oder Ton aufnehmen kann, um den kopierten Inhalt an einer anderen Stelle innerhalb des bearbeiteten Dokuments bzw. in Dokumente anderer Applikationen (zum Beispiel Verbunddokumente) einzufügen.

Zykluszeit

Synonyme: Taktzeit, Taktzyklus (siehe dort).

Zylinder

Peripherer Speicherbereich, auf den durch eine einzige mechanische Bewegung zugegriffen werden kann (zum Beispiel übereinanderliegende Spuren eines Magnetplattenstapels).

ZZF

Abkürzung für: Zentralamt für Zulassungen im Fernmeldewesen (siehe dort). Siehe auch Netzmonopol.

Übungsaufgaben

Nr. I-1 bis I-270

Bearbeitungshinweise

Nachfolgend sind die **Übungsaufgaben** wiedergegeben, die Sie bei der Durcharbeitung des Bandes "Wirtschaftsinformatik I" zur Selbstkontrolle Ihrer Lernfortschritte lösen sollten. Es ist zweckmäßig, wenn Sie diese Aufgaben jeweils sofort dann bearbeiten, wenn im Text ein entsprechender Hinweis erfolgt. Die Aufgaben sind dem behandelten Stoff angepaßt und dienen dazu, Ihr ständiges Mitdenken zu sichern. **Musterlösungen** für die insgesamt 270 Übungsaufgaben werden auf den Seiten 321 bis 441 dargestellt.

Für den Fall, daß Ihre Lösung einer Aufgabe nicht mit der jeweils vorgegebenen Musterlösung übereinstimmt, ergeben sich folgende Möglichkeiten:

–   Ihre Lösung ist ähnlich der vorgegebenen und damit sinngemäß richtig. – Setzen Sie Ihr Textstudium fort, bzw. beginnen Sie mit der Bearbeitung der nächsten Aufgabe.

–   Sie bemerken aufgrund der vorgegebenen Lösung Fehler bzw. Verständnismängel. – Lesen Sie den der Übungsaufgabe vorangehenden Abschnitt nochmals sorgfältig durch und setzen Sie Ihr Textstudium danach fort, bzw. gehen Sie zur Bearbeitung der nächsten Aufgabe über, wenn Sie die Lösung verstanden haben.

–   Sie können sich nicht erklären, warum die vorgegebene Lösung anders ist als die Ihre. – Lesen Sie den entsprechenden Abschnitt (eventuell auch die vorhergehenden Abschnitte) des Lehrtextes nochmals gründlich durch. Werden dadurch die Unklarheiten nicht beseitigt, so wenden Sie sich bitte an den Verfasser (Anschrift auf der Rückseite des inneren Titelblatts).

Übungsaufgabe Nr. I-1:   X

Nennen Sie ein im Textbuch nicht genanntes Beispiel für die analoge und die digitale Darstellung ein und derselben Information (so wie für die Zeitanzeige erläutert) und erklären Sie anhand dieses Beispiels nochmals die Bedeutung des Wortes "analog".

Übungsaufgabe Nr. I-2:   X

Erklären Sie, weshalb ein Rechner ohne ein vollständiges Programm völlig nutzlos ist.

Übungsaufgabe Nr. I-3:

Zählen Sie bitte einige Vorteile der Verkaufsdatenerfassung mit elektronischen Datenkassen aus der Sicht des Handels auf.

Übungsaufgabe Nr. I-4:

Warum ist es mißverständlich bzw. sogar irreführend, wenn eine EDVA als Elektronengehirn bezeichnet wird?

Übungsaufgabe Nr. I-5:

Bitte zeichnen Sie einen genauen Plan über den Arbeitsablauf beim Entleihen eines Buches aus einer Universitätsbibliothek. Verwenden Sie bei der grafischen Darstellung der Folge von Tätigkeiten die in der Abb. 1.1.3/4 beschriebenen genormten Sinnbilder. Sind Sie der Ansicht, daß sich die Ausleihvorgänge beim Einsatz eines Rechners automatisieren lassen?

Übungsaufgabe Nr. I-6:

Versuchen Sie bitte, die beiden folgenden Ansichten zu begründen:
  a) Information gewinnt in der Wirtschaft zunehmend an Bedeutung.
  b) Der Wettbewerb zwingt zur Rationalisierung der Datenverarbeitung.

Übungsaufgabe Nr. I-7:

Welche der in der Abb. 1.2.1/2 im Textbuch dargestellten Baueinheiten einer EDVA sind periphere Geräte?

Übungsaufgabe Nr. I-8:

Welche der nachfolgenden Aussagen sind (ist) zutreffend?
Der Zentralspeicher einer EDVA dient zur dauerhaften Aufbewahrung von
  a) zu verarbeitenden Daten.
  b) Programmen.
  c) zu verarbeitenden Daten und Programmen.

Übungsaufgabe Nr. I-9: ╳

Welche der nachfolgenden Aussagen sind (ist) zutreffend?
In der Zentraleinheit einer EDVA werden die Rechenoperationen durchgeführt

a) im Zentralspeicher.
b) im Leitwerk.
c) im Rechenwerk.

Übungsaufgabe Nr. I-10: ╳

Welche der nachfolgenden Aussagen sind (ist) zutreffend?
Das Leitwerk in der Zentraleinheit

a) steuert den Arbeitsablauf in der EDVA.
b) dient zur vorübergehenden Speicherung von zu verarbeitenden Daten.
c) führt Vergleichsoperationen aus.

Übungsaufgabe Nr. I-11: ╳

Welche der nachfolgenden Aussagen sind (ist) zutreffend?

Ein Vorteil von EDVA gegenüber herkömmlichen Maschinen zur Informationsverarbeitung (z.B. Schreibmaschinen, Kopierern) ist

a) die Speicherung großer Datenmengen.
b) der schnelle Zugriff auf die gespeicherten Daten.
c) die hohe Verarbeitungsgeschwindigkeit.
d) die vielseitige Anwendbarkeit.

Übungsaufgabe Nr. I-12:

Wieviele Bits würde eine duale Codierung mindestens benötigen, um alle gültigen Schaltzustände (d.h. GRÜN, GRÜN BLINKEND, GELB, ROT, ROT UND GELB, GELB BLINKEND) eines Komplexes von drei voneinander völlig unabhängigen Verkehrsampeln abbilden zu können?

Übungsaufgabe Nr. I-13:

Führen Sie sich nochmals die wichtigsten Vorteile von Standard- und kundenspezifischen Chips vor Augen (vielleicht hilft dabei ein Vergleich aus dem Textilbereich: Konfektion und Maßfertigung).

Übungsaufgabe Nr. I-14:

Der Student Robert Strebsam denkt an den Kauf eines Mikrorechners, um sein Studium effizienter und damit rascher absolvieren zu können. Der Arbeitsspeicher soll eine Kapazität von 8 MB haben. Inwiefern ist es für Roberts Beschaffungsentscheidung relevant, ob die Rechnerhersteller hierfür 1-, 4- oder 16-Megabit-Chips verwenden?

Übungsaufgabe Nr. I-15:

Ein Mikrorechner mit einem 32-Bit-Zentralprozessor hat eine Taktfrequenz von 50 MHz. Durchschnittlich werden vier Taktzyklen für die Verarbeitung eines Maschinenbefehls benötigt. Wieviele Befehle kann dieser Rechner pro Sekunde ausführen?

Übungsaufgabe Nr. I-16:

Im kommerziellen Einsatz stehende Personal-Computer haben derzeit oft Mips-Raten von etwa 10 und kosten zwischen ca. 5 000,- und 10 000,- DM. Großrechner haben Kaufpreise von ca. 500 000,- bis 30 Mio. DM und typische Mips-Raten zwischen ca. 30 und 230. Gehen Sie von diesen Eckdaten aus und berechnen Sie, was ein Mips beim Kauf eines Rechners der genannten Gruppen ungefähr kostet. Nehmen Sie zur Vereinfachung an, daß die teuersten Rechner einer Gruppe die leistungsfähigsten sind und die billigsten Rechner die geringste Leistung innerhalb einer Gruppe erbringen.

Übungsaufgabe Nr. I-17:

Wieviel muß ein EDV-Anwender ungefähr pro Computerarbeitsplatz bezahlen, wenn er einen kommerziell einsatzfähigen PC, einen Minirechner für zehn Benutzer und einen Großrechner der obersten Leistungsklasse mit 500 angeschlossenen Bildschirmgeräten anschafft. Gehen Sie von den im Abschnitt 1.2.3.3 des Textbuches angegebenen Preisen aus und unterstellen Sie bei den Mehrplatzsystemen der Einfachheit halber, daß sie die Preise der Peripheriegeräte einschließen.

Übungsaufgabe Nr. I-18:

Hat jeder Betrieb ein Informationssystem? Begründen Sie Ihre Antwort!

Übungsaufgabe Nr. I-19:

Ist ein PKW auch ein modulares System? Begründen Sie Ihre Antwort!

Übungsaufgabe Nr. I-20:

Begründen Sie etwas ausführlicher (auf etwa zwei DIN-A4-Seiten), warum strategische längerfristige Überlegungen beim Aufbau betrieblicher Informationssysteme (IS) notwendig sind.

Übungsaufgabe Nr. I-21:

Überlegen Sie, warum im vorliegenden Fall (Textbuch S. 76 ff.) die Umstellung auf das rechnergestützte Warenwirtschaftssystem schrittweise und nicht insgesamt zu einem Stichtag erfolgte. Welche Vorteile und Nachteile hat die Umstellung auf ein neues Informationssystem zu einem Stichtag?

Übungsaufgabe Nr. I-22:

Ein Wirtschaftsinformatiker ist bei einem großen Reiseveranstalter beschäftigt. Welche der nachfolgenden Aufgabenstellungen sind typisch für sein Tätigkeitsfeld?

   a) Auswahl von Reisezielen in der Karibik, die in den Katalog aufgenommen werden sollen.
   b) Verhandlungen mit Charterfluggesellschaften über Platzkontingente.
   c) Untersuchung der Möglichkeiten eines Anschlusses der Filialen an ein rechnergestütztes Platzbuchungssystem verschiedener Luftverkehrsgesellschaften.
   d) Ökonomische Rechtfertigung des Anschlusses der Filialen an dieses Platzbuchungssystem auf Basis einer Wirtschaftlichkeitsrechnung.
   e) Auswahl von PCs, die in den Filialen für das Platzbuchungssystem installiert werden sollen.
   f) Anpassung und Erweiterung der Standardprogramme des Platzbuchungssystems an die unternehmensindividuellen Verhältnisse.
   g) Konstruktion und Fertigung von Nadeldruckern für die speziellen Bedürfnisse im Reisegewerbe.
   h) Befragung der Filialmitarbeiter über zusätzliche Belastungen durch die Bildschirmarbeit.

Übungsaufgabe Nr. I-23:

Wie beurteilen Sie die Möglichkeiten kleinerer Betriebe, bei ihren EDV-Beschaffungsentscheidungen sowie bei der Einführung von rechnergestützten Informationssystemen kostenlosen Rat bei Hardware- und Softwarelieferanten bzw. -anbietern einzuholen oder diese mitarbeiten zu lassen?

Übungsaufgabe Nr. I-24:

Nennen Sie mögliche negative Wirkungen betrieblicher EDV-Rationalisierung für die Arbeitnehmer.

Übungsaufgabe Nr. I-25:

Erläutern Sie den Unterschied zwischen Datenschutz und Datensicherung.

Übungsaufgabe Nr. I-26:

Nennen Sie jeweils drei mögliche positive Wirkungen (Nutzeffekte) der EDV in der Materialwirtschaft (Beschaffung, Lagerhaltung) und in der Fertigung eines Industriebetriebs.

Übungsaufgabe Nr. I-27:

Welche Bedingungen erschweren die Analyse der gesellschaftlichen Auswirkungen, die sich im Zusammenhang mit der EDV bis heute gezeigt haben?

Übungsaufgabe Nr. I-28:

Erläutern Sie Ihre Abstraktion der Begriffe "Quadrat", "Ball" und "Tisch". Zählen Sie dabei mindestens je drei wesentliche und unwesentliche Eigenschaften auf.

Übungsaufgabe Nr. I-29:

Geben Sie Attribute und Attributkombinationen an, die als Primärschlüssel für die Artikel eines Warenhauses dienen könnten.

Übungsaufgabe Nr. I-30:

Nennen Sie jeweils drei Objekttypen, Attribute, Objekte und Beziehungen für das Beispiel des Tante-Emma-Ladens (im Abschnitt 1.1.3 des Textbuchs).

Übungsaufgabe Nr. I-31:

Nennen Sie Nutzdaten und Steuerdaten, die in einem rechnergestützten Warenwirtschaftssystem (wie in Abschnitt 1.1.3 skizziert) verarbeitet werden.

Übungsaufgabe Nr. I-32:

Welche der folgenden Angaben über Artikel (Attribute des Datenobjekts ARTIKEL) in einem Warenwirtschaftssystem sind Stammdaten, Änderungsdaten, Bestandsdaten oder Bewegungsdaten: Bestellte Menge, Verkaufspreis, Gewicht, eingegangene Menge, Lagerwert, Löschung einer Artikelnummer?

Übungsaufgabe Nr. I-33:

Denken Sie an einen Fall, bei dem Ihnen ein und dieselben Sachverhalte sowohl in schriftlicher als auch in akustischer und in bildlicher Form präsentiert wurden: Zum Beispiel "Othello", einmal als Shakespeare-Lektüre im Gymnasium, als Verdi-Oper auf CD oder als Aufführung der Wiener Staatsoper. Wie unterscheiden sich die genannten Darstellungsformen hinsichtlich des übermittelten Informationsumfangs?

Übungsaufgabe Nr. I-34:

Geben Sie an, welchen Typen – alphabetisch, numerisch oder alphanumerisch – die folgenden Variablen zugeordnet werden können: 8550132, ABC, 12.43E-7, Schalke 04, $ 100,-.

Übungsaufgabe Nr. I-35:

Sehen Sie sich nochmals die Abb. 2.1.1/4 im Textbuch an. Für welche der dort genannten Attribute der Objekttypen AUTOR und BUCH wäre in einem rechnergestützten Bibliotheksverwaltungssystem die Definition von Feldern variabler Länge wünschenswert?

Übungsaufgabe Nr. I-36:

Nennen Sie die wichtigsten grafischen Darstellungsformen von betriebswirtschaftlichem Zahlenmaterial und fertigen Sie zu jeder Form eine Handskizze mit den entsprechenden typischen Merkmalen an.

Übungsaufgabe Nr. I-37:

Sicher kennen Sie Computerspiele – wenn nicht als Spieler, so doch zumindest als gelegentlicher Zuschauer. Bei einem in vielen Varianten angebotenen Spiel flieht eine vom Spieler gesteuerte Person auf dem Bildschirm in einem Labyrinth vor Räubern, Ungeheuern, Fallen u.ä., kann dabei Schätze finden, durch siegreiche Kämpfe Bösewichte beerben usw.

Erläutern Sie, was bei dieser Anwendung der grafischen Datenverarbeitung Nutzdaten und Steuerdaten sind? Ist die vom Spieler auf dem Bildschirm gesteuerte Person ein Bildelement? Was ist in unserem Beispiel die Antwortzeit?

Übungsaufgabe Nr. I-38:

Welche Aussagen über sprachliche Daten sind (ist) richtig?
  a) Schreit der dem Autor gehörende Graupapagei Jako, wenn sich ein unbekannter Besucher seinem Kletterbaum nähert, so handelt es sich hierbei um sprachliche Daten.
  b) Wird das Geschrei des Graupapageis über eine herkömmliche analoge Telefonverbindung von der Wohnung in das Büro des Autors in Wien übertragen, dann wird eine Sekunde Papageiengeschrei bei der Übertragung durch 64 000 Bits repräsentiert.
  c) Melodie und Rhythmus des Papageiengeschreis können über ein Mikrofon erfaßt, digitalisiert und auf einem externen Speicher aufgezeichnet werden. Werden die gespeicherten Töne in der Folge auf einem Bildschirm in Kurvendiagrammform dargestellt, so handelt es sich hierbei um bildliche Daten.

Übungsaufgabe Nr. I-39:

Welche der folgenden Aussagen zur Sprachverarbeitung sind (ist) richtig?
  a) Bei der digitalen Telefonie wird überwiegend die PCM-Technik verwendet, bei der die Übertragung sprachlicher Daten mit 64 kbit/s erfolgt.
  b) "PCM" ist eine englische, auch bei uns gebräuchliche Abkürzung für die Hersteller von EDV-Geräten, die steckerkompatibel zu jenen des Marktführers IBM sind.
  c) Sprachspeicher- und -übermittlungssysteme ermöglichen es einem

Teilnehmer, telefonische Mitteilungen in einem Rechner abzuspeichern, diese später beliebig oft wieder anzuhören oder diese Mitteilungen zu bestimmten Zeitpunkten automatisch anderen Teilnehmern zustellen zu lassen.

d) Das maschinelle Erkennen fließender Rede verschiedener Sprecher "steckt noch in den Kinderschuhen", so daß an einen kommerziellen Einsatz auf breiter Ebene derzeit nicht zu denken ist.

e) Weiter entwickelt sind die Systeme zur Einzelworterkennung bestimmter Sprecher. Anwendungsmöglichkeiten ergeben sich vor allem dort, wo keine Angaben per Hand möglich bzw. die Augen beschäftigt sind, oder aber in Fällen, wo das Blickfeld nicht ständig zwischen einer Tastatur und einem Bildschirm hin- und herwandern soll. Ein Beispiel dafür ist etwa das Arbeiten mit einem Mikroskop, bei dem man nebenbei die erfaßten Sachverhalte in einem Rechner registrieren möchte.

Übungsaufgabe Nr. I-40:

Bitte ergänzen Sie in den folgenden Sätzen die fehlenden Worte oder Wortteile:

a) In einem Code ist die .... der Darstellungsform einer Nachricht (d.h. einer übermittelten Information) festgelegt.

b) Da auf unterster Ebene in einer EDVA nur zwei Zustände erkannt werden können, werden rechnerintern nur ....codes verwendet.

c) Der Satz, den Sie gerade lesen, ist im ....code geschrieben.

d) Eine Zuordnungsvorschrift, die sich auf einen Zeichenvorrat bezieht, der mindestens aus den Dezimalziffern und den Buchstaben des gewöhnlichen Alphabets besteht, ist ein .... Code.

e) Wird ein russisches Buch ins Deutsche übersetzt, so handelt es sich dabei um eine Code................ .

Übungsaufgabe Nr. I-41:

Versuchen Sie zu begründen, warum gerade acht Bits als kleinste adressierbare Speicherungs- und Verarbeitungseinheit von Daten standardmäßig in Bytemaschinen vorgesehen sind.

Übungsaufgabe Nr. I-42:

Übersetzen Sie die folgende, im EBCDI-Code dargestellte binäre Zeichenkette in den Alphabetcode:

LLOOOOLO LOLOOLOO LOLOOOLO LOLOOOLO LOOOLOOL

Übungsaufgabe Nr. I-43:

Vervollständigen Sie bitte die folgende Tabelle:

Dezimalzahl	Nennwert der unterstrichenen Ziffer	Stellenwert der unterstrichenen Ziffer	Wert der unterstrichenen Ziffer (Ziffernwert)
52 4<u>9</u>7	9	10	90
5<u>4</u>			
1 23<u>4</u>			
<u>4</u> 023			
<u>8</u>12			
<u>1</u>0 000			
<u>1</u>			

Übungsaufgabe Nr. I-44:

Stellen Sie die Dezimalzahl 46 002 als Summe von Zehnerpotenzen dar.

Übungsaufgabe Nr. I-45:

Wieviele verschiedene Ziffern gibt es im Dualsystem? Wie groß kann der Nennwert einer Ziffer im Dualsystem maximal sein? Nennen Sie die fünf kleinsten Stellenwerte einer ganzen positiven Dualzahl.

Übungsaufgabe Nr. I-46:

Rechnen Sie 110001111100_2 in eine Dezimalzahl um. Verwenden Sie dabei Abb. 2.1.3.3/2.

Übungsaufgabe Nr. I-47:

Bitte rechnen Sie folgende Dezimalzahlen in Dualzahlen um:

21   435   2 621   35

Übungsaufgabe Nr. I-48:

Vervollständigen Sie bitte die folgende Tabelle:

Zahlensystem		Zahlensystem	
DEZIMAL	DUAL	DUAL	DEZIMAL
11		110	6
12		111	7
13		1000	
14	1110	1111	
15		11111	
16		100100	
17		1000001	
18	10010	1000010	66
37	100101	11111110	
39		10000111	

Übungsaufgabe Nr. I-49:

Berechnen Sie bitte die folgenden Beispiele zur Addition und Subtraktion von Dualzahlen:
   a) $11011_2 + 10101_2$ **b)** $11101_2 - 10010_2$

Übungsaufgabe Nr. I-50:

Berechnen Sie bitte die folgenden Beispiele zur Multiplikation und Division von Dualzahlen:
   a) $11011_2 * 10101_2$ **b)** $1001000_2 : 1000_2$

Übungsaufgabe Nr. I-51:

Die Umwandlung von Hexadezimal- in Dezimalzahlen und umgekehrt erfolgt nach denselben Rechenverfahren wie die Umwandlung von Dual- in Dezimalzahlen und umgekehrt.

Zeigen Sie, daß Sie die Umwandlungsverfahren für Zahlen beliebiger Stellenwertsysteme beherrschen, indem Sie
   a) die Hexadezimalzahl 1735 in eine Dezimalzahl umwandeln und
   b) das hexadezimale Äquivalent der Dezimalzahl 5941 ermitteln.

Übungsaufgabe Nr. I-52:

Welches ist die größte Dezimalzahl, die als Ganzes in rein dualer Form in einem Rechner mit einer Darstellungskapazität von 32 Bits pro Zahl dargestellt werden kann?

Übungsaufgabe Nr. I-53:

Welche der folgenden Aussagen über Zahlensysteme sind (ist) richtig?

a) Ein Zahlensystem ist eine Vereinbarung über die Schreibweise von Zahlen. Ergibt sich der Wert der Zahl aus der relativen Position der einzelnen Ziffern innerhalb der Darstellung, wird es Stellenwertsystem genannt.

b) Ein Stellenwertsystem mit der Basis 8 (Oktalsystem) verfügt über acht Ziffern. Der höchste Nennwert einer Ziffer ist dementsprechend die 7.

c) Die Ziffern einer Dualzahl können nur die Werte 0 und 1 annehmen.

d) Die Adressen, die unmittelbar eine Speicherstelle des Arbeitsspeichers kennzeichnen (= Maschinenadresse, absolute Adresse, effektive Adresse), werden durch numerische Werte (meist "echte" Dualzahlen) repräsentiert.

e) Durch das Packen von Zahlen läßt sich beim maschineninternen Rechnen Speicherplatz sparen. Dezimalzahlen können sowohl in gepackter als auch in ungepackter Form auf Magnetplatten gespeichert werden.

Übungsaufgabe Nr. I-54:

Welche der folgenden Aussagen zum Aufbau und zur Verarbeitung von Befehlen sind (ist) richtig?

a) Jede Anweisung eines Programms, egal in welcher Programmiersprache es geschrieben ist, ist ein Befehl. Von einem Maschinenbefehl spricht man dann, wenn ein Befehl in der Maschinensprache, d.h. im Binärcode, vorliegt.

b) In einem Maschinenbefehl wird eine auszuführende Operation spezifiziert. Die Ausführungszeiten können sich je nach Befehlstyp stark unterscheiden. Zum Beispiel dauert eine Ein-/Ausgabeoperation, etwa ein Magnetplattenzugriff, um ein Vielfaches länger als eine prozessorinterne Operation, etwa die Addition zweier Zahlen.

c) Als Befehlsvorrat bezeichnet man die Menge der Maschinenbefehle eines Rechners.

d) In einer Bytemaschine werden bei der Verarbeitung eines Programms sowohl die auszuführenden Befehle als auch die jeweils benötigten Nutzdaten im Arbeitsspeicher gehalten. Aus dem Inhalt der Speicherstellen ist nicht ersichtlich, ob es sich um Befehle oder Nutzdaten handelt.

e) In einem Maschinenbefehl werden die Adressen von Operanden im Arbeitsspeicher in der Form von Zahlen angegeben.

Übungsaufgabe Nr. I-55:

Nachfolgend werden verschiedene Sachverhalte genannt, die für die Verkaufsabrechnung eines Lebensmittelfilialbetriebs kennzeichnend sind: ASCII-Code der Datenkassen; Kassenzettel in der Breite von 7 cm; Fakturierungsprogramm in COBOL; zwei Ordner mit grafischen Darstellungen der Informationsstruktur, die in der Datenbank abgebildet ist; Schlüsselstruktur der Artikelnummer entsprechend EAN; Zwei-Byte-Befehl für die duale Addition von zwei Registerinhalten; Mikroinstruktionsformat des Serviceprozessors; numerischer Typ des Feldes "Verkaufspreis"; Warteschlangen von durchschnittlich drei Kunden vor den Datenkassen; Firmware der SNI-Zentraleinheit H120-S.

Ordnen Sie diese Sachverhalte den Ebenen des folgenden Schichtenmodells der Abstraktion zu:
- Realwelt;
- Konzeptionelles Modell;
- Anwendungsprogramm;
- Maschinenprogramm;
- Mikroprogramm.

Übungsaufgabe Nr. I-56:

Welche der in Abb. 2.2/1 genannten Merkmale sind für Eurocheques zutreffend, auf denen unten eine Zeile in maschinenlesbarer Schrift enthalten ist (die Felder "Schecknummer", "Kontonummer", "Bankleitzahl" können auf diese Weise automatisch gelesen und die Schecks können nach diesen Attributen sortiert werden)? Da es ein breites Spektrum von Aufzeichnungs- und Lesegeräten gibt und Sie deren Preise nicht wissen können (und müssen), verzichten Sie auf diese Angabe.

Übungsaufgabe Nr. I-57:

Daten können im Funkverkehr drahtlos mit Hilfe elektromagnetischer Wellen übermittelt werden. Ist damit eine Funkverbindung ein Datenträger?

Übungsaufgabe Nr. I-58:

Im Bereich der Datenerfassung mit Sekundärdatenträgern (Näheres im Abschnitt 3.1.3.1) wurden Lochkarten in den 70er Jahren vor allem durch Disketten verdrängt, auf die im Abschnitt 2.2.2.3 im Detail eingegangen wird. Eine Diskette ist eine flexible, leichte Kunststoffscheibe mit magnetisierbarer Beschichtung in einer Schutzhülle, die zu jener Zeit etwa zwei- bis dreimal so groß war wie eine Standardlochkarte. Solche (allerdings kleinere) Disketten werden auch heute noch verwendet. Sie haben unterschiedliche Kapazitäten zwischen etwa 720 KB und 20 MB (je nach Fabrikat, Format und Aufzeichnungsform).

Berechnen Sie,

a) wieviele Standardlochkarten einer handelsüblichen Diskette mit 2,88 MB Nettokapazität für aufzuzeichnende Daten entsprechen und

b) wieviele Standardlochkarten und derartige Disketten zur Abspeicherung einer Artikeldatei nötig sind, die aus 10 000 Datensätzen mit je 486 alphanumerischen Zeichen besteht.

Hinweis: Jeder Satz dieser Artikeldatei soll auf einer neuen Lochkarte beginnen.

Übungsaufgabe Nr. I-59:

Wieviele Löcher werden gestanzt, wenn Ihr Familienname in dem in Abb. 2.2.1.1/1 des Textbuchs dargestellten Hollerithcode auf eine Lochkarte geschrieben wird?

Übungsaufgabe Nr. I-60:

Betrachten Sie den in Abb. 2.2.1.2/1 des Textbuchs dargestellten Markierungsbeleg und stellen Sie sich vor, Sie wären ein wissenschaftlicher Mitarbeiter der Abteilung für Wirtschaftsinformatik. Sie wollen eine Prüfung Ihrer Studenten mit Hilfe dieses Belegs durchführen, wobei die von Ihnen verwendeten Aufgaben aus einer der in diesem Arbeitsbuch befindlichen Klausuren stammen.

Versuchen Sie nun Antworten auf folgende Fragen zu finden:

a) Ihre Abteilung hat bisher noch keine Erfahrungen in der Abhaltung von Prüfungen mittels Markierungsbelegen. Würde eine einzige abzuhaltende Prüfung mit ca. 1 500 Kandidaten den Aufwand rechtfertigen?

b) Sie wollen alle zukünftigen Prüfungen mit Markierungsbelegen durchführen, schwanken aber noch. Welche Überlegungen werden Sie hierzu anstellen?

c) Welche Hinweise würden Sie Ihren Prüfungskandidaten zum Ausfüllen der Belege geben?

Übungsaufgabe Nr. I-61:

Welche der folgenden Aussagen zur EAN (Schlüsselstruktur und Strichcode) sind (ist) richtig?

a) Weil der Hersteller eines Artikels die Stellen 8 bis 12 der EAN-13 selbst festlegen darf, kann er darin – solange eine eindeutige Artikelidentifizierung gewährleistet bleibt – beliebige artikelspezifische Merkmale verschlüsseln (z.B. auch die Zugehörigkeit zu einer bestimmten Preisgruppe).

b) Welcher Zeichensatz (A, B, C) für den Strichcode einer EAN-Ziffer verwendet wird, hängt von der jeweiligen Artikelbezeichnung ab.

c) Wird der EAN-Strichcode an der Datenkasse versehentlich von rechts nach links gelesen, so erfolgt eine Fehlermeldung (Pfeifsignal).

d) Artikel, die in Oberösterreich hergestellt wurden, haben eine andere EAN als solche, die aus Niederbayern stammen.

Übungsaufgabe Nr. I-62:

Nennen Sie zwei weitere Bereiche (außer dem Lebensmittelhandel), wo Sie sich die Verwendung von Strichcodes zur Rationalisierung administrativer Vorgänge vorstellen könnten.

Übungsaufgabe Nr. I-63:

Welche Schriftarten können von einem modernen Klarschriftleser der höchsten Leistungsklasse üblicherweise erkannt werden? Wie erfolgt die Eingabe nicht maschinell erkannter Daten (Belege, die beim maschinellen Lesevorgang ausgesteuert wurden)? Wovon hängt die Leseleistung ab: Von der Anzahl der zu lesenden Zeilen und der Zeilenlänge auf den Belegen, der Schriftart, den Belegfarben (insbesondere den Blindfarben) oder der Papierstärke?

Übungsaufgabe Nr. I-64:

Es gibt auch Magnetstreifenkarten, die aus Papier (Karton) bestehen. Diese sind wesentlich preisgünstiger als Plastikkarten mit Magnetstreifen und erweitern dadurch das potentielle Einsatzspektrum beträchtlich. Nennen Sie zwei Anwendungen, wo Ihnen solche Datenträger bereits begegnet sind oder wo Sie sich einen zweckmäßigen Einsatz vorstellen können.

Übungsaufgabe Nr. I-65:

Auf einem Magnetband sollen Daten gespeichert werden. Hierzu liegen folgende Angaben vor:
- Länge des Magnetbands: 730 m,
- Zeichendichte: 2 480 Zeichen/cm,
- die zu speichernden Daten liegen in Datenblöcken à 400 Zeichen vor,
- durch Bandstart und -stopp gehen jeweils 0,8 cm verloren.

Wieviele Blöcke lassen sich im Start-Stopp-Verfahren auf dem Band abspeichern? Treffen Sie bei Ihrer Berechnung selbständig eine realistische Annahme für den Bandvor- und -nachlauf.

Übungsaufgabe Nr. I-66:

Welche der folgenden Aussagen über Disketten sind (ist) richtig?
- **a)** Um auf einer Diskette Daten abspeichern zu können, muß diese vorher initialisiert werden.
- **b)** Soll ein auf einer Diskette gespeichertes Textdokument überarbeitet werden, so muß es in den Arbeitsspeicher kopiert werden. Durch die-

sen Kopiervorgang wird das Originaldokument auf der Diskette nicht verändert.

c) Soll nach der Bearbeitung eines Textdokuments die alte Version auf der Diskette durch die neue ersetzt werden, so muß die bearbeitete Arbeitsspeicherversion unter demselben Dateinamen abgespeichert werden. Dadurch wird das "Original" überschrieben.

d) Wird die neue Version des bearbeiteten Textdokuments unter einem anderen Dateinamen auf der Diskette abgespeichert, so bleibt das Originaldokument auf der Diskette unverändert erhalten.

e) Wird die neue Arbeitsspeicherversion des bearbeiteten Dokuments nicht auf Diskette oder einem sonstigen externen Datenträger abgespeichert, so wird sie beim Ausschalten des Rechners gelöscht.

Übungsaufgabe Nr. I-67:

Welche Vorteile bieten 3,5-Zoll-Disketten gegenüber 5,25-Zoll-Disketten?

a) Wegen der größeren Spurenzahl und Bitdichte pro Spur sind die Produktionsstückkosten geringer, so daß 3,5-Zoll-Disketten zu günstigeren Preisen angeboten werden können.

b) Durch die geringeren Außenmaße der 3,5-Zoll-Disketten sind kleinere Laufwerke möglich, die für tragbare Mikrorechner besser geeignet sind.

c) Die Zugriffszeit ist bei den 3,5-Zoll-Disketten wegen der Verkleinerung der Bauteile (geringere Massenkräfte) wesentlich kürzer.

d) Durch das Hartplastikgehäuse, in das der Schreib-/Lesemechanismus eingeschlossen ist, sind 3,5-Zoll-Disketten unempfindlicher gegenüber mechanischen Belastungen.

e) Das Hartplastikgehäuse schützt den eigentlichen Datenträger auch vor magnetischen Umwelteinflüssen.

Übungsaufgabe Nr. I-68:

Auf einer 3,5-Zoll-Diskette (2,88 MB) sollen 80 Zeichen lange Datensätze gespeichert werden. Die maximale Blockgröße ist ein Sektor à 512 Zeichen. Es gibt 80 Spuren mit je 36 Sektoren. Die Diskette ist zweiseitig beschreibbar. Für die FAT (= File Allocation Table), die in doppelter Ausführung vom Betriebssystem angelegt wird, werden 18 Sektoren benötigt. Ferner fallen noch 16 weitere Sektoren (1 Boot-Sektor und 15 Root-Sektoren) für die Speicherung der Datensätze aus.

Berechnen Sie die maximale Anzahl der Datensätze, die auf einer derartigen Diskette gespeichert werden können.

Übungsaufgabe Nr. I-69:

Welche der folgenden Aussagen über Magnetplatten sind (ist) richtig?

a) Bei der "Winchester-Technologie" sind der Schreib-/Lesemechanismus und die Platte(n) in einer hermetisch abgeschlossenen Einheit im Laufwerk integriert; dadurch ist ein sog. "head-crash" ausgeschlossen.

b) Durch die kleinen Abmessungen ist es denkbar, ein 3,5-Zoll-Magnet-plattenlaufwerk in Form einer Erweiterungssteckkarte für einen Mikro-rechner zu realisieren.

c) Wesentliche Leistungsmerkmale von Magnetplatteneinheiten sind die Speicherkapazität, die mittlere Zugriffszeit und die Datentransferrate; derzeit typische Werte für Laufwerke, die an Großrechner der oberen Leistungsklasse angeschlossen werden, sind bis zu 6 GB, 10 – 15 ms und 4 – 6 MB/s.

d) Durch einen zweiten Schreib-/Lesemechanismus (Zugriffskamm) kann die mittlere Zugriffszeit einer Magnetplatteneinheit wesentlich verrin-gert werden.

Übungsaufgabe Nr. I-70:

Ergänzen Sie die nachfolgenden Sätze:

a) Ein Mikrofiche hat eine (größere/kleinere) .... Fläche als eine 3,5-Zoll-Diskette; werden Ausgabedaten direkt oder über den "Um-weg" eines Magnetbandes auf Mikrofiches aufgezeichnet, so spricht man von ....

b) Mikrofiches sind (ROM/RAM/PROM/ EPROM/EEPROM) ....-Spei-cher.

c) Ein Ultrafiche hat eine wesentlich (größere/geringere) .... Speicherkapazität als eine handelsübliche 3,5-Zoll-Diskette; im Gegen-satz zur Diskette ist (ein/kein) .... direkter Zugriff zu den aufge-zeichneten Daten möglich.

Übungsaufgabe Nr. I-71:

Überlegen Sie, ob die Kapazität einer optischen Speicherplatte ausreichen würde, um den Text von Robert Musils Roman "Der Mann ohne Eigen-schaften" (Rowohlt, 1 632 Seiten) aufzunehmen.

Übungsaufgabe Nr. I-72:

Nachfolgend werden einige Merkmale von CD-ROM-Platten näher spezifi-ziert. Darunter sind auch unzutreffende Angaben. Welche der genannten At-tribute können aufgrund der Ausführungen über optische Speicherplatten im Textbuch in Abschnitt 2.2.3.2. nicht zutreffen?

Die CD-ROM ist eine optische Speicherplatte mit einer Kapazität von bis zu ca. 650 MB. Die silbrig glänzende Scheibe (Durchmesser 120 mm = 5,25 Zoll) besteht aus demselben metallbeschichteten, durchsichtigen Plastik-material wie die für digitale Musikaufnahmen verwendeten Compact Discs. Die Information wird im Herstellerwerk mittels Laser auf der spiralförmigen Spur einer Seite einmalig aufgezeichnet und kann beliebig oft gelesen wer-den. Eine einzige Platte faßt zwei Milliarden Pits, die jeweils 0,12 Mikrometer tief und 0,6 Mikrometer breit sind. Die Spurdichte beträgt 16 000 tpi (engl. Abkürzung für: tracks per inch). Ein großes Anwendungspotential für die CD-ROM wird vor allem in der Distribution der (bisher mittels Online-Datenfernverarbeitung genutzten) Datenbanken gesehen, die von Informationsdiensten angeboten werden.

Übungsaufgabe Nr. I-73:

Welche der folgenden Angaben über optische Speicherplatten sind (ist) richtig?

- **a)** Optische Speicherplatten gibt es in verschiedenen geräte- und verfahrenstechnischen Varianten. Eine Gemeinsamkeit aller Arten ist die Beschreibbarkeit durch den Endbenutzer.
- **b)** Im Unterschied zur CD-ROM verlaufen bei den WORMs die Spuren in konzentrischen Kreisen (und nicht spiralförmig). Dies ermöglicht einen schnelleren Zugriff auf die einzelnen Datenblöcke.
- **c)** Auf optischen Speicherplatten können sowohl schriftliche als auch audio-visuelle Daten gespeichert werden.
- **d)** Trotz der großen Speicherkapazität ist es nicht möglich, Fotos in hoher Auflösung und mit einer 24-Bit-Farbtiefe (über 16 Millionen Farben) auf CD-ROMs zu speichern.
- **e)** Da WORMs nur einmal beschreibbar sind, eignen sie sich besonders für die Archivierung bzw. den Einsatz in sogenannten Retrieval-Systemen.

Übungsaufgabe Nr. I-74:

Ordnen Sie die folgenden, in alphabetischer Reihenfolge genannten Datenträger nach der Speicherkapazität: CD-ROM, Diskette, Lochkarte, Magnetbandrolle, Mikrofiche.

Übungsaufgabe Nr. I-75:

Wieviele DIN-A4-Seiten Text lassen sich ungefähr auf einer optischen Speicherkarte aufzeichnen?

Übungsaufgabe Nr. I-76:

Von verschiedenen Kreditorganisationen wird der Einsatz von Chipkarten mit Mikroprozessor (anstelle von Magnetstreifenkarten) als Identifikationsnachweis bei der Benutzung von Geldausgabeautomaten erwogen (und getestet).

Welche der folgenden Angaben müßten bei einer derartigen Anwendung in dem geheimen Bereich der Chipkarten aufgezeichnet werden?

- **a)** Datum und Höhe eines ausgezahlten Betrags
- **b)** Gültigkeitsdauer einer Chipkarte
- **c)** Kontonummer des Karteninhabers

d) PIN-Code des Karteninhabers

e) Programm zur kryptografischen Verschlüsselung der zwischen Karte und Kartenleser ausgetauschten Daten

Übungsaufgabe Nr. I-77:

Für die Anwendung von Chipkarten mit Mikroprozessor existieren bisher keine Normen. Ist dies – in jedem Fall – ein Nachteil? Denken Sie bei der Begründung Ihrer Antwort an die beiden wichtigsten Anwendungsbereiche des Zahlungsverkehrs sowie der Zugangskontrolle.

Übungsaufgabe Nr. I-78:

Welche der folgenden Aussagen über Halbleiterplatten und Flash-Speicherkarten sind (ist) richtig?

a) Eine Halbleiterplatte hat eine kürzere Zugriffszeit als jeder andere periphere Speicher.

b) Damit bei Störungen des Elektrizitätsnetzes (z.B. "Black-out" bei Gewitter) nicht die gespeicherten Daten auf Halbleiterplatten verlorengehen, muß eine unterbrechungsfreie Stromversorgung sichergestellt sein.

c) Ein auch im Deutschen gebräuchlicher Name für eine Halbleiterplatte ist die englische Bezeichnung "ROM-Disk".

d) Von einer internen Halbleiterplatte spricht man, wenn ein Teil des Arbeitsspeichers als virtuelle Magnetplatte bzw. Diskette genutzt wird.

e) Es ist möglich, daß eine Halbleiterplatte aus 256-Megabit-Speicherchips aufgebaut ist.

f) Flash-Speicherkarten enthalten viele Speicherchips mit einer Kapazität von jeweils einigen KB (= Sektor). Für das Beschreiben eines solchen Sektors wird der entsprechende Chip zunächst vollständig gelöscht und anschließend in einem Durchgang beschrieben.

g) Die maximale Speicherkapazität einer Flash-Speicherkarte ist zwar geringer als die eines leistungsfähigen Magnetplattenlaufwerks für Notebook-PCs, die Zugriffsgeschwindigkeit der Flash-Speicherkarte ist jedoch weitaus höher.

Übungsaufgabe Nr. I-79:

Die Angabe der Rechnerleistung in Mips, die Sie im Abschnitt 1.2.3.2 des Textbuchs kennengelernt haben, wird von Spöttern auch als "most irrelevant product specification" gedeutet. Warum? Wofür steht diese Abkürzung wirklich?

Übungsaufgabe Nr. I-80:

Sie sollten auch die wichtigsten englischen Computerbegriffe beherrschen.

Sehen Sie sich hierzu nochmals die Abb. 2.3/2 im Textbuch an und nennen Sie die englischen Bezeichnungen der dort genannten Baueinheiten.

Übungsaufgabe Nr. I-81:

Sehen Sie sich nochmals die derzeit üblichen Arbeitsspeicherkapazitäten von Mikro-, Mini- und Großrechnern in den Abb. 1.2.3.3/1 ff. im Textbuch an. Stellen Sie die typischen realen Arbeitsspeicherkapazitäten der typischen Zahl von angeschlossenen Arbeitsplätzen bei den verschiedenen Rechnergruppen gegenüber.

Bei welcher Rechnergruppe kann danach der einzelne Benutzer über die größte (durchschnittliche) Arbeitsspeicherkapazität verfügen? Vernachlässigen Sie bei den Mehrplatzsystemen etwaige dezentrale Arbeitsspeicherkapazitäten der Peripheriegeräte (Computerarbeitsplätze).

Übungsaufgabe Nr. I-82:

Was versteht man eigentlich bei einem Speicher unter den Begriffen "Zugriffszeit" und "Zykluszeit" genau? Bemühen Sie sich um eine Definition in maximal drei Sätzen.

Übungsaufgabe Nr. I-83:

Welche der folgenden Aussagen zu Speicherhierarchien sind (ist) richtig?
  a) Das Cache ist ein sehr schneller Pufferspeicher (Zykluszeit im Nanosekundenbereich) zwischen Zentralprozessor und Arbeitsspeicher.
  b) Das Cache wird vom Zentralprozessor als Vorratsspeicher für Maschinenbefehle oder häufig benötigte Daten benutzt.
  c) Im Arbeitsspeicher (Zykluszeit kürzer als eine Mikrosekunde) stehen die zur aktuellen Bearbeitung erforderlichen Daten und Maschinenbefehle.
  d) Bei der virtuellen Speicherverwaltung werden, wenn im realen Arbeitsspeicher kein Platz mehr vorhanden ist, gerade nicht genutzte Daten und Befehle in die nächsttiefere Speicherebene, den Seitenwechselbereich im Erweiterungsspeicher oder auf Magnetplatten ausgelagert.
  e) Der virtuelle Speicher präsentiert sich dem Benutzer wie ein real vorhandener Speicher mit homogenem Adreßraum.

Übungsaufgabe Nr. I-84:

Welche der folgenden Aussagen über Register sind (ist) richtig?
  a) Ein Register in einem Buch ist ein Verzeichnis.
  b) Ein Register in einem Prozessor ist ein Speicher, der meist gerade soviele Stellen enthält, daß ein Befehls- oder Datenwort gespeichert werden kann.
  c) Die Register eines Prozessors können durch Angabe einer Register-

adresse im Maschinenbefehl direkt adressiert werden.

d) Mehrzweckregister sind Festspeicher, die Maschinenbefehle für besonders häufig vorkommende Operationen enthalten.

Übungsaufgabe Nr. I-85:

Ob Ihnen das grundlegende Vokabular bezüglich der Firmware noch geläufig ist, können Sie durch die Ergänzung der nachfolgenden Sätze beweisen.

a) Firmware ist ein Synonym für ".....................". Sie dient als Hilfsmittel zur Steuerung der .... und/oder der .... eines Rechners.

b) Hauptvorteil der Firmware ist die leichte .... der Mikroprogramme und damit die Anpassungsfähigkeit der Hardwarefunktionen an wechselnde Anforderungen.

c) Der Ablauf eines Mikrobefehls entspricht im wesentlichen dem eines .... Auch hier unterscheidet man zwischen Befehlshol- und ....phase.

d) Der Speicher, der die Mikrobefehle enthält, heißt .... Weil es sich beim Inhalt um elementare .... handelt, bezeichnet man ihn auch als Steuerspeicher. Es kann sich sowohl um einen Festspeicher als auch um einen .... handeln.

e) Die Datenobjekte der Mikroprogrammiersprache sind ...., die in den .... gespeichert und in den Verbindungseinrichtungen des Rechners übertragen werden.

Übungsaufgabe Nr. I-86:

a) Zu welchen Problemen der Befehlsverarbeitung könnte es Ihrer Meinung nach kommen, wenn beim Kreislauf Akkumulator/Register-ALU-Akkumulator/Register der betreffende Teil der grafischen Darstellung in Abbildung 2.3.1.2/1 keine vereinfachte funktionale Darstellung wäre, sondern alle tatsächlich vorhandenen Einheiten beinhalten würde?

b) Angenommen, das Programmende ist erreicht, wenn der Befehlszähler den Wert 10 000 erreicht. Sind bei Zählerstand 8 000 oder bei 9 000 voraussichtlich noch mehr Prozessorbefehle abzuarbeiten?

c) Wäre die Bezeichnung "Befehlszeigerregister" für das "Befehlszählerregister" zutreffender?

Übungsaufgabe Nr. I-87:

Gegeben ist folgender Auszug aus dem Befehlsvorrat eines verbreiteten 32-Bit-Mikroprozessors mit einer Taktrate von 50 MHz.

Bezeichnung	Takt-zyklen	Beschreibung
IMUL	22	Multiplikation des Akkumulators (32-Bit) mit einem Register (Multiplikator ist 16 Bits lang).
SHLD	3	Verschiebung der Bits in einem Register (32-Bit) nach links um eine durch einen Befehlsoperanden angegebene Anzahl von Bits.
ADC	2	Addition zweier Register (jeweils 32-Bit).
MOV	2	Lade Register mit unmittelbarem Wert (32-Bit).
XCHG	3	Vertausche Register mit dem Akkumulator.
DIV	14	Division des Akkumulators (32-Bit) durch ein Register (Divisor ist 8 Bits lang).

Eine immer wiederkehrende Aufgabenstellung erfordert die möglichst schnelle Multiplikation des Akkumulators mit 64. Der einfachste Weg ist die Verwendung des Multiplikationsbefehls IMUL, der schnellste Weg dauert jedoch nur 60 ns. Wie ist das möglich?

Übungsaufgabe Nr. I-88:

In einem Rechner sind ganzzahlige positive Meßwerte mit maximal zehn Dezimalstellen und einer Genauigkeit von +/- 1% als Gleitkommazahlen darzustellen. Wieviele Bits werden hierfür pro Meßwert benötigt, wenn der Radixpunkt nach der niedrigsten Stelle angenommen wird und der dual dargestellte Exponent die Basis 10 hat?

Es sei darauf hingewiesen, daß es sich bei der beschriebenen Zahlendarstellung um eine stark vereinfachte, problemspezifische Gleitkommadarstellung handelt, da der gedachte Radixpunkt rechts ist und weder die Mantisse noch der Exponent negativ sein dürfen.

Übungsaufgabe Nr. I-89:

a) Welcher Prozessor ist unter sonst gleichen Bedingungen leistungsfähiger:
   – 16-Bit-Datenbus und 32-Bit-Adreßbus oder

– 32-Bit-Datenbus und 16-Bit-Adreßbus?

b) Bilden die zu einem gemeinsamen Stromkreis gehörigen Leitungen in einer Wohnung einen Bus?

Übungsaufgabe Nr. I-90:

Um den maximalen Durchsatz des Datenbusses zu errechnen, kann man folgende Formel verwenden:

(Zyklen [in MHz]/Zyklen pro Übertragung) * Anzahl der Bytes
pro Übertragung = Bus-Durchsatz in MB pro Sekunde.

Zum Beispiel ist der in der Praxis verbreitetste PC-Bus (AT- bzw. ISA-Bus) mit 8,33 MHz getaktet und verfügt über einen 16 Bits breiten Datenpfad (= 2 Bytes). Um ein 32 Bits breites Wort durch den Bus zu schicken, sind dementsprechend zwei Durchläufe notwendig. Das bedeutet:

(8,33 MHz/2 Durchläufe) * 2 Bytes = 8,33MB/s Durchsatz.

a) Der EISA-Bus ist eine Weiterentwicklung für 32-Bit-PCs, der mit derselben Taktfrequenz von 8,33 MHz, aber mit einem 32 Bits breiten Datenbus arbeitet. Wie hoch ist der maximale Durchsatz?

b) Der von IBM entwickelte MCA-Bus (Micro-Channel Architecture) hat eine Taktfrequenz von 10 MHz und arbeitet ebenfalls mit einem 32 Bits breiten Datenbus. Wie hoch ist der maximale Durchsatz?

Übungsaufgabe Nr. I-91:

Bitte ergänzen Sie die nachfolgenden Sätze über das Ein-Ausgabesystem eines Großrechners:

a) Den Anstoß zu einem Eingabe- oder Ausgabevorgang erteilt der .... Dazu führt dieser einen .... aus.

b) Ein .... steuert – ist er einmal angestoßen – selbständig den Datenverkehr zwischen der zur EDVA gehörenden Peripherie und dem Arbeitsspeicher.

c) Der Anschluß der unterschiedlichen peripheren Einheiten an die Zentraleinheit wird durch die Kanalprogramme ermöglicht. Diese sind im .... hinterlegt und werden zu gegebener Zeit schrittweise von der Hardware der .... übernommen.

d) (Jedes/Nicht jedes) .... an die EDVA angeschlossene periphere Gerät benötigt ein eigenes, spezifisches Kanalprogramm.

e) Die Leistungsfähigkeit (insbesondere die Datenübertragungsrate) des Ein-Ausgabesystems ist abhängig von der Art und Anzahl der EA-Geräte, Steuereinheiten und ....

Übungsaufgabe Nr. I-92:

Sollen Hardwarekomponenten unterschiedlicher Lieferanten miteinander gekoppelt werden, so setzt dies gleichartige, zueinander passende Schnittstellen voraus (so wie ein Stecker für die Stromversorgung in die Steckdose des Versorgungsnetzes passen muß). Damit der Anwender bei seinen Beschaffungsentscheidungen eine möglichst große Auswahl hat, sind diesbezügliche Normen bzw. Marktstandards außerordentlich wichtig.

Eine weitverbreitete Schnittstelle für den Anschluß von schnellen Peripheriegeräten an kleinere Rechner haben Sie bereits kennengelernt: SCSI.

Welche der nachfolgenden Aussagen sind (ist) hierzu richtig?

a) SCSI ist die Abkürzung für engl.: Simple Computer System Interaction.

b) Über diese international genormte Schnittstelle können Speicherlaufwerke (Magnetplatten, optische Speicherplatten, Streamer) unterschiedlicher Hersteller direkt auf Busebene an die Zentraleinheit angeschlossen werden.

c) Auch der Anschluß anderer Peripheriegeräte mit hohen Datenübertragungsraten, zum Beispiel eines Scanners, ist über diese Schnittstelle sinnvoll.

d) Die Datenübertragung erfolgt infolge der PCM-Technik mit einer Geschwindigkeit von 64 000 Bits pro Sekunde.

e) SCSI-1-Kabel übertragen die Bits parallel auf vier Leitungen. Die neuere Norm SCSI-2 sieht sogar eine Datenwegbreite von acht oder 16 Bits vor; die Kabel können bis zu 250 Meter lang sein (SCSI-1: 60 Meter), der Anschluß erfolgt über 64polige Stecker (SCSI-1: 16polig).

Übungsaufgabe Nr. I-93:

Als Anfang der 80er Jahre die ersten Rechner mit grafischen Benutzeroberflächen auf den Markt kamen, wurde auch ein neues Gerät geschaffen, das als Ergänzung zur Tastatur dient. Dieses zigarettenschachtelgroße Gerät erfreut sich seither zunehmender Beliebtheit und ist heute von nahezu keinem Mikrorechner wegzudenken. Um welches Gerät handelt es sich hier und unter welche Kategorie fällt es?

Übungsaufgabe Nr. I-94:

Ergänzen Sie die folgenden Aussagen über Tastaturen.

a) Eine alphanumerische Tastatur dient zur Eingabe von ...., ... und Sonderzeichen. Sie enthält (einen/keinen) .... Funktionstastenbereich.

b) Durch waagrechte oder senkrechte Pfeile gekennzeichnete Tasten zur Bewegung der Positionsmarke heißen ....

c) Wird bei einer alphanumerischen Tastatur die ....taste gedrückt, so erscheinen die nachfolgend eingegebenen Buchstaben als Großbuchstaben.

d) Wird bei der in Abb. 2.3.2.1/1 im Textbuch dargestellten Tastatur die Taste SPACE (lange Taste am unteren Ende der Tastatur) gedrückt, so erscheint ein ....

Übungsaufgabe Nr. I-95:

Stellen Sie sich ein rechnergestütztes Hochschulauskunftssystem vor, durch das die Institute über ihr Tätigkeitsfeld informieren wollen (mittels auf dem Campus installierter, jedermann jederzeit zugänglicher Bildschirmgeräte). Wie könnte das Hauptmenü eines Informationsanbieters (= Institut) aussehen?

Übungsaufgabe Nr. I-96:

Wiederholen Sie in eigenen Worten, was eine Maus ist, und was passiert, wenn man die Taste(n) auf der Maus drückt.

Übungsaufgabe Nr. I-97:

Ein Programmierer entwirft mit Hilfe eines Digitalisiertabletts eine Bildschirmmaske, die Grafiken enthält. Beim Zeichnen einer Linie sucht er mit dem Markierstift die Koordinaten des gewünschten Anfangspunktes der Linie. Sobald der Markierstift weniger als 1,5 cm von der Zeichenfläche entfernt ist, zeigt ein angeschlossener Monitor die aktuelle Position des Markierers an. Erst durch leichtes Aufdrücken des Markierers auf die Schreibfläche werden die Anfangskoordinaten der Linie festgelegt. Auf die gleiche Weise werden die Endkoordinaten der Linie fixiert.

Welches Abtastverfahren wird bei dem oben beschriebenen Digitalisiertablett verwendet? Warum ist das Abtastverfahren von Bedeutung?

Übungsaufgabe Nr. I-98:

Für welche Anwendungen kommt der Einsatz eines OCR-Handlesers in Frage? An welche Datenendgeräte müßte er in diesen Fällen angeschlossen werden? Nennen Sie ein Beispiel.

Übungsaufgabe Nr. I-99:

Das nachstehend wiedergegebene Bild (des Autors und seines Bruders) ist in einem Mikrorechner abgespeichert. Mittels entsprechender Software kann es auf dem Bildschirm verändert, mit anderen Bildern oder Texten kombiniert und beliebig oft ausgedruckt werden. Mit Hilfe welcher der nachfolgend genannten Eingabegeräte könnte das Bild eingegeben worden sein?

a) Tastatur
b) Maus und Lichtgriffel
c) Digitalisiertablett
d) Schriftenleser
e) Bildabtaster (Scanner)
f) Videokamera

Abbildung zu Übungsaufgabe Nr. I-99

Übungsaufgabe Nr. I-100:

Ergänzen Sie die nachfolgenden Sätze:
- **a)** Ein Sichtgerät, bei dem jeder einzelne Punkt der Darstellungsfläche angesteuert werden kann und das deshalb die Wiedergabe beliebiger Muster an beliebigen Stellen der Anzeigefläche erlaubt, ist ein .... Bildschirmgerät.
- **b)** Eine Flächengrafik, bei der das Bild aus Elementen gebildet wird, die selbst ein Muster tragen, heißt ....
- **c)** Auf einem alphanumerischen "Standardbildschirm" lassen sich typischerweise ...... bzw. ...... Zeilen mit je ...... Zeichen darstellen. Die Zeichen können ...., ... oder .... sein.

Übungsaufgabe Nr. I-101:

Welche der nachfolgenden Aussagen über PC-Bildschirme sind (ist) richtig?
- **a)** Durch genormte Schnittstellen kann fast jeder beliebige Bildschirm an jeden PC angeschlossen werden. Der Benutzer hat dabei die "Qual der Wahl" zwischen Hunderten von Produkten mit Bildschirmdiagonalen von unter 10 Zoll bis über 20 Zoll.
- **b)** Der derzeit (noch) am häufigsten für Personal-Computer verwendete Bildschirm ist ein CRT-14-Zoll-Farbmonitor für VGA-Auflösung. Solche Bildschirme sind billig und brauchen auf dem Schreibtisch wenig Platz.
- **c)** Es gibt jedoch einen starken Trend zu Multifrequenz-Bildschirmen, die

VGA (640 x 480 Bildpunkte), Super-VGA (800 x 600 Bildpunkte) und manchmal sogar Auflösungen von 1 024 x 768 Bildpunkten oder höher bieten. Dabei herrschen noch kleinere Geräte mit 14- oder 15-Zoll-Bildschirmdiagonale vor. Im Zuge der raschen Verbreitung von grafischen Benutzeroberflächen setzen sich aber zunehmend 16- und 17-Zoll-Bildschirme durch. Ein solcher Bildschirm kostet üblicherweise etwa drei- bis viermal so viel wie ein 14-Zoll-Gerät.

d) Je höher die Auflösung ist, um so mehr Information ist gleichzeitig auf dem Bildschirm darstellbar und desto größer sollte der Bildschirm sein. Als einfache Faustregel gilt: Ein 14-Zoll-Monitor ist groß genug für VGA und gerade noch ausreichend für SVGA (= Super-VGA). Ein 15-Zoll-Monitor ist eine gute Wahl für SVGA und gerade noch annehmbar für eine 1 024 x 768-Auflösung.

e) Um höhere Auflösungen darzustellen, ist ein entsprechend großer Bildwiederholspeicher (Video-RAM) erforderlich. Für PCs mit VGA-Auflösung und 16 bzw. 256 darstellbaren Farben sind 512 KB Video-RAM ausreichend. Will man die Zahl der darstellbaren Farben erhöhen (zum Beispiel auf rund 32 000), muß man den Bildwiederholspeicher weiter ausbauen.

f) Die "Wiederholfrequenz" ist eine Maßgröße, die in Hertz (Hz) angibt, wie oft der gesamte Bildschirm beschrieben bzw. aufgefrischt wird. Englische synonyme Bezeichnungen sind: "Vertical scan rate", "vertical frequency", "vertical refresh rate" oder einfach "refresh rate". Das Wort "vertical" bezieht sich darauf, daß das Bild zeilenweise von oben nach unten gezeichnet wird.

Übungsaufgabe Nr. I-102:

In einem Fertigungsbetrieb ist ein IBM-Großrechner installiert, der bisher ausschließlich für Anwendungen im Rechnungswesen und für die Kundenauftragsverwaltung eingesetzt wird. Nun sollen zusätzlich der Einkauf und die Lagerhaltung durch den Rechner unterstützt werden. Jeder der sechs Einkäufer soll für die Bestellabwicklung ein Bildschirmgerät erhalten, zwei Bildschirmgeräte sollen im zentralen Wareneingang und zehn weitere im Zentrallager und in den acht dezentralen (Sub-)Lagern (jeweils 1) aufgestellt werden. Für die geplanten, zusätzlichen Anwendungen haben neben IBM noch die Firmen Alcatel, NEC, Olivetti, Sony und Telex geeignete (= IBM-kompatible) Datensichtstationen angeboten.

a) Nennen Sie mindestens zehn Kriterien für die Auswahl der am besten geeigneten Bildschirmgeräte. Beschränken Sie sich dabei auf Beurteilungskriterien der Anzeigeeinheit (monochromer, alphanumerischer Bildschirm).

b) Wer sollte Ihres Erachtens diese Auswahlentscheidung treffen bzw. an dieser mitwirken?

Übungsaufgabe Nr. I-103:

Welche der folgenden Aussagen über Sensorbildschirme sind (ist) richtig?

a) Wegen der einfachen Menüauswahlmöglichkeit mit dem Finger sind Sensorbildschirme in der kommerziellen Datenverarbeitung weit verbreitet. Mindestens jedes dritte in Wirtschaft und Verwaltung installierte Datensichtgerät hat schon heute einen "Touch-Screen".

b) Sensorbildschirme sind üblicherweise mit einer Bildwiederholungsröhre in Plasmatechnik ausgerüstet.

c) Sensorbildschirme erlauben nur eine monochrome Darstellung (keine Farben möglich).

d) Bei einem 32-Bit-Mikrorechner mit Sensorbildschirm werden zur Darstellung eines alphanumerischen Zeichens 32 Pixel verwendet.

e) An einen Großrechner können keine Sensorbildschirme angeschlossen werden.

Übungsaufgabe Nr. I-104:

Für welche der folgenden Anwendungen ist der in Abb. 2.3.2.6/6 des Textbuchs wiedergegebene Mikrorechner geeignet?

a) Abfassung eines Buchmanuskripts in Flugzeug und Eisenbahn

b) Speicherung und Wiedergabe (auf dem Bildschirm) des in Übungsaufgabe Nr. I-99 dargestellten Bildes

c) Farbige Computerspiele

d) Fakturierung (Rechnungsschreibung) im Kundenbüro

Übungsaufgabe Nr. I-105:

Für welche der folgenden Anwendungen ist ein mit einem Elektronenstrahlbildschirm ausgestatteter Mikrorechner geeignet?

a) Abfassung eines Buchmanuskripts in Flugzeug und Eisenbahn

b) Speicherung und Wiedergabe (auf dem Bildschirm) des in Übungsaufgabe Nr. I-99 dargestellten Bildes

c) Farbige Computerspiele

d) Fakturierung (Rechnungsschreibung) im Kundenbüro

Übungsaufgabe Nr. I-106:

Für welche der folgenden Anwendungen ist der in Abb. 2.3.2.6/10 des Textbuchs wiedergegebene Mikrorechner geeignet?

a) Abfassung eines Buchmanuskripts in Flugzeug und Eisenbahn

b) Speicherung und Wiedergabe (auf dem Bildschirm) des in Übungsaufgabe Nr. I-99 dargestellten Bildes

c) Farbige Computerspiele

d) Fakturierung (Rechnungsschreibung) im Kundenbüro

Übungsaufgabe Nr. I-107:

In der folgenden Liste sehen Sie einen Ausdruck eines Konsoldruckers. In der ersten Spalte stehen die laufenden Zeilennummern, die weiter unten erläutert werden. Spalte zwei kennzeichnet Meldungen des Betriebssystems, Eingabeaufforderungen, Antworten und Eingaben des Maschinenbedieners. In der dritten Spalte stehen der laufende Tag des Jahres sowie die Uhrzeit. Den Rest nehmen Systemtexte in Anspruch.

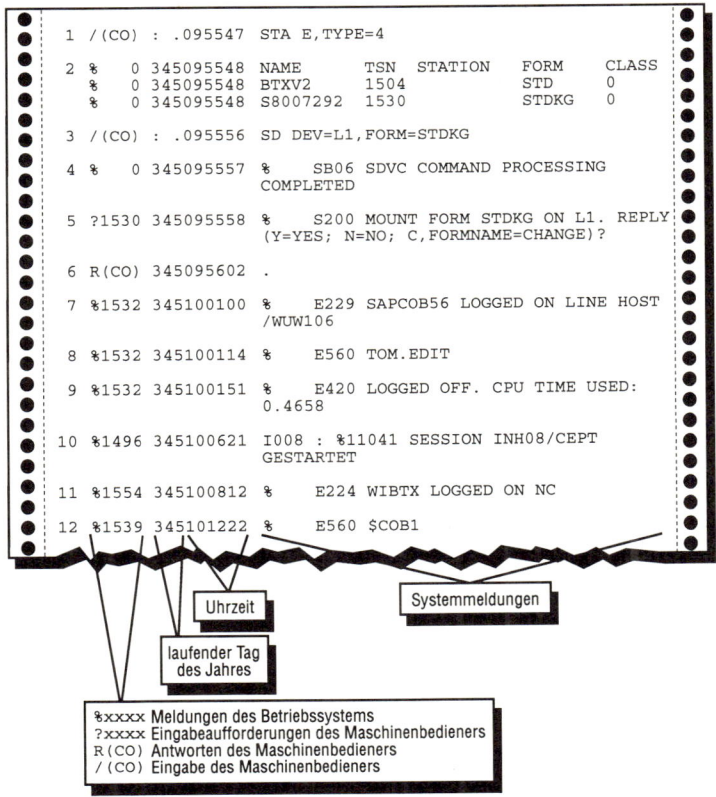

```
 1 /(CO) : .095547 STA E,TYPE=4

 2 %   0 345095548 NAME        TSN   STATION   FORM      CLASS
   %   0 345095548 BTXV2       1504            STD       0
   %   0 345095548 S8007292    1530            STDKG     0

 3 /(CO) : .095556 SD DEV=L1,FORM=STDKG

 4 %   0 345095557 %   SB06 SDVC COMMAND PROCESSING
                        COMPLETED

 5 ?1530 345095558 %   S200 MOUNT FORM STDKG ON L1. REPLY
                        (Y=YES; N=NO; C,FORMNAME=CHANGE)?

 6 R(CO) 345095602 .

 7 %1532 345100100 %   E229 SAPCOB56 LOGGED ON LINE HOST
                        /WUW106

 8 %1532 345100114 %   E560 TOM.EDIT

 9 %1532 345100151 %   E420 LOGGED OFF. CPU TIME USED:
                        0.4658

10 %1496 345100621 I008 : %11041 SESSION INH08/CEPT
                        GESTARTET

11 %1554 345100812 %   E224 WIBTX LOGGED ON NC

12 %1539 345101222 %   E560 $COB1
```

Uhrzeit

Systemmeldungen

laufender Tag des Jahres

%xxxx Meldungen des Betriebssystems
?xxxx Eingabeaufforderungen des Maschinenbedieners
R(CO) Antworten des Maschinenbedieners
/(CO) Eingabe des Maschinenbedieners

Erklärung der laufenden Zeilennummern:
1 – Druckprozesse sollen angezeigt werden.
2 – Anzeige der Druckprozesse mit Angabe der Benutzerkennung, Prozeßnummer und Formularbezeichnung.
3 – Das Formular 'STDKG' soll am Drucker 'L1' verwendet werden.

4 – Quittung vom System für die geforderte Zuweisung.

5 – Aufforderung an den Maschinenbediener, das geforderte Formular einzuspannen.

6 – Bestätigung durch den Maschinenbediener.

7 – Der Benutzer mit der Benutzerkennung 'SAPCOB56' beginnt eine Terminalsitzung.

8 – Der Editor 'TOM.EDIT' wird aufgerufen.

9 – Der Prozeß mit der Nummer 1532 wird beendet.

10 – Die Btx-Anwendung 'CEPT' wird vom öffentlichen Btx-Terminal 'INH08' gestartet.

11 – Ein Stapelauftrag der Benutzerkennung 'WIBTX' wird gestartet.

12 – Der Sprachübersetzer 'COB1' wird gestartet.

Sie sollten jetzt in der Lage sein, folgenden Ausdruck des Konsoldruckers zu interpretieren:

```
      /(CO) : .101400   SD DEV=L0, FORM=STD
```

Übungsaufgabe Nr. I-108:

Ergänzen Sie die folgenden Sätze:

a) An einen Mikrorechner kann üblicherweise (nur ein ganz bestimmtes Druckermodell/nach Wahl einer von vielen verschiedenen angebotenen Druckern) .... angeschlossen werden.

b) Der in Abb. 2.3.2.7/1 im Textbuch dargestellte Drucker benötigt zum Druck von acht DIN-A4-Textseiten mit je ca. 1 500 Zeichen Inhalt etwa ..... Sekunden (in voller Geschwindigkeit und ohne Rüstzeiten).

c) Mit einem entsprechend ausgestatteten mechanischen Matrixdrucker (Nadeldrucker) ist es (möglich/nicht möglich) ...., eine Rastergrafik, wie z.B. das Bild von Übungsaufgabe I-99, auszudrucken.

Übungsaufgabe Nr. I-109:

Ergänzen Sie die folgenden Sätze:

a) An einen Großrechner (kann nur ein einziger/können gleichzeitig mehrere verschiedene) .... Schnelldrucker angeschlossen sein.

b) Ein Typenbanddrucker der höchsten Leistungsklasse benötigt zum Druck von 800 DIN-A4-Textseiten mit je ca. 30 Zeilen zu 50 Zeichen (nur Großbuchstaben und Ziffern) etwa ...... Minuten (reine Druckzeit ohne Berücksichtigung von Papiertransport- und Rüstzeiten).

c) Mit einem Trommeldrucker ist es (möglich/nicht möglich).........., eine

Rastergrafik, wie z.B. das Bild von Übungsaufgabe I-99, auszudrucken.

Übungsaufgabe Nr. I-110:

Vergleichen Sie die mechanischen mit den nichtmechanischen Druckverfahren im Hinblick auf folgende Druckereigenschaften:
- Druckleistung
- Durchschläge
- Formularvordruck
- Druckqualität
- Grafikausgabe
- Geräuschabgabe

Übungsaufgabe Nr. I-111:

Ergänzen Sie die folgenden Sätze:
a) An einen kommerziell einsatzfähigen Mikrorechner kann üblicherweise (ein/kein) .... Laserdrucker angeschlossen werden.
b) Ein Laserdrucker der unteren Leistungsklasse, wie er in der Abbildung 2.3.2.7/4 im Textbuch gezeigt wird, benötigt zum Druck von 80 DIN-A4-Textseiten mit je ca. 1 500 Zeichen Inhalt etwa .... Minuten (reine Druckzeit = theoretischer Höchstwert).
c) Mit einem Laserdrucker ist es (möglich/nicht möglich) ......, eine Rastergrafik, wie z.B. das Bild von Übungsaufgabe I-99, auszudrucken.
d) Die fotofertige Druckvorlage für dieses Arbeitsbuch (könnte/könnte nicht) .... mit einem Laserdrucker erstellt worden sein.

Übungsaufgabe Nr. I-112:

Welche der folgenden EDV-Ausgaben könnten mit einem Federplotter erstellt werden bzw. worden sein?
a) Projektionsfolien mit Stichworten zum UTB-Band 802 "Wirtschaftsinformatik I" (zur Unterstützung der EDV-Einführungsvorlesung an der XYZ-Hochschule)
b) Die fotofertige Vorlage für dieses Arbeitsbuch
c) Die fotofertige Vorlage für die Abb. 1.3.1/4 im Textbuch "Wirtschaftsinformatik I"
d) Die fotofertige Vorlage für die Abb. 2.3.2.8/1 im genannten Textbuch
e) Papierausgaben der in den Abb. 2.4.3.3/8 bis 10 im Textbuch dargestellten Bildschirmanzeigen

Übungsaufgabe Nr. I-113:

Nachfolgend ist in verkleinerter Form eine EDV-Papierausgabe wiedergegeben, die im DIN-A3-Original mehrfarbig ist. Mit welchem der im Textbuch beschriebenen Ausgabegeräte könnte diese Grafik im Original erstellt worden sein?

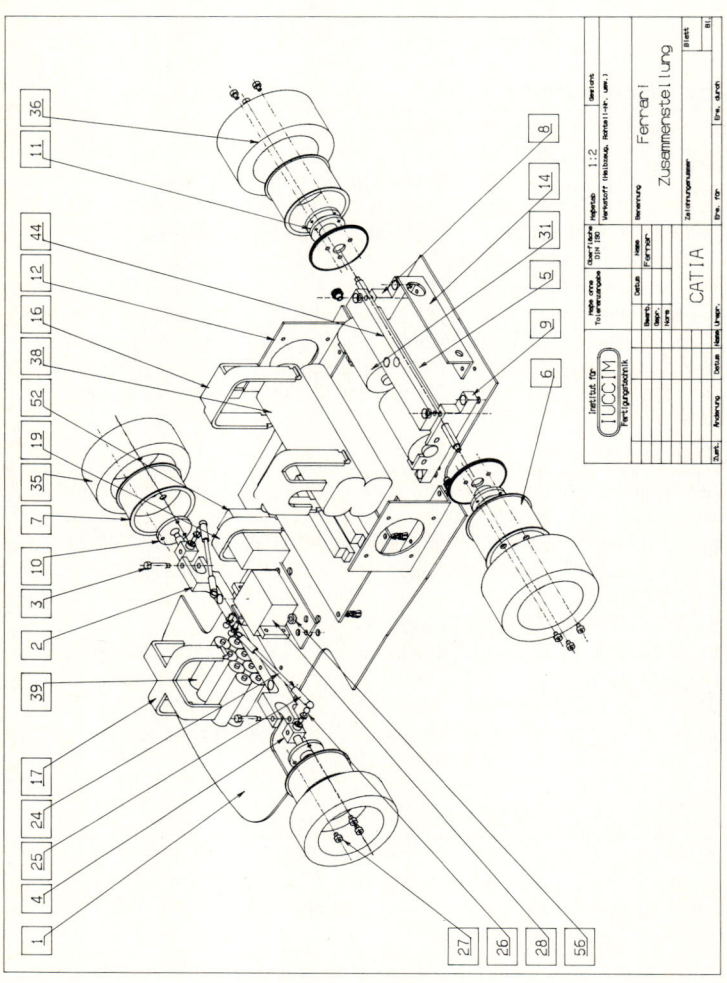

Abbildung zu Übungsaufgabe Nr. I-113

Übungsaufgabe Nr. I-114:

Nachfolgend werden Programme aufgezählt, die Sie den in Abb. 2.4/1 im Textbuch genannten Anwendungssoftwaregruppen zuordnen sollen:

- Lohn- und Gehaltsabrechnung
- Preisetikettendruck für Juweliere
- Fertigungsplanung
- Notariatsabrechnung
- Transportoptimierung für Speditionen
- "Tele-Banking" mittels Bildschirmtext
- Bibliotheksverwaltung
- Kostenrechnung
- Werkzeugmaschinensteuerung
- CAD
- Rohrleitungsbau
- Patientenverwaltung für Ärzte und Krankenhäuser

Übungsaufgabe Nr. I-115:

Nehmen Sie einen Rechner mit 16 Mehrzweckregistern an, der unter anderem die folgenden Maschinenbefehle ausführen kann:

Operations-teil	Operandenteil	Bedeutung
000LL0L0	00LL 0L00	Addiere (000LL0L0) die Inhalte von Register 3 (00LL) und Register 4 (0L00); das Ergebnis der Addition steht im ersten angeführten Register (hier im Register 3).
0L0LL000	00LL 0000000L 00000000	Lade (0L0LL000) in das Register 3 (00LL) den Wert, der an Speicherstelle 0000000L 00000000 steht.
0L0L0000	000L 0000000L 00000000	Speichere (0L0L0000) den Inhalt von Register 1 (000L) an die Speicherstelle 0000000L 00000000.

Alle Werte, die in der Spalte "Operandenteil" angeführt sind, können verändert werden. Schreiben Sie ein Programm in Maschinensprache unter Verwendung der oben angeführten Befehle, das die Addition

ERGEBNIS = SUMMAND1 + SUMMAND2 + SUMMAND3

ausführt, wobei SUMMAND1 an der Speicherstelle 256 (dezimal), SUM-MAND2 an der Speicherstelle 257 und SUMMAND3 an der Speicherstelle 258 stehen. Die berechnete Summe soll an die Speicherstelle 259 geschrieben werden.

Übungsaufgabe Nr. I-116:

Nehmen Sie einen Rechner mit 16 Mehrzweckregistern an, den Sie in den folgenden Assemblerbefehlen programmieren können:

Operations-teil	Operandenteil	Bedeutung
ADD	R3, R4	Addiere (ADD) die Inhalte von Register 3 (R3) und Register 4 (R4); das Ergebnis der Addition steht im ersten angeführten Register (hier im Register 3).
LOAD	R3, WERT	Lade (LOAD) in das Register 3 (R3) den Wert, der an einer mit WERT bezeichneten Speicherstelle steht.
STORE	R1, ERGEBNIS	Speichere (STORE) den Inhalt von Register 1 (R1) an eine Speicherstelle, die mit ERGEBNIS bezeichnet wurde.

Das Programm wird mit der Anweisung END beendet. Anschließend an den Ausführungsteil des Assemblerprogramms werden die verwendeten Datenbereiche angelegt.

WERT DS   1 WORD

Der Bezeichner WERT definiert die Adresse eines Speicherplatzes in der Größe von einem Maschinenwort (DS bedeutet Define Size).

Der Assembler setzt die Assemblerbefehle in die entsprechenden Maschinenbefehle um.

Schreiben Sie ein Programm in Assemblersprache unter Verwendung der oben angeführten Befehle, das die Addition

ERGEBNIS = SUMMAND1 + SUMMAND2 + SUMMAND3

ausführt, und definieren Sie die dafür notwendigen Datenbereiche.

Übungsaufgabe Nr. I-117:

In der nachfolgenden Tabelle sind in den Zeilen Qualitätsmerkmale von Programmiersprachen und in den Spalten einige wichtige prozedurale Programmiersprachen angeführt. Kennzeichnen Sie die Stärken dieser Sprachen durch ein X-Zeichen in den entsprechenden Feldern. Vergeben Sie dabei mindestens drei und höchstens sieben X-Zeichen pro Programmiersprache (Spalte).

	ADA	BASIC	C	COBOL	FORTRAN	PL/1	PASCAL
Eignung für kommerzielle Programme							
Eignung für Systemprogramme							
Anwendbarkeit auf große Programme							
Anwendbarkeit auf kleinere Programme							
Lernbarkeit							
Lesbarkeit bei großen Programmen							
Unterstützung der strukturierten Programmierung							
Flexibilität in der Datenbeschreibung							
Portabilität (= Übertragbarkeit auf andere EDVA durch Maschinenunabhängigkeit und Standardisierung)							
Verbreitung in der Praxis							

Übungsaufgabe Nr. I-118:

Die Sparkasse ERSTE SPAREFROH AG hat in einer Kontostandsdatei KONTEN die aktuellen Kontostände aller Girokonten gespeichert. Diese Datei hat folgenden Satzaufbau:

Kontonummer (15-stellig)	Kontoinhaber (30-stellig)	Kontostand (7-stellig, mit Vorzeichen)

Folgende Daten sind in dieser Datei KONTEN gespeichert:

```
301-85367   Hansen        (+)     42000

301-81147   Göpfrich      (-)     25010

301-88476   Weihe                     0

301-88522   Müller        (+)       725
```

Über ein COBOL-Programm können von den Angestellten im Schalterraum von einem Terminal aus die Kontostände der Bankkunden abgerufen werden. Dieses COBOL-Programm sieht folgendermaßen aus:

```
IDENTIFICATION DIVISION.
*************************

PROGRAM-ID. ABRUF.
AUTHOR.       HANS CODIERFREAK.


ENVIRONMENT DIVISION.
*********************

CONFIGURATION SECTION.
SOURCE-COMPUTER. SNI 7.562-H60-F2.
OBJECT-COMPUTER. SNI 7.562-H60-F2.
SPECIAL-NAMES.
    TERMINAL IS BS.
INPUT-OUTPUT SECTION.
FILE-CONTROL.
    SELECT KONTEN ASSIGN TO DA-590-I-SYS244
                ORGANIZATION IS INDEXED
                ACCESS       IS RANDOM
                RECORD KEY   IS K-NUMMER.


DATA DIVISION.
**************

FILE SECTION.
FD  KONTEN LABEL RECORDS STANDARD.
01  KONTENSATZ.
    05  K-NUMMER          PIC X(15).
    05  K-INHABER         PIC X(30).
    05  K-STAND           PIC S9(7).
```

270

```
WORKING-STORAGE SECTION.
77  S                       PIC X.
77  WS-NUMMER               PIC X(15).
77  D-STAND                 PIC -9,999,999.


PROCEDURE DIVISION.
********************
KONTOSTAENDE-ABFRAGEN.
    OPEN INPUT KONTEN.
    DISPLAY "BITTE KONTONUMMER EINGEBEN!" UPON BS,
    ACCEPT WS-NUMMER FROM BS.
    PERFORM EINEN-KONTOSTAND-ABFRAGEN UNTIL WS-NUMMER ="0".
    DISPLAY "PROGRAMMENDE" UPON BS,
    CLOSE KONTEN.
    STOP RUN.


EINEN-KONTOSTAND-ABFRAGEN.
    MOVE WS-NUMMER TO K-NUMMER,
    MOVE "0" TO S,
    READ KONTEN INVALID KEY MOVE "1" TO S.
    IF S = "1"
    THEN DISPLAY "DIESE KONTONUMMER EXISTIERT NICHT!" UPON BS,
    ELSE IF K-STAND < 0
        THEN MOVE K-STAND TO D-STAND,
            DISPLAY "KONTOINHABER: ", K-INHABER UPON BS,
            DISPLAY "KONTOSTAND: ", D-STAND UPON BS,
            DISPLAY "KONTO ÜBERZOGEN!" UPON BS,
        ELSE MOVE K-STAND TO D-STAND,
            DISPLAY "KONTOINHABER: ", K-INHABER UPON BS,
            DISPLAY "KONTOSTAND: ", D-STAND UPON BS.
DISPLAY "BITTE NÄCHSTE KONTONUMMER EINGEBEN!" UPON BS,
ACCEPT WS-NUMMER FROM BS.
```

Aufgabenstellung:

a) Interpretieren Sie diesen Programmtext in bezug auf seine Struktur und beschreiben Sie den formalen Aufbau des Programms!

b) Interpretieren Sie die einzelnen Anweisungen der PROCEDURE DIVISION (= letzter Abschnitt des Programms) und beschreiben Sie den logischen Ablauf und die Funktionen des Programms!

c) Welche Ausgaben produziert das Programm, wenn folgende Kontonummern am Terminal eingegeben werden?

```
301-81147
301-80168
301-85367
301-88522
0
```

Übungsaufgabe Nr. I-119:

In einem großen Produktionsbetrieb existiert ein "EDV-Anwendungsrückstau" von ca. 2,5 Jahren. Eine Budgeterhöhung zur Aufnahme von zusätzlichem EDV-Personal ist derzeit nicht möglich. Die Leitung der Datenverarbeitungs- und Organisationsabteilung überlegt den Einsatz einer Sprache der 4. Generation für die Anwendungsentwicklung.

Welche Anforderungen an ein System der 4. Generation sollten berücksichtigt werden? Welche Vorteile gegenüber konventionellen Programmierwerkzeugen können erwartet werden? Welche negativen Effekte und Einsatzbeschränkungen sind denkbar?

Übungsaufgabe Nr. I-120:

Der Controller eines Großunternehmens stellt die Existenz des neugegründeten "Information-Centers" in Frage. Welche Gründe könnte es hierfür geben? Versuchen Sie Nutzeffekte eines "Information-Centers" zu beschreiben und Argumente für das Weiterführen dieser Einrichtung zu finden.

Übungsaufgabe Nr. I-121:

Diese Aufgabe behandelt ausschließlich die logische Programmiersprache PROLOG. Bei logischen Programmiersprachen besteht das Programm aus einer Folge von als wahr angenommenen Aussagen. Diese Aussagen sind entweder nicht weiter zerteilbar (sogenannte Fakten), oder sie sind von anderen Aussagen des Programmsystems abhängig (Regeln). Diese Regeln sind im Fall von PROLOG einfache Aussagen der Form "A ist wahr, wenn auch B1 und B2 und ... und Bn wahr sind". "B1 ... Bn" sind hier abstrakte Platzhalter für Ausdrücke, durch die das Objektsystem beschrieben wird.

Die PROLOG-Notation für eine Regel ist: A :– B1, B2, ... Bn.
Die Notation für ein Faktum ist z.B.: B1.

Ein konkretes Beispiel: Es soll ein Programm für die Differentialrechnung entwickelt werden. Das Ziel ist es, mathematische Ausdrücke der Form

$$\text{"2} * a * b + a * c - sin(b * c)\text{"}$$

nach darin vorkommenden Variablen (a, b oder c) abzuleiten.
Zunächst müssen die Differentiationsregeln in PROLOG definiert werden. Das folgende Programm definiert das Prädikat "d(Ausdruck, Var, Ergebnis)", wobei "Ausdruck" Platzhalter für den abzuleitenden Ausdruck ist, "Var" für die Variable steht, nach der abgeleitet werden soll, und "Ergebnis" für das Ergebnis der Differentiation steht.

Die Erklärungen des Programmes werden durch /* und */ geklammert. Mit Großbuchstaben beginnende Bezeichner repräsentieren in PROLOG variable Ausdrücke.

Anmerkung: Versuchen Sie, das Programm aufgrund der nachfolgenden Erklärungen zu verstehen!

```
d(X,X,1).                  /* X nach X abgeleitet ergibt 1.       */
d(C,X,0) :-                /* Eine Konstante C nach X abgeleitet  */
        const (C,X).       /* ergibt 0, wobei sichergestellt      */
                           /* werden muß, das C unabhängig von X  */
                           /* ist.                                */
d(-A,X,-As) :-             /* Ein Ausdruck -A nach X abgeleitet   */
        d(A,X,As).         /* ergibt einen Ausdruck -As, wobei A  */
                           /* nach X abgeleitet As ergibt.        */
d(A+B,X,As+Bs) :-          /* Ein Ausdruck A+B nach X abgeleitet  */
        d(A,X,As),         /* ergibt einen Ausdruck As+Bs, wobei  */
        d(B,X,Bs).         /* A nach X abgeleitet As ergibt und   */
                           /* B nach X abgeleitet Bs ergibt.      */
d(sin(A),X,cos(A)*As) :-   /* sin(A) abgeleitet nach X ergibt     */
        d(A,X,As).         /* äußere Ableitung * innere Ablei-    */
                           /* tung, das ist cos(A) * As.          */
const(C,X)  :-             /* Damit C als Konstante getrach-      */
        ungleich(C,X),     /* tet werden kann, muß C ungleich     */
        unzerteilbar(C).   /* X sein und C darf nicht weiter      */
                           /* zerteilbar sein (= keine Funk-      */
                           /* tion).                              */
```

"ungleich(C,X)" und "unzerteilbar(C)" nehmen wir als bereits definiert an. Durch obiges Programm können z.B. folgende Ausdrücke differenziert werden:

Aufruf	Ergebnis
d (a+b, a, X)	X = 1+0
d (1+a*b-c, b, X)	X = 0+0*b+a*1-0
d (a*(b+a*c), a, X)	X = 1*(b+a*c) + a*(0+1*c+a*0)
d (sin(a*a), a, X)	X = cos(a*a) * (1*a+1*a)

Aufgabenstellung:
Erweitern Sie die Differentiationsregeln so, daß das Programm auch mathematische Ausdrücke, die Subtraktionen, Brüche und Cosinus-Funktionen enthalten, differenzieren kann. Führen Sie jene Regeln an, die zu obiger Regelbasis hinzugefügt werden müssen. Versuchen Sie durch Analogieschluß zum Ergebnis zu kommen.

Anmerkung: Diese Aufgabe ist schwierig und nur dann durch Sie lösbar, wenn Sie mit der Differentialrechnung vertraut sind! Verzweifeln Sie also deshalb nicht, sondern schauen Sie notfalls gleich die Musterlösung an oder überblättern Sie diese Aufgabe einfach. Sie haben dadurch in der Folge keine Verständnisschwierigkeiten zu befürchten.

Übungsaufgabe Nr. I-122:

Überlegen Sie, warum 16-Bit-Mikrorechner ausschließlich im Einprogrammbetrieb arbeiten.

Übungsaufgabe Nr. I-123:

Ergänzen Sie zur Wiederholung die nachfolgenden Sätze über die Adressierung und virtuelle Speicherung:
  a) Der Adreßraum des virtuellen Speichers ist (kleiner/größer) ....
     als der des tatsächlich vorhandenen (realen) Arbeitsspeichers.
  b) Eine Adresse, die den Ort eines Speicherplatzes direkt bezeichnet, heißt
     .... Adresse. Eine (numerische/alphanumerische) ....
     Adresse im virtuellen Speicher bezeichnet man als .... Adresse.
  c) Bei der Programmierung in höheren Sprachen werden die Adressen in
     .... Form angegeben. Diese Adressen müssen vor der Programmausführung von einem Übersetzungsprogramm in ....
     Adressen umgewandelt werden.

Übungsaufgabe Nr. I-124:

Begründen Sie, warum beim Spoolbetrieb der Arbeitsspeicher kürzer durch die zu verarbeitenden Anwendungsprogramme belegt wird. Überlegen Sie ferner, ob der Spoolbetrieb auch Nachteile in kapazitätsmäßiger Hinsicht haben könnte.

Übungsaufgabe Nr. I-125:

Begründen Sie, warum die Maschinenbelegungsplanung bei reiner Stapelverarbeitung vergleichsweise einfach ist und wie dadurch ein hoher Durchsatz gewährleistet werden kann.

Übungsaufgabe Nr. I-126:

In einem mittelständischen Betrieb gibt es folgende EDV-Anwendungen:
  a) Finanzbuchhaltung, Fakturierung und Lagerverwaltung auf einem in
     der Abteilung "Rechnungswesen" installierten Minirechner mit fünf
     Datensichtstationen und zwei Nadeldruckern
  b) Absatzplanung mittels Lotus 1-2-3 auf einem in der Abteilung "Verkauf" installierten 32-Bit-Mikrorechner
  c) Lohn- und Gehaltsabrechnung in einem Servicerechenzentrum (außer
     Haus)

Bei welchem bzw. welchen dieser Anwendungsfälle ist Teilnehmerbetrieb gegeben?

Übungsaufgabe Nr. I-127:

Nennen Sie ein im Textbuch nicht genanntes Beispiel für den Teilhaberbetrieb.

Übungsaufgabe Nr. I-128:

Nennen Sie drei im Textbuch nicht genannte Beispiele für die Prozeßverarbeitung.

Übungsaufgabe Nr. I-129:

Die früher vorherrschende Stapelverarbeitung wurde seit Beginn der 70er Jahre zunehmend durch die Dialogverarbeitung verdrängt. Vorhandene EDV-Anwendungen wurden umgestellt, neue wurden von vornherein als Dialoganwendungen konzipiert. Überlegen Sie, ob es auch Aufgaben gibt, die sich kaum für die interaktive Bearbeitung eignen. Für welche Art von Aufgaben kommt dementsprechend die Stapelverarbeitung in erster Linie in Frage? Nennen Sie einige Beispiele!

Übungsaufgabe Nr. I-130:

Sie haben ganz am Anfang dieses Lehrtexts beim Vergleich der manuellen mit der elektronischen Datenverarbeitung als ein EDV-Anwendungsbeispiel die Verkaufsabrechnung mit elektronischen Datenkassen im Lebensmitteleinzelhandel kennengelernt. Lesen Sie den entsprechenden Abschnitt 1.1.3 nochmals durch und charakterisieren Sie die vorliegenden Betriebsarten.

Übungsaufgabe Nr. I-131:

Aus welchem Grund muß sich eigentlich der Benutzer eines Großrechners bei der Anschaltung identifizieren und welchem Zweck dient die Angabe einer Verrechnungskostenstelle bei seinem Auftrag an die EDVA.

Übungsaufgabe Nr. I-132:

Wie wirkt sich bei einem Time-Sharing-System ein Ausbau der Bildschirmperipherie infolge zusätzlicher Anwendungen auf den einzelnen Benutzer aus?

Übungsaufgabe Nr. I-133:

Nachstehend sind wahllos einige Funktionen von Steuerprogrammen aufgelistet. Bitte geben Sie bei jeder Funktion an, ob diese zur Auftrags-, Prozeß- oder Datenverwaltung gehört.

- **a)** Einrichten, Öffnen und Schließen von Dateien
- **b)** Entgegennahme von neuen Aufträgen
- **c)** Ein- und Auslagern von Seiten zwischen Arbeits- und Hintergrundspeicher

d) Dynamische Zuteilung von Arbeitsspeicherbereichen
e) Ein- und Ausschleusen von Daten (Spool)
f) Ausgabe von Statusinformation über Warteschlangen und Betriebsmittelbelegung
g) Zuteilung von peripheren Geräten an Prozesse
h) Anfertigung und Sicherung von Momentaufnahmen (engl.: checkpoints)
i) Protokollierung der Betriebsmittelbelegung
j) Behandlung von Programmfehlern
k) Zeitscheibenzuteilung
l) Verarbeitung von EA-Unterbrechungen
m) Datenschutz (gegen unbefugten Zugriff)

Übungsaufgabe Nr. I-134:

Können Sie erklären, warum es für einen EDV-Anwender sinnvoll sein kann, für eine Programmiersprache (wie zum Beispiel BASIC oder C) sowohl einen Interpreter als auch einen Compiler zu verwenden?

Übungsaufgabe Nr. I-135:

Dienstprogramme zur Leistungsmessung von großen EDVA erlauben es, Meßwerte über
– die Auslastung von Prozessor(en) und Speichern,
– die Belegung von Kanälen,
– die Aktivität peripherer Geräte,
– die Zugriffe auf bestimmte Dateien und
– das Antwortzeitverhalten von Prozessen
jederzeit abzurufen bzw. diese fortlaufend in eine Datei zu schreiben. Auswertungsprogramme können diese Datei analysieren und Kennzahlen ermitteln, die in tabellarischer oder grafischer Form ausgegeben werden.

Überlegen Sie, wozu derartige aktuelle oder periodische Übersichten über die Anlagenauslastung benötigt werden.

Übungsaufgabe Nr. I-136:

Abrechnungsprogramme werten die Abrechnungsdatei eines EDV-Systems aus (vgl. hierzu auch die Musterlösung zu Übungsaufgabe I-131). Dabei wird die Inanspruchnahme von Rechnerleistungen in einer bestimmten Zeit für jeden einzelnen Benutzer ermittelt, um diese gegebenenfalls dem Benutzer bzw. seiner Kostenstelle in Rechnung stellen zu können (vielleicht auch nur zu Informationszwecken, falls keine Weiterverrechnung der EDV-Kosten erfolgt).

Geben Sie an, welche Leistungsarten bei der Abrechnung sinnvollerweise berücksichtigt werden sollten. Denken Sie bei Ihren Überlegungen daran, daß die Benutzeraufträge die Komponenten einer EDVA verschieden belasten können und daß diese Komponenten unterschiedlich viel kosten.

Übungsaufgabe Nr. I-137:

Ein Argument für den Einsatz von Standardanwendungssoftware ist die Reduktion der zukünftigen Programmwartung, d.h. des Aufwands für die Anpassung der Software an Änderungen der Bedingungslage. Warum ist meist die Wartung bei fertig gekauften Softwarepaketen weniger aufwendig als bei Eigenentwicklungen?

Übungsaufgabe Nr. I-138:

Auf dem Softwaremarkt erhältliche Systemprogramme sind wesentlich öfter installiert als kommerzielle Programme und Branchenprogramme. Überlegen Sie, warum das so ist.

Übungsaufgabe Nr. I-139:

Listen Sie mindestens zehn allgemeingültige Kriterien auf, die zur Beurteilung und Auswahl von Anwendungssoftwarepaketen dienen können.

Übungsaufgabe Nr. I-140:

In einem Fertigungsbetrieb ist ein Großrechner vorhanden, der bisher ausschließlich für das Rechnungswesen, die Materialwirtschaft und den Verkauf eingesetzt wurde. Nun wird daran gedacht, auch die Fertigungsplanung und -steuerung zu automatisieren bzw. durch den Rechner zu unterstützen.

Wie soll dieser Betrieb vorgehen, wenn der Einsatz von Standardsoftware erwogen wird?

Übungsaufgabe Nr. I-141:

Erstellen Sie im nachstehenden Tabellenkalkulations-Schema ein Kalkulationsmodell zur Gehaltsberechnung nach folgenden Regeln:

Das monatliche Nettogehalt (NG) wird durch Subtraktion des Sozialversicherungsbeitrags (SV) und der abzuführenden Lohnsteuer (LST) vom Bruttogehalt (BG) ermittelt, wobei der Sozialversicherungsbeitrag 15,95% des Bruttogehalts beträgt. Die Berechnungsgrundlage (BRG) für die Ermittlung der Lohnsteuer in Höhe von 25% erhalten Sie durch Subtraktion des Sozialversicherungsbeitrags vom Bruttogehalt.

BG
−   SV   (15,95% des BG)
‾‾‾‾‾‾‾
BRG
−   LST   (25% der BRG)
‾‾‾‾‾‾‾
NG

Ermitteln Sie anhand dieser Angaben die zur Berechnung des Nettogehalts notwendigen Formeln. Gehen Sie bei der Lösung des Beispiels so vor, daß der erklärende Text in Spalte A des Berechnungsschemas und die bekannten Eingabewerte (SV = 15,95% und LST = 25%) in Spalte B stehen. Die Berechnung selbst soll in Spalte C vorgenommen werden.

Berechnen Sie den auszuzahlenden Nettobetrag für ein Bruttogehalt von 25 000,-.

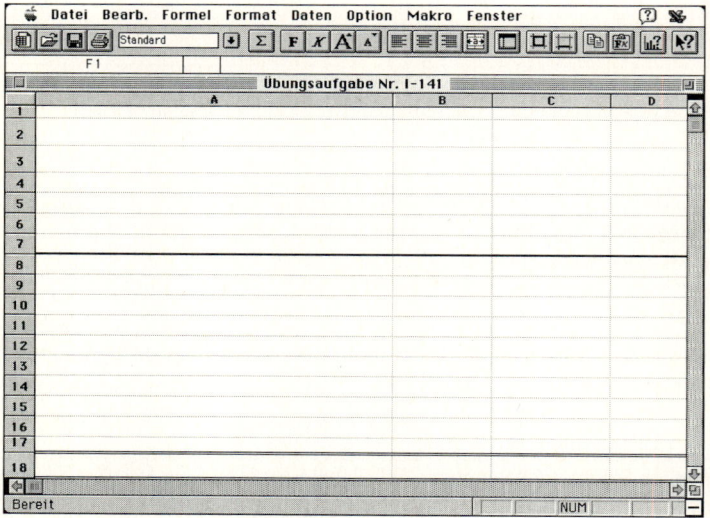

Übungsaufgabe Nr. I-142:

Nachstehend sind einige Aufgaben angeführt, die in der Praxis rechnerunterstützt abgewickelt werden. Welche davon können Endbenutzer mit ihren PC-Softwarewerkzeugen lösen?

a) Kundenauftragsverwaltung in einem Großversandhaus
b) Fertigungssteuerung bei einem Automobilhersteller
c) Fakturierung in einem Lebensmittelsupermarkt
d) Absatzplanung im Produktmanagement eines Kosmetikherstellers
e) Kundenkorrespondenz einer Rechtsanwaltskanzlei

f) Überwachung des Luftraums durch die Fluglotsen im Tower des Flughafens Frankfurt/Main

g) Zentrale Studentendatenbankverwaltung einer Massenuniversität

h) Mitgliederverwaltung der Ortsgruppe einer kommunistischen Partei

i) Lagerbestandsführung und Bestellschreibung einer Buchhandlung

j) Schreiben von Pressemitteilungen unter reichlicher Verwendung von "Pro-Fahrrad"- und "Anti-Automobil"-Symbolen durch den Bundesgeschäftsführer einer radikalen Radfahrerorganisation.

k) Zeichnen von Folien für eine EDV-Vorlesung

l) Budgetplanung des Controllers eines Chemiekonzerns

m) Erstellung von Präsentationsunterlagen durch einen Assistenten für eine Vorstandssitzung

n) Niederschrift der sonntäglichen Predigt eines Pfarrers

o) Bibliotheksverwaltung eines Universitätsinstituts

Übungsaufgabe Nr. I-143:

Sehen Sie sich die Abb. 2.4.3.3/3 und 4 sowie die Abb. 2.4.4/1 bis 3 im Textbuch an. Diese Abbildungen zeigen recht anschaulich den Einsatz der Fenstertechnik in der Praxis.

Können Sie an diesen Beispielen auch Grenzen der Fenstertechnik erkennen?

Übungsaufgabe Nr. I-144:

Beschreiben Sie nochmals in eigenen Worten das Wesen der Fenstertechnik.

Übungsaufgabe Nr. I-145:

Im Textbuch wurde als softwareergonomische Forderung die jederzeitige Selbsterklärungsfähigkeit des Systems postuliert. Was ist damit gemeint?

Übungsaufgabe Nr. I-146:

In einer Stellenanzeige einer großen Tageszeitung wird eine EDV-Fachkraft gesucht. Darin heißt es:

**zum nächstmöglichen Termin
eine(n) ....**

Ihre Aufgaben sind:
- **Entwicklung von EDV-Anwendungen auf der Basis von MVS/ESA und DB2,**
- **Programmierung und Testdurchführung,**
- **Systemintegration und Einführung,**
- **Betreuung und Weiterentwicklung von Anwendungen.**

Sie verfügen über:
- **qualifizierte technische oder kaufmännische Ausbildung oder entsprechendes Studium,**
- **mehrjährige Erfahrung in der Entwicklung von EDV-Anwendungen und den Programmiersprachen COBOL, PL/1 oder C.**

Um welches Berufsbild handelt es sich?

Übungsaufgabe Nr. I-147:

a) Zeichnen Sie das Organigramm (= Darstellung der organisatorischen Gliederung) der zentralen EDV- bzw. IS-Abteilung eines modernen mittelgroßen Industriebetriebes, aus dem die Aufgabenverteilung auf die einzelnen Mitarbeiter ersichtlich ist. Insgesamt stehen 17 Stellen zur Verfügung.

b) Die Einordnung von Abteilungen in die Aufbauorganisation eines Betriebes wird maßgeblich durch die jeweils anfallenden Aufgaben bestimmt. Können Sie sich vorstellen, warum dementsprechend für eine zentrale EDV-Abteilung eine möglichst hohe hierarchische Stellung im Betrieb zu empfehlen ist und welche Probleme sich bei der Einordnung in eine bestehende Abteilung, zum Beispiel die "Finanzbuchhaltung", ergeben können?

Übungsaufgabe Nr. I-148:

Für welche der in der nachstehenden Tabelle erwähnten Berufsbilder ist ein Studium der Wirtschaftsinformatik (oder Betriebswirtschaft mit Schwerpunkt Wirtschaftsinformatik) notwendig bzw. ratsam?

Beruf	Wirtschaftsinformatik-Studium notwendig bzw. ratsam?
EDV-Berater	
Systemanalytiker	
Wartungsspezialist	
EDV-Lehrer	
Datenbankspezialist	
EDV-Verkäufer	
EDV-Projekt- bzw. -Gruppenleiter	
Maschinenbediener	
EDV-Revisor	
Datentypist	
EDV-Organisator	

Übungsaufgabe Nr. I-149:

Für welche der nachfolgend beschriebenen EDV-Anwendungen eines mittelgroßen Industriebetriebs (siehe Tabelle auf Seite 282) empfiehlt sich tendenziell

a) die zentrale Entwicklung und der Betrieb auf dem zentralen Großrechner, an den unintelligente Bildschirmterminals in den Fachabteilungen gekoppelt sind,

b) die dezentrale Entwicklung und der Betrieb auf autonomen Mikrorechnern in den Fachabteilungen.

Übungsaufgabe Nr. I-150:

Welche der nachfolgenden Aussagen zum "Rapid Prototyping" sind (ist) richtig?

a) Rapid Prototyping kann z.B. als Entwicklungsmethode für individuelle Anwendungssoftware eingesetzt werden, bei der ein laufender Dialog zwischen Systemanalytiker(n) und Benutzer(n) zur Erhebung der Benutzeranforderungen stattfindet.

	zentral	dezentral
Fertigungsplanung und -steuerung		
Debitorenbuchhaltung		
Individueller Terminkalender und Notizbuch		
Lagerbestandsführung		
Planung der Neueinführung eines Produkts mit Netzplantechnik		
Kalkulation der Vertriebskosten und -erlöse einer Produktgruppe durch den Produktmanager		
Lohn- und Gehaltsabrechnung		
Verwaltung der EDV-Bibliothek		
Schriftverkehr mit dem Außendienst		
Investitionsrechnung für Bauvorhaben		
Kundendienstbearbeitung		

Tabelle zu Übungsaufgabe Nr. I-149

b) Durch das Rapid Prototyping sind eine Istaufnahme und ein Sollkonzept nicht mehr notwendig, was den Softwareentwicklungsprozeß erheblich abkürzt.

c) Das Ergebnis des Rapid Prototyping ist nicht notwendigerweise das fertige Softwareprodukt, sondern ein vom Benutzer akzeptiertes Modell bzw. Beispiel, dessen Spezifikationen anschließend im Rahmen einer "ordentlichen Entwicklung" mit klassisch strukturierten Hilfsmitteln realisiert werden.

d) Voraussetzung für den Einsatz von Rapid Prototyping sind komfortable Softwarewerkzeuge, die Bildschirmmasken und Listen schnell erstellen und ändern helfen, und Sprachen, die eine einfache Datenabfrage und -manipulation ermöglichen.

e) Ökonomisch und im Arbeitsstil muß sich der Systemanalytiker eine Wegwerfmentalität zulegen. Verwirft der Benutzer den Prototyp, so muß auch ein völliger Neuanfang im Bereich des wirtschaftlich Vertretbaren liegen.

Übungsaufgabe Nr. I-151:

In einer Stellenanzeige einer großen Tageszeitung wird eine EDV-Fachkraft gesucht. Darin heißt es:

Eine Position mit Zukunft

Exklusive Eigenprodukte und ein breites Handelssortiment haben uns in wenigen Jahren zu einem der ganz Großen im sportlichen Zubehör werden lassen. Ideenreichtum und eine konsequente Marktpolitik bedeuten steigende Umsätze – und somit auch sichere Arbeitsplätze.

Wir suchen eine(n) ....

Notwendig sind kaufmännische Kenntnisse sowie mehrere Jahre Praxis in entsprechender Position. Erfahrungen mit AS/400-Systemen sowie die Beherrschung der Sprache RPG sind unumgänglich. Sie werden selbständig und alleinverantwortlich arbeiten müssen; dabei wird Ihre Hauptaufgabe neben der üblichen Routine sein, die bereits stark modifizierten Standardprogramme weiter zu pflegen und auszubauen.

Um welches Berufsbild handelt es sich hier?
- **a)** Systemanalytiker
- **b)** Anwendungsprogrammierer
- **c)** Systemprogrammierer
- **d)** Vertriebsbeauftragter
- **e)** Lehrer für Datenverarbeitung

Übungsaufgabe Nr. I-152:

Bei den aufgabenbezogenen Benutzeranforderungen unterscheidet man zwischen qualitativen, quantitativen und terminlichen Benutzeranforderungen. Bitte ordnen Sie die folgenden Beispiele von Anforderungen zu (durch Ankreuzen):

	Anforderungen		
	quali- tative	quanti- tative	termin- liche
In der Fachabteilung X der Unternehmung Y haben sich die Mitarbeiter auf ein Kennzahlensystem geeinigt.			
Der Ersatz der vorhandenen Monochrombildschirmgeräte durch verbundfähige PCs mit Farbschirm ist bis zum 1.1.1995 vorgesehen.			
Über eine Veränderung der Bildschirmmasken soll drei Monate nach der Erprobung des neuen Systems ein Gespräch zwischen der EDV-Abteilung und der Fachabteilung geführt werden.			
Im Rahmen der Systemanalyse für das neue EDV-gestützte Finanzbuchhaltungssystem ist festgestellt worden, daß pro Quartal durchschnittlich 300 000 Buchungssätze anfallen.			

Tabelle zu Übungsaufgabe Nr. I-152

Übungsaufgabe Nr. I-153:

Erinnern Sie sich noch an unser Ausgangsbeispiel der rechnergestützten Verkaufsabrechnung und Warendisposition im Lebensmitteleinzelhandel (Abschnitt 1.1.3 im Textbuch)?

Skizzieren Sie für die dort beschriebene Fakturierung mittels Datenkassen einige Datenermittlungsprobleme. Formulieren Sie hierzu beispielhaft fünf Fragen, die ein Systemanalytiker zu stellen hätte.

Übungsaufgabe Nr. I-154:

Nennen Sie für unser Ausgangsbeispiel der rechnergestützten Verkaufsabrechnung und Warendisposition im Lebensmittelhandel (Abschnitt 1.1.3 im Textbuch) fünf Fragen, die im Zuge der Systemanalyse in bezug auf die Datenumsetzung zu lösen sind.

Übungsaufgabe Nr. I-155:

Geben Sie an, welche der folgenden Objekte Sekundärdatenträger sind: Eurocheque-Karte; Eurocheque-Formular; CD-ROM; Mikrofiche; Artikelpackung mit EAN-Aufdruck; WORM; Kassenzettel einer Datenkasse; Mikroprozessor.

Übungsaufgabe Nr. I-156:

Entwerfen Sie einen Beleg für die Erfassung studentischer Immatrikulationsdaten (Stammdaten für die Einschreibung an einer Hochschule) und beachten Sie dabei die im Textbuch genannten Gestaltungsgrundsätze.

Übungsaufgabe Nr. I-157:

Nennen Sie ein im Textbuch nicht genanntes Beispiel für die halbdirekte Datenerfassung mittels Primärdatenträgern.

Übungsaufgabe Nr. I-158:

Geben Sie bei den nachfolgenden Datenerfassungsfällen an, ob indirekte, halbdirekte oder direkte Datenerfassung vorliegt:

a) Parallele Erfassung der Fakturierungsdaten beim Kassiervorgang auf Disketten, die abends nach Geschäftsschluß von allen Filialen an das Rechenzentrum der Hauptverwaltung eines Cash & Carry-Großhandelsunternehmens zur Auswertung (Nachbestellung, Absatzstatistik) gesandt werden.

b) Kontostandsauskunft in Kundenselbstbedienung über den Indoor-Automaten eines Bankhauses.

c) Buchung und Bezahlung eines Liegewagenplatzes mittels Eurocheque-Karte am Schalterterminal der Bundesbahn.

d) Lehrveranstaltungsanmeldung über ein Bildschirmtextterminal der Wirtschaftsuniversität Wien.

e) Durchführung eines Tests mit Multiple-Choice-Fragen unter Verwendung von Markierungsbögen (vgl. Abb. 2.2.1.2/1 im Textbuch).

f) Ein Forstbeamter geht in einem Waldstück von Baum zu Baum und tippt Daten über das Ausmaß von Umweltschäden in sein um den Hals gehängtes Erfassungsgerät ein.

Übungsaufgabe Nr. I-159:

Im Zusammenhang mit der Diskussion von Straßenbenutzungsgebühren werden auch elektronische Mautsysteme diskutiert, bei denen eine dezentrale automatische Erfassung der Straßennutzungsdaten erfolgt.
Können Sie sich vorstellen, wie dies funktioniert?

Übungsaufgabe Nr. I-160:

Liegt in den folgenden Fällen sukzessive oder simultane Datenerfassung vor?

a) Parallele Erfassung der Fakturierungsdaten beim Kassiervorgang auf Disketten, die abends nach Geschäftsschluß von allen Filialen an das Rechenzentrum der Hauptverwaltung eines Cash & Carry-Großhandelsunternehmens zur Auswertung (Nachbestellung, Absatzstatistik) gesandt werden.

b) Durchführung eines Tests mit Multiple-Choice-Fragen unter Verwendung von Markierungsbögen (vgl. Abb. 2.2.1.2/1 im Textbuch).

c) Ablochen von Lochkarten (so wie es in den 60er Jahren ganz überwiegend zur Datenerfassung praktiziert wurde).

d) Ausstellung einer Liegewagenkarte am Schalterterminal eines Bahnhofs (durch Eintippen des Fahrtziels, der "Bettwünsche" usw.).

Übungsaufgabe Nr. I-161:

Liegt in den folgenden Fällen nichtintelligente oder intelligente Datenerfassung vor?

a) Parallele Erfassung der Fakturierungsdaten beim Kassiervorgang auf Disketten, die abends nach Geschäftsschluß von allen Filialen an das Rechenzentrum der Hauptverwaltung eines Cash & Carry-Großhandelsunternehmens zur Auswertung (Nachbestellung, Absatzstatistik) gesandt werden.

b) Durchführung eines Tests mit Multiple-Choice-Fragen unter Verwendung von Markierungsbögen (vgl. Abb. 2.2.1.2/1 im Textbuch).

c) Ablochen von Lochkarten (so wie es in den 60er Jahren ganz überwiegend zur Datenerfassung praktiziert wurde).

d) Ausstellung einer Liegewagenkarte am Schalterterminal eines Bahnhofs (durch Eintippen des Fahrtziels, der "Bettwünsche" usw.).

e) Schreiben eines Artikels auf einem tragbaren Mikrorechner durch einen Auslandskorrespondenten und Übertragung des Textes über eine Telefonverbindung in die Zeitungsredaktion nach Frankfurt/Main.

f) Abhebung eines Geldbetrages von einem Geldausgabeautomaten in Kundenselbstbedienung.

Übungsaufgabe Nr. I-162:

Welche der folgenden Aussagen zu Datensammelsystemen sind (ist) richtig?

a) Ein universeller Großrechner mit 50 angeschlossenen Datensichtgeräten, mit denen in diversen Fachabteilungen von Sachbearbeitern Daten erfaßt und abgerufen werden, ist ein Datensammelsystem.

b) Das um den Hals gehängte Gerät, mit dem ein Forstbeamter in einem Waldstück die Umweltschäden der einzelnen Bäume durch Eintippen erfaßt, ist ebenfalls ein Datensammelsystem.

c) Datensammelsysteme haben dieselben typischen Vorteile und Nachteile wie sonstige Rechner mit mehreren angeschlossenen Arbeitsplätzen. Der Kostendegression pro Arbeitsplatz aufgrund des "Ressourcen-Sharings" stehen potentielle Durchsatz- und Ausfallsicherheitsprobleme gegenüber.

d) Datensammelsysteme eignen sich primär für zentrale Datenerfassungslösungen; somit haben sie dieselben Schwachpunkte wie diese (siehe Seite 504 des Textbuchs).

Übungsaufgabe Nr. I-163:

Welche der folgenden Aussagen über das vorstehende Beispiel einer Online-Kundenauftragsbearbeitung sind (ist) richtig?

a) Aus der Beschreibung auf den Textbuch-Seiten 510 – 511 ist nicht erkennbar, ob es sich dabei um eine traditionelle Großrechner-, eine Minirechner- oder eine Mikrorechnerlösung handelt oder ob ein Client-Server-System vorliegt. Daß als Quelle der Abbildungen 3.1.3.6/1 und 2 das Softwarehaus SAP angegeben wurde, deutet allerdings darauf hin, daß es sich kaum um eine Stand-alone-PC-Applikation handeln dürfte.

b) Es ist nicht erkennbar, ob am Sachbearbeiterarbeitsplatz unintelligente alphanumerische Datensichtstationen oder X-Terminals zum Einsatz kommen.

c) Die wiedergegebene Benutzeroberfläche könnte auch auf einem PC oder einer Workstation implementiert sein. Zum Beispiel könnte es sich dabei um Windows oder OSF/Motif handeln.

d) Bei dem zugrundeliegenden Betriebssystem könnte es sich um proprietäre Produkte wie BS2000, OS/400 oder VMS handeln. Ebenso könnten dies jedoch offene Systeme bzw. Marktstandards wie UNIX und MS-DOS sein.

e) Weil es sich um typische kommerzielle Anwendungssoftware handelt, muß diese – wenn der Hersteller auf Portabilität Wert legt – in COBOL geschrieben worden sein.

f) Wenn Verkaufsfahrer bei ihren Auslieferungstouren mit Notebook-PCs neue Aufträge erfassen, die nach deren Rückkehr direkt – von Speicher zu Speicher – in das beschriebene Kundenauftragsverwaltungssystem auf einem zentralen Verarbeitungsrechner überspielt werden, so liegt diesbezüglich Off-line-Datenerfassung vor.

Übungsaufgabe Nr. I-164:

Nennen Sie mindestens fünf denkbare Anwendungsbeispiele für mobile Datenerfassungsgeräte.

Übungsaufgabe Nr. I-165:

Gegeben sei eine hypothetische Rechenmaschine, die in einer Assemblersprache programmiert werden kann. Der Befehlsvorrat der Assemblersprache umfaßt unter anderem einen Befehl MVC (move characters), der als ersten Operanden die symbolische Zieladresse und als zweiten Operanden eine Zeichenkette erwartet. Die Zeichenkette wird unter doppelten Anführungszeichen angegeben, die Operanden werden durch Komma getrennt. Nach der Ausführung des Befehles wird die Zeichenkette (zweiter Operand von MVC) im Arbeitsspeicher an die durch die Zieladresse (erster Operand von MVC) angegebene Stelle kopiert

```
              .
              .
              .
      MVC Ergebnis,"Hallo"
              .
              .
              .
Ergebnis  DS 5
```

Datenbereiche werden durch das Kürzel DS spezifiziert; die letzte Zeile von obigem Programmfragment bedeutet, daß ein Speicherbereich mit dem symbolischen Namen ERGEBNIS in der Größe von fünf Zeichen definiert wurde. Nach dem Ablauf der MVC-Instruktion steht im Arbeitsspeicher an der Stelle Ergebnis die Zeichenkette HALLO.

a) Welche Inhalte haben nach Ablauf der beiden MVC-Instruktionen die Speicherbereiche VORNAME und NACHNAME?

```
              .
              .
              .
      MVC VORNAME,"HANS ROBERT"
      MVC NACHNAME,"HANSEN    "
              .
              .
              .
  VORNAME   DS 10
  NACHNAME  DS 10
```

b) Welche Inhalte haben nach Ablauf der beiden MVC-Instruktionen die Speicherbereiche VORNAME und NACHNAME?

```
              .
              .
              .
      MVC NACHNAME,"HANSEN    "
      MVC VORNAME,"HANS ROBERT"
              .
              .
              .
  VORNAME   DS 10
  NACHNAME  DS 10
```

c) Welche beiden Mängel werden durch dieses Beispiel offenkundig; welche Verbesserungen gegenüber dieser Assemblersprache sind bei höheren Programmiersprachen wünschenswert?

Übungsaufgabe Nr. I-166:

Welche der nachfolgend genannten Speichermedien sind direkt adressierbar: Markierungsbelege; Mikrofiches; optische Speicherkarten; Halbleiterplatten; Klarschriftbelege; Disketten; Magnetplatten; Magnetbandkassetten; Chipkarten; EPROM-Chips; RAM-Chips; CD-ROMs; Flash-Speicherkarten?

Übungsaufgabe Nr. I-167:

Kennzeichnen Sie in Stichworten die wichtigsten Merkmale der sequentiellen Dateiorganisation.

Übungsaufgabe Nr. I-168:

Welche der nachfolgenden Aussagen über Sekundärschlüssel sind (ist) richtig?

a) Sekundärschlüssel ermöglichen die Verarbeitung von Datensätzen in anderer Reihenfolge als über Primärschlüssel.

b) Sekundärschlüssel können dazu verwendet werden, einen Datensatz zu suchen, dessen Primärschlüssel nicht bekannt ist.

c) Sekundärschlüssel müssen zum Primärschlüssel in einem logischen Zusammenhang stehen.

d) Die Speicherung von Sekundärschlüsseln erfolgt üblicherweise mit dem sog. Hash-Verfahren, um die beste Verarbeitungsleistung zu erreichen.

e) Bei der Abspeicherung und beim Suchen von Datensätzen hat im Zweifelsfall der Primärschlüssel Vorrang vor den Sekundärschlüsseln.

Übungsaufgabe Nr. I-169:

Auf einer 3,5-Zoll-Diskette ist eine indizierte Datei mit 1 600 Datensätzen gespeichert. Jeder Datensatz dieser Hauptdatei hat genau die feste Länge eines Sektors von 512 Zeichen. Der in der Indexdatei für jeden Satz gespeicherte alphanumerische Schlüssel ist 28 Zeichen, der Adreßverweis ist vier Zeichen lang. Ein Sektor kann in 0,3 Sekunden gelesen werden.

Wie lange dauert im Durchschnitt ein Zugriffsvorgang auf einen Datensatz der Hauptdatei, wenn die Indexdatei unsortiert ist?

Übungsaufgabe Nr. I-170:

Auf einer 3,5-Zoll-Diskette ist eine indizierte Datei mit 5 000 Datensätzen gespeichert. Jeder Datensatz dieser Hauptdatei ist 80 Zeichen lang. Die

Sektorgröße beträgt 512 Zeichen, der alphanumerische Schlüssel ist 28 Zeichen und die Adreßeintragung ist vier Zeichen lang. Die Zugriffszeit auf einen Sektor beträgt 0,3 Sekunden.

Wie lange dauert im schlechtesten Fall der Zugriffsvorgang auf einen Datensatz, wenn die Indexdatei

a) sequentiell und
b) binär

durchsucht wird?

Anmerkung: Sie werden das Ergebnis für die zweite Aufgabenstellung nicht im Kopf berechnen können. Es genügt, wenn Sie beschreiben, wie Sie zur Lösung kommen.

Übungsaufgabe Nr. I-171:

Ein Studentenheim hat zwei Stockwerke, die beide eine gleiche Zimmeraufteilung haben. Im unteren Stockwerk wohnen Studenten, im oberen Studentinnen. Das Heim hat in Summe 60 Zweibettzimmer. Folgende Grafik zeigt das untere Stockwerk. Die wegen ihrer inhumanen Organisationsvorstellungen berüchtigte Studentenheimverwaltung (die Studentenzeitung hat diese Zustände bereits mehrmals beklagt) hat aus Übersichtlichkeitsgründen – wie sie sagt – die Zimmer beider Stockwerke des Studentenheimes in alphabetisch aufsteigender Reihenfolge (geordnet nach den Familiennamen der Studenten) belegt. Jeder Quergang hat an seinem Anfang ein Schildchen, das seinen Buchstabenbereich kennzeichnet.

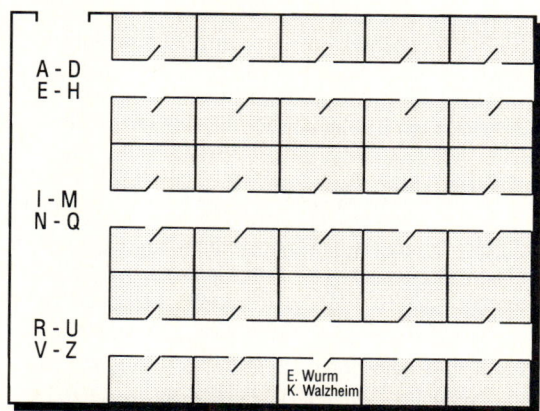

Sie suchen das Zimmer Ihres Freundes K. Walzheim:

a) Welche Suchmethoden können Sie in dem Heim anwenden?
b) Welche Suchmethoden können Sie in jedem Stockwerk des Heimes anwenden?

c) Welche Suchmethode erscheint Ihnen hier als die natürlichste?

Übungsaufgabe Nr. I-172:

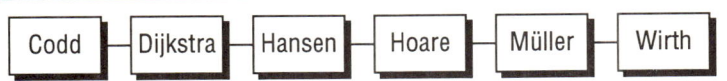

Löschen Sie in der oben abgebildeten Kette den Schlüssel "Müller" und zeichnen Sie die Kette nach dem Löschvorgang.

Übungsaufgabe Nr. I-173:

Gegeben ist folgender binärer Baum:

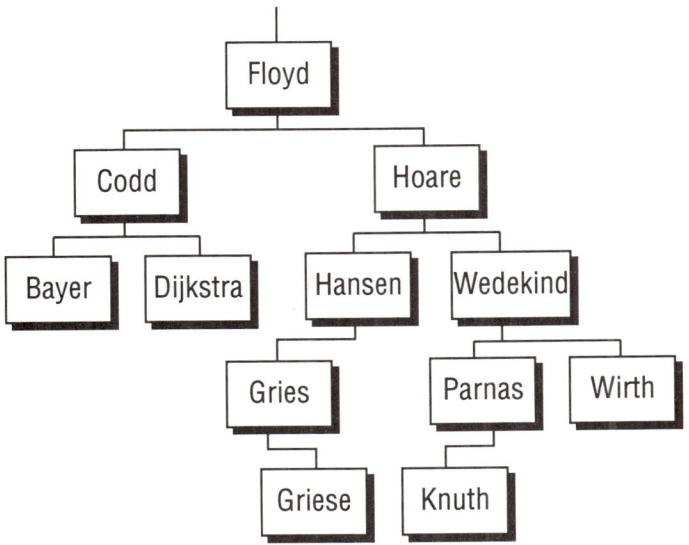

Löschen Sie
 – den Knoten "Parnas" und
 – den Knoten "Hoare"
so, daß das Ordnungsschema des Baumes nicht verändert wird. Zeichnen Sie in beiden Fällen die Lösung. Ausgangspunkt für <u>beide</u> Aufgabenstellungen ist der zuvor abgebildete binäre Baum.

Übungsaufgabe Nr. I-174:

Komplettieren Sie die nachfolgende Tabelle mit den in der Klammer angeführten Wertungen.

	Index physisch sortiert	Ketten	Bäume
Komplexität der Datenstruktur (gering/mittel/hoch)			
Suchzeit nach gegebenen Schlüsseln (gering/mittel/hoch)			
Notwendigkeit von Reorganisationen nach dem Hinzufügen neuer Datensätze (ja/nein)			
Möglichkeit der Sortierung desselben Datenbestandes nach mehreren Kriterien (1) (ja/nein)			

(1) Ein Wörterbuch z.B. kann nach mehreren Kriterien sortiert sein: Neben der gebräuchlichen lexikographischen Reihenfolge kann es von Interesse sein, die Daten nach der EBCDIC-Sortierfolge zu sortieren, oder nach phonetischen Ähnlichkeiten, Reimen u.ä.m.

Übungsaufgabe Nr. I-175:

Wiederholen Sie nochmals in eigenen Worten, warum bei der gestreuten Speicherung Doppelbelegungen (Kollisionen) auftreten und wie diese behandelt werden können.

Übungsaufgabe Nr. I-176:

Fassen Sie zum Abschluß des Abschnitts über die gestreute Speicherung nochmals in Stichworten die wichtigsten Merkmale dieser Dateiorganisationsform zusammen.

Übungsaufgabe Nr. I-177:

In welchem bzw. welchen der nachfolgenden Fälle liegt Redundanz vor?
  a) Wenn dieselben Daten mehrfach mit unterschiedlichen Werten gespeichert sind.
  b) Wenn Datenbestände aus Sicherheitsgründen auf mehrere Speicher-

einheiten verteilt werden.

c) Wenn Daten in herkömmlichen Dateien abgespeichert werden (weil nur Datenbanksysteme die einzig wirksame Möglichkeit darstellen, Redundanz zu vermeiden).

d) Wenn dieselben Daten mehrfach mit denselben falschen Werten gespeichert sind.

e) Wenn dieselben Daten mehrfach mit denselben richtigen Werten gespeichert sind.

Übungsaufgabe Nr. I-178:

Sie sollen für eine Einzelhandelskette, die mehrere Filialen in Österreich, der Schweiz und in Deutschland besitzt, ein übersichtliches Entity-Relationship-Diagramm erstellen.

a) Nennen Sie alle Objekttypen und alle Attribute, die diesen Objekttypen zugeordnet sind. Unterscheiden Sie dabei zwischen identifizierenden und beschreibenden Attributen, und begründen Sie Ihre Auswahl, wenn folgender Sachverhalt gegeben ist:

- Ein Angestellter wird beschrieben durch die Personalnummer, den Namen und die Adresse.
- Eine Filiale wird beschrieben durch die Filialnummer und den Ort, wo sich die Filiale befindet.
- Alle Artikel werden beschrieben durch die Artikelnummer, die Bezeichnung des Artikels und den Preis pro Artikel.
- Ein Lieferant wird gekennzeichnet durch die Lieferantennummer, den Lieferantennamen und die Lieferantenadresse.

b) Zeichnen Sie für die Einzelhandelskette ein ER-Diagramm und tragen Sie in das ER-Diagramm auch die Art der Beziehung ein, wenn folgende Beziehungen gegeben sind:

- Eine Filiale beschäftigt mehrere Angestellte. Ein Angestellter ist jedoch immer nur in einer Filiale beschäftigt.
- Eine Filiale verkauft mehrere Artikel. Ein Artikel kann von unterschiedlichen Filialen verkauft werden.
- Ein Lieferant liefert mehrere Artikel. Ein Artikel wird in unserem Fall immer nur von einem Lieferanten geliefert.

Übungsaufgabe Nr. I-179:

In der Übungsaufgabe Nr. I-178 haben Sie ein ER-Diagramm für eine Einzelhandelskette erstellt. Da diese Einzelhandelskette eine relationale Datenbank benutzt, sollen Sie nun ein konzeptionelles Schema für eine relationale Datenbank aus dem von Ihnen konstruierten ER-Diagramm ableiten. Nennen Sie zunächst die zu erstellenden Tabellen und begründen Sie Ihre Auswahl.

Anmerkung: Vergleichen Sie dazu auch nochmals die Musterlösung von Übungsaufgabe Nr. I-178 mit Ihrer Lösung.

Übungsaufgabe Nr. I-180:

Ergänzen Sie die von Ihnen in Übungsaufgabe Nr. I-179 erstellten Tabellen um die jeweiligen Spaltenbezeichnungen und kennzeichnen Sie die Primärschlüssel. Die Spaltennamen und die Primärschlüssel sind wiederum aus dem in Übungsaufgabe Nr. I-178 erstellten ER-Diagramm abzuleiten.

Übungsaufgabe Nr. I-181:

Es sind folgende drei Tabellen eines Beschaffungsinformationssystems gegeben:

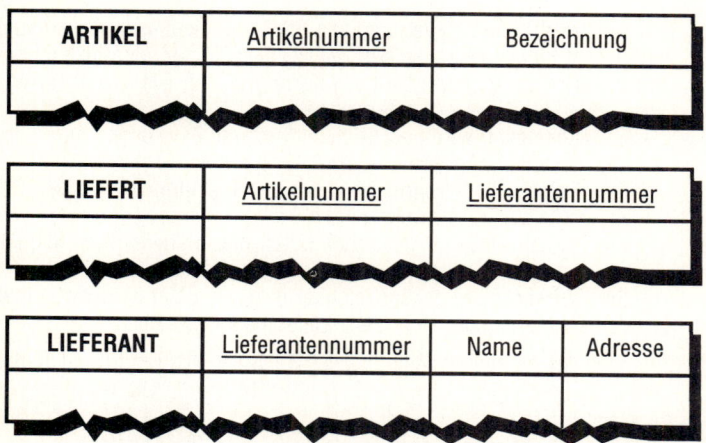

Füllen Sie nun die Tabellen ARTIKEL, LIEFERT, LIEFERANT mit Probedaten, wenn folgender Sachverhalt gegeben ist:

- Der Lieferant Maier AG mit der Lieferantennummer 3 und der Adresse A-1200 Wien liefert Waschmittel mit der Bezeichnung Omo flüssig. Dieses Waschmittel ist mit der Artikelnummer 4 ausgezeichnet.

- Die Nah&Frisch GmbH liefert Bier der Sorte Schwupps alkoholfrei. Der Lieferant hat die Lieferantennummer 10. Die Sorte Schwupps alkoholfrei hat die Artikelnummer 20. Die Adresse der Nah&Frisch GmbH lautet: A-1010 Wien.

Zeigen Sie anhand dieses Beispiels den Unterschied zwischen den Begriffen Tupel und Attribut.

Übungsaufgabe Nr. I-182:

In einem österreichischen Großhandelsunternehmen, das sich auf den Handel mit Computerbauteilen aus Taiwan spezialisiert hat, ist ein neues integriertes Informationssystem entwickelt worden, das die betriebswirtschaftlichen Funktionsbereiche

- Beschaffung,
- Lagerhaltung,
- Absatz,
- Finanz- und Rechnungswesen

informationstechnisch unterstützt. Nun gilt es, für die einzelnen Benutzergruppen externe Schemata zu erstellen.

Welche Information am Bildschirm ist für die einzelnen Abteilungen (in diesem Falle: Beschaffung, Lagerhaltung, Absatz, Finanz- und Rechnungswesen) relevant, wenn bisher folgende Auswertungen erstellt worden sind? Markieren Sie in der nachfolgenden Tabelle die entsprechenden Felder.

Benutzergruppen / Bildschirminhalte	Beschaffung	Lagerhaltung	Absatz	Finanz- und Rechnungswesen
Stammdateneingabe für Lieferanten				
mengenmäßige Lagerbestandsführung				
ABC-Analyse der Lagerartikel				
Anzeige des Deckungsbeitrages für eine bestimmte Produktgruppe pro Quartal				
Erfassung eines neuen Kundenauftrages				
Anzeige aller an einem bestimmten Tag bestellten Artikel				
Anzeige aller variablen Kosten für eine Kostenstelle in einem bestimmten Zeitraum				
Anzeige der im letzten Quartal verkauften Artikel, gegliedert nach Produktgruppen				

Übungsaufgabe Nr. I-183:

Welche der folgenden Veränderungen betreffen ausschließlich das interne Schema eines Datenbanksystems?

a) Hinzufügen eines Attributs zu einer vorhandenen Relation
b) Veränderung des für einen Benutzer zugreifbaren Ausschnittes der Datenbank
c) Verlegen einer häufig benutzten Tabelle auf ein schnelleres Plattenlaufwerk
d) Anlegen eines weiteren Indexes zur Zugriffsbeschleunigung
e) Erteilen einer Zugriffsberechtigung für einen neuen Benutzer
f) Überführen von Relationen der zweiten in die dritte Normalform
g) Veränderung der physischen Datenblockgröße zur Speicherplatzoptimierung

Übungsaufgabe Nr. I-184:

Definieren Sie in SQL eine Tabelle ARTIKEL eines Absatzinformationssystems mit folgenden Attributen:

Attributsname	Spalten-länge	Datentyp
Artikelnummer	6	ganzzahlig numerisch, Schlüssel
Artikelbezeichnung	50	alphanumerisch, darf nicht NULL sein
Preis	8	dezimal mit zwei Nachkommastellen
Menge	10	numerisch

Definieren Sie folgende Abfrage:
Gesucht sind all jene Artikel, die mehr als 1 000,- kosten. Es sollen nur die Artikelbezeichnung und der Preis am Bildschirm sichtbar sein.

Übungsaufgabe Nr. I-185:

Die folgenden neun Schritte beschreiben eine fehlerfreie "Mustergeldabhebung" mit einem Geldausgabeautomaten (Bankomaten):

1. Bankkunde stellt sich in der Warteschlange vor dem Geldausgabeautomaten an.
2. Bankkunde schiebt die Eurochequekarte in den Einzugsschlitz der Kartenleseeinheit des Automaten.
3. Automat öffnet das Bankomatfenster.
4. Kunde tippt die persönliche Identifikationsnummer (PIN) ein.

5. Kunde tippt den abzuhebenden Geldbetrag ein.
6. Bankomat gibt die Eurochequekarte aus der Kartenleseeinheit zurück.
7. Bankomat zählt den auszugebenden Geldbetrag und überführt ihn in das Geldausgabefach.
8. Kunde entnimmt den Geldbetrag.
9. Automat schließt das Bankomatfenster.

Welche der folgenden Abweichungen von obigen Schritten führen zu einem Abbruch der Abbuchungstransaktion?

a) Warteschlange ist zu lang, Kunde gibt auf und geht.
b) Eurochequekarte ist schadhaft, Bankomat wirft sie mit entsprechender Fehlermeldung aus.
c) Eurochequekarte verklemmt sich im Inneren des Bankomaten, nach längerer Anzeige der Meldung "Transaktion wird bearbeitet, bitte warten" erscheint die Meldung "Bankomat außer Betrieb".
d) Der Kunde vertippt sich viermal bei seiner PIN.
e) Der vom Kunden eingetippte Geldbetrag übersteigt die abhebbare Geldmenge.
f) Der eingetippte Betrag ist gültig, der Automat hat jedoch zu wenig Bargeld vorrätig.
g) Der Kunde entnimmt den in das Geldausgabefach überführten Geldbetrag nicht.
h) Das Bankomatfenster läßt sich aus technischen Gründen nicht mehr schließen.

Übungsaufgabe Nr. I-186:

Von dem Informatiker Dijkstra stammt ein anschauliches Beispiel für das Entstehen einer Verklemmung beim Konkurrieren um Ressourcen (die Ressourcen im Lehrtext sind Daten, in diesem Beispiel sind die Ressourcen materieller Art, wie z.B. die Betriebsmittel einer EDVA). Fünf Philosophen leben zusammen in einem Haus. Ihr Tagesablauf besteht darin, entweder zu meditieren oder zu essen. Es gibt Spaghetti. Die Spaghettischüssel befindet sich in der Mitte eines runden Tisches. Auf dem Tisch sind fünf Teller und fünf Gabeln reserviert.

Um essen zu können, benötigt ein Philosoph zwei Gabeln. Wenn er Hunger verspürt, handelt er wie folgt:
1. In dem Moment, wo die linke neben seinem Teller liegende Gabel frei ist, nimmt er sie in die linke Hand.
2. In dem Moment, wo die rechte neben seinem Teller liegende Gabel frei ist, nimmt er sie in die rechte Hand.
3. Nun kann der Philosoph essen und legt nach dem Essen beide Gabeln gleichzeitig zurück.

Diese Art zu speisen birgt jedoch ein tückisches Problem in sich – es kann eine Verklemmung eintreten und alle Philosophen müssen verhungern. Schildern Sie den Fall einer Verklemmung, bei dem alle Philosophen verhungern.

Übungsaufgabe Nr. I-187:

Überlegen Sie sich ein Beispiel aus Ihrem eigenen Lebensbereich, wo ein mangelhafter Datenschutz für Sie persönlich unangenehme Folgen haben könnte.

Übungsaufgabe Nr. I-188:

Welche der folgenden Datenschutzrechte haben Sie, wenn Ihnen (so wie es dem Verfasser tatsächlich passiert ist) die Erzdiözese Wien einen "Computerbescheid" über mehrere tausend Schilling Kirchensteuernachzahlung schickt und im Falle der Nichtbezahlung mit gerichtlichen Maßnahmen droht, obwohl Sie niemals in Ihrem Leben der Römisch-Katholischen Kirche angehört haben?

  a) Auskunftsrecht darüber, woher bzw. auf welche Weise die Erzdiözese Wien Ihre Daten erhalten hat.
  b) Auskunftsrecht über sämtliche Daten, welche die Erzdiözese Wien über Sie gespeichert hat.
  c) Auskunftsrecht nur über jene Ihrer von der Erzdiözese Wien gespeicherten Daten, die unrichtig sind.
  d) Recht auf Löschung sämtlicher Daten, die von der Erzdiözese Wien über Sie gespeichert sind.
  e) Recht auf Geheimhaltung und Weitergabebeschränkung insofern, als die Erzdiözese Wien nicht Ihre durch die Richtigstellung bekanntgewordene tatsächliche Religionszugehörigkeit der "Konkurrenz" melden darf.

f) Recht darauf, daß die Erzdiözese Wien durch geeignete Kontrollmaßnahmen künftig Fälle ausschließt, bei denen "auf bloßen Verdacht hin" rechnergestützt Kirchensteuerbescheide erstellt und versandt werden.

g) Recht auf Schadensersatz, weil Ihr Briefträger, der den falschen Kirchensteuerbescheid zugestellt hat, Sie irrtümlicherweise als säumigen Kirchensteuerzahler betrachten könnte.

h) Beteiligungsrecht als Betroffener an der künftigen Weiterentwicklung des rechnergestützten "Kirchensteuereintreibungssystems" der Erzdiözese Wien.

Übungsaufgabe Nr. I-189:

Ver- und entschlüsseln Sie unter den gleichen Voraussetzungen wie bei dem Wort "WIRTSCHAFTSINFORMATIK" im Textbuch den Spruch "ITS ALL GREEK TO ME". Verwenden Sie für die Codierung des Leerzeichens die Ziffernfolge 00.

Übungsaufgabe Nr. I-190:

Wie erwähnt, sind wir auf die DATEV schon früher, im Zusammenhang mit Hochleistungslaserdruckern, kurz eingegangen. Erinnern Sie sich noch an das tägliche Druckvolumen, das Ihnen einen weiteren Anhaltspunkt für die Größe bzw. bundesweite Bedeutung dieses modernen Servicerechenzentrums bietet?

Übungsaufgabe Nr. I-191:

Nennen Sie ein Beispiel aus Ihrem Alltag, wo Sie als Benutzer oder Betroffener die Datenfernverarbeitung im Dialog selbst "miterleben". Welche Vorteile bringt die Datenübertragung in diesem Fall?

Übungsaufgabe Nr. I-192:

Wir haben im Textbuch erwähnt, daß weitere wichtige Kriterien für die Auswahl des Datentransportverfahrens Datensicherheit und Datenschutz darstellen können. Wie ist dies zu verstehen?

Übungsaufgabe Nr. I-193:

Welche der nachfolgenden Aussagen sind (ist) richtig?

a) Als Datenendeinrichtung kann auch ein mit einer Fernbetriebseinheit ausgestatteter Farbfernsehempfänger dienen.

b) Soll ein Mikrorechner über eine öffentliche Telefonleitung mit einem Großrechner kommunizieren, so sind zur Anschaltung an den Fernmeldeweg zwei Modems erforderlich.

c) Die Modems für den Anschluß von Datenendeinrichtungen an das öffentliche Telefonnetz können in der Bundesrepublik Deutschland beim

Fachhandel gekauft oder von der Post beschafft werden.

Übungsaufgabe Nr. I-194:

Kennzeichnen Sie für die im Abschnitt 3.3.1.1 skizzierten vier Möglichkeiten der Inanspruchnahme des DATEV-Rechenzentrums, ob dabei jeweils Off-line- oder On-line-Datenfernverarbeitung vorliegt.

Übungsaufgabe Nr. I-195:

Stellen Sie die Vorteile und die Nachteile einer Mehrpunktverbindung gegenüber mehreren Punkt-zu-Punkt-Verbindungen an einem praktischen Beispiel dar (etwa anhand des im Abschnitt 1.1.3 skizzierten Lebensmittelfilialbetriebs).

Übungsaufgabe Nr. I-196:

Warum werden für die Datenübertragung über große Entfernungen hauptsächlich Synchronverfahren eingesetzt?

Übungsaufgabe Nr. I-197:

Welche der nachfolgenden Aussagen treffen in bezug auf paketvermittelte Übertragungsnetze zu?
- **a)** Es sind nur serielle asynchrone Übertragungsverfahren realisierbar.
- **b)** Die Paketierung der zu übertragenden Daten erfolgt durch die angeschlossenen Datenstationen.
- **c)** Die Nachrichtenlaufzeiten sind etwas höher als bei leitungsvermittelten Netzen (gleiche Übertragungsmedien vorausgesetzt).
- **d)** Es ist eine Vielfachnutzung von Teilnehmerleitungen möglich.

Übungsaufgabe Nr. I-198:

An einer Fernuniversität wird diskutiert, ob es sinnvoll ist, die zahlreichen, im nationalen Raum verstreuten Studienzentren mit autonomen Kleinrechnern ("Stand-alone-Betrieb") auszustatten oder dort unintelligente Terminals zu installieren und diese im Verbund mit dem zentralen Großrechner zu betreiben.

Was spricht aus der Sicht der Endbenutzer in den Studienzentren (Studierende, Mentoren) und der Universitätszentrale für bzw. gegen die Verbundlösung?

Übungsaufgabe Nr. I-199:

Worin besteht der Zweck eines Schichtenmodells für die Rechnerkommunikation? Beschreiben Sie die Begriffe "Anwendungsinstanz", "Endsystem", "Schicht", "Schnittstelle" und "Dienstleistung" anhand eines Telefongesprächs zwischen Ihnen und Ihrem Zahnarzt.

Übungsaufgabe Nr. I-200:

Worin besteht der Unterschied zwischen End- und Transitsystemen im ISO-Referenzmodell für offene Rechnernetze?

Übungsaufgabe Nr. I-201:

In der modernen Industrie wird derzeit intensiv an der EDV-gestützten Automation und gleichzeitigen Flexibilisierung der Fertigungsprozesse gearbeitet. Diese Entwicklung findet in der Literatur und in den Verkaufsbemühungen der EDV-Anbieter unter dem Schlagwort "CIM" (Computer Integrated Manufacturing) ihren Niederschlag. Darunter wird die Integration von bisher getrennten Produktionsplanungs- und -steuerungssystemen (früher eine typische Anwendung der "kommerziellen Groß-EDV"), CAD-Systemen (Computer Aided Design, meistens auf technisch-wissenschaftlichen Minirechnern und/oder Workstations implementiert), CAM-Systemen (Computer Aided Manufacturing, speicherprogrammierbaren NC-Maschinen; NC = Numerical Control), modernen Fertigungsautomaten (Roboter, flexible Fertigungszellen) und automatischen Prüfständen verstanden.

Dieses Integrationsvorhaben erfordert die Kommunikation und Kooperation zwischen einer großen Zahl von EDV-Anlagen und "intelligenten" Produktionssystemen von vielen Herstellern, die mit unterschiedlichen Kommunikationsprotokollen betrieben werden (vgl. auch im Textbuch den Abschnitt 1.3.1, S. 73 f.).

Um diesen Anforderungen zu begegnen, hat der amerikanische Automobilgroßkonzern General Motors die Entwicklung einer herstellerunabhängigen "CIM-Kommunikationsarchitektur" initiiert, die unter der Bezeichnung "MAP" (Manufacturing Automation Protocol, vgl. auch im Textbuch den Abschnitt 3.3.3.3.3, S. 720 f.) bekannt geworden ist. Diese Spezifikation bezieht sich u.a. auf folgende Protokolle auf der Grundlage des ISO-Referenzmodells für offene Rechnernetze.

7.	Anwendungsschicht	ISO FTAM, Network Management, Directory Services, CASE Kernel, Manufacturing Messaging
6.	Datendarstellungsschicht	leer
5.	Kommunikationssteuerungs-schicht	ISO Session Kernel
4.	Transportschicht	ISO Transport / Class 4
3.	Vermittlungsschicht	ISO CLNS
2.	Sicherungsschicht	LLC Procedures IEEE 802.2
1.	Bitübertragungsschicht	Breitband Tokenbus IEEE 802.4

Erklären Sie, unter welchen Voraussetzungen die derzeit benutzten Standards des Transportsystems durch andere Standards ersetzt werden können. Stellen Sie dar, welche Eigenschaften in den Normen IEEE 802.4 bzw. 802.2 festgelegt werden und welchen Zweck das ISO Transport/Class 4 Protokoll hat.

Übungsaufgabe Nr. I-202:

Worin bestehen die Ziele des ISO-Referenzmodells für offene Rechnernetze? Wie beurteilen Sie die Erfolgschancen dieser Initiative?

Übungsaufgabe Nr. I-203:

Stellen Sie sich vor, Sie hätten Ihren Bernhardiner darauf trainiert, anstatt eines Rumfäßchens drei 3,5-Zoll-Disketten zu transportieren. Jede Diskette hat eine Kapazität von 1,44 MB (netto). Ihr Bernhardiner läuft auf ebener Strecke mit einer Durchschnittsgeschwindigkeit von 18 km/h.

Berechnen Sie, bis zu jeweils welcher Distanz der Bernhardiner eine höhere Datenrate erreicht als

a) eine für die mobile Datenerfassung mit Akkustikkoppler betriebene analoge Telefonverbindung von 300 bit/s,

b) eine Datenübermittlung mittels Modem mit einer Übertragungsgeschwindigkeit von 2 400 bit/s,

c) die bei ISDN-Verbindungen realisierte Standardübertragungsgeschwindigkeit von 64 kbit/s.

Die übertragenen Zeichen werden im EBCDIC gesendet. Übertragungssteuerzeichen werden in der Rechnung nicht berücksichtigt. Der Bernhardiner läßt sich weder von Katzen noch von attraktiven Hundeweibchen ablenken.

Übungsaufgabe Nr. I-204:

Welche der folgenden Aussagen über Koaxialkabel sind (ist) richtig?

a) Mit Koaxialkabeln kann nur eine Breitbandübertragung erfolgen; deshalb scheidet das schmalbandige analoge Fernsprechen über dieses Medium aus.

b) In Hausantennenanlagen werden fast immer Koaxialkabel für den Anschluß der Fernsehempfänger verwendet.

c) Die PCM-Technik kann auch bei der Verwendung von Koaxialkabeln realisiert werden; deshalb ist digitales Telefonieren über dieses Medium möglich.

d) Koaxialkabel haben eine ausreichende Bandbreite zur Übertragung bewegter Bilder, wie zum Beispiel beim Fernsehen oder der Videoüberwachung.

e) Über Koaxialkabel können nicht nur Bildschirmgeräte mit Steuereinheiten und diese mit Rechnern verbunden werden, sondern sie eignen sich auch zur unmittelbaren Rechnerkopplung; zum Beispiel können im Rahmen von lokalen Netzen einige Dutzend Mikrorechner hiermit verbunden werden.

Übungsaufgabe Nr. I-205:

Für die Übertragung eines Telefongesprächs mittels PCM-Technik benötigt man 64 kbit/s. Weltweit gibt es derzeit ungefähr 900 Mio. Sprechstellen. Wieviele Glasfaserkabel würde man theoretisch benötigen, um alle gleichzeitig möglichen Telefonverbindungen auf digitalem Wege zu übertragen?

Übungsaufgabe Nr. I-206:

Erläutern Sie die Vor- und Nachteile einer Kommunikation über geostationäre Satelliten im Vergleich zur Übertragung über erdgebundene Netze.

Übungsaufgabe Nr. I-207:

Grenzen Sie die Begriffe: Repeater, Bridge und Router voneinander ab. Verwenden Sie dazu das ISO-OSI-Modell. Überlegen Sie, welche Kategorie von Geräten in der Regel die kostspieligste (aufwendigste) sein wird, und begründen Sie Ihre Meinung.

Übungsaufgabe Nr. I-208:

Lassen sich die gekennzeichneten Grundstrukturen von Fernnetzen mit allen im Abschnitt 3.3.1.6 beschriebenen Übertragungsmedien realisieren? Besteht überhaupt ein Zusammenhang zwischen Topologie und Medium?

Übungsaufgabe Nr. I-209:

Kann ein ringförmiges lokales Netz nach Unterbrechung einer Verbindung eine andere Topologie annehmen und dadurch funktionsfähig bleiben? Bitte begründen Sie kurz Ihre Antwort.

Übungsaufgabe Nr. I-210:

Welche der folgenden Aussagen über Busse sind (ist) richtig?
- **a)** Zwischen einem Bus in der Zentraleinheit (vgl. Abschnitt 2.3.1.3 im Textbuch) und dem Bus eines lokalen Netzes gibt es bezüglich der grundlegenden Funktionsweise keinen Unterschied: Ein durchgehendes Übertragungsmedium in Linienform wird von allen Teilnehmern, d.h. allen angeschlossenen Baueinheiten, gemeinsam im Zeitmultiplexbetrieb genutzt.
- **b)** Eine über den Bus gesandte Nachricht erreicht alle Teilnehmer. Durch Adreßangaben kann (können) die vorgesehene(n) Empfängereinheit(en) erkennen, daß die Nachricht für sie bestimmt ist. Der Empfang

geschieht durch Kopieren der übertragenen Nachricht in einen Speicher der adressierten Einheit; weil die Nachricht unverändert auf dem Bus "weiterläuft", kann sie von beliebig vielen weiteren angeschlossenen Einheiten unverändert und ohne Verzögerung empfangen werden.

c) Die Leitungslänge und die Zahl der anschließbaren Teilnehmer sind bei einem lokalen Busnetz i.d.R. bedeutend höher als bei einem Bus in der Zentraleinheit; dementsprechend muß die Zahl der verfügbaren Adressen eines lokalen Busnetzes ebenfalls höher sein.

d) An ein lokales Busnetz können universelle und spezialisierte Rechner aller Größenklassen sowie Peripheriegeräte aller Art angeschlossen werden.

e) Die Zahl der an ein lokales Busnetz anschließbaren Datenstationen wird vor allem durch die verfügbare Übertragungsrate des Mediums und die notwendige Übertragungskapazität der kommunizierenden Rechner und Endgeräte begrenzt.

Übungsaufgabe Nr. I-211:

Ein Unternehmen der Werkzeugindustrie hat seine Produktionsstätten auf mehrere Standorte in unmittelbarer Nähe des Verwaltungsgebäudes aufgeteilt. Es ergibt sich nun die Notwendigkeit, diese unterschiedlichen Standorte miteinander durch Datenleitungen zu vernetzen. Unter welchen Voraussetzungen darf das Unternehmen selbst Leitungen zwischen den Gebäuden verlegen? Wenn dies nicht möglich ist, welche Dienste der Telekom kämen z.B. für die Realisierung eines gemeinsamen Lagerverwaltungssystems in Frage?

Übungsaufgabe Nr. I-212:

Nehmen Sie eine volle Bildschirmseite mit 24 Zeilen zu je 80 Zeichen. Wie lange würde die Übertragung von vier derartigen Seiten von einem PC zu einem Zentralrechner mindestens dauern, wenn diese

a) über das Telefonnetz erfolgt und der Zentralrechner 1 km entfernt ist.

b) über das Telefonnetz erfolgt und der Zentralrechner 1 000 km entfernt ist.

c) über ISDN erfolgt und der Zentralrechner 10 km entfernt ist.

d) über ISDN erfolgt und der Zentralrechner 10 000 km entfernt ist?

Die übertragenen Daten sind im EBCDIC codiert. Übertragungssteuerzeichen sowie Verbindungsaufbauzeiten sind zu vernachlässigen.

Übungsaufgabe Nr. I-213:

Von der einzigen Verkaufsniederlassung eines Industrieunternehmens sollen die tagsüber auf Disketten erfaßten Kundenauftragsdaten im Stapel jeweils zur günstigsten Nachtgebühr (18 – 8 h) im Abrufbetrieb an die 300 km entfernte Zentrale übertragen werden. Durchschnittlich sind arbeitstäglich

(Montag bis Freitag) 0,2 Mio. alphanumerische Zeichen zu übertragen.

Bitte berechnen Sie jeweils die Übertragungsdauer und die Verbindungsgebühren pro Tag für folgende Übertragungsalternativen:

a) Telefonnetz: öS 4,- pro Minute Verbindungsdauer; ein Zeichen wird bei der Übertragung durch 8 Bits repräsentiert.

Anmerkung: Berechnen Sie die Werte nur für die Geschwindigkeitsklassen 2 400 bit/s, 4 800 bit/s und 9 600 bit/s; die Verbindungsgebühren sind nicht nach Geschwindigkeitsklassen differenziert.

b) ISDN: öS 4,- pro Minute Verbindungsdauer; zur Übertragung soll ein Basiskanal verwendet werden (Verbindungsaufbau und -abbauzeiten sowie Übertragungssteuerzeichen sollen hier vernachlässigt bleiben).

c) Berechnen Sie die Übertragungskosten pro Monat (20 Arbeitstage) für die Geschwindigkeitsklassen 2 400, 4 800 und 9 600 bit/s im Telefonnetz sowie für die ISDN-Alternative, wenn folgende zusätzliche Gebühren von der Post in Rechnung gestellt werden.

– Monatliche Grundgebühr je Hauptanschluß öS 160,-
– Monatliche Grundgebühr je ISDN-Basisanschluß öS 400,-

Anmerkung: Wir vernachlässigen hier einmalige Gebühren für den Anschluß sowie die im Unternehmen anfallenden DFÜ-Hardware- und -Softwarekosten. Die vorstehend genannten Gebühren beziehen sich auf die Tarife der österreichischen Post mit Stand 1.1.93 und haben exemplarischen Charakter.

d) Wie verändern sich die Übertragungskosten pro Monat (20 Arbeitstage), wenn das zu übertragende Datenvolumen
– auf 0,5 Mio. Zeichen oder
– auf 1,5 Mio. Zeichen
arbeitstäglich ansteigt?

Übungsaufgabe Nr. I-214:

Gehen Sie von der in Übungsaufgabe Nr. I-213 beschriebenen Unternehmenssituation aus.

a) Berechnen Sie jeweils die Verbindungsgebühren pro Tag für die nachfolgenden DATEX-L-Alternativen. Von der Post werden die auf der folgenden Seite angeführten Gebühren pro Sekunde Verbindungsdauer in Rechnung gestellt (Nachtgebühr II im Fernbereich).

Anmerkung: Ein Zeichen wird bei der Übertragung durch 8 Bits repräsentiert. Verbindungsaufbau- und -abbauzeiten sowie Übertragungssteuerzeichen sollen hier vernachlässigt bleiben.

DATEX-L-Alternative	Übertragungsgeschwindigkeit	Verbindungsgebühr
A	300 bit/s	öS 1,- für 15 s
B	2 400 bit/s	öS 5,28 pro Minute
C	4 800 bit/s	öS 7,32 pro Minute
D	9 600 bit/s	öS 10,02 pro Minute

b) Berechnen Sie die Übertragungskosten pro Monat (20 Arbeitstage) für die DATEX-L-Geschwindigkeitsklassen 300, 2 400, 4 800 und 9 600 bit/s, wenn folgende zusätzliche Gebühren von der Post in Rechnung gestellt werden:

DATEX-L-Alternative	monatliche Grundgebühr je Hauptanschluß
A	öS 750,-
B	öS 1 400,-
C	öS 2 200,-
D	öS 2 900,-

Für jede bereitgestellte Datexverbindung wird eine Zuschlagsgebühr von 30 Groschen erhoben.

Anmerkung: Wir vernachlässigen hier einmalige Gebühren für den Anschluß, für die Bereithaltung der Einrichtung für Direktruf u.ä. sowie die im Unternehmen anfallenden DFÜ-Hardware- und Softwarekosten. Die genannten Gebühren beziehen sich auf die Tarife der österreichischen Post mit Stand 1.1.93 und haben exemplarischen Charakter.

Vergleichen Sie die Ergebnisse Ihrer Berechnungen mit der Lösung von Übungsaufgabe Nr. I-213 c).

Übungsaufgabe Nr. I-215:

Gehen Sie von den in den Übungsaufgaben Nr. I-213 und I-214 genannten Bedingungen aus und berechnen Sie, wie hoch die Verbindungsgebühren bei der Übertragung von je 1 000 Bits in der Geschwindigkeitsklasse 4 800 bit/s sind, im

a) Telefonnetz,
b) Datexnetz mit Leitungsvermittlung und
c) Datexnetz mit Paketvermittlung.

Für das Datexnetz mit Paketvermittlung beträgt die Volumengebühr für ein übertragenes Segment je 1 Groschen (Nachtgebühr II für die ersten 0,2 Mio. Segmente). Ein Segment besteht aus 64 Bitgruppen (Oktetts) zu je acht Bits; angefangene Segmente zählen als volle.

Anmerkung: Wir vernachlässigen die bei DATEX-L und DATEX-P erhobene Zuschlagsgebühr von 30 Groschen für jede bereitgestellte Verbindung und die Zeitgebühr bei gewählten virtuellen DATEX-P-Verbindungen von 6 Groschen je Minute. Die vorstehend genannten Gebühren beziehen sich auf die Tarife der österreichischen Post mit Stand 1.1.93 und haben exemplarischen Charakter.

Übungsaufgabe Nr. I-216:

Ergänzen Sie die nachfolgenden Sätze über die besonderen Leistungen der DATEX-Dienste:
a) Sendet die Vermittlungsstelle die Rufnummer der Gegenstelle, damit eine eindeutige, vom Teilnehmer nicht veränderbare Identifizierung möglich ist, so liegt die besondere Leistung .... vor.
b) Wird (Werden) die letzte(n) Ziffer(n) der DATEX-Rufnummer nicht im Netz, sondern in der Endeinrichtung ausgewertet, wie bei einer Durchwahl-Nebenstellenanlage im Telefonnetz, so handelt es sich um die besondere Leistung ....
c) Bei .... erfolgt der Verbindungsaufbau über eine ein- oder zweistellige Zahl, welche die Vermittlungsstelle in die Rufnummer der jeweiligen Gegenstelle umsetzt.
d) Bei .... genügt für den Verbindungsaufbau ein Tastendruck oder ein Schnittstellensignal, weil die Rufnummer der Gegenstelle in der Vermittlungsstelle gespeichert ist.
e) Die Freizügigkeit des öffentlichen Netzes wird durch eine .... bewußt eingeschränkt. Verbindungen sind nur zwischen Anschlüssen derselben .... möglich.

Übungsaufgabe Nr. I-217:

Welche Benutzeranforderungen sprechen für den Einsatz von Datendirektverbindungen? Mit welchem anderen Dienst stehen Datendirektverbindungen in direkter Konkurrenz?

Übungsaufgabe Nr. I-218:

Telekommunikation hat sich in den letzten Jahrzehnten zu einer Schlüsseltechnologie des modernen Wirtschaftslebens entwickelt. Dies gilt insbesondere auch für grenzüberschreitende Telekommunikationsdienstleistungen. Wo könnten Ihrer Ansicht nach die speziellen Probleme in diesem Bereich liegen und welche Ansätze kennen Sie, um diese Schwierigkeiten zu bewältigen?

Übungsaufgabe Nr. I-219:

Welche der folgenden Aussagen zum ISDN sind (ist) richtig?
a) "ISDN" ist eine Abkürzung von "Integrated Services Data Network"; das ist ein universelles diensteintegrierendes Fernmeldenetz, das sich aus dem digitalisierten Telefonnetz entwickelt hat.
b) Das schmalbandige ISDN bietet dem Teilnehmer über einen Basisanschluß (eine Rufnummer) drei Übertragungskanäle; damit ist die simultane Nutzung von bis zu drei Fernmeldediensten, zum Beispiel gleichzeitiges Telefonieren, Fernkopieren und Fernschreiben, möglich.
c) Die drei 64-kbit/s-Kanäle eines ISDN-Basisanschlusses lassen sich zur Bewegtbildkommunikation zusammenfassen, wodurch die Verbreitung des Kabelfernsehens einen starken Auftrieb erhalten dürfte.
d) Mit einem ISDN-Basisanschluß könnten Sie, während Sie von Ihrer Urlaubsbekanntschaft aus Kenia angerufen und über rätselhafte Krankheitssymptome informiert werden, gleichzeitig über einen zweiten Telefonapparat auf Ihrem Schreibtisch Ihren Hausarzt in Bangkok um eine erste "Schnelldiagnose" bitten.
e) Mit dem ISDN können auch internationale, vollständig vermaschte Rechnernetze mit Standverbindungen aufgebaut werden (sofern die Fernmeldeverwaltungen aller beteiligten Länder das ISDN anbieten).

Übungsaufgabe Nr. I-220:

Nennen Sie die wesentlichen Kostenfaktoren einer Datenübertragung über Satellit (einmalige Anschlußgebühren sind dabei zu vernachlässigen).

Übungsaufgabe Nr. I-221:

Wie kann das Tokenverfahren auf Busbasis funktionieren?

Übungsaufgabe Nr. I-222:

Erläutern Sie die in Abb. 3.3.3.3.1/2 im Textbuch dargestellte Übertragungssituation.

Übungsaufgabe Nr. I-223:

Welche Probleme treten auf, wenn Sie ein existierendes Kabelfernsehnetz als lokales Netz für die Datenübertragung verwenden wollen? Welcher Unterschied besteht in der Struktur eines Kabelfernsehnetzes und eines lokalen Netzes?

Übungsaufgabe Nr. I-224:

Charakterisieren Sie FDDI-Netze hinsichtlich des verwendeten Übertragungsmediums, Topologie, Zugangsverfahren und Übertragungsgeschwindigkeit. Überlegen Sie, unter welchen Voraussetzungen – beim heutigen Stand der Technologie (1993) – eine Vernetzung von Geräten der "PC-Klasse" mittels FDDI sinnvoll ist.

Übungsaufgabe Nr. I-225:

Kann man mit Hilfe der Protokolle der Schichten 1 bis 3 (vgl. hierzu den Abschnitt 3.3.1.5 Kommunikationsarchitektur) bei

a) einem lokalen Tokenring,

b) einem lokalen CSMA/CD-Bus,

c) einer K-Anlage,

d) einem vollständig vermaschten herstellerspezifischen EDV-Netz

sicherstellen, daß wirklich nur der Adressat die für ihn bestimmte Nachricht empfangen kann?

Übungsaufgabe Nr. I-226:

In der Zentrale eines Industriekonzerns ist die Abteilung "Zentrale Betriebswirtschaft" mit der Erstellung von periodischen Berichten und von ad-hoc benötigten Entscheidungsunterlagen befaßt. Zur Unterstützung der Arbeit wurden zwei Mikrorechner mit den erforderlichen Softwaresystemen (Tabellenkalkulation, endbenutzerfreundliche Dateiverwaltung, Grafiksoftware und Textverarbeitung) installiert.

Für die Berichterstellung werden sehr viele Daten benötigt, die bereits in den operativen Anwendungssystemen auf den Zentralrechnern an den einzelnen, voneinander geographisch getrennten Standorten verfügbar sind. Diese Daten müßten nur noch verdichtet und auf die Mikrorechner übertragen werden.

Stellen Sie dar, welche Möglichkeiten existieren, Daten auf die Mikrorechner der Abteilung zu übertragen. Welche Voraussetzungen müssen in den Mikrorechnern sowie in den Zentralrechnern gegeben sein? Wie können die Datenübertragungsprobleme zwischen geographisch getrennten Standorten gelöst werden? Wo sehen Sie bei der oben beschriebenen Aufgabenstellung die Vorteile einer Mikrorechner-Zentralrechnerkonfiguration im Vergleich zu einer reinen Zentralrechnerlösung?

Übungsaufgabe Nr. I-227:

In der Marketing-Abteilung eines Haushaltsgeräteherstellers soll für die Geschäftsleitung wöchentlich ein "Report" verfaßt werden. Dieser Bericht soll neben den Verkaufszahlen und Umsatzprognosen auch Stellungnahmen der einzelnen Produktmanager zur Marktsituation beinhalten. Dazu ist auch Information (technische Daten und Abbildungen) über Konkurrenzprodukte notwendig. Der Leiter dieser Abteilung tritt nun mit der Bitte an Sie heran, ihn bei der Beschaffung der notwendigen Software (eventuell auch Hardware) beratend zu unterstützen.

Zur Zeit steht in der Abteilung jedem der zehn Produktmanager ein 32-Bit-Mikrorechner mit 4 MB Arbeitsspeicher zur Verfügung. Die PCs sind vernetzt und haben außerdem Zugang zu einem leistungsfähigen Server. Als Software stehen ein Textverarbeitungsprogramm (das keine dynamische Verknüpfung erlaubt), die letzte Version einer bekannten Tabellenkalkulation (unterstützt den vollen Leistungsumfang der verwendeten und weit verbreiteten grafischen Benutzeroberfläche) sowie ein ebenso aktuelles Datenbankprogramm und eine Terminalemulation für Abfragen vom Großrechner, auf dem die Verkaufszahlen verarbeitet werden, zur Verfügung. Neben zwei Laserdruckern (300 dpi) und einem Nadeldrucker sowie einem mit einem Fax-Modem aufgerüsteten PC sind keine weiteren Peripheriegeräte verfügbar.

a) Bereiten Sie einen Vorschlag für die benötigten Anschaffungen vor.
b) Gehen Sie auch kurz auf den damit realisierbaren Arbeitsablauf bei der Erstellung des Berichtes ein.

Übungsaufgabe Nr. I-228:

> Dieses *Arbeitsbuch* wurde mit einem PC geschrieben, dessen **Textverarbeitungssoftware** sämtliche auf den Seiten 793 bis 796 genannten Funktionen bietet. Wie wurden diese *Funktionen zur Verbesserung des Schriftbildes* bei der vorliegenden Aufgabenstellung eingesetzt?

Übungsaufgabe Nr. I-229:

Nennen Sie jeweils drei (nicht im Lehrtext genannte) Anwendungsbeispiele
– für die Bausteinkorrespondenz und
– für die Erstellung von Serienbriefen.

Übungsaufgabe Nr. I-230:

Für welche(s) der folgenden Anwendungsgebiete sind Tabellenkalkulationsprogramme geeignet?
a) Bilanzanalyse / Ermittlung von Bilanzkennzahlen
b) Verwaltung einer einfachen Adreßdatei
c) Kostenrechnung
d) Verfassen von Korrespondenz
e) Anfertigen von Multimedia-Präsentationen

Übungsaufgabe Nr. I-231:

Welche der folgenden Angaben über Präsentationsgrafik- und Layoutprogramme sind (ist) richtig?

a) Präsentationsgrafikprogramme sind wegen des hohen Speicherbedarfes der Bilddaten und des großen Rechenaufwandes bei der Erstellung der Grafiken nur für Workstations, Minirechner und Großrechner verfügbar.

b) Leistungsfähige Präsentationsgrafikprogramme erlauben interaktive Bildschirmpräsentationen, unterstützen die Erstellung von Vortragskonzepten und Handouts (= Unterlagen für das Auditorium) sowie die Ausgabe auf Dia-Belichter, Overhead-Folien und Papier.

c) Unter den derzeitigen technischen Gegebenheiten ist die Einbindung von digitalisierten Videosequenzen in Präsentationen nicht möglich.

d) OLE (Object-oriented Layout Engineering) ist ein auf Mikrorechnern weit verbreiteter Standard für die Gestaltung einheitlicher Layouts durch verschiedene Programme.

e) Layoutprogramme werden von Werbeagenturen für die Gestaltung von Logos, Schriftzügen und Anzeigen eingesetzt.

Übungsaufgabe Nr. I-232:

Ein Sachbearbeiter einer Textilgroßhandelsfirma bereitet ein (einmaliges) Rundschreiben über die neue Sommerkollektion vor. Dabei bedient er sich eines Textverarbeitungsprogrammes zur Erstellung des Textes, eines Tabellenkalkulationsprogrammes für die Erstellung einer einzufügenden Tortengrafik sowie eines Layoutprogrammes für die Nachbearbeitung der ebenfalls einzufügenden gescannten Bilder der neuen Modelle des Modeschöpfers N. Zückend.

Er fügt zu diesem Zweck die grafischen Elemente einzeln in den Text ein. Für eine Änderung an der Tortengrafik muß er das Tabellenkalkulationsprogramm neuerlich aufrufen und die entsprechende Grafik nochmals kopieren.

a) Welches Hilfsmittel ist für einen derartigen Kopiervorgang notwendig?

b) Wäre für das vorliegende Anwendungsbeispiel eine dynamische Verknüpfung sinnvoll?

Übungsaufgabe Nr. I-233:

Der Inhaber einer Werbeagentur überlegt die Beschaffung eines Mikrorechners für die Gestaltung von Inseratenwerbekampagnen. Die damit erstellten Dokumente sollen sowohl Texte in verschiedenen Zeichensätzen als auch Grafiken enthalten und bis zur druckfertigen Vorlage bearbeitet werden können. Überdies wird die Erstellung von mit Lichtsatzsystemen weiterverarbeitbaren Datenträgern angestrebt.

Können diese Anforderungen durch den Einsatz eines Mikrorechners abgedeckt werden? Welche Anforderungen an Hardware und Software ergeben sich Ihrer Ansicht nach aus der beschriebenen Aufgabenstellung?

Übungsaufgabe Nr. I-234:

City-Informationssysteme werden immer wieder als klassisches Beispiel möglicher Multimedia-Anwendungen genannt. In der Realität ist die Umsetzung derartiger Projekte oft mit großen Schwierigkeiten verbunden. Beschreiben Sie einzelne Module eines City-Informationssystems und gehen Sie auf Probleme bei der Einführung derartiger Systeme ein.

Übungsaufgabe Nr. I-235:

Ein wichtiges Einsatzfeld künftiger Multimedia-Anwendungen wird der Ausbildungsbereich sein. Versuchen Sie ein Multimedia-Sprachlernprogramm zu skizzieren und Rahmenbedingungen für eine realistische Marktakzeptanz aufzuzeigen.

Übungsaufgabe Nr. I-236:

Die Geschäftsleitung beauftragt die neu gegründete Abteilung für digitale Präsentationstechnik, einen bereits fertigen Video-Clip für den Einsatz auf Rechnern vorzubereiten. Da Sie diese Abteilung leiten, haben Sie selbstverständlich alle zur Digitalisierung des Videos notwendigen technischen Hilfsmittel zur Verfügung. Sie müssen allerdings auch feststellen, mit welchem Speicherbedarf auf den Präsentationscomputern gerechnet werden muß.

Ermitteln Sie dies für die untenstehenden Alternativen:

Variante A:
- Dauer der Präsentation: 2 1/2 Minuten,
- Digitalisierung als Ganzseitenbild mit 16 Millionen Farben bei einer Bildschirmauflösung von 640 x 480 Bildpunkten,
- 25 Bilder pro Sekunde,
- Stereoton (44 KHz bei 16 Bits Genauigkeit).

Variante B:
- wie Variante A, jedoch
- Reduktion der Video-Fenstergröße am Bildschirm auf ein Viertel,
- Reduktion der Farbanzahl auf 256 Farben,
- Reduktion der Ablaufgeschwindigkeit auf 15 Bilder pro Sekunde,
- Anwendung eines Bildkompressionsverfahrens mit einem Faktor 1:10,
- Reduktion der Tonqualität auf Mono bei 22 KHz mit 8 Bits.

Übungsaufgabe Nr. I-237:

Welche der nachfolgend genannten Dienste sind *keine* Mehrwertdienste?
  a) Öffentlicher Videokonferenzdienst auf der Basis des Breitband-ISDN

b) Die besonderen Leistungen "Kurzwahl", "Direktruf" und "Teilnehmer-betriebsklasse" im DATEX-L-Netz

c) Paging-Dienst (Personenrufdienst) in einem Mobilfunknetz

d) Fuhrparkmanagementsystem eines VSAT-Anbieters

e) Unterstützung der Netzwerkverwaltung für die Bitübertragungsschicht durch einen LAN-Konzentrator

f) Wegewahl durch einen Router, der ein Ethernet mit dem ISDN verbindet

g) Versand von CD-ROMs mit einer gespeicherten Bibel

h) Telefonverkauf von Kosmetikartikeln

i) Fernkopierdienst für Faxgeräte der Gruppe 4 im ISDN

j) Verbreitung pornographischer Bilder über das internationale Datennetz "Usenet"

k) Durchführung des Zahlungsverkehrs im PC-Host-Verbund durch die Kunden einer Großbank

Übungsaufgabe Nr. I-238:

Nennen Sie bitte ein Anwendungsbeispiel für ein Mitteilungsübermittlungssystem und dessen Beitrag zur Beschleunigung der innerbetrieblichen Abläufe.

Übungsaufgabe Nr. I-239:

Welche der nachfolgenden Aussagen über Mitteilungsübermittlungssysteme nach X.400 sind (ist) richtig?

a) Aufgrund der flexiblen Adressierung von MHS (Message Handling System) nach X.400 können damit viele inkompatible herstellerspezifische Bürosysteme, die diesen Standard unterstützen, überbrückt werden. Das heißt, daß zwischen den Teilnehmern dieser Systeme Elektronische Post und darauf aufbauende Mehrwertdienste genutzt werden können.

b) Damit kann sowohl intern eine unternehmensweite Integration als auch extern die Kommunikation zwischen Unternehmen erleichtert werden. X.400 kann z.B. die Reichweite eines herstellerspezifischen internen Postsystems auf öffentliche oder andere private Elektronische Postsysteme ausweiten, die X.400 unterstützen.

c) Ebenso können die Angehörigen der deutschen Universitäten und Fachhochschulen trotz ihrer heterogenen Rechnerausstattung mit Hilfe eines X.400-Dienstes kommunizieren, der über das DFN angeboten wird.

d) Im Internet ist sogar eine weltweite Kommunikation mit Millionen von Benutzern durch X.400 möglich.

e) IBM hat die in SAA spezifizierten Protokolle für den Austausch komplexer Daten, Document Content Architecture (DCA) und SNA Distribution Services (SNADS), aufgelassen und unterstützt auf allen strategischen Plattformen nur noch X.400.

Übungsaufgabe Nr. I-240:

Inwiefern unterscheidet sich ein Sprachspeicher- und -übermittlungssystem von einem telefonischen Anrufbeantworter?

Übungsaufgabe Nr. I-241:

Zählen Sie bitte mindestens drei Vorteile des TELETEX-Dienstes gegenüber dem TELEX-Dienst auf.

Übungsaufgabe Nr. I-242:

Warum dauert die Übertragung einer mit Schreibmaschine beschriebenen DIN-A4-Seite mit den schnellsten Fernkopierern der CCITT-Gruppe 3 mindestens so lange wie beim TELETEX-Dienst?

Übungsaufgabe Nr. I-243:

Ein Fax-Server der Gruppe 3 mit 150 MB freier Festplattenkapazität speichert für einen Betrieb die ein- und ausgehenden Fernkopien.

- **a)** Wieviele Seiten (ohne Graustufen) kann man mit dieser Konfiguration speichern?
- **b)** Sind die max. 2 000 DIN-A4-Seiten, die vom Abteilungsleiter erwartet werden, mit dieser Konfiguration speicherbar?

Anmerkung: Gesucht ist bei Frage a) keine genaue Zahl – dies ist wegen des unterschiedlichen Speicherbedarfs der einzelnen Seiten auch nicht möglich! Treffen Sie daher realistische Annahmen und geben Sie eine ungefähre Größenordnung an!

Übungsaufgabe Nr. I-244:

Vergleichen Sie die Kommunikationsmedien Brief (konventionelle, körperliche Übermittlung) und Fernkopieren (TELEFAX). In welchen Fällen ist welche Alternative vorzuziehen?

Übungsaufgabe Nr. I-245:

Nennen Sie fünf Btx-Anwendungsbeispiele, die für Sie persönlich ausschlaggebend sein könnten, den Bildschirmtextdienst der Telekom als Privatperson in Anspruch zu nehmen!

Übungsaufgabe Nr. I-246:

Welche Btx-Anwendungen können Sie sich im Hochschulbereich (an "Ihrer" Hochschule) vorstellen? Versuchen Sie, eine Systematik der Anwendungsbeispiele zu entwickeln.

Übungsaufgabe Nr. I-247:

Können Sie sich vorstellen, wie lange es im Rahmen des öffentlichen Bildschirmtextdienstes der Post bzw. Telekom dauert, um ein Teleprogramm in die Arbeitsstation des Teilnehmers zu laden? Welche Schwierigkeiten können beim Laden auftreten?

Übungsaufgabe Nr. I-248:

Versuchen Sie, das organisatorische Konzept des öffentlichen Btx-Dienstes der Post auf Btx-Anwendungen einer Hochschule umzulegen! Entwickeln Sie ein Organisationskonzept für die Entwicklung und den Betrieb eines Hochschul-Btx-Informationssystems!

Übungsaufgabe Nr. I-249:

Vergegenwärtigen Sie sich die Schichtenstruktur des ISO-OSI-Referenzmodells und stellen Sie fest, auf welcher Ebene eine Standardisierung des elektronischen Datenaustausches für Verwaltung, Handel und Transport (EDI-FACT) ansetzt.

Übungsaufgabe Nr. I-250:

Bei der manuellen Indexierung werden die Inhaltskennzeichnungen von Dokumenten ohne maschinelle Hilfsmittel gewonnen und einzeln in das Dokumentenverwaltungssystem eingegeben. Bei automatischer Indexierung werden diese hingegen von einem entsprechenden Programm ermittelt. Welche Probleme sind mit dieser automatisierten Auswertung bei Volltextsystemen verbunden?

Übungsaufgabe Nr. I-251:

Hypertext-Anwendungen (wie beispielsweise in Abb. 4.1.4.2/1 im Textbuch dargestellt) benötigen für die benutzerfreundliche Navigation durch das Informationsnetz zahlreiche Funktionen. Überlegen Sie, welche die wichtigsten dieser Funktionen sind und wie diese auf dem Bildschirm dargestellt werden können.

Übungsaufgabe Nr. I-252:

Welche Vorteile bieten bei On-line-Recherchen in internen und externen Datenbanken PCs gegenüber "dummen" Bildschirmterminals?

Übungsaufgabe Nr. I-253:

Ordnen Sie die folgenden Datenbanken den im Textbuch erwähnten Datenbanktypen richtig zu:

a) Datenbank eines großen Büromaschinenkonzerns, in der Daten über

Kunden bzw. potentielle Kunden und deren Geräteausstattung mit Konkurrenzprodukten erfaßt werden. Zugriffsberechtigt sind nur Mitarbeiter der Marketing-Abteilung sowie Verkäufer.

b) Datenbank eines Verkehrsunternehmens, womit Fahrpläne, Tarife und sonstige kundenorientierte Information über Btx für Dritte zur Verfügung gestellt werden.

c) Datenbank eines Konsumentenschutzvereines, in der Referenzangaben zu Testberichten und Produktbeschreibungen aller im deutschsprachigen Raum verfügbaren Fachzeitschriften (Haushalt, Kraftfahrzeuge, Wohnen...) vorhanden sind.

d) Datenbank eines Verlages, in der sämtliche Testberichte und Produktbeschreibungen der im Haus publizierten Fachzeitschriften für die Öffentlichkeit abrufbar sind.

e) Datenbank eines Ministeriums, in der alle Verordnungen, Gesetze und Beschlüsse, die für die tägliche Arbeit der Beamten relevant sind, erfaßt werden. Der Zugriff ist für Außenstehende nicht möglich.

Übungsaufgabe Nr. I-254:

Welche organisatorisch-technischen Unterschiede ergeben sich hinsichtlich Datensicherheit und Datenschutz zwischen internen und externen Datenbanken?

Übungsaufgabe Nr. I-255:

Viele externe Datenbanken können heute auch alternativ auf CD-ROM bezogen werden. Das Angebotsspektrum reicht dabei von Firmen- und Produktverzeichnissen über Nachschlagewerke, belletristische Bücher und Facharti-kelsammlungen bis hin zu Bildersammlungen und Spielen. Welche Vorteile bietet eine solche "Desk-top-Datenbank" gegenüber dem On-line-Zugriff auf eine entsprechende externe On-line-Datenbank?

Übungsaufgabe Nr. I-256:

Welche der folgenden Aussagen über externe Datenbanken sind (ist) richtig?

a) Die meisten derzeit auf dem Markt angebotenen Datenbanken enthalten unformatierte schriftliche Daten (Referenzhinweise oder vollständige Dokumente).

b) SQL eignet sich für die Abfrage von Faktendatenbanken. Für die Datendefinition und -manipulation von Softwaredatenbanken ist diese Sprache hingegen ungeeignet.

c) CD-ROMs dürften schon bald zu einer "ernsthaften Konkurrenz" für den On-line-Zugriff auf externe Datenbanken werden. Durch die hohe Speicherkapazität lassen sich Datenbestände mit bis zu 650 MB Umfang auf einer einzigen Platte aufzeichnen, kostengünstig vervielfältigen und versenden. Diese Off-line-Datenfernverarbeitung hat zwar u.U.

Aktualitätsnachteile, sie ist jedoch in vielen Fällen preiswerter, weil die Fernmeldegebühren entfallen.

d) Betriebe können ihre eigenen Datenbanken über Fernmeldewege auch externen Dritten zugänglich machen. Diese Datenbanken können schriftliche, bildliche und sprachliche Daten enthalten. Von einem Informationsdienst sprechen wir in einem solchen Fall allerdings erst dann, wenn das Informationsangebot gegen Entgelt erfolgt.

e) Wenn eine Wirtschaftsuniversität allen Bildschirmtextteilnehmern landesweit gegen eine Gebühr von öS 10,- einen Zugriff auf ihre Lehrveranstaltungsdatenbank gestattet (nur Lesen) und den immatrikulierten Studenten auf diesem Wege zusätzlich die Kursanmeldung ermöglicht, so handelt es sich um einen Branchendienst.

Übungsaufgabe Nr. I-257:

Die erfolgreiche Zusammenarbeit zwischen mehreren Beteiligten bei der Bearbeitung von Geschäftsvorgängen hängt von verschiedenen Kriterien ab. Nennen Sie mögliche Einflußfaktoren und Erfolgskriterien von Gruppenprozessen.

Übungsaufgabe Nr. I-258:

B. Stechlich, der tüchtigste Vertreter einer Softwarefirma, behauptet in einem Verkaufsvortrag, daß durch die gemeinsame Datenhaltung von Groupware-Systemen die Redundanz von Datenbeständen innerhalb von Arbeitsgruppen verhindert oder zumindest stark eingeschränkt werden kann.

Ist diese Aussage richtig? Geben Sie eine kurze Begründung für Ihre Meinung.

Übungsaufgabe Nr. I-259:

Ein befreundeter Geschäftsführer erzählt Ihnen stolz von seinen Beschaffungsplänen eines optischen Archivsystems für die Korrespondenz seiner expandierenden Unternehmung. Er hat folgende Komponenten für den neuen Arbeitsplatz bestellt:

– zwei leistungsfähige 32-Bit-Mikrorechner
  (Arbeitsplatzrechner und Archivserver)
– Graustufen-Scanner mit 300 dpi
– hochauflösender monochromer Ganzseiten-Monitor
– Jukebox für fünf 14"-WORM-Platten (je 2 GB)
– Laserdrucker mit 300 dpi
– Netzwerkkarte
– Information-Retrieval-System für die Verwaltung der Textdokumente sowie
– die nötigen Betriebssysteme, Kabel und Gerätetreiber

Weiters schwärmt er von der enormen Speicherkapazität des WORM-Laufwerkes und den Möglichkeiten der Volltextrecherche.

Sie haben allerdings Bedenken bezüglich der Realisierbarkeit der Volltextrecherche mit dieser Konfiguration. Welcher wesentliche Bestandteil wurde bei der Bestellung vergessen?

Übungsaufgabe Nr. I-260:

Welchen wesentlichen Vorteil bietet ein Verzeichnisdienst für Endbenutzer? Greifen Endbenutzer eines Büroinformations- und -kommunikationssystems direkt auf den Verzeichnisdienst zu?

Übungsaufgabe Nr. I-261:

Welche Nachteile haben dedizierte Einzel- und Mehrplatztextsysteme gegenüber den heute für die Textverarbeitung überwiegend zum Einsatz kommenden PCs?

Übungsaufgabe Nr. I-262:

Welche Fähigkeit muß ein PC-Betriebssystem aufweisen, um die gleichzeitige Bearbeitung mehrerer Applikationen zu ermöglichen? Sind die folgenden PC-Betriebssysteme dazu in der Lage?

Betriebssystem	ja	nein
Windows NT		
Mac-OS		
CP/M		
OS/2		
MS-DOS		

Übungsaufgabe Nr. I-263:

Beurteilen Sie die Eignung des folgenden fiktiven Mikrorechners (siehe nachfolgende Tabelle) für den Einsatz bei der Entwicklung von Multimedia-Präsentationen (mit guter Ton- und Bildqualität und ruckfreiem Bewegungsbild [Animation]).

Modell:	VAMOS 4000 cd
Prozessor:	Intel 80486DX2 / 66 MHz
Arbeitsspeicher (Standard):	16 MB
Arbeitsspeicher (maximal):	64 MB
Betriebssystem:	OS/2 (Version 2.1)
Schnittstellen:	Centronics, RS-232 (2x), SCSI-2, Ethernet, Audio ein/aus
Laufwerke:	3,5"-Floptical (bis 20 MB), 400 MB Festplatte (intern), CD-ROM (extern)
Bildschirm:	13-Zoll-Farbbildschirm
Video:	VGA (640 x 480 Bildpunkte)
Audio:	8-Bit mono

Übungsaufgabe Nr. I-264:

Welche der nachfolgenden Aussagen über X-Window und X-Terminals sind (ist) richtig?

a) Der Benutzer eines X-Terminals kann über die Fenster seines Bildschirms mit mehreren Anwendungsprogrammen gleichzeitig kommunizieren.

b) Diese Anwendungen können auf einem oder auf verschiedenen Rechnern laufen, mit denen das X-Terminal über ein lokales Netz verbunden ist.

c) Die grafische Benutzeroberfläche X-Window ist ein offener Standard, der im Konzept von der Installationshardware abstrahiert bzw. den hardwareabhängigen Teil isoliert. Dadurch ist die Software gut portierbar und wird dementsprechend auf einer großen Zahl von Workstations angeboten.

d) Einem Fenstersystem wie X-Window liegt die Virtualisierung der Ein- und Ausgabegeräte zugrunde. Ein Fenster ist eine rechteckige Ausgabefläche, die vom Anwendungsprogramm explizit angefordert und wie ein virtuelles Ausgabegerät belegt wird. Attribute eines Fensters sind u.a. die Größe, die Positionskoordinaten auf dem Bildschirm, der Vergrößerungsfaktor, der Hintergrund und der Rand.

e) Aktiv ist jeweils das Fenster, mit dem der Benutzer gerade kommuniziert. Die Aktivierung kann implizit durch die Bewegung des Cursors geschehen (der Benutzer verläßt ein Fenster beim Überschreiten des dargestellten Fensterrahmens), oder explizit durch Fensterauswahl und Funktionstastendruck ("Anklicken" mit der Maus) erfolgen.

Übungsaufgabe Nr. I-265:

Erläutern Sie das Client-Server-Konzept am Beispiel der Textverarbeitung (Editierung, Formatierung und Ablage von Schriftstücken).

Übungsaufgabe Nr. I-266:

Beschreiben Sie ein selbst gewähltes Beispiel aus der Praxis, bei dem die Erhöhung der Geschwindigkeit der Informationsweitergabe eine Verkürzung von Durchlaufzeiten und eine Verbesserung der Aktualität gebracht hat.

Übungsaufgabe Nr. I-267:

Erläutern Sie die in Abb. 4.3.2/1 wiedergegebene Typologie von Büroaufgaben anhand von Beispielen und skizzieren Sie, wie die daraus resultierenden Kommunikationsanforderungen durch die Dienste und Dienstmerkmale im ISDN abgedeckt werden.

Übungsaufgabe Nr. I-268:

Weshalb ist es schwierig, die Nutzeffekte von Büroinformationssystemen im Rahmen von Wirtschaftlichkeitsbetrachtungen zu ermitteln?

Übungsaufgabe Nr. I-269:

Es gibt eine Reihe von Modellierungsansätzen und Softwarewerkzeugen für die Entwicklung von Büroinformationssystemen. Von einer durchgängigen, integrierten Unterstützung aller Phasen im Systemlebenszyklus kann allerdings nicht die Rede sein. Meist beschränkt sich das Angebot von formalen Methoden und Werkzeugen auf eine arbeitsplatzorientierte Tätigkeits- und Kommunikationsanalyse und auf den Entwurf eines Ablauf- und Kommunikationsmodells für den Arbeitsplatzverbund. Die Verbreitung in der Praxis ist bisher noch sehr beschränkt.

Können Sie sich vorstellen, worin die besondere Problematik einer Modellierung im Bürobereich liegt?

Übungsaufgabe Nr. I-270:

Erstellen Sie eine Liste mit etwa 20 Kriterien, anhand der Sie die Stärken und Schwächen einer proprietären Abteilungsrechnerlösung und eines PC-LAN als alternative Plattformen für ein Büroinformationssystem miteinander vergleichen können.

Musterlösungen

Nr. I-1 bis I-270

Musterlösung zu Übungsaufgabe Nr. I-1:

Wird ein Klavierkonzert auf eine herkömmliche Schallplatte aufgezeichnet, so handelt es sich um eine analoge Aufnahme. Die Töne werden entsprechend der Originalmusik durch die Rillenprofile dargestellt, wobei beliebige Zwischenwerte möglich sind. "Analog" heißt in der ursprünglichen Wortbedeutung (griech.) "entsprechend", "gleichartig", "im gleichen Verhältnis". In der Informationsverarbeitung ist die Bedeutung dieses Wortes auf "stetig veränderbar" eingeengt.

Die Aufnahme desselben Klavierkonzerts auf einer Compact Disc (CD) erfolgt digital. Die Töne werden hier durch Zeichen (mit Laser eingebrannte winzige Lochmuster) auf der spiralförmigen Spur ("Rillen") des Informationsträgers dargestellt, wobei jeweils ein Zeichen einen bestimmten Wertebereich repräsentiert. Liegen Originaltöne zwischen den Wertstufen der digitalen Aufzeichnungsform, so geht ein Teil der Aufzeichnungsgenauigkeit verloren.

Musterlösung zu Übungsaufgabe Nr. I-2:

Wie ein CD-Spieler, der ohne CDs völlig nutzlos ist, erfüllt auch ein Rechner ohne Programm keinen sinnvollen Zweck. Erst durch die vollständige Anweisung zur Lösung einer Aufgabe wird aus dem "Haufen von Blech, Chips und Drähten" ein sinnvolles Werkzeug des Menschen.

Musterlösung zu Übungsaufgabe Nr. I-3:

Vorteile einer Verkaufsdatenerfassung am Verkaufsort mit Hilfe von elektronischen Datenkassen für den Handel sind:
- die Beschränkung auf die Regalauszeichnung von Artikeln,
- die zentrale Bestands- und Preisführung der Artikel in einem Massenspeicher mit jederzeitiger Auskunftsbereitschaft,
- die weitgehende Ausschaltung von bewußten oder unbewußten Fehlern beim Kassiervorgang,
- die Vereinfachung der Wiederbestellung von Waren durch die Verkaufsstätten,
- detaillierte, aktuelle und produktbezogene Absatzstatistiken (als Basis für eine gezielte Marketingpolitik).

Musterlösung zu Übungsaufgabe Nr. I-4:

Besonders in den Anfangsjahren der Computertechnik wurden EDVA häufig Elektronengehirne genannt. Die Bezeichnung erklärt sich aus Funktionen dieser Maschinen, wie zum Beispiel Rechnen, Schlüsse ziehen, Verarbeiten vieler Daten usw., die bis dahin als intellektuelle Aufgaben ausschließlich dem Menschen vorbehalten waren. In letzter Zeit wurden durch die stark gestiegenen Verarbeitungsgeschwindigkeiten und Speicherkapazitäten moderner Rechner sogar auf speziellen, allerdings sehr beschränkten Gebieten kleinere Erfolge erzielt, die menschliche Intelligenz zu simulieren – der Forschungsbereich, der sich mit dieser Problematik auseinandersetzt, wird etwas hochgestochen "Künstliche Intelligenz" genannt. Aber schöpferisches Denken, Intuition, Verantwortungsbewußtsein und das sogenannte integrierende Denken, das Assoziationen zwischen allen für einen Sachverhalt relevanten Faktoren im Gesamtzusammenhang herstellt, sowie natürlich die ganze Gefühlswelt bleiben jeder Maschine verschlossen.

Musterlösung zu Übungsaufgabe Nr. I-5:

Das Ablaufdiagramm des Ausleihvorgangs ist auf der nächsten Seite wiedergegeben.

In großen Bibliotheken werden heute zahlreiche Aufgaben durch den Einsatz der EDV unterstützt, zum Beispiel die Bestellung, die Inventarisierung, die Katalogisierung und die Ausleihe von Büchern. Beim Ausleihverkehr werden in der Regel nur einzelne Aktivitäten, wie zum Beispiel die Bestandsprüfung, das Schreiben von Ausleihbelegen, die Überwachung der Leihdauer, die Mahnungen bei Überschreitung der Fristen usw., automatisiert. Andere Aktivitäten, wie zum Beispiel das Entnehmen von Büchern aus dem Regal und das Wiedereinstellen der Bücher, werden im allgemeinen von Hand erledigt, obwohl im Prinzip auch hier eine elektronische Abwicklung (etwa wie bei der Lagerautomatisierung in Großversandhäusern) denkbar wäre.

Musterlösung zu Übungsaufgabe Nr. I-6:

a) Der Wachstumsprozeß der industriellen Produktion, die Verlängerung der Produktionswege und die stärkere Arbeitsteilung in der Wirtschaft lösen zwangsläufig einen kontinuierlichen Zuwachs an zu verarbeitenden Geschäftsvorfällen in den betrieblichen Verwaltungen aus. Andererseits rufen die sich ausweitenden Märkte und der verstärkte Konkurrenzdruck erhöhte Bedürfnisse nach Anpassung an sich ständig ändernde Verhältnisse und damit nach Information als Grundlage für die zu treffenden Entscheidungen und Maßnahmen hervor.

b) Der Wettbewerb erzwingt den Einsatz möglichst kostengünstiger bzw. leistungsfähiger Verfahren in allen Betriebsbereichen. Damit steht auch die Datenverarbeitung unter wachsendem Kosten- und Leistungsdruck. Dieser Druck verstärkt sich durch den laufenden Anstieg der Personalkosten und durch Krisentendenzen in manchen Sektoren der Wirtschaft.

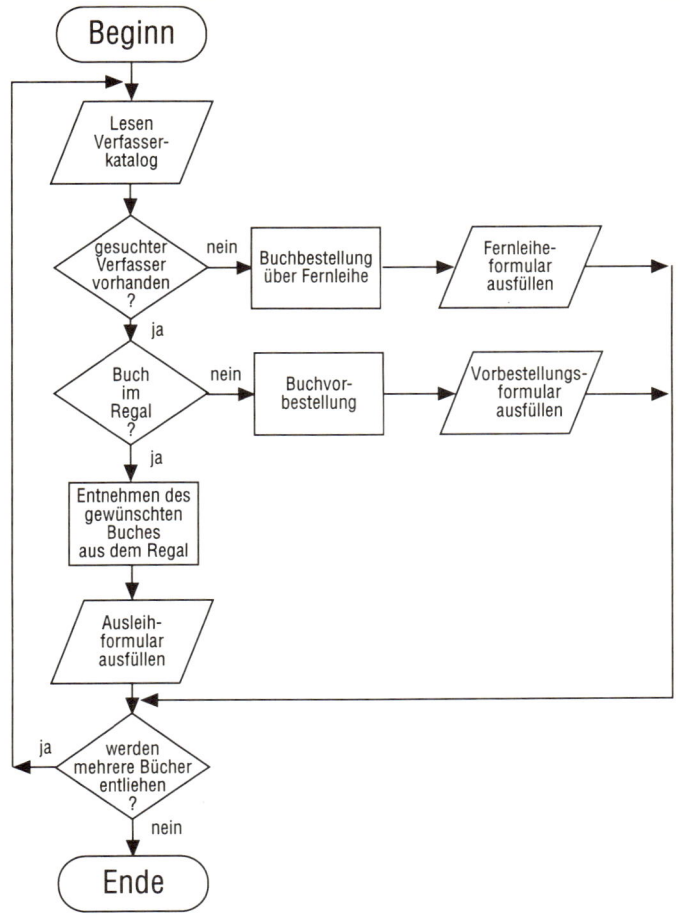

Abbildung zur Musterlösung zu Übungsaufgabe Nr. I-5

Musterlösung zu Übungsaufgabe Nr. I-7:

Alle Geräte außerhalb der Zentraleinheit, d.h. sämtliche Eingabegeräte, Ausgabegeräte und externe Speicher, stellen periphere Einheiten dar.

Musterlösung zu Übungsaufgabe Nr. I-8:

Alle vorgegebenen Lösungen sind falsch. Der Zentralspeicher dient nicht zur dauerhaften, sondern nur zur vorübergehenden Aufbewahrung von zu verarbeitenden Daten und Programmen.

Musterlösung zu Übungsaufgabe Nr. I-9:

Die Lösung c) ist richtig, d.h. die Rechenoperationen werden im Rechenwerk ausgeführt.

Musterlösung zu Übungsaufgabe Nr. I-10:

Die Lösung a) ist richtig, d.h. das Leitwerk steuert den Arbeitsablauf in einer EDVA. Die zu verarbeitenden Daten werden vorübergehend im Zentralspeicher gespeichert, und Vergleichsoperationen werden im Rechenwerk ausgeführt.

Musterlösung zu Übungsaufgabe Nr. I-11:

Alle vorgegebenen Antworten sind richtig.

Musterlösung zu Übungsaufgabe Nr. I-12:

Jede Ampel hat sechs gültige Schaltzustände. Kombiniert man die möglichen Schaltzustände dreier voneinander unabhängiger Ampeln, so erhält man die Anzahl der dann möglichen Schaltzustände durch das kartesische Produkt S^3:

$$S = \{GR, GR_{BL}, GE, RO, RO\text{-}GE, GE_{BL}\}$$

das sind $6^3 = 216$ mögliche Zustände. Die zur Codierung von 216 Zuständen benötigten Bits erhält man durch die Lösung der Ungleichung

$$Z \le 2^b,$$

wobei Z die Anzahl der abzubildenden Zustände und b die hierfür mindestens erforderliche Anzahl von Bits bezeichnet.
Man kann die Ungleichung wie folgt umformen:

$$b \ge \log_2 Z$$

Da $\qquad\qquad \log_2 a = \ln a : \ln 2$

gilt, kann man mit jedem Taschenrechner die Lösung ermitteln: $b = 8$.

Es geht natürlich auch, wenn man bei der ersten Gleichung einfach von "1" beginnend steigende b einsetzt. Eine derartige iterative Lösung wird aber bei sehr großen Z mühsam und ist naturgemäß weniger elegant.

Musterlösung zu Übungsaufgabe Nr. I-13:

Standardchips werden für den Massenmarkt produziert und sind dementsprechend kostengünstig (geringe Entwicklungs- und Herstellkosten pro Stück, Preisdruck durch intensiven Wettbewerb). Sie unterliegen in ihrem

"Lebenszyklus" auf dem Markt regelmäßig einem starken Preisverfall, nicht zuletzt durch den raschen informationstechnologischen Fortschritt. Kundenspezifische Chips sind vergleichsweise teuer, sie bieten jedoch dem Anwender die Möglichkeit zur Produktspezialisierung und -differenzierung (bessere Anpassung an die spezifische betriebliche Bedingungslage, größere Angebotsvielfalt).

Musterlösung zu Übungsaufgabe Nr. I-14:

Für den Anwender ist die Kapazität der Bauelemente des Arbeitsspeichers völlig unerheblich, entscheidend ist für ihn die Gesamtkapazität. Daneben sind für ihn – bzw. genauer für das Leistungsvermögen seines Rechners – die Zugriffsgeschwindigkeit und die Zuverlässigkeit der Speicherchips bedeutsam. Diese hängen jedoch primär von der Fertigungstechnik ab – aber danach wurde ja nicht gefragt!

Musterlösung zu Übungsaufgabe Nr. I-15:

Der Mikrorechner kann 12 500 000 (50 000 000 : 4) Prozessorbefehle pro Sekunde verarbeiten.

Musterlösung zu Übungsaufgabe Nr. I-16:

Ein PC-Mips kostet unter den angegebenen Bedingungen zwischen 500,– und 1 000,– DM, ein Großrechner-Mips kostet zwischen 16 667,– und 130 434,– DM.

Musterlösung zu Übungsaufgabe Nr. I-17:

Die nachfolgende Tabelle zeigt Ihnen sehr grob derzeit typische Hardwarekosten pro Arbeitsplatz bei unterschiedlichen Rechnergruppen. Bitte berücksichtigen Sie, daß es sehr große Preisspannen gibt und daß die reinen Hardwarekosten in der Regel weniger als die Hälfte der gesamten EDV-Kosten ausmachen.

Rechnergruppe	Kaufpreis in DM	Anzahl der Arbeitsplätze	DM/Arbeitsplatz
Personal-Computer	5 000,- bis 10 000,-	1	5 000,- bis 10 000,-
Minirechner	100 000,-	10	10 000,-
Großrechner	30 000 000,-	500	60 000,-

Musterlösung zu Übungsaufgabe Nr. I-18:

Ja. Der Leistungssphäre jedes Betriebes ist ein Informationssystem überlagert, das die Güter- und Geldströme abbildet und damit die Grundlage für unternehmerische Entscheidungen darstellt.

Musterlösung zu Übungsaufgabe Nr. I-19:

Ja, auch ein PKW ist ein modulares System. Er besteht aus einer Vielzahl von Bauteilen, die austauschbar und ersetzbar sind. Sie sind vielfach von getrennten Abteilungen des Herstellers bzw. von unterschiedlichen Zulieferfirmen entwickelt worden. Es können Module verbessert werden (zum Beispiel "Tunen" des Motors), bzw. es können Module hinzugefügt werden (etwa Einbau von Zusatzscheinwerfern).

Musterlösung zu Übungsaufgabe Nr. I-20:

Für die Forderung nach strategischen längerfristigen Überlegungen sprechen Gründe, die sich erstens aus den originären Planungsaufgaben des IS-Bereiches ergeben und die zweitens durch Entscheidungen über die allgemeine gesamtbetriebliche Entwicklung bedingt werden und somit für die IS-Planung derivater (d.h. abgeleiteter) Natur sind.

Originäre Planungsgründe des IS-Bereiches sind:

- Informationstechnologische Änderungen und Innovationen erfolgen mit einer Geschwindigkeit und in einem Umfang, daß es für jeden Betrieb geraten scheint, sich ständig über die technischen Möglichkeiten, die daraus resultierenden organisatorischen Spielräume, aber auch über die Probleme klar zu werden, die für die eigene wirtschaftliche Entwicklung damit verbunden sind. Dabei ist insbesondere auf das sich ständig ändernde Preis-/Leistungsverhältnis sowohl bei Hardware als auch bei Software zu achten.

- Informations- und Kommunikationstechniken, deren Einsatz noch bis vor kurzem als utopisch angesehen wurde, werden wirtschaftlich sinnvoll einsetzbar, z.B. stiftgesteuerte tragbare Rechner, optische Speicherplatten, Kommunikationsdienste usw. Die Wachstumsdynamik hat sich zunehmend auf den PC-Markt verlagert. Für Betriebe sind diese Entwicklungen deshalb relevant, weil sich damit neue strategische "Operationsgebiete" mit allen organisatorischen, technischen und personellen Implikationen eröffnen, die nur im Rahmen strategischer längerfristiger Überlegungen sinnvoll genutzt werden können.

- Durch die Verbreiterung des Einsatzspektrums der verschiedenen Informationstechnologien steigt gleichzeitig auch das damit gebundene Investitionsvolumen in Größenordnungen, die immer dringender einer sorgfältigen Planung und Rechtfertigung durch die Geschäftsführung im Rahmen allgemeiner Budgetierungs- und Finanzierungsüberlegungen bedürfen.

– Die für die Entwicklung und den Betrieb neuer Informationssysteme erforderlichen qualifizierten Mitarbeiter sind fast überall eine knappe Ressource, deren Beschaffung, Ausbildung und Einsatz langfristig geplant werden müssen. Dies gilt insbesondere auch für die erforderliche Management-Kapazität, wie z.B. im Falle von Projekt- und Gruppenleitern.

– Die Entwicklung von größeren Informationssystemen nimmt häufig mehrere Jahre in Anspruch. Durch den raschen technologischen Wandel und die Veränderungen der Situation in den Anwendungsbereichen ist es erforderlich, bei der Planung dieser langjährigen Projekte bereits Vorstellungen über die zum Zeitpunkt der Systemübergabe und des Systembetriebs zu erwartende Situation zu berücksichtigen. Sonst sind die Systeme nämlich bereits bei Fertigstellung veraltet, oder sie erfüllen nicht mehr bzw. nicht mehr so wie angenommen die existierenden Bedürfnisse.

– Mit wachsender Komplexität der Informationssysteme zeigen sich bei der organisatorischen Implementierung im Rahmen einzelner Projekte Probleme, die nicht mehr im Rahmen dieses speziellen Projektes geklärt werden können oder den Kompetenzbereich des verantwortlichen Projektleiters überschreiten. So können z.B. erforderliche strukturelle Veränderungen so weitgehende Folgen haben, daß dafür strategische längerfristige Überlegungen, z.B. bezüglich einer Reorganisation, unabdingbar sind.

– Im Zusammenhang mit der Entwicklung von Datenbanken und Rechnernetzen sind z.B. nur schwer reversible organisatorische Entscheidungen (zentral – dezentral – föderativ) oder Entscheidungen für bestimmte Hardware-/Software-Konfigurationen zu treffen, die eine langfristige Planung erforderlich machen.

Über diese aus der informationstechnologischen Entwicklung resultierenden Planungsnotwendigkeiten hinaus sind Überlegungen in der allgemeinen strategischen Gesamtplanung relevant (derivative Planungsgründe). Die in den verschiedenen Geschäftsbereichen vorgesehenen Strategien stellen spezifische Anforderungen an die Informationsversorgung für einen zukünftigen Zeitraum. So sind z.B. im Zuge der Einführung neuer Produktlinien die betriebswirtschaftlichen Aktivitäten bei der Beschaffung der erforderlichen Ressourcen, bei der Produktion und beim Absatz adäquat zu organisieren und die betreffenden Informationssysteme an die veränderte Situation anzupassen. Umwelteinflüsse, die in der strategischen Gesamtplanung auf ihre Konsequenzen für den Betrieb hin untersucht werden, schlagen mitunter direkt durch auf notwendig werdende Änderungen in der Informationsversorgung.

Quelle: Vortragsmanuskript von N. Szyperski und geringfügige Ergänzungen des Verfassers

Musterlösung zu Übungsaufgabe Nr. I-21:

Bei einer Umstellung zu einem Stichtag wird von einem zuvor definierten Zeitpunkt an das bisherige System eingestellt und von dem neuentwickelten System insgesamt ersetzt. In der Regel werden nur weniger komplexe Systeme, von denen man nach der Einführung keine bzw. nur leicht korrigierbare Fehlleistungen erwartet, zu einem Stichtag umgestellt. Für die Umstellungsarbeiten eignen sich besonders Wochenenden oder Feiertagsperioden.

Da sich die Umstellung nicht über einen bestimmten Zeitraum erstreckt und es zu keinen Parallel- und Anpassungsarbeiten kommt, entsteht in der Umstellungsphase auch keine zusätzliche Kostenbelastung (Personal, Rechenzeit). Damit ist diese Umstellungsart die kostengünstigste, vorausgesetzt, das neue System arbeitet fehlerfrei. Ein weiterer Vorteil liegt darin, daß die Arbeitsabwicklung kontinuierlich durch das neue System fortgeführt werden kann.

Nachteilig ist, daß durch die abrupte Konfrontation mit dem neuen System unter Umständen bei den Benutzern Fehlleistungen und Widerstände hervorgerufen werden. Ferner müssen die von dem neuen System betroffenen Personen zum Zeitpunkt der Umstellung bereits soweit geschult worden sein, daß sie die ihnen zufallenden Aufgaben innerhalb des Systems ohne Einübungszeit "nahtlos" von einem Tag auf den anderen wahrnehmen können. Eine Stichtagsumstellung birgt das Risiko in sich, daß es bei fehlerhaften Arbeitsabläufen und Systemausfällen nur unter hohem Zeit- und Kostenaufwand möglich ist, auf die bisherigen Verfahren zurückzugreifen. Dies gilt vor allem dann, wenn im Rahmen der Umstellung bereits weitreichende organisatorische und/oder personelle Umstrukturierungsmaßnahmen durchgeführt worden sind.

Musterlösung zu Übungsaufgabe Nr. I-22:

Typische Aufgaben eines Wirtschaftsinformatiker sind: c), d), e), f) und h).

Musterlösung zu Übungsaufgabe Nr. I-23:

Die kostenlose Unterstützung der Anbieter bei der Problemanalyse und dem groben Systementwurf geht oft sehr weit, sie ist jedoch stark durch die Lieferinteressen geprägt.

Der Systemvorschlag eines Hardware- oder Softwarelieferanten ist primär an den eigenen, lieferbaren Komponenten orientiert und stellt damit u.U. keine akzeptable bzw. optimale Lösung dar. Auf jeden Fall muß die Problementsprechung vom interessierten Betrieb bzw. einem neutralen Berater detailliert überprüft werden.

Die Heranziehung der Hardware- und Softwareanbieter für die Anpassung gekaufter oder gemieteter Systemkomponenten an die betriebliche Bedingungslage, aber auch die Unterstützung bei Detailentwurf, Programmierung, Test und Einführung ist weniger problematisch, aber meist relativ teuer.

Musterlösung zu Übungsaufgabe Nr. I-24:

Negative EDV-Auswirkungen, die vor allem von gewerkschaftlicher Seite befürchtet werden, können sich ergeben in bezug auf die

– **Kooperation im Arbeitsprozeß**
(durch stärkere Zusammenfassung und Standardisierung der Aufgaben werden diese abstrakter, über die Technik vermittelt, dadurch ausgedünnt und weniger persönlich; zugleich werden Handlungsspielräume eingeschränkt)

– **Arbeitsbelastung**
(Verschiebung von physischen zu nervlich-psychischen Belastungen: eventuell Zunahme von Arbeitstempo, Monotonie, Kurztaktarbeit, soziale Isolation und Schichtarbeit, körperliche Zwangshaltungen, Röntgenstrahlen- und Mikrowellenbelastung)

– **Arbeitsorganisation**
(Arbeitsteilung nach tayloristischen Prinzipien und zunehmende Integration tayloristischer Einzeltätigkeiten; Abnahme der Notwendigkeit ungeplanter menschlicher Eingriffe)

– **Qualifikation**
(Dequalifizierung in manchen Bereichen; Requalifizierung der Tätigkeiten nur bei einer Minderheit der Beschäftigten)

– **Arbeitsplätze**
(Entlassungen bzw. verzögerte oder keine Wiederbesetzung freiwerdender Arbeitsplätze)

– **Polarisierung von Arbeitsbedingungen, Arbeits- und Lebensverhältnissen**

– **Fraktionierung und Ausschaltung der Gewerkschaften**

Ob solche Befürchtungen gerechtfertigt sind, wird (oft je nach Interessenlage) sehr unterschiedlich beurteilt. Ganz sicher hängen die Auswirkungen – positive wie negative – vom jeweiligen EDV-Anwendungsfall ab. Wichtig ist es, diese von vornherein in die Entwicklungsüberlegungen einzubeziehen, um bei potentiellen negativen Auswirkungen rechtzeitig Gegenmaßnahmen einleiten zu können.

Musterlösung zu Übungsaufgabe Nr. I-25:

Der Datenschutz soll den Mißbrauch personenbezogener Daten verhindern. Der Schutzzweck des Bundesdatenschutzgesetzes ist also die Privatsphäre von Individuen. Die Datensicherung beugt der Zerstörung von gespeicherter Daten und Programmen z.B. durch irrtümliches Überschreiben, Computerviren und/oder durch physikalische Einwirkungen auf Speichermedien vor.

Musterlösung zu Übungsaufgabe Nr. I-26:

Materialwirtschaft:
- Schnellere, kostengünstigere Beschaffung durch erhöhte Markttransparenz (gezieltere Nutzung von Einkaufschancen und bessere Lieferantenauswahl);
- Niedrigere Kapitalbindung im Lager durch die laufende Fortschreibung der Warenbewegungen und die zeitliche und mengenmäßige Optimierung der Bestellungen und Lagerbestände/Sicherheitsbestände (höherer Lagerumschlag, geringerer Waren- und Raumbedarf, geringeres Veralterungsrisiko);
- Weniger fehlerhaftes Material durch eine bessere Wareneingangskontrolle.

Fertigung:
- Kostensenkung bzw. Erhöhung der Fertigungsmengen durch eine genauere Fertigungsplanung und -steuerung;
- Höhere Fertigungsqualität durch genauere Maschinensteuerung, Kontrollen und bessere Maschinenpflege/Instandhaltung;
- Schnellerer Durchsatz durch geringere Rüst-, Warte-, Stör- und Prüfzeiten.

Musterlösung zu Übungsaufgabe Nr. I-27:

Die EDV-Wirkungsforschung wird vor allem durch folgende Umstände erschwert: Die Komplexität der EDV und ihre Verschmelzung mit anderen neuen Informations- und Kommunikationstechnologien läßt eine Isolierung der von ihr verursachten Einflüsse auf die Gesellschaft nur schwer zu. Ferner ist die Bewertung, welche Auswirkungen als positiv und welche als negativ einzustufen sind, schwierig und wird durch unterschiedliche Interessenlagen beeinflußt. Schließlich können bestimmte gesellschaftliche Auswirkungen erst mit zeitlichen Verzögerungen festgestellt werden, was das Ergreifen von Gegenmaßnahmen erschwert.

Musterlösung zu Übungsaufgabe Nr. I-28:

Eine mögliche Lösung zeigt die folgende Tabelle:

Begriff	wesentlich	unwesentlich
Quadrat	geometrische Figur, vier Seiten, alle Seiten gleich lang, rechte Winkel zwischen den Seiten	Länge der Seiten, Lage im Raum, Darstellungsform (mit Bleistift auf dem Papier, mit Laser in der Luft usw.)
Ball	Körper, dreidimensional, rund	Farbe, Material und Größe
Tisch	Gebrauchsgegenstand mit Auflagefläche und einem Bein oder mehreren Beinen	Design, Zweck und Aufstellungsort

Musterlösung zu Übungsaufgabe Nr. I-29:

EAN in Kombination mit dem Herstelldatum; firmeneigene, eindeutig identifizierende Artikelnummer; Artikelbezeichnung gemeinsam mit dem genauen Herstelldatum; Artikelbezeichnung gemeinsam mit der Bestellnummer des Auftrages, mit dem der Artikel geliefert wurde (statt der Bestellnummer kommen auch die Rechnungsnummer oder Lieferscheinnummer in Betracht).

Musterlösung zu Übungsaufgabe Nr. I-30:

Begriff	Beispiele
Objekttypen	ARTIKEL, LIEFERANT, KUNDE
Attribute	Artikelnummer, Artikelbezeichnung, Bestellmenge, Lieferantenname und -adresse, Artikelpreis
Objekte	Eine bestimmte Flasche Stroh-Rum, der Lieferant Ulreich, die Kundin Markl
Beziehungen	Ein Lieferant kann nur einen bestimmten Artikel liefern (1:1-Beziehung); ein Artikel kann von mehreren Lieferanten geliefert werden, ein Lieferant kann mehrere Artikel liefern (n:m-Beziehung zwischen ARTIKEL und LIEFERANT); ein Kunde kann viele Artikel kaufen (1:n-Beziehung zwischen KUNDE und ARTIKEL).

Musterlösung zu Übungsaufgabe Nr. I-31:

Nutzdaten sind die gespeicherten Angaben über die von dem Lebensmittelfilialbetrieb geführten Artikel, die Lieferanten und die belieferten Filialen. Bei einem Artikel sind dies etwa die EAN, die Artikelbezeichnung, der Einkaufs- und Verkaufspreis, der Lagerbestand und sonstige relevante Attribute.

Steuerdaten sind zur Abwicklung des Dialogs zwischen der Kassiererin und dem Rechner erforderlich. Zum Beispiel werden durch das Drücken einer bestimmten Taste der Datenkasse Steuerdaten erzeugt, die dem Rechnerprogramm anzeigen, daß nunmehr die Posten für einen Kunden aufsummiert werden sollen. Auch das Abrechnungsprogramm selbst sowie alle übrigen Programme zählen zu den Steuerdaten.

Musterlösung zu Übungsaufgabe Nr. I-32:

Stammdaten sind u.a. der Verkaufspreis und die Bezeichnung der Artikel. Die Daten, die zur Löschung einer Artikelnummer führen, sind Änderungsdaten. Bestandsdaten kennzeichnen die Menge und Werte im Lager, Bewegungsdaten beschreiben Transaktionen, wie z.B. die bestellten Mengen und die Wareneingänge.

Musterlösung zu Übungsaufgabe Nr. I-33:

Im allgemeinen wird bei einer ausschließlich schriftlichen Darstellung die Realität am stärksten reduziert (was andererseits Ihrer Phantasie besonders viel Spielraum läßt).

Durch die beschränkte Auswahl der beschriebenen Objekte, ihrer Attribute und Beziehungen ist der übermittelte Informationsumfang meist wesentlich geringer als bei einer akustischen Präsentation derselben Sachverhalte. Denken Sie nur an die zusätzliche Information durch Betonung, Satzmelodie, Rhythmus und Tempo eines Sprechers (bzw. Sängers)!

"Ein Bild sagt mehr als tausend Worte." - Dieses alte chinesische Sprichwort drückt aus, daß bei einer bildlichen Darstellung die Abbildung des relevanten Realitätsausschnitts weitaus vollkommener sein kann bzw. daß in derselben Zeit wesentlich mehr Wissen übermittelt werden kann, als dies in Schriftform möglich wäre.

Musterlösung zu Übungsaufgabe Nr. I-34:

Variable	Typ
8550132 12.43E-7	numerisch oder alphanumerisch
ABC	alphabetisch oder alphanumerisch
Schalke 04 $ 100,-	alphanumerisch

Musterlösung zu Übungsaufgabe Nr. I-35:

Auf jeden Fall sind variable Längen für die Felder "Vorname" und "Zuname" des Objekttyps AUTOR, sowie für die Felder "Titel" und "Verlag" des Objekttyps BUCH zu definieren, weil diese Attribute in der Realwelt aus Zeichenketten unterschiedlicher Länge bestehen.

Soweit die Primärschlüssel "Autorennr." und "Inventarnr." eine feste Stellenzahl haben (so wie z.B. die EAN in unserem Verkaufsabrechnungsbeispiel in Abschnitt 1.1.3), ist dieses Erfordernis nicht gegeben; tatsächlich sind in der betrieblichen Realität jedoch auch häufig die Primärschlüssel unterschiedlich lang, so daß auch hier durch variable Feldlängen Speicherplatz gespart werden könnte.

Musterlösung zu Übungsaufgabe Nr. I-36:

Die wichtigsten grafischen Darstellungsformen von betriebswirtschaftlichem Zahlenmaterial sind:

- das Liniendiagramm,

- das Flächendiagramm,

- das Balkendiagramm,

- das Stab-/Säulendiagramm,

- das Kreis- bzw. Tortendiagramm und

- Mischformen dieser Diagrammarten.

Ihre Skizzen dieser Darstellungsformen müßten etwa jenen auf den nachfolgenden Seiten abgebildeten Diagrammen entsprechen:

Liniendiagramm

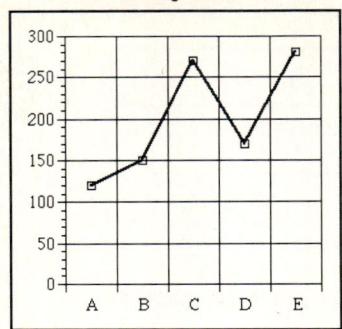

3D-Liniendiagramm

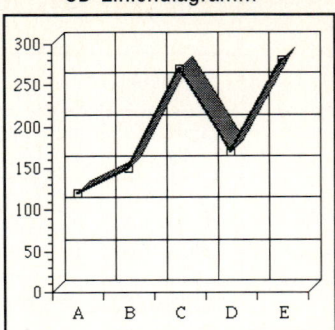

Flächendiagramm

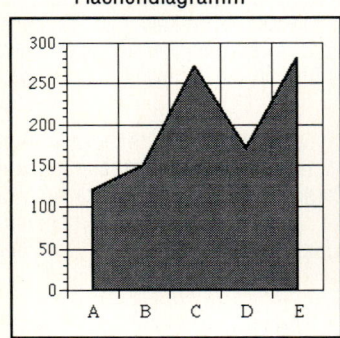

3D-Flächendiagramm

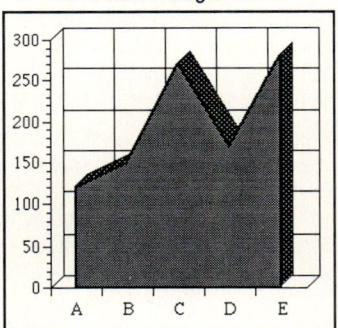

Balkendiagramm

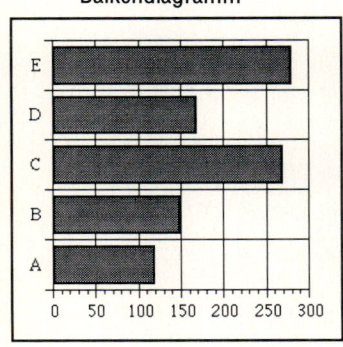

3D-Balkendiagramm

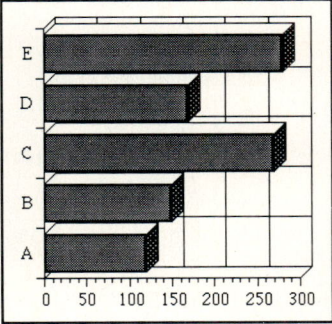

Stab-/Säulendiagramm

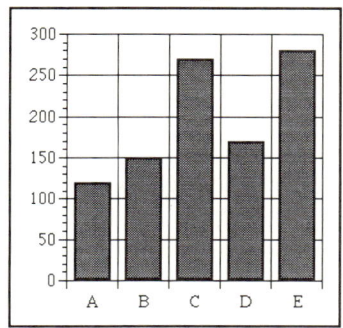

3D-Stab-/Säulendiagramm

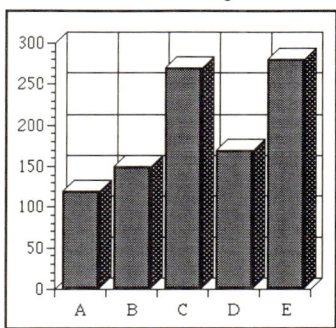

Kreisdiagramm

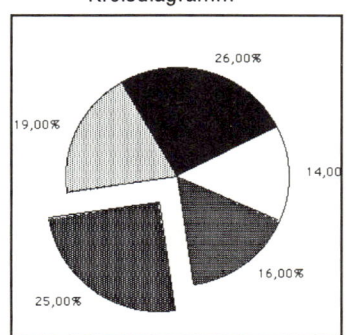

Tortendiagramm

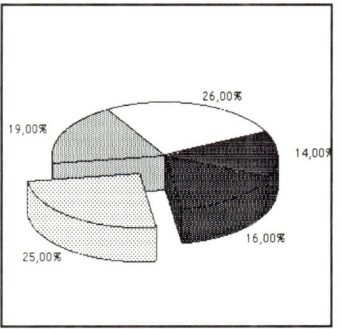

Mischform

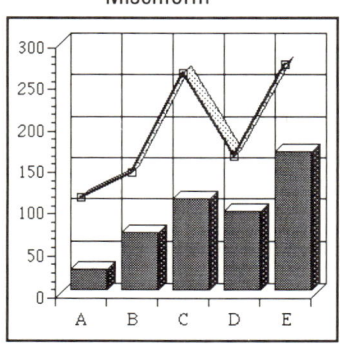

Anmerkung: Die oben angeführten Beispiele stellen nur eine Auswahl aus dem weiten Spektrum möglicher Diagrammarten dar.

Musterlösung zu Übungsaufgabe Nr. I-37:

Nutzdaten sind die bei dem Computerspiel auf dem Bildschirm sichtbaren Angaben über Sachverhalte und Vorgänge der Realwelt (die, wie Sie an diesem Beispiel sehen, keineswegs immer realistisch bzw. richtig sein müssen). Dazu zählen das Labyrinth, die Spielfiguren und die symbolisch dargestellten Fallen, Schätze usw. Auch die Eingaben des Benutzers zur Bewegung des "Spielhelden" sind Nutzdaten. Die Anweisungen des Programms zur dynamischen Anzeige der grafischen Information (in Abhängigkeit von den eingegebenen Bewegungsdaten) sind Steuerdaten.

Elemente sind Bestandteile einer Gesamtheit, die nicht weiter zerlegt werden können oder sollen. Was als Bildelement anzusehen ist, ist also eine Frage, die durch den jeweiligen Untersuchungszweck bzw. die Betrachtungsebene eines Bildes bestimmt ist. Aus der Sicht eines Spielers kann damit die auf dem Bildschirm bewegte Person durchaus ein Bildelement darstellen (eine weitere Zerlegung interessiert ihn i.a. nicht). Aus "Rechnersicht" ist ein Bildelement das kleinste Element der Bildschirmfläche, dem Farbe und Intensität zugeordnet werden können. Unser "Spielheld" wird durch mehrere hundert oder tausend derartige Pixel dargestellt.

Die Antwortzeit ist bei dem Computerspiel die Zeit zwischen dem Ende einer Benutzereingabe, z.B. einem Tastendruck oder einer Bewegung des Joysticks, und dem Augenblick, in dem die darauffolgende Ausgabe, die Aktion des "Spielhelden" (eventuell auch die Reaktion der Kontrahenten bzw. der Bedingungslage), vom Benutzer wahrgenommen werden kann.

Musterlösung zu Übungsaufgabe Nr. I-38:

Die Aussage a) ist falsch. Das Papageiengeschrei ist sprachliche bzw. akustische *Information*. Von sprachlichen *Daten* könnte man erst dann reden, wenn das Papageiengeschrei auf einem Datenträger aufgenommen wäre (d.h. in maschinell verarbeitbarer Form vorläge). Auch die Aussage b) ist falsch. Nur bei der digitalen Telefonie werden Bits übertragen, bei dem herkömmlichen analogen Fernsprechen werden hingegen die Schallwellen durch entsprechende elektromagnetische Schwingungen auf dem Übertragungsweg (der Telefonleitung) repräsentiert. Die Aussage c) ist richtig. Wenn Sie Zweifel haben, so lesen Sie hierzu nochmals Abschnitt 2.1.2.2 des Textbuchs durch.

Musterlösung zu Übungsaufgabe Nr. I-39:

Alle Aussagen sind richtig. Bitte vergleichen Sie zur Aussage b) die Ausführungen auf Seite 124 des Textbuchs, insbesondere die Fußnote 2, wo auf die beiden völlig verschiedenen Bedeutungen der Abkürzung "PCM" hingewiesen wird. In der Aussage a) ist natürlich eine andere Bedeutung von "PCM" (nämlich die Pulscodemodulation) als in Aussage b) gemeint.

Musterlösung zu Übungsaufgabe Nr. I-40:

Die ergänzten Sätze lauten:

a) In einem Code ist die **Bedeutung** der Darstellungsform einer Nachricht (d.h. einer übermittelten Information) festgelegt.

b) Da auf unterster Ebene in einer EDVA nur zwei Zustände erkannt werden können, werden rechnerintern nur **Binär**codes verwendet.

c) Der Satz, den Sie gerade lesen, ist im **Alphabet**code geschrieben.

d) Eine Zuordnungsvorschrift, die sich auf einen Zeichenvorrat bezieht, der mindestens aus den Dezimalziffern und den Buchstaben des gewöhnlichen Alphabets besteht, ist ein **alphanumerischer** Code.

e) Wird ein russisches Buch ins Deutsche übersetzt, so handelt es sich dabei um eine Code**umsetzung**.

Musterlösung zu Übungsaufgabe Nr. I-41:

Es müssen mindestens die 26 (lateinischen) Buchstaben, die 10 (arabischen) Ziffern und etwa 15 Sonderzeichen als Zeichenvorrat für unsere Schriftsprache zur Verfügung stehen. Zur Repräsentation dieser 51 Zeichen sind 6 Bits nötig, wodurch sich 64 verschiedene Bitkombinationen als Darstellungsmöglichkeiten ergeben.

In den Anfängen der EDV war auch die Verwendung von 6-Bit-Codes recht gebräuchlich. Sollen auch die Kleinbuchstaben, Steuerzeichen für Peripheriegeräte (zum Beispiel Zeilenvorschub für das Drucken von Ausgabedaten) u.ä.m. maschinenintern darstellbar sein, so reicht ein 6-Bit-Code nicht aus. Deshalb ging man bei den EDVA der 3. Generation überwiegend zur Verwendung von 8-Bit-Codes über. Ein 8-Bit-Code erlaubt die Darstellung eines von 256 verschiedenen Zeichen in einem Byte.

Musterlösung zu Übungsaufgabe Nr. I-42:

EBCDI-Code	LL0000L0	L0L00L00	L0L000L0	L0L000L0	L000L00L
Alphabetcode	B	u	s	s	i

Musterlösung zu Übungsaufgabe Nr. I-43:

Dezimalzahl	Nennwert der unterstrichenen Ziffer	Stellenwert der unterstrichenen Ziffer	Wert der unterstrichenen Ziffer (Ziffernwert)
52 4<u>9</u>7	9	10	90
5<u>4</u>	4	1	4
1 23<u>4</u>	4	1	4
<u>4</u> 023	4	1 000	4 000
<u>8</u>12	8	100	800
<u>1</u>0 000	1	10 000	10 000
<u>1</u>	1	1	1

Musterlösung zu Übungsaufgabe Nr. I-44:

$$46\ 002 = 4 * 10^4 + 6 * 10^3 + 0 * 10^2 + 0 * 10^1 + 2 * 10^0$$

Musterlösung zu Übungsaufgabe Nr. I-45:

Das duale Zahlensystem verfügt nur über zwei verschiedene Ziffern, die 0 und die 1. Demzufolge ist der größte Nennwert die 1. Von den Potenzen der fünf kleinsten Stellenwerte werden, falls die Ziffer 1 in den Stellen auftritt, folgende Dezimalwerte verkörpert:

$$2^4 = 16 \qquad 2^3 = 8 \qquad 2^2 = 4 \qquad 2^1 = 2 \qquad 2^0 = 1$$

Musterlösung zu Übungsaufgabe Nr. I-46:

110001111100

$$= 1 * 2^{11} + 1 * 2^{10} + 0 * 2^9 + 0 * 2^8 + 0 * 2^7 + 1 * 2^6 + 1 * 2^5 +$$
$$1 * 2^4 + 1 * 2^3 + 1 * 2^2 + 0 * 2^1 + 0 * 2^0$$

$$= 2\ 048 + 1\ 024 + 0 + 0 + 0 + 64 + 32 + 16 + 8 + 4 + 0 + 0$$

$$= \mathbf{3\ 196}$$

Musterlösung zu Übungsaufgabe Nr. I-47:

Die Ergebnisse sind:

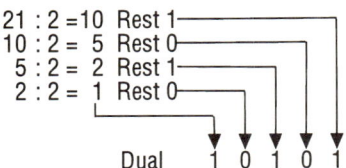

```
21 : 2 = 10  Rest 1
10 : 2 =  5  Rest 0
 5 : 2 =  2  Rest 1
 2 : 2 =  1  Rest 0

        Dual    1  0  1  0  1
```

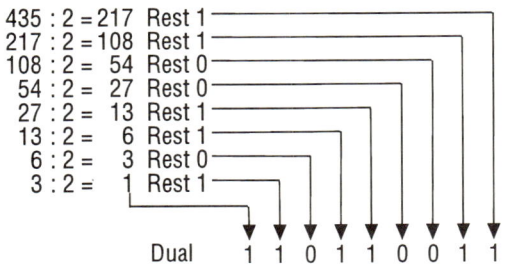

```
435 : 2 = 217  Rest 1
217 : 2 = 108  Rest 1
108 : 2 =  54  Rest 0
 54 : 2 =  27  Rest 0
 27 : 2 =  13  Rest 1
 13 : 2 =   6  Rest 1
  6 : 2 =   3  Rest 0
  3 : 2 =   1  Rest 1

        Dual    1  1  0  1  1  0  0  1  1
```

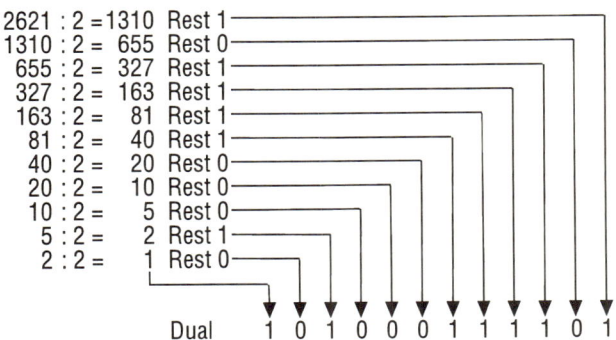

```
2621 : 2 = 1310  Rest 1
1310 : 2 =  655  Rest 0
 655 : 2 =  327  Rest 1
 327 : 2 =  163  Rest 1
 163 : 2 =   81  Rest 1
  81 : 2 =   40  Rest 1
  40 : 2 =   20  Rest 0
  20 : 2 =   10  Rest 0
  10 : 2 =    5  Rest 0
   5 : 2 =    2  Rest 1
   2 : 2 =    1  Rest 0

        Dual    1  0  1  0  0  0  1  1  1  1  0  1
```

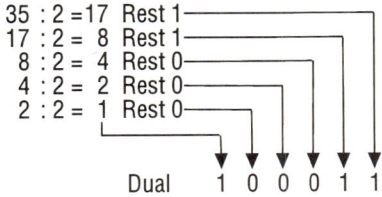

```
35 : 2 = 17  Rest 1
17 : 2 =  8  Rest 1
 8 : 2 =  4  Rest 0
 4 : 2 =  2  Rest 0
 2 : 2 =  1  Rest 0

        Dual    1  0  0  0  1  1
```

Musterlösung zu Übungsaufgabe Nr. I-48:

Zahlensystem		Zahlensystem	
DEZIMAL	DUAL	DUAL	DEZIMAL
11	1011	110	6
12	1100	111	7
13	1101	1000	8
14	1110	1111	15
15	1111	11111	31
16	10000	100100	36
17	10001	1000001	65
18	10010	1000010	66
37	100101	11111110	254
39	100111	10000111	135

Musterlösung zu Übungsaufgabe Nr. I-49:

a) direkte duale Addition

```
  11011
+ 10101
 110000
```

b) direkte duale Subtraktion

```
  11101
- 10010
   1011
```

Musterlösung zu Übungsaufgabe Nr. I-50:

a) 11011 * 10101

```
11011 * 10101
11011
 00000
 11011
  00000
   11011
1000110111
```

b)

```
1001000 : 1000 = 1001
1000
 1000
 1000
    0
```

Musterlösung zu Übungsaufgabe Nr. I-51:

a) $1735 = 1 * 16^3 + 7 * 16^2 + 3 * 16^1 + 5 * 16^0$
$= 4\ 096 + 1\ 792 + 48 + 5$
$= \mathbf{5\ 941}$

b)

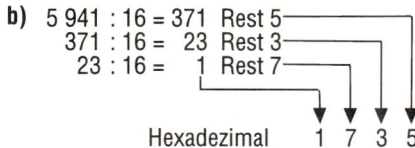

$$5\,941 : 16 = 371 \quad \text{Rest } 5$$
$$371 : 16 = 23 \quad \text{Rest } 3$$
$$23 : 16 = 1 \quad \text{Rest } 7$$

Hexadezimal   1   7   3   5

Musterlösung zu Übungsaufgabe Nr. I-52:

Da das Vorzeichen das werthöchste Bit belegt, stehen für die duale Darstellung der Dezimalzahl noch 31 Bits zur Verfügung. Die größte darstellbare "echte" Dualzahl enthält im Vorzeichenbit eine 0 (positiv); die 31 weiteren Bits enthalten eine 1. Das dezimale Äquivalent dieser Dualzahl beträgt $2^{31} - 1$; das entspricht der Dezimalzahl 2 147 483 647.

Musterlösung zu Übungsaufgabe Nr. I-53:

Alle Aussagen, a) bis e), sind richtig.

Musterlösung zu Übungsaufgabe Nr. I-54:

Alle Aussagen, a) bis e), sind richtig.

Musterlösung zu Übungsaufgabe Nr. I-55:

Die genannten Merkmale des Verkaufsabrechnungssystems lassen sich folgendermaßen zuordnen:
- Realwelt: Warteschlangen von durchschnittlich drei Kunden vor den Datenkassen; Kassenzettel in der Breite von 7 cm.
- Konzeptionelles Modell: Zwei Ordner mit grafischen Darstellungen der Informationsstruktur, die in der Datenbank abgebildet ist; Schlüsselstruktur der Artikelnummer entsprechend EAN; numerischer Typ des Feldes "Verkaufspreis".
- Anwendungsprogramm: Fakturierungsprogramm in COBOL.
- Maschinenprogramm: ASCII-Code der Datenkassen; Zwei-Byte-Befehl für die duale Addition von zwei Registerinhalten.
- Mikroprogramm: Mikroinstruktionsformat des Serviceprozessors; Firmware der SNI-Zentraleinheit H120-S.

Musterlösung zu Übungsaufgabe Nr. I-56:

Für Eurocheques treffen folgende Merkmalsausprägungen zu:
- Aufzeichnungsform: Stamminformation gedruckt, nur zum Teil (unterste Zeile) maschinell lesbar; Bewegungsinformation meist handschriftlich (nicht maschinell lesbar).
- Basismaterial: fälschungssicheres Papier.
- Gestalt des Mediums: Blatt.

- Repräsentationsform der Daten: Schriftzeichen (numerisch).
- Visuelle Lesbarkeit durch den Menschen: lesbar ohne Lesegerät.
- Transportierbarkeit: auswechselbar, per Briefpost versendbar.
- Lagerfähigkeit: hoher Platzbedarf und geringe Empfindlichkeit.
- Aufzeichnungshäufigkeit: Klarschrift nicht löschbar und damit einmalige Verwendbarkeit.
- Speicherkapazität: weniger als 100 Bytes maschinell lesbare Information (Daten).
- Zugriffszeit (mittlere) zu den Daten: mehr als 10 s (vgl. Sie hierzu die Ausführungen auf den Seiten 208 - 210 des Textbuchs).
- Preis für einen Datenträger: weniger als 10 Pfennig.

Musterlösung zu Übungsaufgabe Nr. I-57:

Datenträger müssen Daten entweder materiell verkörpern oder dauerhaft aufnehmen können. Eine Funkverbindung "enthält" hingegen bestimmte Daten nur Sekundenbruchteile und kann somit nicht als Datenträger bezeichnet werden.

Musterlösung zu Übungsaufgabe Nr. I-58:

a) Der Speicherkapazität einer Diskette mit 2,88 MB entsprechen 37 749 Standardlochkarten.

b) Zur Speicherung eines Artikelsatzes mit 486 Zeichen sind sieben Standardlochkarten nötig, für die gesamte Artikeldatei mit 10 000 Sätzen dementsprechend 70 000 Lochkarten. Dieselbe Datei kann auf nur zwei Disketten abgespeichert werden (Bedarf: 486 * 10 000 = 4,86 Mio. Speicherstellen; Kapazität: 2 * 3 019 898 = 6 039 797 Speicherstellen).

Wenn Sie sich diese Relationen vergegenwärtigen, ist es sicher einleuchtend, warum Lochkarten durch magnetische Datenträger verdrängt worden sind.

Musterlösung zu Übungsaufgabe Nr. I-59:

"Ihre" Lösung kann nicht angegeben werden, weil Sie der Autor leider nicht persönlich kennt. Würde der Familienname des Autors auf die Lochkarte geschrieben, so müßten hierfür 12 Löcher gestanzt werden (für jeden Buchstaben zwei Löcher).

Musterlösung zu Übungsaufgabe Nr. I-60:

a) Um diese Prüfung abhalten zu können, sind viele Vorbereitungsarbeiten notwendig, so z.B.:
   - Entwurf des Markierungsbelegs,
   - Layoutüberprüfung,
   - Druck der Belege,
   - Beschaffung eines Markierungslesers,

– Programmierung der Auswertungen u.v.a.m.

Für eine einzige abzuhaltende Prüfung lohnt sich somit der Aufwand nicht.

b) Einige mögliche Überlegungen sind:
- Wie oft werden diese Prüfungen durchgeführt?
- Wieviele Kandidaten treten jeweils an?
- Wie groß ist der bisher zur Korrektur notwendige Aufwand?
- Welche Zeit- und Kostenersparnis ergibt sich durch diese automatische Auswertung?
- Gibt es sonstige Nutzeffekte (z.B. objektivere Bewertung, geringere Fehlerrate usw.)?
- Welche Nachteile bzw. Schwächen haben Multiple-Choice-Tests und deren automatische Auswertung?
- Können Markierungsbelege überhaupt mit der vorhandenen EDV-Anlage verarbeitet werden, welche Zusatzgeräte und -programme sind notwendig?

c) Markierungsleser sind sehr empfindlich gegen beschädigte Belege. Jedes Falten, Knicken oder Beschmutzen (Fettflecke) ist somit zu vermeiden.

Markierungsleser sind nur in der Lage, Felder zu erkennen, die mit weichem Bleistift oder schwarzschreibenden Filzstiften durch Striche markiert wurden. Dazu ist das weiße Markierungsfeld vollständig auszufüllen. Sauberes Radieren mit einem weichen Radiergummi ist nur bei den Bleistiftmarkierungen möglich. Schlecht ausgefüllte, wie auch angekreuzte Felder werden beim automatischen Lesen nicht erkannt. Ebenso können handschriftliche Bemerkungen auf dem Beleg vom Markierungsleser nicht erkannt werden.

Musterlösung zu Übungsaufgabe Nr. I-61:

Die Aussagen a) und d) sind richtig. Die Aussage b) ist falsch; welcher Zeichensatz für eine bestimmte Ziffer gewählt wird, hängt von der Ziffernposition, nicht jedoch von der Artikelbezeichnung, dem Hersteller, dem Land oder sonstigen Attributen ab. Die Aussage c) ist ebenfalls falsch; durch die unterschiedlichen Zeichensätze wird sichergestellt, daß der Strichcode in beiden Richtungen gelesen und dabei die richtige Ziffernfolge erkannt werden kann.

Musterlösung zu Übungsaufgabe Nr. I-62:

Ebenso wie im Lebensmittelhandel werden z.B. auch in großen Buchhandlungen oder in Drogeriemärkten auf der Strichcodelesung basierende Verkaufsabrechnungssysteme mit Datenkassen eingesetzt. Bibliotheken verwenden Strichcodes (z.B. auch den EAN-Balkencode), um die Inventarnummern der Bücher und die Benutzerausweise maschinell lesbar zu machen. Ein weiterer Einsatzbereich ist die Ersatzteillagerverwaltung in der Investitionsgüterindustrie; mit dem Strichcode ausgezeichnete Teile können dadurch beim Eingang und Ausgang automatisch registriert werden.

Musterlösung zu Übungsaufgabe Nr. I-63:

Moderne Klarschriftbelegleser können OCR-A, OCR-B, handgeschriebene Blockschrift sowie die gängigen Schreibmaschinenschriften erkennen. Nicht maschinell lesbare Belege, die ausgesteuert werden, werden üblicherweise in einem Folgearbeitsgang manuell über die Tastatur eines Datensichtgeräts erfaßt. Soweit es sich um Einzelfälle handelt, können auch schon während des Lesevorgangs fragliche Schriftbilder auf dem Bildschirm des Beleglesers angezeigt und vom Maschinenbediener per Tastatur eingegeben werden.

Die Zahl der von einem Klarschriftleser verarbeiteten Belege/Zeiteinheit hängt von der Zahl der zu lesenden Zeilen und den Zeichen/Zeile auf den Belegen ab. Mangelhaft gedruckte Schriften und Belegfarben sowie von den zulässigen Werten abweichende bzw. unterschiedliche Papierstärken können zu Zurückweisungen bzw. Störungen dieser mechanisch arbeitenden Geräte führen und können damit die Gesamtleistung beträchtlich reduzieren. Die jeweilige Schriftart beeinflußt hingegen die Leseleistung nicht wesentlich.

Musterlösung zu Übungsaufgabe Nr. I-64:

Im Handel mit hochwertigen Konsumgütern (z.B. Schuhe, Kleidung) wurden schon lange vor der EAN-Einführung Magnetstreifenetiketten verwendet, die eine maschinelle Erfassung der Artikeldaten am Verkaufsort ermöglichten. Auch heute finden Sie noch gelegentlich solche Verkaufsabrechnungssysteme. Magnetstreifenkarten aus Papier dienen ferner als Schipässe, Karten für Parkgaragen, Mehrfahrtenkarten für öffentliche Verkehrsmittel u.v.a.m.

Musterlösung zu Übungsaufgabe Nr. I-65:

Bandvorlauf bzw. Bandnachlauf:
    ca. 1 m

Beschriftbare Magnetbandlänge:
    730 - 2 = 728 m

Datenblocklänge:
    400 : 2 480 + 1,6 = 1,7613 cm

Anzahl der Blöcke:
    beschriftbare Magnetbandlänge : Datenblocklänge
    = 72 800 : 1,7613 = **41 333**

Musterlösung zu Übungsaufgabe Nr. I-66:

Alle Aussagen, a) bis e), sind richtig.

Musterlösung zu Übungsaufgabe Nr. I-67:

Nur die Aussage b) ist richtig. Die Aussage a) ist falsch; unter anderem durch die geringeren Toleranzgrenzen sind die Produktionsstückkosten von 3,5-Zoll-Disketten (bei vergleichbaren Fertigungsmengen) zumindest derzeit noch höher als bei 5,25-Zoll-Disketten. Die Aussage c) ist ebenfalls falsch, weil der behauptete logische Zusammenhang nicht besteht; die Zugriffszeit ist von einer möglichst genauen und schnellen Positionierung und Ansteuerung des Schreib-/Lesekopfes abhängig. Die Aussage d) ist falsch, weil der Schreib-/Lesemechanismus nicht in das Schutzgehäuse eingeschlossen ist. Dieses Gehäuse bietet auch leider keinen Schutz vor magnetischen Umwelteinflüssen; somit ist auch die Aussage e) falsch.

Musterlösung zu Übungsaufgabe Nr. I-68:

Anzahl der verwendbaren Sektoren:
$$(2 * 80 * 36) - 18 - 16 = 5\ 726$$

Bruttokapazität:
$$5\ 726\ \text{Sektoren} * 512\ \text{Bytes} = 2\ 931\ 712\ \text{Bytes}$$

Maximale Anzahl der Datensätze:
$$2\ 931\ 712\ \text{Bytes} : 80\ \text{Bytes (pro Datensatz)} = 36\ 646,4\ \text{Datensätze}$$

Es können maximal 36 646 Datensätze auf der Diskette gespeichert werden.

Musterlösung zu Übungsaufgabe Nr. I-69:

Die Aussage a) ist falsch. Zwar stimmt es, daß bei der "Winchester-Technologie" der Schreib-/Lesemechanismus und die Platte(n) in einer hermetisch abgeschlossenen Einheit im Laufwerk eingeschlossen sind; dadurch werden Störungen durch Staub o.ä. weitestgehend verhindert, ein "headcrash", d.h. die Zerstörung der Platte durch das Aufsetzen des Schreib-/Lesekopfes auf der mit hoher Geschwindigkeit rotierenden Platte, kann jedoch auch andere Ursachen haben, z.B. Fehler der Laufwerkmechanik oder Stöße. Die Aussage b) ist richtig; 3,5-Zoll-Plattenlaufwerke in Form von Erweiterungssteckkarten für Mikrorechner werden schon seit Jahren auf dem Markt angeboten. Die Aussagen c) und d) sind ebenfalls richtig.

Musterlösung zu Übungsaufgabe Nr. I-70:

Die ergänzten Sätze lauten folgendermaßen:
  a) Ein Mikrofiche hat eine **größere** Fläche als eine 3,5-Zoll-Diskette; werden Ausgabedaten direkt oder über den "Umweg" eines Magnetbandes auf Mikrofiches aufgezeichnet, so spricht man von **COM**.

b) Mikrofiches sind **ROM**-Speicher.

c) Ein Ultrafiche hat eine wesentlich **größere** Speicherkapazität als eine handelsübliche 3,5-Zoll-Diskette; im Gegensatz zur Diskette ist **kein** direkter Zugriff zu den aufgezeichneten Daten möglich.

Musterlösung zu Übungsaufgabe Nr. I-71:

Das genannte Werk umfaßt 1 632 Seiten. Auf einer Seite sind höchstens 3 000 alphanumerische Zeichen aufgezeichnet. Damit wären bei einer (schon viel zu großzügigen) groben Schätzung maximal 5 MB zu speichern – dies ist nur ein Bruchteil der Kapazität der "kleinsten" optischen Speicherplatte.

Musterlösung zu Übungsaufgabe Nr. I-72:

Nur eine Kleinigkeit der Aussagen über die CD-ROM ist falsch: Der Durchmesser von 120 mm entspricht 4,72 Zoll (und nicht – wie fälschlich angegeben – 5,25 Zoll).

Musterlösung zu Übungsaufgabe Nr. I-73:

Die Aussagen b), c) und e) sind richtig. Die Aussage a) ist falsch; CD-ROMs können vom Endbenutzer nur gelesen werden (Read Only Memory!). Geräte zum Beschreiben von CD-ROMs sind zwar bereits im Handel erhältlich, jedoch wegen des hohen Preisniveaus nicht für Endbenutzer gedacht. Auch die Aussage d) ist falsch; die Kapazität von 650 MB reicht völlig aus, um bis zu 100 Bilder in hoher Qualität auf CD-ROMs zu speichern (z.B. Kodak Photo CD).

Musterlösung zu Übungsaufgabe Nr. I-74:

Nach zunehmender Speicherkapazität sortiert, ergibt sich folgende Reihenfolge der genannten Datenträger: Lochkarte, Mikrofiche, Diskette, Magnetbandrolle, CD-ROM. Vergleichen Sie hierzu auch die Übersicht im Textbuch (Abb. 2.2.5/1: Vergleich verschiedener Datenträger).

Musterlösung zu Übungsaufgabe Nr. I-75:

Derzeit angebotene optische Speicherkarten haben Kapazitäten zwischen 2 und 4 MB. Eine DIN-A4-Schreibmaschinenseite faßt ca. 2 000 alphanumerische Zeichen. Damit lassen sich auf einer optischen Speicherkarte zwischen 1 000 und 2 000 Schreibmaschinenseiten Text aufzeichnen.

Musterlösung zu Übungsaufgabe Nr. I-76:

In dem geheimen Bereich, zu dem nur über den Mikroprozessor zugegriffen werden kann, sind der PIN-Code des Karteninhabers (d) und das Programm zur kryptografischen Verschlüsselung der zwischen Karte und Kartenleser ausgetauschten Daten (e) abgespeichert. Die durch die Transaktion erzeugten Bewegungsdaten, d.h. Datum und Höhe der ausgezahlten Beträge (a), werden in den vertraulichen bzw. geschützten Bereich geschrieben. Die Gültigkeitsdauer der Chipkarte (b) und die Kontonummer des Karteninhabers (c) befinden sich hingegen im freien Bereich – diese Angaben sind auf jeder heute üblichen Bank- bzw. Kreditkarte, wie z.B. der Eurocheque-Karte, auch visuell lesbar aufgezeichnet.

Musterlösung zu Übungsaufgabe Nr. I-77:

Im Zahlungsverkehr zwischen Geld- und Kreditinstituten, Handel und Privatpersonen dürften sich langfristig nur dann Plastikkarten mit integrierten Chips durchsetzen, wenn sie voll kompatibel (= verträglich) zu den vorhandenen Scheck- und Kreditkarten mit Magnetstreifen sind, da die Banken zumindest für eine Übergangszeit kaum auf das eingeführte System, aber auch nicht auf die Vorteile der neuen IC-Kartentechnologie verzichten dürften (IC ist die Abkürzung für den englischen Ausdruck "Integrated Circuits", d.h. Integrierte Schaltungen bzw. Chips). Dementsprechend ist erst dann mit der allgemeinen Verbreitung zu rechnen, wenn entsprechende internationale Normen die Entwicklung von speziellen Chips standardisieren, die auf die besonderen Anforderungen des Zahlungsverkehrs zugeschnitten sind. Insbesondere sind hier in den Chips vorzusehende Hardware-Maßnahmen zu nennen, die in Verbindung mit geeigneter Software das Fälschen oder Duplizieren solcher Karten nahezu unmöglich machen.

Für den jeweils nur begrenzten Einsatz von IC-Plastikkarten im Zugangskontrollbereich kann eine Normung sogar hinderlich sein, da für diese Anwendung eine Kompatibilität mit anderen Systemen nicht erwünscht ist. Hier werden Anwender aus Sicherheitsgründen bewußt auf Kontaktanordnungen ausweichen, die nicht bei anderen Systemen gebräuchlich sind. Nur eine flexible, kostengünstig den individuellen Wünschen anpaßbare Kartentechnologie dürfte sich hier durchsetzen.

Musterlösung zu Übungsaufgabe Nr. I-78:

Die Aussagen a), b), d), f) und g) sind richtig. Die Aussage c) ist falsch; die englische, auch im Deutschen gebräuchliche Bezeichnung ist "RAM-Disk" (nicht "ROM-Disk"), weil es sich bei der Halbleiterplatte um einen Schreib-/Lesespeicher mit wahlfreiem Zugriff (engl.: Random Access Memory) handelt. Die Aussage e) ist falsch, weil es derzeit noch keine 256-Megabit-Chips auf dem Markt gibt (siehe hierzu Seite 41 des Textbuches).

Musterlösung zu Übungsaufgabe Nr. I-79:

Die Abkürzung "Mips" steht für "million instructions per second" (Millionen Befehle pro Sekunde) und bezeichnet die Rechnerleistung im engeren Sinn.

Die in der Fragestellung gebrachte Deutung von "Mips" kommt jedoch nicht von ungefähr. Es wird damit zum Ausdruck gebracht, daß eine Angabe über die Geschwindigkeit, zu der häufig benötigte Maschinenbefehle einer EDVA verhelfen können, noch lange keine Aussage über den wirklichen Durchsatz dieser Anlage zuläßt. Denken Sie hierbei etwa an einen Mikrorechner, der mit einem INTEL-80486DX-Prozessor ausgestattet ist, der für sich alleine eine Rechenleistung von 40 Mips entwickeln könnte und dennoch bereits von Großrechnern der untersten Leistungsklasse regelmäßig im Durchsatz (der Rechenleistung im weiteren Sinne) übertroffen wird. Verantwortlich hierfür sind u.a. das schnellere Ein-Ausgabesystem (vor allem schnellere Plattenspeicher), nicht auf Bussen aufbauende, verteilte und spezialisierte Hochgeschwindigkeitskommunikationsleitungen, den theoretischen Zyklus-zeiten des Zentralprozessors gewachsene Zentralspeicher und ein lastver-teilungsoptimierendes Betriebssystem.

Abgesehen hiervon, bietet die Mips-Rate bei der Rechnerauswahl im gün-stigsten Falle einen Anhaltspunkt für die Hardwarerechenleistung, nicht je-doch für viele andere, möglicherweise kaufrelevante Produkteigenschaften. Denken Sie hierbei etwa an Aufwärtskompatibilität, verfügbare Software, finanzielle Konditionen, Ausfallsicherheit, harmonische Integration in das Gesamtinformationssystem und vieles andere mehr.

Musterlösung zu Übungsaufgabe Nr. I-80:

Die englischen Bezeichnungen der in Abb. 2.3/2 genannten Baueinheiten lauten:
- Zentraleinheit = central processing unit (abgekürzt: CPU)
  - Zentralspeicher = central storage, memory
  - Zentralprozessor = central processor
    (auch: instruction processor, main processor)
  - EA-Prozessor = I/O-processor
    (Abkürzung für: input/output processor)
- Peripherie = peripheral units
  - Eingabegerät = input device
  - Ausgabegerät = output device
  - Speichergerät = storage device

Musterlösung zu Übungsaufgabe Nr. I-81:

Die beste Arbeitsspeicherausstattung pro Benutzer ist derzeit (1993) ein-deutig bei den Workstations gegeben. In dieser Rechnerklasse verfügt der typische Benutzer bei Neuinstallationen im Durchschnitt über 16 MB und mehr. Bei Hochleistungs-PCs sind es etwa halb so viel. Bei Mehrplatzsyste-men entfallen auf den einzelnen Benutzer durchschnittlich selten mehr als ein bis zwei MB der Arbeitsspeicherkapazität des Zentralrechners.

Musterlösung zu Übungsaufgabe Nr. I-82:

Die Zugriffszeit ist die Zeit, die für die Ansteuerung (Adressierung) und Übertragung des adressierten Speicherinhalts benötigt wird. Die Zykluszeit ist die minimale Zeitdifferenz zwischen zwei aufeinanderfolgenden Speicherzugriffen. Bei einem Halbleiterspeicher ist die Zykluszeit annähernd gleich der Zugriffszeit.

Musterlösung zu Übungsaufgabe Nr. I-83:

Alle Aussagen, a) bis e), sind zutreffend.

Musterlösung zu Übungsaufgabe Nr. I-84:

Die Lösungen a) bis c) sind richtig. Die Lösung d) ist falsch; Mehrzweckregister sind Schreib-/Lesespeicher, die nur zur kurzzeitigen Speicherung von Angaben für unterschiedliche Zwecke dienen.

Musterlösung zu Übungsaufgabe Nr. I-85:

Die ergänzten Sätze lauten:

a) Firmware ist ein Synonym für "**Mikroprogramme**". Sie dient als Hilfsmittel zur Steuerung der **Zentraleinheit** und/oder der **Peripheriegeräte** eines Rechners.

b) Hauptvorteil der Firmware ist die leichte **Änderbarkeit** der Mikroprogramme und damit die Anpassungsfähigkeit der Hardwarefunktionen an wechselnde Anforderungen.

c) Der Ablauf eines Mikrobefehls entspricht im wesentlichen dem eines **Maschinenbefehls.** Auch hier unterscheidet man zwischen Befehlshol- und -**ausführungs**phase.

d) Der Speicher, der die Mikrobefehle enthält, heißt **Mikroprogrammspeicher.** Weil es sich beim Inhalt um elementare **Steuerinformation** handelt, bezeichnet man ihn auch als Steuerspeicher. Es kann sich sowohl um einen Festspeicher als auch um einen **Schreib-/Lesespeicher** handeln.

e) Die Datenobjekte der Mikroprogrammiersprache sind **Bitketten**, die in den **Registern** gespeichert und in den Verbindungseinrichtungen des Rechners übertragen werden.

Musterlösung zu Übungsaufgabe Nr. I-86:

a) Die Pfeile im Rechenwerk bezeichnen prozessorinterne Datenbusse. Die Schaltungsverzögerungen der logischen Gatter in der ALU reichen regelmäßig nicht aus, um eine Datenpufferfunktion zu erfüllen. Darüber hinaus benötigen die Rechenvorgänge in der ALU prozessorbefehlsspezifisch unterschiedlich lange. Ohne separate, für den Programmierer nicht zugreifbare Pufferregister sowohl bei den beiden

Eingängen als auch beim Ausgang der ALU ist keine Synchronisation der Signalbelegung des Datenbusses denkbar. Es ist intuitiv einsehbar, daß ein unter Umständen gleichzeitiges Anliegen von Befehlsoperanden und Ergebnissen im internen Datenbus zu nicht vorhersehbaren Busbelegungen und damit zur Funktionsunfähigkeit des Rechenwerks und somit auch des gesamten Prozessors führen würde.

b) Diese Frage ist ohne genaue Kenntnis der jeweils abzuarbeitenden Befehle nicht zu beantworten. Es ist denkbar, daß ab Zählerstand 9 000 der Programmablauf nicht endet (Rückverzweigung, Schleifen), bei Zählerstand 8 000 jedoch ein direkter Sprung zur Adresse 10 000 erfolgt.

c) Die Tatsache, daß der Inhalt des Registers bei linearer Programmabarbeitung (ohne Verzweigungen) befehlslängenabhängig inkrementiert wird und in diesem Register somit aufsteigend fortgezählt wird, rechtfertigt bis zu einem gewissen Grad die Bezeichnung "Befehlszähler". Was eher für die Bezeichnung "Befehlszeiger" spricht, ist die Nichterkennbarkeit eines "Zählvorganges" bei Programmverzweigungen und bei Schleifen. Ein wenig irreführend ist die Bezeichnung "Befehlszähler" auch, weil nach z.B. fünf abgearbeiteten Befehlen nicht der Wert 5 im Befehlszähler steht, sondern die Arbeitsspeicheradresse, in welcher der nächste abzuarbeitende Befehl beginnt. Die Bezeichnung "Befehlszähler" ist weitverbreitet, die Bezeichnung "Befehlszeiger" wäre jedoch semantisch treffender.

Musterlösung zu Übungsaufgabe Nr. I-87:

Die Multiplikation mit 64 (2^6) entspricht einer Verschiebung des Ausgangswertes um sechs Bits nach links.
Beispiel:

$$5 \quad * \quad 64 \quad = 320$$
$$101 \quad\quad\quad\quad 101000000$$

Somit kann eine derartige Multiplikation unter Verwendung des Befehls SHLD mit einem Operanden von 6 durchgeführt werden. Dieser Befehl benötigt drei Taktzyklen von 20 ns, also 60 ns.

Musterlösung zu Übungsaufgabe Nr. I-88:

Eine Genauigkeit von +/- 1% bedeutet drei signifikante Dezimalstellen in der Mantisse (0,999), wozu mindestens 10 Bits erforderlich sind (Darstellbarkeitsintervall 0,1023). Der Exponent muß Zahlen im Intervall 0,7 abbilden können, da die ersten drei Dezimalstellen bereits durch die Mantisse abgedeckt werden und somit eine Breite von drei Bits haben. Zur rechnerinternen Darstellung der Meßwerte sind somit insgesamt 10 + 3 = 13 Bits anzusetzen.

Musterlösung zu Übungsaufgabe Nr. I-89:

a) Die Breite des Adreßbusses übt keinen direkten Einfluß auf die Verarbeitungsgeschwindigkeit eines Prozessors aus, wohl aber die Breite des Datenbusses. Je breiter der Datenbus ist, desto größer ist die Datenübertragungsrate im Datenbus bei gleichbleibenden Signallaufzeiten in den einzelnen Leitungen des Busses. Ob diese Tatsache bei einem Programmablauf nun tatsächlich den Durchsatz erhöht, hängt davon ab, ob die größere Bitparallelität vom Programm bzw. Prozessor genutzt werden kann und soll.

b) Nein, da keine digitalen Schaltwerke über die Stromleitungen kommunizieren. Die meisten Geräte, welche die Netzleitung zur Signalübertragung benützen (z.B. Gegensprechanlage), tun dies auf analoger Basis.

Musterlösung zu Übungsaufgabe Nr. I-90:

Sowohl beim EISA- als auch beim MCA-Bus ist für die Übertragung eines 32 Bits breiten Wortes nur ein Taktzyklus erforderlich. Es können somit 4 Bytes in in einem Zyklus übertragen werden.

a) (8,33 MHz/1 Zyklus) * 4 Bytes = **33,32 MB/s**
b) (10 MHz/1 Zyklus) * 4 Bytes = **40 MB/s**

Musterlösung zu Übungsaufgabe Nr. I-91:

a) Den Anstoß zu einem Eingabe- oder Ausgabevorgang erteilt der **Zentralprozessor.** Dazu führt dieser einen **Eingabe- oder Ausgabebefehl** aus.

b) Ein **EA-Prozessor** steuert – ist er einmal angestoßen – selbständig den Datenverkehr zwischen der zur EDVA gehörenden Peripherie und dem Arbeitsspeicher.

c) Der Anschluß der unterschiedlichen peripheren Einheiten an die Zentraleinheit wird durch die Kanalprogramme ermöglicht. Diese sind im **Arbeitsspeicher** hinterlegt und werden zu gegebener Zeit schrittweise von der Hardware der **Ein-Ausgabekanäle** übernommen.

d) **Jedes** an die EDVA angeschlossene periphere Gerät benötigt ein eigenes, spezifisches Kanalprogramm.

e) Die Leistungsfähigkeit (insbesondere die Datenübertragungsrate) des Ein-Ausgabesystems einer EDVA ist abhängig von der Art und Anzahl der EA-Geräte, Steuereinheiten und **Kanäle.**

Musterlösung zu Übungsaufgabe Nr. I-92:

Die Aussage a) ist falsch. SCSI ist die Abkürzung für engl.: S̲mall C̲omputer S̲ystem I̲nterface. Die Aussagen b) und c) sind richtig. Die Aussage d) ist falsch; die Datenübertragung erfolgt mit mehreren MB/s. Die Aussage e) ist falsch; SCSI-1 überträgt acht Bits parallel über bis zu sechs Meter lange Kabel; der Anschluß erfolgt über 50polige Stecker. SCSI-2 sieht eine Datenwegbreite von 16 oder 32 Bits vor, die Kabel können bis zu 25 Meter lang sein und der Anschluß erfolgt über 68polige Stecker.

Musterlösung zu Übungsaufgabe Nr. I-93:

Es handelt sich um die "Maus" (eine genaue Spezifikation finden Sie im Textbuch auf Seite 262). Die Maus ist ein Eingabegerät für händische Eingaben und fällt unter die Kategorie "Zeigeeinrichtungen für Bildschirme" (siehe Abb. 2.3.2/2 im Textbuch).

Musterlösung zu Übungsaufgabe Nr. I-94:

Die ergänzten Sätze lauten:
- **a)** Eine alphanumerische Tastatur dient zur Eingabe von **Buchstaben, Ziffern** und Sonderzeichen. Sie enthält **einen** Funktionstastenbereich.
- **b)** Durch waagrechte oder senkrechte Pfeile gekennzeichnete Tasten zur Bewegung der Positionsmarke heißen **Cursortasten.**
- **c)** Wird bei einer alphanumerischen Tastatur die **Umschalt**taste gedrückt, so erscheinen die nachfolgend eingegebenen Buchstaben als Großbuchstaben.
- **d)** Wird bei der im Textbuch in Abb. 2.3.2.1/1 dargestellten Tastatur die Taste SPACE (lange Taste am unteren Ende der Tastatur) gedrückt, so erscheint ein **Leerzeichen.**

Musterlösung zu Übungsaufgabe Nr. I-95:

An der Wirtschaftsuniversität Wien gibt es ein solches Informationssystem. Das Hauptmenü der Abteilung für Wirtschaftsinformatik, die der Autor leitet, sieht folgendermaßen aus:

Musterlösung zu Übungsaufgabe Nr. I-96:

Eine Maus ist ein kleines Gerät, das neben der Tastatur vom Benutzer mit der Hand über eine ebene Fläche – oft eine spezielle Unterlage – geführt wird. Hierdurch wird der Cursor auf dem Bildschirm entsprechend hin und her bewegt. Im allgemeinen wird durch Drücken der Maustaste(n) bewirkt, daß eine Beeinflussung dessen, was sich unter dem Cursor befindet, eingeleitet wird (z.B. Aktivierung einer Menüfunktion durch "Anklicken").

Musterlösung zu Übungsaufgabe Nr. I-97:

Der Programmierer gibt die Koordinaten mittels eines Markierstiftes an. Daher ist das optomechanische Abtastverfahren, das ein Laufwagensystem voraussetzt, ausgeschlossen. Da der Monitor bereits die Koordinaten des Markierstiftes vor dem Berühren der Zeichenfläche anzeigt, kann es sich auch nicht um ein rein mechanisch arbeitendes Grafiktablett handeln. Das beschriebene Digitalisiertablett besitzt daher entweder eine auf Ultraschall oder auf magnetischer Kopplung basierende oder eine kapazitiv arbeitende Koordinatenabtastvorrichtung.

Die Abtastverfahren weisen unterschiedliche Genauigkeitsbereiche bezüglich der Koordinatenaufnahme auf. Dadurch sind sie jeweils nur für bestimmte Einsatzgebiete geeignet. Für Hobbyzwecke genügen preisgünstige, wenig anspruchsvolle, rein mechanisch arbeitende Digitalisiertabletts (Genauigkeitsbereich bei +/- 1 mm), während im CAD-Bereich teure, mit optomechanischer Koordinatenabtastung arbeitende Präzisionstabletts (Genauigkeitsbereich bei +/- 0,003 mm) verwendet werden.

Musterlösung zu Übungsaufgabe Nr. I-98:

An Kassen angeschlossene OCR-Handleser werden beispielsweise verbreitet im Textil- und Schuheinzelhandel eingesetzt, um Warenetiketten am Verkaufsort automatisch zu erfassen. Auch an Bildschirmgeräte und mobile Datenerfassungsgeräte (Näheres im Abschnitt 3.1.3.7) können OCR-Handleser gekoppelt werden.

Musterlösung zu Übungsaufgabe Nr. I-99:

Als Geräte zur Eingabe des wiedergegebenen Bildes kommen Bildabtaster und Videokameras in Betracht. Während Bildabtaster Abbildungen von Realweltobjekten (hier ein Foto) erfassen, kann die Videokamera das Original aufnehmen.

Musterlösung zu Übungsaufgabe Nr. I-100:

Die ergänzten Sätze lauten:
  a) Ein Sichtgerät, bei dem jeder einzelne Punkt der Darstellungsfläche angesteuert werden kann und das deshalb die Wiedergabe beliebiger

Muster an beliebigen Stellen der Anzeigefläche erlaubt, ist ein **grafisches** Bildschirmgerät.

b) Eine Flächengrafik, bei der das Bild aus Elementen gebildet wird, die selbst ein Muster tragen, heißt **Mosaikgrafik.**

c) Auf einem alphanumerischen "Standardbildschirm" lassen sich typischerweise **24** bzw. **25** Zeilen mit je **80** Zeichen darstellen. Die Zeichen können **Buchstaben**, **Ziffern** oder **Sonderzeichen** sein.

Musterlösung zu Übungsaufgabe Nr. I-101:

Alle Aussagen, a) bis f), sind richtig.

Musterlösung zu Übungsaufgabe Nr. I-102:

a) Kriterien für die Auswahl von monochromen, alphanumerischen Bildschirmgeräten können sein (nur die Anzeigeeinheit betreffende Merkmale):
- Nutzbare Bildfläche (mm),
- Anzahl Zeilen,
- Anzahl Schreibstellen/Zeile,
- Bildwechselfrequenz (Hz),
- Farbe der Zeichen und des Untergrundes,
- Zeichendarstellung (Anzahl Punkte),
- Zeichengröße (Höhe, Breite),
- Zeichenabstand in Prozent der Zeichenhöhe,
- Kontrast,
- Zeichenvorrat,
- DFÜ-Prozedur(en),
- Übertragungsgeschwindigkeit(en) (bit/s),
- Anschlußmöglichkeiten,
- Kipp- und Drehbarkeit des Bildschirms,
- Höhe, Breite, Tiefe des Bildschirms,
- Programmierbarkeit durch den Anwender,
- Preis (Kaufpreis, Wartung, Miete).

b) An der Auswahlentscheidung sollten alle davon Betroffenen mitwirken, d.h.
- die Endbenutzer (Einkäufer, Lagerverwalter),
- das Entwicklungspersonal des Materialwirtschaftssystems (Systemanalytiker, Programmierer),
- das Rechenzentrumspersonal (das für den Betrieb des Systems verantwortlich ist) sowie
- die Investition finanzierende und kontrollierende Instanzen im Betrieb.

Musterlösung zu Übungsaufgabe Nr. I-103:

Alle Aussagen sind falsch. In der kommerziellen Datenverarbeitung findet man wegen der auf Seite 284 des Textbuchs angeführten Nachteile eher selten Sensorbildschirme – hauptsächlich bei Selbstbedienungsautomaten von Banken und Info-Säulen. Diese sind mit einer Kathodenstrahlröhre, also einer Bildwiederholungsröhre, ausgestattet (arbeiten somit nicht mit der Plasmatechnik).

Wie bei Kathodenstrahlröhren üblich, gibt es sowohl monochrome als auch Farbsichtgeräte. Zur Wiedergabe der Schriftzeichen wird die übliche Punktrasterdarstellung verwendet, z.B. 9 x 16 für eine Zeichenstelle (der 32-Bit-Mikrorechner hat einen 32 Bits breiten Datenbus; mit der Zeichendarstellung auf dem Bildschirm hat das nichts zu tun).

Schließlich können Sensorbildschirme selbstverständlich auch an einen Großrechner angeschlossen werden, wenn rechnerseitig die entsprechende Softwareunterstützung geboten wird.

Musterlösung zu Übungsaufgabe Nr. I-104:

Die Anwendungen a), b) und d) sind möglich. An dem Buchmanuskript (a) kann zwar unterwegs gearbeitet werden, durch den hohen Stromverbrauch ist der Betrieb mit einem Akku bzw. Batteriesatz jedoch auf ca. 3 - 4 Stunden beschränkt. Computerspiele (c) können zwar ablaufen, jedoch erlaubt der Plasmaschirm nur eine monochrome Darstellung.

Musterlösung zu Übungsaufgabe Nr. I-105:

Die Anwendung a), Abfassung eines Buchmanuskripts in Flugzeug und Eisenbahn, ist nicht möglich, da ein Elektronenstrahlbildschirmgerät einen Anschluß an das Elektrizitätsnetz benötigt (kein Batteriebetrieb). Die anderen drei Anwendungen, b) bis d), kommen hingegen in Betracht.

Musterlösung zu Übungsaufgabe Nr. I-106:

Alle beschriebenen Anwendungen a) - d) sind möglich. Da der dargestellte Mikrorechner über einen Farbbildschirm verfügt, können auch farbige Computerspiele (c) ablaufen.

Musterlösung zu Übungsaufgabe Nr. I-107:

Der Maschinenbediener [/(CO)] stellt um 10.14 Uhr den Drucker "LO" auf das Formular "STD" ein.

Musterlösung zu Übungsaufgabe Nr. I-108:

Die ergänzten Sätze lauten:

a) An einen Mikrorechner kann üblicherweise **nach Wahl einer von vielen verschiedenen angebotenen Druckern** angeschlossen werden.

b) Der im Textbuch in Abb. 2.3.2.7/1 dargestellte Drucker benötigt zum Druck von acht DIN-A4-Textseiten mit je ca. 1 500 Zeichen Inhalt etwa **60** Sekunden (in voller Geschwindigkeit und ohne Rüstzeiten).

Anmerkung: Es sind 8 x 1 500 = 12 000 Zeichen zu drucken. Bei einer Maximalleistung von 200 Zeichen/s benötigt der Nadeldrucker 12 000 : 200 = 60 s = 1 Min. Hinzu kommt noch die Zeit für den Papiertransport beim Seitenwechsel, so daß mit knapp über einer Minute Gesamtzeit zu rechnen ist. Bei verminderter Geschwindigkeit (Korrespondenzqualität) beträgt die Leistung 50 Zeichen/s. Die Druckzeit beläuft sich in diesem Fall auf 12 000 : 50 = 240 s = 4 Min.

c) Mit einem entsprechend ausgestatteten mechanischen Matrixdrucker (Nadeldrucker) ist es **möglich,** eine Rastergrafik, wie z.B. das Bild von Übungsaufgabe I-99, auszudrucken.

Anmerkung: So ganz klar ist die Antwort nicht. Zwar ist es möglich, mit einem entsprechend ausgestattetem Nadeldrucker Rastergrafiken aller Art auszudrucken, das Druckbild reicht jedoch nicht an das von hochwertigen Laserdruckern oder Tintenstrahldruckern heran. Wäre das Foto von Übungsaufgabe Nr. I-99 mit einem Nadeldrucker ausgegeben worden, wäre es wesentlich grobkörniger (geringere Auflösung).

Musterlösung zu Übungsaufgabe Nr. I-109:

Die ergänzten Sätze lauten:

a) An einen Großrechner **können gleichzeitig mehrere verschiedene** Schnelldrucker angeschlossen sein.

b) Ein Typenbanddrucker der höchsten Leistungsklasse benötigt zum Druck von 800 DIN-A4-Textseiten mit je ca. 30 Zeilen zu 50 Zeichen (nur Großbuchstaben und Ziffern) etwa **sechs** Minuten (reine Druckzeit ohne Berücksichtigung von Papiertransport- und Rüstzeiten).

c) Mit einem Trommeldrucker ist es **nicht möglich,** eine Rastergrafik, wie z.B. das Bild von Übungsaufgabe I-99, auszudrucken.

Anmerkung zu b): Es sind 800 x 30 = 24 000 Zeilen zu drucken. Bei einer Maximalleistung von 4 000 Zeilen/Min. benötigt der Typenbanddrucker 24 000 : 4 000 = 6 Min. reine Druckzeit (theoretischer Höchstwert).

Musterlösung zu Übungsaufgabe Nr. I-110:

Drucker- eigenschaften	Mechanische Druckverfahren	Nichtmechanische Druckverfahren
Druckleistung	bis 4 000 Zeilen/Min.	bis 135 Seiten/Min.
Druckqualität	nur bei niedrigen Druckgeschwindigkeiten sehr gut, sonst mäßig	hervorragend
Durchschläge	möglich	nicht möglich
Grafikausgabe	nur bei Nadeldrucker mit geringer Genauigkeit und mittlerer Auflösung möglich	bei allen Druckertypen, vielfach mit hoher Auflösung, möglich
Formularvordruck	nicht möglich	möglich
Geräuschabgabe	mäßig bis groß	gering

Musterlösung zu Übungsaufgabe Nr. I-111:

Die ergänzten Sätze lauten:

a) An einen kommerziell einsatzfähigen Mikrorechner kann üblicherweise **ein** Laserdrucker angeschlossen werden.

b) Ein Laserdrucker der unteren Leistungsklasse, wie er in der Abbildung 2.3.2.7/4 im Textbuch gezeigt wird, benötigt zum Druck von 80 DIN-A4-Textseiten mit je ca. 1 500 Zeichen Inhalt etwa **zehn (8 ppm) bis zwanzig (4 ppm)** Minuten (reine Druckzeit = theoretischer Höchstwert).

c) Mit einem Laserdrucker ist es **möglich**, eine Rastergrafik, wie z.B. das Bild von Übungsaufgabe I-99, auszudrucken.

d) Die fotofertige Druckvorlage für dieses Arbeitsbuch **könnte** mit einem Laserdrucker erstellt worden sein.

Musterlösung zu Übungsaufgabe Nr. I-112:

Die unter a), c) und e) angeführten EDV-Ausgaben sind typische Plotteranwendungen. Hingegen sind Federplotter viel zu langsam und besitzen auch i.d.R. keine genügend hohe Auflösung, um die fotofertige Vorlage für dieses Arbeitsbuch erstellen zu können (c). Fotos, wie z.B. in d) genannt, kann ein Federplotter ebenfalls nicht "nachzeichnen".

Musterlösung zu Übungsaufgabe Nr. I-113:

Die Grafik wurde im Original von einem einfachen Federplotter gezeichnet. Sie könnte auch von einem grafikfähigen Farb-Nadeldrucker (preisgünstig) oder einem Farb-Druckerplotter stammen. Ebenso kommt ein Farb-Laserdrucker in Frage – solche Geräte sind wegen extrem hoher Preise jedoch noch sehr selten. Alle anderen Schreib- und Drucktechniken von EDV-Ausgabegeräten erlauben keine Mehrfarbendarstellung.

Musterlösung zu Übungsaufgabe Nr. I-114:

Zu den technisch-wissenschaftlichen Programmen gehören:
- Werkzeugmaschinensteuerung;
- CAD.

Zu den kommerziellen Programmen zählen:
- Lohn- und Gehaltsabrechnung;
- Fertigungsplanung;
- Kostenrechnung.

Branchenprogramme sind:
- Preisetikettendruck für Juweliere;
- Notariatsabrechnung;
- Transportoptimierung für Speditionen;
- Rohrleitungsbau;
- "Tele-Banking" mittels Bildschirmtext;
- Bibliotheksverwaltung;
- Patientenverwaltung für Ärzte und Krankenhäuser.

Musterlösung zu Übungsaufgabe Nr. I-115:

```
OLOLL000    00LL    0000000L    00000000
OLOLL000    0L00    0000000L    0000000L
000LLOLO    00LL    0L00
OLOLL000    0L00    0000000L    000000L0
000LLOLO    00LL    0L00
OLOL0000    00LL    0000000L    000000LL
```

bzw.

```
OLOLL00000LL0000000L000000000LOLL0000L000000000L000000
OLOOOLLOL000LLOL000LOLL0000L000000000L000000L0000LLOLO
00LLOL000LOL000000LL0000000L000000LL
```

Musterlösung zu Übungsaufgabe Nr. I-116:

```
LOAD        R3,SUMMAND1
LOAD        R4,SUMMAND2
```

```
ADD        R3,R4
LOAD       R4,SUMMAND3
ADD        R3,R4
STORE      R3,ERGEBNIS
END

SUMMAND1   DS  1  WORD
SUMMAND2   DS  1  WORD
SUMMAND3   DS  1  WORD
ERGEBNIS   DS  1  WORD
```

Musterlösung zu Übungsaufgabe Nr. I-117:

	ADA	BASIC	C	COBOL	FORTRAN	PL/1	PASCAL
Eignung für kommerzielle Programme	×		×	×		×	
Eignung für Systemprogramme	×		×				
Anwendbarkeit auf große Programme	×		×	×	×	×	
Anwendbarkeit auf kleinere Programme		×					×
Lernbarkeit		×					×
Lesbarkeit bei großen Programmen	×			×		×	×
Unterstützung der strukturierten Programmierung	×		×	×			×
Flexibilität in der Datenbeschreibung	×		×			×	×
Portabilität (= Übertragbarkeit auf andere EDVA durch Maschinenunabhängigkeit und Standardisierung)	×		×	×	×		×
Verbreitung in der Praxis		×	×	×	×		

Musterlösung zu Übungsaufgabe Nr. I-118:

a) Jedes COBOL-Programm besteht aus vier großen Abschnitten (DIVISIONs), die in einzelne Kapitel (SECTIONs) unterteilt sind:

In der IDENTIFICATION DIVISION werden vom Programmierer Angaben gemacht, die das gesamte Programm betreffen und zur Identifizierung des Programms dienen (Programmname, Name des Programmierers, Datum der letzten Übersetzung usw.).

Die ENVIRONMENT DIVISION enthält Angaben über die "Programmumgebung", z.B. über die Hardware, auf der das vorliegende Programm übersetzt und ausgeführt wird. Weiters können in diesem zweiten Abschnitt eines COBOL-Programms vom Programmierer Kurznamen für verschiedene Hardwareeinheiten vergeben werden (z.B. die Kurzbezeichnung "BS" für ein Terminal). In der INPUT-OUTPUT SECTION werden Angaben über die vom Programm verwendeten Dateien codiert (Organisationsform, Zugriffsform, Schlüsselfelder usw.).

Die DATA DIVISION enthält die Beschreibungen der vom Programm verwendeten Datensätze sowie aller Zwischenergebnis- und Rechenfelder.

Der eigentliche Lösungsalgorithmus wird im vierten Abschnitt des COBOL-Programms codiert: Die PROCEDURE DIVISION enthält alle Anweisungen, die zur Problemlösung (im vorliegenden Beispiel: Kontostandsabfragen) notwendig sind.

b) Mit dem vorliegenden Programm können beliebig viele Kontostandsabfragen durchgeführt werden. Bei Programmstart werden die einzelnen Anweisungen der PROCEDURE DIVISION nacheinander ausgeführt. Zunächst wird die zu bearbeitende Datei KONTEN mit einem OPEN-Befehl als Eingabedatei geöffnet. Danach gibt das Programm einen Kurztext "BITTE KONTONUMMER EINGEBEN!" am Bildschirm aus, um den Programmbenutzer zur Eingabe einer Kontonummer zu veranlassen. Die von der bzw. dem Schalterangestellten eingegebene Kontonummer wird durch den ACCEPT-Befehl ins Programm übernommen und kann im Feld WS-NUMMER weiterverarbeitet werden.

Nach der Eingabe der Kontonummer muß vom Programm überprüft werden, ob der Kontostand am Bildschirm angezeigt oder die Programmausführung beendet werden soll. Falls als Kontonummer die Zahl "0" eingegeben wird, wird das Programm beendet. Bei Eingabe einer Kontonummer ungleich "0" verzweigt das Programm zu Anweisungen, die in einem eigenen Paragraphen EINEN-KONTO-STAND-ABFRAGEN zusammengefaßt sind (Unterprogramm). Dieses Unterprogramm wird so lange aufgerufen, wie bei der Eingabe der Kontonummer am Terminal eine Zahl ungleich "0" eingegeben wird.

Im Unterprogramm EINEN-KONTOSTAND-ABFRAGEN wird nun versucht, einen Datensatz mit der eingegebenen Kontonummer in der Datei KONTEN zu finden (READ-Befehl). Um zu überprüfen, ob ein entsprechender Datensatz gefunden wurde oder nicht, wird ein sog.

Schalter verwendet (Variable S): Vor dem Leseversuch wird der Schalter auf "0" gesetzt, beim Leseversuch wird er dann auf "1" gesetzt, wenn der gewünschte Datensatz in der Datei nicht gefunden wurde. Der Erfolg des Leseversuchs kann durch Abprüfen des Schalters (S = "1" oder S = "0") festgestellt werden. Im Falle eines erfolglosen Leseversuchs wird nun vom Programm mit einem DISPLAY-Befehl eine entsprechende Meldung am Bildschirm ausgegeben, aus der der Programmbenutzer feststellen kann, daß er eine nicht existierende Kontonummer eingegeben hat. War der Leseversuch erfolgreich, so prüft das Programm, ob im Datenfeld K-STAND ein positiver oder ein negativer Betrag gespeichert ist. Im ersten Fall wird der Name des Kontoinhabers mit dem entsprechenden Kontostand am Bildschirm angezeigt, im zweiten Fall werden dieselben Angaben mit dem Zusatz "Konto überzogen!" am Bildschirm ausgegeben. Danach verlangt das Unterprogramm eine weitere Kontonummer und es wird zum Hauptprogramm zurückverzweigt. Ist diese weitere Kontonummer ungleich "0", so werden alle Anweisungen des gesamten Unterprogramms nochmals ausgeführt. Bei Eingabe von "0" als Kontonummer wird die Programmausführung beendet, d.h. das Unterprogramm wird nicht mehr aufgerufen, sondern es wird mit der nächsten Anweisung des Hauptprogramms fortgesetzt (Ausgabe des Textes "PROGRAMMENDE", Schließen der in Arbeit befindlichen Datei KONTEN, STOP RUN).

c) Bei Eingabe der angeführten Kontonummern erfolgt der nachstehende Dialog zwischen Programmbenutzer und Programm (A = Ausgabe des Programms, E = Eingabe des Benutzers):

```
A:  BITTE KONTONUMMER EINGEBEN!
E:  301-81147
A:  KONTOINHABER: Göpfrich
    KONTOSTAND: -   25,010
    KONTO ÜBERZOGEN!
    BITTE NÄCHSTE KONTONUMMER EINGEBEN!
E:  301-80168
A:  DIESE KONTONUMMER EXISTIERT NICHT!
    BITTE NÄCHSTE KONTONUMMER EINGEBEN!
E:  301-85367
A:  KONTOINHABER: Hansen
    KONTOSTAND:    42,000
    BITTE NÄCHSTE KONTONUMMER EINGEBEN!
E:  301-88522
A:  KONTOINHABER: Müller
    KONTOSTAND:       725
    BITTE NÄCHSTE KONTONUMMER EINGEBEN!
E:  0
A:  PROGRAMMENDE
```

Musterlösung zu Übungsaufgabe Nr. I-119:

Ein System der 4. Generation zur Anwendungsentwicklung durch die zentrale EDV-Abteilung sollte folgende Anforderungen abdecken:
1) Unterstützung der im Betrieb benutzten Dateiverwaltungs- bzw. Datenbanksysteme
2) Unterstützung der im Betrieb eingesetzten Betriebssysteme
3) Interaktive Entwicklungsumgebung, die mit dem Data-Dictionary (vgl. Textbuch, Abschnitt 3.2.2.3.3, S. 573) integriert werden kann
4) Unterstützung von Datenfernverarbeitungsfunktionen
5) Verfügbarkeit von umfassenden Funktionen zur Datenmanipulation, zur Gestaltung von Bildschirmdialogen und zur Informationswiedergewinnung

Nutzeffekte sind durch Produktivitätssteigerungen bei der Programmerstellung (nicht mehr das WIE, sondern nur noch das WAS muß festgelegt werden) und die dadurch möglichen flexibleren Systementwicklungstechniken (z.B. Rapid Prototyping) zu erwarten. Ferner sollte durch die Verwendung einer integrierten Entwicklungsumgebung eine Verbesserung der Dokumentation erreicht werden können.

Nachteile sind vor allem aus der höheren Belastung der Hardwareressourcen zu erwarten. Noch nicht vorhandene Normen und fehlende Industriestandards ergeben ein beträchtliches Unsicherheitsmoment in bezug auf eine langfristig angelegte Informationssystemplanung. Außerdem könnte die gegenüber der konventionellen Programmentwicklung veränderte Arbeitsweise Widerstände beim vorhandenen, "altgedienten" EDV-Personal hervorrufen.

Musterlösung zu Übungsaufgabe Nr. I-120:

Eine der Aufgaben eines Controllers besteht in der laufenden Kontrolle des Beitrages der verschiedenen Unternehmenseinheiten zu den Unternehmenszielen. Die Tätigkeit eines Information-Centers läßt sich in ihren Auswirkungen auf das quantitative Unternehmensergebnis nur sehr beschränkt erfassen. Falls die Unternehmensziele rein quantitativ formuliert sind (Beurteilung von Investitionsentscheidungen ausschließlich nach quantifizierbaren Kosten- bzw. Nutzeffekten), so läßt sich, wenn überhaupt, nur mit vielen verrechnungstechnischen Prämissen (die einer umfassenden Diskussion nicht immer standhalten) der Nutzen eines Information-Centers ermitteln.

Nutzeffekte ergeben sich durch
– die schnelle Lösung der Anwendungsprobleme durch das Information-Center selbst,
– die Unterstützung der Mitarbeiter in den Fachabteilungen bei der eigenständigen Lösung von Anwendungsproblemen (per Telefon und durch Besuch am Arbeitsplatz),
– die Vermeidung von Applikationswildwuchs durch Steuerung der Hard-

ware- und Softwareauswahl für Mikrorechner,
- die Bereitstellung und Betreuung von leistungsfähigen Mikrorechner-Großrechner-Verbindungen,
- die Unterstützung bei Systemproblemen (Hardware- oder Softwarefehlern),
- die Durchsetzung von Datenschutz- und Datensicherungsmaßnahmen auf Arbeitsplatzrechnern,
- die Durchführung von internen Schulungen (sowohl Basis- als auch Vertiefungsschulungen) und damit Vermeidung der üblicherweise sehr teuren externen Ausbildung.

Alle diese laufend erforderlichen Dienstleistungen werden von "traditionellen" projektorientierten EDV-Mitarbeitern nur sehr beschränkt und unvollkommen angeboten, sind jedoch für die effiziente und koordinierte Nutzung teurer Endbenutzersoftware und -hardware von wesentlicher Bedeutung. Die Einrichtung einer Abteilung "Information-Center" ist also eine aussichtsreiche, investitionssichernde Begleitmaßnahme zur Implementierung von Endbenutzerwerkzeugen in den Fachabteilungen und damit eine wesentliche Voraussetzung zur Schaffung einer leistungsfähigen Informationsinfrastruktur.

Musterlösung zu Übungsaufgabe Nr. I-121:

Folgende Regeln müssen zu den obigen hinzugefügt werden:

```
d(A-B,X,As-Bs)                 :- d(A,X,As), d(B,Bs).
d(A/B,X,(As*B-A*Bs)/(B*B))     :- d(A,X,As), d(B,Bs).
d(cos(A),X,-sin(A)*As)         :- d(A,X,As).
```

Musterlösung zu Übungsaufgabe Nr. I-122:

16-Bit-Mikrorechner haben relativ leistungsschwache Zentralprozessoren und nur verhältnismäßig kleine Arbeitsspeicher, so daß es viel zu lange dauern würde, in Zeitabschnitten verzahnt, mehrere Anwendungsprogramme abzuarbeiten. Zudem erlaubt es der Stand der (ebenfalls prozessor- und speicherbeanspruchenden) Systemsoftware nicht, mehreren Programmen bzw. Programmsegmenten abwechselnd die nötigen Betriebsmittel zuzuordnen. Anders ist aber die Situation bei 32-Bit-Mikrorechnern, die teilweise mit mehrprogrammfähigen (= multitaskingfähigen) Betriebssystemen ausgerüstet sind. Diese Systeme können mehrere Applikationen parallel bearbeiten und ermöglichen so dem Benutzer einen einfachen Datenaustausch zwischen Applikationen bzw. die Abarbeitung rechenintensiver Programme im Hintergrund (die im Einprogrammbetrieb das System blockieren würden).

Musterlösung zu Übungsaufgabe Nr. I-123:

Die ergänzten Sätze lauten:

a) Der Adreßraum des virtuellen Speichers ist **größer** als der des tatsächlich vorhandenen (realen) Arbeitsspeichers.

b) Eine Adresse, die den Ort eines Speicherplatzes direkt bezeichnet, heißt **absolute** (Synonyme: echte, reale, effektive, Maschinen-) Adresse. Eine **numerische** Adresse im virtuellen Speicher bezeichnet man als **virtuelle** Adresse.

c) Bei der Programmierung in höheren Sprachen werden die Adressen in **symbolischer** Form angegeben. Diese Adressen müssen vor der Programmausführung von einem Übersetzungsprogramm in **numerische** Adressen umgewandelt werden.

Musterlösung zu Übungsaufgabe Nr. I-124:

Beim Spoolbetrieb wird der Arbeitsspeicher kürzer durch die zu verarbeitenden Anwendungsprogramme belegt, weil Lese- und Schreibzugriffe auf Erweiterungsspeicher bzw. Magnetplatteneinheiten (wo die Spooldateien gespeichert sind) wesentlich schneller sind als entsprechende Operationen auf mechanischen Peripheriegeräten (z.B. Drucker).

Nachteilig ist, daß die Spoolprozesse selbst Arbeitsspeicher und die Spooldateien Erweiterungs- bzw. Peripheriespeicher benötigen und daß die Kanalinanspruchnahme durch den vervielfachten Datentransfer erhöht wird.

Musterlösung zu Übungsaufgabe Nr. I-125:

Im Rahmen der Maschinenbelegungsplanung wird festgelegt, welche Aufträge wann von der EDVA abgewickelt werden sollen. Da bei Stapelverarbeitung die Aufträge mit ihren Betriebsmittelanforderungen weitgehend bekannt sind, können durch einen geeigneten Auftragsmix (Kombination rechenintensiver und ein-ausgabeintensiver Aufträge) eine gleichmäßig gute Auslastung und ein entsprechend hoher Durchsatz erreicht werden.

Demgegenüber ist die Maschinenbelegungsplanung bei interaktiver Verarbeitung vergleichsweise schwierig, weil der zeitliche Anfall und der Umfang der eintreffenden Aufträge häufig allenfalls in der ungefähren Größenordnung bekannt sind und oft kaum Vorstellungen über die voraussichtliche Belegung von Prozessor(en), Speicher, Kanälen und Peripherie bestehen.

Musterlösung zu Übungsaufgabe Nr. I-126:

Nur im Fall a) ist Teilnehmerbetrieb gegeben: Mehrere Benutzer bearbeiten im Dialog (mit fünf Datensichtstationen) auf einem Rechner voneinander unabhängige Aufgaben (Finanzbuchhaltung, Fakturierung, Lagerverwaltung).

Im Fall b) kann zu einem Zeitpunkt jeweils nur ein Benutzer arbeiten (= Einbenutzerbetrieb). Im Fall c) liegt Stapelverarbeitung vor.

Musterlösung zu Übungsaufgabe Nr. I-127:

Ein Beispiel für den Teilhaberbetrieb ist die Lehrveranstaltungsanmeldung über allgemein zugängliche Bildschirmterminals, die auf dem Campus einer Hochschule aufgestellt sind. Auch ein rechnergestütztes Bibliotheksverwaltungssystem (wie im Abschnitt 2.1 des Textbuchs beschrieben) wird in dieser Betriebsart genutzt.

Musterlösung zu Übungsaufgabe Nr. I-128:

Weitere Beispiele für die Prozeßverarbeitung sind:
- **a)** Elektronisches Antiblockierbremssystem in einem PKW
- **b)** Rechnergesteuerte Fertigungsstraße (Fließband) in der Automobilindustrie
- **c)** Robotersteuerung

Musterlösung zu Übungsaufgabe Nr. I-129:

Die Stapelverarbeitung kommt in erster Linie für die Verarbeitung zeitunkritischer Massendaten in Betracht. Solche verarbeitungsintensiven Aufträge sind zum Beispiel die Lohn- und Gehaltsabrechnung, Verbrauchsabrechnungen (Gas, Elektrizität, Wasser) oder statistische Auswertungen von Dateien. Auch für umfangreiche mathematische, technische und wissenschaftliche Berechnungen, zum Beispiel große Optimierungs- und Simulationsmodelle, die u.U. mehrere CPU-Stunden benötigen, empfiehlt sich vielfach diese Betriebsart.

Musterlösung zu Übungsaufgabe Nr. I-130:

Da neben der Fakturierung noch die Lagerbestandsführung, das Bestellwesen, die Wareneingangskontrolle usw. gemeinsam vom Rechner abgewickelt werden, liegt *Mehrprogrammbetrieb* vor. Die Kassiererin gibt am Kassenterminal nacheinander Artikelnummern ein und der Rechner reagiert darauf jeweils sofort durch die Zurverfügungstellung der zugehörigen Artikelbezeichnung und des -preises (am Kassenbildschirm und durch Ausdruck der Artikelzeile auf der Rechnung). Es findet also bei der schrittweisen Auftragsabwicklung ein ständiger Informationsaustausch statt, d.h. es handelt sich um *Dialogverarbeitung*. Die Fakturierung erfolgt mit Hilfe zentral gespeicherter Anwendungsprogramme (Transaktionsprogramme), die "gleichzeitig" eine Vielzahl von Kassenterminals bedienen. Damit ist bezüglich der Verkaufsabrechnung die Form des *Teilhaberbetriebs* gegeben.

Bei der Lektüre des Abschnitts 1.1.3 entsteht der Eindruck, als sei die einzelne Kasse direkt mit dem Zentralrechner in der Hauptverwaltung verbunden. Dies ist aber nicht ganz klar, und es wird auch nichts darüber gesagt, wo sich dieser Zentralrechner befindet, d.h. ob ein Lokalanschluß möglich ist, oder ob über Fernmeldewege eine Datenfernübertragung stattfindet. Denkbar sind diesbezüglich sehr unterschiedliche Formen und auch Kombinationen von lokaler Verarbeitung (etwa bei einer in der Hauptverwaltung gelegenen Verkaufsstätte) und Datenfernverarbeitung (bei räumlich entfernten Verkaufsstätten).

In der Praxis ist es überwiegend üblich, daß – um Übertragungskosten zu sparen – die Kassenterminals lokal an einen Kleinrechner bzw. eine intelligente (d.h. als Rechner ausgeprägte) Leitkasse in der Verkaufsstätte angeschlossen sind. Periodisch werden über öffentliche Wählnetze (wie zum Beispiel das Telefonnetz) die Abrechnungsdaten an den räumlich entfernten Zentralrechner in der Hauptverwaltung gesandt, bzw. es werden von dort Änderungsdaten (bei Lieferungen, Preisänderungen usw.) an die Verkaufstättenrechner überspielt.

Musterlösung zu Übungsaufgabe Nr. I-131:

Rechnerresourcen sind teuer (vgl. zu den Kaufpreisen Abschnitt 1.2.3.3 des Textbuchs) und dürfen nur berechtigten Benutzern zugänglich gemacht werden (auch aus Datenschutz- und Datensicherheitsgründen). Durch die Angabe einer Verrechnungskostenstelle ist es möglich, die von einem Benutzer bzw. Auftrag in Anspruch genommenen Leistungen zuzurechnen. Vom Betriebssystem werden diese Daten laufend in einer Abrechnungsdatei fortgeschrieben, die periodisch (z.B. monatlich) ausgewertet wird. Entweder dient diese Auswertung nur zur internen Information und Kontrolle, oder sie hat Rechnungscharakter, d.h. die mit Geld bewerteten Leistungen müssen vom Benutzer bzw. seiner Kostenstelle tatsächlich bezahlt werden. Dadurch wird ein ökonomischer (sparsamer) EDV-Einsatz angestrebt.

Musterlösung zu Übungsaufgabe Nr. I-132:

Wenn die Zahl der aktiven Benutzer steigt, reduziert sich entsprechend die Zeitscheibe und damit steigt die Antwortzeit für den einzelnen. In der Praxis wird durch zusätzliche Anwendungen bzw. die Erweiterung der Dialogperipherie oft ein Ausbau der Zentraleinheit oder ein Austausch gegen ein leistungsstärkeres System unumgänglich, weil die Antwortzeiten zu lang werden und damit die Aufgabenerfüllung der Benutzer unzumutbar beeinträchtigt wird.

Musterlösung zu Übungsaufgabe Nr. I-133:

a) Einrichten, Öffnen und Schließen von Dateien = Datenverwaltung
b) Entgegennahme von neuen Aufträgen = Auftragsverwaltung
c) Ein- und Auslagern von Seiten zwischen Arbeits- und Hintergrundspeicher = Prozeßverwaltung

d) Dynamische Zuteilung von Arbeitsspeicherbereichen = Prozeßverwaltung

e) Ein- und Ausschleusen von Daten (Spool) = Auftragsverwaltung

f) Ausgabe von Statusinformation über Warteschlangen und Betriebsmittelbelegung = Auftragsverwaltung

g) Zuteilung von peripheren Geräten an Prozesse = Prozeßverwaltung

h) Anfertigung und Sicherung von Momentaufnahmen (engl.: checkpoints) = Prozeßverwaltung

i) Protokollierung der Betriebsmittelbelegung = Auftragsverwaltung

j) Behandlung von Programmfehlern = Prozeßverwaltung

k) Zeitscheibenzuteilung = Prozeßverwaltung

l) Verarbeitung von EA-Unterbrechungen = Prozeßverwaltung

m) Datenschutz (gegen unbefugten Zugriff) = Datenverwaltung

Musterlösung zu Übungsaufgabe Nr. I-134:

Ein Interpreter bringt bei der interaktiven Programmentwicklung Vorteile, weil der Programmierer durch die Möglichkeit zur unmittelbaren Übersetzung und Ausführung eingegebener Programmanweisungen sofort Fehlerhinweise bekommt und damit sein Programm bereits bei der Erstellung ohne Zeitverzug austesten kann. Nachteilig ist, daß – weil kein vollständiges Objektprogramm entsteht – bei jedem Programmablauf ein erneuter zeit- und kapazitätsbeanspruchender Übersetzungsvorgang nötig ist. Dieser Nachteil läßt sich umgehen, wenn das mit Hilfe des Interpreters entwickelte und ausgetestete Programm durch einen Compiler in einen ladefähigen Objektcode übersetzt und dabei hinsichtlich Laufzeit und Speicherbedarf optimiert werden kann.

Musterlösung zu Übungsaufgabe Nr. I-135:

Aussagen über die Auslastung einer großen EDVA erlauben es,

– im aktuellen Fall dem Benutzer einen Überblick über die Belegungssituation zu verschaffen und dann zu entscheiden, ob er zum Beispiel ein aufwendiges Programm starten oder diesen Auftrag auf später verschieben soll,

– Spitzen und Senken in der Anlagenauslastung durch eine geeignete Maschinenbelegungsplanung zu vermeiden und damit eine bessere Ausnutzung der EDV-Betriebsmittel zu gewährleisten,

– auf der Basis von Langzeitmessungen notwendige Veränderungen der Maschinenkonfiguration zu bestimmen (zum Beispiel Abmietung von kaum noch benutzten Peripheriegeräten oder Arbeitsspeicherausbau zur Senkung einer hohen, den Prozessor stark beanspruchenden Seitenwechselrate).

Musterlösung zu Übungsaufgabe Nr. I-136:

Leistungsarten, die bei der Abrechnung sinnvollerweise berücksichtigt werden sollten, sind:
- CPU-Zeit
- Anschaltzeit (LOGON-LOGOFF-Zeit)
- belegter Speicherplatz im Arbeitsspeicher und auf externen Speichereinheiten
- ausgegebene Druckzeilen bzw. -seiten
- sonstige, dem Benutzer zurechenbare Ein-Ausgabeoperationen auf diversen Peripheriegeräten

Musterlösung zu Übungsaufgabe Nr. I-137:

Bei Standardanwendungsprogrammen übernimmt i.d.R. der Hersteller die Weiterentwicklung bzw. Anpassung an neue Hardware und Systemsoftware. Erweiterte sowie verbesserte Versionen sind für den Anwender meist zu denselben oder leicht erhöhten laufenden Nutzungsgebühren bzw. gegen einen einmaligen, geringen Aufpreis erhältlich. Weil qualitativ hochwertige Softwarepakete von vornherein für einen breiten Markt, d.h. vielfältige betriebliche Bedingungslagen, konzipiert sind, können sie auch relativ einfach an Wandlungen der betrieblichen Verhältnisse angepaßt werden.

Individualprogramme entsprechen zwar i.d.R. besser einem bestimmten Istzustand, die Änderung bzw. Erweiterung für zusätzliche Erfordernisse, die nicht vorausbedacht wurden bzw. werden konnten, ist hingegen meist vergleichsweise zeitaufwendig und entsprechend kostspielig.

Musterlösung zu Übungsaufgabe Nr. I-138:

Der Markt für kommerzielle Programme und Branchenprogramme ist meist auf einen Sprachraum, zum Beispiel auf den deutschsprachigen Wirtschaftsraum bzw. sogar oft nur auf ein Land beschränkt (Bundesrepublik Deutschland, Österreich oder Schweiz). Das liegt zum einen an der Gestaltung von Eingabedialogen und der Ausgabe der Ergebnisse in natürlicher Sprache, zum anderen müssen in den Anwendungsprogrammen viele länderspezifische Gegebenheiten berücksichtigt werden (zum Beispiel bei einer Lohn- und Gehaltsabrechnung tarifvertragliche, steuerliche und arbeitsrechtliche Vorschriften).

Die Systemprogramme zeichnen sich demgegenüber durch deutlich höhere Installationszahlen aus, da sie international vertrieben werden.

Musterlösung zu Übungsaufgabe Nr. I-139:

Nachstehend werden die wichtigsten allgemeingültigen Zielkriterien für die Auswahl von Standardanwendungssoftware genannt. Selbstverständlich wurde von Ihnen nicht erwartet, daß Sie eine derart umfangreiche Liste ausarbeiten, zumal nicht alle genannten Punkte in der Praxis mit einem vertretbaren Aufwand erhebbar sind. Die Angabe der wichtigsten Hauptpunkte genügt! Diese umfassende Darstellung ist jedoch sicher für Sie interessant.

Kriterienliste für die Auswahl von Standardanwendungssoftware:

1. Konzeption und Reifegrad des Systems

a) Systemfunktionen
(Übereinstimmung des Funktionsprofils mit den Benutzererfordernissen, Anpassungsaufwand an die individuellen Verhältnisse von der System- und Benutzerseite her, Austauschbarkeit von Verarbeitungsmoduln, Ausbaufähigkeit durch Einführung zusätzlicher Funktionen)

b) Systementwurf
(Architektur, Standardisierungsgrad, Modularstruktur, Flexibilität des Entwurfskonzepts, Kompatibilität und Maschinenunabhängigkeit bei Programmiersprachen, Anpassungsfähigkeit an mögliche Änderungen des Anwendungsbereichs, Portabilität)

c) Systemdokumentation
(Übersichtshandbuch, Datenbank- und Ablaufbeschreibungen, Konfigurationspläne, Formularbeschreibungen, Datenerfassungsanweisungen und Beispiele von Berechnungsgängen für die Systembenutzer; Systemhandbuch inkl. Programmablaufpläne o.ä., Darstellung der Systemdateien, Datenelemente-Listen, Quellenprogramm-Listen, Listen aller Tabellen, Konstanten, Schalter, Zähler, Unterprogramme, Makrobefehle und Fehlermeldungen, Übersetzungsliste, Ladeliste, Trace-Ausdruck, Arbeitsspeicherauszug bei Systemabbruch, Beispiel eines Systemdurchlaufs mit Erläuterungen für die Systementwicklung bzw. -wartung; Bedienungshandbuch, Anweisungen zum Systemstart und -betrieb, Zuordnung und Bereitstellung von Dateien, Liste der Fehlermeldungen und Korrekturmöglichkeiten, Hinweise für den Fall des Systemabbruchs und Wiederanlaufs für den Systembetrieb)

d) Reifegrad des Systems
(Alter der Systemkonzeption, Zeitpunkt der Herstellung und des ersten Einsatzes, Anzahl und Struktur der Anwender, Zugang zu bereits installierten Systemen, Unterstützung bei Benutzerbefragungen und Systemtests, Benutzerringe bzw. Erfahrungsaustausch der Benutzer, Benutzererfahrungen hinsichtlich Zeiten und Kosten der Implementierung und des Betriebs sowie der Herstellerunterstützung, Systemauswirkungen)

2. Implementierung und Betrieb des Systems

a) Systemimplementierung
(Umstellungsmaßnahmen, parametrische Steuerung der Ein- und Ausgaben, Änderungsdienst für die Programme, Zugriffsmethoden, Prüfroutinen, Wiederanlaufmöglichkeiten, Absicherung gegen Benutzungsfehler, Testhilfen, Einhaltung von allgemeinen Normen und Benutzerstandards)

b) Hardware-/Software-Voraussetzungen des Systems
(Mindest- und optimale Konfiguration, Austauschbarkeit der peripheren Geräte, Anpassungsaufwand für andere Konfigurationen, Kapazitätsausnutzung der Komponenten einer Konfiguration, mögliche Betriebssysteme, mögliche Datenbankverwaltungssysteme, Dateiorganisationsformen, Modifikationen bei Änderungen der Übersetzer)

c) Systembetrieb
(Bedienungsfreundlichkeit, Überschaubarkeit des Ablaufs, Betriebssicherheit, Rüstzeiten, Laufzeiten, Wiederanlauf bei Systemausfällen, Segmentgröße der Programme, Ablaufprotokolle, Revisionsfähigkeit, Datenschutz, Betriebskosten)

d) Systemwartung
(Träger und Fristigkeit der Systemwartung, Anpassungsmöglichkeiten an Benutzerwünsche, gesetzliche Änderungen sowie Änderungen der Hardware und Software, Eignung der Dokumentation zur eigenen Systempflege, mittlere Zeitdauer bis zur Behebung von Störungen, Wartung modifizierter Systeme)

3. Anbieter des Systems

a) Leistungsfähigkeit des Anbieters
(Orte und Anzahl der Niederlassungen, Entwicklung der Umsätze und Gewinne, Erfahrungen des Anbieters bei der Herstellung und dem Vertrieb von Standardanwendungssoftware, Schwerpunkt der Geschäftstätigkeit des Anbieters, Anzahl und Qualifikation der Mitarbeiter, Marktposition und Ruf, Referenzen, Schulung und sonstige Aktivitäten)

b) Lieferzeiten und Preise
(Zeit bis zur Lieferung des betriebsreifen Systems, Installationszeit, Preise für Kauf, Miete und Mietkauf, Preise bei mehreren Benutzern, Wartungspreise, Preise für die Implementierung und Anpassung des Systems, Preise für die Schulung, Rabatte)

Musterlösung zu Übungsaufgabe Nr. I-140:

Zunächst sollte eine Analyse des Istzustands im Fertigungsbereich vorgenommen werden, um daraus das betriebliche Anforderungsprofil an ein rechnergestütztes Fertigungsplanungs- und -steuerungssystem abzuleiten. Sodann ist das Leistungsprofil der angebotenen Softwareprodukte und -anbieter zu ermitteln, um festzustellen, ob geeignete Standardprogramme verfügbar sind oder ob eine individuelle Programmentwicklung nötig ist.

Zur Sammlung von ersten Angaben über Produkte und Anbieter auf dem Softwaremarkt eignen sich Aufsätze und Anzeigen in EDV-Fachzeitschriften, EDV-Fachtagungen und Messen sowie Softwarekataloge. Zur detaillierten Überprüfung der in die engere Wahl gezogenen Programme können Herstellerschriften und -präsentationen, Gespräche mit Referenzkunden und eigene Tests (Probeinstallation der Standardsoftware) dienen.

Die ermittelten Ergebnisse sind zu bewerten, und es ist die Entscheidung für das Bestangebot bzw. zwischen der Eigenerstellung und der Fremdprogrammierung zu fällen.

Musterlösung zu Übungsaufgabe Nr. I-141:

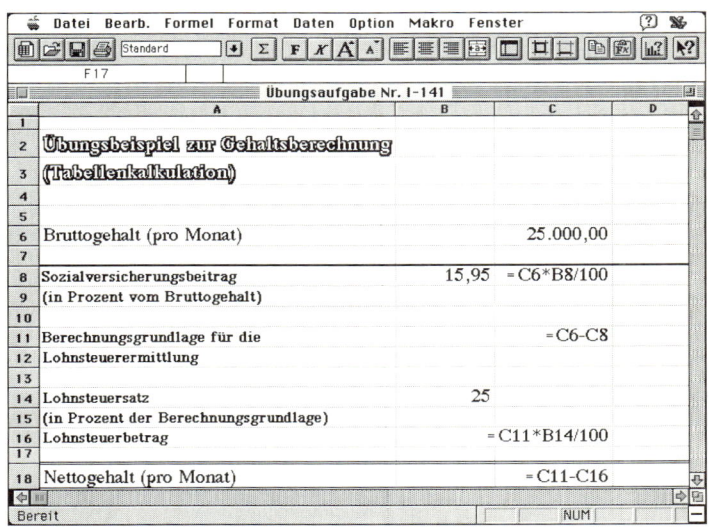

	A	B	C	D
1				
2	**Übungsbeispiel zur Gehaltsberechnung**			
3	**(Tabellenkalkulation)**			
4				
5				
6	Bruttogehalt (pro Monat)		25.000,00	
7				
8	Sozialversicherungsbeitrag	15,95	3.987,50	
9	(in Prozent vom Bruttogehalt)			
10				
11	Berechnungsgrundlage für die		21.012,50	
12	Lohnsteuerermittlung			
13				
14	Lohnsteuersatz	25		
15	(in Prozent der Berechnungsgrundlage)			
16	Lohnsteuerbetrag		5.253,13	
17				
18	Nettogehalt (pro Monat)		15.759,38	

Bereit   NUM

Musterlösung zu Übungsaufgabe Nr. I-142:

Mit PC-Softwarewerkzeugen durch Endbenutzer lösbare Aufgaben sind: d), e), h), i), j), k), l), m), n) und o).

Dabei bieten sich für die Aufgaben d) und l) Tabellenkalkulationsprogramme an. h), zum Teil i) (Lagerbestandsführung) und o) sind typische Datenbankapplikationen. Mit Textverarbeitungsprogrammen lassen sich die Aufgaben e), zum Teil i) (Bestellschreibung), j) und n) unterstützen. Die Aufgaben j), k) und m) lassen sich bei Verwendung eines Grafik-Pakets rascher und in besserer Qualität erledigen.

Musterlösung zu Übungsaufgabe Nr. I-143:

Bei der Fenstertechnik kommt es häufig zu Überschneidungen bzw. Überlappungen der einzelnen Fenster. Zum Beispiel ist in Abb. 2.4.4/1 der Inhalt des links oben gelegenen Fensters nicht mehr erkennbar. Ebenso ist in Abb. 2.4.3.3/3 das hintere Fenster durch das Hilfe-Fenster weitgehend verdeckt. Größere hochauflösende Monitore erleichtern die Arbeit mit der Fenstertechnik.

Musterlösung zu Übungsaufgabe Nr. I-144:

Grafische Benutzeroberflächen ermöglichen es dem Benutzer eines Arbeitsplatzrechners, mehrere Fenster zu öffnen, um verschiedene Information gleichzeitig ansehen zu können. Für den gleichzeitigen Ablauf von Programmen in verschiedenen Fenstern ist es Voraussetzung, daß das System multitaskingfähig ist.

Die meisten Fenster von grafischen Benutzeroberflächen können vom Benutzer bewegt, in der Größe geändert, umgeblättert oder geschlossen werden, und sie können sich überlagern. Je nach System können Fenster auch über den Bildschirmrand hinaus bewegt werden oder als Piktogramme auf der Arbeitsfläche abgelegt werden. Der Benutzer kann ein von ihm ausgewähltes Textstück oder eine Grafik in einem Fenster mit der Maus markieren, diese in eine Zwischenablage kopieren und eine Kopie des Inhalts der Zwischenablage in einem anderen Fenster an die Stelle setzen, die mit dem Cursor gekennzeichnet wird.

Musterlösung zu Übungsaufgabe Nr. I-145:

Das System soll so gestaltet sein, daß der Benutzer stets weiß, in welchem Teilsystem er gerade welche Funktion(en) verwendet, an welcher Stelle er im Dialogablauf steht, welcher Systemzustand (Ausführen von Prozessen, Warten auf Eingaben o.ä.) gegeben ist und welche Möglichkeiten zur Weiterarbeit bestehen. Fragen des Benutzers zum Dialogaufbau und bisherigen Dialogablauf sollen (nach Möglichkeit in unterschiedlichen Detaillierungsstufen) allgemein und/oder situationsabhängig vom System beantwortet werden können.

Musterlösung zu Übungsaufgabe Nr. I-146:

Durch die Stellenanzeige wird ein(e) Anwendungsprogrammierer(in) gesucht.

Musterlösung zu Übungsaufgabe Nr. I-147:

a) Je nach Gesamtorganisation, Struktur und Verteilung der Informationsverarbeitungsaufgaben, informationstechnischer Infrastruktur usw. sind unterschiedliche Gliederungsformen denkbar bzw. zweckmäßig. Das nachfolgende Organigramm zeigt die Abgrenzung von Kompetenzen in einer eher zentral orientierten IS-Abteilung.

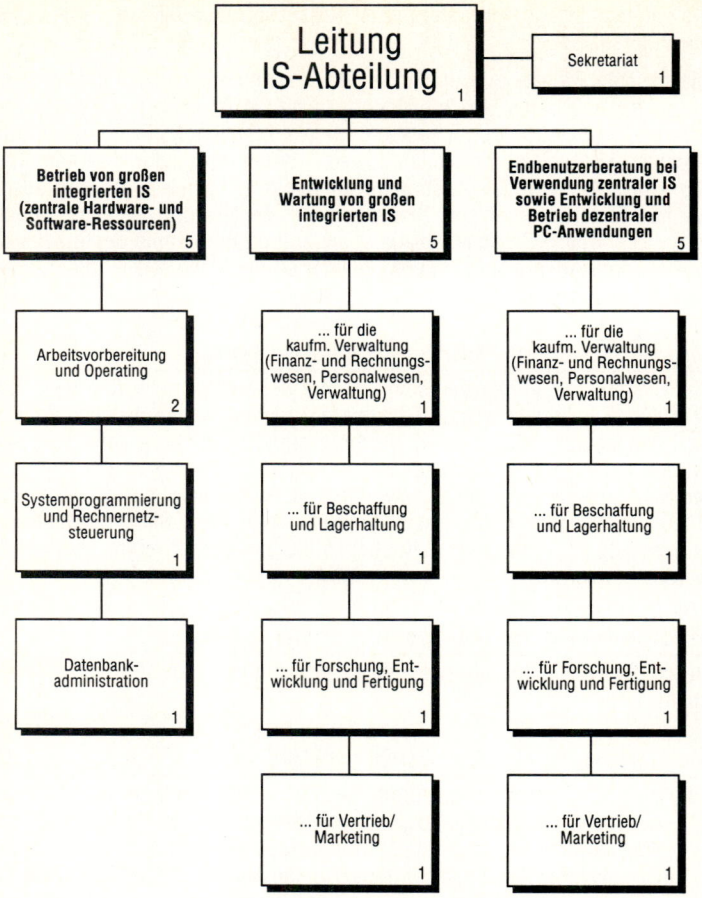

b) Eine zentrale EDV-Abteilung sollte eine möglichst hohe hierarchische Stellung im Betrieb haben, da sie Dienstleistungen in großem Umfang für viele verschiedene Teilbereiche erbringt. Eine zu niedrige Einstufung und der damit verbundene geringe Autoritätsstatus erschweren oder verhindern die Durchsetzung umwälzender Neuerungen und führen dazu, daß wegen mangelnder Kontakte zur Geschäftsführung die notwendige Rückendeckung und Unterstützung bei der Gestaltung von Informationssystemen fehlen.

Bei der Einordnung "der EDV" in einen Fachbereich wie das Finanz- und Rechnungswesen können aus folgenden Gründen Probleme entstehen: Es können sich durch die vorrangige Entwicklung und zeitliche Bevorzugung bei dem Betrieb von Informationssystemen dieses Bereichs aus gesamtbetrieblicher Sicht ungerechtfertigte und damit unwirtschaftliche Prioritäten der Datenverarbeitungsfunktionen ergeben. Ferner sind Interessenkonflikte der Datenverarbeitung mit den sonstigen Fachaufgaben dieses Bereichs möglich.

Musterlösung zu Übungsaufgabe Nr. I-148:

Beruf	Wirtschaftsinformatik-Studium notwendig bzw. ratsam?
EDV-Berater	ja
Systemanalytiker	ja
Wartungsspezialist	nein
EDV-Lehrer	ja
Datenbankspezialist	ja
EDV-Verkäufer	ja
EDV-Projekt- bzw. -Gruppenleiter	ja
Maschinenbediener	nein
EDV-Revisor	ja
Datentypist	nein
EDV-Organisator	ja

Siehe auch Abb. 2.5.1.2/1 im Textbuch.

Musterlösung zu Übungsaufgabe Nr. I-149:

	zentral	dezentral
Fertigungsplanung und -steuerung	×	
Debitorenbuchhaltung	×	
Individueller Terminkalender und Notizbuch		×
Lagerbestandsführung	×	
Planung der Neueinführung eines Produkts mit Netzplantechnik		×
Kalkulation der Vertriebskosten und -erlöse einer Produktgruppe durch den Produktmanager		×
Lohn- und Gehaltsabrechnung	×	
Verwaltung der EDV-Bibliothek		×
Schriftverkehr mit dem Außendienst		×
Investitionsrechnung für Bauvorhaben		×
Kundendienstbearbeitung	×	

Musterlösung zu Übungsaufgabe Nr. I-150:

Die Aussagen a), c), d) und e) sind richtig. Die Aussage b) ist falsch: Der Systemanalytiker muß sich sehr wohl ein Bild von der Anwendungssituation machen (Istaufnahme und Entwurf), ehe er dieses Bild "malen" (Implementierung) und dem Benutzer vorführen kann.

Musterlösung zu Übungsaufgabe Nr. I-151:

Durch die Stellenanzeige wird ein Anwendungsprogrammierer gesucht.

Musterlösung zu Übungsaufgabe Nr. I-152:

	Anforderungen		
	quali-tative	quanti-tative	termin-liche
In der Fachabteilung X der Unternehmung Y haben sich die Mitarbeiter auf ein Kennzahlensystem geeinigt.	✕		
Der Ersatz der vorhandenen Monochrombildschirmgeräte durch verbundfähige PCs mit Farbschirm ist bis zum 1.1.1995 vorgesehen.	✕		✕
Über eine Veränderung der Bildschirmmasken soll drei Monate nach der Erprobung des neuen Systems ein Gespräch zwischen der EDV-Abteilung und der Fachabteilung geführt werden.	✕		✕
Im Rahmen der Systemanalyse für das neue EDV-gestützte Finanzbuchhaltungssystem ist festgestellt worden, daß pro Quartal durchschnittlich 300 000 Buchungssätze anfallen.		✕	

Musterlösung zu Übungsaufgabe Nr. I-153:

Einige, im Zuge der Systemanalyse zu klärende Fragen bezüglich des zu erfassenden Datenmaterials sind:

- Wieviele Kunden sind in der Filiale durchschnittlich, im Minimal- und im Maximalfall zu fakturieren?
- Wie verteilen sich diese Kunden über den Tag, die Woche, den Monat, das Jahr?
- Wieviele Positionen umfassen die Rechnungen durchschnittlich und im Maximalfall?
- Wie lang darf die Wartezeit der Kunden an der Kasse im Durchschnitt und im Maximalfall sein?
- Welche Kontrollauswertungen sowie Artikel- und Warengruppenstatistiken werden wann von wem gewünscht?

Musterlösung zu Übungsaufgabe Nr. I-154:

Folgende Fragen sind u.a. in bezug auf die Datenumsetzung mittels Datenkassen zu lösen:
- Welche Basisfunktionen und Leistungen müssen die Kassen verrichten können?
- Was dürfen Sie maximal kosten?
- Welche ergonomischen Anforderungen (Bedienungsfreundlichkeit, Geräuschabgabe, Tastaturanordnung und -höhe, Bildschirmgröße und -qualität usw.) müssen die Kassen erfüllen?
- Welche Ausfallsicherheit und Reparaturmöglichkeiten (Ersatzgeräte) müssen gewährleistet sein?
- Welche Kontrollen (visuell über die Anzeige; automatische Prüfziffernrechnung; Auswertung der Kassierleistung) sind vorzusehen?
- Wieviele Kassen sollen wo aufgestellt werden?

Musterlösung zu Übungsaufgabe Nr. I-155:

Sekundärdatenträger, die eigens (zusätzlich zu den Urbelegen) erstellt und ausschließlich oder vornehmlich der Datenerfassung dienen, sind:
CD-ROM, Mikrofiche und WORM.

Musterlösung zu Übungsaufgabe Nr. I-156:

Auf der folgenden Seite ist ein Datenerfassungsbeleg wiedergegeben, der an der Wirtschaftsuniversität Wien zur Erfassung der Immatrikulationsdaten verwendet wird.

Musterlösung zu Übungsaufgabe Nr. I-157:

Ein weiteres Beispiel für die halbdirekte Datenerfassung:
In vielen Schiorten werden Mehrtagesliftkarten aus Karton oder dünnem Kunststoff ausgegeben, auf denen der Gültigkeitsbereich durch Lochungen oder auf einem Magnetstreifen vermerkt ist. Beim Passieren eines Drehkreuzes beim Liftzugang muß die Karte in ein Lesegerät gesteckt werden, das die Daten prüft und die Sperre bei gültiger Karte freigibt.

Vgl. hierzu auch die Abb. 2.2.1.1/2 im Textbuch.

Musterlösung zu Übungsaufgabe Nr. I-158:

a) Diskettenerfassung im Cash & Carry-Großhandel = indirekte Datenerfassung.

b) Kontostandsauskunft über den Indoor-Automaten = direkte Datenerfassung.

c) Buchung und Bezahlung eines Liegewagenplatzes mittels Eurocheque-Karte am Schalterterminal = direkte und halbdirekte Datenerfassung (Mischform).

Die folgenden Angaben sind Unterlage für Aufnahme, Inskription, Prüfungswesen etc. Füllen Sie bitte im eigenen Interesse dieses Blatt gewissenhaft in BLOCKSCHRIFT aus. Für jedes Zeichen und jeden Zwischenraum ist eine eigene Position zu verwenden. ß = SS

Bearbeitungsrand
Nicht vom Studierenden auszufüllen!

1

N   Neuaufnahme
A   Änderung
K   Korrektur
D   Duplikat des Studienbuches
E   Exmatrikulation
Z   keine Fortsetzung
F   Fortsetzung

Bearbeitungs-signatur   **1**

Familienname

2   Vorname(n)

3   In Österreich erworbene oder nostrifizierte akademische Grade

Geburtsdatum
Tag   Monat   Jahr
1 9

Geschlecht (Zutreffendes bitte ankreuzen)
☐ Männlich   ☐ Weiblich

Familienstand (Zutreffendes bitte ankreuzen)
☐ Ledig   ☐ Verheiratet   ☐ Geschieden   ☐ verWitwet

Staatsbürgerschaft

Stammhochsch.   Staatsbürgersch.

Schulform und Datum der Reifeprüfung (siehe Reifeprüfungszeugnis)
Monat   Jahr   **1 9**

Schulform

Adresse am Heimatort

Straße, Hausnummer/Stiege/Stock/Tür-Nr.

Staatencode   Postleitzahl

Ort

Bearbeitungs-signatur   **2**

Beabsichtigtes Studium
(bei Neuaufnahme bzw. Änderung auf Studienrichtungen oder Studienzweige)

Bisheriges Studium
(bei Meldung von Änderung, Beendigung, Prüfungen usw.)

Ich bestätige die Richtigkeit der Angaben mit meiner Unterschrift.

Neues Studium (Hochschule[n] und Kennzahl[en])   Bestehendes Studium (Hochschule[n] und Kennzahl[en])   Vorstudien

Studienplanversion
zu SKZ1   zu SKZ2   Zusatz- und Ergänzungsprüfungen

Tag   Monat   Jahr
1 9

Gebührenstatus

Bearbeitungs-signatur   **3**

Abbildung zur Musterlösung zu Übungsaufgabe Nr. I-156

d) Lehrveranstaltungsanmeldung über Bildschirmtext = direkte Datenerfassung.

e) Multiple-Choice-Test mit Markierungsbögen = halbdirekte Datenerfassung.

f) Mobile Schadensermittlung im Wald = indirekte Datenerfassung.

Musterlösung zu Übungsaufgabe Nr. I-159:

Ein mögliches Szenario für ein automatisches Gebührenerfassungssystem für Autobahnmaut sieht folgendermaßen aus:

Jedes Kraftfahrzeug wird mit einer mobilen Sende-/Empfangseinheit, der sog. "On Board Unit" (OBU) ausgerüstet, die spezielle Wertkarten aufnehmen kann. Die OBUs kommunizieren beim Befahren gebührenpflichtiger Streckenabschnitte mit elektronischen Gebührenerfassungsstationen. Diese bestehen aus einer Feststation (Streckenstation) und zwei Brücken, die mit Mikrowellen-Sende-/Empfangssystemen ausgerüstet sind und in einem Abstand von ca. 10 m aufgebaut sind. Ferner sind in der Zone zwischen den Brücken Induktionsschleifen in die Fahrbahn eingelassen, sowie auf den Brücken Überwachungskameras installiert (siehe folgende Abbildung).

Passiert nun ein Fahrzeug die erste Brücke einer solchen Station, empfängt die OBU ein 5,8-GHz-Signal, welches dieselbe aktiviert. In weiterer Folge werden Stationscode und Gebührenhöhe empfangen und die Gebühr von der eingesteckten Wertkarte abgezogen. Nach diesem Vorgang hat das Fahrzeug bereits die erste Brücke passiert und befindet sich im aktiven Erfassungsbereich, wo mittels Induktionsschleifen die genaue Position des Fahrzeuges festgestellt wird. Dadurch kann die Sende-/Empfangseinheit auf der zweiten Brücke exakt auf das Fahrzeug ausgerichtet werden und eine störungsfreie Kommunikation mit der OBU gewährleistet werden. Diese wird in der Folge aufgefordert, eine Quittiermeldung über die getätigte Transaktion (Abbuchung von der Wertkarte) an die Feststation zu senden. Bei positiver Erledigung dieses Vorganges – der übrigens zur Erhöhung der Zuverlässigkeit mehrmals wiederholt wird – passiviert sich die OBU selbständig.

Befindet sich keine gültige Wertkarte in der OBU oder ist ein Fehler bei der Übertragung aufgetreten, wird das Fahrzeug zwecks Kennzeichenermittlung fotografiert und die Gebühr auf eine andere Art und Weise eingehoben (zum Beispiel mittels Zahlschein). Die Anonymität, die bei Bezahlung mittels OBU und Wertkarte gewährleistet ist, ist in einem solchen Fall nicht mehr gegeben.

In Verbindung mit flächen- und zeitabhängiger Tarifgestaltung könnten elektronische Gebührenerfassungssysteme zu einer Entzerrung des Verkehrs führen und vor allem in Stoßzeiten eine Verbesserung des Verkehrsflusses gewährleisten.

Musterlösung zu Übungsaufgabe Nr. I-160:

In den Fällen a) und d) liegt simultane Datenerfassung vor, weil die Erfassung in einem einzigen geschlossenen Schritt erfolgt (parallel zum Kassiervorgang bzw. Ausstellen der Liegewagenkarte). In den Fällen b) und c) ist die Datenerfassung hingegen in eine Folge von Einzelaufgaben gegliedert (wie z.B. Ausfüllen der Markierungsbögen, maschinelles Lesen, manuelles Nacherfassen nicht erkannter Belege, Korrektur); somit liegt sukzessive Datenerfassung vor.

Musterlösung zu Übungsaufgabe Nr. I-161:

In den Fällen a), d), e) und f) liegt intelligente Datenerfassung vor. Der Erfassungsvorgang geschieht jeweils programmgesteuert, wobei durch das Erfassungsgerät auch Datenvorverarbeitungsfunktionen übernommen werden (z.B. vom Geldausgabeautomaten: Überprüfung der PIN, der Kartengültigkeit, des Kreditlimits usw.). In den Fällen b) und c) erfolgt hingegen eine reine Datenumsetzung (z.B. üblicherweise beim Markierungsleser: Umsetzen der handschriftlichen oder gedruckten Markierungen der Papierbelege in einen Magnetbandcode); somit handelt es sich um unintelligente Datenerfassung.

Musterlösung zu Übungsaufgabe Nr. I-162:

Die Aussagen a) und b) sind falsch. Ein Datensammelsystem ist ein Spezialrechner für die Datenerfassung mit mehreren Arbeitsplätzen. Die Aussagen c) und d) sind deshalb auch richtig. Zu d): Nur selten sind dezentral mehrere reine Erfassungsplätze nötig; handelsübliche Datensichtstationen bzw. im Verbund betriebene Personal-Computer können dieselben Erfassungsfunktionen und darüber hinaus noch wesentlich mehr bieten (siehe hierzu den nächsten Abschnitt 3.1.3.6 sowie die Folgekapitel 3.2 und 3.3 über die Datenspeicherung und -übertragung).

Musterlösung zu Übungsaufgabe Nr. I-163:

Richtig sind die Aussagen a), c), d) und f). Tatsächlich handelt es sich bei der beschriebenen Anwendung um ein Modul aus dem betriebswirtschaftlichen Anwendungspaket R/3 von SAP, das auf den Seiten 425 - 428 des Textbuchs näher gekennzeichnet wurde. Dort ist ersichtlich, daß diese umfassende integrierte Anwendungssoftware tatsächlich für diverse verbreitete Plattformen nach dem Client-Server-Konzept entwickelt wurde bzw. wird. Erkennbar ist dies aus den Ausführungen auf den Seiten 510 - 511 des Textbuches jedoch nicht. Der Hinweis "Quelle: SAP" und die deutlich sichtbare grafische Benutzeroberfläche mit Fenstertechnik der Abb. 3.1.3.6/1 und 2 deuten allerdings stark auf das Client-Server-System R/3. Das nur auf IBM- und Siemens-Großrechnern lauffähige Vorgängersystem R/2 kann es nicht sein, weil dieses nur alphanumerische Terminals unterstützt. R/3 läuft auf diversen Plattformen – jedoch nicht auf Stand-alone-PCs (insofern ist die Aussage a) richtig).

Die Aussage b) ist falsch, weil auf alphanumerischen Terminals die dargestellte grafische Benutzeroberfläche nicht implementiert werden kann.

Die Aussagen c) und d) sind richtig und entsprechen angeblich auch den Entwicklungen bzw. Planungen von SAP. Weil – mit Ausnahme der AS/400- bzw. OS/400-Systeme von IBM – proprietäre Plattformen zunehmend Marktanteile verlieren, erscheint es allerdings immer fraglicher, inwieweit SAP in diese Richtung weitere Investitionen tätigen wird.

Die Aussage e) ist falsch – zwar könnte es sich um COBOL handeln, ebenso gut aber eben auch um andere Programmiersprachen. Im vorliegenden Fall wurde C (siehe Textbuch-Seite 427) gewählt – wohl wegen der im Vergleich zu COBOL besseren Laufzeiteffizienz bei ebenso guter Portabilität der Programme.

Die Aussage f) hat nichts mit SAP zu tun. Sie ist richtig, weil zwischen den tragbaren, für die Kundenauftragserfassung verwendeten PCs und dem zentralen Verarbeitungsrechner bei der Datenerfasssung kein Steuerungszusammenhang besteht; das heißt, erstere arbeiten völlig autonom – Näheres hierzu erfahren Sie im anschließenden Abschnitt 3.1.3.7.

Musterlösung zu Übungsaufgabe Nr. I-164:

Denkbare Anwendungsbereiche für mobile Datenerfassungsgeräte sind zum Beispiel

- Forstwirtschaft: Bestandsaufnahme nach Holzarten, Forststellen, Aufnahme von Verladevorgängen;
- Versorgungsunternehmen: Verbrauchserfassung bei Gas-, Wasser- und Stromdaten;
- Institute für Markt- und Meinungsforschung: Fragebogenaktionen;
- Sicherheitsbehörden: Fahndungswesen;
- Bahn: Güterabfertigung und Zugzusammenstellung im Rangierbereich;
- TÜV: Mängelfeststellung;
- Musterung auf Messen/Ausstellungen: Kundenauftragsdisposition;
- Verkaufsabwicklung: Speichern der Verkaufsdaten des Kunden im Lager und im Gelände;
- Vertreterverkauf: Aufnahme der Bestellung oder eines Verkaufs beim Kunden;
- Wareneingangsprüfung: gekoppeltes Erfassen und Vergleichen der angelieferten Ware mit den abgespeicherten Lieferscheindaten;
- Baustellenabrechnung: Aufmaßerfassung, Materialbestellung und Abrechnung;
- Inventuren: Bestandsermittlung in Verkaufsräumen (Regal), -lagern und Zwischenlagern bei der Fertigung;
- Zeitaufnahmen: Erstellen von Zeitstudien und Ablaufplänen.

Musterlösung zu Übungsaufgabe Nr. I-165:

a)

Symbolische Adresse	Speicherinhalt
VORNAME	HANS ROBER
NACHNAME	HANSEN

b)

Symbolische Adresse	Speicherinhalt
VORNAME	HANS ROBER
NACHNAME	TANSEN

c) Speicherbereiche sind bei Assemblersprachen im allgemeinen nicht vor unerwünschtem Überschreiben geschützt. Kopierbefehle an Speicherstellen mit einem symbolischen Namen können Speicherstellen mit einem anderen symbolischen Namen verändern. In diesem Beispiel wurde diese Veränderung durch eine "zu lange" Zeichenkette bedingt. Wünschenswert wäre, wie bei einer höheren Programmiersprache, Speicherschutz vor unerwünschtem Überschreiben (MVC sollte in diesem Beispiel Operanden mit der maximalen Länge von 10 Zeichen akzeptieren). Aus der Sicht des Programmierers wäre es allerdings noch besser, wenn die Angabe der Länge der einzelnen Speicherbereiche nicht notwendig wäre und der Compiler die Speicherbereiche dynamisch selbst verwalten würde.

Musterlösung zu Übungsaufgabe Nr. I-166:

Von den genannten Speichermedien sind direkt adressierbar: optische Speicherkarten; Halbleiterplatten; Disketten; Magnetplatten; Chipkarten; EPROM-Chips; RAM-Chips; CD-ROMs; Flash-Speicherkarten.

Musterlösung zu Übungsaufgabe Nr. I-167:

Merkmale der sequentiellen Dateiorganisation:
- Fortlaufende Abspeicherung der Datensätze.
- Starr fortlaufende Verarbeitung in gespeicherter Form – sequentielles (= sukzessives) Suchen.
- Satz für Satz wird gelesen, auch wenn ein Satz nicht verarbeitet wird.
- Zugänge werden hinter dem letzten Datensatz gespeichert.
- Bei Veränderung des Satzinhalts kann auf den ursprünglichen Speicherplatz zurückgeschrieben werden.
- Gute Kapazitätsausnutzung.
- Typisch für die Stapelverarbeitung.

Musterlösung zu Übungsaufgabe Nr. I-168:

Die Aussage a) ist richtig: Sekundärschlüssel greifen auf andere Felder bzw. Attribute zu, die eine abweichende Sortierung erlauben. Auch die Aussage b) ist richtig: Über den Sekundärschlüssel werden der Primärschlüssel und die anderen Elemente des Datensatzes gefunden. Die Aussage c) ist falsch: Ein logischer Zusammenhang zwischen Primär- und Sekundärschlüssel ist nicht notwendig, beide müssen nur im selben Datensatz vorkommen. Auch die Aussage d) ist falsch: Die Verwendung des Hash-Verfahrens ist für Sekundärschlüssel normalerweise nicht sinnvoll, vor allem wegen der Mehrfachvorkommen, die zwangsläufig zu Kollisionen führen. Die Aussage e) ist ebenfalls falsch: Die Abspeicherung erfolgt immer über den Primärschlüssel, die Sekundärschlüssel werden nur in den Zugriffspfad aufgenommen. Gesucht wird entweder über den Primär- oder über einen der Sekundärschlüssel.

Musterlösung zu Übungsaufgabe Nr. I-169:

In der Indexdatei sind 16 Eintragungen pro Sektor gespeichert:
        512 Bytes : 32 Bytes = 16

Das bedeutet, daß 100 Sektoren mit der Indexdatei belegt sind:
        1 600 Datensätze : 16 Eintragungen pro Sektor = 100 Sektoren

Im Durchschnitt muß die Hälfte dieser Sektoren gelesen werden:
        50 Sektoren * 0,3 Sekunden = 15 Sekunden

Der gesamte Zugriffsvorgang wird durch das Einlesen des gesuchten Datensatzes abgeschlossen (+ 0,3 Sekunden). Die durchschnittliche Dauer des

Zugriffs auf einen Datensatz der Hauptdatei (bei unsortierter Indexdatei) dauert somit 15,3 Sekunden.

Musterlösung zu Übungsaufgabe Nr. I-170:

Eine Indexeintragung setzt sich aus dem Schlüssel (28 Zeichen) und der Adreßeintragung (4 Zeichen) zusammen und ist 32 Zeichen lang.

a) Ein Sektor kann 16 Indexeintragungen (512 Bytes : 32 Bytes) beinhalten. Im schlechtesten Fall müssen alle 5 000 Eintragungen gelesen werden, das entspricht

$$5\ 000 : 16 \approx 313 \text{ Zugriffen.}$$

Die Zugriffszeit beträgt 313 * 0,3 + 0,3 = 94,2 Sekunden.

b) Bei jedem Zugriffsvorgang muß der Sektor gelesen werden. Zum Suchen werden $_2$log 5 000 = 13 Zugriffe benötigt. Die längste mögliche Zugriffszeit beträgt

$$13 * 0,3 + 0,3 = 4,2 \text{ Sekunden.}$$

Machen Sie sich keine Gedanken, wenn Sie sich verrechnet haben sollten! Wichtig ist nur, daß Sie die Aufgabenlösung im Prinzip verstanden haben.

Musterlösung zu Übungsaufgabe Nr. I-171:

a) Sequentielles Suchen, m-Wege-Suchen.
b) Sequentielles Suchen, binäres Suchen, m-Wege-Suchen.
c) m-Wege-Suchen.

Musterlösung zu Übungsaufgabe Nr. I-172:

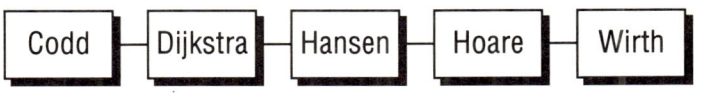

Musterlösung zu Übungsaufgabe Nr. I-173:

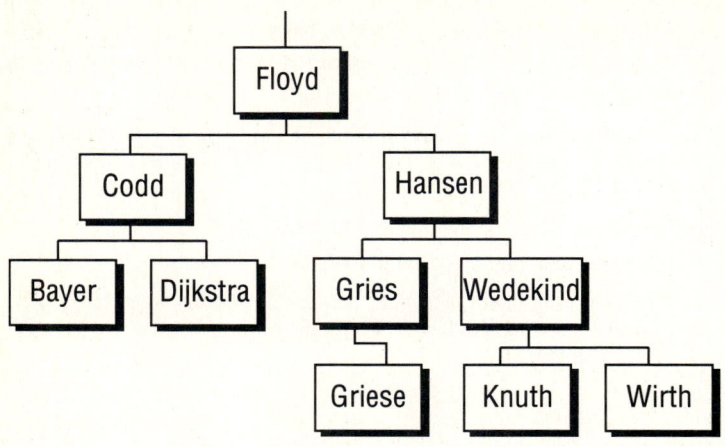

Musterlösung zu Übungsaufgabe Nr. I-174:

	Index physisch sortiert	Ketten	Bäume
Komplexität der Datenstruktur (gering/mittel/hoch)	gering	mittel	hoch
Suchzeit nach gegebenen Schlüsseln (gering/mittel/hoch)	gering	hoch	mittel
Notwendigkeit von Reorganisationen nach dem Hinzufügen neuer Datensätze (ja/nein)	ja	nein	nein
Möglichkeit der Sortierung desselben Datenbestandes nach mehreren Kriterien (ja/nein)	nein	ja	ja

Musterlösung zu Übungsaufgabe Nr. I-175:

Bei der gestreuten Speicherung treten Doppelbelegungen auf weil in der Regel die Anzahl der möglichen Schlüssel um ein Vielfaches größer ist als die Anzahl der zur Verfügung stehenden Speicherplätze und aus diesem Grund eine eineindeutige (= umkehrbar eindeutige) Abbildungsfunktion ausscheidet.

Möglichkeiten der Behandlung von Kollisionen sind zum Beispiel die direkte Verkettung, die offene Adressierung mit linearem oder die offene Adressierung mit quadratischem Sondieren.

Musterlösung zu Übungsaufgabe Nr. I-176:

Merkmale der gestreuten Dateiorganisation:

a) Die Adresse eines Datensatzes im direkt adressierbaren Speicher wird mittels der Hash-Funktion i.d.R. aus dem Primärschlüssel des Satzes errechnet.

b) Jeder Schlüssel ergibt eine Adresse. Jeder Satz hat damit seinen genau definierten, nur ihm allein zugeordneten Speicherplatz.

c) Zwischen dem Schlüssel und der Satzadresse gibt es eine eindeutige Beziehung.

d) Lücken in den Ordnungsbegriffen (Schlüsseln) führen zu Lücken in der Speicherbelegung. Je geschlossener ein Nummernkreis ist, umso höher wird die Belegungsdichte.

e) Ein "teilqualifizierter" Zugriff über ein Schlüsselfragment ist nicht möglich.

f) Die Zugriffszeit auf den einzelnen Satz ist sehr kurz. Die Datensätze können jedoch nur nach einem zeitaufwendigen Sortiervorgang sortiert ausgegeben werden.

Musterlösung zu Übungsaufgabe Nr. I-177:

Unter "Redundanz" versteht man das mehrmalige Vorhandensein derselben Information in einem Datenbestand, egal ob die mehrfach gespeicherten Werte identisch oder unterschiedlich, richtig oder falsch sind. Dementsprechend liegt in den Fällen a), d) und e) Redundanz vor. Wo bzw. auf welchen Einheiten ein Datenbestand gespeichert ist und wie dieser verwaltet wird, läßt keinen Schluß zu, ob Redundanz vorliegt. Allerdings ist das Risiko unbeabsichtigter Redundanz bei einer einheitlichen Datenverwaltung mittels eines Datenbankverwaltungssystems wesentlich geringer als bei einer konventionellen Dateiorganisation (sowohl bei zentralisierten als auch bei verteilten Datenbeständen).

Musterlösung zu Übungsaufgabe Nr. I-178:

a)

Objekttypen	Attribute	Art des Attributs
Angestellter	Personalnummer Name Adresse	identifizierend beschreibend beschreibend
Filiale	Filialnummer Ort	identifizierend beschreibend
Artikel	Artikelnummer Bezeichnung Preis	identifizierend beschreibend beschreibend
Lieferant	Lieferantennummer Name Adresse	identifizierend beschreibend beschreibend

Durch die Personalnummer wird jeder Angestellte eindeutig identifiziert. Der Name und die Adresse sind nicht identifizierend, weil es ja durchaus möglich ist, daß mehrere Angestellte den gleichen Namen bzw. die gleiche Adresse haben. Dieselbe Begründung gilt inhaltlich auch für die Objekttypen Filiale, Artikel und Lieferant.

b)

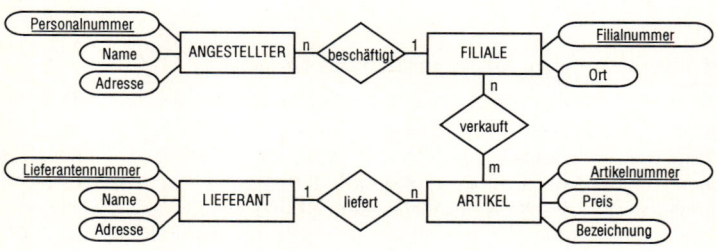

Musterlösung zu Übungsaufgabe Nr. I-179:

Für jeden Objekttyp und für jede n:m-Beziehung ist eine Tabelle zu erstellen. Der Tabellenname stimmt dabei mit den Namen der Objekttypen und mit den Namen der Beziehungen aus dem ER-Diagramm überein. Somit können fünf Tabellen aus dem ER-Diagramm abgeleitet werden:

- Aus dem Objekttyp *"Angestellter"* wird die Tabelle ANGESTELLTER generiert.
- Aus dem Objekttyp *"Filiale"* wird die Tabelle FILIALE generiert
- Aus dem Objekttyp *"Artikel"* wird die Tabelle ARTIKEL generiert.
- Aus dem Objekttyp *"Lieferant"* wird die Tabelle LIEFERANT generiert.
- Aus der Beziehung *"verkauft"* wird die Tabelle VERKAUFT generiert.

Musterlösung zu Übungsaufgabe Nr. I-180:

Alle Attribute der Objekttypen sind als Tabellenspalten in das konzeptionelle Schema für die relationale Datenbank einzufügen. Die identifizierenden Attribute sind dabei als Primärschlüssel für die Tabellen zu kennzeichnen.

Für die 1:n-Beziehung *liefert* wird der Primärschlüssel des Objekttyps auf der durch 1 gekennzeichneten Seite (in unserem Fall handelt es sich um den Primärschlüssel "Lieferantennummer") als Attribut in die Tabelle ARTIKEL aufgenommen.

Für die 1:n-Beziehung *beschäftigt* wird der Primärschlüssel des Objekttyps auf der durch 1 gekennzeichneten Seite (in unserem Fall handelt es sich um den Primärschlüssel "Filialnummer") als Attribut in die Tabelle ANGESTELLTER aufgenommen.

Somit ergibt sich folgende Tabellenstruktur für die aus den Objekttypen des ER-Diagramms abgeleiteten Tabellen:

ANGESTELLTER	Personalnummer	Name	Adresse	Filialnummer

FILIALE	Filialnummer	Ort

ARTIKEL	Artikelnummer	Bezeichnung	Preis	Lieferantennummer

LIEFERANT	Lieferantennummer	Name	Adresse

Die identifizierenden Attribute der an der m:n-Beziehung *verkauft* beteiligten Objekttypen sind als Tabellenspalten in die Tabellenstruktur einzufügen und als Schlüssel zu kennzeichnen. Somit ergibt sich folgende Tabellenstruktur für die aus der m:n-Beziehung *verkauft* des ER-Diagramms abgeleitete Tabelle:

VERKAUFT	Artikelnummer	Filialnummer

Musterlösung zu Übungsaufgabe Nr. I-181:

ARTIKEL	Artikelnummer	Bezeichnung
	4	Omo flüssig
	20	Schwupps alkoholfrei

LIEFERT	Artikelnummer	Lieferantennummer
	4	3
	20	10

LIEFERANT	Lieferantennummer	Name	Adresse
	3	Maier AG	A-1200 Wien
	10	Nah&Frisch GmbH	A-1010 Wien

Als Tupel werden alle Wertekombinationen bezeichnet, die Sie in die Tabellen eingetragen haben.

Ein Beispiel für ein Tupel in der Tabelle ARTIKEL ist die Tabellenzeile *<4 Omo flüssig>*. Die Attribute sind die Bezeichnungen der verschiedenen

Spalten, in die diese Werte eingetragen werden (z.B.: *Artikelnummer, Bezeichnung*).

Musterlösung zu Übungsaufgabe Nr. I-182:

Benutzergruppen / Bildschirminhalte	Beschaffung	Lagerhaltung	Absatz	Finanz- und Rechnungswesen
Stammdateneingabe für Lieferanten	✕			
mengenmäßige Lagerbestandsführung		✕		
ABC-Analyse der Lagerartikel		✕		
Anzeige des Deckungsbeitrages für eine bestimmte Produktgruppe pro Quartal			✕	✕
Erfassung eines neuen Kundenauftrages			✕	
Anzeige aller an einem bestimmten Tag bestellten Artikel	✕			
Anzeige aller variablen Kosten für eine Kostenstelle in einem bestimmten Zeitraum				✕
Anzeige der im letzten Quartal verkauften Artikel, gegliedert nach Produktgruppen			✕	

Musterlösung zu Übungsaufgabe Nr. I-183:

Folgende Veränderungen betreffen ausschließlich das interne Schema eines Datenbanksystems: c), d) und g).

Musterlösung zu Übungsaufgabe Nr. I-184:

Die Tabelle ARTIKEL wird in SQL mit folgendem Befehl angelegt:

```
CREATE TABLE ARTIKEL
(Artikelnummer          INTEGER NOT NULL UNIQUE,
Artikelbezeichnung      CHAR (50) NOT NULL,
Preis                   DECIMAL (8,2),
Menge                   NUMBER (10));
```

Die Abfrage wird mit folgendem SQL-Befehl durchgeführt:

```
SELECT          Artikelbezeichnung, Preis
FROM            ARTIKEL
WHERE           Preis > 1000;
```

Musterlösung zu Übungsaufgabe Nr. I-185:

Folgende Ereignisse und Vorgänge führen zu einem Transaktionsabbruch:
b), c), d), e) und f).

Musterlösung zu Übungsaufgabe Nr. I-186:

Eine Verklemmung, d.h. der Fall, bei dem alle Philosophen verhungern, tritt dann ein, wenn keiner der Philosophen gerade ißt und alle Philosophen gleichzeitig Hunger verspüren. Jeder Philosoph nimmt die links von ihm liegende Gabel in die Hand. Keiner von ihnen kann jedoch eine Gabel nehmen, die rechts von ihm liegt. Alle warten auf eine freie Gabel, bis ...

Musterlösung zu Übungsaufgabe Nr. I-187:

Es gibt unzählige Fälle, wo ein unzureichender Datenschutz für den einzelnen höchst unangenehme Folgen haben kann. Nur ein Beispiel: Ein Dieb Ihrer Eurocheque-Karte erfährt Ihre "Persönliche Identifikations-Nummer" (PIN) und plündert Ihr Bankkonto per Geldausgabeautomat mit Hilfe von relativ leicht herzustellenden Kartenduplikaten.

Musterlösung zu Übungsaufgabe Nr. I-188:

Die Aussagen a) und b) sind richtig. Die Information, welche Datenelemente (z.B.: Name, Adresse, Telefonnummer, ...) die Erzdiözese von Ihnen gespeichert hat, erhalten Sie in Österreich vom zentralen Datenverarbeitungsregister (durch die DVR-Nummer, die bei jeder Mitteilung an den Betroffenen bekanntzugeben ist). Die aktuellen Werte und die Information darüber, woher diese Werte stammen, muß Ihnen die Erzdiözese Wien mitteilen. Die Aussage c) ist falsch. Sie haben das Auskunftsrecht über alle Ihre Daten, welche die Erzdiözese gespeichert hat. Die Aussage d) ist ebenso falsch. Sie haben nur das Recht auf die Löschung rechtswidrig gespeicherter Daten. Die Erzdiözese Wien darf auch Angaben über Nichtkatholiken rechnergestützt verarbeiten (z.B. mit der Begründung, daß dadurch ein derartiger Fehler nicht nocheinmal passieren kann).

Die Aussage e) ist richtig. Die Aussagen f) und h) sind falsch. Eine so weitreichende Parteistellung ist im Datenschutzgesetz nicht vorgesehen. Auch die Aussage g) ist falsch. Der Briefträger ist nur Übermittler und kennt den Inhalt des Schreibens nicht. Sollte ihm der Inhalt trotzdem bekannt werden, unterliegt er den strengeren Bestimmungen der Amtsverschwiegenheit.

Musterlösung zu Übungsaufgabe Nr. I-189:

ITS ALL GREEK TO ME   entspricht der Ziffernfolge

09201900011212000718050511002015000130500   bei A=01, ..., Z=26 und " "=00.

Zu Vierergruppen geblockt, entstehen die folgenden Zahlen:

0920 1900 0112 1200 0718 0505 1100 2015 0013 0500

Die Codierung (p = 47, q = 59, n = p x q = 2773, d = 157 und e = 17) ergibt folgendes Ergebnis:

0948 2342 1084 1444 2663 2390 0778 0774 0219 1655

Musterlösung zu Übungsaufgabe Nr. I-190:

Täglich werden im DATEV-Rechenzentrum 40 Tonnen Papier bedruckt; übereinander gestapelt, würde der Papierhaufen ungefähr einen Stapel in der Höhe des Sears Towers in Chicago (443 Meter ohne Fernsehantenne) ergeben. Dazu kommt noch die umfangreiche Ausgabe von Daten auf Mikrofilm (COM). Lesen Sie hierzu nochmals auf Seite 300 des Textbuchs nach!

Musterlösung zu Übungsaufgabe Nr. I-191:

Nehmen Sie an, Sie werden bei einer Fahrt mit Ihrem PKW von einem aus einer Einfahrt kommenden LKW gestreift. Es gibt keinen Personenschaden, Ihr Fahrzeug ist etwas eingedellt, aber fahrbereit; das Verschulden liegt eindeutig beim Unfallgegner. Nach dem Austausch der Personalien, der Versicherungsnamen und der Policennummern suchen Sie die nächstgelegene KFZ-Schadensbegutachtungsstelle auf.

Der dort anwesende Sachbearbeiter erfaßt die relevanten Daten (Ihre eigenen Personalien, Ort und Zeit des Unfalls, Kennzeichen der beteiligten Fahrzeuge und Policennummern) mittels einer Datensichtstation, die durch einen Fernmeldeweg mit dem Rechenzentrum der Versicherung verbunden ist. Er prüft sofort die Policennummer und die übrigen Angaben des

Versicherungsnehmers auf Richtigkeit, vergibt eine Schadensnummer und registriert die übrigen Daten (inkl. Höhe der geschätzten Reparaturkosten). Mit der Aufforderung, nach etwa sieben Werktagen in einer Geschäftsstelle der Versicherung unter Angabe der Schadensnummer nachzufragen, ist die Angelegenheit für Sie heute beendet.

Noch am selben Tag wird der schuldige Versicherungsnehmer mit einem Standardbrief zu einer Stellungnahme aufgefordert, der durch ein im Rechenzentrum installiertes Textverarbeitungsprogramm automatisch erstellt wird.

Nach 1 1/2 Wochen tippt eine freundliche Angestellte in der Ihrer Wohnung nächstgelegenen Filiale die Schadensnummer in ihre Datensichtstation ein und teilt Ihnen – wiederum durch ein "Computerschreiben" - mit, daß die Meldung Ihres Unfallgegners eingetroffen ist und die Haftung gegeben ist. Mit dieser Nachricht bringen Sie Ihr Fahrzeug in eine Reparaturwerkstatt und können es zwei Wochen nach dem Unfall repariert, frisch lackiert und gewaschen wieder in Empfang nehmen. Wo liegen nun die Vorteile des Einsatzes von Datenfernverarbeitung in diesem Fall?

– Für Sie persönlich ist damit sicherlich eine bedeutende Zeitersparnis verbunden. Bereits wenige Stunden nach dem Unfall ist ein Brief an den Unfallgegner unterwegs. Eine Verzögerung kommt eigentlich nur durch den Postweg und die Bearbeitungsdauer beim Versicherungsnehmer zustande.

– Für das Versicherungsunternehmen ergeben sich bedeutende Rationalisierungseffekte durch die Verringerung und Automatisierung des internen Belegflusses. Abgesehen von einer eventuellen Datensicherung (Archivierung) auf Papier, existieren Papierbelege nur mehr an den Schnittstellen zur Außenwelt (d.h.: Protokoll des Sachbearbeiters in der Schadensbegutachtungsstelle, Briefverkehr mit dem Versicherungsnehmer und der Reparaturwerkstätte). Der gesamte interne Postverkehr zwischen den räumlich oft weit voneinander entfernten Abteilungen (z.B. von der Schadensbegutachtungsstelle an den für den Versicherungsnehmer zuständigen Sachbearbeiter, Anweisungen an die Finanzabteilung usw.) kann mitsamt den damit verbundenen Kosten (Papier, Schreibkräfte, Kuvertieren, Hauspost usw.) entfallen.

Weitere Beispiele, bei denen die Vorteile der Datenübertragung offensichtlich sind, sind etwa die mittels Terminal unterstützte
– Buchung einer Urlaubsreise im Reisebüro,
– Bargeldabhebung oder Überweisung am Bankschalter oder
– Bestandsabfrage in der Lagerhaltung.

Musterlösung zu Übungsaufgabe Nr. I-192:

Um die Risiken einer Verfälschung oder eines Verlusts von Daten zu vermindern, bieten der Datenträgertransport sowie die Datenübertragung über Fernmeldewege Möglichkeiten unterschiedlicher Wirksamkeit. Das ist Ihnen längst von der traditionellen Briefpost bekannt; eine zunehmende Transportsicherheit (sollten) gewährleisten: einfacher Brief, Einschreibbrief, Wertbrief usw. Ebenso ist die Fehlerwahrscheinlichkeit bei den von der Telekom für die elektronische Datenübertragung angebotenen Fernmeldediensten verschieden (hierzu veröffentlicht und garantiert die Telekom i.a. statistische Durchschnittswerte). Schließlich ist die Abhörsicherheit der auch auf privatem Gelände genutzten elektronischen Medien recht unterschiedlich: Zum Beispiel können bei den in der Telefonie verwendeten verdrillten Kupferkabeln Verbindungen ohne physikalische Leitungseingriffe von außen "abgehört" werden. Noch leichter ist dies bei Funknetzen. Hingegen ist bei Koaxialkabeln eine gute Abschirmung gegeben. Das auch bei Koaxialkabeln mögliche "Anzapfen" ist bei Glasfaserkabeln fast ausgeschlossen. Zu diesen und anderen Übertragungsmedien werden Sie im Abschnitt 3.3.1.6 des Textbuches noch Näheres erfahren.

Musterlösung zu Übungsaufgabe Nr. I-193:

a) Richtig. Beispiel: Fernsehgerät eines Benutzerteilnehmers am Bildschirmtextdienst (vgl. Abschnitt 4.1.3.4).

b) Richtig. Der erste Modem übernimmt die Umwandlung der digitalen Signale des Mikrorechners in analoge Signale der Telefonleitung, der zweite Modem wandelt die analogen Signale der Telefonleitung in digitale Signale für den Großrechner um (und umgekehrt).

c) Richtig. Allerdings erst seit 1986! Früher mußten Modems für den Anschluß von Datenendeinrichtungen an das öffentliche Telefonnetz in der Bundesrepublik Deutschland grundsätzlich von der Deutschen Bundespost bezogen werden. Erst Mitte 1986 wurde vom Kabinett in Abstimmung mit der EG eine diesbezügliche Liberalisierung beschlossen. Alle Modems müssen vom Zentralamt für Zulassungen im Fernmeldewesen (ZZF) zugelassen sein, um die volle CCITT-Kompatibilität zu garantieren.

Musterlösung zu Übungsaufgabe Nr. I-194:

Fall 1: Datenerfassung auf Kassetten oder Disketten und Postversand
Es liegt weder Off-line- noch On-line-Datenfernverarbeitung vor, da keine Verbindung zwischen dem Datenerfassungsplatz und der EDVA im DATEV-Rechenzentrum über Fernmeldewege existiert. Die Daten werden von den mit der Paketpost beförderten Sekundärdatenträgern lokal im Rechenzentrum eingelesen (Datenträgertransport).

Fall 2: Datenerfassung auf Magnetbandkassetten oder Disketten, Datenabruf und Rückübertragung per DFÜ oder Rücksenden per Post

Beim Hinweg handelt es sich um typische Off-line-Datenfernverarbeitung. Das Rechenzentrum der DATEV stellt nur zum Zweck der Übertragung zuvor off-line erfaßter Daten mit dem Datenerfassungsterminal eine Verbindung her. Während der Erfassung und Verarbeitung der Daten besteht keine Verbindung. Rückweg: Wahlweise Off-line-Datenfernverarbeitung oder Datenträgertransport.

<u>Fall 3:</u> Datenfernverarbeitung im PC-Dialog
Hier liegt typische On-line-Datenfernverarbeitung vor. Der PC ist während der Verarbeitung ständig über einen Fernmeldeweg mit der EDVA im DATEV-Rechenzentrum verbunden.

<u>Fall 4:</u> Mikrorechner-Großrechner-Verbundsystem
Beim Herunterladen von Programmen und Datenbeständen auf Mikrorechner in der Steuerberatungskanzlei und beim Zurückspielen von Ergebnissen an die Großrechner in Nürnberg liegt On-line-Datenfernverarbeitung vor. Ebenso ist diese Form bei der Nutzung von Dialogprogrammen gegeben, die im Nürnberger Rechenzentrum implementiert sind (entspricht Fall 3). Wenn ein Mikrorechner autonom, d.h. im "Stand-alone-Betrieb", mit heruntergeladener Software arbeitet und/oder Ergebnisse in das DATEV-Rechenzentrum übertragen werden, liegt Off-line-Datenfernverarbeitung vor. Wird der Mikrorechner mit in der Steuerberatungskanzlei verfügbaren Programmen und Datenbeständen betrieben und gibt es im Zusammenhang mit solchen Anwendungen keine Kommunikation mit Nürnberg, so handelt es sich um eine lokale Verarbeitung (keine Datenfernverarbeitung!).

Musterlösung zu Übungsaufgabe Nr. I-195:

In dem im Abschnitt 1.1.3 dargestellten Lebensmittelfilialbetrieb wird die Verkaufsabrechnung mit acht Datenkassen durchgeführt, die mit dem in der Zentrale stehenden Rechner verbunden sind. Diese Verbindung ist in Punkt-zu-Punkt- oder in Mehrpunktform möglich. In der Folge sind die Vor- und Nachteile dieser Konfiguration dargestellt.

<u>Mehrpunktverbindungen:</u>
Vorteile:
– Bessere Kapazitätsausnutzung eines Übertragungsweges durch Verbindung mehrerer langsamer Peripheriegeräte mit einem schnellen Rechner;
– Aufteilung der meist mit der Entfernung zunehmend ins Gewicht fallenden Übertragungskosten.

Nachteile:
– Auftreten von Kollisionen;
– Wartezeiten;

- Ausfall der Leitstation kann alle anderen zugeordneten Datenstationen lahmlegen.

Punkt-zu-Punkt-Verbindungen:

Vorteile:
- Keine Kapazitätsprobleme bei großen Datenmengen;
- keine Kollisionsbehandlung;
- Stabilität des Gesamtsystems.

Nachteile:
- Mehrfache Verbindungskosten;
- geringe Auslastung der Übertragungswege;
- Leerzeiten.

Aufgrund der anfallenden Datenmengen und Transaktionen ist eine Mehrpunktverbindung zu empfehlen, wobei eine Datenkasse als Leitstation dient und eine zweite Kasse als Ausfallsicherung diese Funktion ebenfalls erfüllen können sollte.

Musterlösung zu Übungsaufgabe Nr. I-196:

Bei der Datenübertragung über große Entfernungen wird die Auslastung des Übertragungsweges zu einer wesentlichen Kosteneinflußgröße. Beim Asynchronverfahren wird jedes Zeichen durch mindestens ein Start- und ein Stoppbit begrenzt (beim leitungsvermittelten Datexdienst mit 300 bit/s wird jedes Zeichen in 11 Schritten übertragen: 1 Startbit, 8 Datenbits und 2 Stoppbits, was eine Nettoauslastung von etwa 73 % ergibt).
Bei synchroner Übertragung liefert die Datenübertragungseinrichtung einen Übertragungstakt zur Synchronisation der beiden Datenendgeräte. Es können Blöcke von im Prinzip beliebiger Länge übertragen werden, ohne daß zwischen jedem Zeichen Start- und Stoppbits einfügt werden müssen.

Musterlösung zu Übungsaufgabe Nr. I-197:

a) Falsch. Es ist sowohl asynchrone als auch synchrone Übertragung möglich.
b) Richtig.
c) Richtig. Die Übertragungsgeschwindigkeit in leitungsvermittelten Netzen entspricht der reinen Signallaufzeit (Verzögerung des elektromagnetischen Signals: 6 ms/1000 km). In paketvermittelten Netzen kommt es durch die Konvertierung der Daten, Speicherung in Knotenrechnern und kollidierende Leitungsbelegungen zu zusätzlichen Verzögerungen.
d) Richtig. Die Vielfachnutzung von Teilnehmerleitungen geschieht durch die Aufteilung von physikalischen Kanälen in logische Kanäle. Damit können anwenderseitig Hauptanschlüsse bzw. Rechnereingänge eingespart werden.

Musterlösung zu Übungsaufgabe Nr. I-198:

Für den zentral kontrollierten Verbundbetrieb spricht aus der Sicht der Endbenutzer in den Studienzentren:
- Entlastung von Informationssystem-Betriebs- und -Entwicklungsfunktionen (zentrale Unterstützung),
- Zugang zu Großrechnern,
- Verfügbarkeit leistungsfähiger, fortschrittlicher Software und damit besserer Dienstleistungen,
- Möglichkeit, auch sehr große Programme zum Ablauf zu bringen und sehr große Datenbestände zu verarbeiten,
- Kommunikationsverbund mit der Zentrale und anderen Studienzentren,
- hoher Spezialisierungsgrad der Mitarbeiter im zentralen Universitätsrechenzentrum,
- geringe (weil geteilte) Softwarekosten.

Für den zentral kontrollierten Verbundbetrieb spricht aus der Sicht der Universitätszentrale:
- Leichtere Durchsetzung und Konsolidierung universitätsweiter Planungen und Verwaltungsaufgaben,
- einfachere Koordination der Informationsflüsse,
- Förderung der Integration von Studienzentren, Instituten und sonstigen Universitätseinrichtungen,
- Sicherung der universitätsweiten Kompatibilität von Programmen,
- Vermeidung der Doppel- bzw. Vielfachentwicklung von Software,
- gemeinsame Nutzung teurer Softwarepakete (nur Kaufpreis bzw. Lizenzgebühren für Einfachnutzung),
- eventuell geringere EDV-Gesamtkosten durch Kostendegression von Großgeräten und bessere Kapazitätsausnutzung,
- universitätsweite Berücksichtigung organisatorischer und sozialer Folgewirkungen.

Gegen den zentral kontrollierten Verbundbetrieb aus der Sicht der Endbenutzer in den Studienzentren sowie der Universitätszentrale spricht, daß mit Kleinrechnern "vor Ort"
- einfachere, überschaubare, erweiterungsfähige EDV-Anwendungssysteme realisierbar sind (nur lokale Anforderungen müssen berücksichtigt werden),
- die Programme, Datenstrukturen und Dienstleistungen besser auf die jeweiligen, wechselnden Bedingungen zugeschnitten werden können,
- die örtlichen Bedürfnisse individueller, rascher und auf informelle Weise befriedigt werden können,
- die Entwicklung, der Betrieb und die Wartung unter Benutzerkontrolle erfolgen (Kosten- und Leistungsverantwortlichkeit, Identifikation mit lokalen Problemen, Motivation usw.).

Beim Verbundbetrieb können
- die Übertragungskosten beträchtlich sein,
- die Antwortzeiten bei einer starken Belastung des zentralen EDV-Systems unzumutbar werden,
- die Datenschutz- und -sicherheitsanforderungen gefährdet erscheinen,
- die dezentralen Terminals bei Netzausfällen lahmgelegt werden.

Musterlösung zu Übungsaufgabe Nr. I-199:

Die Definition einer Kommunikationsarchitektur in Form eines Schichtenmodells soll in erster Linie zur Verringerung der Komplexität dieser Materie dienen. Es sollen überschaubare Einheiten geschaffen werden, die möglichst allgemein miteinander verknüpft und gegenseitig ausgetauscht werden können und zugleich eine effiziente Implementierung in EDVA zulassen.

Die Kommunikationsarchitektur eines Telefongesprächs mit Ihrem Zahnarzt läßt sich folgendermaßen darstellen: Anwendungsinstanzen sind Sie auf der einen Seite und Ihr Zahnarzt auf der anderen Seite. Sie wollen dem Zahnarzt mitteilen, daß Sie unter schrecklichen Zahnschmerzen leiden, und er Sie sofort behandeln muß.

Bestandteile Ihres Endsystems sind Sie selbst (bei tiefergehender Detaillierung könnte man zwischen Ihrem Gehirn, das den Wunsch der Beiziehung des Zahnarztes formuliert, Ihren Händen, die den Telefonhörer ergreifen und die Nummer wählen, Ihren Stimmbändern und Ihrem Kehlkopf, welche die Signale an den Zahnarzt artikulieren, Ihrem Gehör, das die Signale des Zahnarztes empfängt und vielem mehr unterscheiden) und Ihr an das öffentliche Telefonnetz angeschlossenes Telefon. Das Endsystem Zahnarzt besteht aus dem Zahnarzt und dessen Telefon.

Sie stellen eine Anwendungsschicht dar, die auf die Dienstleistung der Schicht Telefongerät zugreift, die wiederum selbst die Dienstleistungen der Schicht öffentliches Telefonnetz verwendet.

Zwischen diesen Schichten gibt es wiederum Schnittstellen, die in Konventionen oder expliziten Normen definiert sind. Jede Schicht muß neben den so definierten Verbindungen zu den darüber- bzw. darunterliegenden Schichten auch Konventionen mit der jeweiligen Schicht im anderen Endsystem einhalten. Sie müssen mit dem Zahnarzt eine gemeinsame Sprache und einen gemeinsamen Wortschatz vereinbart haben, Ihr Telefonapparat muß eine bestimmte Schallfrequenz derart in eine Spannungsschwankung umwandeln, daß diese vom Telefonapparat im anderen Endsystem, möglichst ähnlich, wiederum in Schallschwingungen umgewandelt wird, und das Telefonnetz muß bei der Übertragung der elektrischen Signale die CCITT-Normen einhalten.

Musterlösung zu Übungsaufgabe Nr. I-200:

Das ISO-Referenzmodell für offene Rechnernetze besteht aus genau zwei Endsystemen, die wiederum in Anwendungssystem und Transportsystem gegliedert sind. Zusätzlich zu den Transportsystemschichten in den Endsystemen können beliebig viele Transitsysteme zur Herstellung der Verbindung zwischengeschaltet werden. Transitsysteme bestehen im Gegensatz zu Transportsystemen in Endsystemen nur aus den ersten drei Schichten, d.h. aus der Bitübertragungsschicht, der Sicherungsschicht und der Vermittlungsschicht.

Musterlösung zu Übungsaufgabe Nr. I-201:

Die Protokolle des Transportsystems können unter folgenden Voraussetzungen durch andere Standards ersetzt werden:

1. Es werden die Anforderungen der jeweils darüberliegenden Schicht erfüllt.
2. Verwertbarkeit der Dienstleistungen der darunterliegenden Schicht.
3. Kommunikationsvereinbarungen mit den gleichen Schichten im benachbarten End- bzw. Transitsystem.

Die der Bitübertragungsschicht zuzurechnende Norm IEEE 802.4 legt die Materialspezifikationen des Kabels (Dielektrikum, Wellenwiderstand, Dämpfung, Trittfestigkeit) und der Verbindungsstücke fest.

Das Protokoll der Sicherungsschicht (IEEE 802.2) enthält Regelungen, wie auf das Übertragungsmedium Breitbandkoaxialkabel zugegriffen wird. Im einzelnen wird die Vermeidung von Zugriffsfehlern durch das Tokenverfahren (vgl. im Textbuch den Abschnitt 3.3.3.3) definiert und ein Verfahren zur Erkennung von Übertragungsfehlern festgelegt.

Das ISO Transport/Class 4-Protokoll dient zur transparenten Bereitstellung von gesicherten Verbindungen zwischen den Anwendungsinstanzen in den Endsystemen (z.B.: Benutzer des Produktionsplanungs- und -steuerungssystems, Arbeitsvorbereiter, Steuerung einer flexiblen Fertigungszelle usw.). Hier werden die Applikationsadressen in Netzadressen umgelegt.

Musterlösung zu Übungsaufgabe Nr. I-202:

Die Ziele des ISO-Referenzmodells für offene Rechnernetze bestehen in einer möglichst freizügigen Kommunikation zwischen Datenstationen unterschiedlicher Hersteller, der Förderung von zwischenbetrieblichen Integrationsbestrebungen sowie der Vermeidung von Abhängigkeiten zu bestimmten EDVA-Anbietern.

Diese Ziele sind weithin akzeptiert und begrüßt worden, die Umsetzung in konkrete Produkte läßt allerdings noch etwas auf sich warten. Am weitesten gediehen sind Normen der unteren drei Schichten (z.B.: X.25, IEEE-802). Zusammenpassende Normen zur Abdeckung aller sieben Schichten bis zur

Anwendungsebene gibt es nur in Teilbereichen, wie z.B. der MAP-Initiative von General Motors (siehe Übungsaufgabe I-201), dem X.400-Standard für die Elektronische Post oder dem Bürokommunikationsstandard TOP (Technical and Office Protocol), dessen Entwicklung auf den Flugzeughersteller BOEING zurückgeht. Es ist zu beobachten, daß derartige anwendungsorientierte Standardisierungsvorhaben immer EDV-Anwender mit großer Marktmacht erfordern. Die marktbeherrschenden EDV-Anbieter haben bisher Normungsbestrebungen eher zurückhaltend beurteilt und scheinen nur dann zu koordinierten Entwicklungen und den damit verbundenen Aufwendungen bereit zu sein, wenn Absichtserklärungen und Anforderungen von entsprechend starken EDV-Anwendern vorliegen.

Insgesamt läßt sich sagen, daß durch die steigende Verbreitung von UNIX-Rechnern und die freie Verfügbarkeit von Public Domain-TCP/IP-Implementationen für fast alle Rechnertypen diese Protokollfamilie gegenüber ISO-OSI-Netzwerken an Bedeutung gewonnen hat. (TCP/IP ist das 'Standardnetzprotokoll" im UNIX-Workstation-Bereich). So beruht z.B. der weltweit größte Rechnerverbund, das Internet mit über einer Million Rechnern (Anfang 1993), auf TCP/IP (vgl. dazu S. 644 im Textbuch). Zusätzlich behindern die in der Vergangenheit getätigten Investitionen in herstellerspezifische Produkte einen Umstieg auf andere Systeme.

Musterlösung zu Übungsaufgabe Nr. I-203:

Bernhardinerkapazität: $3 * 1,44 * 2^{20} * 8 = 36\ 238\ 787$ Bits.

Zeitdauer für die Übertragung der Bernhardinerkapazität mit
a) 300 bit/s-Verbindung: 36 238 787 : 300 =
    = 120 796 s ~ 34 h.
b) 2 400 bit/s-Verbindung: 36 238 787 : 2 400 =
    = 15 099 s ~ 4 h.
c) 64 000 bit/s-Verbindung: 36 238 787 : 64 000 =
    = 566 s ~ 9 min.

Bernhardinergeschwindigkeit:
    18 000 : 3 600 = 5 m/s.

Bernhardiner-Streckenäquivalente für Fernmeldewege:
a) 300 bit/s-Verbindung: 120 796 * 5 = 603 980 m
    ~ 604 km.
b) 2 400 bit/s-Verbindung: 15 099 * 5 = 75 497 m
    ~ 75 km.
c) 64 000 bit/s-Verbindung: 566 * 5 = 2830 m ~ 3 km.

Musterlösung zu Übungsaufgabe Nr. I-204:

Falsch ist nur die erste Aussage a). Die Bandbreite eines Mediums begrenzt die Übertragungskapazität "nach oben" – "nach unten" sind hingegen praktisch keine Grenzen gesetzt. Das heißt, solange ein Dienst den Transport einer geringeren Informationsmenge pro Zeiteinheit erfordert, als sie ein Medium aufgrund seiner Bandbreite bieten kann, kommt dieses grundsätzlich für diesen Dienst in Betracht. Ob es auch tatsächlich hierfür in der Praxis verwendet wird oder ob es technisch und wirtschaftlich günstigere Möglichkeiten gibt, bleibt dahingestellt.

Zum Beispiel war es für die Post bzw. die Telekom bislang sehr viel kostengünstiger, Teilnehmeranschlüsse des Telefondienstes mit verdrillten Kupferkabeln anstatt mit Koaxialkabeln zu realisieren. Obwohl selbstverständlich über letztere nicht nur analoges oder digitales Fernsprechen möglich ist, sondern darüber hinaus auch – was die tatsächlich verwendeten verdrillten Kupferkabel nicht erlauben – Fernsehprogramme und Videokonferenzen übertragen werden können. In Hausantennenanlagen bzw. beim Kabelfernsehen (= richtige Lösung b)) sowie in Rechnerverbundsystemen (= richtige Lösung e)) werden schon seit langem ganz überwiegend Koaxialkabel verwendet, weil diese bisher fast immer das kostengünstigste Medium für die Breitbandübertragung darstellten (und vielfach auch heute noch sind, trotz der "Konkurrenz" durch Glasfaserkabel und – im Fernbereich – der Satellitenkommunikation).

Musterlösung zu Übungsaufgabe Nr. I-205:

Bei weltweit 900 Mio. Sprechstellen sind maximal 450 Mio. Telefongespräche gleichzeitig möglich. Diese benötigen eine Übertragungskapazität von 450 000 000 x 64 000 bit/s, das sind 28 800 000 Mbit/s oder 28,8 Tbit/s. Bei den derzeit schon in der Praxis realisierten Übertragungsgeschwindigkeiten von 600 Mbit/s würde man theoretisch 48 000 Glasfaserkabel zur Übertragung benötigen. Bei der langfristig für möglich gehaltenen Übertragungsgeschwindigkeit von 10 Tbit/s würden theoretisch drei Glasfaserkabel genügen!

Musterlösung zu Übungsaufgabe Nr. I-206:

Vorteile der Satellitenkommunikation:
a) Hohe Übertragungskapazität: mehrere Gbit/s pro Fernmeldesatellit.
b) Keine Topologie- und Routing-Probleme; sofortige direkte Vernetzung von Stationen eines riesigen geographischen Bereichs.
c) Gleichmäßig hohe Kanalauslastung ohne Verklemmungs- und Überlastungsgefahr möglich.
d) Benutzerstationen können mobil sein und trotzdem in Reichweite aller anderen bleiben.
e) Eine Überbrückung großer Distanzen (z.B. zwischen Europa und Nordamerika) wird ermöglicht; die Kommunikationskosten sind unabhängig von der geographischen Distanz der Sende- und Zielstationen.
f) Neue Teilnehmer können jederzeit ins System eingegliedert werden,

ohne daß am prinzipiellen Design wesentliche Änderungen vorgenommen werden müssen.

g) Hohe Zuverlässigkeit: Bei Einsatz von geeigneten Fehlerkorrekturverfahren und ausreichender Sendestärke des Satelliten liegt die Bitfehlerrate im Bereich von 10^{-9} oder niedriger, im Vergleich mit einer entsprechenden Fehlerrate von 10^{-5} bei typischen terrestrischen Strecken.

h) Broadcast-Eigenschaft: Mit einer einzigen Nachricht können viele bzw. alle angeschlossenen Stationen gleichzeitig erreicht werden; dies ist sonst nur bei speziellen Topologien im Bereich der lokalen Netze möglich, nicht aber bei klassischen terrestrischen Fernnetzen.

i) Erleichterungen der technischen und juristischen Probleme beim Transport über mehrere nationale Netze hinweg: Wenn man Daten über Nationalitätsgrenzen (z.B. zwischen England und Italien) übertragen will, müssen bei Verwendung terrestrischer nationaler Systeme neben Dienstanpassungen der unterschiedlichen beteiligten Netze auch viele juristische Probleme gelöst werden; die Güte der Kommunikation wird durch das schwächste Glied der Kette festgelegt und ist für viele Anwendungen nicht ausreichend. Bei Satellitenübertragung entfallen alle diese Probleme (sobald die juristischen Probleme der Startphase einmal überwunden sind).

Nachteile der Satellitenkommunikation:

a) Extrem lange Laufzeit zwischen Sender und Ziel (ca. 0,26 s für fast 80 000 km Funkstrecke).

b) Hohe Kosten für Satelliten und Erdstationen.

c) Frequenzknappheit.

d) Stabilitätsprobleme bei bestimmten Zugangsverfahren.

e) Verwundbarkeit, niedriger Zusammenhangsgrad:
Die Netztopologie ist sternförmig (sofern man den Satelliten als eigenen Knoten betrachtet), bei Ausfall des Satelliten ist keine Kommunikation mehr möglich. Außerdem kann der Nachrichtenaustausch durch absichtliche oder unabsichtliche Störungen (dauerndes Senden auf der Uplink-Frequenz) behindert oder unmöglich gemacht werden

f) Zuverlässigkeit der Übertragung ist abhängig von der Sendeleistung des Satelliten und von meteorologischen Einflüssen.

g) Unsicherheit über Gebührenentwicklung.

Musterlösung zu Übungsaufgabe Nr. I-207:

Die Funktionsweise eines Repeaters läßt sich mit der eines Verstärkers vergleichen – eingehende Signale werden verstärkt und über die anderen Ausgänge wiedergegeben. Repeater arbeiten ausschließlich auf der Bitübertragungsschicht, d.h. es erfolgt keinerlei weitere Ver- oder Bearbeitung wie z.B. eine Protokollumsetzung. Repeater dienen also im wesentlichen dazu, Verluste, die bei der Übertragung entstehen, auszugleichen.

Eine Bridge wird hingegen zur Verbindung zweier Netze mit unterschiedlichen Übertragungsmedien eingesetzt, zum Beispiel Ethernet auf Koaxialkabel mit Ethernet über verdrillte Kupferkabel (vgl. dazu S. 659 ff. im Textbuch). Bridges operieren auf der Sicherungsschicht und verwenden dazu eindeutige Adressen, die in der Regel durch die Hardware vorbestimmt sind. (Ethernet-Adressen sind z.B. eine weltweit eindeutige Kombination aus der Kennzeichnung des Herstellers und einer pro Hersteller laufenden Nummer. Diese Adresse ist auf einem sogenannten EPROM untergebracht und sollte nicht verändert werden.)

Router arbeiten im Unterschied zu Bridges auf der Vermittlungsschicht. Sie sind in der Lage, die in den einzelnen Datenpaketen enthaltene Adreßinformation auszuwerten, um diese zielgerichtet zum Empfänger weiterzuleiten, sowie Information zur Wegesteuerung mit anderen Routern auszutauschen. Voraussetzung für die Auswertung der Adreßinformation ist die Kenntnis des jeweiligen Protokolls. In der Praxis ist es durchaus möglich (und auch üblich), daß auf ein und demselben lokalen Netz mehrere unterschiedliche Protokolle verwendet werden. Es ist Aufgabe des Routers, den jeweiligen Pakettyp zu erkennen und entsprechend auszuwerten.

Angesichts der vergleichsweise komplexen Anforderungen – vor allem auch hinsichtlich der erforderlichen Bearbeitungsgeschwindigkeit – sollte es nicht weiter verwundern, daß Router zu den teuersten Netzwerkkomponenten zählen.

Musterlösung zu Übungsaufgabe Nr. I-208:

Grundsätzlich lassen sich alle Netzwerktopologien mit sämtlichen gekennzeichneten Übertragungsmedien realisieren. Bei Fernnetzen kommen diese auch tatsächlich alle zum Einsatz. Welches Medium im Einzelfall verwendet wird, hängt in erster Linie von der erforderlichen Übertragungskapazität ab. Zum Beispiel werden in den Fällen, bei denen viele Datenstationen große Informationsmengen über einen einzigen, gemeinsam genutzten Übertragungskanal austauschen, wie etwa bei Bus- und Ringstrukturen in lokalen Netzen (Näheres im Abschnitt 3.3.2 des Textbuchs), i.d.R. breitbandige Medien mit Übertragungsgeschwindigkeiten von mehreren Mbit/s benötigt, um auch im Hochlastfall noch einen akzeptablen Durchsatz zu gewährleisten. Mit welcher Topologie und welchen Übertragungsmedien ein Rechnernetz gestaltet wird, definiert die Kommunikationsarchitektur sozusagen in der "Schicht 0". Darauf bauen die anderen Schichten, insbesondere die physikalische Schicht, auf.

Musterlösung zu Übungsaufgabe Nr. I-209:

Im Ring wird das Signal von Station zu Station weitergegeben und eine feststehende Senderichtung eingehalten. Wenn der Ring unterbrochen ist, können die Signale nur mehr vom Sender in der Senderichtung bis zu der

"Lücke" weitergegeben werden. Alle Stationen, die "vor" dem Sender liegen, können keine Nachrichten mehr empfangen.

Wenn der Ring aber aus zwei unabhängigen Leitungen besteht, so kann der "letzte Knoten vor der Lücke" erkennen, daß er keine Verbindung mehr zu seinem Nachfolger hat. Er könnte dann die Nachricht über die zweite Leitung "in verkehrter Richtung" zu seinem Vorgänger senden, der sie wiederum an seinen Vorgänger weiterleitet, bis die Nachricht "am anderen Ende der Lücke" angelangt ist. Somit entspricht die Struktur der eines Baumes mit einem Wurzelelement, das die Nachricht von einer Leitung ("Empfangsleitung") auf die andere Leitung ("Sendeleitung") umsetzt und sie somit allen Stationen übermittelt. Dadurch kann das lokale Netz (nun als Baum konfiguriert) voll funktionsfähig bleiben.

Musterlösung zu Übungsaufgabe Nr. I-210:

Alle Aussagen, a) bis e), über Busnetze sind richtig.

Musterlösung zu Übungsaufgabe Nr. I-211:

In der Bundesrepublik Deutschland hat die Telekom, wie in allen europäischen Ländern, ein Monopol hinsichtlich der Fernmeldewege. D.h., ein Verlegen von Leitungen "auf eigene Faust" ist nur dann zulässig, wenn dabei nicht die Grundstücksgrenze überschritten wird. Für den im Beispiel angegeben Verwendungszweck einer Lagerverwaltung empfiehlt sich der Einsatz von Standleitungen (Datendirektverbindungen), da sich einerseits bei den heute verbreiteten Wählverbindungen die Dauer des Verbindungsaufbaus deutlich bemerkbar macht (insbesonders im Dialogbetrieb) und andererseits durch die gegebene räumliche Nähe der Standorte die Kosten für eine solche Verbindung relativ günstig ausfallen. Durch den Einsatz von ISDN könnte sich allerdings das gezeichnete Bild verschieben, da hier ein sehr rasches Wählen möglich ist und der Benutzer so fast keine Verzögerung in der Phase des Verbindungsaufbaus bemerkt.

Musterlösung zu Übungsaufgabe Nr. I-212:

Da die Signale fast mit Lichtgeschwindigkeit übertragen werden, sind die unterschiedlichen Entfernungen irrelevant. Damit sind die Lösungen für a) und b) sowie für c) und d) gleich.

zu a) und b): Telefonnetz
Codierung im 8-Bit-Code (EBCDIC)
(max.) Geschwindigkeit: 19 200 bit/s
Übertragungsvolumen: $24 * 80 * 8 * 4 = 61\,440$ Bits
Übertragungszeit: $61\,440 : 19\,200 = 3,2$ s.

zu c) und d): ISDN
Codierung im 8-Bit-Code (EBCDIC)

Geschwindigkeit: 64 kbit/s
Übertragungsvolumen: 24 * 80 * 8 * 4 = 61 400 Bits
Übertragungszeit::   61 400 : 64 000 = 0,96 s.

Musterlösung zu Übungsaufgabe Nr. I-213:

Zu übertragende Zeichen: 200 000 Zeichen/Tag; 8 Bits/Zeichen

a) Telefonnetz: 4,- öS/Minute ~ 0,0667 öS/Sekunde

Geschwindigkeitsklasse: **2 400 bit/s**
Übertragungsdauer: 1 600 000 : 2 400   = 666,7 s
                                                    = 11 min. 6,7 s.
Verbindungsgebühren: 666,7 * 0,0667   = 44,44
                                                    ~ 44 öS/Tag

Geschwindigkeitsklasse: **4 800 bit/s**
Übertragungsdauer: 1 600 000 : 4 800   = 333,3 s
                                                    = 5 min. 33,3 s.
Verbindungsgebühren: 333,3 * 0,0667   = 22,22
                                                    ~ 22 öS/Tag

Geschwindigkeitsklasse: **9 600 bit/s**
Übertragungsdauer: 1 600 000 : 9 600   = 166,7 s
                                                    = 2 min. 46,6 s.
Verbindungsgebühren: 166,7 * 0,0667   = 11,11
                                                    ~ 11 öS/Tag

b) ISDN: 4,- öS/Minute ~ 0,666 öS/Sekunde

Geschwindigkeitsklasse: **64 000 bit/s**
Übertragungsdauer: 1 600 000 : 64 000 = 25 s
Verbindungsgebühren: 25 * 0,0667   = 1,6675
                                                   ~ 2 öS/Tag

c) Monatliche Gesamtkosten:

Geschwindigkeitsklasse: 2 400 bit/s
Grundgebühr (2x):   320,- öS
Verbindungsgebühren:
20 * 44 =   880,- öS
Gesamt   **1 200,- öS**

Geschwindigkeitsklasse: 4 800 bit/s
Grundgebühr (2x):   320,- öS
Verbindungsgebühren:
20 * 22 =   440,- öS
Gesamt   **760,- öS**

Geschwindigkeitsklasse: 9 600 bit/s

Grundgebühr (2x):	320,- öS
Verbindungsgebühren:	
20 * 11 =	220,- öS
Gesamt	**540,- öS**

ISDN: 64 000 bit/s

Grundgebühr (2x):	800,- öS
Verbindungsgebühren:	
20 * 2 =	40,- öS
Gesamt	**840,- öS**

d) Übertragung von 500 000 Zeichen pro Tag:

Geschwindig-keit	Dauer	Verbindungskosten		Fix-kosten	Summe
		pro Tag	pro Monat		
2 400 bit/s	1 666,7 s	111,11 öS	2 222,20 öS	320,- öS	2 542,20 öS
4 800 bit/s	833,3 s	55,56 öS	1 111,20 öS	320,- öS	1 431,20 öS
9 600 bit/s	416,7 s	27,78 öS	555,40 öS	320,- öS	875,40 öS
64 000 bit/s	62,5 s	4,16 öS	83,20 öS	800,- öS	883,20 öS

Übertragung von 1 500 000 Zeichen pro Tag:

Geschwindig-keit	Dauer	Verbindungskosten		Fix-kosten	Summe
		pro Tag	pro Monat		
2 400 bit/s	5 000 s	333,33 öS	6 666,60 öS	320,- öS	6 986,60 öS
4 800 bit/s	2 500 s	166,66 öS	3 333,20 öS	320,- öS	3 653,20 öS
9 600 bit/s	1 250 s	83,33 öS	1 666,60 öS	320,- öS	1 986,60 öS
64 000 bit/s	187,5 s	12,49 öS	249,80 öS	800,- öS	1 049,80 öS

Musterlösung zu Übungsaufgabe Nr. I-214:

a) 200 000 Zeichen pro Tag; 8 Bits/Zeichen.

Alternative A: 300 bit/s
(1 600 000 : 300) : 15   = **355,55 öS**

Alternative B: 2 400 bit/s
(1 600 000 : 2 400) $*$ (5,28 : 60)   = **58,66 öS**

Alternative C: 4 800 bit/s
(1 600 000 : 4 800) $*$ (7,32 : 60)   = **40,66 öS**

Alternative D: 9 600 bit/s
(1 600 000 ; 9 600) $*$ (10,02 : 60)   = **27,83 öS**

b) **Alternative A:**
300 bit/s

Grundgebühr (2x):	1 500,- öS
Anschaltgebühr (20 $*$ 0,3 öS):	6,- öS
Verbindungsgebühren:	
20 $*$ 355 =	7 100,- öS
Gesamt	**8 606,- öS**

Alternative B:
2 400 bit/s

Grundgebühr (2x):	2 800,- öS
Anschaltgebühr (20 $*$ 0,3 öS):	6,- öS
Verbindungsgebühren:	
20 $*$ 58 =	1 160,- öS
Gesamt	**3 966,- öS**

Alternative C:
4 800 bit/s

Grundgebühr (2x):	4 400,- öS
Anschaltgebühr (20 $*$ 0,3 öS):	6,- öS
Verbindungsgebühren:	
20 $*$ 40 =	800,- öS
Gesamt	**5 206,- öS**

Alternative D:
9 600 bit/s

Grundgebühr (2x):	5 800,- öS
Anschaltgebühr (20 $*$ 0,3 öS):	6,- öS
Verbindungsgebühren:	
20 $*$ 27 =	540,- öS
Gesamt	**6 346,- öS**

Die Kosten für die Datenübertragung über das DATEX-L-Netz liegen in diesem Fall bedeutend höher als bei der Inanspruchnahme des Telefonnetzes.

Geschwindigkeitsklasse	Telefonnetz	DATEX-L-Netz
2 400 bit/s	1 200,- öS	3 966,- öS
4 800 bit/s	760,- öS	5 206,- öS
9 600 bit/s	540,- öS	6 346,- öS

DATEX-L ist vor allem für sehr kurze Dialogverbindungen und begrenzt für kleine Stapelaufgaben geeignet. Für das gegebene Problem ist von den untersuchten Möglichkeiten die Verwendung von Telefonwählverbindungen am günstigsten.

Musterlösung zu Übungsaufgabe Nr. I-215:

a) Telefonnetz
4,- öS/Minute
(1 000 : 4 800) $\ast$ (4 : 60) = 0,0139 öS

b) DATEX-L-Netz
7,32 öS/Minute
(1 000 : 4 800) $\ast$ (7,32 : 60) = 0,0254 öS

c) DATEX-P-Netz
1 000 : (64 $\ast$ 8) = 1,953125 Segmente
0,01 x 2 Segmente = 0,02 öS (2 Groschen)

Musterlösung zu Übungsaufgabe Nr. I-216:

Die ergänzten Sätze lauten:
a) Sendet die Vermittlungsstelle die Rufnummer der Gegenstelle, damit eine eindeutige, vom Teilnehmer nicht veränderbare Identifizierung möglich ist, so liegt die besondere Leistung "**automatische Anschlußkennung**" vor.
b) Wird (Werden) die letzte(n) Ziffer(n) der DATEX-Rufnummer nicht im Netz, sondern in der Endeinrichtung ausgewertet, wie bei einer Durchwahl-Nebenstellenanlage im Telefonnetz, so handelt es sich um die besondere Leistung "**Subadresse**".
c) Bei "**Kurzwahl**" erfolgt der Verbindungsaufbau über eine ein- oder zweistellige Zahl, welche die Vermittlungsstelle in die Rufnummer der jeweiligen Gegenstelle umsetzt.
d) Bei "**Direktruf**" genügt für den Verbindungsaufbau ein Tastendruck oder ein Schnittstellensignal, weil die Rufnummer der Gegenstelle in der Vermittlungsstelle gespeichert ist.

e) Die Freizügigkeit des öffentlichen Netzes wird durch eine "**Teilnehmer-betriebsklasse**" bewußt eingeschränkt. Verbindungen sind nur zwischen Anschlüssen derselben **Teilnehmerbetriebsklasse** möglich.

Musterlösung zu Übungsaufgabe Nr. I-217:

Datendirektverbindungen kommen vor allem dann zum Einsatz, wenn ständig größere Datenmengen zwischen gleichbleibenden Endstellen übermittelt werden müssen oder eine Verbindung jederzeit verfügbar sein muß (d.h es darf nicht passieren, daß eine der beiden Stellen "besetzt" ist). Direkt in Konkurrenz zur Datendirektverbindung stehen leitungsvermittelte Dienste mit Direktruf. Auch hier entfällt ein Wählvorgang (was z.B. unter anderem auch einen Sicherheitsgewinn bedeutet). Zusätzlich bietet diese Verbindungsart noch den Vorteil einer größeren Ausfallsicherheit, da im Störungsfall auf andere Leitungen umgeschaltet werden kann.

Musterlösung zu Übungsaufgabe Nr. I-218:

Die Monopolstellung der jeweiligen nationalen Post- und Fernmeldeverwaltungen führte zu teilweise sehr unterschiedlichen technischen und rechtlichen Bestimmungen in den einzelnen Ländern. Dies gilt besonders für technische Normen, deren Erfüllung in der Regel Voraussetzung für den legalen Anschluß von Endgeräten an das öffentliche Netz ist. Zu den technischen und rechtlichen Problemen bei grenzüberschreitenden Datenverbindungen kommen häufig auch noch Unklarheiten in der Tarifgestaltung hinzu. Diese Probleme versucht die EG, auch in Hinblick auf den europäischen Binnenmarkt, durch die im sogenannten Grünbuch der Kommission der EG (1987) dargestellten harmonisierenden Grundsätze und durch Einführung eines offenen Netzzugangs zu meistern.

Musterlösung zu Übungsaufgabe Nr. I-219:

Die Aussage a) ist falsch: "ISDN" steht für "Integrated Services Digital Network". Ebenso falsch sind die Aussagen b) und c): Das schmalbandige ISDN bietet zwar drei Übertragungskanäle für einen Basisanschluß, aber nur zwei davon mit 64 kbit/s sind Nutzkanäle für Dienste wie Telefonieren, Fernkopieren usw. (der dritte 16-kbit/s-Kanal dient Signalisierungszwecken, z.B. zum Auf- und Abbau der Verbindungen oder zur Realisierung besonderer Leistungen). Für die Bewegtbildkommunikation reichen auch zusammengefaßte 144 kbit/s bei weitem nicht aus; zur Übertragung nur eines einzigen Fernsehprogramms wären schon mindestens 5 Mbit/s nötig! Selbstverständlich können über die beiden Nutzkanäle eines ISDN-Basisanschlusses gleichzeitig zwei Telefongespräche geführt werden, so daß die Aussage d) - was die technische Seite angeht – richtig ist. Ebenfalls richtig ist schließlich die Aussage e): Das ISDN, das viele Industriestaaten bereits eingeführt haben, erlaubt Wähl- und Standverbindungen natürlich auch im grenzüberschreitenden Verkehr und beliebige Topologien von Anwenderdatennetzen.

Musterlösung zu Übungsaufgabe Nr. I-220:

Neben dem monatlichen Grundpreis je Anschluß erfolgt noch die Verrechnung eines entfernungsunabhängigen Verbindungspreises. Dieser wird durch folgende Faktoren bestimmt:
- Verbindungsdauer,
- Übertragungsgeschwindigkeit,
- Anzahl der gewählten Ziele,
- Betriebsweise (duplex oder simplex).

Musterlösung zu Übungsaufgabe Nr. I-221:

Ein Bus, bei dem der Zugang mittels des Tokenverfahrens geregelt wird, hat eine physikalische Linienstruktur (= Bus) und eine logische (Kommunikations-) Ringstruktur: Das Token wird von Station zu Station reihum weitergegeben.

Musterlösung zu Übungsaufgabe Nr. I-222:

Der Teilnehmer A will eine Nachricht an B senden; C sendet aber, bevor er das Signal von A empfängt und verursacht dadurch eine Kollision. Nach dem Abbruch beider Sendevorgänge und dem "Neustart" hat A zufällig eine kürzere Zeit als C gewählt und sendet. Da die Verzögerung für C so lange dauert, daß er mittlerweile auch die Signale von A empfängt, tritt C von seinem Sendeversuch zurück und wartet auf die nächste Sendepause.

Musterlösung zu Übungsaufgabe Nr. I-223:

Ein Kabelfernsehnetz ist als Baum konfiguriert und nur für die Einwegkommunikation ausgelegt. Das bedeutet, daß nur eine Leitung verlegt ist.
Wenn man nun das Kabelfernsehnetz als Bussystem betreiben wollte, so müßten alle Verstärker ausgetauscht werden, da sie ja nur in eine Richtung zum Sender weitergeben können. Auch in einem Stern muß es möglich sein, Nachrichten in beiden Richtungen über eine Leitung zu senden. Daher müßten ebenfalls alle Verstärker ausgetauscht werden. Andererseits kann das Kabelfernsehnetz nur durch Schließen der Verbindungen von den Endgeräten zu der Wurzel (= Sender) in einen Ring umgewandelt werden. Dafür gäbe es folgende Möglichkeiten:

a) Man tauscht wiederum alle Verstärker aus und arbeitet mit dem Breitbandkabel, das in einer Hälfte "nach links" und in der zweiten Hälfte "nach rechts" arbeitet. Somit kann man von jedem Endgerät "über das obere Band" wieder zurücksenden. An jeder "Abzweigung" im derzeitigen Baum wird auf den nächsten "Ast" umgeschaltet. Aus dem Baum wird folglich ein Ring, da die Signale dann "außen herum" um jeden Ast "hin und zurück" gesendet werden (vgl. Abbildung).

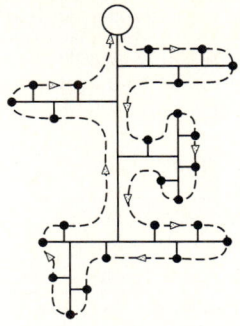

b) Man verbindet wirklich alle Endgeräte durch ein zweites Kabel miteinander – diese Lösung wäre sicherlich die teuerste, komplizierteste und schlechteste Möglichkeit.

Musterlösung zu Übungsaufgabe Nr. I-224:

- Übertragungsmedium: Glasfaserkabel (Lichtwellenleiter)
- Topologie: (doppelter) Ring
- Zugangsverfahren: Tokenverfahren
- Übertragungsgeschwindigkeit: 100 Mbit/s

Eine Vernetzung mittels FDDI bringt in erster Linie eine Erhöhung der Bandbreite und damit eine höhere Verfügbarkeit des Übertragungsmediums. Das heißt, sendebereite Stationen müssen weniger oft (lang) auf eine Sendemöglichkeit warten. Die tatsächliche Übertragungsgeschwindikeit ist aber nicht nur durch die Spezifikationen des Netzwerks, sondern auch durch die Leistungsdaten der Endgeräte bestimmt.

Bei typischen PCs (Intel 80386/80486) ist neben der Netzwerkkarte vor allem die CPU der limitierende Faktor. Es wäre also z.B. wenig sinnvoll, einige wenige PCs mittels FDDI zu vernetzen, da der dabei gewonnene Durchsatz in keinem Verhältnis zu den verursachten Kosten steht.

Musterlösung zu Übungsaufgabe Nr. I-225:

a) Tokenring: Nein, da jede Nachricht von einem Knoten zum nächsten Knoten weitergegeben wird.
b) CSMA/CD-Bus: Nein, da jede Nachricht über den Bus an alle Teilnehmer weitergeleitet wird.
c) K-Anlage: Ja, da jede Nachricht vom Sender an den zentralen Vermittlungsknoten geht und von dort gezielt nur dem Adressaten weiterge-

geben wird (= aktiver Stern).

d) Vollständig vermaschtes EDV-Netz: Ja, da zwischen Sender und Empfänger eine exklusive Punkt-zu-Punkt-Verbindung besteht.

Musterlösung zu Übungsaufgabe Nr. I-226:

Für die Übertragung der Daten von Zentralrechnern auf die Mikrorechner der Abteilung existieren grundsätzlich folgende Möglichkeiten:
- Neuerliche Datenerfassung durch Mitarbeiter der Abteilung,
- Übertragung zwischen Zentralrechner und Mikrorechner durch Datenträgertransport,
- Übertragung mit Hilfe einer Leitungsverbindung zwischen Zentralrechner und Mikrorechner.

Es müssen folgende Teilaufgaben gelöst werden:
- Erstellung eines Transferdatenbestandes aus den Rohdaten. Dies wird sinnvollerweise durch ein Selektions– und Verdichtungsprogramm auf dem Zentralrechner geschehen.
- Übertragung des Transferdatenbestandes zwischen Zentralrechner und Mikrorechner.
- Empfang des Transferdatenbestandes und Einarbeitung in die abteilungsspezifische Datenbasis auf dem Mikrorechner.

Unabhängig von der gewählten Übertragungsmethode muß auf alle Fälle für jedes Anwendungssystem der Zentralrechner ein passendes Selektions- und Verdichtungsprogramm verfügbar sein. Für die Mikrorechner der Fachabteilung müssen entsprechende Programme zum Einlesen in die lokale Datenbasis vorhanden sein. Entsprechend der gewählten Übertragungsmethode müssen die folgenden zusätzlichen Hardware- und Softwarevoraussetzungen gegeben sein:

- Die neuerliche Datenerfassung in der Fachabteilung ist die primitivste Technik. In diesem Fall ist der Ausdruck des Transferdatenbestandes am Zentralrechner sowie die Eingabe über Tastatur durch die üblicherweise vorhandenen Komponenten möglich. Weitere Hardware- und Softwarekomponenten sind nicht erforderlich.

- Bei der Übertragung mittels Datenträger müssen die betroffenen Zentralrechner und Mikrorechner mit Speichergeräten ausgestattet sein, die Datenträger mit zusammenpassenden Dimensionen bearbeiten können. Da ein gemeinsamer Standard für z.B. sowohl von Großrechnern als auch von Mikrocomputern lesbare Disketten- oder Bandformate praktisch nicht existiert, wäre ein Umweg über einen am Großrechner angeschlossenen PC die billigste und einfachste Lösung. D.h.: Der gewünschte Datenbestand wird lokal auf einen PC heruntergeladen (z.B. über ein LAN), auf Diskette geschrieben und versandt. Der Empfänger liest diese wiederum am PC ein und kann sie von dort aus weiterverarbeiten. Aufgrund der weiten Verbreitung von (kompatiblen) PCs entstehen somit nur geringe Kosten. Allerdings ist ein weiterer Arbeitsvorgang gegenüber z.b. einer DFÜ-Lösung nötig.

- Bei einer direkten Verbindung zwischen Zentralrechnern und Mikrorechnern sind folgende zwei Fälle zu unterscheiden:
  • Die Verdichtungen zu den Transferdatenbeständen sowie die Übertragungen zum Mikrorechner werden am Zentralrechner initiiert (z.b. automatisch durch die Tagesabschlußroutinen). Hier kann mit einer reinen Stapelverbindung das Auslangen gefunden werden.
  • Die Verdichtung und die Übertragung wird vom Sachbearbeiter in der Abteilung "Zentrale Betriebswirtschaft" initiiert. In einem solchen Fall ist zusätzlich eine Terminalemulation erforderlich, mit deren Hilfe die erforderlichen Kommandos am Zentralrechner abgesetzt werden können.

Der Mikrorechner selbst muß mit einer zum Typ des Zentralrechners und der dort vorhandenen Steuereinheit passenden Adapterkarte plus Datenübertragungssoftware ausgestattet werden. Bei manchen Zentralrechnertypen und Kommunikationsprotokollen kann auch mit der üblicherweise im Mikrorechner standardmäßig vorhandenen seriellen Schnittstelle (V.24) das Auslangen gefunden werden. Auf Seiten des Zentralrechners ist natürlich ein passender hardwaremäßiger Anschluß mit der entsprechenden Basiskommunikationssoftware und den entsprechenden Transferprogrammen erforderlich (im einfachsten Fall kann z.B. der Systemeditor oder das Kopierprogramm des Betriebssystems benutzt werden).

Befinden sich Mikrorechner und Zentralrechner am gleichen Standort, so kann jede beliebige Übertragungstechnik benutzt werden, für die Schnittstellen existieren bzw. geschaffen werden können. Befinden sich Mikrorechner und Zentralrechner an geographisch getrennten Standorten, so muß aus den verfügbaren Übertragungswegen der Post bzw. Telekom ausgewählt werden (z.B. Telefonwählverbindungen, DATEX-L bzw. DATEX-P-Anschlüsse, Datendirektverbindungen usw.). Sehr häufig ist die Mehrfachnutzung bereits existierender Übertragungswege (z.B. durch Leitungsmultiplexer) die kostengünstigste Methode.

Die wesentlichen Vorteile eines Mikrorechner-Zentralrechnerverbundes für die beschriebene Aufgabenstellung können in der Verfügbarkeit von sehr kostengünstiger, funktionsreicher und endbenutzerfreundlicher Software auf dem Mikrorechner sowie einer sehr hohen und ebenfalls recht kostengünstigen Anschließbarkeit an Zentralrechnersysteme mit unterschiedlichen Architekturen und Betriebssystemen gesehen werden.

Musterlösung zu Übungsaufgabe Nr. I-227:

a) An Hardware fehlt der Abteilung nur ein Scanner, um die gestellte Aufgabe erfüllen zu können. Da die Ausgabe über Laserdrucker erfolgt, ist ein nicht farbfähiger Scanner mit 300 dpi ausreichend. Um Vorlagen aus Broschüren und ähnlichen Quellen problemlos digitalisieren zu können, ist ein Flachbettscanner zu empfehlen.

Notwendige Software:
- ein Grafikprogramm zur Nachbearbeitung der gescannten Vorlagen (Mindestanforderung für den Funktionsumfang: Skalierung, Kontrast- und Farbmanipulation, einfache Malwerkzeuge, Möglichkeit zur dynamischen Verknüpfung)
- eine Textverarbeitung, mit der mittels dynamischer Verknüpfung Elemente aus den anderen Programmen eingefügt werden können (= Schaffung eines Verbunddokumentes). Damit können eingebundene Tabellen und Diagramme (z.B. Umsatzentwicklung) ohne neuerlichen Kopiervorgang aktualisiert werden. Diese Funktion wird allerdings nur von neuerer Software (ab ca. 1991) unterstützt.

b) Die Erstellung dieses Berichts kann folgendermaßen organisiert werden: Jeder Produktmanager verfaßt seinen Teil des "Reports" und stellt die Dokumente auf dem Server zur Verfügung. Der für die Fertigstellung verantwortliche Mitarbeiter fügt nun die Texte, Tabellen und Grafiken mit der neuen Textverarbeitung zu einem eigenen (Verbund-) Dokument zusammen. Nachträgliche Änderungen der einzelnen Beiträge sind von den Produktmanagern durch die dynamische Verknüpfung der Dokumente jederzeit möglich. Die Tabellen und Diagramme werden ebenso ständig dem neuesten Stand angepaßt.

Musterlösung zu Übungsaufgabe Nr. I-228:

Bei der Übungsaufgabe I-228 wurden folgende Softwarefunktionen zur Verbesserung des Schriftbildes verwendet: Einspaltiger Blocksatz (d.h. linker und rechter Randausgleich wie auch auf dieser Seite), **Fettdruck** (für Überschrift), <u>Unterstreichen</u> und *Kursivschrift* (zur Hervorhebung wichtiger Textpassagen), Proportionalschrift, Umrandung der Aufgabenstellung. Auf anderen Seiten des Arbeitsbuches wurde auch mit unterschiedlichen Schriftgrößen (z.B. größere Kapitelüberschriften, kleinere hoch- und tiefgestellte Zahlen) und Grafik gearbeitet.

Musterlösung zu Übungsaufgabe Nr. I-229:

Beispiele für die Bausteinkorrespondenz sind:
- Angebotserstellung in der Vertriebsabteilung einer Maschinenfabrik,
- Schriftverkehr einer Rechtsanwaltskanzlei,
- Bewertung der Ergebnisse von Außendienstmitarbeitern mit Bekannt-

gabe von Erfolgsprämien und sonstigen Aktionen (Einladungen zu Abendessen, Urlaubsreisen usw.).

Beispiele für Serienbriefe sind:
- Versenden von Weihnachtsgrüßen an Stammkunden,
- Einladungen zu einer Tagung über Büroinformationssysteme,
- Werbekampagne für Versicherungssparen.

Musterlösung zu Übungsaufgabe Nr. I-230:

Tabellenkalkulationen sind für die Anwendungsgebiete a), b) und c) verwendbar. Die Erstellung von einfacher Korrespondenz (d) ist zwar mit einigen Tabellenkalkulationsprogrammen prinzipiell möglich, ein sinnvoller Einsatz in der täglichen Praxis kommt jedoch nicht in Betracht. Die Anfertigung von Multimedia-Präsentationen (e) scheidet wegen der fehlenden Werkzeuge zur audio-visuellen Aufbereitung der Daten aus. Für eine derartige Anwendung sind Präsentationsgrafikprogramme zu verwenden, die in vielen Fällen Schnittstellen zu Tabellenkalkulationsprogrammen (zwecks Datenaustausch) bieten.

Musterlösung zu Übungsaufgabe Nr. I-231:

Die Aussagen b) und e) sind richtig. Die Aussage a) ist falsch; Präsentationsgrafikprogramme sind vor allem für Personal-Computer verfügbar. Die in Punkt c) vertretene Ansicht, daß digitalisierte Videosequenzen in Präsentationen nicht eingebunden werden können, ist ebenso falsch; für Mikrorechner der Firma Apple zum Beispiel hat sich bereits vor einiger Zeit ein diesbezüglicher Standard (QuickTime) durchgesetzt.

Musterlösung zu Übungsaufgabe Nr. I-232:

a) Das Hilfsmittel, das bei den erwähnten Kopiervorgängen verwendet wurde, ist die Zwischenablage (engl.: clipboard). Dabei muß jedes Element einzeln kopiert werden, und es besteht keine Verbindung zum Quelldokument. Bei Änderungen müssen daher die Elemente nochmals kopiert werden.

b) Die dynamische Verknüpfung ist im vorliegenden Fall nicht erforderlich, da es sich um ein einmaliges Rundschreiben handelt, das nicht aktualisiert werden muß.

Musterlösung zu Übungsaufgabe Nr. I-233:

Diese Anforderungen können durch einen leistungsfähigen Mikrorechner abgedeckt werden. Wesentlich für die beschriebene Anwendung ist die integrierte Bearbeitung von Text und Grafik innerhalb eines Dokumentes. Dazu werden an Hardwarekomponenten ein hochauflösender Bildschirm, ein hochauflösender Drucker und ein leistungsfähiger Prozessor benötigt. Überdies ist das Einlesen von beliebigen Vorlagen mittels eines Scanners anzustreben. Auf dem Bildschirm sollte zumindest eine ganze DIN-A4-Seite sichtbar sein.

Die Programme sollen möglichst benutzerfreundlich sein, d.h. Fenstertechnik verwenden, als Eingabegerät zusätzlich zur Tastatur eine Maus bzw. ein Digitalisiertablett unterstützen, ausreichende Hilfstexte bereitstellen und leicht verständliche Meldungen zur Benutzerführung bieten. Desktop-Publishing-Programme sollten nach dem WYSIWYG-Prinzip (d.h. "What-You-See-Is-What-You-Get") gestaltet sein. Für die Textgestaltung soll eine ausreichende Zahl von Zeichensätzen verfügbar sein, Text und Grafikteile sollten beliebig verschiebbar und manipulierbar sein.

Die Dokumente sollten außerdem auf einem für einen Fotosatzbelichter verwendbaren Film direkt als Vorlage ausgegeben werden können oder in einer für eine Lichtsatzmaschine verständlichen und üblichen Seitenbeschreibungssprache (z.B. PostScript oder DDL = Document Description Language) auf Datenträger gespeichert werden können.

Musterlösung zu Übungsaufgabe Nr. I-234:

City-Informationssysteme enthalten im Normalfall Informations- bzw. Abfragefunktionen sowie manchmal auch Buchungsfunktionen. Die abgefragte Information kann in Form von Text, Bild (Stand- oder Bewegtbild) oder Ton über die Abfragestation wiedergegeben werden. Es gibt spezielle Abfragestationen für den Inhouse-Betrieb (z.B. in Hotelhallen, auf Flugplätzen usw.) sowie für den Outdoor-Einsatz, wo eine besondere Widerstandsfähigkeit gegen unterschiedliche Umwelteinflüsse notwendig ist. Über diese Terminals können Theater- und Konzertpläne, Veranstaltungskalender, Zimmernachweise, Öffnungszeiten von Museen, Sehenswürdigkeiten, Standorte von Einkaufszentren, Apotheken- und Ärztedienstpläne, Fahr- und Flugpläne, Mietwagenangebote usw. abgefragt werden.

Ferner kann vorgesehen sein, daß die meisten der oben beschriebenen Abfragefunktionen auch mit einem Buchungsteil verbunden sind, über den der Benutzer z.B. Opernkarten, Hotelzimmer, Mietautos oder Flugtickets reservieren kann. Gleichzeitig mit der Reservierung kann die Abbuchung des Betrags über seine Kreditkarte erfolgen, die in eine eigene Leseeinrichtung gesteckt werden muß.

Als besonders problematisch sind derzeit die hohen Kosten zu nennen, die bei der Entwicklung derartiger Systeme anfallen. Die Bereitschaft potentieller Informationsanbieter, als "Pioniere" den Löwenanteil der Kosten für Entwicklung der Software und der Infrastruktur zu tragen, ist denkbar gering. Einerseits handelt es sich um Kosten für die Entwicklung und Fertigung der Terminals, andererseits um Kosten für die Aufbereitung des Informationsangebots, die Entwicklung der Abfragesoftware, die physische und logische Vernetzung der Terminals im Stadtgebiet, den direkten Anschluß von Informationsanbietern, die Entwicklung spezieller Abrechnungsprogramme für die Teilnehmer, die laufende Pflege des Informationsangebots sowie für Vertrieb und Marketing.

Musterlösung zu Übungsaufgabe Nr. I-235:

Bereits seit vielen Jahren werden klassische Sprachlabors in der Sprachausbildung eingesetzt. Inhalte dieser Laborkurse sind Übungen zur Entwicklung von Hörverständnis, Grammatik, Wortschatz u.v.a.

Inhaltlich könnten derartige Kurse 1:1 übernommen werden. Die zur Zeit auf Kassetten gespeicherten Audiodaten müssen digitalisiert und auf direkt adressierbaren Datenträgern (Festplatten, optische Speicherplatten) gespeichert werden. Die Kurse selbst können mit sogenannten Autorenprogrammen (HyperCard, MacroMind usw.) erstellt werden, die zusätzlich zu den Audiodaten auch am Bildschirm erklärende Texte, Grafiken oder Videosequenzen enthalten können. Der große Vorteil eines derartigen Systems liegt in seiner interaktiven Benutzbarkeit. Während ein traditioneller Sprachlaborkurs praktisch nur sequentiell abgearbeitet werden kann, bieten sich dem Benutzer hier alle Möglichkeiten, je nach Interesse spontan andere Kursteile aufzurufen.

Zunehmende Internationalisierungsbestrebungen wirken sich auf die Marktchancen solcher Systeme grundsätzlich günstig aus. Voraussetzung für eine Entwicklung und Vermarktung derartiger Systeme ist allerdings die Verfügbarkeit preiswerter und portabler Hardware mit großer Speicherkapazität. Diese Systeme müssen außerdem über integrierte Möglichkeiten zur Spracheingabe (eingebautes Mikrophon) und Sprachausgabe (eingebauter Lautsprecher und Kopfhöreranschluß) verfügen. Solange nur ein einziges zusätzliches Kabel zum Betrieb eines derartigen Systems notwendig ist, stehen die Chancen für eine Vermarktung schlecht.

Musterlösung zu Übungsaufgabe Nr. I-236:

Speicherbedarf Variante A:

Speicherbedarf Video pro Bild	640 x 480 Bildpunkte x 24 Bits	307 200 Bits 921 600 Bytes
Speicherbedarf Video pro Sekunde	25 Bilder pro Sekunde	23 040 000 Bytes
Gesamtspeicherbedarf Audio pro Sekunde	44 000 Hz à 2 Bytes (= 16 Bits) für 2 Kanäle (Stereo)	176 000 Bytes
Gesamtspeicherbedarf pro Sekunde (Audio + Video)		23 216 000 Bytes
Dauer der Präsentation in Sekunden		150 s
Gesamtspeicherbedarf der Präsentation		**3 482 400 000 Bytes**

Speicherbedarf Variante B:

Speicherbedarf Video pro Bild	640 x 480 Bildpunkte x 24 Bits	307 200 Bits 921 600 Bytes
Speicherbedarf Video pro Sekunde	25 Bilder pro Sekunde	23 040 000 Bytes
Gesamtspeicherbedarf Audio pro Sekunde	44 000 Hz à 2 Bytes (= 16 Bits) für 2 Kanäle (Stereo)	176 000 Bytes
Gesamtspeicherbedarf pro Sekunde (Audio + Video)		23 216 000 Bytes
Dauer der Präsentation in Sekunden		150 s
Gesamtspeicherbedarf der Präsentation		**3 482 400 000 Bytes**

Musterlösung zu Übungsaufgabe Nr. I-237:

Keine Mehrwertdienste sind: b), e), f), g) und h). Falls Sie bei dieser Aufgabe Probleme gehabt haben, wiederholen Sie bitte die Ausführungen über Mehrwertdienste in Kapitel 4.1.3 des Textbuchs.

Musterlösung zu Übungsaufgabe Nr. I-238:

Ein Beispiel, bei dem ein Mitteilungsübermittlungssystem zu einer Beschleunigung von innerbetrieblichen Abläufen beitragen könnte, wird für den Einkauf beschrieben. Werden die Bestellanforderungen dezentral an vielen Orten im Betrieb direkt über Datensichtstationen erfaßt, so können diese mit Hilfe des Systems automatisch an die jeweils zuständigen Stellen zur Genehmigung übermittelt und dort in Postfächern abgelegt werden. Die Anforderungen können dann von den berechtigten Stellen via Bildschirm angesehen und genehmigt bzw. zurückgewiesen werden. Wird das von der anfordernden Stelle mit eingegebene, vorgesehene Verfallsdatum überschritten, so könnte die Anforderung auch automatisch als genehmigt gelten. Damit würde verhindert, daß bei längerer Abwesenheit oder Arbeitsüberlastung der berechtigten Stellen unerwünschte Verzögerungen im Bestellablauf auftreten. Genehmigte Bestellanforderungen können wiederum mit Hilfe des Mitteilungsübermittlungssystems an den Einkauf zur Anfrageschreibung bzw. Bestellschreibung weitergeleitet werden.

Musterlösung zu Übungsaufgabe Nr. I-239:

Richtig sind: a), b) und c). Die Aussage d) ist falsch; Elektronische Post wird im Internet mit SMTP (Simple Mail Transfer Protocol) übertragen. Die Aussage e) ist auch falsch; IBM bietet zwar für die proprietären Systeme X.400-Schnittstellen an, denkt aber nicht daran, die eigenen Protokolle aufzugeben.

Musterlösung zu Übungsaufgabe Nr. I-240:

Bei einem Anrufbeantworter wird der Anrufer aufgefordert, eine Nachricht zu sprechen. Bisweilen ist die Sprechdauer begrenzt. Einmal Gesprochenes ist durch den Anrufer nicht mehr abhörbar, also auch nicht löschbar oder korrigierbar. Das Besprechen eines Tonbandes ist für den Anrufer eine völlig andere Situation als das (zunächst) einseitige Telefonieren mit dem Partner über ein Sprachspeicher- und -übermittlungssystem.

Bei einem Anrufbeantworter ist im Gegensatz zu einem Sprachspeicher- und -übermittlungssystem keine Verteilung einer Nachricht an verschiedene Empfänger an unterschiedlichen Orten möglich. Auch können Nachrichten nicht als "vertraulich" klassifiziert werden, wodurch die Weitergabe an nichtberechtigte Dritte bei Sprachspeicher- und -übermittlungssystemen verhindert werden kann. Es läßt sich nicht oder nur sehr umständlich herausfinden, ob der Gesprächspartner eine Nachricht erhalten hat, und wenn ja, wann. Ein Anrufbeantworter erlaubt keine Speicherung von früher empfangenen und abgesandten Nachrichten und keinen Zugriff darauf, was bei Sprachspeicher- und -übermittlungssystemen mehrere Monate lang möglich ist. Schließlich kann ein Sprachspeicher- und -übermittlungssystem Postfächer von vielen hundert Teilnehmern verwalten, während ein Anrufbeantworter normalerweise nur einen einzigen Telefonanschluß bedient.

Musterlösung zu Übungsaufgabe Nr. I-241:

Vorteile von TELETEX gegenüber TELEX sind:
- Korrespondenzqualität der übermittelten, ausgedruckten Texte,
- voller Funktionsumfang von Textautomaten,
- Texterstellung mit Sofortkorrektur,
- gleichzeitiger ungestörter Lokal- und Fernbetrieb,
- höhere Übertragungsgeschwindigkeit,
- unbedientes Senden,
- umfangreicherer Zeichensatz,
- Unterstützung der Datenfernverarbeitung.

Wird der TELEX-Verkehr, was zunehmend üblich ist, mittels entsprechender Anwendungssoftware über Datenstationen am Arbeitsplatz der Endbenutzer in den Fachabteilungen abgewickelt, so sind auch bei diesem Dienst eine Texterstellung mit Sofortkorrektur, gleichzeitig ungestörter Lokal- und Fernbetrieb sowie unbedientes Senden gegeben.

Musterlösung zu Übungsaufgabe Nr. I-242:

Beim TELETEX-Dienst werden die einzelnen alphanumerischen Zeichen binär codiert; ein Zeichen wird durch acht Bits repräsentiert. Bei einer DIN-A4-Seite müssen 2 000 Zeichen übertragen werden; das entspricht 16 000 Bits. Ein TELEFAX-Gerät hingegen legt über die Vorlage ein hochauflösendes Raster und überträgt die Schwarz-Weiß- bzw. die Grauwerte der einzelnen Rasterpunkte. Moderne TELEFAX-Kopierer lösen eine DIN-A4-Vorlage in mehr als eine Million Einzelpunkte auf. Ein Einzelpunkt wird durch ein Bit (bei Schwarz-Weiß-Darstellung) oder mehrere Bits (bei Grauwerten) bei der Übertragung repräsentiert. Wegen dieses wesentlich größeren Informationsumfangs dauert die Übertragung einer DIN-A4-Seite beim Fernkopieren erheblich länger als beim Bürofernschreiben. (Die Übertragungsgeschwindigkeiten sind beim Fernkopieren mit Gruppe-3-Geräten doppelt oder viermal so hoch, was den Unterschied auch nicht annähernd kompensiert. Übertragungssteuerzeichen sind zu vernachlässigen; sie fallen bei jedem Telekommunikationsdienst an, spielen aber im Verhältnis zu den übertragenen Nutzdaten hier keine Rolle.)

Musterlösung zu Übungsaufgabe Nr. I-243:

a) Gruppe-3-Geräte arbeiten mit einer Übertragungsgeschwindigkeit von 4 800 bzw. 9 600 bit/s und erreichen dabei pro DIN-A4-Blatt eine Übertragungsdauer von etwa 20 bis 60 Sekunden (siehe Seite 825 des Textbuches). Daraus kann man sich (natürlich nur überschlagsmäßig) den durchschnittlichen Speicherbedarf pro Seite errechnen.

$$4\ 800 \text{ bit/s} * 20 \text{ s} = 12\ 000 \text{ Bytes (minimal)}$$
$$9\ 600 \text{ bit/s} * 60 \text{ s} = 72\ 000 \text{ Bytes (maximal)}$$

Im Schnitt kann man daher mit ca. 40 KB/Seite rechnen, womit sich eine Gesamtkapazität von etwa 3 500 bis 4 000 Seiten (DIN-A4) ergibt.

b) Die erwarteten 2 000 Seiten sind mit dem zur Verfügung stehenden Fax-Server bewältigbar.

Musterlösung zu Übungsaufgabe Nr. I-244:

Brief:
- Text wird auf Papier erfaßt,
- geringe Material- und Übertragungskosten,
- persönlich gehaltenes Layout,
- großer Textumfang möglich,
- geringe Dringlichkeit,
- jede Adresse ist erreichbar.

Fernkopie (TELEFAX):
- Textübertragung über relativ schnellen Fernmeldeweg,
- große Dringlichkeit,
- unpersönliche Gestaltung und offener Eingang beim Adressaten (nicht im Kuvert),
- beschränkter Adressatenkreis (TELEFAX-Teilnehmer).

Dementsprechend bietet sich für die Übermittlung persönlicher Botschaften, rechtlicher Vereinbarungen oder sonstiger längerer Texte, für Erstkontakte und für weniger dringliche Korrespondenz der Briefdienst an. Für die kurze, dringende, fachliche Information unter Geschäftspartnern (vor allem bei internationaler Korrespondenz) ist hingegen die Fernkopie ein geeignetes Medium.

Musterlösung zu Übungsaufgabe Nr. I-245:

Attraktive Btx-Anwendungen, die vor allem Privatpersonen zugute kommen können, sind zum Beispiel:
- "Homebanking" (Kontostandsabfragen, Banküberweisungen),
- "Telebuying" (Einkauf/Bestellung via Btx),
- Reservierungen aller Art (Mietautobestellung, Bahn- und Flugreservierungen, Urlaubsbuchungen in Reisebüros, Kursbelegung, Buchreservierungen in Bibliotheken),
- Lehrveranstaltungs- und Prüfungsanmeldung, Prüfungsergebnisabruf, Selbststudienkurse, Erwachsenenaus- und -fortbildung,
- Zugang zu einer großen Anzahl von Datenbanken (z.B. Bibliotheksdatenbestände, Umweltdatenbanken),
- Kommunikation im Dialog mit Gleichgesinnten.

Musterlösung zu Übungsaufgabe Nr. I-246:

Je nach den Zielgruppen und den Zielsetzungen des Btx-Einsatzes könnte man einerseits ein Studenteninformationssystem (Auskunftssystem) betreiben, über das Studenten oder sonstige Interessierte mit den Hochschulorganisationen bzw. -mitarbeitern kommunizieren können. Andererseits könnte ein Inhouse-System für die "innerbetriebliche" Kommunikation eingesetzt werden, z.B. für die Bestellabwicklung zwischen Instituten und Wirtschaftsabteilung, für die Abwicklung der Hauspost, für die Kommunikation zwischen den Instituten, für die Kommunikation zwischen Instituten und Studien- und Prüfungsabteilung (Absolventenmeldungen), für die Kommunikation zwischen Instituten und Buchhaltung (Abrechnung der Prüfungsgelder) usw.

Bei den meisten Hochschulen scheint derzeit die erstgenannte Möglichkeit die wesentlich wichtigere zu sein, nicht zuletzt, weil durch die Verbesserung der Kommunikationsbeziehungen zwischen den Studenten und der Hochschule auch eine Reihe von internen Rationalisierungsvorteilen erreicht werden kann. So wird z.B. an der Wirtschaftsuniversität Wien seit 1983 ein "WU-Btx-Auskunftssystem" betrieben, über das den Studenten wichtige Information über Lehre, Forschung und Verwaltung über ein flächendeckendes Kommunikationsnetz zugänglich gemacht wird.

Mit dem "WU-Btx-Auskunftssystem" werden aber nicht nur umfassende Angaben über die einzelnen Universitätseinrichtungen (Institute, Rechenzentrum, Bibliothek, Universitätsdirektion) verfügbar gemacht (z.B. Information über Lehrveranstaltungen und Forschungsaktivitäten, Öffnungszeiten, Mitarbeiter usw.), sondern es werden vor allem Serviceleistungen zur Verfügung gestellt, die sowohl den Studenten als auch den Universitätsmitarbeitern die Routineadministration – insbesondere bei Lehrveranstaltungen mit großer Teilnehmerzahl – erleichtern. Das gesamte Informationsangebot ist dabei nach Informationsanbietern gegliedert (Suchbaumstruktur).

Neben der allgemeinen, die einzelnen Informationsanbieter betreffenden Information läßt sich somit auch nachfragerindividuelle Information in Form von Dialogprogrammen in dieses WU-Btx-Auskunftssystem einbringen. Im Bereich der Lehre sind dies z.B.:

- Administration von Lehrveranstaltungen (z.B. Lehrveranstaltungsanmeldung via Btx),
- Administration von Prüfungen (z.B. Bekanntmachung von Prüfungsergebnissen über Btx),
- Administration von wissenschaftlichen Arbeiten (z.B. programmgesteuerte Veröffentlichung von Diplomarbeitsthemen über Btx),
- sonstige administrative Btx-Anwendungen (z.B. Literaturrecherchen in einem Btx-unterstützten Bibliothekssystem, Btx-Mitteilungsdienst),
- Btx-Unterstützung des Selbststudiums (z.B. durch Kurse) und konventioneller Lehrveranstaltungen (z.B. Btx-"Folien"),

– Btx als Medium für den Rechnerzugang (z.B. Btx-Heimterminal).

Durch die Integration von Btx und "konventioneller" Datenverarbeitung (Verarbeitung "gemeinsamer" Datenbestände und damit verbunden die Möglichkeit der Vereinfachung zahlreicher Organisationsabläufe für Btx-Anbieter und -Nachfrager) lassen sich erhebliche Rationalisierungspotentiale verwirklichen.

Musterlösung zu Übungsaufgabe Nr. I-247:

Die Ladezeit eines Teleprogramms hängt von dem Programmumfang und der verfügbaren Übertragungsrate ab. Letztere beträgt beim Post-Btx-Dienst von der Bildschirmtextzentrale zum Benutzerterminal nur 1200 bit/s. Das bedeutet, daß das Laden eines 32-KB-Programms bereits über 3,5 Minuten beansprucht ((32 * 1024 * 8) : 1200; plus Übertragungssteuerzeichen). Weil die für Anwendungsprogramme verfügbare Arbeitsspeicherkapazität vieler Btx-Terminals unter 100 KB liegt, gibt es zumindest derzeit noch keine jedem Teilnehmer zugänglichen Teleprogramme mit einem größeren Umfang. Dementsprechend liegt die maximale Ladezeit bei etwa 10 Minuten. Es werden aber auch "Miniprogramme" angeboten, bei denen die Wartezeit nur ca. 30 Sekunden beträgt.

Analoge Telefonverbindungen bieten eine vergleichsweise schlechte Übertragungsqualität. Deshalb kann es vorkommen, daß durch starke Leitungsstörungen ein Teleprogramm nicht richtig geladen wird. Dies ist am "Zeichenwirrwarr" auf dem Bildschirm oder daran zu erkennen, daß sich "gar nichts mehr tut" (kein Blinken der "Statusleuchten" links unten am Bildschirm). Probleme kann es schließlich auch durch fehlerhafte Programme geben, die nicht zum Ablauf gebracht werden können oder die aus unerklärlichen Gründen "abstürzen" (d.h. abgebrochen werden). Weder die Post (die als Dienstbetreiber keinen inhaltlichen Einfluß auf die Nutzung nehmen darf) noch die Programmanbieter übernehmen irgendeine Gewähr für die Qualität der angebotenen Teleprogramme.

Anmerkung: Diese Ausführungen gelten in erster Linie für das österreichische Post-Btx-System, bei dem alle Benutzer intelligente Endgeräte besitzen. Die lokale Speicherkapazität ist selbstverständlich Voraussetzung zum "Herunterladen" eines Teleprogramms. Wenn die Übertragungsgeschwindigkeit – wie auch in der Bundesrepublik Deutschland vorgesehen – auf 2400 bit/s erhöht wird, ändert sich an der grundsätzlichen Problematik nur wenig.

Musterlösung zu Übungsaufgabe Nr. I-248:

Die im öffentlichen Btx-Dienst realisierte Trennung von Informationsanbietern, -nachfragern und Systembetreiber (Post) läßt sich nahezu 1:1 auch auf den Betrieb eines Hochschul-Btx-Systems umsetzen. Zum Beispiel werden die Btx-Anwendungen der Wirtschaftsuniversität Wien unter folgender

Organisationsstruktur betrieben:

Systembetreiber ist das EDV-Zentrum der Wirtschaftsuniversität, dem Betrieb und Administration der Btx-Echtanwendungen mit allen damit in Zusammenhang stehenden Aktivitäten obliegen (Btx-Administration und -Betrieb). Im konkreten umfaßt dies:
- die Beschaffung, den Betrieb und die Wartung aller Hardware- und Softwarekomponenten, die für das WU-Btx-Auskunftssystem notwendig sind (Vorrechner, öffentliche Btx-Terminals usw.),
- die laufende Administration der Btx-Applikationen (Generierung und Administration der Btx-Konfiguration und -Anwendung, Sicherung usw.),
- die Beratung der Btx-Anbieter in technischer Hinsicht.

Mit der Entwicklung der WU-Btx-Applikationen war die Abteilung für Wirtschaftsinformatik betraut, auf deren Initiative die gesamte Btx-Systementwicklung zurückzuführen ist. Zu den Kompetenzen des *Systementwicklers* zählten:
- die Planung und Konzeption des WU-Btx-Auskunftssystems,
- die Anfertigung und Dokumentation von Entwicklungsrichtlinien (Gestaltungskonventionen, Dokumentationsrichtlinien usw.),
- die Betreuung potentieller Informationsanbieter durch Werbung und Öffentlichkeitsarbeit, Information über Neuerungen, Abhaltung von Einschulungskursen, Entwicklung von Schulungsunterlagen,
- die Entwicklung neuer und Weiterentwicklung bereits implementierter Btx-Teilsysteme, im konkreten
  • die Planung und Entwicklung von Btx-Teilangeboten in Abstimmung mit den potentiellen Informationsanbietern,
  • die wissenschaftliche Betreuung der Informationsanbieter bei der Entwicklung neuer Teilsysteme (Beratung),
  • die Installation von Btx-Teilsystemen für Testanwendungen,
  • die Dokumentation der entwickelten Teilsysteme,
- die Administration der Entwicklungsressourcen,
- die begleitende Untersuchung der Akzeptanz und der (positiven und negativen) Auswirkungen des Betriebs des WU-Btx-Auskunftssystems.

Bei der Entwicklung des WU-Btx-Auskunftssystems wurden Studenten in größtmöglichem Ausmaß in die Projektarbeiten einbezogen (Btx-Entwicklungsseminare, Diplomarbeiten und Dissertationen, COBOL-Übungen und andere praxisorientierte Lehrveranstaltungen). Alle Entwicklungsarbeiten wurden auf Aufforderung, in enger Kooperation mit den jeweiligen Universitätseinrichtungen, die bei der Analyse intensiv mitarbeiten mußten, sowie unter ständiger Betreuung durch die Systementwickler (Mitarbeiter der Abteilung für Wirtschaftsinformatik) durchgeführt. Nach Abschluß des mehrjährigen Entwicklungsprojekts wurde das ausgetestete, gut dokumentierte System der ADV-Abteilung der zentralen Universitätsverwaltung zur Wartung übergeben. Die Verantwortung für den Inhalt eines Teilinformationsangebots (Informationsinhalte, Struktur, Gestaltung) obliegt dem einzelnen Anbieter.

Informationsnachfrager im WU-Btx-Auskunftssystem sind primär Studenten, aber auch sonstige Interessierte (Maturanten, andere Universitäten, Unternehmen), welche die angebotene Information nicht nur an den auf dem Areal der Wirtschaftsuniversität aufgestellten, jedermann rund um die Uhr zugänglichen Standterminals, sondern auch von jedem öffentlichen Btx-Anschluß in ganz Österreich bzw. vom Ausland aus abrufen können.

Musterlösung zu Übungsaufgabe Nr. I-249:

Standardisierungen des elektronischen Datenaustausches setzen auf Schicht 7 (Anwendungsschicht) an. Falls Sie bei der Zuordnung Schwierigkeiten gehabt haben, wiederholen Sie bitte die Lektüre über das ISO-OSI-Architekturmodell für offene Kommunikationssysteme auf den Seiten 650 ff. des Textbuches.

Musterlösung zu Übungsaufgabe Nr. I-250:

Das Retrieval in Volltextsystemen ist in der Regel eine Recherche, die auf der Annahme basiert, mit den Wörtern (Syntax) auch den Sinn der Wörter (Semantik) erfassen zu können. Es wird häufig übersehen, daß dem Recherchierenden zwar beliebig viele, jedoch immer nur einzelne Wörter ohne Angabe der Bedeutung im Dokument zur Verfügung stehen.

Volltextsysteme behandeln Texte grundsätzlich als unformatierte Daten, d.h. als fortlaufende Zeichenfolge ohne Format und Struktur. Bei genauerer Betrachtung findet man in Texten jedoch äußerst komplizierte Strukturen. Texte können so unregelmäßig aufgebaut und so vielfältig miteinander verwoben sein, daß sich ein umfassendes Schema gar nicht finden läßt: Absätze, Sätze, zentrierte und rechtsbündige Textteile, Hervorhebungen durch Fett-, Kursiv- oder gesperrten Druck, Tabellen usw.

Voraussetzung für ein effizientes Funktionieren ist, daß sämtliche Inhaltskennzeichnungen automatisch auf ihre Grundform bzw. ihren Wortstamm reduziert werden können. Zusätzlich muß das Problem der Synonyme und Homonyme gelöst sein und es müssen unterschiedliche Schreibweisen auf eine Standardschreibweise zurückgeführt sowie Schreibfehler erkannt werden.

Lösungsansätze für diese Probleme sind Wortlisten und Thesauri (jede Art von Wörterbuch), Stoppwortlisten und die Gewichtung von Deskriptoren mittels Analyse des gesamten Textes. Mit Hilfe dieser Techniken werden die intellektuellen Überlegungen bei der manuellen Indexierung imitiert und es wird sozusagen von der Oberfläche des Textes in die Tiefe vorgedrungen.

Volltextrecherchen scheinen vor allem dort aussichtsreich, wo den Benutzern die Inhalte der benötigten Dokumente bekannt sind. Sie können dann "todsichere" Stichwörter (z.B. Eigennamen) in der Suchanfrage verwenden.

Je eher dem Recherchierenden die Bedingungen bekannt sind, unter denen das Dokument zustande kam, desto besser sind die Voraussetzungen für den Einsatz eines Volltextretrievalsystems. Dies ist u.a. dann der Fall, wenn der Recherchierende das Dokument bereits gelesen hat und somit Fragmente davon im Kopf hat oder wenn er gar Verfasser des Textes ist. Ferner kann die Volltextrecherche bei der Suche nach der "Stecknadel im Heu" unbezahlbare Dienste leisten.

Musterlösung zu Übungsaufgabe Nr. I-251:

Für die benutzerfreundliche Navigation durch Hypertext-Anwendungen benötigt man z.B. folgende Funktionen:
- Vorwärtsblättern;
- Rückwärtsblättern;
- Verzweigung zu einer anderen Informationsebene; (mittels Schalter oder direkt aus dem Text);
- Rückkehr zum Anfang der Anwendung;
- Index;
- Hilfe;
- Beenden.

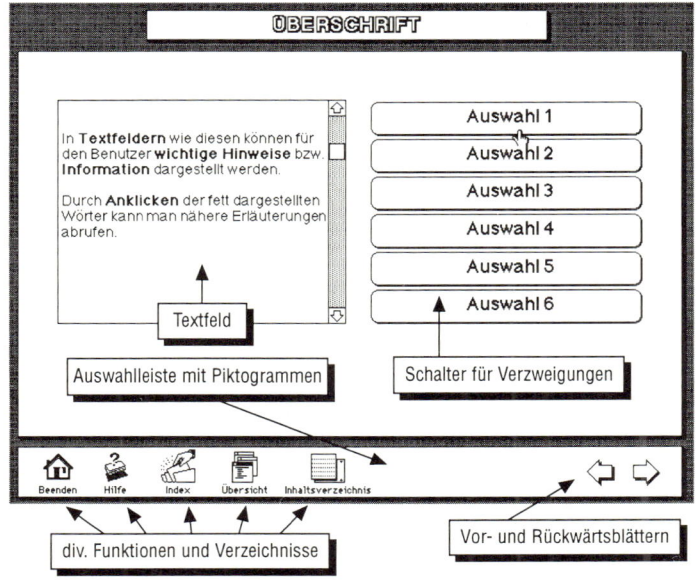

Die Abbildung zeigt den möglichen Aufbau des Bildschirmes einer Hyper-Card-Applikation. Dabei wurden die wichtigsten Funktionen (Vor- und Rückwärtsblättern, Rückkehr zum Anfang, Beenden ...) in einer Auswahlleiste am unteren Rand des Bildschirmes zusammengefaßt. Damit bleibt der Großteil des Bildschirmes für die Informationsdarstellung verfügbar. Dort können Textfelder, Abbildungen sowie weitere Schalter plaziert werden. Um dem Benutzer den Überblick zu erleichtern, wo er sich gerade befindet, sollte die Kapitelüberschrift (ev. mit Seitenangabe) angezeigt werden.

Musterlösung zu Übungsaufgabe Nr. I-252:

Vorteile von PCs bei On-line-Recherchen sind:

Die Login-Prozeduren sowohl zu Fernmeldediensten als auch zu den entsprechenden Datenbank-Hosts im Betrieb oder außer Haus können weitgehend automatisiert werden, d.h. das mühsame (und bei Fernmeldewegen auch kostenbeanspruchende) Eintippen der Benutzer-Identifikation und der Paßwörter entfällt (bzw. wird durch einen einmaligen Prozeduraufruf ersetzt). Der Abfragedialog kann ebenfalls weitgehend vorformuliert werden: On-line-Kommandos können auf bestimmte Funktionstasten gelegt werden und immer wiederkehrende Recherchen können vollkommen automatisiert und dadurch mit der maximal möglichen Geschwindigkeit ablaufen.

Der ganze Dialog oder auch nur Teile davon können auf Magnetplatte gespeichert und off-line weiterverarbeitet werden (Downloading), soweit dies der Datenbankanbieter erlaubt. Hierzu können oft als zusätzliche Möglichkeit Weiterverarbeitungsprogramme abgerufen werden, mit denen die heruntergeladenen Daten analysiert und aufbereitet werden können.

Ebenso ist Uploading von lokalen Dateien (Mitteilungen, Programmen, Nutzdatenbeständen) bzw. Verarbeitungsergebnissen möglich.
Meist sind PC-Programme für die individuelle Datenverarbeitung durch ihre grafischen Oberflächen und die alleinige Verfügbarkeit der Hardware-/Softwareplattform für einen Benutzer auch einfacher und komfortabler zu handhaben als entsprechende Zentralrechnerversionen, auf welche die Benutzer "dummer" Bildschirmterminals beschränkt sind.

Musterlösung zu Übungsaufgabe Nr. I-253:

- **a)** interne Datenbank ("Nachweise/Verzeichnisse")
- **b)** externe Datenbank ("Nachweise/Verzeichnisse")
- **c)** externe Datenbank ("Bibliographische Datenbank")
- **d)** externe Datenbank ("Volltextdatenbank")
- **e)** interne Datenbank ("Volltextdatenbank")

Musterlösung zu Übungsaufgabe Nr. I-254:

Im Prinzip gibt es keinen Unterschied. Sowohl bei internen als auch bei externen Datenbanken müssen die jederzeitige Vollständigkeit und Korrektheit der Daten gewährleistet sein (= Datensicherheit) und der unbefugte Gebrauch von personenbezogenen Daten verhindert werden (= Datenschutz). Allerdings kommen bei dem Angebot von Datenbanken für Externe durch die Datenübertragung über Fernmeldewege und die in vielen Fällen nicht oder kaum bekannten Benutzer zusätzliche Risiken hinzu, die durch geeignete Maßnahmen "abgefangen" werden müssen. Die in den Abschnitten 3.2.2.5 und 3.2.2.6 skizzierten diesbezüglichen Möglichkeiten sind jedoch in aller Regel ausreichend. Geschützte personenbezogene Daten dürfen im übrigen laut Datenschutzgesetz von Betrieben grundsätzlich nicht an externe Dritte weitergegeben werden; es besteht jedoch eine "Einbruchsgefahr" von außen, wenn Personaldatenbestände auf demselben Rechner gespeichert sind wie eine extern angebotene "unverfängliche" Datenbank.

Musterlösung zu Übungsaufgabe Nr. I-255:

Vorteile von CD-ROM-Datenbanken sind:
a) permanente Verfügbarkeit bei der täglichen Arbeit unter Wegfall von Datenübertragungskosten und sonstigen variablen Kosten (z.B. Recherchegebühren, Versandgebühren von Auszügen);
b) lokaler Zugriff für viele Benutzer im Netz über einen CD-ROM-Server;
c) keine Verbindungsaufbauzeit und niedrige Zugriffszeit von durchschnittlich ca. 0,5 Sekunden bei einem Datenbestand bis zu 650 MB (Nutzdaten plus Zugriffssystem) pro CD-ROM;
d) auf CD-ROM können außer numerischen Daten und Text auch Audio- und Videodaten gespeichert und multimedial eingesetzt werden (was wegen der geringen Bandbreite der Fernmeldewege beim Zugriff auf externe Datenbanken nicht möglich ist).

Musterlösung zu Übungsaufgabe Nr. I-256:

Alle Lösungen, a) bis e), sind richtig.

Musterlösung zu Übungsaufgabe Nr. I-257:

Mögliche Einflußfaktoren auf den Gruppenprozeß sind:
a) Gruppe
   – individuelle Merkmale (fachliche Qualifikation, Teamfähigkeit, Kommunikationsfähigkeit, Durchsetzungvermögen usw.) der Mitglieder
   – Gruppengröße
   – Entstehung der Gruppe
   – formale und informale Beziehungen in der Gruppe
   – Zugehörigkeitsdauer zur Gruppe
   – Gruppenerfahrungen
   – Zusammengehörigkeitsgefühl usw.
b) Aufgabe
   – Art der Aufgabe (z.B. Ermessensspielräume)

- Umfang
- Komplexität
- Häufigkeit (Wiederholungsgrad)
- Rationalität bzw. politischer Charakter der Aufgabenerfüllung usw.

c) Ablauf
- Strukturierungsgrad
- Art und Anzahl der Kontakte bzw. Zusammenkünfte
- Anonymitätsgrad
- Führungsstil
- Partizipationsgrad der Beteiligten/Betroffenen/Sponsoren
- Konfliktbehandlung usw.

d) Kontext
- Leitbild und Zielsetzungen
- Normen und Standards
- Methoden und Werkzeuge
- Anreiz– und Belohnungssystem
- Organisationskultur
- Umwelt usw.

Kriterien, an denen der Erfolg der Zusammenarbeit gemessen werden kann, sind:

a) Umfang und Qualität der Ergebnisse
b) benötigte Zeit für die Ergebnisse
c) anfallende Kosten für die Ergebnisse
d) Zufriedenheit der Beteiligten mit dem Ablauf und den Ergebnissen
e) Zahl der Reklamationen
f) Konsens
g) Vertrauen usw.

Musterlösung zu Übungsaufgabe Nr. I-258:

Ja, die Aussage ist richtig. Mit Groupware-Systemen kann die Redundanz innerhalb von Arbeitsgruppen verhindert oder zumindest stark eingeschränkt werden. Neuerfassungen, Änderungen bzw. Ergänzungen des Datenbestandes stehen auch den anderen Mitgliedern der Arbeitsgruppe sofort zur Verfügung. Daher ist auch die mehrfache Speicherung derselben Datenwerte innerhalb der Arbeitsgruppe unwahrscheinlich.

Musterlösung zu Übungsaufgabe Nr. I-259:

Um gescannte Textvorlagen auch tatsächlich als Text verarbeiten zu können, ist ein OCR-Programm (Abkürzung für engl.: Optical Character Recognition = Zeichenerkennung) notwendig.

Mit dieser Software wird die Rasterbildinformation (= nicht codierte Information) in einzelne Schriftzeichen umgewandelt. Das Dokument kann damit auch vom Rechner als Text "gelesen" werden. Erst durch diese Umwandlung in codierte Information ist eine Volltextrecherche möglich.

Damit man die eintreffende Korrespondenz in möglichst großem Umfang automatisch erfassen kann, sollte das OCR-Programm viele verschiedene Schriften erkennen können.

Musterlösung zu Übungsaufgabe Nr. I-260:

Der wesentliche Vorteil des Verzeichnisdienstes ist die Abbildung von zumeist komplexen Netzwerkadressen auf benutzerfreundliche und leicht merkbare Namen.

Endbenutzer eines Büroinformationssystems verwenden den Verzeichnisdienst nicht direkt, sondern arbeiten mit Anwendungen, zum Beispiel Elektronischer Post, die auf dem Verzeichnisdienst aufsetzen und eine endbenutzergerechtere Benutzeroberfläche bieten. Dadurch ist es einem Endbenutzer möglich, anstelle der tatsächlichen, physischen Adresse des Empfängers einen benutzerfreundlichen Namen zu verwenden. Beispielsweise kann statt der physischen Adresse "hansen@137.208.1.6" der Name "hansen@dec6.wu-wien.ac.at" (dec6 = Name des Rechners, wu-wien = Wirtschaftsuniversität Wien, ac = academic, at = Austria) angegeben werden. Das Electronic-Mail-System stellt in der Folge an den Verzeichnisdienst eine Anfrage zur Ermittlung der physischen Adresse für "hansen@dec6.wu-wien.ac.at" und erhält als Ergebnis dieser Suche die Adresse "hansen@137.208.1.6", die für das Verschicken der Post verwendet wird.

Musterlösung zu Übungsaufgabe Nr. I-261:

Nachteile von dedizierten Textsystemen sind:
- Fest vorgegebene Funktionalität der Textverarbeitung und der Benutzeroberfläche (herstellerspezifisch)
- keine bzw. allenfalls rudimentäre sonstige Anwendungsmöglichkeiten (z.B. Tabellenkalkulation, Präsentationsgrafik, Datenbankverwaltung, E-Mail usw.)
- Herstellerabhängigkeit durch proprietäre Architektur (keine Softwarealternativen, keine oder nur sehr beschränkte Peripheriealternativen (Tastatur, Bildschirm, Drucker)
- vergleichsweise hohe Preise

Musterlösung zu Übungsaufgabe Nr. I-262:

Das Betriebssystem muß die Fähigkeit zum Mehrprogrammbetrieb (Multitasking) besitzen, um mehrere Applikationen parallel zu bearbeiten. Dabei befinden sich gleichzeitig mehrere Programme im Arbeitsspeicher des Rechners, welche die benötigten Betriebsmittel wechselseitig zugeteilt bekommen.

Diese Fähigkeit ist bei folgenden PC-Betriebssystemen gegeben:

Betriebssystem	ja	nein
Windows NT	✕	
Mac-OS	✕	
CP/M		✕
OS/2	✕	
MS-DOS		✕

Musterlösung zu Übungsaufgabe Nr. I-263:

Der dargestellte Mikrorechner eignet sich in dieser Konfiguration nicht für den Einsatz im Multimediabereich. Zu bemängeln ist:
- daß eine Zusatzkarte für die Videodigitalisierung und -ausgabe (PAL bzw. NTSC) fehlt,
- daß der Bildschirm zu klein ist (um die Übersicht bei der Entwicklung zu behalten, wäre eine größere Bearbeitungsfläche – z.B. mindestens die eines 16-Zoll-Monitors – von Vorteil),
- daß die VGA-Auflösung unzureichend ist (für einen größeren Bildschirm wäre mindestens SVGA angebracht),
- daß die Audio-Schnittstelle mit 8-Bit mono nicht die erforderliche Tonqualität bietet (16-Bit stereo wäre vorteilhaft).

Die sonstige Ausstattung – speziell die Prozessorleistung, die Kapazität des Arbeitsspeichers sowie die vorhandenen Schnittstellen – entspricht den Erfordernissen an einen Mikrorechner zur Entwicklung von Multimedia-Präsentationen.

Musterlösung zu Übungsaufgabe Nr. I-264:

Alle Aussagen, a) bis e), sind richtig.

Musterlösung zu Übungsaufgabe Nr. I-265:

Üblicherweise werden bei der Textverarbeitung heute die Editierung und Formatierung von Dokumenten als Clientprozesse auf einem Arbeitsplatzrechner ausgeführt. Sobald ein Schriftstück abzulegen ist, wird vom Benutzer ein entsprechender Ablagedienst aufgerufen, an den das Dokument mit den entsprechenden Verwaltungshinweisen (Autor, Betreff, Schlagwörter usw.) übergeben wird. Dieser Ablageserver kann auf demselben Arbeitsplatzrechner oder einem anderen (eventuell spezialisierten) Rechner im Netz implementiert sein. Die Entscheidung darüber, wie die Client- und Serveraufgaben in einem vernetzten System verteilt werden, ist primär eine Frage der verfügbaren Ressourcen bzw. notwendigen Leistungsfähigkeit und der dadurch verursachten Kosten. Für den Benutzer ist die Aufgabenverteilung auf die verbundenen Rechner bzw. Prozesse bei der Abwicklung geschäftlicher Transaktionen unerheblich und nicht erkennbar. Der Grundgedanke des Client-Server-Konzepts ist die Mehrfachverwendbarkeit: Gleiche Funktionen, die häufig von vielen verschiedenen Clients benötigt werden, werden allgemein zugänglich als Server auf den jeweils bestgeeigneten Stationen im Netz bereitgestellt.

Musterlösung zu Übungsaufgabe Nr. I-266:

Beispiele für solche Nutzeffekte sind zahllos. Denken Sie z.B. an einen Projektvorschlag, dessen Erstentwurf von der Abteilung A an die Abteilung B weitergegeben wird, die diesen liest, in fachlicher Hinsicht überarbeitet und an die Abteilung C zur Überprüfung der technischen Durchführbarkeit weitergibt. Von dort wird der Vorschlag mit den entsprechenden Kommentaren an die Abteilung A zurückgegeben, die den endgültigen Projektantrag fertigstellt und diesen zur Genehmigung an die Geschäftsführung übermittelt. Schon allein durch den Einsatz von Elektronischer Post kommt es dabei auf allen Stufen zu erheblichen Zeitgewinnen bei:

- der Bearbeitungszeit für die Informationsbeschaffung und Antragsbearbeitung,
- Rücksprachen und Abstimmungsaktivitäten,
- Transport und Liegezeit in Posteingangs- und Postausgangskörben.

Stellen Sie sich die zusätzlichen zeit- und kostenrelevanten Wirkungen vor, wenn z.B. bei einem solchen Projekt mehr als ein Dutzend Abteilungen einbezogen werden müssen, die vielleicht in verschiedenen Ländern liegen! An Universitäten werden recht häufig solche internationalen Vorhaben (Forschungsprojekte, Tagungen, Veröffentlichungen) mit vielen Teilnehmern aus der ganzen Welt auf der Basis von Internet zeit- und kostensparend abgewickelt.

Musterlösung zu Übungsaufgabe Nr. I-267:

R. Reichwald unterscheidet drei Typen von Aufgaben der Informationsverarbeitung im Büro (sogenannte Anwenderwelten):

a) Einzelfallorientierte Aufgaben (Anwenderwelt 1) haben eine hohe Komplexität und niedrige Planbarkeit, der Informationsbedarf ist unbestimmt, die Kooperationspartner sind wechselnd bzw. nicht festgelegt und die Lösungswege sind offen. Führungsaufgaben, wie z.B. die Entscheidung über neue Aktionsräume, die Einstellung und Koordination von Mitarbeitern, Karrieregespräche, Budgetverhandlungen, die Entscheidung über eine neue informationstechnische Infrastruktur oder die Sicherung der Verbindungen zu Großkunden oder staatlichen Stellen, sind typische Beispiele. Die Kommunikation erfolgt am besten durch persönliche Gespräche. Für die Führungskräfte ist es wichtig, mit möglichst vielen Kommunikationspartnern Beziehungen zu haben, die neben Faktenwissen auch sogenannte weiche Information vermitteln können.

b) Sachfallorientierte Aufgaben (Anwenderwelt 2) sind durch eine mittlere Komplexität und Planbarkeit, durch problemabhängig bestimmbaren Informationsbedarf, durch wechselnde, aber festgelegte Kooperationspartner und durch Rahmenregelungen bestimmt. Beispiele für derartige, nur teilweise formalisierbare Aufgaben von Fachkräften sind die Ausarbeitung von Angeboten im Investitionsgütermarketing, das Produktmanagement im Konsumgütermarketing, die Entwicklung von Informationssystemen, die Abwicklung von Bauprojekten, die Investitions- und Finanzierungsplanung oder die Lehrveranstaltungsprogrammplanung an einer Hochschule.

c) Routinefallorientierte Aufgaben (Anwenderwelt 3) sind durch eine niedrige Komplexität und eine hohe Planbarkeit sowie durch einen vorherbestimmbaren Informationsbedarf gekennzeichnet. Die Kooperationspartner sind gleichbleibend, der Lösungsweg ist im Ablauf festgelegt. Beispiele solcher Aufgaben sind etwa die Verwaltung von Stücklisten, Arbeitsplänen und Aufträgen, die Fakturierung, die Buchhaltung, die Kostenrechnung, die Lagerverwaltung, die Bestellschreibung oder die Immatrikulation bzw. Rückmeldung der Studierenden an einer Hochschule.

Die Abbildung auf den Seiten 438 und 439 zeigt die Abdeckung der Kommunikationsanforderungen der skizzierten Anwenderwelten durch die realisierten bzw. geplanten Dienste und Dienstmerkmale des ISDN.

Quelle: Reichwald, R., Straßburger, F.X.: Innovationspotentiale von ISDN für die geschäftliche Kommunikation, in: DBW 49 (1989) 3, S. 342.

Musterlösung zu Übungsaufgabe Nr. I-268:

Die Funktionen von Büroinformationssystemen sind bei den einzelnen unterstützten Arbeitsplätzen inhaltlich und zeitlich oft sehr verschieden ausgeprägt. Für deren Verwendung hat der einzelne Benutzer tendenziell viel Spielraum (d.h. viel höhere Freiheitsgrade als etwa in der Fertigung). Rationalisierungserträge durch Kosteneinsparungen sind eher selten. Vor allem ist es eine Illusion zu glauben, daß Büroautomation eine Eindämmung der Papierflut im Büro bewirkt. Der weltweit größte Flugzeughersteller Boeing, zum Beispiel, produziert heute unter weitreichender Rechnerunterstützung mehr Tonnen Papier als Flugzeuge!

Nur wenige Leistungsverbesserungen, wie z.B. die Vergrößerung der Menge an bearbeiteten Geschäftsvorfällen oder die Verkürzung der Bearbeitungszeit bzw. Durchlaufdauer, lassen sich quantifizieren und in Geld ausdrücken. Oft treten solche Produktivitätssteigerungen bei flächendeckenden Systemen erst nach zwei bis drei Jahren auf; anfangs ist am einzelnen Arbeitsplatz nur eine Mehrbelastung spürbar.

Größtenteils handelt es sich bei Büroinformationssystemen um Nutzeffekte, die sich kaum monetarisieren lassen und die sich nur auf Abteilungsebene bzw. gesamtbetrieblicher Ebene grob schätzen lassen, wie z.B.
- die Bewältigung der wachsenden Informationsmengen,
- die häufigeren – aber dafür auch weniger persönlichen – Kontakte mit Kommunikationspartnern,
- die Fundierung von Entscheidungen durch genauere, aktuellere Information,
- die Beschleunigung von Abstimmprozessen,
- die Erhöhung der Flexibilität,
- die Steigerung der Innovationsfähigkeit,
- die Verbesserung des Images,
  und aus all diesen Faktoren resultierend,
- die Stärkung der Wettbewerbsfähigkeit.

Musterlösung zu Übungsaufgabe Nr. I-269:

Büroinformationssysteme sind sehr dynamische Systeme, bei denen häufig Änderungen der Anforderungen und Abläufe vorgenommen werden müssen. Der Anteil menschlicher Arbeit ist hoch, die Nutzeffekte hängen stark von der Akzeptanz und der Qualifikation, d.h. dem zweckgerechten Einsatz der Technik durch den Menschen, ab. Durch die schnellen informationstechnischen Fortschritte ergeben sich immer wieder neue Aktionsräume bzw. Änderungen der Geschäftsprozesse und es veralten vorhandene Lösungen. Es gibt noch keine umfassende Theorie für Büroinformationssysteme, bestehende Modellierungsansätze unterscheiden sich erheblich bezüglich der verwendeten Beschreibungsmethoden und Gegenstandsbereiche. Der Modellierungsaufwand ist sehr hoch, dabei treten im Bürobereich eine Reihe von speziellen Problemen auf: die große Menge von Vorschriften, Arbeitsabläufen und Einzeltätigkeiten, die zahlreichen Ermessensspielräume bei der Sachbearbeitung, die gleichzeitige Bearbeitung vieler Tätigkeiten, die Einbeziehung von Ausnahmebehandlungen, die Koordination voneinander abhängiger Einzeltätigkeiten, die Abweichungen bei der tatsächlichen Aufgabenerfüllung gegenüber den Modellvorstellungen.

ANFORDERUNGEN AN DIE KOMMUNIKATION	TENDENZIELLER BEDEUTUNGSSCHWERPUNKT DER ANFORDERUNGEN BEI		
	Anwenderwelt 1 (innovativ)	Anwenderwelt 2 (sachorientiert)	Anwenderwelt 3 (datenorientiert)
Mehr-Personen-Kommunikation	■ besonders wichtig		
persönliche Nähe des Kommunikationspartners	■ besonders wichtig		
Unmittelbarkeit und Direktheit	■ besonders wichtig		
Erreichbarkeit	■ besonders wichtig		
Vertraulichkeit	■ besonders wichtig		
Repräsentativität	▨ wichtig	■ besonders wichtig	
Anlagen, Bilder/Skizzen	▨ wichtig		
Aktualität, Zugriffsfähigkeit auf Daten	▨ wichtig	■ besonders wichtig	▨ wichtig
Exaktheit der Übermittlung		■ besonders wichtig	
Verteiler		■ besonders wichtig	
Erleichterung der Schriftguterstellung		■ besonders wichtig	
Weiterverarbeitbarkeit		■ besonders wichtig	
Dokumentierbarkeit		■ besonders wichtig	
hohe Übertragungskapazität		▨ wichtig	■ besonders wichtig
Überprüfbarkeit des Informationsprozesses		▨ wichtig	■ besonders wichtig
Sicherheit der Übertragung		▨ wichtig	■ besonders wichtig
keine Medienbrüche, Medienübergänge		▨ wichtig	■ besonders wichtig

■ = besonders wichtig ▨ = wichtig ☐ = teilweise wichtig

Abbildung zur Musterlösung zu Übungsaufgabe Nr. I-267

EIGNUNGSSCHWERPUNKTE DER	
DIENSTE	**DIENSTMERKMALE**
Telekonferenz	Sonderverbindungen, besondere Verbindungsvollendung
Bildtelefon*, Telekonferenz*	Mehrdienstebetrieb
Telefon, Telekonferenz	schneller Verbindungsaufbau, besondere Verbindungsvollendung
Teletex, Telefon, Telefax, Mail-Dienste	besondere Verbindungsvollendung, schneller Verbindungsaufbau
Telefon*, Teletex*, Telefax*	dienstabhängige Sonderverbindungen, geschlossene Benutzergruppe
Teletex*, Textfax*	hohe Qualität der Texte und Bilder
Telefax, Textfax	Mehrdienstebetrieb
ISDN-Datendienste, Bildschirmtext (Btx)	Kurzwahl, Rundsenden, geschlossene Benutzergruppe
Teletex, Btx, Textfax	Mehrdienstebetrieb, geschlossene Benutzergruppe
Btx, Teletex, Telefax	Rundsenden, Konferenzverbindung, besondere Verbindungsvollendung
Teletex, Textfax	Rundsenden
Teletex, Btx, Textfax, Mail-Dienste	Mehrdienstebetrieb
Telefax, Teletex, Btx, Textfax	elektronische Speicherung
ISDN-Datendienste*	hohe Übertragungsrate
Telefax, Teletex, Btx, Textfax	geschlossene Benutzergruppe, Rufnummernanzeige
Telefax, Teletex	geschlossene Benutzergruppe, Rufnummernanzeige
alle Dienste in einem Netz	Dienstwechsel während der Verbindung, Mehrdienstebetrieb
	* = nur bedingt wichtig

Musterlösung zu Übungsaufgabe Nr. I-270:

Eine einfache Kriterienliste zum Vergleich alternativer Plattformen für ein Büroinformationssystem könnte zum Beispiel folgendermaßen aussehen:

Kriterien	Abteilungs-rechner	PC-LAN
Reifegrad und Stabilität der Lösung	●	
Zukunftsträchtigkeit		●
Einhaltung von Standards für offene Systeme		●
Flexibilität		●
Ausbaufähigkeit		●
Einbettung in die bestehende EDV-Organisation	●	
Rechnerleistung pro Arbeitsplatz		●
Speicherkapazität pro Arbeitsplatz		●
Systembedienungserfordernisse für Endbenutzer	●	
Benutzerfreundlichkeit (Oberfläche)		●
Funktionalität des Betriebssystems	●	
Funktionalität des Datenbankverwaltungssystems	●	
Funktionalität des Kommunikationssystems		●
Funktionalität der Bürosoftware		●
Sonstiges Standardsoftwareangebot		●
Mehrbenutzerbetrieb und Anwendungsintegration	●	
Datensicherung	●	
Datenschutz	●	
Ausfallsicherheit		●
Dokumentation	●	
Kosten		●

Bitte betrachten Sie diese primitive Checkliste nur als Beispiel! Im konkreten Fall kommt es darauf an, solche und ähnliche Kriterien in sehr viel differenzierterer Form aus den jeweiligen Verhältnissen bzw. den spezifischen Erfordernissen abzuleiten (in Form eines hierarchischen Zielsystems), die

Kriterien entsprechend den Bedürfnissen zu gewichten und die Alternativen in bezug auf die einzelnen Kriterien zu beurteilen. Je nach Bedingungslage, subjektiver Gewichtung der Bestimmungsfaktoren und Bewertung der Alternativen kann man bei einer solchen Nutzwertanalyse zu ganz unterschiedlichen Ergebnissen kommen.

Klausurarbeiten

Bearbeitungshinweise

Auf den folgenden Seiten sind zehn Klausurarbeiten wiedergegeben, die Sie unter den üblichen Prüfungsbedingungen bearbeiten sollten. Ziehen Sie sich an einen störungsfreien Ort zurück, benutzen Sie außer einem Taschenrechner keine Hilfsmittel und halten Sie sich bitte an die vorgegebene *Bearbeitungszeit von jeweils 60 Minuten.*

Die **erste** und **zweite Klausurarbeit** erstrecken sich über den Stoff der ersten Hälfte des Bandes "Wirtschaftsinformatik I. Einführung in die betriebliche Datenverarbeitung", 6. Auflage (UTB 802), genauer, die Kapitel 1. Grundlegender Überblick und 2. Komponenten von Informationssystemen. Die Prüfungsaufgaben beziehen sich ausschließlich auf die im Stoff- bzw. Leseplan für Endbenutzer empfohlenen Seiten (vgl. Seite 6 im Textbuch).

Die **dritte** und **vierte Klausurarbeit** betreffen ebenfalls die ersten beiden Kapitel des Bandes "Wirtschaftsinformatik I", wobei jedoch der gesamte Stoff einbezogen wird (also nicht nur das "Endbenutzer-Wissen").

Die **fünfte Klausurarbeit** bezieht sich auf den für Endbenutzer unbedingt notwendigen Stoff des dritten Kapitels des Bandes "Wirtschaftsinformatik I". Von diesem Kapitel sind nur Teile des Hauptabschnitts 3.2 Datenspeicherung im Textbuch auf Seite 6 als "für Endbenutzer unbedingt notwendig" deklariert; im Schwerpunkt sind dies die Ausführungen über Datenbanksysteme.

Die **sechste Klausurarbeit** umfaßt den gesamten Stoff der Hauptabschnitte 3.1 Datenerfassung und 3.2 Datenspeicherung im Textbuch (also nicht nur das für den Endbenutzer notwendige bzw. empfehlenswerte Wissen).

Die **siebte** und **achte Klausur** beinhalten Prüfungsfragen zum restlichen Stoff des Bandes "Wirtschaftsinformatik I", dem Hauptabschnitt 3.3 Datenübertragung und dem Kapitel 4. Büroinformationssysteme. Die Fragen der Klausur 7 sind dabei "endbenutzerrelevant" (das heißt, sie beziehen sich auf die für Endbenutzer als unbedingt notwendig oder als zusätzlich empfehlenswert genannten Seiten; entsprechend Seite 6 des Textbuchs). Die Klausur 8 betrifft hingegen den Gesamtstoff der Seiten 611 bis 920 des Textbuchs.

Die **neunte** und **zehnte Klausur** decken den gesamten Inhalt (Kapitel 1 bis 4) des Bandes "Wirtschaftsinformatik I" ab. Auch bei diesen Klausuren sind die Prüfungsaufgaben also nicht nur auf den Stoff bezogen, der als Leseplan für Endbenutzer im Textbuch auf den Seiten 6 und 7 definiert ist.

Die nachfolgende Tabelle zeigt Ihnen die für die Klausuren 1 bis 10 relevanten Seiten im Textbuch "Wirtschaftsinformatik I" nochmals im Überblick.

Stoff	Relevante Seiten im Textbuch "Wirtschaftsinformatik I"
Klausur 1	9 - 82, 95 - 136, 153 - 157, 171 - 189, 192 - 206, 221 - 242, 245 - 249, 254 - 271, 276 - 303, 306 - 317, 322 - 344, 348 - 366, 369 - 434, 439 - 447, 452 - 454, 471 - 477
Klausur 2	9 - 82, 95 - 136, 153 - 157, 171 - 189, 192 - 206, 221 - 242, 245 - 249, 254 - 271, 276 - 303, 306 - 317, 322 - 344, 348 - 366, 369 - 434, 439 - 447, 452 - 454, 471 - 477
Klausur 3	9 - 484
Klausur 4	9 - 484
Klausur 5	485 - 486, 533 - 541, 555 - 579
Klausur 6	485 - 610
Klausur 7	611 - 645, 740 - 741, 785 - 920
Klausur 8	611 - 920
Klausur 9	9 - 920
Klausur 10	9 - 920

Die Aufgaben sind bei allen zehn Klausurarbeiten in *zufälliger Reihenfolge* wiedergegeben (das heißt, die Sortierung entspricht nicht der inhaltlichen Gliederung im Textbuch). Der Schwierigkeitsgrad bzw. Zeitdruck wächst von Klausur zu Klausur. Sie werden nur dann in der vorgesehenen Zeit fertig, wenn Sie den Stoff wirklich gut beherrschen.

Derartige Probeklausuren sind eine ausgezeichnete Vorbereitung auf die schriftlichen Prüfungen an Hochschulen, die meist für den Erwerb eines EDV-Leistungsscheins erfolgreich zu absolvieren sind.

Jede Klausur besteht aus 35 bis 36 Prüfungsaufgaben. Dabei handelt es sich ausschließlich um Multiple-Choice-Aufgaben. Eine Aufgabe besteht jeweils aus *fünf Aussagen zu einem bestimmten Thema.* Es können eine, mehrere bzw. alle vorgegebenen Aussagen richtig sein. Sie können jedoch ausschließen, daß bei einer Prüfungsaufgabe alle vorgegebenen Lösungen falsch sind. Markieren Sie die Ihrer Meinung nach richtigen Lösungen. Eine Lösung gilt nur dann als zutreffend, wenn sie in allen ihren Teilen richtig ist. (Verschiedentlich sind Lösungen vorgegeben, die nur teilweise stimmen; diese dürfen <u>nicht</u> als zutreffend angekreuzt werden!)

Bei jeder Klausuraufgabe ist das *Fragengewicht* in Punkten oben angegeben. Dieses repräsentiert den jeweiligen *Schwierigkeitsgrad* einer Aufgabe und stimmt meistens auch in etwa mit der üblicherweise notwendigen Bearbeitungszeit (in Prozent der Gesamtklausurzeit) überein. Die maximal erreichbare *Gesamtpunktezahl pro Klausur beträgt 100 Punkte.*

Sie haben die Möglichkeit, die Klausurarbeiten mit Hilfe der *Lösungsangaben* auf den Seiten 618 bis 637 selbst zu korrigieren.

Gehen Sie dabei jeweils von dem für eine Prüfungsaufgabe angegebenen Fragengewicht aus und mitteln Sie dieses
- erstens entsprechend der Zahl der vorgegebenen richtigen Lösungen (= RWert) und
- zweitens entsprechend der Zahl der vorgegebenen falschen Lösungen (= FWert).

Für jede von Ihnen richtig markierte Lösung erhalten Sie den errechneten Mittelwert für richtige Lösungen (RWert) gutgeschrieben, für jede falsch markierte Lösung wird der Wert für falsche Lösungen (FWert) abgezogen. Addieren Sie sodann die von Ihnen erreichten RWerte und subtrahieren Sie hiervon die FWerte, um auf den von Ihnen insgesamt erreichten Punktewert für eine Prüfungsaufgabe zu kommen. Sollte bei einer Prüfungsaufgabe die Summe der FWerte die Summe der RWerte übertreffen, so erhalten Sie 0 Punkte (d.h. negative Punktezahlen sind nicht vorgesehen).

Unterstellen wir zum *Beispiel,* daß die Prüfungsaufgabe Nr. X ein Fragengewicht von 3 hat. Von den vorgegebenen Lösungen sind a) und b) richtig, c) bis e) sind falsch. Dann gilt: RWert von a) und b) = 1,5, FWerte von c) bis e) = 1. Haben Sie nun allein die Lösungen a) und b) markiert, so erreichen Sie die volle Summe von 3 Punkten. Haben Sie aber die Lösungen a), b), c) und d) markiert, so wird Ihnen 1 Punkt (1,5 + 1,5 - 1 - 1) gutgeschrieben. Wenn Sie hingegen nur die Lösungen d) und e) angekreuzt haben, so erhalten Sie keinen Punkt.

Addieren Sie sodann die von Ihnen in einer Klausurarbeit erreichten Punkte und stellen Sie anhand des unten angegebenen Bewertungsschemas Ihre Klausurnote fest.

Note	sehr gut	gut	befriedigend	genügend	nicht genügend
Punkte	100 - 80	79 - 70	69 - 60	59 - 50	49 - 0

Viel Erfolg!

Klausurarbeit Nr. 1

Klausuraufgabe Nr. 1-1:   (3 Punkte)

Durch die virtuelle Speicherungstechnik kann die tatsächlich vorhandene Arbeitsspeicherkapazität auf ein Vielfaches ausgeweitet werden.

Welche der folgenden Aussagen sind (ist) korrekt?

a) Die virtuelle Speicheradressierung wird durch die organisatorische Verschmelzung der schnellsten peripheren Speicher mit dem Arbeitsspeicher möglich.

b) Arbeitsspeicher und Peripheriespeicher werden in Seiten (engl.: pages) unterteilt. Für die Seiten des Arbeitsspeichers wird vom Betriebssystem eine Tabelle mitgeführt, die den Zeitpunkt des letzten Zugriffs enthält. Wird bei der Abarbeitung eines Programms auf Befehle oder Daten zugegriffen, die sich nicht in einer Seite des Arbeitsspeichers befinden (page-fault), wird jene Seite, die am längsten nicht mehr benötigt wurde, gegen die benötigte Seite aus dem Peripheriespeicher ausgetauscht (paging).

c) Die virtuelle Speicherungstechnik wurde durch die Entwicklung der Magnetblasenspeichertechnologie in der Praxis einsetzbar.

d) Schnelle Magnetbandstationen mit der neuen Dünnschichttechnologie bieten ideale Voraussetzungen für die Verwendung als Seitenspeicher.

e) Die virtuelle Speicheradressierung beseitigt wesentliche und sehr hinderliche Einschränkungen bei der Programmierung.

Klausuraufgabe Nr. 1-2:   (4 Punkte)

Die meisten heutigen EDVA orientieren sich in ihrem Aufbau an Prinzipien, die 1946 von John von Neumann zur Gestaltung eines Universalrechners vorgeschlagen worden sind.

Welche der nachfolgenden Aussagen über einen von-Neumann-Rechner sind (ist) insgesamt, das heißt in allen Teilen, richtig?

a) Der Rechner besteht aus fünf Funktionseinheiten: Speicher(werk), Leitwerk, Rechenwerk, Eingabewerk und Ausgabewerk.

b) Die Struktur des Rechners ist unabhängig von den zu bearbeitenden Problemen. Zur Problemlösung wird von außen eine Bearbeitungsvorschrift, das Programm, eingegeben und im Speicher abgelegt. Erst dieses Programm macht den Rechner arbeitsfähig und paßt ihn an eine bestimmte Anwendungssituation an.

c) Aufeinanderfolgende Befehle eines Programms können im allgemeinen aus aufeinanderfolgenden Speicherzellen geholt werden. Das Ansprechen des nächsten Befehls erfolgt vom Rechenwerk durch das Erhöhen der Befehlsadresse um Eins.

d) Das Rechenwerk verknüpft die vom Leitwerk bezeichneten Daten. Es führt arithmetische Befehle wie Addieren, Multiplizieren, Laden von Konstanten usw. aus. Logische Befehle wie Vergleichen, Verschieben, Vorzeichenbestimmung, Umformen, Runden usw. werden hingegen vom Leitwerk ausgeführt.

e) Ein PC mit einem Intel-80486SX-Zentralprozessor ist keine von-Neumann-Machine.

Klausuraufgabe Nr. 1-3: (3 Punkte)

Welche der nachstehenden Aussagen über die Funktionseinheiten einer EDVA sind (ist) richtig?

a) Eine EDVA besteht in der Regel aus Einheiten zur Ein- und Ausgabe von Daten (periphere Einheiten) sowie zur Transformation und Speicherung von Daten (Prozessoren, Zentralspeicher und externe Speicher).

b) Die Zentraleinheit dient zur Verarbeitung und längerfristigen Aufbewahrung all jener Datenbestände, die für das Unternehmen von zentraler Bedeutung sind und daher in ständigem Zugriff sein müssen.

c) Für den Datentransfer zwischen peripheren Einheiten und der Zentraleinheit sorgen oft Ein-/Ausgabeprozessoren, die einen Ausgleich zwischen der hohen Verarbeitungsgeschwindigkeit des Zentralprozessors und der vergleichsweise langsamen Ein-/Ausgabe der peripheren Einheiten herstellen.

d) Eine EDVA, deren Zentralspeicher von mehreren Prozessoren genutzt wird, wird als Multiprozessorsystem bezeichnet.

e) Die Rechenoperationen einer EDVA werden im Zentralspeicher durchgeführt.

Klausuraufgabe Nr. 1-4: (2 Punkte)

Welche der folgenden Aussagen über das Leistungsvermögen eines PCs sind (ist) richtig? Tendenziell ist die Zentraleinheit umso leistungsfähiger,

a) je länger die Zykluszeit des Zentralprozessors ist.

b) je breiter der prozessorinterne Datenbus ist.

c) je mehr Maschinenbefehle fest verdrahtet sind.

d) je geringer die Trefferrate im Cache-Speicher ist, das heißt, je mehr Prozessorzugriffe direkt aus dem Arbeitsspeicher befriedigt werden können.

e) je kleiner das Verhältnis zwischen dem realen und dem virtuellen Speicher bzw. je höher die Seitenwechselrate ist.

Klausuraufgabe Nr. 1-5: (3 Punkte)

Welche Aussage(n) zu Datentypen sind (ist) korrekt?

a) Unter einem "Datentyp" versteht man ein Datenobjekt mit anwendungstypischer Struktur, etwa bei der Verkaufsabrechnung einen Arti-

kelsatz oder einen Kundensatz.
- **b)** Ein Beispiel für einen Datentyp ist das Feld Postleitzahl in einer Adreß-datei.
- **c)** Datentypen bestimmen die zulässigen Werte, die bestimmte Datenele-mente annehmen können.
- **d)** Die in der Programmiersprache COBOL verfügbaren Datentypen sind:
  - Text,
  - Ganz- und Gleitkommazahlen,
  - Kalenderdatum.
- **e)** Alphanumerische Daten besitzen Werte, die sich aus einem Zeichen-vorrat bilden lassen, der mindestens aus den Buchstaben des ge-wöhnlichen Alphabets besteht.

Klausuraufgabe Nr. 1-6: (3 Punkte)

In der Wiener Boulevardzeitung KURIER war am 17. Oktober 1992 zu lesen: "Die Samsung Electronics Corporation in Südkorea erklärte kürzlich, als er-ster Entwickler von Halbleitern einen 64 Megabyte DRAM-Chip (Dynamic Random Access Memory) hergestellt zu haben."

Welche der nachfolgenden Aussagen zu dieser Zeitungsmeldung sind (ist) richtig?
- **a)** Diese Meldung könnte durchaus richtig sein. Ein solcher 64-Mega-byte-Chip kann etwa 32 000 DIN-A4-Seiten Text (à 2 000 Zeichen) ab-speichern.
- **b)** Diese Meldung ist falsch; gemeint ist wohl das Muster eines 64-Me-gabit-Chips. Die Speicherkapazität beträgt in diesem Fall ca. acht Mil-lionen alphanumerische Zeichen.
- **c)** Diese Meldung ist falsch. Wenn es überhaupt jemals 64-Megabyte-Chips geben sollte, so dürften diese nicht vor der Jahrtausendwende in die Massenfertigung gehen.
- **d)** Die Digital Equipment Corporation hat ebenfalls 1992 einen 64-Mega-byte-Chip vorgestellt (Alpha-Architektur) und bietet diesen seit kur-zem in ihren Workstations an.
- **e)** IBM verwendet sogar schon 128-MB-Speicherchips in den größten Rechnern der AS/400-Familie.

Klausuraufgabe Nr. 1-7: (3 Punkte)

Welche der folgenden Aussagen über "Pen-Computing" bzw. "Notepads" sind (ist) richtig?
- **a)** Ein "Pen-Computer" ist ein tragbarer, stiftgesteuerter PC mit den un-gefähren Abmessungen eines DIN-A4-Blocks, drei bis vier Zentimeter dick, mit einem integrierten, berührungsempfindlichen Bildschirm, auf den mit einem Stift geschrieben werden kann.
- **b)** Ein Handschrifterkennungsprogramm interpretiert mit dem Stift ge-

schriebene Zahlen und Blockbuchstaben in Groß- und Kleinschreibung und setzt diese in ASCII-Zeichen auf dem Bildschirm um.

c) Handschriftliche Notizen in Fließschrift und Zeichnungen können ebenfalls eingegeben, aber nicht inhaltlich interpretiert werden (nur Speicherung, Wiedergabe und eventuell Übertragung).

d) Die Weiterleitung erfaßter Daten kann – wenn der "Pen-Computer" mit einem Fax-Modem ausgestattet ist – über den TELEFAX-Dienst (= Fernkopieren) erfolgen.

e) Als "Notepad" bezeichnet man die zugehörige Unterlage, auf der die Maus zur Cursorsteuerung bewegt wird.

Klausuraufgabe Nr. 1-8: (3 Punkte)

Welche der folgenden Aussagen über Bildschirme sind (ist) richtig?

a) An die meisten PCs können Farb- und Monochrombildschirme unterschiedlicher Größen und Hersteller angeschlossen werden. Der Käufer hat die Qual der Wahl: Je größer die Bildschirmdiagonale und das Auflösungsvermögen, desto höher ist tendenziell der Preis.

b) Als Flimmern eines Bildschirms bezeichnet man die Wahrnehmung einer raschen periodischen Schwankung der Leuchtdichte, ohne daß die einzelnen Phasen der Regenerierung des Bildschirminhalts noch erkennbar sind.

c) Häufig verwendete Standards für Videokarten sind VAG (460 x 280 Bildpunkte), Super-MAP (1480 x 940), OEM (2560 x 1920) und HERAKLES (5120 x 2840).

d) Ein hochauflösender 21-Zoll-Bildschirm für einen PC kann einen höheren Preis haben als die Zentraleinheit, an die er angeschlossen ist.

e) Bei tragbaren PCs haben sich flache Plasmabildschirme weitgehend durchgesetzt. Es gibt sowohl Monochrom- als auch Farbbildschirme in dieser Technik.

Klausuraufgabe Nr. 1-9: (3 Punkte)

Welche der folgenden Aussagen über die maschineninterne Datendarstellung sind (ist) richtig?

a) Zur Darstellung von Buchstaben, Ziffern und Sonderzeichen werden überwiegend der Extended Binary Coded Decimal Interchange Code (EBCDIC) und der American Standard Code of Information Interchange (ASCII) benutzt.

b) Die höchste in einem Byte darstellbare "echte" Dualzahl (ohne Vorzeichen) entspricht der Dezimalzahl 255.

c) Aufgrund der geringen Darstellungskapazität des EBCDIC ist die Darstellung von Kleinbuchstaben nicht möglich.

d) Im EBCDIC ist für jedes alphanumerische Zeichen ein Byte vorgesehen.

e) Für die Darstellung eines Großbuchstabens wird im EBCDIC das linke

Halbbyte belegt, für Befehle und alle anderen Zeichen das rechte Halbbyte.

Klausuraufgabe Nr. 1-10: (4 Punkte)

Ein von der Firma Bernecker & Rainer Industrie-Elektronik angebotenes Softwarepaket wird in dem Computermagazin "TECH in TIME" folgendermaßen beschrieben:

"Das Umweltpaket, das auf einem PC läuft, ist modular aufgebaut und wurde speziell im Hinblick auf den Einsatz in umwelttechnischen Anlagen, wie Klär-, Schlammveredelungs- und Wasseraufbereitungsanlagen, entwickelt. Die Software des Leitsystems besteht aus Programmen für die speicherprogrammierte Steuerung (SPS) sowie den übergeordneten Hauptrechner. Abhängig von der Größe der zu steuernden Anlage besteht die Hardware aus einer oder mehreren SPS-Stationen und einem PC als Hauptrechner. In den SPS-Stationen werden rund um die Uhr die Meßdaten erfaßt. Darüber hinaus erfolgt hier die Echtzeitverarbeitung der Ereignisse sowie die Ausführung der Steuerungslogistik. Als zusätzliche Sicherheit gegen Datenverlust bei kurzzeitigem Ausfall des Hauptrechners werden jeweils die Meßdaten vom aktuellen Tag und vom Vortrag in jeder Station zwischengespeichert. Die Bedienung des Leitsystems sowie die Konfiguration der einzelnen Stationen erfolgt über die Tastatur des Hauptrechners. Sämtliche in den einzelnen Stationen gewonnenen Daten werden regelmäßig zum Hauptrechner übertragen und dort auf der Festplatte gespeichert. Je Station können 50 Analogwerte (davon bis zu 30 Werte in viertelstündlicher Ablage) erfaßt werden. Diese Meßwerte, die im Hauptspeicher abgelegt werden, können vom Bediener miteinander verglichen werden, wobei der Betrachtungszeitraum individuell zu wählen ist. Als Ausgabemedium stehen Bildschirm oder Plotter zur Verfügung."

Welche der folgenden Aussagen über die Software sind (ist) richtig? Es handelt sich um:

- **a)** Systemsoftware
- **b)** Public-Domain-Software
- **c)** Client-Server-Software
- **d)** Branchensoftware
- **e)** Transaktionsprogramm

Klausuraufgabe Nr. 1-11: (3 Punkte)

Das PC-Betriebssystem OS/2 von IBM ist in der Version 2.0 ein 32-Bit-Betriebssystem, das echtes Multitasking erlaubt. Das bedeutet, daß - entsprechende Anwendungssoftware vorausgesetzt -

- **a)** der Benutzer MS-DOS, MS-Windows- und OS/2-Applikationen zur selben Zeit, in verschiedenen Fenstern auf demselben Bildschirm zum Ablauf bringen kann.
- **b)** der Benutzer einen neuen Brief schreiben kann, während per eingebautem Fax-Modem ein anderer Brief versandt oder empfangen wird.

c) der Benutzer das Ergebnis einer Datenbankabfrage drucken lassen kann, während er mit einem Tabellenkalkulationsprogramm komplexe Berechnungen ausführt.

d) ein Benutzer "gleichzeitig" eine Tabellenkalkulation (z.B. Lotus 1-2-3 für OS/2) und eine Textverarbeitung (z.B. Word Perfect 5.1 für DOS) verwenden kann.

e) der Benutzer vorhandene DOS-Programme nicht durch Anklicken auf dem Bildschirm mit der Maus starten kann, weil dieses Betriebssystem über keine grafische Benutzeroberfläche verfügt. Deshalb ist man diesbezüglich auf die Tastatureingabe von Systemkommandos angewiesen.

Klausuraufgabe Nr. 1-12: (3 Punkte)

Welche der nachstehenden Aussagen über die Portabilität von Programmen sind (ist) richtig?

a) Unter Portabilität versteht man die gute Lesbarkeit von Programmen. Sie wird insbesondere durch strukturierte Programmierung und ausführliche Dokumentation erreicht.

b) Programme sind dann portabel, wenn sie auf einem Rechner besonders effizient ablaufen, also optimal auf eine bestimmte Hardware zugeschnitten sind.

c) Hohe Portabilität ist gleichbedeutend mit leichter Übertragbarkeit der für einen Rechner erstellten Software auf andere Rechner.

d) Die Portabilität ist ein Qualitätsmerkmal für Mikrorechnersoftware (insbesondere für tragbare Rechner) und bezeichnet die gute Handhabbarkeit von Endbenutzerwerkzeugen.

e) Ein Programm ist dann portabel, wenn es problemlos auf der Hardware des Marktführers IBM läuft.

Klausuraufgabe Nr. 1-13: (2 Punkte)

Welche der nachfolgenden Aussagen über Hochleistungs-PCs und Workstations sind (ist) richtig?

a) Die derzeit leistungsfähigsten 32-Bit-Mikroprozessoren für Hochleistungs-PCs, wie z.B. Intel 80486 und Motorola 68040, haben Taktfrequenzen von über 20 MHz und Leistungen von über 10 MIPS.

b) CISC-Prozessoren, wie z.B. die Intel 80x86-Familie, haben einen komplexen Befehlssatz, wenige Register und die Befehlsausführung benötigt i.d.R. mehrere Taktzyklen.

c) RISC-Prozessoren, wie z.B. die SPARC-Familie von SUN, haben demgegenüber einen reduzierten Befehlssatz, viele Register und die Befehlsausführung benötigt i.d.R. nur einen Taktzyklus bzw. wenige Zyklen.

d) MCA und EISA sind häufig verwendete 32-Bit-Bussysteme für Mikrorechner. IBM-PS/2 der höheren Leistungsklasse verwenden die MCA-

Architektur.

e) Die EISA- und die MCA-Bussysteme ermöglichen einen Datendurchsatz von über 10 MB/s.

Klausuraufgabe Nr. 1-14: (2 Punkte)

Ein Hersteller von Kosmetikartikeln will seine ca. 40 Außenverkäufer mit Notebook-PCs für die Verkaufsberatung und -abrechnung ausstatten. Der komplette Produktkatalog, der ca. 90 MB umfaßt und der einmal pro Monat neu aufgelegt (geändert) wird, soll nach Möglichkeit in den Notebooks verfügbar gehalten werden.

Welche Massenspeicher kommen hierfür sinnvollerweise in Frage?

a) Flash-Speicherkarte   **d)** 3,5-Zoll-Floptical

b) CD-ROM   **e)** 2,5-Zoll-Magnetplatte

c) 3,5-Zoll-HD-Diskette

Klausuraufgabe Nr. 1-15: (2 Punkte)

Ein Mikroprozessor ist

a) ein anderes Wort für "Mikrocomputer".

b) ein Spezialprozessor zur Verarbeitung von Mikroprogrammen.

c) ein Bauelement, das in Zentraleinheiten und Peripheriegeräten aller Leistungsklassen zum Einsatz kommt.

d) ein vollständiges Leitwerk und Rechenwerk auf einem Chip.

e) ein kleiner Festwertspeicher mit Steuerinformation für elementare Maschinenoperationen.

Klausuraufgabe Nr. 1-16: (3 Punkte)

Mit dem im Herbst 1992 von IBM angekündigten Speichersystem 9337 wurde für die AS/400-Welt die RAID-5-Technik einsetzbar.

Welche der folgenden Aussagen zu dieser Produktankündigung können stimmen?

a) Das neue Speichersystem bietet eine hohe Verfügbarkeit bei geringeren Kosten pro Megabyte als bisher.

b) Es sind vier Modelle erhältlich, die eine maximale Speicherkapazität von 5,82 GB bis 6,79 GB auf ein bis vier Laufwerken anbieten.

c) Bei einem Ausfall eines der 3,5-Zoll-Laufwerke stellt das Speichersystem die Daten wieder her und ermöglicht auch während der Reparatur oder des Austausches des Laufwerks eine Fortsetzung des Betriebs.

d) Die Laufwerke arbeiten mit 1/4-Zoll-Bandkassetten, die im Vergleich zu der Vorgängereinheit eine um über 50 Prozent höhere Transferrate erlauben.

e) Die mittlere Zugriffszeit beträgt durch den Quattro-Zugriffsmechanismus nur mehr 10-15 ns.

Klausuraufgabe Nr. 1-17: (2 Punkte)

IBM hat angekündigt, die Leistungen der Minirechnerfamilie AS/400 in den kommenden Jahren beträchtlich steigern zu wollen.

Welche der im folgenden gekennzeichneten Maßnahmen sind (ist) geeignet, zu diesen geplanten Leistungssteigerungen beizutragen.
a) Ausweitung der Zentralprozessoranzahl.
b) Verbesserung der CMOS-Technologie.
c) Erweiterung des bisherigen RISC-Befehlssatzes um CISC-Funktionen.
d) Ersatz der bisherigen 10-GB- durch 20-GB-Magnetplattenlaufwerke.
e) Einführung der ESCON-Kanaltechnik, wodurch die Peripherie in bis zu fünf Kilometer Entfernung adressiert werden kann.

Klausuraufgabe Nr. 1-18: (2 Punkte)

Welche Aussage(n) trifft (treffen) auf Registerspeicher zu?
a) Ein Register ist ein Teil eines Prozessors.
b) Ein Register dient zur Zwischenspeicherung der transferierten Daten innerhalb einer Zentraleinheit.
c) Ein Register hat eine beschränkte Kapazität von einigen Bytes (u.U. sogar nur von einem Byte).
d) Register dienen vor allem der langfristigen Speicherung von Information.
e) Register sind entweder einer bestimmten Aufgabe fest zugeordnet oder für den Einsatz bei verschiedenen Aufgaben vorgesehen.

Klausuraufgabe Nr. 1-19: (3 Punkte)

Welche der folgenden Aussagen zu "Fabrik der Zukunft" (CIM – Computer Integrated Manufacturing) sind (ist) richtig?
a) CIM ist ein Konzept zur Integration der technischen und der betriebswirtschaftlichen EDV-Anwendungen im Industriebetrieb.
b) Primär technische CIM-Funktionen sind zum Beispiel die Produktionsplanung und -steuerung.
c) Primär betriebswirtschaftliche CIM-Funktionen sind zum Beispiel die NC-Programmierung, die Montage und die Instandhaltung.
d) Die Steuerung von Industrierobotern gehört zum Bereich CAM (Computer Aided Manufacturing) und ist damit ebenfalls eine CIM-Komponente.
e) CAQ (Computer Aided Quality Assurance) ist ein technisches Teilsystem von CIM.

Klausuraufgabe Nr. 1-20: (3 Punkte)

Im PC MAGAZINE wird ein Softwareprodukt folgendermaßen beschrieben: "Magellan is the best toolkit for finding those needle-in-a-haystack files you know are there somewhere on your hard disk. It builds remarkably compact indexes of everything on the disk - or of only a few directories, if you prefer - then searches them with amazing speed and smarts. Magellan posts a list, rankordered by the probability that the files it has found are the ones you want."

Um was für ein Programm handelt es sich bei "Magellan"?

a) Anwendungsprogramm
b) 4GL-Übersetzer
c) Dienstprogramm
d) Editor
e) Auftragsverwaltungsprogramm

Klausuraufgabe Nr. 1-21: (4 Punkte)

Welche der folgenden Aussagen über die Beschaffung von PC-Software sind (ist) richtig?

a) Die Open Software Foundation (abgekürzt: OSF) ist eine internationale EDV-Benutzergruppe, die kostenlose Anwendungsprogramme der Allgemeinheit zur Verfügung stellt (= "Public-Domain-Software"). Angebot, Versand und gegebenenfalls Kommunikation mit den Anwendern erfolgen über Rechnernetze.

b) Public-Domain-Software darf vom Benutzer nicht kopiert und an Dritte weitergegeben werden. Tut er es dennoch, so verletzt er nicht nur das Urheberrecht, sondern er wird dadurch auch dem Dritten gegenüber schadensersatzpflichtig, falls Fehler auftreten.

c) Shareware ist ein alternatives Vertriebskonzept für Billigsoftware, die von Versandhändlern oder über Mailboxen in Rechnernetzen angeboten wird. Der Interessent erhält ein solches Programm zunächst kostenlos und kann es unverbindlich eine kurze Zeit ausprobieren. Wenn es seinen Anforderungen entspricht, kann er es auf Dauer behalten und hat dafür dem Anbieter eine geringe Registrierungsgebühr zu überweisen.

d) Typisch für Public-Domain-Software und Shareware ist, daß der Anbieter in der Regel keine Wartungsverpflichtungen übernimmt und auch nicht für die Korrektheit der Software garantiert.

e) Der "Käufer" von Standardprogrammen für Rechner wird nicht zum Eigentümer dieser Programme. Unter "Kauf" ist in diesem Fall die Übertragung eines zeitlich unbefristeten Nutzungsrechts auf einer Anlagenkonfiguration zu verstehen.

Klausuraufgabe Nr. 1-22: (3 Punkte)

Ein Jugendstilfan möchte seine Fliesensammlung künftig mit seinem Notebook-PC verwalten. Er besitzt schon über 400 Jugendstil-Fliesen und rechnet damit, daß es eines Tages bis zu 1000 werden könnten. Für jede Fliese möchte er eine fortlaufende vierstellige Identifikationsnummer, den Hersteller (30 Zeichen), die Herstellungstechnik (Fadenrelief, Flachrelief, Hochrelief, Fadenschlicker, Kupferumdruck, Siebdruck - 20 Zeichen), die Abmessungen (16 Zeichen), die Nummer der Rückenprägung (Ursprungsstempel - 10 Zeichen), das Kaufdatum (8 Zeichen), den Kaufpreis (4 Zeichen) und die Kaufstelle (28 Zeichen) abspeichern. Auf die abgespeicherten Daten jeder Fliese möchte er direkt zugreifen können.

Welche Speichermedien kommen hierfür in Frage?

a) CD-ROM
b) 3,5-Zoll-Diskette
c) Magnetstreifenkarte
d) Flash-Speicherkarte
e) Magnetbandkassette

Klausuraufgabe Nr. 1-23: (3 Punkte)

Ein PC-Benutzer überlegt sich die Anschaffung eines Druckers, wobei ein 24-Nadel-Drucker oder ein preisgünstiger Tischlaserdrucker mit 6 ppm Nennleistung zur Wahl stehen.

Welche der im folgenden genannten Argumente sprechen für den Tischlaserdrucker?

a) Niedrigere Anschaffungskosten
b) Geringes Betriebsgeräusch
c) Verarbeitungsmöglichkeit von verschiedenen, auch ungewöhnlichen Papierformaten
d) Verarbeitungsmöglichkeit von Mehrfachformularen (Durchschlägen)
e) Höhere Druckgeschwindigkeit in DTP-Qualität

Klausuraufgabe Nr. 1-24: (4 Punkte)

Ein bekannter Hersteller von Folien, Aufklebern und Datenträgern hat kürzlich seine umfangreiche Palette an EDV-Speichermedien um Floptical Disks im 3,5-Zoll-Format erweitert.

Welche der folgenden Aussagen in der Produktankündigung können (kann) Ihres Erachtens richtig sein?

a) Äußerlich sind Flopticals von herkömmlichen Disketten desselben Formats nicht zu unterscheiden, sie bieten jedoch eine vielfache Speicherkapazität.
b) Die hohe Speicherkapazität ist auf die Spuransteuerung mittels Laserstrahl zurückzuführen. Im Gegensatz zur Steuerung mittels magnetischer Information garantiert der Laser eine extrem hohe Positionierpräzision. Dadurch können die Einzelspuren wesentlich dichter zusammengepackt werden als bei herkömmlichen Disketten.
c) So liegt die Spurdichte heute gebräuchlicher Disketten bei 135 tpi (tracks per inch = Spuren pro Zoll), bei der Floptical Disk sind es 1 245 tpi.
d) Floptical-Laufwerke verwenden ausschließlich optische Technologie. Flopticals werden nur wegen ihrer optischen Ähnlichkeit zu Disketten zu den magnetischen Speicherrmedien gezählt.

e) Disketten, die mit der Floptical-Technologie formatiert wurden, erreichen eine Kapazität von 20 MB.

Klausuraufgabe Nr. 1-25: (3 Punkte)

Welche der folgenden Aussagen über die Schreibstifteingabe auf dem Bildschirm tragbarer Rechner sind (ist) richtig?

a) Bei einem Notepad bzw. stiftunterstützten Rechner kann die Eingabe von Nutzdaten und Steuerdaten durch einen Stift erfolgen, mit dem auf den berührungsempfindlichen Bildschirm wie auf eine Tafel geschrieben wird.

b) Die Eingabe der Daten erfolgt im EBCDI-Code, die eingegebenen Zeichen werden in den VGA-Code umgesetzt und am Bildschirm angezeigt. Bei nicht richtig wiedergegebenen Zeichen wird die Eingabe wiederholt.

c) Die Erkennungssicherheit bei fließender Handschrift (fortlaufender Kursivschrift) liegt durchschnittlich bei ca. 90 %.

d) Besonderer Vorteil der stiftgesteuerten tragbaren Rechner ist das überaus reichhaltige Angebot an Standardsoftware.

e) Wegen des hohen Stromverbrauchs ist man beim Betrieb stiftgesteuerter Rechner noch auf den Netzanschluß angewiesen. Solche Rechner können zwar leicht transportiert werden, eine Benutzung im Flugzeug oder der Bahn ist jedoch dadurch nicht möglich.

Klausuraufgabe Nr. 1-26: (4 Punkte)

Ein 1993 neu auf dem Markt eingeführter Mikroprozessor erreicht 112 Mips. Das hohe Leistungsvermögen verdankt dieser Mikroprozessor seiner superskalaren Architektur: das heißt, einer fünffach überlappten Fließbandverarbeitung mit zwei parallel arbeitenden Rechenwerken für die Verarbeitung von ganzen Zahlen und einer zusätzlichen Einheit für die Gleitkommaverarbeitung. Welche Aussagen sind (ist) hierzu richtig?

a) Aus den oben genannten Angaben ist nicht ersichtlich, ob es sich um einen CISC- oder um einen RISC-Prozessor handelt.

b) Auch die Tatsache, daß auf diesem Prozessor das Betriebssystem Windows NT läuft, sagt nichts darüber aus, ob es sich um einen CISC- oder einen RISC-Prozessor handelt.

c) "Fließbandverarbeitung" heißt auf englisch "Pipelining". Diese mehrfach überlappte Verarbeitung von Befehlen mit u.U. mehreren, parallel arbeitenden Rechenwerken gibt es sowohl bei CISC- als auch bei RISC-Prozessoren.

d) Wenn dieser Mikroprozessor mit 66 MHz getaktet ist, so bedeutet dies, daß im Durchschnitt pro Taktzyklus ca. 0,6 Prozessorbefehle verarbeitet werden können.

e) Wenn dieser neu eingeführte Mikroprozessor aufwärtskompatibel zur

Intel-80X86-Familie ist, so bedeutet dies, daß darauf eine Fülle von Anwendungsprogrammen laufen, die auf dem Markt für MS-DOS/Windows angeboten werden.

Klausuraufgabe Nr. 1-27: (3 Punkte)

Welche der folgenden Aussagen über die Informationsdarstellung sind (ist) richtig?

a) Alle Daten sind Information.

b) Information kann in der Form von formatierten Daten, Text, Sprache und Bildern dargestellt werden.

c) Für die maschinelle Verarbeitung in einem digitalen Rechensystem muß die Information in digitaler Form vorliegen bzw. digitalisiert werden. Ist dies der Fall, so sprechen wir von Daten - egal, ob es sich um speziell für Datenverarbeitungszwecke aufgezeichnete, formatierte Angaben, um (unstrukturierte) Texte, um Sprache oder um Bilder handelt. Allerdings wird die Bezeichnung "Daten" im EDV-Sprachgebrauch auch häufig nur auf formatierte, zu verarbeitende Daten beschränkt.

d) Im weiteren Sinne sind auch auf einem externen Speicher aufbewahrte Computerprogramme Daten.

e) Bezüglich der technischen Repräsentation (bzw. der physikalischen Darstellung durch elektrische Impulsfolgen, magnetisierte oder gelochte Stellen usw. auf den Datenträgern) gibt es keinen Unterschied zwischen Computerprogrammen und zu verarbeitenden Daten.

Klausuraufgabe Nr. 1-28: (2 Punkte)

Die Lehrveranstaltungsanmeldung, die Notenauskunft und viele andere Verwaltungsanwendungen laufen an der Wirtschaftsuniversität Wien großteils über ein selbst entwickeltes Btx-System ab, das auf einem zentralen Siemens-Großrechner installiert ist. In den Universitätsgebäuden sind allgemein zugängliche Terminals aufgestellt, über die die Studierenden rund um die Uhr Auskünfte erhalten und Platzbuchungen vornehmen können. Durch die Ankoppelung des Zentralrechners über einen DATEX-P-Anschluß an das öffentliche Btx-System der Post steht dieses System auch österreichweit und in vielen anderen europäischen Ländern interessierten Benutzern zur Verfügung.

Welche Betriebsarten muß das zugrundeliegende Betriebssystem (BS2000) für die Lehrveranstaltungsanmeldung bieten?

a) Mehrprogrammbetrieb
b) Lokale Dialogverarbeitung
c) Stapelfernverarbeitung (RJE-Betrieb)
d) Teilhaberbetrieb
e) Spoolbetrieb

Klausuraufgabe Nr. 1-29: **(2 Punkte)**

Ein Lebensmittelfilialbetrieb hat in seinen ca. 100 Verkaufsstätten Scanner-kassen eingeführt.

Welche Marktforschungsdaten kann er dadurch gewinnen?

a) Tagesvergleich aller Filialen nach Anzahl und Wert der Einkaufsakte.

b) Einkaufshäufigkeit und Monatsbudget der einzelnen Kunden.

c) Umsatzentwicklung der Promotionartikel (= besonders beworbene Artikel) im Vergleich zu den anderen Artikeln des Sortiments.

d) Häufigkeit des Paralleleinkaufs (= mehrere Stück bei einem Einkaufs-vorgang) bestimmter Artikel in einer bestimmten Filiale.

e) Rabatte von Mitbewerbern bei den wichtigsten Lieferanten.

Klausuraufgabe Nr. 1-30: **(2 Punkte)**

Daten lassen sich nach ihrer formalen hierarchischen Gliederung in mehrere Kategorien einteilen.

Welche der folgenden Aussagen zu diesem Thema sind (ist) korrekt?

a) Ein Byte kann nur zwei Werte annehmen und ist damit die kleinste formale Organisationseinheit. Die Bytewerte werden häufig durch die Symbole O und L dargestellt.

b) Die maschineninterne Darstellung verschiedener Schriftzeichen unter-scheidet sich durch die Anzahl der Bytes.

c) Ein Datensatz besteht aus einem Feld oder mehreren logisch zusam-mengehörigen Feldern.

d) Datensätze besitzen in der Regel ein Ordnungsmerkmal, das über die Anordnung der Sätze in der Datei Aufschluß gibt. Dieses Ordnungs-merkmal wird als Datentyp bezeichnet.

e) Die Menge aller Datenfelder gleicher Länge in einer Datenbank be-zeichnet man als Datei.

Klausuraufgabe Nr. 1-31: **(2 Punkte)**

Sie haben die Aufgabe, in einem Handelsbetrieb die Verwendung von Scan-nerkassen für den EAN-Code durchzusetzen.

Welche Argumente für den Einsatz eines solchen Verkaufsabrechnungssy-stems sind richtig?

a) Einsparung der eigenen Etikettierung, da diese i.d.R. durch den Her-steller vorgenommen wird.

b) Die Pflege der Artikelnummer wird einfacher, da dieselben Waren ver-schiedener Hersteller die gleiche Nummer besitzen.

c) Die Verkaufsvorgänge an den Kassen können beschleunigt werden.

d) Durch die Scannerkassen werden Diebstähle durch das Personal und durch Kunden vermindert.

e) Durch die rechnergestützte Bestandsführung und die artikelindividuellen Verkaufsauswertungen sind rasche und gezielte Marketingmaßnahmen möglich.

Klausuraufgabe Nr. 1-32: (3 Punkte)

Codierung mit EBCDIC (Auszug einer EBCDIC-Tabelle):

		rechtes Halbbyte								
		0000	000L	00L0	00LL	0L00	0L0L	0LL0	0LLL	L000	L00L
linkes Halbbyte	L000		a	b	c	d	e	f	g	h	i
	L00L		j	k	l	m	n	o	p	q	r
	L0L0			s	t	u	v	w	x	y	z
	L0LL										
	LL00		A	B	C	D	E	F	G	H	I
	LL0L		J	K	L	M	N	O	P	Q	R
	LLL0			S	T	U	V	W	X	Y	Z
	LLLL	0	1	2	3	4	5	6	7	8	9

Welche der folgenden Aussagen sind (ist) richtig?

a) Der folgende Inhalt eines Zentralspeicherfeldes (ungepackte Darstellung) lautet "MAUS":
LL0L0L00 LL00000L LLL00L00 LLL000L0

b) Dem Kleinbuchstaben "m" entspricht die binäre Codierung 0L00L00L.

c) Der Zonenteil ist im EBCDIC für die Aufnahme von Steuerinformation reserviert.

d) Die maximal mögliche Darstellungskapazität von EBCDIC beträgt 255 Zeichen.

e) EBCDIC und ASCII verwenden für die Zeichendarstellung die gleiche Codierung (durch identische 8-Bit-Ketten). Der EBCDIC wird dabei für die Verschlüsselung der Eingabedaten, der ASCII für die Verschlüsselung der Ausgabedaten verwendet

Klausuraufgabe Nr. 1-33: (1 Punkt)

Bei Mikroprozessoren unterscheidet man gewöhnlich 8-, 16-, 32- und 64-Bit-Prozessoren. Diese Einteilung kennzeichnet

a) die Länge der Maschinenbefehle

b) die Speicherkapazität der Register

c) die Breite des internen Datenbusses

d) die Breite des Adreßbusses

e) die Taktfrequenz

Klausuraufgabe Nr. 1-34:   **(3 Punkte)**

Welche der folgenden Aussagen über Tabellenkalkulationsprogramme sind (ist) richtig?

a) Tabellenkalkulationsprogramme sind ein wesentlicher Bestandteil von Mikrorechnerbetriebssystemen. Sie beschleunigen die Geschwindigkeit von mathematischen, statistischen, logischen und finanzmathematischen Rechenoperationen.

b) Neben Textverarbeitungs-, Dateiverwaltungs- und Grafikprogrammen zählen auch Tabellenkalkulationsprogramme zu den meistverkauften Endbenutzerwerkzeugen.

c) Eines der meistverkauften Tabellenkalkulationsprogramme ist das SAP-System R/2.

d) Tabellenkalkulationsprogramme arbeiten mit in Zellen gegliederten elektronischen Arbeitsblättern. Jede dieser Zellen kann mit Zahlen, Text, arithmetischen und logischen Ausdrücken gefüllt werden. Damit ist es dem Benutzer möglich, auf sehr flexible Art und Weise individuelle Rechenschemata (Rechentabellen) samt erklärendem Text zu gestalten.

e) Ein wesentlicher Nachteil der derzeit am Markt angebotenen Tabellenkalkulationsprogramme ist die lange Bearbeitungszeit bei Neuberechnungen (z.B. bei "Was wäre, wenn ..."-Abfragen). Je nach Prozessorleistung können selbst einfache Kalkulationsschemata bis zu einer Stunde Rechenzeit in Anspruch nehmen.

Klausuraufgabe Nr. 1-35:   **(2 Punkte)**

Nach der Variabilität können Daten in Stamm-, Änderungs-, Bestands- und Bewegungsdaten unterteilt werden.

Welche der folgenden Aussagen über eine Studentendatei sind (ist) richtig?

a) Adreßdaten sind Bestandsdaten.

b) Matrikelnummer, Vorname und Nachname eines Studenten sind Stammdaten.

c) Daten über die Anzahl der Studierenden der einzelnen Studienrichtungen sind Bestandsdaten.

d) Geänderte Anschriften sind Bewegungsdaten.

e) Namensänderungen aufgrund von Eheschließungen sind Änderungsdaten.

Klausuraufgabe Nr. 1-36:   **(3 Punkte)**

Welche der nachfolgenden Aussagen zur objektorientierten Softwareentwicklung sind (ist) richtig?

a) Objektorientierung heißt, daß im Programm ein Ausschnitt der realen Welt als eine Menge von Objekten abgebildet wird. Ein Objekt ist ein Systemelement, das aus Daten und den Funktionen, die auf diese Daten angewendet werden können, besteht.

b) Jedes Objekt gehört einer Klasse an, die das Gemeinsame aller ihrer Objekte definiert, nämlich deren Datenstrukturen und Methoden.

c) Jedes Objekt hat seine Identität, die unabhängig von der Struktur der Variablen und ihren Werten sowie vom Methodenvorrat besteht.

d) Unter einer Hybridsprache versteht man in diesem Zusammenhang eine traditionelle Programmiersprache, die mit objektorientierten Elementen angereichert wurde, wie z.B. C++.

e) Die Vererbungsbeziehung erlaubt es, gemeinsame Eigenschaften und Fähigkeiten in übergeordneten Objektklassen zusammenzufassen. Dadurch müssen Methoden nur ein einziges Mal programmiert werden.

Klausurarbeit Nr. 2

Klausuraufgabe Nr. 2-1: (3 Punkte)

Welche der folgenden Aussagen über die Verarbeitung von Information mittels EDVA sind (ist) richtig?

a) Mittels eines entsprechenden Programms kann eine EDVA aus den ungeraden Zahlen von 1 bis 100 die Primzahlen heraussuchen.

b) Es ist durchaus denkbar, daß mit einer größeren EDVA gleichzeitig Aufgaben der Lohn- und Gehaltsabrechnung, der Finanzbuchhaltung, des Bestellwesens und der Fertigungssteuerung abgewickelt werden.

c) Zum Verarbeitungszeitpunkt müssen sich sowohl die gerade zu verarbeitenden Daten als auch das die Verarbeitung steuernde Anwendungsprogramm im Zentralspeicher befinden.

d) Wenn das Lohn- und Gehaltsabrechnungsprogramm eines Betriebes im Computer läuft, müssen die Abrechnungsdaten aller abzurechnenden Mitarbeiter während der gesamten Programmlaufzeit im Zentralspeicher verfügbar gehalten werden.

e) Wenn ein Rechner abgeschaltet, d.h. die Stromzufuhr unterbrochen wird, bleiben die im Zentralspeicher vorhandenen Daten erhalten, um nach dem nächsten Einschalten (Wiederherstellen der Stromzufuhr) weiterarbeiten zu können.

Klausuraufgabe Nr. 2-2: (1 Punkt)

Welche der nachfolgend genannten Nutzeffekte werden durch Scanning mittels Datenkassen im Handel erwartet?

a) Artikelgenaue Warenwirtschaft

b) Ermittlung der direkten Produktrentabilität

c) Angebotsoptimierung

d) Regalplatzoptimierung

e) Zeit- und Kosteneinsparungen beim Kassieren und bei der Warenauszeichnung

Klausuraufgabe Nr. 2-3: (3 Punkte)

Welche der folgenden Aussagen über Tastatur und Maus sind (ist) richtig?

a) Die Funktionstasten einer PC-Tastatur dienen u.a. zur Formatsteuerung, Gerätesteuerung und Verarbeitungsablaufsteuerung. Zur Gerätesteuerung zählt etwa das Einschalten des PCs, für das (z.B. bei Apple Macintosh-Geräten) eine spezielle Taste vorgesehen ist.

b) Beim Kauf eines PCs hat sich der Käufer zu entscheiden, ob er eine Maus oder Pfeiltasten zur Cursorsteuerung vorzieht. Beide Zeigeeinrichtungen zugleich vorzusehen, ist nur dann möglich, wenn der PC den Mehrprogrammbetrieb beherrscht.

c) Die Tastatur und die Maus werden meist über SCSI-Schnittstellen an die Zentraleinheit eines PCs angeschlossen.

d) Ist die entsprechende Software vorhanden, so können durch bloßes Bewegen der Maus und Drücken der Maustaste(n) Anwendungen gestartet, sowie Dokumente aufgerufen, bearbeitet und wieder gespeichert werden.

e) Eine Maus kann nicht von Linkshändern verwendet werden, da linksbündige Bewegungen zu einer inversen Darstellung auf dem Bildschirm führen.

Klausuraufgabe Nr. 2-4: (3 Punkte)

Welche der folgenden Aussagen über den Stand der Chiptechnologie sind (ist) zutreffend?

a) Die heute in PCs überwiegend zum Einsatz kommenden RAM-Chips haben eine Speicherkapazität von 64 MBit pro Chip.

b) Auf den kreditkartengroßen Flash-Speicherkarten für Notebook-PCs sind ROM-Chips integriert, die zusammen eine Speicherkapazität von bis zu 200 MB pro Karte bieten.

c) Die meisten heute verkauften Arbeitsplatzrechner enthalten als Zentralprozessor einen 32-Bit-Mikroprozessor. Es werden jedoch auch schon Rechner mit 64-Bit-Mikroprozessoren angeboten.

d) Ein mit 66 MHz getakteter 64-Bit-Mikroprozessor, der durchschnittlich zwei Prozessorbefehle pro Zyklus verarbeiten kann, hat eine Mips-Rate von 132.

e) Weltweit führende Hersteller von Mikroprozessoren für PCs sind die Firmen Intel und Motorola.

Klausuraufgabe Nr. 2-5: (3 Punkte)

Wieviele interne Befehle kann ein 64-Bit-Prozessor mit einer Taktrate von 100 MHz pro Sekunde verarbeiten, wenn durchschnittlich 1 Zyklus für einen Befehl benötigt wird?

a) 6 400
b) 64 000
c) 100 000
d) 100 000 000
e) 1 562 500

Klausuraufgabe Nr. 2-6: (3 Punkte)

Welche der folgenden Aussagen zu Bildschirmen sind (ist) richtig?

a) Moderne Computermonitore haben eine Bildwiederholfrequenz von 70 Hz und mehr.

b) Jeder Punkt auf dem Bildschirm hat ein Spiegelbild im Bildwiederholspeicher.

c) Je größer der Bildwiederholspeicher ist, desto mehr Farben können auf einem Bildschirm dargestellt werden, sofern dies die Bildschirmkarte unterstützt.

d) Je größer der Bildschirm ist, desto mehr Video-RAM wird – unabhängig von der Auflösung und der Farbtiefe – benötigt.

e) Elektronenstrahlbildschirme arbeiten wie herkömmliche Kathodenstrahlröhren. Anstelle des voluminösen Glaskolbens wird jedoch eine flache Glaswanne verwendet. Deshalb ist eine wesentlich flachere Bauweise (2-3 cm) möglich.

Klausuraufgabe Nr. 2-7: (3 Punkte)

Welche der folgenden Aussagen über Drucker sind (ist) richtig?

a) Unter "Outsourcing" versteht man die Auslagerung von Gerätesteuerungsfunktionen von der Zentraleinheit auf mikroprozessorgesteuerte, weitgehend selbständig arbeitende Peripherie. Bei einem Drucker setzt dies einen Speicher von mehreren MB Kapazität voraus.

b) Ein 24-Nadeldrucker druckt mechanisch jeweils eine halbe Zeile als Ganzes. 24 Druckköpfe bilden die zu druckenden Zeichen aus einer Matrix von Nadeln, die gegen das Druckband auf das Papier geschlagen werden. Zuerst wird die rechte, dann druckzeitoptimiert die linke Hälfte einer Zeile gefüllt.

c) Ein Laserdrucker der unteren Leistungsklasse (6 ppm, 300 dpi) ist bei Discount-Händlern heute schon für unter 20 000 Schilling (etwa 2 850 DM) erhältlich.

d) Für den Farbdruck auf Papier und Folien kommen aufgrund ihres guten Preis-/Leistungsverhältnisses vor allem Tintenstrahldrucker in Frage. Farblaserdrucker bieten zwar eine bessere Qualität, sie kosten aber noch ein Vielfaches.

e) Von einer "Druckeremulation" spricht man, wenn bei einem Tintenstrahldrucker die Flüssigkeitsoberflächenspannung schlagartig durch Emulgatoren verringert wird. Dadurch werden die Tintentröpfchen explosionsartig aus den Düsen geschleudert.

Klausuraufgabe Nr. 2-8: (3 Punkte)

Datentypen spielen in der EDV eine große Rolle: Welche der nachfolgenden Aussagen sind (ist) hierzu zutreffend?

a) Datentypen bestimmen die zulässigen Werte, die Daten annehmen können.

b) Welche Datentypen in einem bestimmten Programm zulässig sind, wird durch die Architektur des Prozessors bestimmt.

c) Datentypen können je nach verwendeter Programmiersprache verschieden definiert sein.

d) In COBOL sind z.B. folgende Datentypen standardmäßig vorgesehen:
- Schriftliche Daten,
- bildliche Daten,
- sprachliche Daten.

e) Mit dem alphanumerischen Datentyp kann man Zeichenketten definieren, die z.B. Texte aufnehmen können.

Klausuraufgabe Nr. 2-9: (3 Punkte)

Welche der folgenden Aussagen zu Mehrprozessororganisationen sind (ist) richtig?

a) Bei eng gekoppelten Mehrprozessorsystemen verfügen alle Prozessoren über eigene (lokale) Arbeitsspeicher, die über ein gemeinsames Speicherwerk zu einem großen virtuellen Speicher integriert sind.

b) Bei lose gekoppelten Mehrprozessorsystemen greifen wenige (derzeit bis zu 16) Zentralprozessoren auf einen geteilten großen Arbeitsspeicher zu. Sie befinden sich an einem Ort und benutzen einen gemeinsamen Speicherbus.

c) Die lose gekoppelte Mehrprozessororganisation ist typisch für kommerzielle Großrechner der obersten Leistungsklasse (z.B. IBM ES/9000- oder SNI BS2000-Rechner).

d) Bei massiv parallelen Mehrprozessorsystemen gilt: Je mehr Prozessoren, desto geringer die Zahl und Übertragungskapazität der Verbindungen.

e) Einzelne Workstations sind manchmal Mehrprozessorsysteme.

Klausuraufgabe Nr. 2-10: (3 Punkte)

Ein Softwarepaket wird in dem Computermagazin "TECH in TIME" folgendermaßen beschrieben:

"Das Umweltpaket, das auf einem PC läuft, ist modular aufgebaut und wurde speziell im Hinblick auf den Einsatz in umwelttechnischen Anlagen, wie Klär-, Schlammveredelungs- und Wasseraufbereitungsanlagen, entwickelt. Die Software des Leitsystems besteht aus Programmen für die speicherprogrammierte Steuerung (SPS) sowie den übergeordneten Hauptrechner. Abhängig von der Größe der zu steuernden Anlage besteht die Hardware aus einer oder mehreren SPS-Stationen und einem PC als Hauptrechner. In den SPS-Stationen werden rund um die Uhr die Meßdaten erfaßt. Darüber hinaus erfolgt hier die Echtzeitverarbeitung der Ereignisse sowie die Ausführung der Steuerungslogistik. Als zusätzliche Sicherheit gegen Datenverlust bei kurzzeitigem Ausfall des Hauptrechners werden jeweils die Meßdaten vom aktuellen Tag und vom Vortag in jeder Station zwischengespeichert. Die Bedienung des Leitsystems sowie die Konfiguration der einzelnen Stationen erfolgt über die Tastatur des Hauptrechners. Sämtliche in den einzelnen Stationen gewonnenen Daten werden regelmäßig zum Hauptrechner übertragen und dort auf der Festplatte gespeichert. Je Station können 50 Analogwerte (davon bis zu 30 Werte in viertelstündlicher Ablage) erfaßt werden. Diese Meßwerte, die im Hauptspeicher abgelegt werden, können vom Bediener miteinander verglichen werden, wobei der Betrachtungszeitraum individuell zu wählen ist. Als Ausgabemedium stehen Bildschirm oder Plotter zur Verfügung."

Welche der folgenden Aussagen über die Betriebsarten des Systems sind (ist) richtig? Es handelt sich um:

a) Digitale Datenverarbeitung   **d)** Realzeitbetrieb
b) Teilnehmerbetrieb   **e)** Fließbandverarbeitung
c) Prozeßverarbeitung

Klausuraufgabe Nr. 2-11: (4 Punkte)

Ein österreichisches Unternehmen der Nahrungsmittelindustrie wird von der Mitteilung überrascht, daß die Firma Wang Austria Konkurs anmelden mußte. Das Unternehmen hat von Wang Austria vier Abteilungsrechner mit etwa 100 Terminals im Einsatz. Fast alle Anwendungen sind individuell mit der 4. Generationssprache Speed programmiert, die in Österreich nur von fünf Wang-Anwendern verwendet wird. Die Geschäftsleitung überlegt sich nun, ob sie die Wang-Abteilungsrechner durch IBM-AS/400-Rechner oder durch UNIX-Rechner irgendeines großen Computerherstellers (Bull, HP, IBM, SNI, Unisys usw.) ersetzen soll. Auf jeden Fall soll künftig nach Möglichkeit nur Standardanwendungssoftware verwendet werden.

Welche der nachfolgend genannten Argumente sprechen für die UNIX-Lösung?

a) Die dadurch erreichbare bzw. erleichterte Portabilität ermöglicht eine längere Nutzungsdauer von Anwendungsprogrammen (auch bei einem Herstellerwechsel sind die Programme weiterhin nutzbar).
b) Weil Anwendungsprogramme auf unterschiedlichen Plattformen genutzt werden können, wird die Abhängigkeit von den Hardwareherstellern gemildert.
c) Die Portabilität bzw. Kompatibilität von Programmen erleichtert einen kostengünstigen Hardware-Mix von verschiedenen Lieferanten.
d) Die höhere Wettbewerbsintensität auf dem stark wachsenden UNIX-Markt führt tendenziell zu einem besseren Preis-/Leistungsverhältnis als auf den geschützten Märkten für proprietäre Systeme.
e) UNIX-Systeme brauchen weniger Hardwarekapazität, sie bieten eine höhere Datensicherheit und sie stellen viel geringere Anforderungen an die Qualifikation des EDV-Personals und der Endbenutzer als proprietäre Systeme.

Klausuraufgabe Nr. 2-12: (2 Punkte)

Der Suhrkamp-Verlag überlegt sich, das Buch "Auslöschung" von Thomas Bernhard, das ca. 650 Seiten umfaßt (durchschnittlich 1600 Zeichen pro Seite), künftig auch in computerlesbarer Form als "Datenbank" zu vertreiben.

Welche Datenträger kommen hierfür sinnvollerweise in Frage?

a) CD-ROM
b) 3,5-Zoll-Diskette
c) Halbleiterplatte

d) Chipkarte
e) 14-Zoll-Magnetplatte

Klausuraufgabe Nr. 2-13: (4 Punkte)

Welche der folgenden Aussagen über Magnetplatten sind (ist) richtig?

a) Magnetplatteneinheiten gibt es für Rechner aller Größenklassen. Auch für Mikrorechner sind bereits Laufwerke mit einer Kapazität von mehreren hundert MB und durchschnittlichen Zugriffszeiten von unter 30 ms erhältlich.

b) Auf Magnetplatten lassen sich nur zeichenweise (bit-und byteseriell in konzentrischen Spuren) schriftliche Daten speichern. Für die Speicherung bildlicher Daten kommen sie nicht in Betracht; hierzu dienen vielmehr ausschließlich optische Speicherplatten, da zur Bildkompression Lasertechniken verwendet werden müssen.

c) Für Notebooks gibt es bereits Magnetplattenlaufwerke, die so klein sind, daß sie in eine geöffnete Hand passen.

d) Für Großrechner gibt es einerseits Magnetplatteneinheiten mit einem Stapel von einigen (z.B. acht) Platten von 14 oder 10,8 Zoll Durchmesser und andererseits Magnetplatteneinheiten mit vielen kleineren Laufwerken (5,25 oder 3,5 Zoll), die zusammen etwa dieselbe Kapazität von einigen GB bieten. Mit der letzteren, sogenannten RAID-Technologie wird durch die Verwendung der preiswerteren, kleinen Platten in großer Zahl eine Senkung der Preise und Betriebskosten von Magnetplatteneinheiten unter gleichzeitiger Erhöhung der Ausfallsicherheit angestrebt.

e) SCSI ist eine international genormte Schnittstelle, über die Magnetplatteneinheiten an kleinere Rechner gekoppelt werden können. Dadurch lassen sich zum Beispiel an die Workstations eines Herstellers, z.B. DEC, HP oder SUN, die unter Umständen wesentlich preisgünstigeren Magnetplatteneinheiten eines anderen Herstellers, z.B. von Hitachi oder Maxtor, anschließen.

Klausuraufgabe Nr. 2-14: (3 Punkte)

Eine von der Digital Equipment Corporation (DEC) im Oktober 1992 über Internet zur Verfügung gestellte Produktankündigung lautet folgendermaßen (Auszug):

"The DSP5350 is the highest-capacity 5.25-inch drive in the industry with 3,500 MB (3.5 GB) of formatted capacity. With a rotational speed of 5400 RPM, the DSP5350 provides an average latency of 5.6 milliseconds. Combined with its average seek time of 11.5 milliseconds, this drive offers extremely fast, reliable access to data. The DSP5350 also incorporates Digital's 5120-kb cache buffer, fully embedded servo, ECC and EDC, and banded recording features. Data transfer rates from the media are as high as 5.5 MB/s host transfer rates of up to 20 MB/s are achievable."

Um welches Gerät handelt es sich?
- **a)** Floptical-Laufwerk
- **b)** Magnetplatten-Laufwerk
- **c)** Magnetbandkassetten-Laufwerk
- **d)** Optisches Speicherplatten-Laufwerk
- **e)** Flash-Speicherkarten-Laufwerk

Klausuraufgabe Nr. 2-15: (2 Punkte)

Im PC MAGAZINE wird ein Softwareprodukt folgendermaßen beschrieben: "Once Stacker is installed, it is essentially invisible. You use your hard disk as before, but you will find there is more room on it, thanks to Stacker's average compression ratio of 2 to 1. In real-world tasks, the compression and decompression when loading or saving files won't slow you down noticeably."

Um was für ein Programm handelt es sich bei "Stacker"?
- **a)** Binder
- **b)** Dateiverwaltungsprogramm
- **c)** Systemprogramm
- **d)** Individualsoftware
- **e)** Dienstprogramm

Klausuraufgabe Nr. 2-16: (4 Punkte)

Wenn Sie in bestimmten Wiener Einzelhandelsbetrieben mit einer Diners-Club-Kreditkarte einkaufen, so werden dort mittels eines Ausweislesers Ihre auf dem Magnetstreifen der Kreditkarte gespeicherten Daten gelesen und zusammen mit den eingetasteten Kaufdaten über einen Fernmeldeweg zum clubeigenen Rechenzentrum in der Innenstadt übertragen. Auf dem dort installierten Minirechner wird sofort Ihre Bonität geprüft und im positiven Fall der Rechnungsbetrag verbucht. Gleichzeitig mit der Rückmeldung an die Verkaufsstätte wird auch die Rechnung für den Vertragspartner ausgedruckt.

Trotz dieser modernen Technologie ändert sich nichts an den relativ langen Verrechnungszeiträumen mit den Diners-Club-Mitgliedern, da die "verzögerte" Fälligkeit einer Rechnung ein zugkräftiges Werbeargument darstellt. Doch andererseits ermöglicht der Rechnereinsatz, daß Sperrlisten blitzschnell durchgesehen, die Administration vereinfacht und die Abrechnungen mit den Vertragsfirmen wesentlich rascher abgewickelt werden. Durch den Verbund des Wiener Rechners mit dem europäischen Diners-Club-Rechenzentrum in London ist nur noch in wenigen Sonderfällen eine telefonische Kontaktaufnahme mit ausländischen Sachbearbeitern nötig, was ebenfalls Zeit und Kosten spart.

Welche Betriebsarten sind im vorliegenden Fall bei den Dialoganwendungen auf dem Rechner im Wiener Diners Club-Rechenzentrum gegeben?

a) Einprogrammbetrieb   **d)** Datenfernverarbeitung
b) Transaktionsbetrieb   **e)** Spool-Betrieb
c) Prozeßverarbeitung

Klausuraufgabe Nr. 2-17: (1 Punkt)

Was bedeutet die Abkürzung EBCDIC?

a) Extended Binary-Coded Decimal Interchange Code
b) European Business Computer Development and Integration Committee
c) Elementary Bit Conversion, Definition and Interpretation Convention
d) Equal Binomial-Coded Dual Internal Code
e) English/British-Connection-Company for the Development of International Communications

Klausuraufgabe Nr. 2-18: (3 Punkte)

Welche der folgenden Aussagen über Programmunterbrechungen sind (ist) richtig?

a) Eine Programmunterbrechung ist ein Mechanismus, der das auf einem Rechner laufende Programm unterbricht und statt dessen ein anderes startet.
b) Durch Programmunterbrechungen wird die Abwicklung von Ein-/Ausgabevorgängen durch EA-Prozessoren parallel zur Arbeit des Zentralprozessors und damit der Mehrprogrammbetrieb ermöglicht.
c) Checkpoints sind abgespeicherte "Momentaufnahmen" im System ablaufender Prozesse, die nach einer Fehlersituation ein Wiederanlaufverfahren ermöglichen.
d) Bei jeder Unterbrechung eines ablaufenden Verkaufsabrechungsprogramms muß die Auftragsabwicklung auf der EDVA nochmals ganz von vorne begonnen werden.
e) Bei Unterbrechungen eines ablaufenden Verkaufsabrechnungsprogramms infolge Stromausfalls muß die Auftragsabwicklung auf der EDVA nochmals ganz von vorne begonnen werden.

Klausuraufgabe Nr. 2-19: (3 Punkte)

Welche der folgenden Aussagen über Bussysteme sind (ist) richtig?

a) Bei den mit Intel-80X86-Prozessoren ausgestatteten Personal-Computern sind derzeit drei Bussysteme in Gebrauch: AT-Bus (= ISA-Bus), EISA-Bus und MCA-Bus.
b) MCA ist eine Abkürzung für "Microchannel Architecture". Der MCA-Bus kommt in IBM-Personal-Computern zum Einsatz. Die maximalen Übertragungsraten betragen je nach Taktfrequenz 20 oder 40 MB/s.
c) Während der EISA- und der MCA-Bus über jeweils 32 parallele Daten-

leitungen und Adreßleitungen verfügen (= 32-Bit-Bussystem), hat der AT-Bus nur einen 16 Bit breiten Datenbus. Seine maximale Übertragungsleistung ist dementsprechend wesentlich geringer.

d) Die Bussysteme von Workstations für technisch-wissenschaftliche Zwecke erreichen noch höhere Übertragungsraten als EISA oder MCA. Zum Beispiel arbeitet der in DEC-Workstations zum Einsatz kommende TURBOchannel (abgekürzt: TC) mit einer Übertragungsgeschwindigkeit von 50 bis 100 MB/s.

e) Die Bus-Architektur von Großrechnern unterscheidet sich funktional stark von jener der PCs. Obwohl die Busse nicht breiter sind, sind die Übertragungsraten deutlich höher (mehrere Petabyte/s)

Klausuraufgabe Nr. 2-20: (1 Punkt)

Welche der nachfolgenden Zusammenstellungen von Zeichen kann man als Zeichenvorrat bezeichnen?

a) A B C D

b) A B B D

c) Menge der natürlichen Zahlen

d) * -

e) 0 L

Klausuraufgabe Nr. 2-21: (4 Punkte)

In der Mehrzahl der Forstverwaltungen werden heute Holzeinschlagmengen, Stammstärken, Holzgüte und die nötigen Daten für die Entlohnung der Waldarbeiter am Ort des erstmaligen Datenanfalls - im Wald - mittels mobiler Datenerfassung erfaßt.

Welche Vorteile haben in diesem Anwendungsbereich Notepads, d.h. stiftgesteuerte, tragbare Rechner, gegenüber "primitiven" Hand-held-Geräten mit Zeilendisplay oder der früheren Formularerfassung?

a) Die Notepads ermöglichen eine einfache, rasche und sichere Datenerfassung durch die Markierung von Eingabefeldern auf Bildschirmformularen. Durch Plausibilitätskontrollen können viele falsche Eingaben gleich bei der Erfassung als solche identifiziert und abgefangen werden.

b) Die Notepads erlauben umfangreichere - früher nur zentral mögliche - Auswertungen (Datenvorverarbeitung), so daß sich die Revierleiter gleich vor Ort ein Bild machen können.

c) Morgens das Holz eingeschlagen, mittags aufgenommen, abends verkauft - das ging früher normalerweise nicht, ist aber beispielsweise angesichts der derzeitigen Borkenkäferplage ein Vorteil.

d) Umfangreiche Plandaten wie Kultur-, Wege- und Hauungsplan sowie Karten lassen sich direkt von den Rechnern im Forstamt in die mobilen Geräte einlesen. Weitere forstspezifische Anwendungen können die Benutzer mit entsprechenden Programmierkenntnissen selbst erstellen.

e) Mit Notepads lassen sich auch allgemeine, nicht forstspezifische Aufgaben (wie z.B. das Schreiben von Liebesbriefen durch den Förster im

Silberwald) erledigen, wobei allerdings zusätzlich eine Tastatur sehr hilfreich ist.

Klausuraufgabe Nr. 2-22: (1 Punkt)

Ein RAM ist ein

a) Recall Anhanced Memory
b) Schreib/Lesespeicher
c) Festwertspeicher

d) Random Access Memory
e) flüchtiger Speicher

Klausuraufgabe Nr. 2-23: (3 Punkte)

Welche der folgenden Aussagen über Disketten sind (ist) richtig?

a) Am verbreitetsten sind derzeit 2-Zoll-Disketten.
b) Auf einer handelsüblichen 3,5-Zoll-Diskette (Double Sided, High Density) lassen sich auf 80 Spuren (135 TPI) unformatiert 2 MB speichern. Formatiert beträgt die Speicherkapazität für Nutzdaten hingegen nur ca. 1,4 MB.
c) Die im Handel erhältlichen Disketten, z.B. von 3M oder Fuji, sind immer nur für die Geräte eines bestimmten Herstellers verwendbar. Es ist also nicht möglich, etwa eine bestimmte Diskettensorte sowohl für VOBIS-Rechner als auch für Siemens-PCs zu verwenden.
d) Sogenannte Flopticals sind High-density-Disketten, die vom Hersteller mit Spezialgeräten (Laser) vorformatiert werden und die über eine wesentlich höhere Speicherkapazität (20 MB) verfügen.
e) Die kaum noch gebräuchlichen 5,25-Zoll-Disketten haben (bzw. hatten) ungefähr die doppelte Speicherkapazität von 3,5-Zoll-Disketten.

Klausuraufgabe Nr. 2-24: (3 Punkte)

Welche der folgenden Aussagen zu Mikroprozessoren sind (ist) richtig?

a) Es sind derzeit 8-Bit, 16-Bit, 32-Bit und 64-Bit-Prozessoren am Markt erhältlich.
b) Diese Einteilung bezieht sich auf die Verarbeitungsgeschwindigkeit der Prozessoren. 8-Bit-Prozessoren sind die schnellsten, da bei jedem achten Systemtakt die Ausführung einer Operation beginnt, während bei den anderen Prozessoren nur bei jedem 16., 32. oder 64. Takt eine neue Operation ausgeführt wird.
c) Diese Einteilung bezieht sich auf die Breite des Datenbusses und der internen Register des Prozessors. Daher können zum Beispiel 64-Bit-Prozessoren Daten achtmal so schnell transferieren wie 8-Bit-Prozessoren.
d) Einen wesentlichen Einfluß auf die Rechenleistung eines Prozessors hat die Taktrate. Je höher diese ist, desto schneller werden die Daten verarbeitet.
e) Die Taktrate hat auf die Rechenleistung eines Prozessors keinen Ein-

fluß, da sie ausschließlich die Schnelligkeit der Ein-/Ausgabegeräte bestimmt.

Klausuraufgabe Nr. 2-25: (4 Punkte)

Welche der folgenden Aussagen über PC-Betriebssysteme sind (ist) richtig?

a) MS-DOS von Microsoft ist das weltweit verbreitetste 16-Bit-PC-Betriebssystem. Es ist auf Einplatzsysteme mit Intel 80X86-Prozessoren (bzw. Clones) und einen Adreßraum von 640 KB beschränkt.

b) MS-Windows stellt derzeit kein eigenständiges Betriebssystem dar, sondern setzt auf MS-DOS auf. Dadurch wird die Funktionalität dieses Betriebssystems wesentlich erweitert (grafische Benutzeroberfläche, erweiterter Adreßraum, virtuelle Speicherverwaltung, unechtes Multitasking).

c) OS/2 ist ein 32-Bit-PC-Betriebssystem, das vor allem von der Digital Equipment Corporation (DEC) und von Siemens Nixdorf Informationssysteme (SNI) forciert wird. Es ist nur auf Einplatzsystemen mit RISC-Prozessoren einsetzbar.

d) OS/2 ist aufgrund seiner grafischen Benutzeroberfläche, seiner Multitaskingfähigkeiten und seiner Stabilität (Betriebssicherheit) verglichen mit PC/MS-DOS nicht nur für Arbeitsplatzrechner im Stand-alone-Betrieb und im vernetzten Betrieb gut geeignet, sondern es kommt auch häufig als Server-Betriebssystem zum Einsatz.

e) UNIX ist ein Betriebssystem, das sowohl für Einplatzsysteme als auch für Mehrplatzsysteme Multitasking bietet. Es ist vor allem auf Workstations und Minirechnern verbreitet, auf Großrechnern und PCs mit Intel-80X86Prozessoren kommt es hingegen eher selten zum Einsatz.

Klausuraufgabe Nr. 2-26: (3 Punkte)

Welche der folgenden Aussagen zu Speicherhierarchien sind (ist) richtig?

a) Der Cache-Speicher ist ein sehr schneller Pufferspeicher (Zykluszeit im Nanosekundenbereich) zwischen Zentralprozessor und Arbeitsspeicher.

b) Der Cache-Speicher wird vom Zentralprozessor als Vorratsspeicher für Maschinenbefehle oder häufig benötigte Daten benutzt.

c) Im Arbeitsspeicher (Zykluszeit kürzer als eine Mikrosekunde) stehen die zur aktuellen Bearbeitung erforderlichen Daten und Maschinenbefehle.

d) Bei der virtuellen Speicherverwaltung werden, wenn im realen Arbeitsspeicher kein Platz mehr vorhanden ist, gerade nicht genutzte Daten und Befehle in die nächsttiefere Speicherebene, den Seitenwechselbereich z.B. auf Magnetplatten, ausgelagert.

e) Der virtuelle Speicher präsentiert sich dem Benutzer wie ein real vorhandener Speicher mit homogenem Adreßraum.

Klausuraufgabe Nr. 2-27: (1 Punkt)

In welcher Form werden Verarbeitungsergebnisse eines Buchhaltungsprogramms von der Zentraleinheit zu einem externen Speicher transportiert?
a) als digitale elektrische Signale
b) als analoge elektrische Signale
c) durch magnetische Impulse
d) durch Transmission monetärer Strömungen
e) auf Datenträgern, z.B. Magnetplatte

Klausuraufgabe Nr. 2-28: (3 Punkte)

Welche der folgenden Aussagen über Rechnerarchitekturen sind (ist) richtig?
a) CISC ist die Abkürzung für "completely innovative system concept".
b) Typisch für CISC-Rechner ist ein großer Vorrat an Maschinenbefehlen verschiedener Länge, deren Abarbeitung bei 32-Bit-Architektur meist mehrere Prozessorzyklen benötigt. Die Befehle sind überwiegend mikroprogrammiert, wodurch sich eine große Flexibilität bezüglich des Einsatzspektrums ergibt.
c) Beispiele für CISC-Rechner sind Personal-Computer mit Intel 80X86-Zentralprozessoren und Siemens-Großrechner der 7.500-Familie.
d) Die leistungsfähigsten in PCs verwendeten 32-Bit-CISC-Mikroprozessoren erreichen heute ca. 50 Mips.
e) Die leistungsfähigsten 32-Bit-CISC-Mikroprozessoren verfügen über einen Datenbus und einen Adreßbus mit einer Breite von jeweils 32 Bits, einen Cache-Speicher von einigen KB und eine maximale Taktfrequenz von über 50 MHz.

Klausuraufgabe Nr. 2-29: (2 Punkte)

Wieviele unterschiedliche Zeichen können mit einem 8-Bit-Code maximal dargestellt werden?
a) 64
b) 128
c) 256
d) 255
e) 1 024

Klausuraufgabe Nr. 2-30: (3 Punkte)

Auf dem Markt werden EDVA unterschiedlichster Größenordnungen angeboten. Eine Klassifikation ist aufgrund des rapiden technologischen Fortschritts nur von temporärer Bedeutung.

Stellen Sie fest, welche der folgenden Behauptungen derzeit (1993) zutrifft (zutreffen).
a) Nach einer Phase hoher Wachstumsraten bis Anfang der 90er Jahre ist der Absatz von professionell einsetzbaren Mikrorechnern (32-Bit-Systemen) derzeit rückläufig.

b) Minirechner werden in der Hauptsache als Datenerfassungsrechner eingesetzt.

c) Die leistungsfähigsten Großrechner können Zentralspeicher von mehreren GB besitzen.

d) Der Marktanteil großer EDVA ist seit Mitte der 70er Jahre rückläufig. Diese Erscheinung ist im wesentlichen auf die bereits erreichte Marktsättigung, auf die ständige Verbesserung des Preis-/Leistungsverhältnisses kleinerer Rechner und auf den Trend zur Dezentralisierung zurückzuführen.

e) Zu den zehn umsatzstärksten Herstellern von Groß-EDVA auf dem Weltmarkt zählen neben den US-amerikanischen Firmen IBM und Unisys die japanischen Anbieter Fujitsu und NEC sowie die deutsche SNI (Siemens-Nixdorf-Informationssysteme).

Klausuraufgabe Nr. 2-31: (1 Punkt)

Welche Datenträger sind insbesondere für Personenidentifikationszwecke geeignet (z.B. Identifikationsmerkmal für Bibliothekszutritt)?

a) Disketten   **d)** Magnetplatten
b) Magnetstreifenkarten   **e)** Klarschriftbelege
c) Chipkarten

Klausuraufgabe Nr. 2-32: (3 Punkte)

Bei einem Magnetplattenstapel mit sechs Platten und 800 Spuren beträgt die Anzahl der Zylinder:

a) 4 800 (6 * 800)
b) 8 000 (zehn Oberflächen mit je 800 Spuren)
c) 800 (Anzahl der Spuren)
d) sechs (Anzahl der Platten)
e) zehn (Anzahl der beschreibbaren Plattenoberflächen)

Klausuraufgabe Nr. 2-33: (4 Punkte)

Welche der folgenden Aussagen über magnetische Datenträger sind (ist) richtig?

a) Die Speicherorganisation bei Disketten und Magnetplatten ist grundsätzlich dieselbe: Der Datenträger hat die Form einer runden Platte mit magnetisierbarer Beschichtung, auf der konzentrische Spuren aufgebracht sind, die wiederum in Sektoren eingeteilt sind.

b) Der Zugriff auf die bit- und byteseriell aufgezeichneten Daten erfolgt sektorweise. Das heißt, beim Zugriff wird jeweils der ganze Inhalt eines Sektors, in dem sich die gesuchten Daten befinden, in den Arbeitsspeicher übertragen. Insofern ist die Bezeichnung "Direktzugriffsspeicher" nicht ganz präzise. Weil nicht auf jede einzelne Speicherstelle, sondern nur auf den einzelnen Sektor direkt zugegriffen werden kann, wäre die Bezeichnung "halbdirekter Zugriff" treffender.

c) Häufig gebrauchte DS/HD-3,5-Zoll-Disketten haben eine Bruttokapazität von 2,0 MB und eine Nettokapazität je nach Formatierungssystem von 1,44 oder 1,40 MB. Gleich große Magnetplatten können mehr als das Hundertfache an Daten pro Laufwerk speichern.

d) Disketten drehen sich mit konstanter hoher Geschwindigkeit von einigen tausend Umdrehungen pro Minute, wobei die Schreib-/Leseköpfe auf einem Luftpolster knapp über der Plattenoberfläche schweben. Hingegen rotieren Magnetplatten wesentlich langsamer und nur dann, wenn ein Schreib- oder Lesevorgang erfolgt. Der Schreib-/Lesekopf liegt dabei ganz leicht auf der Magnetplatte auf.

e) Eine Floptical Disk ist eine auswechselbare Magnetplatte, bei der die Datenaufzeichnung mittels eines magnetooptischen Verfahrens erfolgt. Beim Lesen mittels Laser werden die magnetisierten Domänen (Pits) anhand der Hell-Dunkel-Kontraste erkannt.

Klausuraufgabe Nr. 2-34: (3 Punkte)

Welche der folgenden Aussagen über die interne Datendarstellung sind (ist) richtig?

a) Maschinenintern, bei der Speicherung in Registern, werden schriftliche Daten immer zeichenweise hexadezimal verschlüsselt. Deshalb muß ein Register 16 Bits oder ein Vielfaches davon fassen können.

b) Der PCM-Code dient zur Entschlüsselung von intern gespeicherten Zeichen für die Bildschirmdarstellung (Objekt-Code). Die im internen Speicher enthaltenen Zeichen werden dabei durch acht Bits dargestellt und 8 000 mal in der Sekunde auf den Bildschirm ausgelesen. Das linke Halbbyte (Zifferteil) definiert dabei den Farbton (bzw. die Graustufe), das rechte Halbbyte (Zonenteil) kennzeichnet die Zeichengestalt (Buchstaben, Ziffern, Sonderzeichen).

c) Der EBCDIC dient zur Darstellung nicht-codierter Information (Bilder) auf optischen Speicherplatten. Dabei wird durch zeilenweise Abtastung ein Bild in Rasterpunkte (Pixel) aufgelöst, jeder Bildpunkt wird in 16 Bits verschlüsselt.

d) ASCII ist die Abkürzung für einen weit verbreiteten 7-Bit-Code zur Darstellung von Ziffern, Buchstaben und Sonderzeichen. Das im Byteformat freie achte Bit dient oft als Paritätsbit.

e) Der PCX-Code (Abkürzung für: positioned character extender) ist ein Zusatzcode für ASCII, um Zeichen an bestimmten Bildschirmstellen ausgeben zu können.

Klausuraufgabe Nr. 2-35: (3 Punkte)

Welche der folgenden Aussagen über Grafikkarten (Bildschirmkarten, Videokarten) bzw. -adapter sind (ist) richtig?

a) Das Auflösungsvermögen wurde in den letzten Jahren enorm gesteigert: Vom EGA-Standard (1984) mit 640 x 350 Pixel zum XGA-Standard (1990) mit bis zu 1024 x 768 Pixel.

b) Der 1992 von IBM angekündigte "Extended Graphics Array" der zweiten Generation (XGA-2) bietet dasselbe Auflösungsvermögen wie XGA-1 (1024 x 768 Pixel), ermöglicht jedoch durch die hohe Bildwiederholfrequenz von 75 Hz einen wesentlich schnelleren Bildaufbau und flimmerfreie Bilder.

c) Die Auflösung und die Anzahl der Farben sind für den notwendigen Speicher auf der Grafikkarte maßgebend: Standard-VGA (640 x 480 Pixel) benötigt vier Bits (ein halbes Byte) Speicher, um 16 Farben darzustellen. Für 256 Farben werden 8 Bits bzw. ein Byte pro Pixel benötigt.

d) True Color-Darstellung (16,7 Millionen Farben) benötigt 24 Bits (2^{24} = 16,7 Mio.) bzw. drei Bytes pro Pixel.

e) Bildschirmadapter gibt es in Form von Steckkarten, sie können aber auch auf der Systemplatine integriert sein. Intel und Motorola arbeiten daran, Grafikstandardfunktionen in ihre zukünftigen Mikroprozessoren zu integrieren.

Klausuraufgabe Nr. 2-36: (4 Punkte)

Welche der folgenden Aussagen über Programmiersprachen und Sprachübersetzer sind (ist) richtig?

a) Ein in der Programmiersprache C geschriebenes Programm zur Lehrveranstaltungsanmeldung muß – ehe es zum Ablauf gebracht werden kann – in die Maschinensprache übersetzt werden. Das Ursprungsprogramm heißt Quell(en)programm, das zur Übersetzung dienende Programm heißt Kompilierer bzw. Compiler und das Zielprogramm in der jeweiligen Maschinensprache heißt Objektprogramm.

b) Sprachübersetzer für COBOL-Programme heißen Assembler bzw. Assemblierer.

c) Der Lader ist ein Dienstprogramm mit der Aufgabe, ein in der Maschinensprache vorliegendes Programm zur Ausführung an die von der Auftragsverwaltung zugewiesene Ladeadresse im Arbeitsspeicher (bzw. im virtuellen Adreßraum) zu bringen und alle Adreßpegel des geladenen Programms auf diese auszurichten (d.h. die relativen in absolute Adressen umzusetzen).

d) Quellenprogramme, die in moderneren Programmiersprachen wie PROLOG oder SMALLTALK geschrieben sind, können infolge der Embedded-EBCDIC-Funktion unmittelbar ausgeführt werden. Man erspart sich dadurch die zusätzlichen, oft zeitaufwendigen Übersetzungsläufe.

e) Interpreter bzw. Interpretierer sind Dateiaufbereitungsprogramme, die in verschiedenen Übersetzungsläufen erzeugte Anwendungsmodule sowie die hierfür notwendigen Kanalprogramme zu einem ablauffähigen Gesamtprogramm im Maschinencode zusammenführen.

Klausurarbeit Nr. 3

Klausuraufgabe Nr. 3-1: (2 Punkte)

Welche der nachfolgenden Aussagen über Sekundärschlüssel sind (ist) richtig?

a) Sekundärschlüssel ermöglichen die Verarbeitung von Datensätzen in anderer Reihenfolge als über Primärschlüssel.

b) Sekundärschlüssel können dazu verwendet werden, einen Datensatz zu suchen, dessen Primärschlüssel nicht bekannt ist.

c) Sekundärschlüssel müssen zum Primärschlüssel in einem logischen Zusammenhang stehen.

d) Die Speicherung von Sekundärschlüsseln erfolgt üblicherweise mit dem sog. Hash-Verfahren, um die beste Verarbeitungsleistung zu erreichen.

e) Bei der Abspeicherung und beim Suchen von Datensätzen hat im Zweifelsfall der Primärschlüssel Vorrang vor den Sekundärschlüsseln.

Klausuraufgabe Nr. 3-2: (1 Punkt)

Welche der folgenden Aussagen über Zahlensysteme sind (ist) richtig?

a) Digitale Rechenanlagen verwenden zur internen Darstellung von Daten zehn diskrete Zustände.

b) Das römische Zahlensystem ist ein Stellenwertsystem.

c) Der größte Nennwert einer Ziffer eines Stellenwertsystems ist die Basis minus Eins.

d) Das weitverbreitetste Stellenwertsystem ist das Hexadezimalsystem.

e) Das Dualsystem ist ein Stellenwertsystem mit der Basis 2.

Klausuraufgabe Nr. 3-3: (1 Punkt)

Auf welche der folgenden Informationsträger können Strichcode-Etiketten aufgeklebt bzw. Strichcodes aufgedruckt werden, damit eine rasche Identifikation mittels Scanning erfolgen kann?

a) Begleitkarten bzw. Typenschilder zur Produktidentifikation in der industriellen Serienfertigung

b) Kundenkarten und Bücher in Bibliotheken

c) Gepäckscheine von Verkehrsgesellschaften

d) Bücher im Buchhandel

e) Studentenausweise an Hochschulen

Klausuraufgabe Nr. 3-4: (2 Punkte)

Ein neuer Massenspeicher wird vom Hersteller wie folgt angekündigt:
"Das System 4455 ist ein preiswertes Angebot für das Backup großer Da-

tenbestände. Der Datenträger ist im 3,5-Zoll-Format und wird in einem 5,25-Zoll-Einschub geliefert (halbe Höhe). Intern kann die Speichereinheit in den folgenden Geräten eingebaut werden: 8557, 8560, 8580 ... Extern kann die Speichereinheit durch Einbau in die Gehäuse 3510 oder 3511 an jedem PS/2 Micro Channel System mit SCSI-Adapter verwendet werden. Die Kapazität pro Datenträger beträgt nicht komprimiert 2,0 GB, bei Datenkomprimierung 4,0 bis 8,0 GB. Die Datenrate beträgt 183 KB/s unkomprimiert (bis 732 KB/s komprimiert). Die durchschnittliche Zugriffszeit liegt bei ca. 30 Sekunden."

Um welches Peripheriegerät handelt es sich?
a) Floptical-System
b) PCMCIA-Speicherkarten-System
c) Magnetbandkassetten-System
d) WORM-Plattensystem
e) Magnetplattensystem

Klausuraufgabe Nr. 3-5: (2 Punkte)

Welche der folgenden Aussagen über Disketten sind (ist) richtig?
a) Wird eine Diskette umformatiert, so geht dabei ein eventuell gespeicherter Disketteninhalt verloren.
b) Disketten drehen sich nach dem Anschalten des Rechners permanent mit hoher Geschwindigkeit (ca. 3 000 upm), während Magnetplatten nur zum Schreiben und Lesen auf die nötige Geschwindigkeit beschleunigt werden (Start-Stopp-Verfahren).
c) Floptical-Laufwerke verwenden optische Speicherplatten in Diskettengröße. Die zur Datendarstellung dienenden Bitkombinationen werden beim Schreiben mit Laserlicht in die Spuren der Flopticals eingebrannt und beim Lesen mittels Fotodioden auf Grund der Hell-Dunkel-Kontraste erkannt.
d) Die Zugriffszeit bei einer Diskette liegt üblicherweise unter 20 ms.
e) Ein Nachteil von Disketten ist ihre Stoßempfindlichkeit. Läßt man zum Beispiel aus Versehen eine Diskette auf einen Teppichfußboden fallen, so geht durch die Erschütterung der Inhalt verloren.

Klausuraufgabe Nr. 3-6: (3 Punkte)

Welche der folgenden Aussagen zu PCMCIA sind (ist) richtig?
a) PCMCIA ist eine Standard-Schnittstellenspezifikation für PC-Karten. In der Zentraleinheit stellt die Schnittstelle eine direkte Verbindung der Karte zum Ein-/Ausgabebus her.
b) Eine PCMCIA-Flash-Speicherkarte ist eine 3,3 mm dicke Plastikkarte in ungefähr Kreditkartengröße mit implantierten Chips, die einige MB nichtflüchtigen Schreib-/Lesespeicher bieten.
c) Ein Notebook-PC kann entweder keinen, einen oder mehrere Einsteck-

schlitze für PCMCIA-Karten aufweisen.

d) Der Benutzer kann eine PCMCIA-Speicherkarte herausnehmen, sie in einen anderen Rechner mit PCMCIA-Schnittstelle einstecken und die gespeicherten Inhalte (Text, Kalkulationstabellen, Programme usw.) weiterverwenden. Das geht genauso einfach wie mit einer Diskette.

e) Eine Erweiterung des ursprünglichen, nur für Speicherkarten festgelegten PCMCIA-Standards ermöglicht es, auch andere periphere Einheiten (wie Modems, Netzwerkadapter und sogar Magnetplattenlaufwerke) in der Größe einer PC-Karte anzuschließen. Hierfür wurden Karten derselben Länge und Breite, aber mit größerer Dicke (5 und 10 mm) standardisiert.

Klausuraufgabe Nr. 3-7: (4 Punkte)

IBM hat Ende 1992 den neuen IBM Personal System/2 Server 295 angekündigt, der für den Betrieb ohne lokalen Betreuer und mit vielen "selbstkorrigierenden" Maßnahmen ausgelegt ist. In einer gut ausgebauten Konfiguration kostet das Gerät über eine Million Schilling.

Welche der nachfolgenden Aussagen können aus der Produktankündigung von IBM stammen (die korrekten Aussagen sind wörtlich zitiert)?

a) Einzigartig im Server 295 ist der Service-Prozessor. Eine eigene Mikroprozessor-Karte ist nur damit beschäftigt, den Status des Systems zu überwachen. Die Karte ist mit Akku gegen Netzausfall gesichert und kann damit sogar bei Stromausfall per Modem den Status des Systems bekanntgeben.

b) Zusammen mit MASS/2-Software (Maximum Availability and Support System/2) ist der Serviceprozessor in der Lage, das System zu diagnostizieren und im Fehlerfalle umzukonfigurieren. Dadurch sind Ausfallzeiten bei Hardware-Fehlern auf ein Minimum beschränkt. Sogar der Strom kann automatisch aus- und wieder eingeschaltet werden.

c) MASS/2 erlaubt es außerdem, den Zustand des Systems anzuzeigen (Auslastungsstatistik, Betriebszustand, Error-Log ...). Dabei spielt es keine Rolle, ob man direkt auf der Konsole des Systems arbeitet, an einer LAN-Workstation oder ob man sich per Modem an den Serviceprozessor angewählt hat. Alles, was man lokal umkonfigurieren könnte, läßt sich auch über LAN oder Modem erledigen.

d) Selbstverständlich sendet der Serviceprozessor im Fehlerfall Meldungen an den spezifizierten Operator. Aber im Normalfall braucht der sich darum gar nicht zu kümmern. Der Serviceprozessor hat alles unter Kontrolle. Das System ist sozusagen "selbstheilend" ausgelegt.

e) Der Server 295 zeichnet sich durch größtmögliche Fehlertoleranz aus. Die Platten werden auf höchstem Niveau geschützt (RAID-5), d.h. jede einzelne Platte kann ausfallen, ohne den Server im Betrieb zu beeinflussen. Außerdem unterstützt das System "Hot Spares". Unter diesem Ausdruck versteht man, daß im System Reserveplatten eingebaut werden, die vollautomatisch eingeschaltet werden, wenn eine benutzte Platte ausfällt.

Klausuraufgabe Nr. 3-8: (3 Punkte)

Welche der folgenden Aussagen über Mikroprozessoren sind (ist) richtig?

a) Die meisten, in der kommerziellen Praxis eingesetzten PCs sind mit Intel-Mikroprozessoren der 80X86-Familie ausgestattet. PC-Anbieter, die Intel-80X86-Mikroprozessoren verwenden, sind zum Beispiel Compaq, Hewlett-Packard, IBM, SNI und VOBIS.

b) Ein Mikroprozessor mit einer Datenbusbreite von 16 Bits und einer Adreßbusbreite von 24 Bits (wie der Intel-80286-Prozessor) wird 24-Bit-Prozessor genannt.

c) Ein Mikroprozessor mit einer Adreßbusbreite von 32 Bits hat einen physikalischen Adreßbereich von 4 096 MB (= 2 hoch 32). Durch die bei 32-Bit-Mikroprozessoren übliche virtuelle Speicherverwaltung können die Adressierungsmöglichkeiten von Programmen noch wesentlich über diese Grenze ausgeweitet werden.

d) Reiht man in der kommerziellen Praxis verbreitete Intel-Mikroprozessoren nach ihrer Leistungfähigkeit, so ergibt sich folgende Reihenfolge (nach aufsteigender Leistung): 80286, 80386DX, 80386SX, 80486DX, 80486SX.

e) Apple verwendet für seine Macintosh- und Quadra-Rechner Mikroprozessoren der M86000-Familie von Motown, da diese aufgrund ihrer 64-Bit-RISC-Architektur wesentlich höhere Leistungen bieten als die entsprechenden Mikroprozessoren der 80X86-Familie von Intel.

Klausuraufgabe Nr. 3-9: (1 Punkt)

In der landwirtschaftlichen Versuchsanstalt eines großen Chemiekonzerns sollen die Daten der ca. 6000 jährlichen Pflanzenschutzversuche im Feld erfaßt und vorverarbeitet werden. Zu den Anforderungen, die an die Arbeitsgeräte gestellt werden, gehören neben einem niedrigen Gewicht und der einfachen Handhabung eine für mindestens vier Stunden netzunabhängiges Arbeiten ausreichende Energieversorgung sowie Stoßfestigkeit. Der Bildschirm muß DIN-A4-Formulare wiedergeben können, wobei das Schreiben durch "Auswahlfelder" und "Markierfelder" minimiert werden soll.

Welche Geräte kommen für diesen Zweck in Frage?

a) Mobiltelefonapparate

b) Chipkartenleser

c) Notepads mit Flash-Speicherkarten

d) Digitalisiertabletts

e) Stiftgesteuerte, tragbare Rechner mit PCMCIA-Laufwerken

Klausuraufgabe Nr. 3-10:   **(2 Punkte)**

Welche der folgenden Aussagen über Sensorbildschirme sind (ist) richtig?

a) Wegen der einfachen Menüauswahlmöglichkeit mit dem Finger sind Sensorbildschirme in der kommerziellen Datenverarbeitung weit verbreitet. Mindestens jedes dritte in Wirtschaft und Verwaltung installierte Datensichtgerät hat schon heute einen "Touch-Screen".

b) Sensorbildschirme sind üblicherweise mit einer Kathodenstrahlröhre ausgerüstet.

c) Sensorbildschirme erlauben nur eine monochrome Darstellung (keine Farben möglich).

d) Bei einem 32-Bit-Mikrorechner mit Sensorbildschirm werden zur Darstellung eines alphanumerischen Zeichens 32 Pixel verwendet.

e) An einen Großrechner können keine Sensorbildschirme angeschlossen werden.

Klausuraufgabe Nr. 3-11:   **(4 Punkte)**

Welche Ergebnisse der folgenden Rechenoperationen mit Dualzahlen sind (ist) richtig?

a) Die Addition der Dualzahlen 10110, 1001 und 11101 ergibt 111100.

b) Subtrahiert man von der Dualzahl 10101 die Zahl 10010, so ist das Ergebnis 101.

c) Das Produkt der Dualzahlen 1101 * 1010 ist 10000010.

d) Der Quotient aus der Division 11110 : 110 ist 101.

e) Addiert man die Dualzahlen 110010 und 10100, so ist, nach der Umrechnung in die dezimale Form, das Ergebnis 38.

Klausuraufgabe Nr. 3-12:   **(2 Punkte)**

Ein Mitarbeiter einer EDV-Abteilung möchte wegen der starken Auslastung des Zentralrechners und den damit verbundenen hohen Antwortzeiten Benutzeraufträge im Stapelbetrieb durchführen lassen und muß den Benutzern diese Betriebsart erläutern.

Welche seiner Erklärungen sind (ist) zutreffend?

a) Bei der Stapelverarbeitung kann der Benutzer jederzeit in die Abwicklung des Auftrags eingreifen.

b) Die Prioritäten der Auftragsbearbeitung werden immer durch das Betriebssystem vergeben.

c) Durch die Stapelverarbeitung können EDV-Anlagen optimal ausgelastet werden.

d) Stapelverarbeitung ist nur im Einprogrammbetrieb möglich.

e) Aufträge, die nicht sofort durchgeführt werden können, werden in eine Warteschlange eingereiht und entsprechend ihrer Priorität bearbeitet.

Klausuraufgabe Nr. 3-13: (4 Punkte)

Welche der folgenden Aussagen über Tendenzen auf dem deutschsprachigen Markt für Standardanwendungssoftware sind (ist) richtig?

a) Auf dem deutschsprachigen Standardsoftwaremarkt werden etwa 500 000 Programme aller Art angeboten, davon rund 80 % für Personal-Computer, 15 % für Workstations/Minirechner und nur 5 % für Großrechner (laut ISIS-Kataloge 1992).

b) In den letzten Jahren zeigten die Marktsegmente "Personal-Computer" und "UNIX" ein starkes Wachstum. Etwa ein Viertel der angebotenen, in den ISIS-Katalogen verzeichneten Standardprogramme basieren inzwischen auf UNIX-Plattformen.

c) Über die Hälfte der angebotenen Programme für Großrechner sind auf IBM-EDVA lauffähig.

d) Das bei Großunternehmen am häufigsten installierte betriebswirtschaftliche Anwendungssystem R/2 stammt von dem deutschen Softwarehaus SAP und läuft auf IBM- und Siemens-Großrechnern. Es handelt sich dabei um ein umfassendes, integriertes System mit einer einheitlichen Datenbasis, das für Finanz- und Rechnungswesen, Materialwirtschaft, Produktion, Instandhaltung und Personalwesen weitreichende Unterstützung bietet. Das am häufigsten installierte Teilsystem ist die Finanzbuchhaltung.

e) Das 1992 von SAP mit ersten Teilsystemen auf dem Markt eingeführte Nachfolgeprodukt von R/2 heißt R/3. Es basiert auf einer dreistufigen Client-Server-Architektur und unterstützt im Gegensatz zu R/2 grafische Benutzeroberflächen. Weil damit auch die verbreitetsten Hardware und Systemsoftwareplattformen im Minirechnerbereich (z.B. AS/400- und UNIX-Rechner) als Basis in Frage kommen und konsequent bestehende Standards verwendet werden, kommt R/3 künftig für eine große Zahl mittelständischer Betriebe in Betracht.

Klausuraufgabe Nr. 3-14: (3 Punkte)

Ein Rechner wird vom Hersteller wie folgt angekündigt:
"Das neue Flaggschiff unter den Desktop-Modellen ist dank des 66-MHz-486DX2-Prozessors um bis zu 35 % schneller als das bisherige 50-MHz-Modell. Er bietet in der Standardausstattung 8 MB Hauptspeicher sowie 256 KB-Sekundär-Cache. Eine Vielzahl an Ausstattungsmerkmalen ermöglicht die optimale Nutzung der leistungsfähigen 66-MHz-Prozessorplattform: schnelle QVision-Grafik-Controller zur Beschleunigung der Arbeit mit der Benutzeroberfläche Windows; integrierte "Business Audio"-Funktionen für Ton- und Sprachanwendungen; ein 32-Bit-EISA-Bus; intelligenter modularer Aufbau zur Erleichterung von Wartung und langfristiger Aufrüstfähigkeit auf noch modernere Intel-Prozessortechnologien, sobald diese zur Verfügung stehen."

Welche Aussagen über diesen Rechner sind (ist) richtig?

a) Es handelt sich um einen Hochleistungs-PC mit einer Maximalleistung von ca. 50 Mips.

b) Auf dem Markt angebotene PCs mit Intel-80486SX-Prozessoren, die mit 40 MHz getaktet sind, bieten etwa dieselbe Rechenleistung, sie sind jedoch deutlich teurer.

c) Der Datenbus erlaubt einen maximalen Durchsatz von 33 MB/s. Der über den Adreßbus direkt ansprechbare physikalische Adreßbereich beträgt 4 096 MB.

d) Der verwendete Zentralprozessorchip erlaubt eine virtuelle Speicherverwaltung und bietet Multitasking-Unterstützung.

e) Damit der PC sein Leistungsvermögen ausschöpfen kann, sollte er über genügend Ressourcen verfügen: Eine Festplatte mit 120 MB Speicherplatz dürfte gerade ausreichen, wenn nicht mehr als vier Windows-Anwendungen auf dem Rechner laufen sollen.

Klausuraufgabe Nr. 3-15: (3 Punkte)

Welche der folgenden Aussagen über die Lage der großen Computerhersteller sind (ist) richtig?

a) Die meisten großen Hersteller mit einem umfassenden Produktsortiment (vom Großrechner bis zum PC) mußten in den vergangenen beiden Jahren erhebliche Gewinnrückgänge oder sogar Verluste hinnehmen. Hingegen waren die auf Standardsoftware oder auf Dienstleistungen spezialisierten EDV-Anbieter vergleichsweise erfolgreich (von Ausnahmen abgesehen).

b) Auch 1992 ging es IBM so schlecht, daß Zehntausende von Mitarbeitern entlassen werden mußten. 1993 mußte der langjährige Generaldirektor John Akers auf Druck der IBM-Aktionäre zurücktreten. Auch für die kommenden Jahre werden diesem traditionell großrechnerorientierten Hersteller schwere Zeiten vorausgesagt.

c) Die Lage des drittgrößten Herstellers, der Digital Equipment Corporation, ist hingegen hervorragend. Die frühzeitige Abkehr von dem proprietären VAX-Betriebssystem VMS und die Orientierung in die Richtung von Marktstandards und offene Systeme (UNIX) hat sich bezahlt gemacht.

d) Ganz besonders trist ist die Situation der drei größten europäischen Computerhersteller, nämlich Siemens-Nixdorf, Olivetti und Bull. Alle drei Unternehmen sind schon seit mehreren Jahren in dieser Situation und schreiben Verluste, die bis zu 20 % des EDV-Umsatzes ausmachen.

e) Um die schwierige Lage zu bewältigen, bemühen sich alle Hersteller einerseits um Kostensenkungen (vor allem im Personalbereich) und andererseits um Fusionen und Allianzen (zur Verteilung der gewaltigen Entwicklungs- und Vertriebskosten und zur Ausweitung von Märkten).

Klausuraufgabe Nr. 3-16: **(2 Punkte)**

In einem Produktvergleich eines Computermagazins wird ein Peripheriegerät folgendermaßen beschrieben:

"Dieses preisgünstige Tischgerät ist gut geeignet, effizient handgezeichnete Vorlagen oder Fotos in den Rechner einzuspielen. Es arbeitet im Single-Pass-Verfahren, das heißt, es erkennt sämtliche Farben in einem Durchgang. Durch eine Bildschirm-Druckerkalibrierung werden die Farben optimal an das Ausgabegerät angepaßt. Die 400-dpi-Auflösung ermöglicht sogar die Erkennung von 6-Pt.-Schriften und 16 Mio. Farbnuancen. Die maximale Vorlagengröße von 219x356 mm liegt angenehm über A4."

Um welche(s) der folgend genannten Peripheriegeräte kann es sich handeln?
- **a)** Apple-21-Zoll-RGB-Monitor
- **b)** NCR-Notepad
- **c)** Hewlett-Packard-Tischscanner HP Scanjet IIc
- **d)** CalComp-Grafiktablett DrawingBoard II
- **e)** Microsoft-Maus

Klausuraufgabe Nr. 3-17: **(3 Punkte)**

Es ist ein deutlicher Trend zur verstärkten Nutzung von PC-Endbenutzerwerkzeugen in den Unternehmen erkennbar.

Welche der folgenden Aussagen über Endbenutzerwerkzeuge sind (ist) richtig?
- **a)** Integrierte Endbenutzerwerkzeuge enthalten normalerweise zumindest Programmsysteme zur Tabellenkalkulation, zur Dateiverwaltung (in der Regel ist dafür auch ein Berichtsgenerator sowie eine Abfragesprache verfügbar), zur Grafik und zur Textverarbeitung. Oft sind darüber hinaus beispielsweise noch ein Taschenrechner oder ein Terminkalender vorhanden.
- **b)** Mit Tabellenkalkulationsprogrammen ist die Beantwortung von sogenannten "Was wäre, wenn..."-Fragen (z.B.: Welche Auswirkungen hat die Änderung des Preises eines Rohmaterials auf den Preis des Produkts?) nicht möglich. Diese Fragen sind ausschließlich mit speziellen Finanzbuchhaltungsprogrammen beantwortbar.
- **c)** Ein Kriterium, das für den Einsatz eines integrierten Endbenutzersystems spricht, ist die Möglichkeit des einfachen Datenaustausches zwischen den einzelnen Modulen (Datenbank, Tabellenkalkulation, Textverarbeitung usw.).
- **d)** Endbenutzerwerkzeuge erlauben es EDV-Laien, Problemlösungen im großen und ganzen ohne Unterstützung durch die EDV-Abteilung zu erarbeiten.
- **e)** Insbesondere für Benutzer ohne Rechnererfahrung ist eine grafische, objektorientierte Benutzeroberfläche eine wesentliche Erleichterung im Umgang mit einem Programmsystem.

Klausuraufgabe Nr. 3-18: (3 Punkte)

In einer Stellenanzeige einer großen Tageszeitung wird eine EDV-Fachkraft gesucht. Darin heißt es:

Für einen unserer Auftraggeber in Düsseldorf, ein bundesdeutsches Unternehmen des Maschinenbaus mit ca. 1 800 Mitarbeiter/innen, suchen wir

eine(n) ....

Ihre/Seine Aufgaben umfassen:

- **Generierung und Betreuung von Betriebssystemen (Siemens),**

- **Installation und Wartung von DB-/DC-/DD-Systemen inkl. DFÜ sowie anderer systemnaher Software,**

- **Unterstützung und Beratung der Mitarbeiter der Programmierung und des Rechenzentrums,**

- **Entwicklung von Standards und Methoden sowie Schulung von Mitarbeitern,**

- **Untersuchungen der EDV-Hardware und der dazugehörigen Systemsoftware,**

- **Betreuung der zentralen und dezentralen Hardware-Systeme einschließlich der Terminals.**

Voraussetzungen sind ein abgeschlossenes Hoch- oder Fach-hochschulstudium (z.B. Informatik, Elektrotechnik) oder in der Praxis gewonnene entsprechende Erfahrungen, Programmierpraxis mit Assembler und COBOL, mehrjährige praktische Tätigkeit und Betreuung von DB-DC-Systemen sowie gute Englischkenntnisse.

Um welches Berufsbild handelt es sich hier?
- **a)** Systemanalytiker(in)
- **b)** Anwendungsprogrammierer(in)
- **c)** Systemprogrammierer(in)
- **d)** Vertriebsbeauftragte(r)
- **e)** Lehrer(in) für Datenverarbeitung

Klausuraufgabe Nr. 3-19: (3 Punkte)

Welche der folgenden Aussagen über die Programmiersprachen C und COBOL sind (ist) richtig?
- **a)** C und COBOL sind die in der kommerziellen Großrechnerwelt vorherr-schenden Programmiersprachen der 3. Generation. Dabei handelt es sich um prozedurale Programmiersprachen, bei denen sich die Pro-

gramme an der traditionellen von-Neumann-Rechnerarchitektur orientieren.

b) C- und COBOL-Compiler gibt es auch auf Basis der verbreitetsten Mikrorechnerbetriebssysteme.

c) Das Betriebssystem UNIX ist zum größten Teil in COBOL geschrieben, wodurch es rasch auf neuangekündigte Rechner portiert werden kann.

d) Für die Expertensystementwicklung gibt es spezielle Sprachen, wie LISP und PROLOG. Die Programmierung eines Expertensystems in C oder COBOL ist nicht möglich.

e) C ist eine äußerst umfangreiche Programmiersprache, die stark an die natürliche (englische) Sprache angelehnt ist. Sie eignet sich besonders gut für ein-/ausgabeintensive Programme, bei denen es nicht so sehr auf die optimale Hardwarenutzung und besonders effizientes Laufzeitverhalten ankommt.

Klausuraufgabe Nr. 3-20:　　　　　　　　　　　　(1 Punkt)

Unter "Marktstandards" versteht man die Spezifikationen von Produkten oder Methoden, die sich infolge der Normung oder der marktbeherrschenden Stellung der jeweiligen Anbieter weitgehend durchgesetzt haben.

Welche der im folgenden genannten Softwareprodukte gehören dazu?

a) Das Betriebssystem BS1000 von Siemens?

b) Die 4. Generationssprache Mapper von Unisys?

c) Die grafische Benutzeroberfläche Windows von Microsoft?

d) Die Programmiersprache COBOL?

e) Die System-Anwendungs-Architektur (SAA) von OSF?

Klausuraufgabe Nr. 3-21:　　　　　　　　　　　　(3 Punkte)

Welche der folgenden Aussagen über den PC-Markt sind (ist) richtig?

a) Auf dem PC-Markt bilden mit 80X86-Prozessoren von Intel und dem Betriebssystem MS-DOS von Microsoft ausgestattete PCs den "Industriestandard". Maßgeblich hierfür war die Entscheidung des EDV-Marktführers IBM, für die seit Anfang der 80er Jahre angebotenen IBM-Personal-Computer diese Komponenten zu verwenden.

b) "Industriestandard" heißt, daß bestimmte Produktspezifikationen - seien sie genormt oder von einem mächtigen Hersteller oder einer marktbeherrschenden Gruppe von Anbietern vorgegeben - weitreichende Akzeptanz im Markt gefunden haben.

c) Inzwischen erreichen die Discount-Händler mit No-Name-PCs zusammengenommen schon einen höheren Marktanteil als die Anbieter der Markenartikel-PCs (wie Apple, Compaq, Hewlett-Packard, IBM, SNI). Führend auf dem deutschen Markt ist VOBIS.

d) Der Absatz von Notebooks ist im Gegensatz zum Laptop-Absatz stark rückläufig. Ursache hierfür ist, daß in Notebook-PCs wegen der hohen

Wärmeentwicklung keine leistungsstärkeren Prozessoren, wie z.B. Intel 80386 und 80486, eingebaut werden können.

e) Die meisten Laptops sind heute schon mit 19-Zoll-Farbbildschirmen in Plasmatechnik ausgestattet. Geräte mit LCD-Bildschirmen haben kaum noch Absatzchancen, weil sie nur eine monochrome Darstellung zulassen.

Klausuraufgabe Nr. 3-22: (5 Punkte)

Ein Mitarbeiter der Marketing-Abteilung möchte mit Hilfe eines Tabellenkalkulationsprogrammes den Break-Even-Point (BEP = Gewinnschwelle) eines Produktes ausrechnen. Als geübter Benutzer derartiger Endbenutzerwerkzeuge hat er in kurzer Zeit die Formel

Break-Even-Menge = Fixkosten / (Stückpreis - variable Kosten)

als Rechenschema umgesetzt. Dabei hat er auch eine Tabelle angelegt, welche die Änderungen der Größen "Umsatz", "Kosten" und "Gewinn" bei unterschiedlichen Ausbringungsmengen widerspiegelt. Das Arbeitsblatt sieht wie folgt aus:

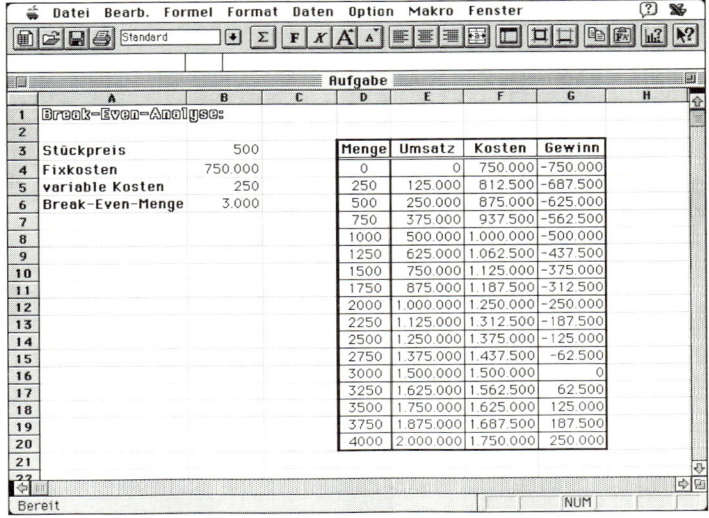

Die einzigen fest vorgegebenen Werte sind der Verkaufspreis (500), die Fixkosten (750 000) und die variablen Kosten (250) sowie die maximale Ausbringungsmenge von 4000 Einheiten.

Welche der nachfolgenden Aussagen über die Zelleninhalte des Rechenschemas sind (ist) richtig?

a) Der Inhalt der Zelle "B6" ist "=Fixkosten / (Stückpreis - variable Kosten)".

b) Der Inhalt der Zelle "A6" ist "Break-Even-Menge".

c) Der Inhalt der Zelle "B6" ist "=B4/(B3-B5)".

d) Der Inhalt der Zelle "B4" ist "Fixkosten".

e) Der Inhalt der Zelle "G8" ist "=E8-F8".

Klausuraufgabe Nr. 3-23: (2 Punkte)

Eine gebräuchliche Unterscheidung von EDVA-Benutzern teilt diese in die Gruppen der EDV-Fachkräfte und der Endbenutzer ein.

Welche(r) der folgenden Benutzer kann (können) als Endbenutzer bezeichnet werden?

a) Der Kassierer Dagobert D. in einer Bank, der mit Hilfe eines Terminals Buchungen vornimmt.

b) Der Einkäufer der Maschinenfabrik "Eisenstock", E. Ackermann, der in einzelnen Fällen die europäische Datenbank für den Maschinenbau (EUDA MASCH) in Anspruch nimmt.

c) Die Anwendungsprogrammiererin Augusta Ada B., die Fertigungsanwendungen im Dialog programmiert.

d) Die Studienanfängerin G. Pfiffig, die zur Lehrveranstaltungsanmeldung das Btx-Terminal in der Aula der Wirtschaftsuniversität Wien benutzt.

e) Der Buchhalter S. Genau, der wegen seiner Erfahrungen, die er in der Buchhaltung mit dem Programmpaket "DOPPIK II" gemacht hat, bei der Entwicklung von "DOPPIK III" um Rat gefragt wird.

Klausuraufgabe Nr. 3-24: (3 Punkte)

Welche der folgenden Aussagen zu den Datenformaten bei der Grafikdarstellung sind (ist) richtig?

a) Bei der Vektordarstellung werden Bilder als mathematische Beschreibung gespeichert: Zum Beispiel für eine Linie der definierte Anfangs- und Endpunkt, für einen Kreis die Position des Mittelpunkts und der Radius.

b) Bei der Rasterdarstellung wird das Bild punktweise gespeichert. Dieses speicherintensivere Datenformat beinhaltet auch umfangreiche Graustufen- bzw. Farbinformation über das jeweilige Bild.

c) PostScript ist eine objektorientierte Programmiersprache, die höchste Präzision bei der Ausgabe von Text und Grafik auf Laserdruckern und Satzbelichtungsmaschinen vieler verschiedener Hersteller erlaubt.

d) Bei PostScript werden Buchstaben und Grafikelemente nicht als eine Menge von Bildpunkten sondern als mathematische Beschreibung in

Form eines Programms gespeichert. Dieses "Zeichenprogramm", das im Gegensatz zur reinen Vektordarstellung auch Gerätesteuerungsfunktionen enthält, wird an das Ausgabegerät übermittelt, das die gerätespezifische Codeumsetzung (= Druckaufbereitung) mittels eines speziellen Raster-Image-Prozessors übernimmt.

e) Durch den notwendigen Raster-Image-Prozessor und die vom Hersteller an den PostScript-Entwickler Adobe zu bezahlende Lizenzgebühr sind PostScript-Drucker erheblich teurer als Nicht-PostScript-Drucker.

Klausuraufgabe Nr. 3-25: (4 Punkte)

Welche der folgenden Aussagen zur Entwicklung des Betriebssystems MS-DOS sind (ist) richtig?

a) MS-DOS ist kein eigenständiges Betriebssystem. Die Version 1.0 wurde für den ersten, 1981 eingeführten IBM-PC geschrieben und war nichts anderes, als eine primitive, "abgespeckte" UNIX-Version für diesen Rechner.

b) Mit der 1983 eingeführten Version 2.0 von MS-DOS wurden erstmals Festplatten unterstützt und eine hierarchische Dateistruktur realisiert.

c) Die darauffolgenden Versionen (bis zu 3.3 im Jahr 1987) wurden um folgende Eigenschaften nach und nach erweitert: Unterstützung neuer Disketten- und Festplattentypen mit zum Teil höherer Kapazität, Microsoft-Netzwerkunterstützung, Unterstützung allgemeiner Codeseiten.

d) Nach der 1988 vorgestellten Version 4.0 mit einer grafischen Benutzeroberfläche folgte 1991 die Version 5.0 von MS-DOS. Die wichtigste Neuerung ist die echte Multitaskingfähigkeit. Diese Version, die das Ausführen von mehreren Programmen gleichzeitig in verschiedenen Fenstern (Windows) erlaubt, ist für Nicht-IBM Kunden unter dem Namen WINDOWS 5.0 auf dem Markt erhältlich.

e) Die bislang letzte Version 6.0 wurde 1993 angekündigt und bietet Unterstützung für 64-Bit-Mikroprozessoren (Pentium von Intel) und für Mehrprozessorsysteme (z.B. SQL-Server).

Klausuraufgabe Nr. 3-26: (1 Punkt)

Welche der folgenden Aussagen über die bildliche Darstellung von Information sind (ist) richtig.

a) Schrift ist eine visuelle Codierung von Sprache.

b) Piktogramme (Ideogramme, engl.: icons) sind vereinfachte, schematisierte Bilder bestimmter Bedeutung (Symbole).

c) Numerische Daten können als Bilder visualisiert werden.

d) Akustische Daten können als Bilder visualisiert werden.

e) Auf einem Rasterbildschirm werden Bilder aus einzeln adressierbaren Bildpunkten (engl.: pixel; Abkürzung von: picture element) zusammengesetzt.

Klausuraufgabe Nr. 3-27: (3 Punkte)

Welche der folgenden Aussagen über optische Speicherplatten sind (ist) richtig?

a) In der EDV-Praxis kommen zunehmend CD-ROM-Platten als Speichermedien für Datenbanken zum Einsatz. Sie haben eine Kapazität von bis zu ca. 650 MB pro Platte und können im laufenden Betrieb nur gelesen werden (Festspeicher).

b) Auch löschbare optische Speicherplatten - Schreib-/Lesespeicher - werden auf dem Markt angeboten. Sie haben geringere Zugriffsgeschwindigkeiten, dafür aber höhere Speicherkapazitäten als vergleichbare Magnetplatten.

c) Wenn ein Automobilhersteller seinen Ersatzteilkatalog in CD-ROM-Form seinen Händlern zur Verfügung stellen will, so kostet der einzelne Datenträger (Medium und Aufzeichnung des Katalogs auf einer zusätzlichen Platte von der Master-Kopie) weniger als 50 Schilling.

d) Die Spur auf einer CD-ROM verläuft spiralförmig und ist in Sektoren eingeteilt. Alle Zugriffsmethoden, die bei Magnetplatten zum Einsatz kommen, sind möglich.

e) Bei einem CD-ROM-Speicher ist der Datenträger, die optische Speicherplatte, fest in das Laufwerk eingebaut (Winchester-Technologie) und kann vom Benutzer nicht ausgetauscht werden.

Klausuraufgabe Nr. 3-28: (4 Punkte)

Welche der folgenden Aussagen über Großrechner sind (ist) richtig?

a) Die leistungsfähigsten Zentraleinheiten der IBM-Großrechnerfamilie ES/9000 erreichen mit mehreren Zentralprozessoren, die auf einem gemeinsamen Arbeitsspeicher arbeiten, Mips-Raten von über 200.

b) Solche Zentraleinheiten können mehrere hundert Benutzerterminals bedienen.

c) In einem Client-Server-System kann ein Großrechner entweder als Server oder als Client fungieren. Beides zugleich ist aber nicht möglich. Ebenso ist es nicht möglich, daß der Großrechner für verschiedene lokale Netze zugleich Serverfunktionen übernimmt.

d) "Outsourcing" bedeutet, daß Anwendungen vom Großrechner auf kostengünstigere Abteilungsrechner und Arbeitsplatzrechner im Haus verteilt werden.

e) Die umsatzstärksten PCM-Hersteller, die IBM-kompatible Großrechner (Zentraleinheiten) anbieten, sind Bull, Cray Research, Toshiba und Unisys.

Klausuraufgabe Nr. 3-29: (3 Punkte)

Welche der folgenden Aussagen zur Systemsoftware sind (ist) richtig?

a) Interpreter sind Programme, deren Aufgabe darin liegt, gesprochene

Worte in digitale Daten zu übertragen. Interpreter sind gegenwärtig für die Sprachen Englisch, Deutsch und Russisch verfügbar.

b) Ein Compiler ist ein Übersetzungsprogramm, das Anweisungen in einer höheren Programmiersprache in Maschinenbefehle umwandelt. Die resultierende Datei kann vom Prozessor abgearbeitet werden, da die Anweisungen darin in Form von Maschinenbefehlen vorliegen.

c) Interpreter unterscheiden sich von Compilern dadurch, daß sie Anweisungen in einer höheren Programmiersprache zur Laufzeit in Maschinenbefehle umwandeln. Jedesmal, wenn ein bereits interpretiertes Programm aufgerufen wird, erfolgt bei einem Interpreter die Umwandlung in Maschinenbefehle so, als wäre sie noch nie durchgeführt worden.

d) Interpreter eignen sich hervorragend für das Austesten von Programmen, da im Fehlerfall der Quellcode in der höheren Programmiersprache vorliegt und der Interpreter deshalb die betroffene Anweisung anzeigen kann. Bei Fehlern ist es in der Regel möglich, den Quelltext direkt zu ändern und in der Folge die Änderung sofort zu testen. Bei Compilern müssen fehlerbehaftete Programme zunächst im Quellcode ausgebessert werden und anschließend compiliert werden, bevor das ausgebesserte Programm weiter getestet werden kann.

e) Dienstprogramme haben den Zweck, anwendungsneutrale und häufig vorkommende Aufgaben effizient zu lösen. Derartige Programme sind z.B. Texteditoren, Sortierprogramme, Binder und Lader. Dienstprogramme werden in der Regel von den Betriebssystemherstellern erstellt.

Klausuraufgabe Nr. 3-30:   (3 Punkte)

In einem Dienstleistungsunternehmen mit etwa 50 Angestellten wird die Gehaltsabrechnung außer Haus durchgeführt. Da in dem Unternehmen bereits seit einiger Zeit leistungsfähige Mikrorechner eingesetzt werden, erwägt der EDV-Leiter, auch die Gehaltsabrechnung im Hause durchzuführen. Qualifizierte Mitarbeiter zur Erledigung dieser Aufgabe stehen zur Verfügung, es werden keine außergewöhnlichen Anforderungen an das Programm gestellt.

Welche der folgenden Aussagen über Software im allgemeinen und zum Softwareauswahlprozeß im speziellen sind richtig?

a) Nur individuell erstellte Software ermöglicht bei Anwendungsgebieten wie Buchhaltung oder Lohn- und Gehaltsabrechnung die Anpassung an die betrieblichen Anforderungen.

b) Da sich die gesetzlichen Vorschriften (Steuersätze, Absetzbeträge etc.) im Bereich der Lohn- und Gehaltsabrechnung sehr häufig ändern, stellt die einfache Wartung der Software ein wichtiges Kaufkriterium dar.

c) Da die Benutzeroberfläche eines Anwendungsprogramms mit geringem Arbeitseinsatz adaptiert werden kann, spielt ihre Gestaltung im Softwareauswahlprozeß eine untergeordnete Rolle.

d) Der Einsatz von Standardanwendungssoftware für die Gehaltsabrechnung ist i.d.R. kostengünstiger als die Eigenprogrammierung, da sich die Entwicklungskosten auf mehrere Anwender verteilen.

e) Für die Erstellung von Software im Finanzbuchhaltungs- sowie im Lohn- und Gehaltsabrechnungsbereich existieren detaillierte Normvorschriften. Daher ist die Funktionalität der Programme identisch. Beim Auswahlprozeß muß daher nur mehr darauf geachtet werden, daß das Programm auf der vorhandenen Rechenanlage einsetzbar ist.

Klausuraufgabe Nr. 3-31: (4 Punkte)

Welche der folgenden Aussagen über die bisherige und zukünftige Entwicklung bei Mikrorechnern des Industriestandards (IBM-PC und Kompatible), sind (ist) richtig?

a) Der "Urahne" des Industriestandards war der PC mit einem Intel-8088-Prozessor (8-Bit-Datenbus) und einer Taktfrequenz von 4,77 MHz. Diese Rechner kamen Anfang der 80er Jahre auf den Markt.

b) Mitte der 80er Jahre wurden die ersten AT-286 verkauft. Es waren Rechner mit einem 80286-Prozessor von Intel. Obwohl diese Rechner einen 16 Bits breiten Datenbus hatten und im Laufe der Zeit mit bis zu 25 MHz getaktet wurden, konnten sie sich nicht durchsetzen, da sie nicht zum Industriestandard kompatibel waren.

c) Mit der Entwicklung von Industriestandardrechnern mit Intel 80386-, 80486DX- und 80486SX-Prozessoren, die einen 32 Bits breiten Datenbus besitzen, wurde es notwendig, die Industrie-Standard-Architektur (ISA) zu erweitern. IBM entwickelte ein neues Bussystem, die Micro Channel Architecture (MCA), während andere Hersteller auf die Gemeinschaftsentwicklung EISA setzen.

d) 1990 stellte IBM den ersten Rechner mit einem Intel 80586-Prozessor vor, der einen 64 Bits breiten Datenbus besitzt, mit 73,33 MHz getaktet wird und einen 100 MB großen Cachespeicher hat. Die Rechenleistung dieses Industriestandardrechners liegt weit über 100 Mips.

e) Ganz allgemein läßt sich sagen, daß in der Mikrorechnertechnologie folgende Trends feststellbar sind:
– Höhere Taktfrequenzen,
– komplexere Chip-Architekturen (vor allem in Richtung RISC),
– breitere Busse,
– mehr Arbeitsspeicher,
– Multiprozessorsysteme.

Klausuraufgabe Nr. 3-32: (4 Punkte)

Welche der folgenden (fiktiven) Fälle kann man als "Outsourcing" bezeichnen?

a) Das in Großenzersdorf beheimatete größte Tochterunternehmen eines multinationalen Konsumgüterherstellers beschließt den Ausstieg aus dem 30 km entfernten Konzernrechenzentrum in Wien. Durch den Aufbau einer eigenen EDV-Abteilung und die Umstellung der Anwendungen auf Abteilungsrechner soll mehr Flexibilität und eine bessere Ausrichtung auf die unternehmensspezifische Bedingungslage erreicht werden.

b) Ein Steuerberater in Illertissen kündigt seine Mitgliedschaft bei der DATEV eG in Nürnberg, weil er glaubt, die Buchhaltung und Beratung seiner Kunden mit selbst beschafften Programmen auf Basis eines kleinen PC-Netzes in seiner Kanzlei kostengünstiger erledigen zu können.

c) Ein großer Zulieferbetrieb der Automobilindustrie in Duisburg stellt fest, daß das vorhandene Know-how für die Integration von betriebswirtschaftlichen und technischen EDV-Anwendungen in der Produktion und Materialwirtschaft nicht ausreicht. Er erteilt daraufhin der Debis Systemhaus GmbH, Leinfeld, die zum Daimler-Benz-Konzern gehört, den Auftrag, ein unternehmensspezifisches CIM-Konzept zu entwickeln.

d) Ein Kreditkartenunternehmen in Frankfurt/M. läßt seine Finanzbuchhaltung und die Gehaltsabrechnung im AC-Servicerechenzentrum am selben Ort abwickeln.

e) Die größten deutschen Gewerkschaften gründen gemeinsam eine EDV GmbH, die die Mitgliederverwaltung und alle sonstigen Datenverarbeitungsaufgaben der Gewerkschaften übernimmt.

Klausuraufgabe Nr. 3-33: (2 Punkte)

Welche Vorteile bieten standardisierte grafische Benutzeroberflächen für den Endbenutzer?

a) Jede Anwendung läßt sich auf die gleiche Weise bedienen, weil sich die Bildschirmobjekte immer gleich verhalten.

b) Die Oberfläche sieht bei allen Anwendungen völlig gleich aus, das heißt alle Symbole (Icons) befinden sich bei allen Anwendungen immer an demselben Platz auf dem Bildschirm. Nur deren Inhalte (Daten, Funktionen) unterscheiden sich von Fall zu Fall.

c) Bei einem leistungsfähigen Arbeitsplatzrechner können in den Fenstern unterschiedliche Prozesse (quasi) parallel ablaufen und der Benutzer hat einen direkten Zugang zu Anwendungsprogrammen und Daten.

d) Der Arbeitsablauf läßt sich im Rahmen der Geschäftsregeln individuell steuern.

e) Die durchschnittliche Antwortzeit ist durch die geringere Kapazitätsinanspruchnahme der Hardware wesentlich kürzer als bei text-/zeichenorientierten Benutzeroberflächen.

Klausuraufgabe Nr. 3-34:   **(1 Punkt)**

Was versteht man unter einem Objektprogramm?

a) ein Programm in einer problemorientierten Programmiersprache (z.B. ein COBOL-Programm).

b) ein Programm in einer objektorientierten Programmiersprache (z.B. ein Smalltalk-Programm).

c) ein Programm in Maschinensprache.

d) ein Endbenutzerwerkzeug (z.B. Open Access).

e) das Zielprogramm des Übersetzungsvorgangs mit einem Assembler.

Klausuraufgabe Nr. 3-35:   **(6 Punkte)**

In der Programmiersprache PROLOG kann ein Familienstammbaumsystem wie folgt formuliert werden.

```
vater(zeus,ares).
vater(ares,harmonia).
frau(hera,zeus).
mutter(X,Z) :- frau(X,Y), vater(Y,Z).
großvater(X,Z) :- vater(X,Y), vater(Y,Z).
großvater(X,Z) :- vater(X,Y), mutter(Y,Z).
Diese Ausdrücke werden wie folgt verstanden:
Zeus ist der Vater von Ares,
Ares ist der Vater von Harmonia,
Hera ist die Frau von Zeus.
```

Diese Zuordnungen sind Fakten. Aus diesen Fakten läßt sich in unserem einfachen Beispiel über Regeln weitere Information gewinnen:
X ist dann Mutter von Z, wenn X die Frau von Y ist und Y der Vater von Z ist.
X ist dann Großvater von Z, wenn X Vater von Y und Y Vater von Z ist.
X ist dann Großvater von Z, wenn X Vater von Y und Y Mutter von Z ist.
X, Y und Z sind Variable; das System sucht Personen, die in X und Z eingesetzt wahre Ausdrücke ergeben.

Eine Lösung wäre zum Beispiel: mutter(hera,ares), weil frau(hera,zeus) und vater(zeus,ares) ebenfalls wahre Ausdrücke sind. Für das Prädikat Großvater existieren hier zwei Regeln, weil es einen Großvater mütterlicher und einen Großvater väterlicher Seite gibt.

Welche der folgenden Regeln für die Definition des Prädikates Großmutter in PROLOG-Ausdrücken sind (ist) richtig?

a) `großmutter(hera,frau).`

b) `großmutter(X,Y) :- hera(X,Y),harmonia(X,Y).`

c) `großmutter(X,Z) :- mutter(X,Y),vater(Y,Z).`

d) `großmutter(X,Z) :- mutter(X,Y),mutter(Y,Z).`

e) `großmutter(mutter,hera).`

Klausuraufgabe Nr. 3-36: (3 Punkte)

Die meisten heutigen EDVA orientieren sich in ihrem Aufbau an Prinzipien, die 1946 von John von Neumann zu Gestaltung eines Universalrechners vorgeschlagen worden sind.

Welche der nachfolgenden Aussagen über einen von-Neumann-Rechner sind (ist) insgesamt, das heißt in allen Teilen, richtig?

a) Im Speicher werden nicht nur die Programme, sondern auch die zu verarbeitenden Daten (= Nutzdaten), Zwischen- und Endergebnisse abgelegt. Der Speicher ist in gleich große Zellen unterteilt, die fortlaufend durchnumeriert sind. Über die Nummer (= Adresse) einer Zelle kann deren Inhalt aufgerufen oder verändert werden.

b) Der Rechner besitzt einen Prozessor (bestehend aus Leitwerk und Rechenwerk) und erzeugt einen Befehlsstrom und einen Operandenstrom. Das heißt, die auszuführenden Befehle werden einzeln nacheinander abgearbeitet und jeder Befehl bezieht nacheinander zu verarbeitende Operanden (Nutzdaten).

c) Das Leitwerk steuert die Reihenfolge, in der die Befehle ausgeführt werden, es entschlüsselt diese Befehle, modifiziert diese gegebenenfalls und gibt die für die Ausführung erforderlichen Steuersignale ab. Alle anderen Funktionseinheiten (Werke) sind dieser zentralen Steuerung unterworfen und werden nach Bedarf angesprochen und aktiviert.

d) Alle Information (Befehle, Daten, Adressen usw.) wird maschinenintern hexadezimal codiert. Geeignete Schaltwerke im Leitwerk und an anderen Stellen sorgen für die Codierung.

e) Ein massiv paralleler Rechner ist keine von-Neumann-Maschine.

Klausurarbeit Nr. 4

Klausuraufgabe Nr. 4-1: (2 Punkte)

Welche der folgenden Aussagen über Informationssysteme sind (ist) richtig?

a) Ein Informationssystem besteht aus Menschen und Maschinen, die Information erzeugen und/oder benutzen, und die durch Kommunikationsbeziehungen miteinander verbunden sind.

b) Jede Organisation hat ein Informationssystem.

c) Von einem betrieblichen Informationssystem spricht man nur dann, wenn die Erfassung, Speicherung und/oder Transformation von Information durch den Einsatz der EDV teilweise automatisiert sind.

d) Die Implementierung eines betrieblichen Informationssystems setzt die Existenz einer Datenbank voraus, in der die unternehmensspezifischen Realweltbeziehungen abgebildet sind.

e) Auf dem Markt werden umfassende integrierte Anwendungssoftwarepakete angeboten, die alle betrieblichen Hauptfunktionsbereiche auf Basis einer gemeinsamen Datenbank unterstützen. Ein bekanntes Beispiel sind die Standardsoftwareprodukte des deutschen Softwarehauses SAP.

Klausuraufgabe Nr. 4-2: (2 Punkte)

Welche der folgenden Aussagen über den Aufbau von Datensätzen sind (ist) richtig?

a) Unter einem Schlüssel versteht man ein Kennwort, mit dem der Benutzer einer Datei seine Zugriffsberechtigung nachweist.

b) Datensätze bestehen aus hierarchisch organisierten Dateien.

c) Ein Datensatz besteht aus einem Feld oder aus mehreren logisch zusammengehörigen Feldern, wobei die Summe der Feldlängen die Satzlänge bestimmt.

d) Ein Byte kann nur zwei Werte annehmen und ist damit die kleinste formale Organisationseinheit für Daten.

e) Ein Primärschlüssel erlaubt den Direktzugriff auf einen Datensatz; hingegen kann mit einem Sekundärschlüssel nur in der physischen Speicherungsreihenfolge nach einem Satz gesucht werden.

Klausuraufgabe Nr. 4-3: (3 Punkte)

Wandeln Sie bitte die Dezimalzahl 20 in eine Dualzahl um und addieren Sie dazu die Dualzahl 11100. Wie lautet das richtige Ergebnis?

a) 111000   d) 101101
b) 110010   e) 101100
c) 110000

Klausuraufgabe Nr. 4-4: (2 Punkte)

Welche der folgenden Aussagen zur Datenklassifikation sind (ist) richtig?

a) Bewegungsdaten sind abwicklungsorientierte Daten, die Veränderungen der Bestandsdaten bewirken.

b) Bestandsdaten sind zustandsorientierte Daten, welche die betriebliche Mengen- und Wertestruktur kennzeichnen. Als Synonym für "Bestandsdaten" kann auch die Bezeichnung "Stammdaten" verwendet werden.

c) Alle alphanumerischen Daten sind Stamm- oder Bestandsdaten; Änderungs- oder Bewegungsdaten sind immer rein numerische Daten.

d) Die Unterscheidung in Stamm-, Änderungs-, Bestands- und Bewegungsdaten trifft sinnvollerweise nur für Nutzdaten, nicht aber für Steuerdaten zu.

e) Das Ergebnis einer Subtraktion (bzw. Addition) von Bewegungsdaten von (zu) Bestandsdaten ergibt Änderungsdaten.

Klausuraufgabe Nr. 4-5: (3 Punkte)

Welche Nachteile hat die Verwendung von optischen Speicherkarten zur Datenerfassung und -speicherung?

a) Der Einfall von Sonnenstrahlen auf die Karte in einem bestimmten Winkel kann zur Zerstörung der gespeicherten Information führen.

b) Es sind ein hoher Entwicklungsaufwand des Datenerfassungssystems und beträchtliche Gerätekosten für Präge- und Codiermaschinen, Kartenleser und Tastaturen zu veranschlagen.

c) Bei nur wenigen Karteninhabern ist eine wirtschaftliche Anwendung von optischen Karten nicht vertretbar.

d) Die noch geringe Datenkapazität des optischen Speichers (max. 256 Zeichen) verhindert derzeit eine sinnvolle Anwendung auf breiter Ebene.

e) Weil einmal gespeicherte Information nicht mehr gelöscht werden kann, kommen optische Speicherkarten nicht zur Aufzeichnung von Bewegungs- und Änderungsdaten in Betracht.

Klausuraufgabe Nr. 4-6: (1 Punkt)

Sie finden zwei Kolonnen vor, wobei die erste Eigenschaften, die zweite Datenträger enthält:

Welche der folgenden Zeilen bedeuten (bedeutet) eine richtige Zuordnung von Eigenschaften zu Datenträger?

a) Geheimhaltung der gespeicherten Daten ....Chipkarte

b) magnetisch ....EAN auf Papier

c) typisches Archivierungsmedium ....Mikrofiche

d) einmalige Verwendbarkeit...............................Magnetband

e) sehr große Speicherkapazität durch Lasertechnologie ....optische Speicherplatte

Klausuraufgabe Nr. 4-7: (3 Punkte)

Ein Programm zur Unterstützung des Personals von Kläranlagen wird in dem Computermagazin "TECH in TIME" folgendermaßen beschrieben:
"KLEX wurde im Rahmen eines Eureka-Projektes von der Umweltinformatik-Gruppe Symbios und aqua-System entwickelt. In diesem System ist das Wissen von Fachleuten in einer Software/HardwareUmgebung so integriert, daß der Benutzer bei der Problemlösung unterstützt werden kann. Das System besitzt Kenntnis über die Bedeutung von Fakten und ist in der Lage, Schlußfolgerungen daraus abzuleiten. Um die mit konventionellen mathematischen Methoden nicht erfaßbaren, komplexen Vorgänge auf der biologischen Kläranlage berechnen zu können, wurde zusätzlich "Fuzzy Logic" eingesetzt. Damit denkt KLEX wie ein erfahrener Klärwärter und beschränkt sich nicht allein auf Ja/NeinAussagen. Es ist in der Lage, "intelligente" Schlußfolgerungen zu ziehen. So lernt es laufend dazu und nutzt nicht nur das eingegebene Fachwissen, sondern kann auch Erfahrungen auswerten. Das Programm ist auf jedem beliebigen PC unter Windows 3.1 lauffähig."

Um was für ein Programm handelt es sich?
a) Anwendungsprogramm
b) Datenbankverwaltungssystem
c) Tabellenkalkulationsprogramm
d) KI-Programm (KI ist die Abkürzung von "Künstliche Intelligenz")
e) Expertensystem

Klausuraufgabe Nr. 4-8: (4 Punkte)

In der Ausschreibung eines Datenverarbeitungssystems finden Sie zum Thema Software folgende Anforderungen:
- Verständliche Fehlermeldungen bei Syntaxfehlern und bei abnormaler Beendigung zur Laufzeit, Vermeidung von Meldungen bei Folgefehlern;
- Verarbeitung von Programmen, die der für die Programmiersprache definierten Norm entsprechen; Meldung, wenn Normerweiterungen im Programm verwendet werden;
- Erzeugung von Maschinencode für schnelle Exekution und optimalen Betriebsmittelverbrauch;
- abschaltbare Überprüfung formal erfaßbarer Laufzeitfehler (z.B. Dimensionsüberschreitungen);
- symbolischer Speicherauszug bei abnormaler Beendigung des Programms;
- interaktive Fehlersuche während der Ausführung des Programms durch die Verfolgung und Unterbrechung des Programmablaufs, wobei Speicherstellen und Positionen durch Bezugnahme auf das Quellprogramm bezeichnet werden.

Als Norm gilt die zum Angebotszeitpunkt gültige internationale oder nationale Norm. Als nationale Norm ist in erster Linie die in Deutschland gültige Normempfehlung anzusehen, ist eine solche nicht vorhanden, die Originalnorm. Gibt es keine offizielle Norm, so ist das Dokument, in dem die Programmiersprache definiert ist, heranzuziehen.

Welche der folgenden Aussagen können (kann) die geforderte Software charakterisieren?

a) Es werden Anforderungen an einen COBOL-Compiler definiert.

b) Es werden Anforderungen an ein Datenbankverwaltungssystem festgelegt.

c) Es werden Anforderungen an einen APL-Interpreter formuliert.

d) Es werden Anforderungen an ein Dienstprogramm bestimmt.

e) Es werden allgemeine Anforderungen an ein Verkaufsabrechnungspaket gekennzeichnet.

Klausuraufgabe Nr. 4-9: (3 Punkte)

Welche der folgenden Aussagen über den derzeitigen Stand der Mikroelektronik sind (ist) richtig?

a) Mit der Ausstattung bzw. Aufrüstung von in der Wirtschaft verbreiteten Rechnern mit 64-Megabit-Speicherchips wurde Anfang der 90er Jahre begonnen.

b) Flash-Speicherkarten haben heute schon bis zu 40 ROM-Chips pro Karte integriert, von denen jeder Chip 4 MB Speicherkapazität aufweist.

c) Für die Entwicklung von 1-Gigabit-Speicherchips haben IBM, Philips und Canon eine Kooperation vereinbart.

d) Die Intel-80486-Mikroprozessoren gehören zu den meistverbreiteten 64-Bit-RISC-Prozessoren, die derzeit in Personal-Computern zum Einsatz kommen.

e) 64-Bit-Mikroprozessoren werden auch von der Digital Equipment Corporation (DEC) produziert.

Klausuraufgabe Nr. 4-10: (2 Punkte)

In einem Herstellerprospekt wird ein Datenträger namens "3M E Cart" folgendermaßen beschrieben:
"Die Speicherleistung von 800 MB steht im normalen Schreib-/Lesemodus zur Verfügung, bei dem die 36 Spuren gleichzeitig beschrieben oder gelesen werden. Mit der von IBM entwickelten IDRC-Datenkompression läßt sich die Speicherkapazität auf 2,4 GB erhöhen."

Um welchen Datenträger handelt es sich?

a) RAID-5-Magnetplatte

b) Flash-Speicherkarte

c) Halbleiterplatte

d) WORM-Platte

e) Magnetbandkassette

Klausuraufgabe Nr. 4-11: (2 Punkte)

Datenträger dienen als Aufbewahrungsmittel maschinell verarbeitbarer Information.

a) Diese Information muß auf dem jeweiligen Datenträger zwingend binär codiert werden.

b) Allgemein kann gesagt werden, daß Speicherkapazitäten sowie Ein-/Ausgabegeschwindigkeiten Nutzen und Kosten von Datenträgern wesentlich beeinflussen.

c) Das Schreiben auf Datenträger erfolgt stets entweder auf magnetischem oder mechanischem Weg.

d) Die Datenträger sind heute soweit standardisiert, daß Datenträger gleichen Typs auf Anlagen der meisten Hersteller verwendet werden können.

e) Nicht alle Datenträger sind mehrmals verwendbar.

Klausuraufgabe Nr. 4-12: (3 Punkte)

Welche der folgenden Aussagen über PCMCIA-Speicherkarten sind (ist) richtig?

a) Der PCMCIA (Personal Computer Memory Card International Association)-Standard beschreibt die elektrischen, mechanischen und funktionalen Eigenschaften der Schnittstellen von PC-Karten, die auf eine rechnerinterne Steckvorrichtung mit 68 Stiften aufgesteckt werden.

b) Die erste, 1990 eingeführte Version (Release 1.0) des PCMCIA-Standards für Speicherkarten unterstützte alle gängigen Standardspeichertypen (wie z.B. ROM, UV-EPROM, EEPROM, Flash-Speicher, SRAM) - mit Ausnahme von DRAM.

c) Weil es sich bei den PCMCIA-Speicherkarten stets um Fest(wert)speicher handelt, kommen sie für einen Ersatz von Disketten oder Magnetplatten in Notebook-PCs nicht in Frage.

d) Weil die PCMCIA-Speicherkarten fest mit der internen Steckvorrichtung verbunden sind und normalerweise nicht vom PC-Benutzer entnommen werden können, kommen sie als Wechselspeicher nicht in Frage.

e) Weil PCMCIA-Speicherkarten ein weitaus günstigeres Preis-/Leistungsverhältnis (Speicherkosten pro Bit) als alle anderen PC-Massenspeicher bieten, dürften sie wahrscheinlich schon bald die heute noch vorherrschenden Magnetplatten in Notebook-PCs verdrängen.

Klausuraufgabe Nr. 4-13: (3 Punkte)

Welche der folgenden Aussagen über interne Speicher der Zentraleinheit sind (ist) richtig?

a) Der Zentralspeicher ist in allen seinen Teilen ein direkt adressierbarer, im Vergleich zu Peripheriespeichern wesentlich schnellerer Speicher, zu dem die Prozessoren der Zentraleinheit unmittelbaren Zugang haben.

b) Während zu dem für Lese- und Schreiboperationen ausgelegten Speicherbereich (RAM) nur Systemprogramme Zugriff haben, ist dies im ROM auch Anwenderprogrammen gestattet.

c) Die zwischen Arbeitsspeicher und Zentralprozessor installierten Pufferspeicher bestehen aus kostspieligen, besonders schnellen Speicherchips; in diesen sog. Cachespeichern werden jeweils aktuelle Befehle sowie benötigte Daten bereitgehalten.

d) Registerspeicher sind Pufferspeicher mit variabler Kapazität. Durch die vom Leitwerk variabel gestaltete Länge sind diese sog. Decoder besonders schnell.

e) Mikroprogrammspeicher nehmen die vom Betriebssystem in jeweils 4 KB-Einheiten zerlegten Anwendungsprogramme während der Ausführung auf.

Klausuraufgabe Nr. 4-14: (2 Punkte)

Welche der folgenden Aussagen über die "Mäuse" sind (ist) korrekt?

a) Eine Maus ist ein Gerät, das zur schnellen Cursorbewegung dient.

b) Mechanische Mäuse können auf jeder ebenen Fläche verwendet werden, eine griffige Unterlage ist jedoch hilfreich. Optische Mäuse benötigen auf jeden Fall eine spezielle Unterlage.

c) Die Funktionstasten auf der Maus dienen zum Umschalten zwischen Maus- und Tastatureingabe.

d) An Notebook-PCs läßt sich keine Maus anschließen.

e) Die Verwendung einer Maus setzt einen alphanumerischen Bildschirm sowie eine zeichenorientierte Benutzeroberfläche voraus.

Klausuraufgabe Nr. 4-15: (2 Punkte)

Für welche der nachfolgenden Datenerfassungsaufgaben kommt sinnvollerweise der Einsatz von stiftgesteuerten, tragbaren Rechnern (Notepads) in Frage?

a) Erfassung der sog. Vitalwerte (Körpertemperatur, Puls, Blutdruck, Atmung, Gewicht) und der verabreichten Medikamente von Patienten durch die Schwestern am Krankenbett eines Großkrankenhauses.

b) Laufende Kontrolle der Hörsaalbelegung einer Massenuniversität durch Mitarbeiter der zentralen Verwaltung.

c) Zählung der Abonnenten und der Schließtage des Burgtheaters in Wien.

d) Erfassung der Zuschauerzahlen bei den Auswärtsspielen von Schalke 04.

e) Ermittlung der Mountain-Bike-Fahrer, die innerhalb von drei Minuten die Nebelhorn-Abfahrt in Oberstdorf bewältigen.

Klausuraufgabe Nr. 4-16:   **(3 Punkte)**

Welche der folgenden Aussagen über Zentralspeicher sind (ist) richtig?

a) Bei Zentralspeichern unterscheidet man Arbeitsspeicher, Pufferspeicher, Registerspeicher und Mikrocomputerspeicher.

b) Ein zwischen dem Arbeitsspeicher und dem Zentralprozessor befindlicher Pufferspeicher besteht aus teuren, leistungsfähigen Speicherchips mit sehr kurzen Zugriffszeiten. In diesem sog. Cache werden während der Programmverarbeitung die jeweils aktuellen Befehle und Daten rechtzeitig bereitgestellt.

c) Register sind Bestandteil des Cachespeichers. Ihre Kapazität ist mit 1 024 Bytes relativ klein. In einem Registerspeicher können demnach immer nur wenige Befehle eines Programms abgelegt werden.

d) Im Mikroprogrammspeicher werden besonders kleine, häufig benutzte Quellenprogramme (bis zu 48 KB) gespeichert. In Mikroprogrammspeichern abgelegte Programme erreichen extrem hohe Ablaufgeschwindigkeiten.

e) Neueste WOM-Speicherchips (Write Only Memory) ermöglichen einen besonders schnellen Zugriff auf den Zentralspeicher.

Klausuraufgabe Nr. 4-17:   **(6 Punkte)**

Von einem Magnetbandgerät werden Spulen von 730 m Länge und einer Zeichendichte von 2 480 Zeichen/cm verarbeitet. Für den Bandvorlauf bzw. -nachlauf wird jeweils ca. 1 m benötigt.

Welche der nachfolgenden Angaben über die Speicherkapazität einer Magnetbandspule sind (ist) richtig?

a) Beim Start-Stopp-Betrieb lassen sich bei einer Blockgröße von 400 Zeichen und einer Kapazitätsinanspruchnahme von 0,8 cm pro Bandstart/stopp insgesamt 41 333 Blöcke auf einem Band abspeichern.

b) Beim Start-Stopp-Betrieb lassen sich bei einer Blockgröße von 400 Zeichen und einer Kapazitätsinanspruchnahme von 0,8 cm pro Bandstart/stopp insgesamt 15,77 MB Nutzdaten auf einem Band abspeichern.

c) Beim Start-Stopp-Betrieb lassen sich bei einer Blockgröße von 400 Zeichen und einer Kapazitätsinanspruchnahme von 0,8 cm pro Bandstart/stopp insgesamt 157,7 MB Nutzdaten auf einem Band abspeichern.

d) Beim Datenstrombetrieb lassen sich insgesamt 172,18 MB Nutzdaten auf einem Band abspeichern.

e) Beim Datenstrombetrieb lassen sich insgesamt 1,72 GB Nutzdaten auf einem Band abspeichern.

Klausuraufgabe Nr. 4-18:   **(2 Punkte)**

Welche der folgenden Aussagen über Programmiersprachen sind (ist) richtig?

a) COBOL ist eine genormte Programmiersprache für den kommerziellen Einsatz.

b) FORTRAN ist besonders für die Verarbeitung großer Datenbestände, d.h. ein-/ausgabeintensive Programme, geeignet.

c) PL/1 baut auf den Erfahrungen mit FORTRAN, ALGOL und COBOL auf: Man versuchte, die Stärken dieser Sprachen in einer Sprache zu vereinigen. Die Verbreitung von PL/1 ist in Österreich signifikant größer als in anderen Ländern.

d) C ist eine Sprache, die fast ausschließlich von Mathematikern verwendet wird.

e) Es ist möglich, daß die Quellenprogramme für Großrechner in verschiedenen Programmiersprachen erstellt werden. Beispielsweise können Assembler-Unterprogramme aus COBOL-Hauptprogrammen aufgerufen werden.

Klausuraufgabe Nr. 4-19:   **(2 Punkte)**

Welche Eigenschaften treffen für Programmiersprachen und -systeme der 4. Generation zu?

a) Sie ermöglichen eine systemnahe Programmierung, wodurch Hardwareressourcen optimal genutzt werden können.

b) Sie führen i.d.R. gegenüber Sprachen der 3. Generation zu einer Produktivitätssteigerung bei der Programmerstellung.

c) Sie beinhalten meist ein Rechnernetz für die verteilte Programmierung.

d) Sie sind nur für Mikrorechner verfügbar.

e) Zur Problemlösung muß dem Datenverarbeitungssystem mitgeteilt werden, in welchen aufeinanderfolgenden Einzelschritten das jeweilige Problem gelöst werden soll. Deshalb heißt eine solche Sprache "prozedural".

Klausuraufgabe Nr. 4-20:   **(3 Punkte)**

Welche der nachfolgenden Aussagen über Standardsoftware sind (ist) richtig?

a) Standardprogramme sind international genormte Programme, die auf EDVA aller Hersteller laufen.

b) Die Nachfrage nach Standardprogrammen ist bei Anwendern von Großrechnern wesentlich ausgeprägter als bei Anwendern kleinerer EDVA.

c) Die Verwendung von Standardprogrammen wird durch die steigenden Personalkosten und den damit wachsenden Aufwand für die Individualprogrammierung stark begünstigt.

d) Für Anwendungen der Routinedatenverarbeitung, z.B. die Lohn- und Gehaltsabrechnung, die Finanzbuchhaltung, die Kostenrechnung, die

Auftragsabwicklung oder die Lagerbestandsführung, werden schon derzeit oft mehr als 100 fertige Programme auf dem deutschen Markt angeboten.

e) Die wichtigsten Anbietergruppen auf dem Softwaremarkt sind die Computerhersteller und die Softwarehäuser.

Klausuraufgabe Nr. 4-21: (3 Punkte)

Welche der folgenden Aussagen über Endbenutzerwerkzeuge sind (ist) korrekt?

a) Endbenutzerwerkzeuge sind Softwaresysteme, die es dem EDV-Laien erlauben, Problemlösungen selbständig zu erarbeiten.

b) Tabellenkalkulationsprogramme sind Endbenutzerwerkzeuge, die dem Benutzer Rechenblätter anbieten, in die Texte, Zahlen und Formeln eingetragen werden können. Die Formeln werden vom Tabellenkalkulationsprogramm berechnet und die Ergebnisse werden angezeigt.

c) Endbenutzerwerkzeuge dienen erfahrenen Programmierern zur Erstellung von systemnahen Programmen. Das wichtigste Einsatzgebiet stellt zweifellos das Programmieren von Betriebssystembestandteilen, wie z.B. des Steuerprogramms, dar.

d) Datenbankprogramme für Endbenutzer, wie z.B. dBase, erlauben dem Benutzer, ohne EDV-Spezialwissen Dateien anzulegen und Schirmbzw. Druckmasken frei zu definieren, mit deren Hilfe Daten erfaßt, geändert oder in Form von Listen und Berichten dargestellt werden können. Darüber hinaus ist es durch die Verwendung einer Abfragesprache einfach möglich, Dateien zu verknüpfen und Daten nach beliebigen Kriterien zu selektieren.

e) Programme für Präsentationsgrafik, deren Zweck darin liegt, beliebige Daten in ansprechender Form aufzubereiten, gehören nicht zu den Endbenutzerwerkzeugen, da für deren Handhabung Grafikspezialwissen notwendig ist. Deshalb werden derartige Programme nur im CAD-Bereich eingesetzt.

Klausuraufgabe Nr. 4-22: (3 Punkte)

Welche der folgenden Aussagen über Disketten sind (ist) richtig?

a) Durch den verstärkten Einsatz von 32-Bit-Mikrorechnern nimmt die Bedeutung von 8-Zoll-Disketten ab; diese werden in zunehmendem Maße durch 16- und 32-Zoll-Disketten verdrängt.

b) Die Bedeutung von hardsektorierten Disketten nimmt vor allem deshalb zu, weil auf solchen Datenträgern wesentlich mehr Daten gespeichert werden können, da keine Markierungen für Spur- und Sektorbeginn (wie bei softsektorierten Disketten) notwendig sind.

c) Nachteilig wirkt sich die relativ große Fehleranfälligkeit und die im Vergleich zu Festplatten geringe Speicherkapazität von Disketten aus.

d) Softsektorierte Disketten können durch entsprechende Programme für den Gebrauch in Laufwerken verschiedener Hersteller einsatzfähig gemacht werden.

e) Unter Formatierung versteht man das Anlegen von Spuren und Sektoren nach einer, je nach Hersteller verschiedenen Struktur. Auf einer Diskette enthaltene Daten gehen beim Formatieren verloren.

Klausuraufgabe Nr. 4-23: (3 Punkte)

In einer Stellenanzeige einer großen Tageszeitung wird eine EDV-Fachkraft gesucht. Darin heißt es:

> **Wir sind ein Spezialinstitut für die Wohnbaufinanzierung mit einer Bilanzsumme von rund 45 Mrd. Schilling. Für unsere Abteilung Betriebsorganisation/Datenverarbeitung suchen wir eine(n) jüngere(n)**
>
> ....
>
> **Das Aufgabengebiet umfaßt die Analyse bestehender Arbeitsabläufe, das Erarbeiten organisatorischer und EDV-mäßiger Lösungsvorschläge sowie die Einführung neuer Abläufe in den einzelnen Fachabteilungen. Die Aufgabe ist anspruchsvoll. Sie erfordert Kenntnisse im Bankgeschäft und praktische Erfahrung in der Lösung von EDV-Problemen. Voraussetzung für eine erfolgreiche Tätigkeit ist die Fähigkeit zum analytischen Denken.**
>
> **Wir arbeiten derzeit mit einem System IBM ES9021-520. Dialoganwendungen laufen unter IMS-DB/DC und DB2.**

Um welches Berufsbild handelt es sich hier?
- **a)** Systemanalytiker(in)
- **b)** Anwendungsprogrammierer(in)
- **c)** Systemprogrammierer(in)
- **d)** Vertriebsbeauftragte(r)
- **e)** Datenbankadministrator(in)

Klausuraufgabe Nr. 4-24: (2 Punkte)

Welche der folgenden Aussagen zu den Trends am Druckermarkt sind (ist) richtig?
- **a)** 24-Nadel-Matrixdrucker werden durch 9- und 18-Nadeldrucker abgelöst.
- **b)** Die Nachfrage nach Laserdruckern im unteren (bis 12 Seiten /Min.) und mittleren Leistungsbereich (bis 50 Seiten/Min.) wird stark wachsen, begleitet von erheblichen Preissenkungen. PostScript-Laserdrucker mit einer Nennleistung von 9 ppm sind schon um ca. öS 20 000,- erhältlich.

c) Der Trend zu Farbdruckern für Grafik- und Multimedia-Anwendungen hält an.

d) Auch deshalb wird dem Absatz von Tintenstrahldruckern ein beträchtliches Wachstum vorausgesagt. Die Tintenstrahltechnik erlaubt kompakte, leise Arbeitsplatzgeräte für den einfachen, billigen Farbdruck. Farbtintenstrahldrucker kosten heute schon weniger als öS 10 000,-.

e) Es werden verstärkt Mehrfunktionsgeräte auf dem Markt angeboten werden, die Scannen, Drucken, Kopieren und Faxen erlauben.

Klausuraufgabe Nr. 4-25:   (2 Punkte)

Für den Betrieb einer EDVA benötigt man Hardware und Software. Die notwendige Software besteht aus den problemorientierten Anwendungsprogrammen und den Programmen des Betriebssystems.

Welche Ziele werden durch diese Zweiteilung verfolgt, und welche Aufgaben hat das Betriebssystem?

a) Es soll die Rechnerbenutzung durch den Menschen vereinfacht sowie komfortabler und sicherer gestaltet werden.

b) Eine wesentliche Funktion des Betriebssystems in einem On-line-System für die Finanzbuchhaltung eines Betriebes besteht in der Überprüfung der formalen Richtigkeit der Buchungssätze.

c) Moderne Großrechnerbetriebssysteme ermöglichen den gleichzeitigen Teilnehmer- und Teilhaberbetrieb.

d) Betriebssysteme für große kommerziell eingesetzte EDVA benötigen im Durchschnitt nur einige wenige 100 KB (max. 300 KB) im Arbeitsspeicher.

e) Die Komponenten eines Betriebssystems gliedern sich im wesentlichen in Steuerprogramme, Übersetzungsprogramme und Dienstprogramme.

Klausuraufgabe Nr. 4-26:   (2 Punkte)

Es gibt verschiedene Client-Server-Konzepte. Welche der nachfolgend genannten Formen der Arbeitsteilung sind bei einem Informationssystem möglich?

a) Client: Präsentation (Benutzeroberfläche) und Anwendungsfunktionen - Server: Datenverwaltung.

b) Client: Präsentation - Server: Präsentation, Anwendungsfunktionen und Datenverwaltung.

c) Client: Präsentation - Server: Anwendungsfunktionen und Datenverwaltung.

d) Client: Präsentation und Anwendungsfunktionen - Server: Anwendungsfunktionen und Datenverwaltung.

e) Client: Präsentation, Anwendungsfunktionen und Datenverwaltung - Server: Datenverwaltung.

Klausuraufgabe Nr. 4-27: (4 Punkte)

Die raschen informationstechnischen Fortschritte finden in den neuen Produktankündigungen der Computerhersteller ihren Ausdruck. Zum Beispiel hat IBM im Oktober 1992 eine große Zahl neuer PC-Modelle angekündigt. Greifen wir das neue IBM Personal System/2 Modell 77 486DX2 heraus. Hierfür werden nachfolgend einige Leistungsmerkmale angegeben, die nur zum Teil zutreffen.

Welche können davon richtig sein?
- **a)** Intel 80486DX2 double-clock Mikroprozessor mit 33/66 MHz Taktfrequenz.
- **b)** MicroChannel, 16-Bit-Datenbus mit einer Übertragungsrate von 80 MB/s.
- **c)** 8 MB Arbeitsspeicher standardmäßig (70 ns Zugriffszeit), bis 32 GB auf der Systemplatine.
- **d)** 212-MB- oder 400-MB-SCSI-Festplatte (12 ms mittlere Zugriffszeit).
- **e)** Wahlweise: 2,88-MB-Diskettenlaufwerk mit elektrischem Auswurf.

Klausuraufgabe Nr. 4-28: (3 Punkte)

Welche der folgenden (teilweise verfälschten) Aussagen bei der Ankündigung eines neuen PC-Farbbildschirms können richtig sein?
- **a)** Die 7-Zoll-Kathodenstrahlröhre erlaubt es, viele Fenster gleichzeitig darzustellen.
- **b)** Der neue superschnelle Grafikstandard XGA-2 wird unterstützt. XGA-2 ist in Einzeloperationen bis zu 32mal schneller als XGA und auf Anwendungsebene bis zu 2,5mal schneller.
- **c)** Maximale Auflösung und Bildwiederholfrequenz im Textmodus 720x400 Punkte bei 88 Hz.
- **d)** Maximale Auflösung und Bildwiederholfrequenz im Grafikmodus 1024x768 Punkte bei 72 Hz.
- **e)** Listenpreis öS 91 330,-- (exkl. MWSt.).

Klausuraufgabe Nr. 4-29: (6 Punkte)

Grundlage für die weltweite Kompatibilität und Verwendung von geprägten Kreditkarten mit Magnetstreifen bilden die ISO-Normen 2894 und 3534. ISO 2894 legt die Spezifikationen der Plastikkarten, Numerierungssysteme und Registrierverfahren fest. ISO 3534 bezieht sich auf den Magnetstreifen und die Codierung. Danach läßt sich eine derartige Identifikationskarte auf drei Spuren in unterschiedlichen Aufzeichnungsdichten codieren. Da die Codierung der ersten Spur des Magnetstreifens von der IATA (International Air Transport Association) für alphanumerische Daten reserviert ist, werden heute in Europa standardisierte Plastikkarten für Identifikationszwecke nur auf den Spuren 2 und 3 codiert. Diese unterscheiden sich hinsichtlich Coderahmen, Aufzeichnungsdichte und Format. Bei Anwendung des 4-Bit-

Codes nach ISO 3534 kann man auf Spur 2 maximal 42 Zeichen und auf Spur 3 maximal 118 Zeichen unterbringen. Die Aufzeichnungsdichten betragen in der zweiten Spur 75 Bits je Zoll und in der dritten Spur 210 Bits je Zoll (1 Zoll = 2,54 cm).
Welche der nachfolgenden Aussagen sind (ist) richtig?

Beachten Sie, daß bei der Berechnung der Zeichenzahl in allen Fällen je Zeichen ein zusätzliches Bit (Prüfbit) zu berücksichtigen ist.

a) Bei Anwendung des 6-Bit-Codes nach ISO 3534 (gleiche Aufzeichnungsdichte wie bei 4-Bit-Code) beträgt die maximale Zeichenzahl in der 2. Spur 30 Zeichen.

b) Bei Anwendung des 6-Bit-Codes nach ISO 3534 (gleiche Aufzeichnungsdichte wie bei 4-Bit-Code) beträgt die maximale Zeichenzahl in der 3. Spur 84 Zeichen.

c) Bei Anwendung des 7-Bit-Codes nach ISO 3534 (gleiche Aufzeichnungsdichte wie bei 4-Bit-Code) beträgt die maximale Zeichenzahl in der 2. Spur 26 Zeichen.

d) Die nach ISO 3534 für die Datenaufzeichnung in Spur 2 vorgesehene Spurlänge beträgt 8,4 cm.

e) Nach ISO 3534 beträgt in Spur 3 die Aufzeichnungsdichte 83 Bits/cm.

Klausuraufgabe Nr. 4-30: (3 Punkte)

Welche der im folgenden gekennzeichneten Entwicklungstendenzen sind (ist) für den internationalen Computermarkt zutreffend?

a) Infolge des überproportional hohen Wachstums des PC-Markts sind im vergangenen Jahrzehnt die PC-Hersteller Dell, Compac und Commodore in die Liste der zehn umsatzstärksten Computerhersteller auf dem Weltmarkt vorgerückt.

b) Der Weltmarktführer IBM hatte im vergangenen Jahr einen höheren Gesamtumsatz mit Hardware, Software und Services als die 20 nächstgrößeren Computerhersteller zusammengenommen.

c) NEC und Toshiba zählen zu den größten Herstellern von Speicherchips auf der Welt. Weltmarktführer bei PC-Mikroprozessoren sind Intel und Motorola.

d) Die in Workstations weltweit am häufigsten eingesetzte RISC-Prozessorfamilie ist die Serie Motorola 68000. Der derzeit leistungsfähigste 64-Bit-Mikroprozessor M68064 leistet ca. 240 Mips.

e) Die Intel-Mikroprozessoren 80386DX, 80486DX und 80486SX haben eine interne Datenbusbreite von 16 Bits und eine externe Datenbusbreite von 32 Bits. Die Adreßbusbreite beträgt 24 Bits, wodurch der physikalische Adreßbereich 4 096 MB umfaßt.

Klausuraufgabe Nr. 4-31:   **(5 Punkte)**

Mittels eines Tabellenkalkulationsprogramms ist für eine gegebene Produktionsmenge (PM) von 1 - 15 Verpackungsmaschinen das Betriebsergebnis zu berechnen und der Break-Even-Point (BEP = Gewinnschwelle) festzustellen. Das Betriebsergebnis wird durch Subtraktion der Gesamtkosten (GK) vom Gesamterlös (GE) ermittelt. Die Gesamtkosten (GK) bestehen aus einem Fixkostenanteil (FK = 350 000) und variablen Kosten (VK = 50 000) pro produzierter Anlage. Der Gesamterlös wird durch Multiplikation der Produktionsmenge (PM) mit dem erzielbaren Erlös pro produzierter Anlage (E = 95 000) errechnet.

$$GE = E * PM$$
$$GK = FK + (VK * PM)$$
$$BE = GE - GK$$

Das Berechnungsschema sehen Sie in der nachfolgenden Abbildung, wobei die Spalten des Kalkulationsmodells mit den Buchstaben A bis D, die Zeilen mit 1 bis 23 bezeichnet werden.

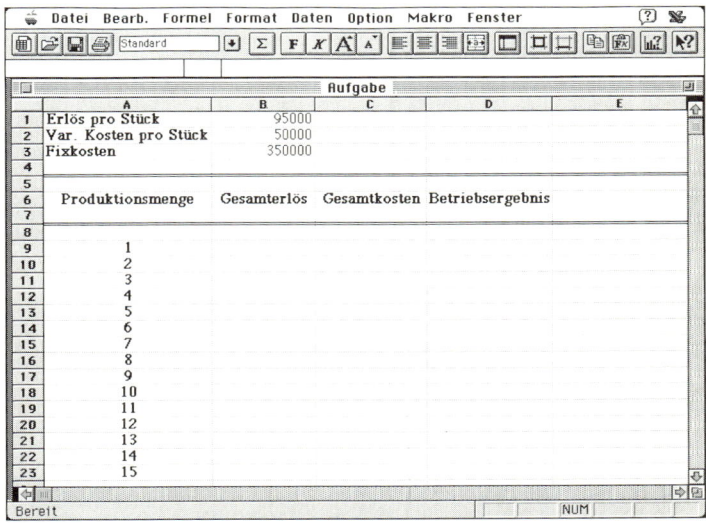

Das Betriebsergebnis für sieben Verpackungsmaschinen wird in Zeile 15 errechnet. Bitte geben Sie an, welche der folgenden Formeln in dieser Zeile korrekt sind:

	Feld B15	Feld C15	Feld D15
a)	=B1*A15	=B3+(B2*A15)	=B15-C15
b)	=A15/B1	=B3+(B2*A15)	=B15-C15
c)	=B1*A15	=B3+(B2*B15)	=C15-B15
d)	=A15*B1	=(B2*A15)+B3	=B15-C15
e)	=B1*A15	=B3+(B2*A15)	=(B1*A15)-C15

Klausuraufgabe Nr. 4-32: (4 Punkte)

Welche der nachfolgenden Aussagen über PC-Massenspeicher sind (ist) richtig?

a) Nach aufsteigender Maximalkapazität (für einen auswechselbaren Datenträger) geordnet kommen folgende Speichermedien für Personal-Computer in Betracht: Magnetbandkassette - 3,5-Zoll-HD-Diskette - 5,25-Zoll-DD-Diskette - Flash-Speicherkarte.

b) Nach abnehmender Zugriffszeit geordnet kommen folgende Speichermedien für Personal-Computer in Betracht: Magnetooptische Speicherplatte (MOD), Magnetplatte, Flash-Speicherkarte, CD-ROM.

c) Nach abnehmendem Preis (für einen auswechselbaren Datenträger) geordnet kommen folgende Speichermedien für Personal-Computer in Betracht: WORM-Speicherplatte, 3,5-Zoll-HD-Diskette, Floptical, Flash-Speicherkarte.

d) Eine SCSI-Schnittstelle bietet die Möglichkeit, mehrere Peripheriegeräte anzuschließen. Das können neben Massenspeichern wie Magnetplatten- oder optischen Speicherplattenlaufwerken auch Drucker oder Scanner sein.

e) Wenn eine über SCSI angeschlossene Magnetplatte für den PC-Benutzer zu klein wird, so kann ein zweites Magnetplattenlaufwerk in die Systemeinheit eingebaut bzw. extern über den SCSI-Controller angeschlossen werden.

Klausuraufgabe Nr. 4-33: (3 Punkte)

Welche der folgenden Aussagen über Rechnerarchitekturen sind (ist) richtig?

a) RISC ist die Abkürzung für "restricted internal simple concept".

b) Typisch für RISC-Rechner sind einfache, festverdrahtete Befehlssätze mit wenig Mikrocode, Einzyklusmaschinenbefehle, feste Befehlslängen, einfache Adressierungsverfahren und eine ausgeprägte Pipeline-Architektur.

c) Weit verbreitete RISC-Architekturen stammen von Hewlett Packard (Precision Architecture), IBM (POWER), MIPS Computer Systems und Sun Microsystems (SPARC).

d) Die leistungsfähigsten 32-Bit-RISC-Mikroprozessoren erreichen heute schon über 100 Mips.

e) Die Alpha-Architektur von DEC ist eine 64-Bit-RISC-Architektur. Der erste, 1992 angekündigte Mikroprozessor mit dieser Architektur erreicht nach Herstellerangaben bei einer Taktrate von 133 MHz eine Leistung von über 250 Mips.

Klausuraufgabe Nr. 4-34: (2 Punkte)

Auf dem Markt für PC-Betriebssysteme sind die ehemaligen Verbündeten IBM und Microsoft zu harten Konkurrenten geworden.

Welche Vorteile bietet MS-DOS/Windows 3.1 gegenüber IBM OS/2 2.0?
a) Echtes 32-Bit-Betriebssystem
b) Geringere Hardwareanforderungen (insbesondere Arbeitsspeicherbedarf)
c) Flexiblere Speicherverwaltung
d) Zeilenorientierte Bedienerführung
e) Multiprozessorfähigkeit

Klausuraufgabe Nr. 4-35: (2 Punkte)

Verschiedene Programmiersprachen sind für unterschiedliche Einsatzgebiete geeignet.

Welche der folgenden Aussagen über Programmiersprachen sind (ist) richtig?
a) Assembler sind maschinennahe Programmiersprachen. Man versteht darunter aber auch Programme, die eine symbolische, d.h. für den Menschen lesbare maschinenorientierte Sprache in die für den Prozessor verständliche, technische Maschinensprache übersetzen.
b) Assembler gibt es nur für mittlere und große Rechenanlagen.
c) Die Sprache C ist nur für eine maschinennahe Programmierung geeignet. Deshalb können z.B. Buchhaltungsprogramme nicht in C geschrieben werden.
d) Für technisch-wissenschaftliche Anwendungen werden u.a. ADA, APL, PASCAL und FORTRAN verwendet.
e) COBOL wurde in der Ursprungsversion vor mehreren Jahrzehnten entwickelt. Der letzte international gültige Standard ist ANSI-COBOL-85.

Klausurarbeit Nr. 5

Klausuraufgabe Nr. 5-1: (5 Punkte)

Das Einzelhandelsgeschäft "Sporting-Vienna" in Wien hat eine relationale Datenbank im Einsatz, wo unter anderem auch Daten über verschiedene Stammkunden in einer eigenen Tabelle gespeichert sind:

KUNDE	Kunden-nummer	Kundenname	Adresse
	992	Zampano_ Ernst	A-1010_Wien_ Kärntnerstraße_55
	993	Molterl_ Karl	A-1050_Wien_ Obere_Gasse_12
	994	Oberkofler_ Herbert	A-1190_Wien_ Weingasse_8
	995	Schnellsieder_ Adelgunde	A-1200_Wien_ Fintschergasse_67

Frau Adelgunde Schnellsieder, eine treue Stammkundin, hat ihre Adresse gewechselt und wohnt nun in A-3001 Mauerbach, Hauptstraße 66. Um die treue Kundin auch weiterhin mit der neuesten Produktinformation im Sportartikelbereich versorgen zu können, müssen die Kundendaten den neuen Gegebenheiten angepaßt werden.

Mit welchen oder welchem der folgenden SQL-Befehle kann diese Änderung durchgeführt werden?

a) ```
UPDATE Schnellsieder_Adelgunde
SET KUNDE
WHERE Adresse = "A-1200_Wien_Fintschergasse_67";
```

b) ```
UPDATE KUNDE
SET Adresse = "A-1200_Wien_Fintschergasse_67"
WHERE Adresse = "A-3001_Mauerbach_Hauptstraße_66";
```

c) ```
UPDATE Adresse
SET Adresse = "A-3001_Mauerbach_Hauptstraße_66"
WHERE Adresse = "A-1200_Wien_Fintschergasse_67";
```
```

d) UPDATE KUNDE
SET Adresse = "A-3001_Mauerbach_Hauptstraße_66" WHERE
Kundenname = "Schnellsieder_Adelgunde" AND Adresse =
"A-1200_Wien_Fintschergasse_67";

e) UPDATE KUNDE
SET Adresse = "A-3001_Mauerbach_Hauptstraße_66"
WHERE Kundennummer = 995;

Klausuraufgabe Nr. 5-2: (3 Punkte)

Gegeben seien 25 000 Studenten, deren Stammdaten sequentiell in einer Datei gespeichert werden. Pro Student werden 1 000 Zeichen belegt, sodaß die Datei insgesamt aus 25 Millionen Zeichen besteht. Um einen Studenten zu finden, muß im schlechtesten Fall die gesamte Datei sequentiell durchsucht werden, wofür 2,5 Stunden (150 Minuten) benötigt werden. Aus Gründen des schnelleren Zugriffs wird ein nichtsortierter, sequentieller Index angelegt, in dem für jeden Studenten 4 Zeichen eingetragen werden.

a) Die nichtsortierte Indexdatei belegt 1 600 000 Zeichen.

b) Die nichtsortierte Indexdatei belegt 100 000 Zeichen.

c) Die Indexdatei kann im Vergleich zur Hauptdatei vierhundertmal schneller vollständig gelesen werden.

d) Um einen Studenten zu finden, muß im schlechtesten Fall die gesamte Indexdatei sequentiell durchsucht werden, wofür 36 Sekunden (0,6 Minuten) benötigt werden.

e) Um einen Studenten zu finden, muß im schlechtesten Fall die gesamte Indexdatei sequentiell durchsucht werden, wofür 72 Sekunden (1,2 Minuten) benötigt werden.

Klausuraufgabe Nr. 5-3: (3 Punkte)

Welche der folgenden Aussagen über Datenmodelle sind (ist) richtig?

a) Bei nach dem Netzwerkmodell strukturierten Datenbanken kann ein Objekttyp mehrere Ein- und Ausgänge haben.

b) Zur Beschreibung eines Objekttyps beim Relationenmodell können viele beliebige Attribute aneinander gereiht werden; es dürfen jedoch keine Wiederholungsgruppen auftreten.

c) Aus den für die Beschreibung eines Datensatzes beim Relationenmodell notwendigen Attributen darf nur eines als Schlüssel verwendet werden.

d) Das Relationenmodell gilt im allgemeinen als am benutzerfreundlichsten (im Vergleich zu sonstigen, in der Praxis eingesetzten Datenmodellen).

e) Das Relationenmodell unterstützt einfache, beschreibende Datenbanksprachen, um eine Datenbank zu erstellen und abzufragen.

Klausuraufgabe Nr. 5-4: (4 Punkte)

Die Lehrveranstaltungsanmeldung, die Notenauskunft und viele andere Verwaltungsanwendungen laufen an der Wirtschaftsuniversität Wien größteils über ein selbst entwickeltes Btx-System ab, das auf einem zentralen Siemens-Großrechner installiert ist. In den Universitätsgebäuden sind allgemein zugängliche Terminals aufgestellt, über die die über 20 000 Studierenden menügeführt rund um die Uhr Auskünfte abrufen und Platzbuchungen vornehmen können.

Wenn sich zum Beispiel ein Student für verschiedene Lehrveranstaltungen anmelden möchte, so muß er zunächst die im Vorlesungsverzeichnis angegebenen Nummern der Lehrveranstaltungen eintippen, die er belegen möchte, und anschließend seine Matrikelnummer und ein Paßwort eingeben, damit vom System seine Immatrikulation und Inskription überprüft werden können. Bei einer positiven Erledigung erhält er unmittelbar darauf die Bestätigung, daß die Anmeldung vollzogen wurde.

Welche Aussagen zur Datenspeicherung sind (ist) in diesem Fall richtig?

a) Sukzessives Suchen kommt bei der Identifikationsprüfung nicht in Betracht, da es bei dem großen Datenbestand für den Dialogbetrieb viel zu lange dauern würde.

b) Grundsätzlich kommen sowohl die indizierte Organisation als auch die gestreute Organisation in Frage. Aus den obigen Angaben ist nicht ersichtlich, welche der beiden Formen in welcher Variante von den Systementwicklern im vorliegenden Fall gewählt wurde.

c) Eine Hash-Organisation ist undenkbar, da hierbei nur über einen Primärschlüssel ein Datensatz gefunden werden kann. Im vorliegenden Fall muß jedoch sowohl über den Primärschlüssel (Matrikelnummer) als auch über einen Sekundärschlüssel (Paßwort) auf ein und dieselbe Adresse (Anfangsadresse des Studentensatzes) zugegriffen werden können.

d) Bei dem zugrundeliegenden Datenbanksystem muß es sich um ein relationales System handeln, weil nur dadurch die 1:1-Beziehung ("reserviert") zwischen den Studierenden und den Lehrveranstaltungen mit Tabellen dargestellt und direkt mit der nötigen Geschwindigkeit abgefragt werden kann. Bei einer Netzwerk-Datenbank wäre der Zugriffspfad wesentlich zeitaufwendiger, weil hierbei n:n-Beziehungen abgebildet werden müßten.

e) Bei dem zugrundeliegenden Datenbanksystem muß es sich um ein hierarchisches System handeln, weil nur dieses baumstrukturierte Menüs für die Benutzerführung erlaubt.

Klausuraufgabe Nr. 5-5:   **(2 Punkte)**

Welche der folgenden Aussagen über Datenbanksysteme sind (ist) richtig?

a) Redundanz kann zu Dateninkonsistenz führen.

b) Die Forderung nach minimaler Redundanz bedeutet, daß häufig verwendete Daten mehrfach gespeichert werden, um die Zugriffsgeschwindigkeit zu erhöhen.

c) Datenbanksysteme umfassen drei Schichten (Modelle), das relationale Modell, das hierarchische Modell und das Netzwerkmodell.

d) Datenmanipulationssprachen dienen zum Verändern, Abfragen, Einfügen und Löschen von Daten.

e) Programmiersprachen der 3. Generation sind relationale Abfragesprachen für Datenbanksysteme.

Klausuraufgabe Nr. 5-6:   **(3 Punkte)**

Gegeben ist eine Kundentabelle eines Absatzinformationssystems. In dieser Kundentabelle sind alle relevanten Daten über die Kunden eines Unternehmens gespeichert (wie z. B.: die Kundennummer, der Kundenname, die Adresse des Kunden usw.).

In welchen nachfolgend beschriebenen Fällen liegt Redundanz vor?

a) Der Kunde Maier mit der Kundennummer 4711, wohnhaft in A-1010 Wien, ist in der Tabelle genau einmal gespeichert.

b) Der Kunde Müller, wohnhaft in A-6700 Bregenz, ist in der Tabelle einmal unter der Kundennummer 1555 von der Sachbearbeiterin Eva und ein zweites Mal unter der Kundennummer 1666 vom Sachbearbeiter Egon abgespeichert worden.

c) Der Kunde Huber mit der Kundennummer 5555, wohnhaft in A-1200 Wien, ist in der Tabelle nicht mehr gespeichert, da er von diesem Unternehmen nichts mehr kaufen will.

d) Beim Kunden Seibert, wohnhaft in A-1090 Wien, handelt es sich um einen neuen Kunden. Der Kunde Seibert wird unter der Kundennummer 7777 genau einmal in der Tabelle abgespeichert.

e) Die Kundin Glöckel mit der Kundenummer 6751, wohnhaft in A-1020 Wien, hat geheiratet und den Familiennamen ihres Mannes angenommen. Daraufhin wird der Kundenname geändert. Die Kundennummer und der Wohnort werden nicht verändert, da die Kundin ihren Wohnort nicht wechselt.

Klausuraufgabe Nr. 5-7: (2 Punkte)

Folgende Struktur einer Datenbank liegt vor:

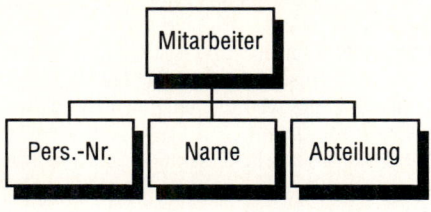

Mitarbeiterdatenbank

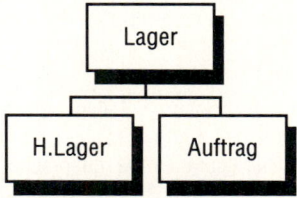

Lagerdatenbank

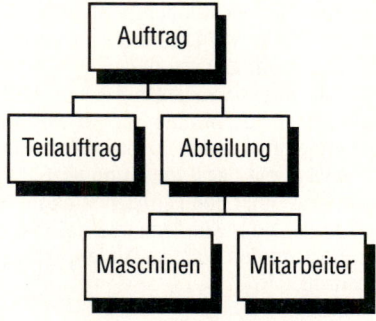

Auftragsdatenbank

Um welches Datenmodell handelt es sich?
- **a)** Hierarchisches Datenmodell
- **b)** Netzwerkmodell
- **c)** Relationenmodell
- **d)** Ringmodell
- **e)** Sternmodell

Klausuraufgabe Nr. 5-8: **(2 Punkte)**

Gegeben ist folgender Ausschnitt aus dem Strukturdiagramm der Datenbank eines Handelsunternehmens:

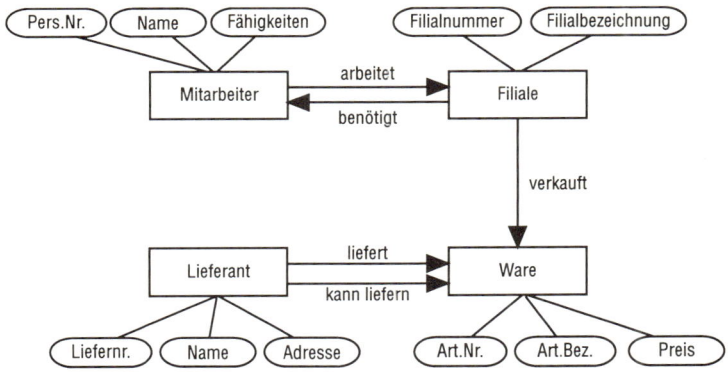

Wie wird das Element "Mitarbeiter" bezeichnet?
- **a)** Objekttyp
- **b)** Attribut
- **c)** Objekt
- **d)** Primärschlüssel
- **e)** Sekundärschlüssel

Klausuraufgabe Nr. 5-9: **(3 Punkte)**

Welche der nachstehenden Aussagen über Datenbanksysteme sind (ist) richtig?
- **a)** Aktionen, die Veränderungen im Datenbestand einer Datenbank bewirken, werden zu Transaktionen zusammengefaßt, um beim gleichzeitigen Zugriff durch mehrere Benutzer Verklemmungen zu verhindern.
- **b)** Unter einem Datenbankadministrator versteht man ein Dienstprogramm, mit Hilfe dessen man die Datenbank nach einem Systemabsturz wieder in einen konsistenten Zustand überführt.
- **c)** Der Begriff Data-Dictionary steht für ein Verzeichnis von Datenbeständen (Dateien, Datenbanken), das die Datenstrukturen und die Datenverwendung in Anwendungsprogrammen dokumentiert.
- **d)** Von einer verteilten Datenbank spricht man dann, wenn logisch zusammengehörige, gemeinsam verwaltete Daten einer Datenbank auf mehrere, vernetzte Rechner verteilt sind.
- **e)** Verbreitete Beschreibungsmittel für konzeptionelle Datenmodelle sind Jackson-Diagramme (Struktogramme) und Programmablaufpläne.

Klausuraufgabe Nr. 5-10:   **(6 Punkte)**

Für ein Lagerverwaltungssystem in einem österreichischen Mittelbetrieb ist ein Entity-Relationship-Diagramm entwickelt worden:

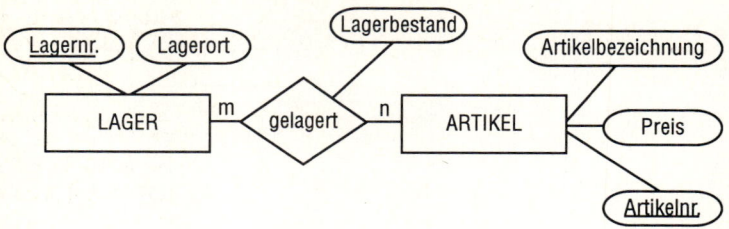

Dieses Entity-Relationship-Diagramm soll nun in ein Relationenschema übergeführt werden.

Welche der folgenden Tabellenstruktur(en) entspricht (entsprechen) dem Sachverhalt des hier abgebildeten Entity-Relationship-Diagramms?

a)

LAGER	<u>Lagernr.</u>	<u>Artikelnr.</u>	Lagerort

GELAGERT	<u>Artikelnr.</u>	Lagerbestand

ARTIKEL	<u>Lagernr.</u>	<u>Artikelnr.</u>	Artikelbezeichnung	Preis

b)

LAGER	<u>Lagernr.</u>	Lagerort	Lagerbestand

520

ARTIKEL	Artikelnr.	Artikelbezeichnung	Preis

c)

LAGERORT	Lagernr.	Lager

LAGERBESTAND	gelagert

ARTIKELBEZEICHNUNG	Artikelnr.	Artikel	Preis

d)

LAGER	Lagernr.	Lagerort

GELAGERT	Lagerbestand

ARTIKEL	Artikelnr.	Artikelbezeichnung	Preis

e)

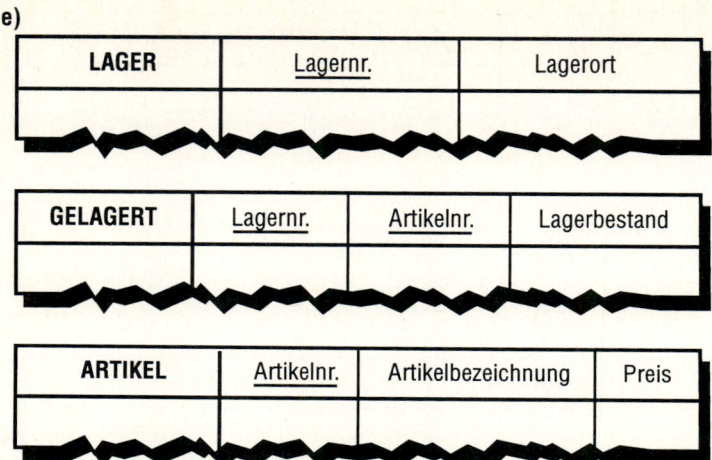

LAGER	Lagernr.	Lagerort

GELAGERT	Lagernr.	Artikelnr.	Lagerbestand

ARTIKEL	Artikelnr.	Artikelbezeichnung	Preis

Klausuraufgabe Nr. 5-11: (3 Punkte)

Welche der nachfolgenden in einem Hochschulverwaltungssystem gegebenen Zusammenhänge sind 1:1-Beziehungen?

a) Die Hochschullehrer halten mehrere Lehrveranstaltungen, zum Teil auch gemeinsam, ab.

b) Die Studenten kommen aus vielen verschiedenen Ländern.

c) Jeder Student darf sich für mehrere Studienrichtungen einschreiben.

d) Alle Professoren können zum Rektor gewählt werden.

e) Jeder Student besitzt zur eindeutigen Identifizierung eine Matrikelnummer (Primärschlüssel).

Klausuraufgabe Nr. 5-12: (3 Punkte)

In einem Mittelbetrieb ist ein Beschaffungsinformationssystem auf Basis eines relationalen Datenbankverwaltungssystems entwickelt worden.

Welche der folgenden Veränderungen betreffen ausschließlich die externen Schemata des Datenbanksystems?

a) Da sehr oft Abfragen über den Zunamen von Lieferanten getätigt werden, wird vom Datenbankadministrator zur Zugriffsbeschleunigung ein direkter Zugriff über das Attribut ZUNAME der Tabelle LIEFERANT vorgesehen.

b) Nach einer Neuorganisation der Beschaffungsabteilung in taktische und strategische Beschaffung, wird für alle Mitarbeiter der strategischen Beschaffung eine zusätzliche Bildschirmmaske zur Verfügung gestellt, über die Abfragen über Preisentwicklungen von verschiedenen Lieferanten möglich sind.

c) Da sich die Disponenten immer wieder über den komplizierten Aufbau der Eingabemasken für die Abwicklung einer Bestellung beschweren, wird von der EDV-Abteilung eine Restrukturierung der Bildschirmmasken mit dem Ziel eine benutzerfreundlicheren Darstellung der Eingabefelder durchgeführt.

d) Da im letzten Jahr zwei Lieferanten nicht mehr den qualitativen Anforderungen entsprochen haben und auch auf längere Sicht hinaus ein Geschäftskontakt nicht mehr sinnvoll erscheint, werden die Daten dieser zwei Lieferanten aus der Lieferantenstammdatei gelöscht.

e) Da sehr viele Einträge im Data-Dictionary über die Verwendung von Attributen nicht mehr dem Ist-Zustand entsprechen, werden die Einträge überarbeitet und aktualisiert.

Klausuraufgabe Nr. 5-13: (4 Punkte)

Welche der folgenden Aussagen über konzeptionelle Modelle sind (ist) richtig?

a) Ein konzeptionelles Modell ist eine vereinfachte Beschreibung eines betrieblichen Realitätsausschnitts als strukturierter Rahmen für eine planvolle Informationssystementwicklung.

b) Je nachdem, ob dabei eher eine datenorientierte oder eine eher ablauforientierte Sicht im Vordergrund steht, kann man konzeptionelle Datenmodelle und Ablaufmodelle (Funktionsmodelle) unterscheiden. Weitere Sichten können sich zum Beispiel auf die Kommunikation (= Kommunikationsmodell), auf die Folge von Abläufen (= Vorgangskettenmodell) oder auf organisatorische Aspekte (= Organisationsmodell) beziehen.

c) Die Darstellung eines konzeptionellen Modells erfolgt in einer Form, die von den Endbenutzern in den Fachabteilungen nicht verstanden werden muß. Vielmehr steht bei der Gestaltung bzw. Wahl der Beschreibungsmittel die anschließende automatische Umsetzung der Datenbankbeschreibung in ablauffähige Programme im Vordergrund.

d) Verbreitete Beschreibungsmittel für konzeptionelle Ablaufmodelle sind ER-Diagramme.

e) Verbreitete Beschreibungsmittel für konzeptionelle Datenmodelle sind Datenflußdiagramme und Jackson-Diagramme.

Klausuraufgabe Nr. 5-14: (2 Punkte)

Welche der nachfolgenden (großteils englischen) Abkürzungen kennzeichnen Komponenten von Datenbanksystemen?

a) DBMS d) DDL
b) DBP e) DML
c) DDE

Klausuraufgabe Nr. 5-15: (3 Punkte)

Welche der folgenden Aussagen sind (ist) richtig? Bei der Überführung eines Entity-Relationship-Diagramms in ein Relationenschema

a) werden aus den Objekttypen eigene Tabellen generiert.

b) werden aus den einwertigen Attributen eigene Tabellen generiert.

c) werden aus den m:n-Beziehungen eigene Tabellen generiert.

d) werden aus den Tupeln eigene Tabellen generiert.

e) werden aus den mehrwertigen Attributen eigene Tabellen generiert.

Klausuraufgabe Nr. 5-16: (2 Punkte)

Welche der folgenden Konsequenzen ergibt sich, wenn eine Datei indiziert wird?

a) Die Datei wird physisch neu organisiert, damit die Suche nach einem Satz wieder effizienter ablaufen kann.

b) Ein Inhaltsverzeichnis wird angelegt, das sämtliche relevanten Angaben über die Datenstruktur der Datei enthält.

c) Für jeden Satz der Datei wird ein Indexwert errechnet, so daß der Zugriff auf einen Satz über diesen Indexwert schneller ablaufen kann.

d) Um die Suchschritte innerhalb einer Datei zu minimieren und die Zugriffszeiten zu verringern, wird eine Baumstruktur erstellt.

e) Es wird eine Hilfsdatei angelegt, die neben den Schlüsseln die Adreßverweise auf die in der Hauptdatei enthaltenen Datensätze enthält.

Klausuraufgabe Nr. 5-17: (3 Punkte)

Welche der folgenden Aussagen über Phasenmodelle für die Entwicklung von großen Informationssystemen sind (ist) richtig?

a) Die Firmen IBM und Microsoft haben Mitte der 80er Jahre ein allgemeingültiges Phasenschema für die Entwicklung von Informationssystemen vorgeschlagen, das sich in der Praxis inzwischen weitgehend als Marktstandard durchgesetzt hat. Dieses sogenannte ISAP-Modell (Information Systems Analysis and Planning) unterscheidet die sechs Phasen: Planung, Definition, Entwurf, Implementierung, Einführung, Betrieb und Wartung.

b) In der Implementierungsphase wird die Anforderungsdefinition zur Erstellung von konzeptionellen Datenmodellen und Ablaufmodellen verwendet.

c) In der Einführungsphase erfolgt die Codierung der in der vorhergehenden Phase erstellten Modelle im gewählten Programmiersystem. Aus den Datenmodellen wird die Datenbankbeschreibung, aus den Ablaufmodellen werden die Programme gewonnen.

d) Unter Wartung werden die Fehlerbehebung sowie die erforderlichen Anpassungen und Änderungen eines Informationssystems verstanden.

e) SADT und NIAM sind bekannte Methoden zur Strukturierung und rechnergestützten Durchführung der Wartung.

Klausuraufgabe Nr. 5-18: (3 Punkte)

Eine Vorgehensweise zur Entwicklung von Informationssystemen ist Prototyping. Welche der folgenden Aussagen hierzu sind (ist) richtig?

a) Ein Prototyp ist ein ausführbares Modell (d.h. eine Vorversion) eines Informationssystems, wobei bestimmte Aspekte desselben hervorgehoben werden.

b) Prototypen dienen der Kommunikation mit den Benutzern, der Evaluation von Alternativen oder zu Durchführbarkeitsstudien.

c) Prototyping ist ein Verfahren zur Entwicklung von Informationssystemen, bei dem frühzeitig mit ablauffähigen (Vor-)Versionen von Programmsystemen - zumeist gemeinsam mit den späteren Benutzern der Software - experimentiert wird. Ziel ist dabei die Bewertung der Systemanforderungen und ihrer technischen Realisierbarkeit.

d) Rapid Prototyping ist ein Synonym zu Prototyping, bei dem bereits durch die Bezeichnung auf die möglichst rasche Entwicklung der Prototypen hingewiesen wird.

e) Als Prototyping-Werkzeuge sind Programmiersprachen der 4. Generation besser geeignet als solche der 3. Generation.

Klausuraufgabe Nr. 5-19: (3 Punkte)

Sie sollen ein einfaches ER-Diagramm für ein Beschaffungsinformationssystem erstellen. Dabei ist folgender Sachverhalt gegeben:

– Ein oder mehrere Lieferanten können mehrere Waren liefern.

– Am 20.12.1993 liefert die Müller GmbH (Firmensitz: Leobersdorf) 300 Liter Mineralwasser der Sorte "Longlife" und 500 Liter Orangenlimonade der Sorte "Superfrisch".

– Am 21.12.1993 liefert die Maier AG (Firmensitz: Mödling) 100 Liter Mineralwasser der Sorte "Longlife".

– Am 23.12.1993 liefert die Müller GmbH (Firmensitz: Mistelbach) 200 Liter Mineralwasser der Sorte "Longlife".

Welche der folgenden Aussagen sind (ist) richtig?

a) Die Beziehung *"liefert"* kann in diesem Fall als eine m:n-Beziehung klassifiziert werden.

b) Für diesen Sachverhalt werden MINERALWASSER und LIEFERANT als Objekttypen im ER-Diagramm dargestellt. Nur diese zwei Objekttypen sind durch die Beziehung *"liefert"* verbunden.

c) Das Attribut LIEFERANTENNAME ist für den Objekttyp LIEFERANT eindeutig identifizierend.

d) Im ER-Diagramm werden LONGLIFE und SUPERFRISCH als beschreibende Attribute gekennzeichnet.

e) Der FIRMENSITZ ist ein konzeptioneller Objekttyp.

Klausuraufgabe Nr. 5-20: (4 Punkte)

Für ein Lagerverwaltungssystem in einem österreichischen Großhandels-
betrieb, der sich auf den Getränkehandel spezialisiert hat, ist ein Entity-Relationship-Diagramm entwickelt worden:

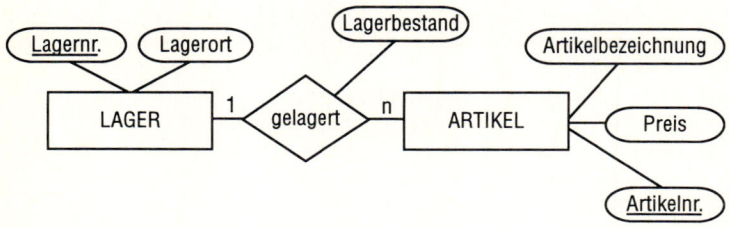

Welche der folgenden Aussage(n) ist (sind) mit dem Sachverhalt des hier
abgebildeten Entity-Relationship-Diagramms vereinbar?

a) Im Regionallager in Eisenstadt (Lagernr.: 12) und im Regionallager in
Linz (Lagernr.: 13) sind jeweils 300 Liter Bier der Sorte "Edelweiß"
(Artikelnr.: 50) gelagert.

b) Im Regionallager in Hinterbrühl (Lagernr.: 14) sind nur 1 000 Liter
Apfelsaft der Sorte "Ewigjung" (Artikelnr.: 500) gelagert.

c) Im Regionallager in Dürnstein (Lagernr.: 23) sind 100 Liter Wein der
Sorte "Dürnsteiner_Edeltropfen" (Artikelnr.: 111) und 200 Liter Wein
der Sorte "Dürnsteiner_Katzensprung" (Artikelnr.: 112) gelagert.

d) Der Weinbrand der Sorte "Berggeist" (Artikelnr.: 211) ist nur im Zentrallager in Wien (Lagernr.: 46) gelagert. Der Lagerbestand beträgt
derzeit 700 Liter.

e) 2 000 Liter der Mineralwassersorte "ZischFrisch" (Artnr.: 213) sind im
Regionallager in Oberndorf (Lagernr.: 22) gelagert. Außerdem sind
noch 1 000 Liter der Sorte "ZischFrisch" im Regionallager in Bregenz
(Lagernr.: 13) gelagert.

Klausuraufgabe Nr. 5-21: (2 Punkte)

CASE spielt im Zusammenhang mit der Entwicklung von Informationssystemen eine zunehmend wichtigere Rolle. Wofür steht diese Abkürzung?

a) Communications Analysis of Systems and Environments
b) Computer Assisted Structuring of Events
c) Computer Aided Software Engineering
d) Complete Application Systems Engineering
e) Control, Analysis, Supervision and Evaluation of Information Systems

Klausuraufgabe Nr. 5-22:   **(3 Punkte)**

Welche Aussagen zu den Benutzern eines Datenbanksystems sind (ist) richtig?

a) Neben der Festlegung des konzeptionellen Schemas müssen die End-benutzer in der Implementierungsphase die sogenannten externen Schemata und das interne Schema definieren.

b) Der Datenbankadministrator trägt beim Betrieb eines Informationssy-stems die Verantwortung für das Funktionieren des Datenbanksy-stems.

c) Ein Student, der über ein öffentliches Terminal seine Prüfungsergeb-nisse aus der Prüfungsdatenbank einer Universität abfrägt, ist ein pa-rametrischer Benutzer.

d) Ein Mitarbeiter der Prüfungsabteilung, der mittels einer formularorien-tierten Abfragesprache (QMF) aus derselben Datenbank eine Noten-statistik erstellt, ist ein Anwendungsprogrammierer.

e) Für die Gestaltung und Verwaltung des Data-Dictionary eines großen Informationssystems sind die Maschinenbediener im Rechenzentrum verantwortlich.

Klausuraufgabe Nr. 5-23:   **(1 Punkt)**

In welche der folgenden Phasen einer Informationssystementwicklung fällt die Programmierung der Bildschirmmasken für eine bestimmte Benutzer-gruppe?

a) Planungsphase   **d)** Implementierungsphase
b) Definitionsphase   **e)** Einführungsphase
c) Entwurfsphase

Klausuraufgabe Nr. 5-24:   **(2 Punkte)**

Der Aufbau und die Verarbeitung von Dateien hängen zum einen vom ein-gesetzten Speichermedium, zum anderen von der verwendeten Dateiorga-nisation ab.

Welche der folgenden Aussagen sind (ist) richtig?

a) Bei sequentiellen Speichern werden die Datensätze unmittelbar hinter-einander abgespeichert und können nur in der gespeicherten Folge verarbeitet werden.

b) Bei direkt adressierbaren Speichern kann jeder beliebige Datensatz ei-ner Datei mit Kenntnis der Adresse sofort gelesen, geändert, gelöscht oder eingefügt werden.

c) Die Datenstrukturierung und die Dateiorganisation beeinflussen die Zugriffszeiten auf Datensätze wesentlich.

d) Die gestreute Organisation (Hash-Verfahren) ermöglicht es, aus dem Schlüssel die Anzahl jener Datenfelder eines Datensatzes zu berech-nen, die überlesen werden müssen, um auf ein bestimmtes Datenfeld zugreifen zu können.

e) Zur Speicherung von sequentiellen Datenbeständen sind direkt adressierbare Speicher geeignet.

Klausuraufgabe Nr. 5-25: (4 Punkte)

Gegeben ist die folgende mit SQL angelegte Prüfungsnotendatei:
(Dateiname = "NOTEN")

Feldinhalt	Feldname	Feldlänge
Matrikelnummer	MATNR	7
Lehrveranstaltungsnummer	LVNR	6
Prüfer	PRUEFER	30
Prüfungsdatum	DATUM	8
Antritt	ANTRITT	1
Note	NOTE	1

Durch eine SQL-Abfrage sollen alle Student(inn)en gefunden werden, die irgendeine Prüfung beim Prüfer Hansen bereits bestanden haben (d.h., die Note liegt zwischen 1 und 4). Die Liste soll die Matrikelnummer, die Lehrveranstaltungsnummer, die Note und das Prüfungsdatum enthalten. Die Datensätze sollen nach der Lehrveranstaltungsnummer sortiert werden.

Mit welchem oder welchen der folgenden SQL-Befehle kann diese Problemstellung gelöst werden?

a) SELECT MATNR, LVNR, NOTE, DATUM
WHERE PRUEFER = 'HANSEN' AND NOTE < 5
ORDER BY LVNR;

b) SELECT MATNR, LVNR, NOTE, DATUM
FROM NOTEN
WHERE PRUEFER = 'HANSEN' AND NOTE < 5
ORDER BY LVNR;

c) FROM NOTEN
WHERE PRUEFER = 'HANSEN' AND NOTE < 5
ORDER BY LVNR;

d) SELECT MATNR, LVNR, NOTE, DATUM
FROM NOTEN
WHERE PRUEFER = 'HANSEN' AND NOTE < 5
ORDER BY NOTE;

e) SELECT MATNR, LVNR, NOTE, DATUM
FROM NOTEN
WHERE PRUEFER = 'HANSEN' AND NOTE < 5;

Klausuraufgabe Nr. 5-26: (3 Punkte)

Gegeben ist folgende Tabelle einer Schallplattensammlung, die mittels SQL (Name = 'SCHALLP') definiert werden soll.

Feldinhalt	Feldname	Feldtyp	Min. Feldlänge	Max. Feldlänge
Platten-Nr.	NUMMER	Num.	1	4
Komponist	KOMP	Char.	10	30
Dirigent	DIRIG	Char.	10	30
Titelanzahl	ANZAHL	Num.	1	2

Bemerkung: Min. Feldlänge = Minimale Feldlänge,
Max. Feldlänge = Maximale Feldlänge,
Num. = Numerisch, Char. = Character

Mit welchen der folgenden SQL-Befehle kann diese Tabelle angelegt werden?

a) CREATE TABLE
(NUMMER   NUMERIC(4),
KOMP   CHAR(30),
DIRIG   CHAR(30),
ANZAHL   NUMERIC(2)
);

b) CREATE TABLE SCHALLP
(NUMMER   NUMERIC(4),
KOMP   CHAR(30),
DIRIG   CHAR(30),
ANZAHL   NUMERIC(2)
);

c) CREATE TABLE SCHALLP
(NUMMER   NUMERIC(1-4),
KOMP   CHAR(10-30),
DIRIG   CHAR(10-30),
ANZAHL   NUMERIC(1-2)
);

d) `CREATE TABLE Schallplattensammlung`
```
(Platten-Nr      NUMERIC(1-4),
Komponist        CHAR(10-30),
Dirigent         CHAR(10-30),
Titelanzahl      NUMERIC(1-2)
);
```
e) `CREATE TABLE SCHALLP`
```
(ROW1            NUMMER(NUMERIC),
ROW2             KOMP(CHAR),
ROW3             DIRIG(CHAR),
ROW4             ANZAHL(NUMERIC)
);
```

Klausuraufgabe Nr. 5-27: (3 Punkte)

Welche der folgenden Aussagen über Schlüssel sind (ist) richtig?

a) Ein Schlüssel ist ein Attribut oder eine Kombination mehrerer Attribute eines Objekts, die besonders ausgezeichnet sind.

b) Ein Primärschlüssel ermöglicht einen direkten Zugriff auf die Daten eines Objekts. Beispiele für Primärschlüssel sind die Matrikelnummern von Studierenden oder die Inventarnummern von Büchern einer Bibliothek.

c) Ein Sekundärschlüssel identifiziert ein Objekt, läßt aber keinen direkten Zugriff auf die Daten dieses Objekts zu.

d) Bei gestreuter Speicherung (Hash-Organisation) kann nur über die Kombination mehrerer alphanumerischer Suchbegriffe auf die Daten eines Objekts zugegriffen werden, da sonst Kollisionen auftreten.

e) Bei indizierter Speicherung werden die Indexschlüssel, sogenannte Tetraden, in der Hauptdatei, der Indexdatei und der Spooldatei gespeichert. Damit kann auch bei sequentiellen Speichern eine hohe Zugriffsgeschwindigkeit sichergestellt werden.

Klausuraufgabe Nr. 5-28: (3 Punkte)

Welche der folgenden Aussagen über Datenbanksysteme sind (ist) korrekt?

a) Das konzeptionelle Datenmodell dient zur Beschreibung der Informationsstruktur des interessierenden Realitätsausschnittes. Die Art dieser Beschreibung hängt wesentlich vom gewählten Datenbanksystem ab.

b) Datenbanksysteme ermöglichen vor allem die Ausübung einer zentralen Kontrolle über eine von vielen Benutzern bzw. Programmen verwendete Datenmenge.

c) Dem "dynamischen" Datenmodell werden von Experten aufgrund seiner Flexibilität und einfachen Anwendbarkeit die besten Chancen für die Zukunft gegeben.

d) Ein Datenbanksystem besteht aus der eigentlichen Datenbank (die die Daten selbst enthält) und einem Datenbankverwaltungssystem, das

zum Aufbau, zur Kontrolle und zur Manipulation der Datenbank dient.
- e) Ein Data-Dictionary dient zur Dokumentation von Datenfeldern und Datenbank-Strukturen sowie zur Beschreibung von damit verbundenen Anwendungen, Programmen, Transaktionen und deren Verknüpfungen.

Klausuraufgabe Nr. 5-29: (2 Punkte)

Welche der folgenden Aussagen über die Datenmodellierung sind (ist) zutreffend?
- a) Ein Vorzug des Relationenmodells ist es, daß Objekte und Beziehungen formal unterschiedlich dargestellt werden.
- b) Das Relationenmodell wurde entwickelt, um die Möglichkeiten optischer Speicherplatten effizient auszunützen.
- c) Das Grundelement des Relationenmodells ist eine Relation, die als Tabelle dargestellt werden kann.
- d) Das Relationenmodell ist eines der benutzerfreundlichsten Datenmodelle.
- e) Das Relationenmodell kann dazu verwendet werden, eine Datenbank für eine Institutsbibliothek zu entwerfen.

Klausuraufgabe Nr. 5-30: (1 Punkt)

Bei der Verkaufsabrechnung in einem Lebensmittelsupermarkt mit Scannerkassen, über die die Strichcodes (EAN) der verkauften Artikel halbautomatisch erfaßt werden, sind sinnvollerweise folgende Datenorganisationsformen möglich:
- a) Indizierte Organisation mit Magnetplatten
- b) Gestreute Organisation mit Magnetbändern
- c) Relative Organisation mit CD-ROMs
- d) Sequentielle Organisation mit Disketten
- e) Hypertext-Organisation mit Magnetstreifenkarten

Klausuraufgabe Nr. 5-31: (3 Punkte)

Welche Aussage liefert die SQL-Abfrage:

```
SELECT NAME, BERUF, GEHALT
FROM PERSON
WHERE ALTER < 30 AND
GEHALT > 8000
```

bei der nachfolgenden Personen-Tabelle?

PERSON	Name	Ort	Beruf	Gehalt	Alter
	Hansen	Wien	Univ.-Prof.	40.000,-	52
	Riedl	Wien	Univ.-Ass.	9.000,-	25
	Lell	Linz	Stud.-Ass.	4.000,-	24
	Steszgal	Oberwart	Univ.-Ass.	10.000,-	26

a)

```
PERSON:

Gehalt  | Alter
 9.000,-|  25
10.000,-|  26
```

b)

```
PERSON:

Name     | Ort      | Beruf      | Gehalt   | Alter
Riedl    | Wien     | Univ.-Ass. |  9.000,- |  25
Steszgal | Oberwart | Univ.-Ass. | 10.000,- |  26
```

c)

```
PERSON:

Name     | Beruf      | Gehalt
Riedl    | Univ.-Ass. |  9.000,-
Lell     | Stud.-Ass. |  4.000,-
Steszgal | Univ.-Ass. | 10.000,-
```

d)

```
PERSON:

Name     | Beruf      | Gehalt
Riedl    | Univ.-Ass. |  9.000,-
Steszgal | Univ.-Ass. | 10.000,-
```

```
PERSON:

Name     | Ort      | Beruf       | Gehalt   | Alter
Hansen   | Wien     | Univ.-Prof. | 40.000,- | 52
Riedl    | Wien     | Univ.-Ass.  |  9.000,- | 25
Lell     | Linz     | Stud.-Ass.  |  4.000,- | 24
Steszgal | Oberwart | Univ.-Ass.  | 10.000,- | 26
```

Klausuraufgabe Nr. 5-32: (1 Punkt)

Welche der nachfolgend angeführten Werkzeugkategorien gehören üblicherweise zu einer Softwareentwicklungsumgebung?
a) Repository
b) Bildschirmmasken- und Berichtsgeneratoren
c) Antivirenprogramme
d) Kryptografie-Programme
e) Druckertreiber

Klausuraufgabe Nr. 5-33: (4 Punkte)

Gegeben ist folgende Artikeltabelle einer relationalen Datenbank:

ARTIKEL	Artikel-nummer	Artikel-bezeichnung	Grundpreis _in_ÖS	Menge _in_Liter
	775	Senf-Sauce	16	60
	776	Schaschlik-Sauce	16	50
	777	Meerrettich-Sauce	18	40
	778	Pfeffersteak-Sauce	16	30

Welcher (welche) der folgenden SQL-Befehle betrifft (betreffen) ausschließlich Veränderungen des konzeptionellen Schemas der Datenbank?

a) INSERT INTO ARTIKEL VALUES
   ("Cocktail-Sauce", 16, 20);

b) UPDATE ARTIKEL
SET Grundpreis_in_ÖS = 17
WHERE Artikelbezeichnung = "Meerrettich-Sauce"
AND Menge_in_Liter = 40;

c) DELETE FROM ARTIKEL
WHERE Artikelbezeichnung = "Schaschlik-Sauce";

d) SELECT Artikelnummer, Grundpreis_in_ÖS
FROM ARTIKEL
WHERE Grundpreis_in_ÖS > 16
ORDER BY Artikelnummer;

e) DROP TABLE ARTIKEL;

Klausuraufgabe Nr. 5-34: (3 Punkte)

Das konzeptionelle Schema für ein relationales Datenbanksystem kann aus Entity-Relationship-Diagrammen durch eine Reihe von wohldefinierten Schritten generiert werden.

Welche der nachfolgenden Schritte sind korrekt beschrieben?

a) Die im ER-Diagramm durch Rechtecke gekennzeichneten Objekttypen werden zu Tabellen. Der Name der Tabelle entspricht dem Namen des Objekttyps.

b) Die durch einfache Ovale gekennzeichneten Attribute jedes Objekttyps werden den entsprechenden Tabellen zugeordnet und werden so zu den Spalten einer Tabelle. Die unterstrichenen Attribute werden zu Primärschlüsseln.

c) Aus den doppelt umrahmten Ovalen werden eigene Tabellen generiert. Dabei werden der Primärschlüssel des Objekttyps und das mehrwertige Attribut selbst zu den Spalten dieser neuen Tabelle.

d) n:m-Beziehungen werden zu Tabellen, wobei der Name der Relation dem Beziehungsnamen entspricht. Die Attribute dieser Tabelle sind einerseits die der Beziehung zugeordneten Attribute, andererseits die Primärschlüssel der an der Beziehung beteiligten Objekttypen.

e) Bei 1:n-Beziehungen wird der Primärschlüssel des Objekttyps auf der durch 1 gekennzeichneten Seite als Attribut in die Tabelle, die dem Objekttyp auf der mit n gekennzeichneten Seite entspricht, aufgenommen. Zusätzlich werden die Attribute der Beziehung ebenfalls in diese Beziehung aufgenommen.

Klausuraufgabe Nr. 5-35: (2 Punkte)

Bei der Aufstellung eines Entity-Relationship-Modells ist zu entscheiden, ob es sich bei einem bestimmten Element der Realwelt um ein Objekt, eine Beziehung oder um ein Attribut handelt.

Welche der nachfolgenden Aussagen sind (ist) hierzu richtig?
- **a)** Bei Eigennamen (Hansen, Wirtschaftsinformatik I) handelt es sich um Ausprägungen eines Objektes oder eines Attributes.
- **b)** Allgemeine Substantive (Student, Buch) weisen auf Objekte hin.
- **c)** Transitive Verben drücken Beziehungen aus (Student besucht Lehrveranstaltung).
- **d)** Ein Adjektiv deutet auf eine Ausprägung eines Attributes hin (der fleißige Student).
- **e)** Ein Adverb weist auf ein Attribut oder eine Attributausprägung einer Beziehung hin (der Student spricht gut Russisch).

Klausurarbeit Nr. 6

Klausuraufgabe Nr. 6-1: (3 Punkte)

Gegeben ist folgender binärer Baum:

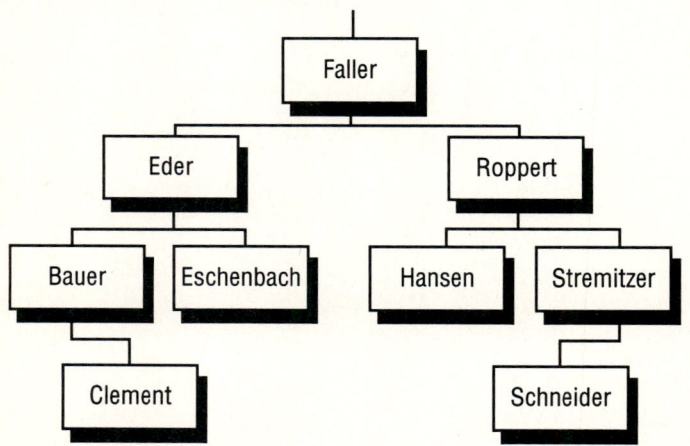

Fügen Sie die Knoten "Matis" und Pichler" so ein, daß das Ordnungsschema erhalten bleibt und der Änderungsaufwand der Einfügeoperationen ein Minimum ist!

a)

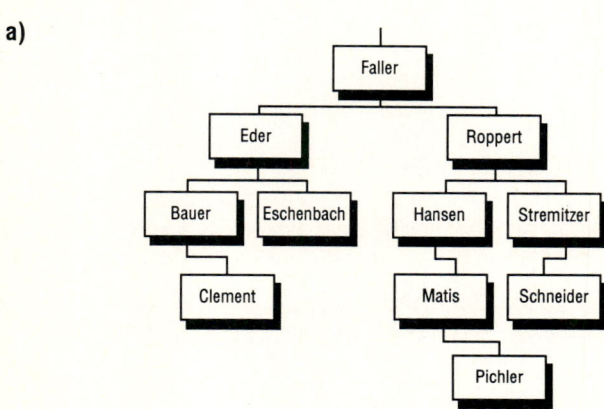

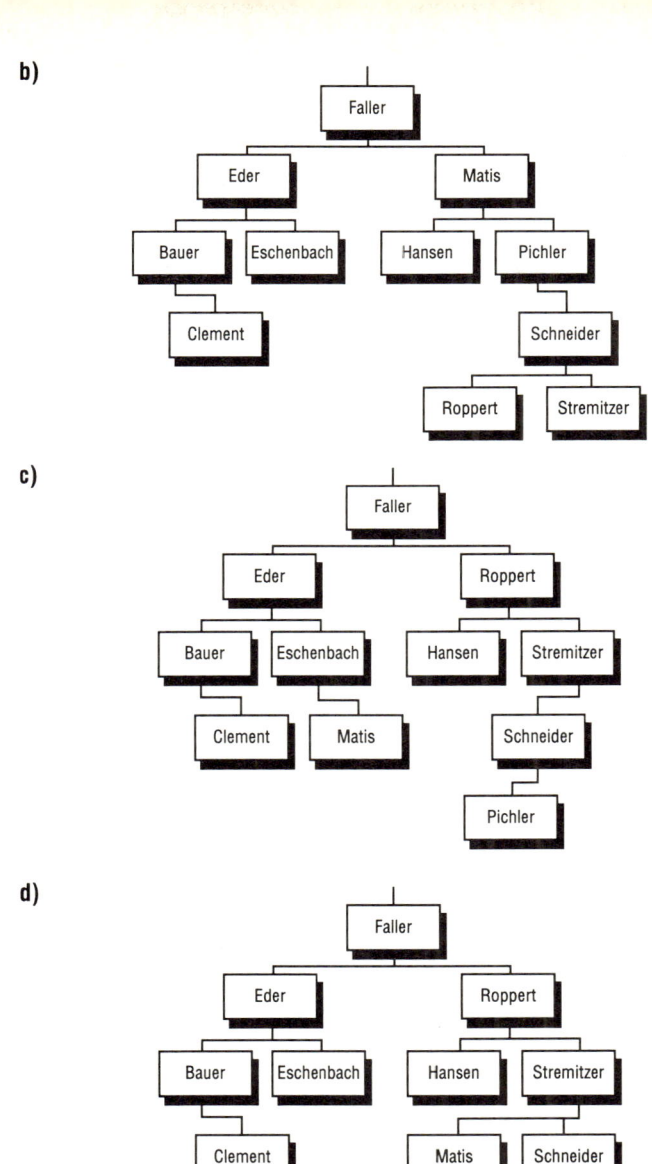

537

e)

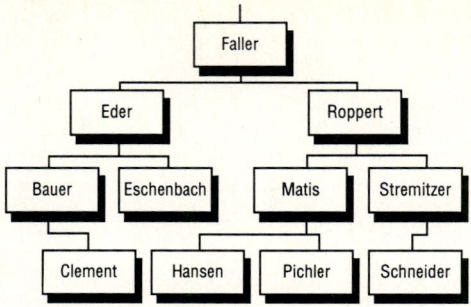

```
                              Faller
                                |
                  ┌─────────────┴─────────────┐
                Eder                        Roppert
          ┌───────┴───────┐          ┌─────────┴─────────┐
        Bauer        Eschenbach    Matis           Stremitzer
                        ┌───────────┴───┬───────────┬───────────┐
                     Clement         Hansen      Pichler     Schneider
```

Klausuraufgabe Nr. 6-2:   **(5 Punkte)**

Fallstudie: Überwachung des Kfz-Zutritts und Tankdatenerfassung.

Bei dem Süßwarenhersteller RENNER, 1090 Wien, sind sämtliche 120 Firmenkraftfahrzeuge mit Plastikkarten mit Magnetstreifen ausgerüstet. An den drei vorhandenen Firmenaus- und -einfahrten des Betriebsgeländes befinden sich Schranken, die durch Einführen der Karten in einen Ausweisleser geöffnet werden können. Dabei werden folgende Daten erfaßt: Datum, Uhrzeit, Tor (Schranken), Fahrzeug und Fahrer (bei Fahrzeugen, die von mehreren Personen benutzt werden, gibt es verschiedene "Fahrer"-Magnetkarten). Alle Daten werden laufend beim Portier ausgedruckt; darüber hinaus besteht für die Fuhrparkleitung die Möglichkeit, ebenfalls alle Daten abzurufen.

An den Selbstbedienungszapfsäulen der Betriebstankstelle befindet sich ein weiterer Ausweisleser, der über eine eingebaute Tastatur verfügt. Nach erfolgreicher Berechtigungsprüfung wird die Zapfsäule freigegeben. Der Fahrer gibt manuell den Kilometerstand ein; automatisch werden folgende Tankdaten erfaßt: Datum, Uhrzeit, Fahrzeug, Fahrer, Treibstoffart und -menge. Zusätzlich werden über ein Bildschirmgerät in der Fuhrparkleitung Außentankungen (aufgrund der abgegebenen Belege) sowie die Kraftstofflieferungen eingegeben. Die erfaßten Daten werden für die Bestelldisposition sowie für die Monatsabrechnung der Firmenfahrzeuge durch die Fuhrparkleitung verwendet. Letztere weist für jedes Kraftfahrzeug die gefahrenen Kilometer, den außen gekauften und den in der Firma RENNER getankten Kraftstoff, den Verbrauch in Liter/100 km sowie die Treibstoffart aus. Das ganze gekennzeichnete System wird durch einen Minirechner gesteuert, der in der Fuhrparkleitung installiert ist. Die Ausweisleser verfügen über keine "Eigenintelligenz". Erfaßte Daten werden vom Minirechner auf Diskette gespeichert. Aggregierte Ergebnisse der monatlichen Fuhrparkabrechnung werden auf demselben Speichermedium per Bote an das im 18. Wiener Gemeindebezirk gelegene Renner-Rechenzentrum übermittelt. Dort finden sie Eingang in das gesamtbetriebliche, auf einer Groß-EDVA implementierte Kostenrechnungssystem.

Welche Datenerfassungsverfahren liegen in diesem Fall vor?

a) Indirekte Datenerfassung
b) Intelligente Datenerfassung
c) Mobile Datenerfassung
d) Paralleldatenerfassung
e) Dezentrale Datenerfassung

Klausuraufgabe Nr. 6-3: (2 Punkte)

Die Betriebsdatenerfassung bei einem Kühlaggregateerzeuger erfolgt über ein PC-Netz mit angeschlossenen Barcodelesern. Vom normalen Ablauf abweichende Information wird über Tastaturen eingegeben. Die einzelnen Rückmeldungen werden von einem als Leitrechner und Kommunikationsserver ausgelegten PC gesammelt, verdichtet und an das auf dem Zentralrechner installierte Produktionsplanungs- und -steuerungssystem weitergegeben.

Welche Formen der Datenerfassung liegen hier vor?

a) Off-line Datenerfassung
b) Stationäre Datenerfassung
c) Intelligente Datenerfassung
d) Zentrale Datenerfassung
e) Direkte Datenerfassung

Klausuraufgabe Nr. 6-4: (2 Punkte)

Ein Kunde hebt am Bankschalter mit einem Scheck Geld ab. Die Schalterangestellte tippt die Kontonummer, die Schecknummer und den Geldbetrag in ihr Terminal ein und zahlt den Betrag aus.

Geben Sie bitte an, welche Art der Datenerfassung die beschriebene Situation betrifft.

a) Stationäre Datenerfassung
b) Indirekte Datenerfassung
c) Intelligente Datenerfassung
d) Dezentrale Datenerfassung
e) On-line-Datenerfassung

Klausuraufgabe Nr. 6-5: (4 Punkte)

Ein Softwarepaket wird in dem Computermagazin "TECH in TIME" folgendermaßen beschrieben:
"Das Umweltpaket, das auf einem PC läuft, ist modular aufgebaut und wurde speziell auf den Einsatz in umwelttechnischen Anlagen, wie Klär-, Schlammveredelungs- und Wasseraufbereitungsanlagen, entwickelt. Die Software des Leitsystems besteht aus Programmen für die speicherprogrammierte Steuerung (SPS) sowie den übergeordneten Hauptrechner. Abhängig von der Größe der zu steuernden Anlage besteht die Hardware aus einer oder mehreren SPS-Stationen und einem PC als Hauptrechner. In den SPS-Stationen werden rund um die Uhr die Meßdaten erfaßt. Darüber hinaus erfolgt hier die Echtzeitverarbeitung der Ereignisse sowie die Aus-

führung der Steuerungslogistik. Als zusätzliche Sicherheit gegen Datenverlust bei kurzzeitigem Ausfall des Hauptrechners werden jeweils die Meßdaten vom aktuellen Tag und vom Vortrag in jeder Station zwischengespeichert. Die Bedienung des Leitsystems sowie die Konfiguration der einzelnen Stationen erfolgt über die Tastatur des Hauptrechners. Sämtliche in den einzelnen Stationen gewonnenen Daten werden regelmäßig zum Hauptrechner übertragen und dort auf der Festplatte gespeichert. Je Station können 50 Analogwerte (davon bis zu 30 Werte in viertelstündlicher Ablage) erfaßt werden. Diese Meßwerte, die im Hauptspeicher abgelegt werden, können vom Bediener miteinander verglichen werden, wobei der Betrachtungszeitraum individuell zu wählen ist. Als Ausgabemedium stehen Bildschirm oder Plotter zur Verfügung."

Welche der folgenden Aussagen über die Datenerfassung dieses Systems sind (ist) richtig? Es handelt sich um:

a) Indirekte Datenerfassung   d) Off-line-Datenerfassung

b) Dezentrale Datenerfassung   e) Mobile Datenerfassung

c) Simultane Datenerfassung

Klausuraufgabe Nr. 6-6:   (3 Punkte)

Welche der folgenden Aussagen zum EAN-Code sind (ist) richtig?

a) In einem EAN-Symbol werden (verschlüsselt) Länderkennzeichen, Artikelnummer, Verkaufspreis und MWST-Satz dargestellt.

b) Im Handel werden durch die Umstellung auf Datenkassen mit EAN-Leseeinrichtungen neben der einfachen Gewinnung von Absatzstatistiken auch Rationalisierungseffekte durch den Wegfall der Preisauszeichnung der einzelnen Artikel erwartet.

c) Die maschinelle Erkennung der EAN erfolgt durch eine optische Leseeinrichtung auf Laserstrahlbasis. Die Erkennungsrate ist u.a. von der Qualität der auf die Verpackungen gedruckten EAN-Strichcodesymbole abhängig.

d) Im EAN-Code können vom Hersteller auch das Verpackungs- und Ablaufdatum der Artikel angegeben werden.

e) Durch ein neuartiges Verschlüsselungsverfahren werden bei EAN-Symbolen künftig auf nur mehr sieben (statt 13) Stellen gleich viele (verschiedene) Artikelnummern darstellbar sein.

Klausuraufgabe Nr. 6-7:   (2 Punkte)

In einem Industriebetrieb benutzen die Mitarbeiter zur laufenden Inventur im Lager handliche Datenerfassungsgeräte mit Display, in die ein Scanner und ein kleines Funkmodem integriert sind. Sobald Daten in das Gerät eingetippt bzw. die Strichcodes mittels Scanner eingelesen sind, werden die Daten per Funk an eine Empfangsstation und von dort an den Zentralrechner geschickt. Bei entsprechender Programmierung ist auch eine Rückmeldung vom Host zum Datenerfassungsgerät möglich.

Um welche(s) Datenerfassungsverfahren handelt es sich in diesem Fall?
- **a)** On-line-Datenerfassung
- **b)** Zentrale Datenerfassung
- **c)** Sukzessive Datenerfassung
- **d)** Datenerfassung mit einem Sammelsystem
- **e)** Stationäre Datenerfassung

Klausuraufgabe Nr. 6-8: (2 Punkte)

Welche grundlegenden Schwierigkeiten existieren heute (noch) bei der Verarbeitung natürlicher Sprache in der kommerziellen EDV-Praxis?
- **a)** Es können bisher erst einige hundert Einzelworte bestimmter Sprecher maschinell erkannt werden (durch Vergleich mit gespeicherten Mustern). Die Eingabe der Sprachmuster muß bei genau jenen Bedingungen durchgeführt werden, die dann bei der Eingabe im Echtbetrieb vorherrschen.
- **b)** Bei großem Vokabular sinkt die Verarbeitungsgeschwindigkeit, und es erhöht sich die Anzahl der Fehlzuweisungen.
- **c)** Die Sprachausgabe ist an Großrechner gebunden.
- **d)** Bei Einzelwortsystemen muß eine unnatürlich abgehackte Sprechweise eingehalten werden.
- **e)** Verkühlte Benutzer werden bei der Sprecheridentifikation gelegentlich nicht erkannt.

Klausuraufgabe Nr. 6-9: (6 Punkte)

Auf einer Diskette hat ein Datensatz genau die Länge eines Sektors von 512 Zeichen. Der alphanumerische Schlüssel ist 4 Zeichen lang. Für den Index benötigt man:

Schlüssel	4 Zeichen
Adresse	4 Zeichen
Summe	8 Zeichen

Die Zugriffszeit auf einen Sektor beträgt 0,3 Sekunden. Die Datei umfaßt 1000 Datensätze. Wie lange dauert das sequentielle Durchsuchen der Hauptdatei und der Indexdatei? Errechnen Sie die Zugriffszeiten auf ganze Sekunden gerundet.

Hinweise: Die Dauer der Zugriffe entspricht der Anzahl der Zugriffe mal Zugriffszeit. Bei einem Lesevorgang auf der Diskette werden in diesem Fall immer 512 Zeichen (Sektorgröße!) eingelesen, unabhängig von der Datensatzlänge. In jeden Sektor passen 64 Indexeintragungen (64 * 8 = 512). Somit werden bei einem Lesevorgang in der Indexdatei 64 Datensätze der Indexdatei eingelesen.

a) Hauptdatei 600 Sekunden – Indexdatei 60 Sekunden
b) Hauptdatei 300 Sekunden – Indexdatei 60 Sekunden
c) Hauptdatei 120 Sekunden – Indexdatei 30 Sekunden
d) Hauptdatei 300 Sekunden – Indexdatei 5 Sekunden
e) Hauptdatei 300 Sekunden – Indexdatei 10 Sekunden

Klausuraufgabe Nr. 6-10: (1 Punkt)

Ein kürzlich in der Schweiz ausgeliefertes PC-Programm heißt "Swiss Phönix". Es überschreibt am 13. November die ersten dreizehn Zylinder der Festplatte. Auf dem Bildschirm gibt das Programm die Meldung "Phönix" aus.

Um was für ein Programm handelt es sich?

a) Anwendungsprogramm	**d)** Antivirenprogramm
b) Dateiverwaltungsprogramm	**e)** Computervirus
c) Kopierprogramm	

Klausuraufgabe Nr. 6-11: (1 Punkt)

Dateiorganisationsformen mit physisch sortiertem Index sind gekennzeichnet durch

a) bessere Zugriffszeiten, als sie bei binären Bäumen realisiert werden.
b) hohen Reorganisationsaufwand, wenn Überlaufbereiche zu groß werden.
c) die Anwendungsmöglichkeit schneller Suchverfahren im Index (etwa binäres Suchen).
d) zwingende Verwendung numerischer Schlüssel.
e) zwingende Verwendung von Direktzugriffsspeichern.

Klausuraufgabe Nr. 6-12: (3 Punkte)

In einer nach dem Primärschlüssel sortierten Datei sind 2 500 Sätze gespeichert. Es gibt keinen Überlaufbereich.

Wie oft muß beim binären Suchen auf diese Datei zugegriffen werden, um einen gesuchten Satz zu finden?

a) Völlig unbestimmt, hängt von der Verteilung in der Datei ab.
b) Mindestens 1 mal.
c) Durchschnittlich 6 mal.
d) Maximal 12 mal.
e) Maximal 11 mal.

Klausuraufgabe Nr. 6-13: (2 Punkte)

Was ist ein Datenbankserver?

a) EDV-Fachkraft, die in einem Rechenzentrum Datenbanksysteme bedient.
b) EDV-Fachkraft, die für die Verwaltung der Datenbank(en) eines Betrie-

bes bzw. Teilbereiches zuständig ist; sie definiert das interne Schema und bestimmt die Speicherzuordnung, Dateiorganisationsformen, Zugriffstechniken und -rechte.

c) Dienstprogramm, das mittels genormter Übertragungsprotokolle den Zugang zu externen On-line-Datenbanken ermöglicht.

d) Dienstprogramm, das dem Benutzer den Zugriff auf entfernte Dateisysteme bzw. Dateitransfer ermöglicht.

e) Datenbanksystem auf einem eigens dafür vorgesehenen Rechner, dessen Dienste von anderen Rechnern bzw. darauf laufenden Anwendungsprogrammen über ein Rechnernetz angefordert werden können.

Klausuraufgabe Nr. 6-14: (4 Punkte)

Gegeben ist folgende Artikeltabelle einer relationalen Datenbank:

ARTIKEL	Artikel-nummer	Artikel-bezeichnung	Grundpreis _in_ÖS	Menge _in_Liter
	884	Dressing_ French	20	9
	885	Dressing_ Buttermilch	20	8
	886	Dressing_ Knoblauch	21	7
	887	Dressing_ Joghurt	22	10

Welcher oder welche der folgenden SQL-Befehle betreffen (betrifft) ausschließlich Veränderungen der externen Schemata der Datenbank?

a) ```
UPDATE ARTIKEL
SET Grundpreis_in_ÖS = 23
WHERE Artikelbezeichnung = "Dressing_Knoblauch"
AND Menge_in_Liter = 7;
```

b) ```
CREATE VIEW Dressing
AS SELECT Artikelbezeichnung
FROM ARTIKEL
WHERE Artikelbezeichnung LIKE "Dressing%";
```

c) ```
INSERT INTO ARTIKEL VALUES
("Dressing_Catalina", 23, 20);
```
```

d) `DELETE FROM ARTIKEL`
`WHERE Artikelnummer = 886;`

e) `SELECT Arikelbezeichnung, Menge_in_Liter`
`FROM ARTIKEL`
`WHERE Menge_in_Liter < 9`
`ORDER BY Artikelbezeichnung;`

Klausuraufgabe Nr. 6-15: (4 Punkte)

Diese Tabelle wurde mittels SQL-Befehlen erstellt:
(Name = 'SCHALLP')

SCHALLP	NUMMER	KOMP	DIRIG	TITEL
	1	Wolfgang	Herbert	2
	2	Wolfgang	Yehudi	3
	3	Ludwig	Claudio	1
	4	Wolfgang	Herbert	2
	5	Josef	Karl	2

Bemerkung: KOMP = Komponist, DIRIG = Dirigent, TITEL = Anzahl der Titel

Folgende Ausgabe soll als Ergebnis einer SQL-Abfrage vorliegen:

NUMMER	KOMP	TITEL
1	Wolfgang	2
4	Wolfgang	2

Mit welchen der folgenden SQL-Befehle kann dies erreicht werden?

a) `SELECT NUMMER,KOMP,TITEL`
`FROM SCHALLP`
`WHERE KOMP='Wolfgang' AND TITEL=2;`

b) `SELECT NUMMER,KOMP,TITEL`
`WHERE KOMP='Wolfgang' AND TITEL=2;`

c) `SELECT NUMMER,KOMP,TITEL`
`FROM SCHALLP`
`WHERE TITEL=2;`

d) `SELECT NUMMER,KOMP,TITEL`
`.`

```
FROM SCHALLP
WHERE DIRIG='Herbert';
```

e)
```
SELECT NUMMER,KOMP,TITEL
FROM SCHALLP
WHERE KOMP='Wolfgang';
```

Klausuraufgabe Nr. 6-16:   (4 Punkte)

Gegeben ist die folgende mit SQL angelegte Prüfungsnotentabelle (Tabellenname = "NOTEN"):

Feldinhalt	Feldname	Feldlänge
Matrikelnummer	MATNR	7
Lehrveranstaltungsnummer	LVNR	6
Prüfer	PRUEFER	30
Prüfungsdatum	DATUM	8
Antritt	ANTRITT	1
Note	NOTE	1

Durch eine SQL-Abfrage sollen alle Studenten gefunden werden, die die Prüfung der Lehrveranstaltung "KV0373" bereits bestanden haben (d.h., die Note liegt zwischen 1 und 4). Die Liste soll die Matrikelnummer, den Prüfer, die Note und das Prüfungsdatum enthalten. Die Datensätze sollen nach dem Datum sortiert werden.

Mit welchem oder welchen der folgenden SQL-Befehle kann diese Problemstellung gelöst werden?

a)
```
SELECT MATNR, PRUEFER, NOTE, DATUM
WHERE LVNR = 'KV0373' AND NOTE < 5
ORDER BY DATUM;
```

b)
```
FROM NOTEN
WHERE LVNR = 'KV0373' AND NOTE < 5
ORDER BY DATUM;
```

c)
```
SELECT MATNR, PRUEFER, NOTE, DATUM
FROM NOTEN
WHERE LVNR = 'KV0373' AND NOTE < 5
ORDER BY DATUM;
```

d) SELECT MATNR, PRUEFER, NOTE, DATUM
FROM DATUM
WHERE LVNR = 'KV0373' AND NOTE < 5
ORDER BY NOTEN;

e) SELECT MATNR, PRUEFER, NOTE, DATUM
FROM NOTEN
WHERE LVNR = 'KV0373' AND NOTE < 5;

Klausuraufgabe Nr. 6-17: (4 Punkte)

Für ein Absatzinformationssystem eines Einzelhandelsbetriebs ist ein konzeptionelles Schema für eine relationale Datenbank entwickelt worden. In der Tabelle ARTIKEL sollen alle verkauften Artikel erfaßt werden. Diese Tabelle soll folgendermaßen aufgebaut sein:

ARTIKEL	Artikel-nummer	Artikel-bezeichnung	Verkaufs-preis	Verkaufs-menge

Die Artikelnummer dient zur eindeutigen Identifizierung eines Artikels.
Die Artikelbezeichnung soll eine maximale Länge von 40 Stellen aufweisen. In der Spalte Verkaufspreis soll der Preis pro Artikel gespeichert sein. Dieses Attribut soll eine maximale Länge von 8 Stellen vor dem Komma und 2 Stellen nach dem Komma aufweisen. In der Spalte Verkaufsmenge wird die verkaufte Menge pro Artikel gespeichert. Dieses Attribut soll eine maximale Länge von 8 Stellen aufweisen.

Mit welchem oder welchen SQL-Befehl(en) kann die abgebildete Tabellenstruktur definiert werden?

a) CREATE TABLE
(Artikelnummer INTEGER NOT NULL UNIQUE,
Artikelbezeichnung CHAR (40) NOT NULL,
Verkaufspreis DECIMAL (8,2),
Verkaufsmenge NUMERIC (8)
);

b) CREATE TABLE ARTIKEL
WHERE Artikelnummer IS INTEGER NOT NULL UNIQUE,
Artikelbezeichnung IS CHAR (40),
Verkaufspreis IS DECIMAL (8,2),
Verkaufsmenge IS NUMERIC (8)
);

c) CREATE TABLE ARTIKEL
FROM Artikelnummer (INTEGER NOT NULL UNIQUE),
Artikelbezeichnung (CHAR (40)),
Verkaufspreis (DECIMAL (8,2)),
Verkaufsmenge (NUMERIC (8)
);

d) CREATE TABLE ARTIKEL
(Artikelnummer INTEGER NOT NULL UNIQUE,
Artikelbezeichnung CHAR (40),
Verkaufspreis DECIMAL (10,2),
Verkaufsmenge NUMERIC (8)
);

e) CREATE TABLE ARTIKEL
(Artikelnummer INTEGER NOT NULL UNIQUE,
Artikelbezeichnung CHAR (40) NOT NULL,
Verkaufspreis CHAR (8,2),
Verkaufsmenge NUMERIC (8)
);

Klausuraufgabe Nr. 6-18: (4 Punkte)

Gegeben ist folgende Tabelle eines Fahrzeugparks, die mittels SQL (Name = 'FPARK') definiert werden soll.

Feldinhalt	Feldname	Feldtyp	Zugriffsart	Feldlänge
Kennzeichen	KENNZ	Char.	ISAM	12
Typ	TYP	Char.	HASH	5
Fahrer	FAHRER	Char.	HASH	30
Km-Stand	STAND	Num.	ISAM	7

Bemerkung: Char. = Character, Num. = Numerisch, ISAM = Index Sequential Access Method

Mit welchen der folgenden SQL-Befehle kann diese Tabelle angelegt werden, bzw. welche der folgenden Aussagen zu SQL sind (ist) richtig?

a) CREATE TABLE FPARK
(KENNZ   CHAR(12),
TYP   CHAR(5),
FAHRER   CHAR(30),
STAND   NUMERIC(7)
);

b) `CREATE TABLE FPARK`
```
(Kennzeichen     CHAR(ISAM),
 Typ             CHAR(HASH),
 Fahrer          CHAR(HASH),
 Km-Stand        NUMERIC(ISAM)
);
```
c) Der SQL-Befehl 'UPDATE' dient zum automatischen Eintragen des aktuellen Tagesdatums in ein bestimmtes Feld.

d) 'INSERT' ist ein SQL-Befehl zum Einfügen einer oder mehrerer neuer Zeilen in eine Tabelle.

e) Der SQL-Befehl 'DROP TABLE' bedeutet soviel wie 'Unter den Tisch fallen lassen', d.h. Spalten, die in der Tabelle zwar vorhanden sind, werden am Bildschirm nicht angezeigt.

Klausuraufgabe Nr. 6-19: (4 Punkte)

Sie sollen ein einfaches Entity-Relationship-Diagramm für ein Personalinformationssystem einer Einzelhandelskette, die mehrere Filialen in Wien und Niederösterreich besitzt, erstellen. Dabei ist folgender Sachverhalt gegeben:

- In einer Filiale können mehrere Personen beschäftigt sein. Eine Person kann jedoch nur in einer Filiale beschäftigt sein.
- Herr Egon Müller und Frau Elisabeth Maier sind in der Filiale mit der Filialnummer 6 im ersten Bezirk in Wien beschäftigt.
- Herr Müller bezieht als langjähriger Mitarbeiter des Unternehmens ein Gehalt von ÖS 30 000,- brutto im Monat. Frau Elisabeth Maier bezieht eine Gehalt von ÖS 15 000,- brutto im Monat.
- Frau Liselotte Pulver ist in der Filiale mit der Filialnummer 2 in Mistelbach in Niederösterreich beschäftigt und bezieht ein Gehalt von ÖS 15 000,- brutto im Monat.

Welche der folgenden Aussagen sind (ist) richtig?

a) Die Beziehung *"beschäftigt"* kann in diesem Fall als m:n-Beziehung klassifiziert werden.

b) Dem Objekttyp PERSON können in diesem Fall die beschreibenden Attribute PERSONENNAME und GEHALT zugeordnet werden. Zur eindeutigen Identifizierung einer beschäftigten Person empfiehlt es sich, ein Attribut PERSONENNUMMER zu konstruieren.

c) Bei der Überführung des Objekttyps PERSON in ein relationales Schema wird eine gleichnamige Tabelle mit dem Tabellennamen PERSON erstellt.

d) Der Objekttyp FILIALE wird durch die FILIALNUMMER eindeutig identifiziert.

e) Der Objekttyp FILIALE wird durch die Attribute MISTELBACH und WIEN beschrieben.

Klausuraufgabe Nr. 6-20:   **(2 Punkte)**

Ein Datenbestand besteht aus 3 000 sortierten Datensätzen. Wieviele Such-zugriffe sind bei binärem Suchen im schlechtesten Fall notwendig, um den gesuchten Schlüssel aufzufinden?

a) 11   **d)** 14
b) 12   **e)** 1 500
c) 13

Klausuraufgabe Nr. 6-21:   **(2 Punkte)**

Dateiorganisation: An welcher Stelle (A, B, C, D oder E) würde der Datensatz mit dem Schlüssel 14 in den abgebildeten sortierten Baum eingefügt werden?

Die Zahlen neben den Knoten sind die Schlüssel der dort abgespeicherten Datensätze.

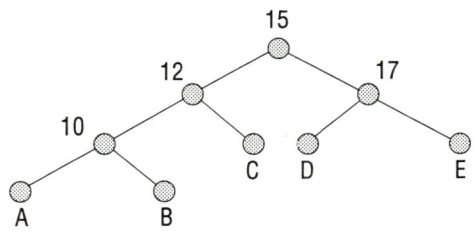

a) A   **d)** D
b) B   **e)** E
c) C

Klausuraufgabe Nr. 6-22:   **(3 Punkte)**

Eine Schlüsseltransformationsfunktion (Hash-Funktion) liefert einen Num-mernkreis von 0 bis 7 999 999. Die Länge eines Datensatzes beträgt 128 Zeichen. Die Datei wird voraussichtlich aus 6 000 000 Datensätzen bestehen.

Wieviele Zeichen Speicherplatz müssen für diese Datei mindestens vorge-sehen werden?

a) 7 999 999   **d)** 1 024 000 000
b) 150 000 000   **e)** 1 762 000 000
c) 768 000 000

Klausuraufgabe Nr. 6-23:   **(1 Punkt)**

Was versteht man bei gestreuter Dateiorganisation unter einer "Kollision"?

a) Verschiedenen Datensätzen wird ein und derselbe Speicherplatz zuge-wiesen.
b) Zwei Datensätze haben den gleichen Inhalt.

c) Zwei Datensätze haben den gleichen Schlüssel.

d) Die Länge des reservierten Speicherplatzes ist keine Primzahl.

e) Die Anzahl der verfügbaren Speicherplätze ist geringer als die Anzahl der möglichen Schlüssel.

Klausuraufgabe Nr. 6-24: (3 Punkte)

Ein gekettet organisierter Datenbestand enthält folgende Daten und Kettenfelder:

Datenfelder	Kettenfelder	
1 HANSEN	5	
2 HAAS	1	
3 AMSÜSS	2	ANKER
4 PINZENÖHLER	0	ENDEMARKE
5 MIKSCH	4	

Die Kette hat folgendes Aussehen:

Nummer des Kettenfeldes:	1	2	3	4	5
Inhalt des Kettenfeldes:	5	1	2	0	4

Welches Aussehen hat die Kette nach dem Einfügen von "GÖPFRICH", wenn die logische Ordnung (alphabetisch aufsteigend sortiert) erhalten bleiben soll?

Nummer des Kettenfeldes:	1	2	3	4	5	6
a) Inhalt des Kettenfeldes:	5	1	2	0	4	6
b) Inhalt des Kettenfeldes:	5	1	2	0	6	4
c) Inhalt des Kettenfeldes:	6	5	1	2	0	4
d) Inhalt des Kettenfeldes:	5	1	6	0	4	2
e) Inhalt des Kettenfeldes:	6	4	1	2	0	4

Klausuraufgabe Nr. 6-25: (2 Punkte)

Kann mit Hilfe eines verkürzten Schlüssels (z.B. KOTT) bei gestreuter Speicherung auf einen Datensatz (z.B. mit dem Schlüssel KOTTAN) zugegriffen werden?

a) Ja, aber es werden auch andere Datensätze mit gleichem Schlüsselanfang (z.B. KOTTON) mitaufgelistet.

b) Ja, mit Hilfe eines speziellen Algorithmus (Modulo-17-Verfahren) ist der Zugriff möglich.

c) Nein, es muß der berechnete Ziffernwert eingegeben werden.

d) Nein, der ganze Schlüssel muß eingegeben werden.

e) Ja, mit Hilfe eines speziellen Algorithmus (Hash-Verfahren) ist der Zugriff möglich.

Klausuraufgabe Nr. 6-26:   (4 Punkte)

Auf dem zentralen EDV-System einer Universität sind u.a. eine Institutsdatenbank und eine Prüfungsdatenbank implementiert, die hauptsächlich von den berechtigten Verwaltungsmitarbeitern über Datensichtstationen verwendet werden (Lesen, Schreiben, Ändern, Löschen). Studierende können mit einem Btx-Zugriffssystem über öffentliche Terminals nur ihre eigenen Daten abrufen (Paßwortschutz).

Welche der folgenden Aussagen über ein solches Datenbanksystem sind (ist) richtig?

a) Das konzeptionelle Modell dient zur Beschreibung jenes Realitätsausschnittes, der in einer Datenbank dargestellt wird. Objekttypen der Prüfungsdatenbank könnten in diesem Fall die STUDENTEN, die VERWALTUNGSMITARBEITER und die LEHRVERANSTALTUNGSLEITER sein. Die Beziehung NOTEN verbindet die Objekttypen STUDENTEN und VERWALTUNGSMITARBEITER (1:1-Beziehung).

b) Wenn dieses konzeptionelle Modell in ein hierarchisches Datenmodell übergeführt wird, so werden die Objekttypen und die Beziehungen zu Tabellen. Die Tabelle NOTEN enthält die Spalten Matrikelnummer, Vorname, Nachname, Ergebnis, Straße, Hausnummer, Postleitzahl und Ort.

c) Als externe Schemata oder Sichten bezeichnet man jene Ausschnitte des konzeptionellen Schemas, die für einzelne Benutzergruppen bzw. unter Umständen auch nur für einzelne Benutzer relevant sind. Das externe Schema für einen einzelnen Studierenden umfaßt im Fall der Prüfungsdatenbank also das bloße Lesen aller Ergebnisse, die über ihn selbst vorliegen. Auf die Noten anderer Studierender kann er nicht zugreifen.

d) Primärschlüssel beim Abruf der Prüfungsergebnisse durch die Studierenden kann deshalb nur ihr Familienname sein. Der Vorname dient als Paßwort.

e) Das interne Schema einer Datenbank beschreibt die zulässigen Abfragesprachen (z.B. SQL, CLIPPER ...), den Maschinencode (z.B. EBCDIC, ASCII ...) und die innerbetrieblichen Befugnisse des Datenbankadministrators (z.B. Aufnahme neuer Benutzer, Sperren von Paßwörtern ...).

Klausuraufgabe Nr. 6-27:   (1 Punkt)

Welche der folgenden Aussagen über SQL treffen zu?

a) SQL stellt bei den relationalen Datenbanken den Marktstandard für Abfragesprachen dar.

b) SQL ist die Programmiersprache des hierarchischen Datenbankverwaltungssystems IMS von IBM.

c) In SQL sind Datendefinitions- und Datenmanipulationsfunktionen enthalten.

d) SQL ist deskriptiv und mengenorientiert.

e) SQL wird hauptsächlich von Datenbankadministratoren, aber kaum von Endbenutzern und Programmierern verwendet.

Klausuraufgabe Nr. 6-28: (4 Punkte)

Für ein Personalinformationssystem, das auf einer relationalen Datenbank basiert, sind folgende zwei Tabellen definiert und mit Werten gefüllt worden:

ABTEILUNG	Abteilungsnummer	Abteilungsname
	1	Forschung
	2	Absatz
	3	Materialwirtschaft

ANGESTELLTER	ANR	Name	Gehalt_in_ÖS	Abteilungs-nummer
	5	Fröschl_ Gerlinde	20000	2
	6	Benedikt_ Emil	18000	2
	7	Bergsteiger_ Franz	20000	3
	8	Seidl_ Günter	25000	1
	9	Punsch_ Alfred	22000	1

Welche der folgenden Ausagen sind (ist) richtig?

a) Bei der Änderung des Abteilungsnamens "Forschung" in "Forschung und Entwicklung" treten Dateninkonsistenzen auf.

b) Wenn Herr Franz Bergsteiger von der Abteilung Materialwirtschaft in die Abteilung Forschung wechselt, treten Dateninkonsistenzen auf.

c) Wenn Herr Alfred Punsch eine Gehaltserhöhung von öS 5 000,- bekommt, treten keine Dateninkonsistenzen auf.

d) Wenn Frau Gerlinde Fröschl heiratet und den Familiennamen ihres Mannes annimmt, treten Dateninkonsistenzen auf.

e) Wenn Herr Emil Benedikt das Unternehmen wechselt und daher seine Daten gelöscht werden, treten keine Dateninkonsistenzen auf.

Klausuraufgabe Nr. 6-29: (2 Punkte)

Element "J" wurde durch folgenden Algorithmus gefunden:

```
A B C D E F G H I J K L M N O P Q
- - - >-
A B C D E F G H I J K L M N O P Q
      - - - >-
A B C D E F G H I J K  L M N O P Q
          - - - >-
A B C D E F G H I J K L M N O P Q
            -<- -
A B C D E F G H I J K L M N O P Q
          ->-
```

Welches Suchverfahren wurde angewendet?

a) Sequentielles Suchen
b) m-Wege-Suchen
c) Binäres Suchen

d) Suchen im binären Baum
e) Hash-Verfahren

Klausuraufgabe Nr. 6-30: (4 Punkte)

Gegeben sind drei Tabellen für das Lieferanteninformationssystem eines Fischhändlers. Dieser Fischhändler bezieht verschiedene Arten von Räucherfisch von unterschiedlichen Lieferanten. Es sind bereits die drei Tabellen ARTIKEL, LIEFERUNG, LIEFERANT mittels SQL erstellt worden.

Folgende Werte sind bisher in diese Tabellen mittels SQL eingegeben worden:

ARTIKEL	Artikelnummer	Artikelbezeichnung
	673	Irische_Sprotte
	674	Bornholmer_Buckling
	675	Makrelen-Happen
	676	Schwarzer_Heilbutt

LIEFERUNG	Artikel-nummer	Lieferanten-nummer	Menge_in_kg
	673	55	25
	673	57	12
	674	55	12
	675	58	44

LIEFERANT	Lieferanten-nummer	Name	Adresse
	55	Frischfisch_AG	Hamburg
	56	Nordseefang_AG	Hamburg
	57	Seewolf_AG	Hamburg
	58	Atlantik_AG	Hamburg

Welche der folgenden Aussagen sind (ist) richtig?
a) Bisher ist noch kein "Schwarzer_Heilbutt" geliefert worden.
b) Die "Frischfisch_AG" hat bisher Räucherfisch der Sorte "Bornholmer_Buckling" und "Irische_Sprotte" geliefert.
c) Eine Lieferung wird durch die Lieferantennummer eindeutig identifiziert.
d) Eine Sorte Räucherfisch kann von unterschiedlichen Lieferanten geliefert werden.
e) Das Element "Bornholmer_Buckling" ist ein Tupel.

Klausuraufgabe Nr. 6-31: (1 Punkt)

Bei welchen der nachfolgend angeführten Speichermedien ist es grundsätzlich durch einen einzigen Zugriff möglich, den 23. Satz aus einer Artikeldatei zu lesen?
a) Diskette
b) Magnetband
c) Magnetplatte
d) Flash-Speicherkarte
e) Optische Speicherplatte

Klausuraufgabe Nr. 6-32: **(3 Punkte)**

Welche der folgenden Aussagen über die Betriebsarten von Geldausgabeautomaten sind (ist) richtig?

a) Für den Benutzer ist nicht erkennbar, ob ein Geldausgabeautomat bei
der Abwicklung von Transaktionen on-line mit einem zentralen Bank-
rechner im Hintergrund kommuniziert oder ob dieser off-line betrieben wird.

b) Für die Geldausgabeautomatengesellschaft (Betreiber des Systems)
ist der On-line-Betrieb der Automaten teurer als der Off-line-Betrieb.

c) Der On-line-Betrieb bietet eine höhere Sicherheit als der Off-line-Betrieb, weil dadurch verbrecherischer Mißbrauch durch das Kopieren
von Identifikationskarten und unberechtigte Vielfachabhebungen eingeschränkt wird.

d) Wenn bei dem österreichischen Geldausgabeautomatensystem der
Zentralrechner der Clearing-Stelle der Banken für einen Tag ausfallen
sollte, so könnten während der Ausfallzeit keine Geldabhebungen über
die angeschlossenen Automaten erfolgen.

e) Neben den Geldausgabeautomaten können auch Datenkassen von
Tankstellen, Geschäften usw. in das System integriert sein. Es ist sogar möglich, daß mobile Kassen drahtlos angeschlossen werden, über
die z.B. in Restaurants am Tisch der Gäste bargeldlos abgerechnet
wird.

Klausuraufgabe Nr. 6-33: **(2 Punkte)**

Welche Funktionen hat das Datenbankverwaltungssystem eines Großrechners?

a) Unbefugten Zugriff zu Daten zu verwehren.

b) Zu vermeiden, daß sich Benutzer bei einem Zugriff auf gemeinsame
Daten gegenseitig stören.

c) Sicherzustellen, daß die Daten bei System- oder Programmfehlern
nicht zerstört werden.

d) Ablage und Verwaltung von Daten.

e) Erstellung einer Datenbeschreibung.

Klausuraufgabe Nr. 6-34: **(3 Punkte)**

Welche der nachfolgenden Aussagen über Datenbanksysteme sind (ist)
richtig?

a) Die Architektur von Datenbanksystemen wird oft durch das sogenannte 3-Schichten-Konzept beschrieben. Diese Schichten sind das konzeptionelle Schema, die externen Schemata (auch Sichten genannt)
und das interne Schema.

b) Die Zusammenhänge zwischen den Objekten in einer Datenbank werden durch sogenannte Beziehungen beschrieben. Man unterscheidet

dabei Eins-zu-eins-Beziehungen, Eins-zu-viele- bzw. Viele-zu-eins-Beziehungen und Viele-zu-viele-Beziehungen.

c) Für die Speicherung von Datenbanken kommen in erster Linie Magnetplatteneinheiten in Frage. Datenbanken können aber zum Beispiel auch auf CD-ROMs oder anderen optischen Speicherplatten gespeichert sein.

d) RAID-Platteneinheiten kommen zur Speicherung von Datenbanken deshalb nicht in Betracht, weil durch die Verteilung der Daten auf viele, unabhängig voneinander arbeitende Platten die Zugriffszeiten zu lang werden. Auch sind die preisgünstigen kleinen Platten für den Transaktionsbetrieb nicht sicher genug.

e) ADA ist eine verbreitete logische Abfragesprache für Netzwerk-Datenbanken.

Klausuraufgabe Nr. 6-35: (3 Punkte)

Welche der folgenden Aussagen über die gestreute Datenorganisation (Schlüsseltransformation, Hash-Verfahren) sind (ist) richtig?

a) Der Zugriff auf Daten bei einer gestreuten Datenorganisation erfolgt langsamer als bei einer indizierten Organisation, weil innerhalb der gestreuten Organisation die Adresse der Datensätze durch komplizierte und daher zeitintensive Berechnungen ermittelt wird.

b) Beim Hash-Verfahren wird die Datensatzadresse aus dem jeweiligen Schlüssel berechnet, was zu Kollisionen, d.h. Doppelbelegung einer Speicheradresse, führen kann. Durch die Verwendung von Sekundärschlüsseln kann man Kollisionen weitgehend vermeiden, weil die Speicheradresse dadurch genauer bestimmt wird und Doppelbelegungen daher unwahrscheinlicher werden.

c) Weil die Datensätze bei einer gestreuten Speicherung weder physisch noch logisch sortiert sind, können diese nur nach zeitaufwendigen Sortiervorgängen sortiert ausgegeben werden.

d) Die Hash-Funktion hat den Zweck, die viel zu große Anzahl von möglichen Schlüsseln auf eine akzeptable Menge von Speicheradressen zu reduzieren. Dieser Vorgang ist auch der Grund für Kollisionen, d.h., daß mehreren verschiedenen Schlüsseln ein und dieselbe Adresse zugewiesen wird.

e) Der direkte Zugriff auf Datensätze, von denen nur ein Teil des Schlüssels bekannt ist ("teilqualifizierter" Zugriff), ist bei einer gestreuten Organisation nicht durchführbar.

Klausurarbeit Nr. 7

Klausuraufgabe Nr. 7-1: (2 Punkte)

Bei welchen der im folgenden aufgezählten Telematikdienste wird von der Post bzw. der Telekom jährlich ein auf den aktuellen Stand gebrachtes amtliches Teilnehmerverzeichnis herausgegeben?

a) EDI
b) Bildschirmtext
c) VSAT
d) TELEFAX
e) TELEX

Klausuraufgabe Nr. 7-2: (2 Punkte)

Ein Mehrplatztextsystem trägt seinen Namen deshalb, weil

a) es mehr Platz für Texte bietet.
b) bei der Druckausgabe mehr Platz für den Text vorhanden ist (132 Zeichen anstatt 80 Zeichen pro Zeile bei billigeren Geräten).
c) an eine Zentraleinheit (Textverarbeitungsrechner) mehrere Textverarbeitungsplätze (in der Regel mit Bildschirm) angeschlossen sind.
d) mehr Speicherplatz für Texte als für Programme vorhanden ist.
e) die Zentraleinheit eines derartigen Geräts mehr Platz als ein Einzelplatztextsystem benötigt.

Klausuraufgabe Nr. 7-3: (4 Punkte)

Welche der nachfolgenden Aussagen zum Client-Server-Konzept sind (ist) richtig?

a) Das Client-Server-Konzept beruht auf dem Prinzip der Arbeitsteilung zwischen interagierenden Programmen: dem Client, der Dienste in Anspruch nimmt, und dem Server, der Dienste liefert. Die logische Arbeitsteilung geht meistens mit einer physischen Arbeitsteilung einher, das heißt die Aufgaben sind auf Rechner bzw. Peripheriegeräte mit unterschiedlicher Leistungsfähigkeit verteilt, die über Netze miteinander verbunden sind.
b) Die Initiative des Funktionsaufrufs geht vom Server aus.
c) Server sind Spezialrechner, die durch entsprechende Software stets nur einem einzigen, ganz bestimmten Zweck dienen, zum Beispiel der Datenbankverwaltung, der Druckersteuerung oder der elektronischen Post. Ein Server-Rechner kann demnach nicht mehrere Dienste übernehmen, also zum Beispiel sowohl Faxserver als auch Ablageserver sein.
d) Personal-Computer kommen nicht als Server in Frage, da ihre Betriebssysteme nicht mehrere Arbeitsplätze zugleich bedienen können.
e) Client-Server-Lösungen liegt oft eine Softwarearchitektur mit drei Schichten zugrunde: Repräsentation (Benutzeroberfläche), anwendungseigene Funktionen und Datenhaltung. Dem Benutzer kann es

egal sein (und er merkt auch nichts davon), wie die einzelnen Schichten auf Client und Server aufgeteilt sind.

Klausuraufgabe Nr. 7-4: (4 Punkte)

Welche der folgenden Aussagen zur Automatisierten Textverarbeitung sind (ist) korrekt?

a) Textverarbeitungsdokumente enthalten im Regelfall formatierte Daten.

b) Textverarbeitungssysteme unterscheiden sich von üblichen Datenverarbeitungsanlagen durch den Einbau zusätzlicher Hardwarekomponenten, die sog. Textprozessoren (engl.: word processors). Diese Textprozessoren ermöglichen durch ihre hohe Zyklusgeschwindigkeit die Durchführung von komplexen Funktionen der interaktiven Textverarbeitung mit akzeptablen Antwortzeiten.

c) Unter "Sofortkorrektur" wird die permanente Überprüfung des von der Schreibkraft eingegebenen Textes anhand eines internen Wörterbuches verstanden. In diesem internen Wörterbuch nicht enthaltene Wörter werden erst nach expliziter Bestätigung durch die Schreibkraft als Bestandteil des Textes akzeptiert.

d) "Blocksatz" bedeutet, daß das System den Text gleichzeitig an den linken und rechten Rand des Dokumentes angleicht. Dies wird durch variable Wortzwischenräume erreicht.

e) Proportionalschrift bedeutet, daß die Zeichenbreite für die einzelnen Buchstaben verschieden ist; ein "W" ist breiter als ein "i". Die Verwendung eines solchen Schrifttyps beim Ausdruck muß durch Formatierungsfunktionen unterstützt werden.

Klausuraufgabe Nr. 7-5: (4 Punkte)

Welche der folgenden Aussagen zur Datenfernverarbeitung sind (ist) zutreffend?

a) Die Übertragung von Daten zwischen Rechnern ist bis zu einer Entfernung von 20 km ohne zusätzliche Fernübertragungshardware und -software möglich.

b) Datenfernverarbeitung liegt vor, wenn für die Datenübertragung Fernmeldewege der Post bzw. Telekom benutzt werden.

c) Ein Modem ist für den Anschluß von Datenstationen an analoge Telefonwege notwendig.

d) Es kann davon ausgegangen werden, daß im Hauptgebäude der Wirtschaftsuniversität Wien vorhandene Datensichtstationen an die dort installierten Zentralrechner am zweckmäßigsten lokal angeschlossen werden. Es sind jedoch auch Datenfernverarbeitungsanschlüsse bzw. teilweise lokale und teilweise Datenfernverarbeitung denkbar.

e) Konzentratoren ermöglichen im Gegensatz zu Multiplexern den Anschluß von weiteren Datenstationen an einen voll ausgelasteten Übertragungsweg.

Klausuraufgabe Nr. 7-6:   **(2 Punkte)**

Welche der nachfolgenden Aussagen treffen (trifft) für Sprachspeicher- und -übermittlungssysteme zu?
- **a)** Gesprochene Nachrichten können für jeden Teilnehmer hinterlegt werden.
- **b)** Das System beantwortet Fragen nach dem Inhalt hinterlegter Nachrichten.
- **c)** Hinterlegte Nachrichten können zu jeder Zeit abgefragt werden.
- **d)** Hinterlegte Nachrichten können nur von den jeweiligen Adressaten abgehört werden.
- **e)** Das System ist von jedem Telefonanschluß zu erreichen.

Klausuraufgabe Nr. 7-7:   **(3 Punkte)**

Welche der folgenden Aussagen sind (ist) in bezug auf den bundesweiten Bildschirmtextdienst (Btx) der Post bzw. Telekom richtig?
- **a)** Alle angebotenen Daten und Dienste sind für den Endbenutzer gratis.
- **b)** Für den Verkehr der Btx-Zentralen untereinander und mit den externen Rechnern dient das DATEX-P-Netz.
- **c)** Die Datenübertragung zwischen Teilnehmer und Btx-Zentrale erfolgt derzeit noch meist mit 1200 bzw. 75 bit/s über öffentliche Telefonverbindungen.
- **d)** Bei Btx besteht die Möglichkeit, bestimmte Information nur einer bestimmten ausgewählten Personengruppe zugänglich zu machen.
- **e)** Die Einspeicherung der Information ins Btx-System erfolgt aufgrund des Netzmonopols ausschließlich durch Mitarbeiter der Post bzw. Telekom.

Klausuraufgabe Nr. 7-8:   **(2 Punkte)**

Ein Telematikdienst wird in folgender Weise charakterisiert:
"Neben der Übertragung von Text ist es auch möglich, Dokumente (mit Emblem und Unterschrift) originalgetreu zu übertragen. Ein weiterer Vorteil ist die Verwendung des öffentlichen Telefonnetzes als Transportmittel, wobei die Übertragung einer DIN-A4-Seite weniger als eine Minute dauert."

Um welchen Postdienst handelt es sich?
- **a)** TELETEX
- **b)** Bildschirmtext
- **c)** TELEFAX
- **d)** TELEBOX
- **e)** TEMEX

Klausuraufgabe Nr. 7-9:   **(2 Punkte)**

Welche der folgenden Tätigkeiten können der Textverarbeitung im weiteren Sinne zugeordnet werden?
- **a)** Das Grübeln Goethes, was er denn nun erdichten wolle, bevor er sei-

nen "Faust II" geschrieben hat.

b) Die Umformulierungsbemühungen eines Studenten, der seine Diplomarbeit nicht zur Gänze wortwörtlich abschreiben möchte.

c) Das Sich-die-Sonne-auf-den-Bauch-scheinen-lassen des jungverliebten Ovids, kurz bevor er seine ersten Hexameter ersann.

d) Das Kritzeln von Graffiti.

e) Das Programmieren in COBOL.

Klausuraufgabe Nr. 7-10: (2 Punkte)

Welche der folgenden Aussagen über Textverarbeitungsfunktionen sind (ist) richtig?

a) Automatischer Zeilenumbruch bedeutet, daß Wörter, die in einer Zeile keinen Platz mehr finden, automatisch in die Folgezeile gesetzt werden.

b) Bei der automatischen Silbentrennung werden Wörter nach vorgegebenen Algorithmen oder einem internen Wörterbuch getrennt.

c) Pitch ist ein Maß für den Zeilenabstand und wird in Zeilen pro Inch gemessen.

d) Beim Suchen von Textstellen kann oft wahlweise in einem oder mehreren Dokumenten gesucht werden.

e) Beim Flattersatz wird der Text vom System nur an den linken Rand anglichen.

Klausuraufgabe Nr. 7-11: (3 Punkte)

In einem Computermagazin wird ein Programm wie folgt beschrieben:
"Softline bietet für knapp 500 Mark Page Plus an. Das Programm gehört zu den sogenannten rahmenorientierten Layoutprogrammen. Das bedeutet, daß jedes einzelne Element - ob Text oder Grafik - in einem eigenen Rahmen verwaltet wird, der beliebig auf der Seite zu positionieren oder in Größe und Ausdehnung zu verändern ist. An Textformaten unterstützt Page Plus neben ASCII, dem RTF-Standard von Microsoft, verschiedenen Word- und Wordperfect-Versionen noch Multimate, Wordstar und die Windows-Formate des Clipboards. Der Export von Text ist nicht möglich. Das Programm gestattet umfangreiche Manipulationen an den installierten Schriften."

Um was für ein Programm handelt es sich?

a) Binder

b) Hypertextprogramm

c) Desktop-Publishing-Programm

d) Texteditor

e) EDI-Konverter

Klausuraufgabe Nr. 7-12: (4 Punkte)

Welche Vorteile haben Client-Server-Systeme gegenüber zentralisierten, hostorientierten Lösungen (Großrechner mit unintelligenten Terminals)?

a) Client-Server-Systeme sind fast beliebig ausbaufähig und verfügen über eine hohe Flexibilität in der Architektur.

b) Durch die Auslagerung von Aufgaben vom bisherigen, vergleichsweise teuren, großen Zentralrechner auf billigere, ausreichend leistungsfähige Arbeitsplatzrechner und Server lassen sich Kostensenkungen erzielen. Außerdem bieten Arbeitsplatzrechner bezüglich der Benutzeroberfläche tendenziell mehr Komfort.

c) Client-Server-Anwendungen sind besonders einfach zu entwickeln und bieten eine hohe Durchsatzgeschwindigkeit (weitaus höher als bei unverteilten OLTP-Anwendungen).

d) Bestimmte Anwendungen können parallelisiert werden und damit beschleunigt werden.

e) Bei konsequenter Beachtung der Standards für offene Systeme bietet das Client-Server-Konzept ideale Voraussetzungen für den Einsatz von Hardware und Software verschiedener Lieferanten. Damit lassen sich einerseits Einsparungen realisieren und andererseits wird die Herstellerabhängigkeit vermindert.

Klausuraufgabe Nr. 7-13: (3 Punkte)

Welche der folgenden Aussagen über Tabellenkalkulationsprogramme sind (ist) richtig?

a) Verbreitete Tabellenkalkulationsprogramme sind z.B. Excel von Microsoft oder 1-2-3 von Lotus. Versionen beider Produkte sind sowohl für MS-DOS und für Windows (von Microsoft) als auch für MacOS (das Betriebssystem für Apple Macintosh-Rechner) verfügbar.

b) Mit solchen Tabellenkalkulationsprogrammen lassen sich sehr flexibel Tabellen aufbauen, die einen Ausschnitt der Realität modellieren. In die Zellen können Zahlen, Texte und mathematische Formeln mit oder ohne Bezugnahme auf andere Zellen geschrieben werden.

c) Soll der Inhalt einer Zelle verändert werden, so klickt der Benutzer diese mit der Maus an bzw. steuert den Cursor mit den Pfeiltasten dorthin und überschreibt den Inhalt mit Hilfe seiner Tastatur.

d) Verbreitete Tabellenkalkulationsprogramme enthalten auch meist Geschäftsgrafik-Funktionen, mit denen sich aus Zahlenreihen (z.B. Tabellenzeilen oder -spalten) auf sehr einfache Weise Linien-, Kreis- oder Balkendiagramme erzeugen lassen.

e) Weil rein mathematische Funktionen (wie z.B. die Winkelfunktionen Sinus und Cosinus) von den Endbenutzern üblicherweise nicht benötigt werden, sind diese Funktionen heute in fast keinem Tabellenkalkulationsprogramm verfügbar.

Klausuraufgabe Nr. 7-14: (3 Punkte)

Welche Nutzeffekte bieten Multimedia-Systeme? Welche der nachfolgenden Aussagen sind (ist) hierzu richtig?

a) Die Merkfähigkeit ist am höchsten, wenn der Mensch hört, sieht und

agiert. Dem kommen Multimedia-Systeme durch die Kombinationsmöglichkeit von Text/Grafik-, Audio- und Video-Information entgegen.

b) Dementsprechend haben sich vor allem Präsentationen und Schulungen als bedeutende Anwendungsfelder für Multimedia herauskristalli-
siert.

c) Durch Computeranimation lassen sich Ausstellungs- bzw. Einrichtungs-
varianten von Verkaufsobjekten und alternative Gestaltungsmöglichkei-
ten von Diensten am Bildschirm durchspielen.

d) Ein elektronischer Stadtplan kann z.B. nach Eingabe eines Straßenna-
mens die Position dieser Straße auf dem Stadtplan anzeigen.

e) Besonders beim Upload von PC-Dateien und deren Weiterverbreitung
am Host lassen sich durch Multimedia-Einsatz Geschwindigkeitsvor-
teile erzielen.

Klausuraufgabe Nr. 7-15: (2 Punkte)

Nehmen Sie an, Sie und die anderen unten genannten Kommunikationspartner wären Teilnehmer am TELEFAX-Dienst der Post bzw. Telekom.

Welche der folgenden Aufgaben könnten Sie dann mit Hilfe dieses Dienstes
durchführen?

a) Abruf des aktuellen Stands Ihres Girokontos im Dialogverkehr mit Ihrer Bank.

b) Übermittlung einer handschriftlichen Bestellung an einen Fachversand
in Flensburg.

c) Versand Ihres Farbfotos an eine Heiratsvermittlung im Nachbarort.

d) Empfang einer Mitteilung vom Finanzamt, die an eine andere Person
in Ihrem Haushalt bzw. Büro gerichtet ist.

e) Empfang einer, durch Sie vom Original nicht unterscheidbaren Kopie
der "Mona Lisa" vom Louvre.

Klausuraufgabe Nr. 7-16: (3 Punkte)

Die Vertriebsfirma eines internationalen Konzerns für Elektronikkonsumgü-
ter beabsichtigt die Einbindung der Vertragshändler in das konzerneigene
Auftragsverwaltungssystem. Zu diesem Zweck wird das Auftragsverwaltungssystem mit einer Schnittstelle zum öffentlichen Bildschirmtextsystem
der Post ausgestattet.

Welche der folgenden Gründe können zu dieser Systementscheidung geführt haben?

a) Die unter dem Betriebssystem UNIX europaweit standardisierte Bild-
schirmtextsoftware ermöglicht eine kostengünstige Systementwicklung.

b) Die mit der Einführung von Btx erstmals angebotenen 256-kbit-Daten-
fernübertragungsleitungen ermöglichen die erforderlichen kurzen Antwortzeiten.

c) Die Benutzung von Btx hält die Investitionen für Endgeräte und die Übertragungskosten für die Vertragshändler in akzeptablen Grenzen und verringert dadurch Einführungswiderstände.

d) Bildschirmtext erlaubt die Definition von geschlossenen Benutzergruppen und gewährleistet damit auch den erforderlichen Datenschutz.

e) Der Einsatz von Bildschirmtext ermöglicht eine zukünftige Ausweitung auf den Direktvertrieb zum Endverbraucher.

Klausuraufgabe Nr. 7-17: (3 Punkte)

Welche der folgenden Aussagen über die Textverarbeitung sind (ist) korrekt?

a) WYSIWYG ist ein Begriff der stapelorientierten Textverarbeitung und bedeutet, daß ein Dokument immer entsprechend den im Text codierten Befehlen seitengerecht formatiert wird.

b) Die interaktive Textverarbeitung ermöglicht schon bei der Erfassung des Textes die Gestaltung des Layouts.

c) APL ist eine textmengenorientierte Programmiersprache. Die meisten Textverarbeitungsprogramme für universelle Mikrorechner sind in dieser ISO-Standardsprache geschrieben.

d) Texteditoren ermöglichen die Erfassung von Schriftstücken, nicht aber die von Quellcode.

e) Spracheingabe ist neben umfangreichen Formatierungshilfen eine im Praxiseinsatz bewährte Hilfe bei der rechnergestützten Schriftguterstellung.

Klausuraufgabe Nr. 7-18: (3 Punkte)

Nehmen Sie an, Sie und die anderen unten genannten Kommunikationspartner wären Teilnehmer am Bildschirmtextdienst der Post bzw. Telekom.

Welche der folgenden Aufgaben könnten Sie dann mit Hilfe dieses Dienstes durchführen?

a) Abruf des aktuellen Stands des Girokontos Ihres Nachbarn.

b) Überweisung eines monatlichen Spendenbetrags auf das Konto Ihres Nachbarn, damit dieser durch "Stunden" seine nächtlichen Klavierdarbietungen verbessern kann.

c) Bestellung eines Blumenstraußes für Ihren verehrten Universitätsprofessor.

d) Versand eines Glückwunsches zum 18. Geburtstag Ihrer Freundin in Paris.

e) Erfahrungsaustausch mit anderen Mitgliedern des Austria-Fan-Clubs im nationalen Raum.

Klausuraufgabe Nr. 7-19:   **(3 Punkte)**

Vergleich zwischen Bildschirmtext (Telematikdienst der Telekom) und Videotext (Rundfunkdienst von ARD und ZDF):

a) Bildschirmtext hat ein universelles Informationsangebot, während Videotext in Breite und Tiefe des Informationsangebotes beschränkt ist.

b) Bildschirmtext hat wesentlich umfangreichere Nutzungsmöglichkeiten.

c) Videotext arbeitet mit 24 x 80 Zeichen/Bildschirm, Bildschirmtext mit 24 x 40 Zeichen/Bildschirm.

d) Bildschirmtext verwirklicht eine Zweiwegkommunikation (Dialog).

e) Bildschirmtext und Videotext verwenden die gleichen Übertragungswege.

Klausuraufgabe Nr. 7-20:   **(3 Punkte)**

Welche der folgenden Eigenschaften des Telexnetzes sind zutreffend?

a) Das Telexnetz ist ein öffentliches digitales Wählnetz für die Übertragung mit 50 bit/s.

b) Die weite internationale Verbreitung des Telexnetzes macht es für die Datenfernverarbeitung besonders attraktiv.

c) Das Telexnetz verwendet einen 5-Bit-Code und verfügt deshalb über einen sehr beschränkten Zeichenvorrat. So können z.B. nur Klein- oder Großbuchstaben übertragen werden.

d) Das schon seit mehr als 60 Jahren bestehende Telexnetz hat für die Textkommunikation, insbesondere im grenzüberschreitenden Verkehr, nach wie vor große Bedeutung.

e) Texte werden im Telexnetz im internationalen Telegraphenalphabet codiert.

Klausuraufgabe Nr. 7-21:   **(2 Punkte)**

Welche der im folgenden genannten Geschäftsdokumente (Nachrichtentypen) könnten in der Automobilindustrie für den elektronischen Datenaustausch (EDI) standardisiert sein?

a) Bestellung bzw. Lieferabruf

b) Lieferankündigung

c) Rechnung

d) Zahlungsaviso

e) Gutschriftanzeige

Klausuraufgabe Nr. 7-22:   **(2 Punkte)**

Welche der folgenden Aussagen über Fernnetze sind (ist) richtig?

a) Die Übertragungsgeschwindigkeit wird in bit/s angegeben.

b) Ein globales Netz (GAN) verbindet Rechner auf mehreren Kontinenten und dient zur Übertragung von Daten, Text, Sprache und Bildern.

c) Bei öffentlichen Netzen werden zur Zeit nur Wählverbindungen angeboten.

d) Das größte weltweite Netz ist das Internet mit einigen hunderttausend Rechnern.

e) Die meisten verfügbaren Netze basieren heute auf dem ISO-OSI-Referenzmodell für die Kommunikation offener Systeme.

Klausuraufgabe Nr. 7-23: (4 Punkte)

Welche Probleme sind mit dem Einsatz von Multimedia-Systemen verbunden? Welche der nachfolgenden Aussagen sind (ist) hierzu richtig?

a) Bilder, Sprache und Musik können digital oder analog gespeichert vorliegen. Multimedia-Systeme können nur digitale Datenträger verarbeiten, wodurch zum Beispiel herkömmliche VHS-Videokassetten nicht in die Anwendungen einbezogen werden können.

b) Der interaktive Multimedia-Betrieb bedingt einen hohen externen Speicherbedarf im direkten Zugriff. Ein CD-ROM-Laufwerk kommt trotz der hohen Speicherkapazität von bis zu ca. 650 MB pro Wechselplatte für einen Multimedia-PC nicht als externer Speicher in Betracht, da es sich hierbei um einen Festspeicher handelt, dessen Inhalt im laufenden Betrieb nur gelesen werden kann.

c) Für eine farbige Bewegtbildübertragung in hoher Qualität sind die verfügbaren, schmalbandigen Fernmeldewege ungeeignet. Deshalb sind anspruchsvolle, verteilte Multimedia-Anwendungen auf der Basis des öffentlichen Telefonnetzes oder des ISDN nicht möglich.

d) Multimedia-Anwendungen setzen Apple-Macintosh-Rechner mit der Betriebssystemerweiterung QickTime voraus. Oft sind jedoch in der Praxis schon MS-DOS/Windows- oder OS/2-PCs vorhanden, die für den Multimedia-Einsatz nicht geeignet sind.

e) Die heute üblichen relationalen Datenbankverwaltungssysteme verfügen in der Regel nicht über die Feldtypen, um große Objekte wie Videobilder und Musikstücke direkt binär abzuspeichern und mitzuverwalten.

Klausuraufgabe Nr. 7-24: (5 Punkte)

Bei einem österreichischen Lebensmittelfilialunternehmen sind in den über 550 Filialen Warenwirtschafts-PCs installiert, die mittels eines entsprechenden (SEDAS-) Programms über einen EDI-Mehrwertdienst (= ECODEX) bei Lieferanten bestellen können. Der Filialleiter erhält einen maschinellen Bestellvorschlag, der aufgrund der von den Scannerkassen registrierten Verkäufe erstellt wird. Der Filialleiter hat die Möglichkeit, den Bestellvorgang zu korrigieren, bevor dieser zu ECODEX versandt wird. Vor allem die Lieferanten des Frischebereiches, die nicht über das zentrale Frischdienstlager geführt werden, sowie alle Streckenlieferanten erhalten auf diesem Weg Bestellungen.

Welche der folgenden Aussagen zu diesem EDV-Anwendungsbereich können (kann) richtig sein?

a) Ein Vorteil der in Anspruch genommenen EDI-Clearingstelle ist, daß dadurch mit einer Sendung Bestellungen an viele Lieferanten abgesetzt werden können. Im vorliegenden Fall wird zum Beispiel je Filiale zweimal pro Woche eine Bestellung an durchschnittlich 20 Lieferanten abgegeben.

b) Ein solches dezentrales, rechnerunterstütztes Bestellsystem ist nur durch den Einsatz von PCs möglich. Mit Minirechnern, zum Beispiel IBM-AS/400-Systemen, könnte ein elektronischer Datenaustausch nicht realisiert werden, da es für diese keine EDI-Schnittstelle gibt.

c) Die automatische Bestelldatenübermittlung ist nur auf Kosten des Personals der Lieferanten möglich. Deren Mitarbeiter im EDV-Bereich oder - bei dezentraler EDV - im Verkaufsbereich müssen dadurch nämlich rund um die Uhr anwesend sein, um die EDVA beim Datenempfang zu bedienen. Ein unbedienter EDI-Betrieb ist nicht möglich.

d) Ebenso wie die Bestelldatenübermittlung kann auch ein Rechnungsdatenaustausch über EDI erfolgen. Dadurch könnte im vorliegenden Fall eine (halb)automatische Rechnungskontrolle auf Artikelebene mit exakter Preis- und Konditionsprüfung ermöglicht werden.

e) Als weiterer Schritt könnte die Kommunikation mit Banken über ECODEX durchgeführt werden. Zunächst könnten den Banken Überweisungen über die ECODEX-Mailbox angeboten werden. Danach könnten auch die Kontoauszüge über ECODEX zur Verteilung kommen.

Klausuraufgabe Nr. 7-25:   (4 Punkte)

Welche der folgenden Aussagen über Vermittlungsprinzipien bei der Datenübertragung sind (ist) zutreffend?

a) Bei Leitungsvermittlung wird zwischen den Datenstationen für die Dauer ihrer Verbindung ein unmittelbarer Übertragungsweg zur Verfügung gestellt. Vermittlungseinheiten im Übertragungsnetz haben eine reine Weiterschaltefunktion.

b) Bei Leitungsvermittlung steht die durchgehende physikalische Verbindung ausschließlich den beteiligten Endgeräten zur Verfügung, unabhängig davon, ob Daten übertragen werden.

c) Bei Paketvermittlung sind in den Übertragungsweg Vermittlungseinheiten eingeschaltet, welche die Daten empfangen, bis zur Verfügbarkeit einer Weiterverbindung speichern und dann weiterleiten.

d) Bei Paketvermittlung besteht zwischen den Endgeräten eine virtuelle Verbindung mittels Adreß- und Steuerangaben in den gesendeten Datenpaketen.

e) Bei Paketvermittlung können die Vermittlungseinheiten, falls erforderlich, Code- und Geschwindigkeitsumsetzungen der übertragenen Daten vornehmen.

Klausuraufgabe Nr. 7-26:   **(3 Punkte)**

An der Abteilung für Wirtschaftsinformatik der Wirtschaftsuniversität Wien wird ein lokales Netz (LAN) eingesetzt.

Welche der folgenden Funktionen sind in einem solchen LAN realisierbar?
- **a)** Softwarepakete, die auf unterschiedlichen Arbeitsplatzrechnern installiert sind, werden allen Institutsmitarbeitern über das lokale Netz zugänglich gemacht.
- **b)** Teure Hardwareperipherie, wie z.B. Laserdrucker, kann von allen PC genutzt werden.
- **c)** Die interne Korrespondenz der Abteilung für Wirtschaftsinformatik (Aktennotizen, Berichte, Protokolle usw.) kann elektronisch übermittelt werden.
- **d)** Die auf einem angeschlossenen PC gespeicherten Bibliotheksdaten der Abteilung können durch das Netz dem Abteilungsleiter (Professor) und allen Assistenten der Abteilung zugänglich gemacht werden.
- **e)** Ohne Rücksicht auf die Anwesenheit der Mitarbeiter können interne Mitteilungen automatisch an einen definierten Kreis von Adressaten versendet werden.

Klausuraufgabe Nr. 7-27:   **(2 Punkte)**

Man versteht unter der Topologie eines Rechnernetzes?
- **a)** Die Anzahl der Verbindungen zwischen Kommunikationspartnern im Netz.
- **b)** Die Art und Weise, in der ein Zugang zum Netz möglich ist.
- **c)** Die physikalische Struktur des Netzes, d.h. die räumliche Anordnung der Knoten und Übertragungswege.
- **d)** Die möglichen Betriebsarten der Datenübertragung im Netz.
- **e)** Einen Überbegriff für die Begriffe "Fernnetz" und "lokales Netz".

Klausuraufgabe Nr. 7-28:   **(2 Punkte)**

Welche Ziele können mit einem Mikrorechner-Großrechner-Verbundsystem angestrebt werden?
- **a)** Dezentraler Zugriff auf zentrale Datenbanken.
- **b)** Entlastung der CPU des Großrechners.
- **c)** Auslagerung von Daten vom PC auf den Großrechner.
- **d)** Integration von dezentralen in zentrale Anwendungen.
- **e)** Erhöhung der Kanalkapazität des Großrechners.

Klausuraufgabe Nr. 7-29:   **(1 Punkt)**

Bei welchen der folgenden technischen Einrichtungen ist die Halbduplexübertragung realisiert?

a) Telefon
b) Fernsehen
c) Gegensprechanlage

d) Taxifunk
e) TELEX

Klausuraufgabe Nr. 7-30: (4 Punkte)

Die Funktion OLE von Microsoft Windows soll es verschiedenen Anwendungen ermöglichen, Daten auszutauschen und zu teilen.

Welche der folgenden Aussagen sind (ist) hierzu richtig?
a) OLE ist die englische Abkürzung für "object linking and embedding".
b) Mit OLE ist es möglich, Dokumente zu erzeugen, die andere Dokumente enthalten (Verbunddokumente), entweder durch Referenzangaben (linking) oder direkt (embedding), d.h. durch Integration einer Kopie des zusätzlichen Dokuments im Hauptdokument.
c) Eingebundene Objekte werden automatisch geändert, wenn die Quellendokumente editiert bzw. geändert werden.
d) Mit der OLE-Funktion können auch Daten zwischen verschiedenen Microsoft-Windows-Applikationen ausgetauscht werden.
e) Es gibt Windows-Programme, die nicht OLE-fähig sind.

Klausuraufgabe Nr. 7-31: (3 Punkte)

Ein Bildschirmgerät mit 24 Zeilen zu 80 Zeilen wird über eine BSC-Leitung im "full screen mode" betrieben. Wie lange beträgt die minimale Antwortzeit, wenn die Übertragungsgeschwindigkeit 9 600 bit/s beträgt und jedes übertragene Zeichen in 8 Bits verschlüsselt wird? Vernachlässigen Sie die Programmverarbeitungszeit und etwaige Steuerzeichen.
a) 1,2 Sekunden
b) 1,4 Sekunden
c) 1,6 Sekunden

d) 1,72 Sekunden
e) 1,8 Sekunden

Klausuraufgabe Nr. 7-32: (3 Punkte)

Ein Multiplexer ist
a) eine Baueinheit in der Zentraleinheit, die den Mehrprogrammbetrieb ermöglicht.
b) eine Datenübertragungseinrichtung, die mehrere Verbindungen gleicher Geschwindigkeit zu einer Einzelverbindung mit einer niedrigeren Gesamtübertragungsrate verknüpft.
c) eine Bündelungs- bzw. Verzweigungseinrichtung, die mehrere Verbindungen mit geringerer bis mittlerer Übertragungsgeschwindigkeit in einen gemeinsamen Weg mit höherer Übertragungsgeschwindigkeit zusammenfaßt bzw. am anderen Ende des Weges wieder entfächert.
d) ein Netzknotenrechner, der die Übertragung zwischen mehreren Transitsystemen steuert.
e) ein Datenbankserver auf der Basis eines Multitasking-Betriebssystems.

Klausuraufgabe Nr. 7-33:   **(3 Punkte)**

Welche der folgenden Aussagen über Datenübertragungssysteme sind (ist) richtig?

a) Datenstationen bestehen aus einer Datenendeinrichtung, einer Datenübertragungseinrichtung und einem Datenübertragungsprozessor.

b) Die grundstücksüberschreitende Datenübertragung über Fernmeldewege ist in Deutschland nur dann genehmigungspflichtig, wenn nicht genormte (vom ZZF nicht zugelassene) Datenübertragungseinrichtungen verwendet werden.

c) Beim Halbduplexverfahren können Daten wahlweise in die eine oder andere Richtung übertragen werden.

d) Das Asynchronverfahren ist dadurch gekennzeichnet, daß die einzelnen Zeichen zu Blöcken zusammengefaßt werden, wodurch eine höhere Übertragungsgeschwindigkeit als beim Synchronverfahren erreicht werden kann.

e) Modems passen digitale Signale einer Datenendeinrichtung an die analogen Signale des Übertragungsmediums an.

Klausuraufgabe Nr. 7-34:   **(2 Punkte)**

Welche der nachfolgenden Funktionen sind Elemente von Groupware?

a) E-Mail.

b) Unterstützung "elektronischer" Diskussionen bzw. Konferenzen.

c) Schwarze Bretter (Bulletin-Boards).

d) Aufgaben- und Vorgangsverwaltung für Arbeitsgruppen.

e) Zentrale Ablage aller gruppenrelevanten Dokumente einschließlich ihrer Bearbeitungsvermerke.

Klausuraufgabe Nr. 7-35:   **(3 Punkte)**

In einem Schreibbüro mit 15 Arbeitsplätzen wird die Umstellung auf PC-Textverarbeitung, bei der mehrere Arbeitsplatzrechner über ein LAN mit einem zentralen Server verbunden sind, erwogen.

Welche Vorteile entstehen durch die Installation eines derartigen Systems gegenüber mehreren unvernetzten Einzelplatztextsystemen?

a) Wörterbücher, die in der Regel sehr speicheraufwendig sind, können zentral allen Arbeitsstationen zugänglich gemacht werden.

b) Dokumente können mit Zugriffsschutz ausgestattet werden, so daß nur berechtigte Personen diese Dokumente lesen bzw. bearbeiten können.

c) Nur durch die E/A-Prozessoren des zentralen Servers ist es möglich, mit jeder Arbeitsstation einen eigenen Drucker zu verbinden. Dies vermindert den Verwaltungsaufwand den ein zentraler Drucker verursachen würde.

d) Es ist problemlos möglich, Dokumente, die auf einer Arbeitsstation erstellt worden sind, einer anderen Arbeitsstation als Vorlage zugänglich zu machen.

e) Die automatische Numerierung von Überschriften, Fußnoten, Listen und Abbildungen wird erst durch die Gleitkommaarithmetik des zentralen Servers ermöglicht.

Klausurarbeit Nr. 8

Klausuraufgabe Nr. 8-1:   (4 Punkte)

Bildschirmtext (Btx) der Post bzw. Telekom ist ein Informations- und Kommunikationsdienst, bei dem die Teilnehmer elektronisch gespeicherte, textorientierte Information abrufen, Datenverarbeitungsleistungen und andere Dienste bestimmter Anbieter in Anspruch nehmen sowie Mitteilungen an von ihnen bestimmte Teilnehmer elektronisch übermitteln können.

Welche der folgenden Aussagen zu diesem Btx-Dienst sind (ist) korrekt?

a) Zur Übertragung werden öffentliche Fernmeldewege (Telefonnetz, DATEX-J- und DATEX-P-Netz) verwendet.

b) Die hinter den Erwartungen zurückbleibende Verbreitung von Btx wird auf die Beschränkung auf monochrome Grafiken zurückgeführt. Die für 1995 vorgesehene Einführung farbiger Grafiken soll eine deutliche Erhöhung der Akzeptanz dieses Mediums bringen.

c) Ein Btx-Teilnehmer kann bei seiner Informationssuche auf ein alphabetisch sortiertes Verzeichnis von Schlagwörtern zurückgreifen. Je Schlagwort existieren eine oder mehrere Seiten, auf denen die Informationsanbieter alphabetisch sortiert aufgeführt und mit Nummern versehen sind. Nach dem Eintasten einer derartigen Nummer wird ein Sprung zu der Textseite durchgeführt, die der Informationsanbieter mit einem Schlagwort verbunden haben möchte.

d) Die Verwendung bereits vorhandener Kommunikationseinrichtungen (Telefonleitungen) und kostengünstiger Modems erlaubt es, dieses Medium zwischen- und innerbetrieblich für den Austausch von Textinformation, für Datenübertragung und für Auskunftssysteme zu verwenden. Insbesondere räumlich dezentralisierte Organisationen können Nutznießer dieses Mediums sein.

e) Der Verkehr der Bildschirmtextzentralen untereinander erfolgt über fest geschaltete Datendirektverbindungen mit 64 kbit/s (Standleitungen).

Klausuraufgabe Nr. 8-2:   (3 Punkte)

In den letzten Jahren haben lokale Netzwerke besondere Bedeutung erlangt. Ein LAN bietet folgende Vorteile:

a) Teure Hardware kann von verschiedenen Arbeitsplätzen und Rechnern genützt werden.

b) Aufgrund internationaler Standards sind Geräte unterschiedlicher Hersteller einfach zu vernetzen. Jede im Netz installierte Software ist auf allen Geräten, unabhängig von Betriebssystem und Hersteller, lauffähig.

c) Lokale Netzwerke erleichtern den Datenaustausch zwischen Rechnern und eröffnen den Benutzern neue Kommunikationswege, wie z.B. Electronic Mail.

d) Lokale Netzwerke ermöglichen z.B. vom PC aus Zugang zu Großrechnern über sogenannte Terminalemulationen und ersparen so die Anschaffung kostspieliger Hardware (= Großrechnerterminal).

e) Durch die strenge Zugangsregelung wird das unbefugte Benutzen der am Netz angeschlossenen Rechner verhindert.

Klausuraufgabe Nr. 8-3:   (3 Punkte)

Welche der folgenden Aussagen über Zugriffsverfahren von lokalen Netzen sind (ist) richtig?

a) Das heute sehr weitverbreitete "Ethernet" basiert auf dem Tokenverfahren.

b) Ein wesentlicher Vorteil des CSMA/CD-Verfahrens liegt in der Berechenbarkeit der maximalen Wartezeit (deterministisches Antwortzeitverhalten). Es gelangt daher besonders bei zeitkritischen Anforderungen zum Einsatz.

c) In einem Netzwerk, das auf dem Tokenverfahren basiert, existiert ein spezielles Bitmuster, das sogenannte Token. Nur ein Teilnehmer, der in Besitz des Tokens ist, darf senden. Es kann daher zu keinen Kollisionen kommen.

d) CSMA/CD ist ein Wettkampfverfahren; d.h. jede Station, die senden will, darf dies, sofern der Kanal frei ist. Sollte es zu einer Kollision kommen, müssen alle abbrechen und nach einer zufallsgesteuerten Wartezeit neu beginnen.

e) Die Leistungsfähigkeit eines Tokennetzes im Hochlastbereich ist im allgemeinen besser als bei CSMA/CD.

Klausuraufgabe Nr. 8-4:   (3 Punkte)

Welche der folgenden Punkte geben die Eigenschaften eines auf FDDI basierenden Netzes korrekt wieder?

a) Der FDDI-Standard spezifiziert einen auf Glasfaserkabel basierenden Doppelring mit einer Übertragungsgeschwindigkeit von 100 Mbit/s.

b) In den beiden Ringen wird gegenläufig zueinander übertragen, sodaß FDDI-Netze im Normalfall eine Netzkapazität von 200 Mbit/s haben.

c) FDDI unterstützt ausschließlich synchrone Datenübertragung.

d) FDDI verwendet als Zugangsverfahren den Tokenmechanismus.

e) Im Gegensatz zum Tokenring-Protokoll erlaubt FDDI die gleichzeitige Existenz mehrerer Token und somit mehrerer Nachrichten am Ring.

Klausuraufgabe Nr. 8-5:   (2 Punkte)

Die Vermittlungsschicht des ISO-Referenzmodells für offene Rechnernetze hat die Aufgabe,

a) Verbindungen zwischen benachbarten End- und Transitsystemen aufzubauen, abzubauen und Fehlerbehandlungsroutinen durchzuführen.

b) Daten zwischen zwei benachbarten Netzknoten zu übertragen und Fehlerbehandlungen durchzuführen.

c) gesicherte Teilverbindungen zu Netzverbindungen zwischen Endsystemen zu verbinden.

d) Verbindungen zwischen Prozessen zu unterstützen.

e) Endsystemverbindungen der Anwendungsinstanz zur Verfügung stellen.

Klausuraufgabe Nr. 8-6: (4 Punkte)

Ein Telefongespräch läßt sich gut auf das ISO-Referenzmodell für offene Rechnernetze abbilden. Welche der folgenden Aussagen hierzu sind (ist) richtig?

a) Die Schicht 1 hat die Aufgabe, Sprachpegel und Frequenzband zu übertragen und Übertragungsfehler zu erkennen und zu korrigieren.

b) Die Funktionen der Schicht 2 werden von den Gesprächspartnern selbst erfüllt.

c) Die Transportschicht legt eine Transportverbindung fest, die als eine gedachte Ende-zu-Ende-Verbindung von der Nachrichtenquelle bis zur -senke, d.h. zwischen den beiden Kommunikationspartnern selbst, bezeichnet wird. So kann z.B. ein Telefonat zu einer Denkpause unterbrochen und später neu angerufen werden; die beiden Gesprächspartner bleiben sich gegenseitig geistig verbunden.

d) In den Anfängen der Telefonie wurde eine Telefonverbindung unter Mithilfe des "Fräuleins vom Amt" hergestellt, indem sie von Hand den sogenannten Klappenschrank bediente. Sie erfüllte damit die Funktion der Kommunikationssteuerungsschicht.

e) Das "Verstehen" des Gesprochenen durch die Gesprächspartner kann der Kommunikationssteuerungs- bzw. der Datendarstellungsschicht, das "Verarbeiten" des Gesprochenen der Anwendungsschicht zugeordnet werden.

Klausuraufgabe Nr. 8-7: (1 Punkt)

Die Bandbreite eines Übertragungskanals wird gemessen in:

a) FLOPS

b) SPECmark

c) bit/s

d) Hz

e) Ohm

Klausuraufgabe Nr. 8-8: (4 Punkte)

Die Abteilung für Wirtschaftsinformatik der Wirtschaftsuniversität Wien zieht 1994 in ein neues Gebäude, das über den Gleisen der Franz-Josefs-Bahn im neunten Wiener Gemeindebezirk errichtet wird.

Welche der nachstehenden Aussagen zu der geplanten Abteilungsverkabelung sind (ist) richtig?

a) Auf der Basis von UTP-Kabeln (unshielded twisted pair) kann preisgünstig ein Tokenring realisiert werden, der eine Übertragungsrate von 24 Mbit/s bietet.

b) Auf der Basis verdrillter Kupferkabel kann sowohl ein CSMA/CD-LAN mit 10 Mbit/s als auch ein CDDI-LAN mit 100 Mbit/s realisiert werden.

c) Eine Glasfaserverkabelung bietet im Vergleich zu Verkabelungen mit Kupferleitungen den Vorteil, daß sie gegen elektromagnetische Störfelder unempfindlich ist. Das kann bei einem über Bahngleisen errichteten Gebäude ein entscheidender Faktor sein, falls kein Faradayscher Käfig geschaffen wurde.

d) Ein wesentlicher Vorteil einer Glasfaserverkabelung liegt in der schmalen Bandbreite und dem dadurch geringen Raumbedarf in den Verkabelungsschächten.

e) Auf der Basis von Lichtleiterkabeln kann sowohl ein Ethernet als auch ein FDDI-Netz realisiert werden. Letzteres bietet eine zehnfach höhere Übertragungsrate, die Adapterkarten für den Rechneranschluß sind jedoch noch wesentlich teurer.

Klausuraufgabe Nr. 8-9: (3 Punkte)

Kopplungseinheiten spielen in Netzwerken eine zentrale Rolle. Welche der nachfolgenden Beschreibungen geben die Aufgaben und Möglichkeiten der jeweiligen Kopplungseinheit korrekt wieder?

a) Repeater "säubern" empfangene Signale und geben diese verstärkt, aber unverarbeitet weiter.

b) Mit Hilfe von Repeatern können LANs praktisch unbegrenzt verlängert werden, solange nur genügend Repeater eine zu große Dämpfung des Signals verhindern.

c) Eine Bridge dient zur Verbindung von Netzen, die unterschiedliche Übertragungsmedien benutzen, sonst aber den gleichen Schichtaufbau der Kommunikationsprotokolle aufweisen.

d) Router arbeiten auf der Sicherungsschicht, wo sie anhand der im gesamten Netz eindeutigen Adressen die Datenpakete weiterleiten.

e) Router müssen in der Lage sein, unterschiedliche Protokolle zu erkennen und diese korrekt zu bearbeiten. Sie sind daher vergleichsweise aufwendig und teuer.

Klausuraufgabe Nr. 8-10: (3 Punkte)

Welche der nachfolgenden Aussagen über Topologien lokaler Netzwerke sind (ist) richtig?

a) In einem Sternnetz gibt es einen zentralen Vermittlungsknoten, an den jeder andere Knoten direkt durch eine physikalische Verbindung angeschlossen ist.

b) Bei einem Maschennetz ist jeder Knoten mit genau zwei anderen Netzknoten direkt durch je eine separate physikalische Verbindung verknüpft.

c) Bei einem Bussystem wird ein gemeinsames, gleichberechtigt von allen Stationen benutzbares Übertragungsmedium mit hoher Datenrate (= Bus) verwendet.

d) Fällt bei einem Schleifennetz die Zentralstation aus, so ist keine Verbindung mehr möglich.

e) Ein vollständig vermaschtes Netz bietet den Vorteil der großen Ausfallsicherheit, erfordert aber einen großen Verkabelungsaufwand.

Klausuraufgabe Nr. 8-11: (4 Punkte)

Welche der folgenden Aussagen über die "Anwendungsintegration" digitaler Nebenstellenanlagen mit der betrieblichen Datenverarbeitung sind (ist) richtig?

a) Eine der "einfachsten" Anwendungen ist die automatische Telefongebührenabrechnung: Die von der Telefonanlage erfaßten Gebührendaten werden in die entsprechenden EDV-Anwendungen übermittelt, um kostenstellengerecht eine Zuordnung von Gebühren pro Benutzer vornehmen zu können.

b) Im Vertrieb können beispielsweise durch "fiktive Nebenstellen" bzw. durch Rufnummernerkennung über ISDN eintreffende Anrufe nicht nur an den jeweils zuständigen Sachbearbeiter weitergeleitet werden. Parallel dazu kann auch automatisch eine Datenbankabfrage erfolgen, sodaß der Benutzer bei Abheben des Hörers sämtliche für seine Tätigkeit benötigte Information über den Anrufenden am Bildschirm verfügbar hat.

c) Als Datenerfassungsgerät genügt in vielen Fällen der digitale Telefonapparat. In einem Hotel können damit zum Beispiel vom Gast selbst automatische Weckrufe programmiert werden oder das Reinigungspersonal kann damit Rückmeldungen über den Zimmerstatus und über die Konsumation aus der Minibar tätigen.

d) Im Bereich der Zeiterfassung kann der Mitarbeiter sein Kommen und Gehen ebenfalls direkt an seinem Arbeitsplatz über sein Telefonendgerät buchen.

e) Wird ein PC an eine TK-Anlage gekoppelt, so kann der Benutzer mit allen anderen in gleicher Weise oder indirekt über LAN angebundenen Benutzern im Haus kommunizieren. Er kann auch vorhandene Server (z.B. für Voice Mail, Fax) verwenden und mittels einer entsprechenden Adapterkarte - auch unmittelbar vom PC aus verschiedene Telekom-Dienste in Anspruch nehmen.

Klausuraufgabe Nr. 8-12: (2 Punkte)

Welche der nachfolgend genannten Nutzeffekte werden durch EDI vom Handel erwartet?

a) Rasche Übermittlung von standardisierten Daten auf elektronischem Weg und dadurch kürzere Bestellzeiten, leichtere Disponierbarkeit und geringerer Lagerbestand.

b) Längere Zahlungsfristen bei Lieferanten.

c) Ersparnis von Personalkosten, weil die Überprüfung maschineller Bestellvorgänge und die körperliche Inventur der Lagerbestände entfällt.

d) Höhere Datensicherheit durch Wegfall der Schreib- und Lesefehler, die bei der wiederholten Neuerfassung von Daten sonst fast unvermeidlich sind.

e) Niedrigere Ausgaben für Hardware und Software.

Klausuraufgabe Nr. 8-13: (2 Punkte)

Das Softwarepaket Packrat von Polaris ist ein Informationsmanager, der die gemeinsame Verwaltung von Dokumenten und allgemeiner Information wie Adressen, Terminen, To-do-Listen usw. für viele Mitarbeiter erlaubt. Weitere Module unterstützen das Kostenmanagement, die Projektverwaltung und die Elektronische Post.

Um welche Software handelt es sich?

a) CASE-Tool

b) Repository

c) Benchmarking-Programm

d) Groupware

e) Transaktionsmonitor

Klausuraufgabe Nr. 8-14: (3 Punkte)

Welche der folgenden Aussagen zur Datenfernverarbeitung sind (ist) richtig?

a) Eine Datenstation, mit der Datenfernverarbeitung durchgeführt werden kann, unterscheidet sich im Aussehen grundsätzlich von einer Datenstation für die lokale Verarbeitung.

b) Die Protokolle des ISO-OSI-Referenzmodelles sind internationale Richtlinien. Rein funktionsbezogen sind sie hersteller- bzw. geräteunabhängig. Durch die mit den Protokollen bezweckte Standardisierung soll eine freizügige Kommunikation zwischen Datenstationen in offenen Systemen ermöglicht werden.

c) Ein SNA-Netz eines EDV-Anwenders aus dem Bereich der Lehre und Forschung (zum Beispiel Universität Linz) ist ein "offenes" Kommunikationssystem.

d) Die Computerhersteller Digital Equipment Corporation und Siemens haben die Netzkonzepte DECNET und TRANSDATA für eine freie Kommunikation zwischen DEC- und Siemens-Rechnern sowie ihren Peripheriegeräten entwickelt.

e) Eine Olivetti-Datensichtstation kann nur dann an einem IBM-Rechner betrieben werden, wenn sie sich bezüglich der Datenübertragungsprozeduren an ein von IBM-Rechnern unterstütztes Protokoll hält.

Klausuraufgabe Nr. 8-15: (2 Punkte)

Welche der folgenden Aussagen über Datenfernverarbeitung sind (ist) korrekt?

a) Verbindungen ohne Wählvorgang lassen sich nur mittels Datendirektverbindungen realisieren.

b) Ein wesentlicher Vorteil für den interaktiven Betrieb ist der rasche Verbindungsaufbau im ISDN-Netz.

c) Die maximale Übertragungsgeschwindigkeit, die mit einem momentan erhältlichen Modem über das Telefonnetz erreicht werden kann, ist 9 600 bit/s.

d) Die Gebühren des paketvermittelnden Netzes DATEX-P richten sich in erster Linie nach der Entfernung der jeweiligen Teilnehmer.

e) Der DATEX-P-Dienst ist vor allem für Dialoganwendungen mit geringem Datenvolumen interessant.

Klausuraufgabe Nr. 8-16: (2 Punkte)

Welche der folgenden Aussagen über Satellitenverbindungen sind (ist) richtig?

a) Derzeit können über Satelliten ausschließlich Standleitungen realisiert werden.

b) Eine Datenübertragung mittels Satellit erlaubt sowohl Punkt-zu-Punkt- als auch Punkt-zu-Mehrpunkt-Verbindungen.

c) Der Verbindungspreis einer Satellitenverbindung ist unabhängig von der Entfernung der Endstellen.

d) NASAT(Nebenstellenanlagen-Wählverbindung über Satellit) ist ein Dienst der Telekom zur Verbindung durchwahlfähiger Nebenstellenanlagen mittels gewählter Verbindungen über Satellit. Im Unterschied zu DASAT (Datenübertragung über Satellit) wird ausschließlich Sprachübertragung unterstützt.

e) DASAT-Verbindungen sind nur zwischen Anschlüssen mit gleicher Übertragungsgeschwindigkeit möglich.

Klausuraufgabe Nr. 8-17: (2 Punkte)

Welche der folgenden Aussagen über die Datenfernübertragung sind (ist) richtig?

a) Die unterste Schicht des ISO-OSI-Referenzmodells regelt die physische Kopplung der Datenendeinrichtungen an das Übertragungsmedium.

b) Bei DATEX-L ist die übertragene Datenmenge ein wesentliches Element der Gebührenverrechnung.

c) X.25 ist die Netzzugangsschnittstelle zu DATEX-P.

d) Asynchrone und synchrone Übertragung sind Arbeitsweisen bei einer parallelen Schnittstelle.

e) Bei der Datenübertragung bedeuten asynchron und Start-Stopp-Betrieb prinzipiell dasselbe.

Klausuraufgabe Nr. 8-18: (2 Punkte)

Angenommen Sie beabsichtigen, den Inhalt einer 1,44-MB-Diskette per Modem (2 400 bit/s) von Ihrem privaten PC auf den Großrechner einer Universität zu überspielen.

Wie lange dauert diese Übertragung, wenn Sie dabei Übertragungssteuerzeichen vernachlässigen?

a) ca. 14 min   **d)** ca. 2h
b) ca. 45 min   **e)** ca. 2h 30 min
c) ca. 1h 24 min

Klausuraufgabe Nr. 8-19: (6 Punkte)

Bürobote Dr. Haider benötigt ca. fünf Minuten, um von der Abteilung für Wirtschaftsinformatik zum Rechenzentrum der Wirtschaftsuniversität Wien zu gelangen.

Welche der nachfolgenden Aussagen über alternative Kommunikationswege sind (ist) richtig?

Bitte gehen Sie von den maximalen Speicher- bzw. Übertragungskapazitäten aus und berücksichtigen Sie keine Steuerzeichen.

a) Der Transport einer handelüblichen HD-Diskette durch Dr. Haider würde ungefähr halb so lange dauern, wie die Übertragung des entsprechenden Datenbestandes über eine besonders schnelle Telefonverbindung mit 19 200 bit/s.

b) Der Transport einer CD-ROM durch Dr. Haider würde kürzer dauern als die Übertragung des entsprechenden Datenbestandes über ein Ethernet.

c) Der Transport einer CD-ROM durch Dr. Haider würde mehr als doppelt so lang dauern wie die Übertragung des entsprechenden Datenbestandes über einen schnellen Tokenring.

d) Der Transport einer 2-GB-Magnetbandkassette durch Dr. Haider würde ungefähr doppelt so lange dauern wie die Übertragung des entsprechenden Datenbestandes über ein FDDI-Netz.

e) Der Transport eines DIN-A4-Fotos seines geliebten Abteilungsleiters durch Dr. Haider würde ungefähr gleich lange dauern wie das Faxen dieses Bildes mit einem Gruppe-4-Fernkopierer über ISDN.

Klausuraufgabe Nr. 8-20: (3 Punkte)

Welche der hier angeführten Vor- bzw. Nachteile treffen auf Ringnetze zu?
a) Ringnetze sind sehr leicht erweiterbar, da neue Stationen einfach zwi-

schen zwei bereits vorhandene eingefügt werden.

b) Ringnetze sind besonders ausfallsicher, da im Falle einer Leitungsunterbrechung einfach an der Unterbrechungsstelle die Umlaufrichtung umgekehrt wird und so immer noch jede Station erreichbar ist.

c) Nachrichten werden grundsätzlich unidirektional von Station zu Station weitergereicht. Der Ausfall eines Knotens führt zum Zusammenbruch des gesamten Netzes.

d) Netze mit Tokenverfahren lassen sich nur als Ringe implementieren.

e) Vorteile eines Ringsystems gegenüber einem Sternsystem sind im allgemeinen die geringere Anzahl von Leitungen sowie der geringere Leitungszuwachs bei der Erweiterung des Netzes.

Klausuraufgabe Nr. 8-21: (4 Punkte)

Für die Kommunikation (Datenaustausch) sowohl innerhalb einer EDVA als auch zwischen mehreren EDVA ist die Definition und die Einhaltung von Konventionen erforderlich. Diese, als Protokolle bezeichneten Konventionen gewinnen angesichts der immer wichtigeren Rechner-zu-Rechner-Kommunikation an Bedeutung.

Welche der folgenden Aussagen zu diesem Problembereich sind (ist) korrekt?

a) SNA (Systems Network Architecture) ist das Rechnernetzkonzept der Firma IBM für ihre eigenen Produkte. Die einzelnen Funktionen, die für die Rechnerkommunikation notwendig sind (Verbindungsaufbau, Datenaustausch, Fehlererkennung und -behebung), werden klar voneinander getrennt in verschiedenen Ebenen realisiert.

b) Das ISO-OSI-Referenzmodell (OSI = Open Systems Interconnection) stellt eine Gliederung der Rechnerkommunikationsfunktionen in sieben aufeinander aufbauenden Schichten dar. Die hier definierten Begriffe bilden die Grundlage für die Spezifikation schichtbezogener herstellerunabhängiger Protokolle.

c) DECNET ist das für den Betrieb von lokalen Netzen von der Firma. Data General angebotene Netzwerk.

d) Das ISO-OSI-Modell unterscheidet zwischen dem Transportsystem und dem Empfangssystem.

e) Das für die Normung lokaler Netzwerke entwickelte Modell von IEEE 802 entspricht von den genormten Funktionen her den beiden untersten Schichten (physical layer und data link layer) des ISO-OSI-Modells.

Klausuraufgabe Nr. 8-22: (3 Punkte)

Den Anbietern von branchenbezogenen und allgemeinen Informationsdiensten wird ein beträchtliches Umsatzwachstum vorausgesagt.

Markieren Sie die korrekten Aussagen zu diesem Themengebiet!

a) Branchendienste sind vor allem im Finanz- und Bankensektor aktiv.

b) Die allgemeinen Informationsdienste bieten u.a. bibliographische Datenbanken zu den unterschiedlichsten Wissensgebieten an.

c) Faktische Datenbanken bestehen aus Verweisen auf Dokumente, die weitere Information enthalten.

d) Die meisten von Informationsdiensten angebotenen Datenbanken wurden in Mitteleuropa entwickelt.

e) Bildschirmtext stellt einen möglichen Trägerdienst für allgemeine Informationsdienste dar.

Klausuraufgabe Nr. 8-23: (4 Punkte)

Welche Probleme sind mit dem Einsatz von Multimedia-Systemen verbunden? Welche der nachfolgenden Aussagen sind (ist) hierzu richtig?

a) "Multimedia" ist ein schwammiger Begriff, der von Hardware- und Softwareanbietern fast beliebig nach den jeweiligen Marketing-Zwecken interpretiert wird.

b) Der Großteil der meist beträchtlichen Kosten von reizvoll gestalteten Multimedia-Anwendungen entfällt auf die inhaltliche Konzeption und deren Umsetzung. Wegen des hohen Entwicklungsaufwands kommt Multimedia meist dann nicht oder nur in sehr reduzierter Form in Frage, wenn es sich um einmalige Präsentationen vor einem kleinen Teilnehmerkreis handelt oder wenn sich die darzustellende Information rasch verändert.

c) Im Multimedia-Bereich gibt es zahlreiche Herstellerstandards, die sich wechselseitig überlappen und unterschiedliche Definitionsbereiche abdecken. Zudem sind manche Festlegungen bereits durch die informationstechnische Entwicklung überholt, viele Spezifikationen befinden sich in Diskussion.

d) Durch das Fehlen von Normen bzw. von langfristig verbindlichen Marktstandards wird die Entwicklung von Multimedia-Anwendungen erschwert, da einerseits die Kombination von Hardware- und Softwareprodukten unterschiedlicher Herstellerwelten ausgeschlossen oder zumindest sehr problematisch ist und andererseits die Nutzungsdauer und damit die Wirtschaftlichkeit vorgesehener Anwendungen schwer einzuschätzen ist.

e) Den heute vorherrschenden PC-Betriebssystemen mangelt es an Echtzeitfähigkeit. Das heißt, die Systeme können vielfach nicht gewährleisten, daß bestimmte Teile der Audio-/Video-Sequenzen innerhalb einer definierten Zeit zur Verfügung gestellt werden.

Klausuraufgabe Nr. 8-24: (2 Punkte)

Welche der folgenden Aussagen über das Fernkopieren sind (ist) richtig?

a) Fernkopieren ermöglicht die originalgetreue Übertragung von Schrift- und Grafikvorlagen über größere Entfernungen hinweg.

b) Die Deutsche Bundespost (Nachfolger: Telekom) hat als erste Fernmeldeverwaltung der Welt einen öffentlichen Fernmeldedienst für das Fernkopieren (TELEFAX) eingerichtet.

c) Die Einschränkung des TELEFAX-Dienstes auf DIN-A4 ist vor allem für großformatige Grafikvorlagen (z.B. Konstruktionszeichnungen) von Nachteil.

d) Die für den TELEFAX-Dienst zugelassenen Fernkopierer der Gruppen 3 und 4 können miteinander korrespondieren.

e) Die Übertragung der Dokumente erfolgt beim TELEFAX-Dienst derzeit über Standleitungen.

Klausuraufgabe Nr. 8-25: (3 Punkte)

Die Funktion OLE von Microsoft Windows soll es verschiedenen Anwendungen ermöglichen, Daten auszutauschen und zu teilen.

Welche der folgenden Aussagen sind (ist) hierzu richtig?
- **a)** OLE ist die englische Abkürzung für "output linkage editor".
- **b)** Mit OLE können Daten von mehreren Anwendungen in einem Dokument kombiniert werden. Eine Anwendung ist dabei für die Gesamtstruktur verantwortlich, andere Anwendungen liefern Daten für bestimmte Teile.
- **c)** Dadurch kann zum Beispiel ein Schriftstück, eine Tabelle oder eine Datenbank definiert werden, deren Teile zu unterschiedlichen Applikationen gehören, welche Daten liefern bzw. ändern.
- **d)** Mit OLE können auch Präsentationsgrafiken und Fotos von einer Windows-Anwendung in eine OS/2- oder eine UNIX-Anwendung übertragen werden.
- **e)** OLE-fähige Softwareprodukte werden nicht nur von Microsoft sondern auch von anderen großen Softwarehäusern wie Aldus, Borland, Computer Associates, Gupta Technologies und Lotus angeboten.

Klausuraufgabe Nr. 8-26: (1 Punkt)

Welche der nachfolgend genannten Funktionen von Textverarbeitungsprogrammen dient (dienen) zur Textformatierung?
- **a)** Rechtschreibprüfung
- **b)** Paßwortschutz, um die Änderung von Dokumenten zu verhindern
- **c)** Seitenränder oben und unten, links und rechts einstellen
- **d)** Zeichen, Wörter, Absätze und Fußnoten zählen
- **e)** Variable Seitenlängen in einem Dokument

Klausuraufgabe Nr. 8-27: (2 Punkte)

Welche der nachfolgend genannten Funktionen bieten die Rechtschreibhilfen von leistungsfähigen Textverarbeitungsprogrammen?
- **a)** Prüfung der richtigen Schreibweise einzelner Wörter anhand eines er-

weiterungsfähigen Wörterbuchs, das standardmäßig oft schon über 100 000 Wörter umfaßt.

b) Prüfung der richtigen Sinnzusammenhänge ("Er kaufte für den Hund einen Knochen, den er fraß").

c) Prüfung der richtigen Beugung ("Ich heißen Tarzan, du heißen Jane").

d) Prüfung der richtigen Fälle ("Meine Schwester hat ein Kind gekriegt. Der die das gemacht hat, ist abgehauen.").

e) Prüfung der richtigen Groß- und Kleinschreibung ("Störe mich nicht beim essen").

Klausuraufgabe Nr. 8-28: (4 Punkte)

Wie könnten sich zukünftige "intelligente" Softwarewerkzeuge zur Erfassung und Verarbeitung von Dokumenten von den heute üblichen unterscheiden? Welche der nachfolgend genannten Eigenschaften ist (sind) bei dem heutigen Entwicklungsstand der Künstlichen Intelligenz für Bürosysteme der nächsten Generation zu erwarten?

a) Fachkompetenz: Bürosysteme werden mit fachlichem Wissen auf bestimmten Gebieten ausgestattet und werden in der Lage sein, auf diesen Gebieten die Erarbeitung von Problemlösungen zu unterstützen.

b) Lernfähigkeit und adaptives Verhalten: Bürosysteme werden vom Benutzer lernen, indem sie seine Arbeit beobachten und analysieren. Dadurch können sie sich an individuelle Bedürfnisse und persönlichen Stil eines Benutzers anpassen und diesen beim Erlernen neuer Funktionen unterstützen.

c) Verarbeiten ungenauer Anweisungen: Bürosysteme werden unvollständige, vage, mehrdeutige und auch widersprüchliche Anweisungen auf der Basis von Wissen über den Benutzer und die gerade in Arbeit befindliche Aufgabe verarbeiten können.

d) Erklärungsfähigkeit: Bürosysteme werden in der Lage sein, ihre Aktionen, Schlußfolgerungen und Hinweise zu erläutern und zu begründen, und zwar so, daß dies vom Benutzer auch verstanden werden kann.

e) Kooperationsunterstützung: Bürosysteme werden auf diese Weise nicht nur die isolierte Arbeit eines Einzelnen unterstützen, sondern auch die Zusammenarbeit in Gruppen und größeren Organisationen. Sie werden helfen, arbeitsteilig gestaltete Aufgaben zu koordinieren, und das für Kooperation und Koordination erforderliche Wissen in Wissensbasen zur Verfügung stellen.

Klausuraufgabe Nr. 8-29: (3 Punkte)

Was passiert, wenn Sie als Benutzer eines Hypertext-Systems in dem gerade auf dem Bildschirm dargestellten Dokument eines der besonders hervorgehobenen Verbindungssymbole (Markierung, "Button") mit der Maus anklicken?

a) Es wird zu einem anderen Objekt verzweigt.

b) Wenn sich das adressierte Objekt nicht auf demselben Rechner befindet, kann hierzu auch die Verbindung zu einem anderen verbundenen Rechner hergestellt werden.

c) Was passiert, hängt von der jeweiligen Befehlsfolge ab, die diesem Verbindungssymbol bzw. dem dadurch angesprochenen Objekt zugeordnet ist.

d) Es wird ein Dokument (Fenster) geöffnet oder geschlossen.

e) Es wird zunächst die zugehörige Verbindungstabelle in einem kleinen Fenster eingeblendet, damit der Benutzer den gewünschten Zugriffspfad in der relationalen Datenbank bestimmen kann.

Klausuraufgabe Nr. 8-30: (2 Punkte)

1993 wurde mit der Einführung eines dezentralisierten Netzes für den deutschen Bildschirmtextdienst begonnen. Mit kleinen, dezentralen Zugangsrechnern (PCs) sollten die Btx-Betriebs- und Administrationskosten der Telekom gesenkt werden und die Btx-Funktionen näher an die Teilnehmer herangebracht werden. Außerdem wurde Btx für die allgemeine Datenkommunikation geöffnet. Das Zugangsnetz übernimmt dabei die Rolle eines allgemeinen Datenmehrwertdienstes, durch den z.B. externe On-line-Datenbanken zugänglich werden.

Wie heißt dieses neue Diensteangebot der Telekom?

a)	TELEBOX-400-IPM	**d)**	DATEX-J
b)	DATEX-P	**e)**	Hypermedia
c)	Videotext		

Klausuraufgabe Nr. 8-31: (2 Punkte)

Wie kann ein einzelnes geschriebenes Wort mit den verbreitetsten Textverarbeitungsprogrammen für den Druck aufbereitet werden?

a) Jeder einzelne Buchstabe kann in einer anderen Schriftart (Chicago, Courier, Geneva, Helvetica usw.) dargestellt werden.

b) Jeder einzelne Buchstabe kann kursiv, in Standardschrift oder fett dargestellt werden.

c) Jeder einzelne Buchstabe kann in einer anderen Schriftgröße (9, 10, 12, 14, 18 usw. Punkt) dargestellt werden.

d) Das Wort kann zugleich links- und rechtsbündig an den Zeilenrand gestellt werden.

e) Das Wort kann zentriert, das heißt in die Mitte einer Zeile gestellt werden.

Klausuraufgabe Nr. 8-32: (3 Punkte)

Welche der nachfolgenden Aussagen zum Client-Server-Konzept sind (ist) richtig?

a) Das Client-Server-Konzept beruht auf dem Prinzip des Lastverbundes, bei dem nachgelagerte gesonderte Funktionseinheiten in der Peripherie die Zentraleinheit entlasten (zum Beispiel, wenn bei einem PC ein mit einem Mikroprozessor ausgestatteter PostScript-Drucker die Ausgabesteuerungsfunktionen übernimmt).

b) Die Art der Arbeitsteilung kann sehr verschieden sein und hängt von der Funktionalität und dem Leistungsvermögen der miteinander verbundenen Geräte ab.

c) Der Server fordert beim Client bestimmte Dienste an, zum Beispiel "Drucken", "Bildschirmanzeige" oder "Ablage".

d) Zu den Grundideen des Client-Server-Konzepts gehört es, daß ein Server mehrere Clients bedient. Die Zahl richtet sich nach der Leistungsfähigkeit des Servers.

e) Ein Client kann mit mehreren Servern zusammenarbeiten.

Klausuraufgabe Nr. 8-33: (2 Punkte)

Im bundesweiten Bildschirmtextdienst der Telekom übernehmen die Netzknoten (Btx-Zentralen)

a) die Berechtigungsprüfung der Teilnehmer.

b) die Prüfung der eingespeicherten Informationsinhalte.

c) die Gebührenabrechnung.

d) die Steuerung des Dialogbetriebs.

e) die Übermittlung von Anfragen bzw. Aufträgen der Teilnehmer an externe Rechner oder andere Btx-Zentralen, wenn die gewünschte Information oder Dienstleistung nicht in der betreffenden Btx-Zentrale verfügbar ist.

Klausuraufgabe Nr. 8-34: (5 Punkte)

An der Wirtschaftsuniversität Wien (WU) gibt es auf Abteilungsebene viele lokale Netze (LAN), die durch ein Backbone-LAN (= WU Netz) universitätsweit und durch einen Internet-Anschluß weltweit in die Scientific Community eingebunden sind.

Welche der im folgenden genannten E-Mail-Anwendungen stehen damit den Teilnehmern zu Verfügung?

a) Der WU-Professor H. kann seiner Assistentin B., die an der New York University (NYU) ein Forschungssemester verbringt, auf seinem Arbeitsplatzrechner Briefe schreiben, die in Minutenschnelle auf elektronischem Wege an die Adressatin nach New York übermittelt werden.

b) Die Nachricht wird im elektronischen Posteingangskorb der Adressatin an der NYU abgelegt und wartet darauf, gelesen zu werden. Die meisten E-Mail-Systeme informieren den Empfänger davon, daß eine Nachricht eingegangen ist.

c) Der Absender tut gut daran, seine elektronisch versandten Mitteilungen auf fachliche Sachverhalte zu beschränken, da jedermann, der an der NYU den adressierten Arbeitsplatzrechner anschaltet, die Nachricht lesen kann.

d) Der WU-Professor kann elektronische Nachrichten, zum Beispiel die Protokolle der wöchentlichen Mitarbeiterbesprechung, auch an einen größeren Teilnehmerkreis schicken. Damit kann er zum Beispiel die an der NYU forschende Assistentin ebenso in die laufende abteilungsinterne Kommunikation einbeziehen, wie jene Mitarbeiter, die in WU-Außenstellen im Wiener Raum arbeiten.

e) Auf der Grundlage von E-Mail kann sich Professor H. auch an vielen interessanten Diskussionsgruppen im Internet beteiligen. Nimmt er zum Beispiel an der UNIX-Diskussionsgruppe teil, so kann er Nachrichten, zum Beispiel Fragen bezüglich der Portierbarkeit von Programmen von AIX (IBM) auf SUN-OS, an eine bestimmte Adresse senden, von wo aus sie dann an alle Mitglieder der Diskussionsgruppe verteilt wird. Je größer die Gruppe, umso eher kann Professor H. mit einer Antwort eines der Mitglieder rechnen.

Klausuraufgabe Nr. 8-35: (2 Punkte)

Welche der folgenden Funktionen bietet ein Verzeichnisdienst nach X.500 (Directory Service)?

a) Verwaltung einer einzigen Adreßbasis in einem verteilten System (Menschen, Maschinen, Prozesse).

b) Adressierung der Geräte/Hintergrundprozesse.

c) Auffinden bestimmter Ressourcen (z.B. Drucker) aufgrund spezifischer Eigenschaften (z.B. 600-dpi-Laserdruck).

d) Automatische Erstellung von Listen aufgrund spezifischer Eigenschaften (z.B. Verteilerlisten für Elektronische Post).

e) Identitäts- und Berechtigungsprüfung von Benutzern und Client-Zugriffen auf Services.

Klausurarbeit Nr. 9

Klausuraufgabe Nr. 9-1: (1 Punkt)

Welche Zeichen können rechnerintern mit dem EBCDI-Code dargestellt werden?

a) Groß- und Kleinbuchstaben
b) Umlaute
c) Dezimalziffern
d) Sonderzeichen
e) Steuerzeichen

Klausuraufgabe Nr. 9-2: (3 Punkte)

Das ISO-Referenzmodell für offene Rechnernetze unterscheidet sieben Schichten (engl.: layer), welche unterschiedliche Funktionen der Datenübertragung gewährleisten.

Welche der nachfolgenden Schichtenfolgen sind (ist) richtig?

a) physical - link - transport - network - session - presentation - application
b) physical - link - presentation - transport - session - network - application
c) link - physical - network - transport - presentation - session - application
d) physical - link - network - transport - session - presentation - application
e) physical - link - network - transport - presentation - application - session

Klausuraufgabe Nr. 9-3: (2 Punkte)

Welche der folgenden Aussagen sind (ist) richtig?

a) Die Übertragungsgeschwindigkeit wird nach der Anzahl der pro Sekunde übertragenen Bits in bit/s gemessen.
b) Unter Bandbreite versteht man die Anzahl der gleichzeitig möglichen Verbindungen über ein bestimmtes Medium.
c) Verdrillte Kupferkabel sind sehr billig und weisen eine hohe Bandbreite auf.
d) Bei Basisbandverfahren stellen die Signale eins zu eins die zu übertragende Information dar. Für die Übertragung wird nur ein einziger Weg verwendet. Die Nachrichten mehrerer Teilnehmer müssen also echt zeitlich nacheinander übertragen werden.
e) Breitbandverbindungen können als "Strang von Einzelleitungen" gesehen werden; es ist eine gleichzeitige und unabhängige Übertragung mehrerer Nachrichten möglich.

Klausuraufgabe Nr. 9-4: (5 Punkte)

In einem Unterwasserführer von H. Debelius (Verlag Stephanie Naglschmid, 2. Aufl., Stuttgart 1990, S. 136) heißt es zu einem Bild über Falterfische:

"Wie viele andere Rotmeerbewohner hat auch der Tabakfalterfisch das Bedürfnis, sich von äußeren Parasiten reinigen zu lassen. Diese Dienste bestreiten nicht nur die bereits erwähnten Putzerlippfische sondern auch verschiedene Garnelen. Hier sucht das Pärchen Tabakfalter den Standort der Garnelen auf und gibt für beide Partner verständliche Signale zu verstehen, daß es geputzt werden möchte. Sofort springen die Putzgarnelen Lysmata amboinensis auf den Körper der Fische und hebeln die zum Teil für sie schmackhaften Parasiten ab."

Welche Analogien sehen Sie zur verteilten Datenverarbeitung in Rechnernetzen? Welche der folgenden Aussagen sind (ist) hierzu zutreffend?

a) Die beschriebene Kooperation kann mit einem geschlossenen, hostorientierten Rechnernetz verglichen werden. Aus der Sicht des Hosts (= Tabakfalter) können die Garnelen wie Terminals gesehen werden, die im Polling-Verfahren eine Zeitlang bedient werden.

b) Es handelt sich um ein typisches Server-Client-System. Server sind in diesem Fall die Tabakfalterfische, die ihre Körperreinigung nur an ganz bestimmten Stellen anbieten.

c) Die Putzergarnelen entsprechen den Token von ringförmigen, ISDN-fähigen Kommunikationsanlagen, die über Amtsleitungen (d.h. öffentlich) die Verbindung mit interessierten Partnern, den Tabakfaltern, herstellen.

d) Die Zusammenarbeit zwischen Tabakfalterfischen und Putzergarnelen entspricht der Kommunikation in einem WAN und bietet dementsprechend folgende Vorteile: Kommunikationsverbund, Lastverbund und Sicherheitsverbund.

e) Wesensmerkmal eines Client-Server-Systems ist es, daß die Klienten (Kunden) selbst einen Dienst anfordern (müssen) und daß die Server ihre Dienste für viele (potentielle) Klienten im Netz anbieten. Dementsprechend fungieren in dem Beispiel die Putzergarnelen als Server, die Tabakfalter sind die Klienten.

Klausuraufgabe Nr. 9-5: (2 Punkte)

Welche der folgenden, die Fenstertechnik betreffenden Aussagen sind (ist) richtig?

a) Die Fenstertechnik ist ein Verfahren, bei welchem man auf dem Bildschirm mehrere voneinander unabhängige Arbeitsvorgänge (Editieren einer Datei, Ausgabe einer Grafik, Kontrolle eines Anwendungsprogrammes) wie durch ein Fenster betrachten und ausführen kann.

b) Dargestellte Fenster können durch den Benutzer vergrößert, verkleinert oder verschoben werden.

c) Software zur Ermöglichung der Fenstertechnik wird auch für Mikrorechner angeboten.

d) Die Fenstertechnik dient primär der Neuerstellung von Daten.

e) Es können höchstens drei Fenster auf einem Bildschirm dargestellt werden.

Klausuraufgabe Nr. 9-6: **(3 Punkte)**

Datenerfassung ist als die Entnahme von Daten aus realen Prozessen nach den jeweiligen Anforderungen der ihnen zugeordneten Datenverarbeitungsprozesse definiert. Die Aktivitäten für diese Entnahme können einer der beiden Kategorien Datenermittlung und Datenumsetzung zugeordnet werden.

Welche der folgenden Aussagen zur Datenerfassung sind (ist) korrekt?

a) Die Verantwortung für die Datenermittlung wird von den Fachabteilungen des Betriebes getragen.

b) Die Beschreibung des Datenmaterials hinsichtlich Entstehungsort, Struktur, Homogenität, Heterogenität, Anfallweise und Quantität ist ein wesentlicher Bestandteil der Datenumsetzung.

c) Zur Datenermittlung zählt die Bestimmung der Anforderungen an das Datenmaterial hinsichtlich Aktualität, Verfügbarkeit, Zuverlässigkeit, Sicherheit, Genauigkeit und Verknüpfbarkeit.

d) Das Prüfen der zu verarbeitenden Belege auf Richtigkeit, Vollständigkeit und formale Genauigkeit ist eine Hauptaufgabe der Arbeitsvorbereitungsgruppe in großen Rechenzentren.

e) Die einzelnen jeweils anfallenden Tätigkeiten der Datenumsetzung sind in der Hauptsache durch die Gegebenheiten der konkreten EDV-Lösungen bedingt.

Klausuraufgabe Nr. 9-7: **(5 Punkte)**

Die Hella KG Hueck & Co. in Lippstadt ist als Zulieferer der Automobilindustrie einer der Pilotanwender beim elektronischen Austausch von Geschäftsdokumenten. 160 EDI-Verbindungen mit 70 Vorlieferanten, 60 Kunden, eine mit der Hausbank, fünf mit ausländischen Vertriebsgesellschaften, zehn mit inländischen Verkaufshäusern und fünf Großhandelskunden muß das fünfköpfige EDI-Team betreuen.

Welche der folgenden Aussagen zu EDI in der deutschen Automobilbranche sind (ist) richtig?

a) Verbreitet wird der deutsche EDI-Automobilindustriestandard VDA und weniger häufig der europäische Industriestandard ODETTE eingesetzt. Ferner kommen Branchenstandards (z.B. ARUA im Kfz-Handel) und firmenspezifische Formate zum Einsatz.

b) Dementsprechend muß der EDI-Anwender die technischen und organisatorischen Voraussetzungen für viele verschiedene Datenaustauschformate schaffen. Im Fall Hella müssen die Mitarbeiter im EDI-Team deshalb im Prinzip jeden in der Praxis gebräuchlichen Nachrichtentyp aller verwendeten Standards beherrschen.

c) Der Weltstandandard EDIFACT hat sich bisher in der Automobilindustrie noch nicht durchgesetzt. Als Gründe hierfür gelten die späte, schleppende Normung und die Mächtigkeit (= Umfang) der Nachrichtentypen.

d) Chancen für EDIFACT werden in der Automobilindustrie vor allem bei den nicht branchenspezifischen Standards für den Austausch von Zolldokumenten mit den Behörden und für den Zahlungsverkehr mit den Banken gesehen. Wenn die entsprechenden Nachrichtentypen erst einmal stabil genormt sind, also nicht immer wieder geändert werden müssen, ist mit einer zunehmenden Verwendung zu rechnen.

e) Nach welchen Standards ein Unternehmen Daten austauscht, hängt in erster Linie von der Entscheidung seiner Kunden ab. Wenn zum Beispiel Automobilproduzenten wie Volvo und Saab die Vergabe von Aufträgen vom Datenaustausch nach ODETTE abhängig machen, so hat sich ein Unternehmen wie Hella darauf einzustellen, um im Geschäft zu bleiben.

Klausuraufgabe Nr. 9-8: (2 Punkte)

Um die visuelle Lesbarkeit der auf einem Mikrofiche gespeicherten Information mittels eines Lesegerätes sicher zu gewährleisten, ist es notwendig, daß

a) eine der genormten Schriftarten (OCR A, OCR B bzw. vom Hersteller zugelassene Schriftart) verwendet wird.

b) das Lesegerät auf die verwendete Schriftart einstellbar ist.

c) der für die Verfilmung des Mikrofiches verwendete Vergrößerungsfaktor mit dem des Objektivs des Lesegerätes übereinstimmt.

d) das Mikrofiche von Verschmutzung und Zerkratzung verschont bleibt.

e) die Mikrofiches DIN-A3-, -A4-, -A5- oder -A6-Format haben.

Klausuraufgabe Nr. 9-9: (3 Punkte)

Welche der folgenden Aussagen über Zahlensysteme sind (ist) richtig?

a) Das hexadezimale Zahlensystem besitzt einen Zeichenvorrat von acht Zeichen.

b) Der Stellenwert der dritten Ziffer (von rechts) der Dualzahl 10101 ist 4.

c) Die Dualzahl 10110 kann folgendermaßen dargestellt werden:
$$1 * 2^5 + 0 * 2^4 + 1 * 2^3 + 1 * 2^2 + 0 * 2^1.$$

d) Bei allen Stellenwertsystemen ist der größte Nennwert einer Ziffer gleich der Basis des Stellenwertsystems minus 1.

e) Mit achtstelligen Dualzahlen können 2 * 8 = 16 Zahlen dargestellt werden. Um die üblichen 256 Zahlenwerte in einem Byte abbilden zu können müssen zwei achtstellige Zahlen in ein Byte gepackt werden. (16 * 16 = 256)

Klausuraufgabe Nr. 9-10: (2 Punkte)

Sie finden zwei Kolonnen vor, wobei die erste Kolonne Abkürzungen, die zweite Kolonne Sachgebiete der EDV enthält:
Welche der folgenden Zeilen bedeuten (bedeutet) eine richtige Zuordnung von Abkürzung zu Sachgebiet?

a) CMSA/CD ....Teleboxdienst
b) X.25 .... Programmiersprachen
c) OS/2 .... Betriebssysteme
d) ROM .... Speicher
e) EAN .... Programmiersprachen

Klausuraufgabe Nr. 9-11: (5 Punkte)

Gegeben ist die folgende mit SQL angelegte Artikeltabelle:
(Tabellenname = "ARTIKEL")

Attributsinhalt	Attributsname	Attributslänge
Artikelnummer	ANR	4
Artikelbezeichnung	BEZ	30
Preis pro Artikel	PREIS	8,2
gelagerte Menge pro Artikel	MENGE	8

Durch eine SQL-Abfrage sollen all jene Artikel gefunden werden, die weniger als öS 2 000,- kosten und von denen mehr als 500 Stück auf Lager liegen. Die Artikel sollen nach der Artikelbezeichnung sortiert sein. Die Liste soll die gelagerte Menge pro Artikel, den Preis pro Artikel und die Artikelbezeichnung enthalten.

Mit welchem (welchen) der folgenden SQL-Befehle kann diese Problemstellung gelöst werden?

a)
```
SELECT ANR, BEZ
FROM ARTIKEL
WHERE MENGE > 2000 AND PREIS < 500
ORDER BY PREIS;
```

b)
```
SELECT MENGE, PREIS, BEZ
WHERE PREIS < 2000 AND MENGE > 500
ORDER BY MENGE;
```

c)
```
SELECT PREIS, BEZ
FROM MENGEN
WHERE PREIS < 2000 AND MENGE > 500
ORDER BY BEZ;
```

d)
```
SELECT MENGE, PREIS, BEZ
WHERE PREIS < 2000 AND MENGE > 500
ORDER BY BEZ;
```

e) SELECT MENGE, PREIS, BEZ
FROM ARTIKEL
WHERE PREIS < 2000 AND MENGE > 500
ORDER BY BEZ;

Klausuraufgabe Nr. 9-12: (3 Punkte)

Bei einem Vergleich der Magnetstreifenkarten im ISO-Standardformat mit den optischen Speicherkarten lassen sich erhebliche Unterschiede feststellen.

Welche Aussagen sind (ist) hierzu richtig?

a) Die Datenaufzeichnung erfolgt bei einer Magnetstreifenkarte magnetisch, bei einer optischen Karte hingegen mittels Laserlicht.

b) Die Kapazität des Magnetstreifens ist nur unwesentlich geringer (max. 10 %) als die des implantierten Speichers einer optischen Speicherkarte.

c) Hinsichtlich der Technologie befinden sich die optischen Speicherkarten in einem eher frühen Entwicklungsstadium. Es gibt bisher nur vereinzelt Anwendererfahrungen. Außerdem können gespeicherte Daten nicht gelöscht werden (Festspeicher).

d) Die im Speicher der optischen Karte befindliche Information ist ohne Zusatzgerät durch den Menschen lesbar, die im Magnetstreifen hingegen nicht.

e) Daten auf optischen Speicherkarten sind mit freiem Auge nur dann leicht lesbar, wenn man in einem Winkel von etwa 40 Grad auf die Karte blickt.

Klausuraufgabe Nr. 9-13: (3 Punkte)

Welche der folgenden Aussagen über die Programmiersprache C++ sind (ist) richtig?

a) C++, gesprochen "C und und", ist eine Programmiersprache der 4. Generation (4GL).

b) C++ ist aufwärtskompatibel zu C, das heißt, C-Programme sind auch gültige C++-Programme.

c) C++ unterstützt einen modularen Programmentwurf und eine objektorientierte Programmierung.

d) Der Kern des objektorientierten Programmierens mit C++ liegt in der Vererbung, das heißt in der Möglichkeit, einmal definierte Objektklassen als Basis für neue Klassen zu verwenden.

e) Stärken von C++ sind der durch die C-Kompatibilität mögliche allmähliche Übergang auf die objektorientierte Programmierung, die Portabilität der Programme und die Effizienz des Codes.

Klausuraufgabe Nr. 9-14:   **(3 Punkte)**

Ein neuer Massenspeicher wird vom Hersteller wie folgt angekündigt:
"Das System 3515 ist das bisher schnellste und ausbaufähigste High Performance System für Personal-Computer. Ein bisher unerreichter Durchsatz wird kombiniert mit der maximalen Kapazität von 51,36 GB. Die Datenträger können während des Betriebes aus- und eingebaut werden. Wenn Fehlertoleranz benötigt wird, können die Eigenschaften der Netzwerkbetriebssysteme wie OS/2 LAN Server oder Netware ausgenützt werden (Mirroring). Über maximal drei Adapter pro System können jeweils bis zu vier Speichereinheiten mit je 4,28 GB Kapazität betrieben werden. Jede Einheit hat einen separaten Anschluß mit einer superschnellen seriellen SCSI-Verbindung von 8 MB/s. Da jede Einheit unabhängig verwendet werden kann, steigt die Leistung nahezu linear mit der Anzahl der Laufwerke an."

Um welches Peripheriegerät handelt es sich?
- **a)** Floptical-System
- **b)** PCMCIA-Speicherkarten-System
- **c)** Magnetbandkassetten-System ("Jukebox")
- **d)** CD-ROM-Plattensystem ("Jukebox")
- **e)** Magnetplattensystem

Klausuraufgabe Nr. 9-15:   **(4 Punkte)**

Welche der folgenden Aussagen über stiftgesteuerte, tragbare Rechner ("Pen-Based PCs") sind (ist) richtig?
- **a)** Stiftgesteuerte Rechner sind für die Eingabe großer Datenmengen ungeeignet.
- **b)** Derzeit haben die Hardware, das Betriebssystem und die Anwendungsprogramme noch erhebliche Schwächen, so daß an einen breiten Einsatz in der Praxis kaum zu denken ist. Gute Anwendungsmöglichkeiten sind hauptsächlich bei der mobilen Datenerfassung gegeben.
- **c)** Bisher (1993) gibt es weltweit nur einen einzigen Hersteller von stiftgesteuerten, tragbaren Rechnern (GRiD) und nur ein einziges, mit dem Marktstandard nicht kompatibles, Betriebssystem (PenPoint von GO).
- **d)** Eine Stärke ist die Handschrifterkennung. Fließschrift unterschiedlicher Benutzer kann ohne vorheriges Training mit einer Erkennungssicherheit von durchschnittlich über 98 % interpretiert werden.
- **e)** Es ist denkbar, daß in absehbarer Zeit eine zunehmende Zahl von Desktop-PC-Benutzern ihre Maus durch ein LCD-Tablett mit Stift ersetzen werden. Die ersten derartigen auf dem Markt erhältlichen Tabletts sind nur sehr begrenzt brauchbar.

Klausuraufgabe Nr. 9-16:   **(4 Punkte)**

Welche der folgenden Aussagen über 3,5- und 5,25-Zoll Magnetplatten-laufwerke sind (ist) richtig?

Wegen der raschen technologischen Entwicklung müssen Sie die Angaben im Textbuch "gedanklich fortschreiben"!

a) Schon seit Beginn der 90er Jahre gibt es von verschiedenen Herstellern 3,5-Zoll-Magnetplattenlaufwerke mit 1 GB Kapazität, seit kurzem sind auch 2-GB-Laufwerke im 3,5-Zoll-Format auf dem Markt erhältlich.

b) Diese 2-GB-Laufwerke verfügen über eine SCSI-2-Schnittstelle und eine Transferrate von 20 MB/s.

c) Ein noch größeres Fassungsvermögen weisen neu angekündigte 5,25-Zoll-Laufwerke auf, die für 4 GB Daten konzipiert sind. Dabei sind in einem 5,25-Zoll-Gehäuse je zwei 3,5-Zoll-Laufwerke mit 2 GB Kapazität untergebracht, die als eine logische Einheit funktionieren.

d) Solche Magnetplattenlaufwerke kommen derzeit hauptsächlich als Speicher für Minirechner und High-end-Server zum Einsatz.

e) Führende Hersteller solcher Magnetplattenlaufwerke sind IBM, Hewlett-Packard und Digital Equipment, die diese Geräte nicht nur selbst vertreiben, sondern diese auch an OEM-Hersteller verkaufen.

Klausuraufgabe Nr. 9-17:   **(2 Punkte)**

Mittels ISDN kann eine Reihe neuer attraktiver Dienstleistungen angeboten werden. Welche der folgenden Angaben treffen zu?

a) Der Bildtelefondienst ergänzt die Sprachkommunikation durch die Übertragung von Bildern.

b) Durch die Zuammenlegung der beiden Basiskanäle können Bewegtbilder in Fernsehqualität übertragen werden.

c) Voraussetzung für den Bildtelefondienst ist eine durchgängige Verkabelung mit Lichtwellenleitern bis zum Teilnehmer.

d) Voraussetzung für Videokonferenzen sind breitbandige Teilnehmeranschlußleitungen.

e) Für die gleichzeitige Sprach- und Bildübertragung wird im ISDN je ein Basiskanal mit 64 kbit/s benötigt.

Klausuraufgabe Nr. 9-18:   **(3 Punkte)**

Welcher Dualzahl entspricht die Dezimalzahl 157?

a) 10010111		**d)** 11001101
b) 10101101		**e)** 11001100
c) 10011101		

Klausuraufgabe Nr. 9-19: (4 Punkte)

Welche Funktionen und Leistungen bieten die verbreitetsten PC-Textverarbeitungsprogramme mit der grafischen Benutzeroberfläche Windows von Microsoft?

a) Mit grafischen Benutzeroberflächen (wie Windows) arbeitende PC-Textverarbeitungsprogramme sind bezüglich der Grundgeschwindigkeit schneller als solche mit zeichenorientierten Oberflächen (d.h. die entsprechenden Produkte auf MS-DOS-Basis).

b) Die herstellerseitig genannte notwendige Konfiguration für die verbreitetsten Windows-Textverarbeitungsprogramme (wie Ami Pro, MS Word for Windows, Wordperfect for Windows) ist ein 80286-Prozessor und 512 KB RAM, besser und völlig ausreichend ist eine 80386-SX-Maschine mit 25 MHz und 1 MB Arbeitsspeicher.

c) Durch die Windows-Funktionen DDE und OLE lassen sich automatisch Daten aus anderen Schriftstücken, Tabellenkalkulationen oder Grafikprogrammen in Texte einbinden (Verbunddokumente).

d) Reichhaltige Funktionen für das interaktive Editieren und Formatieren, für die Erstellung von Serienbriefen, Bausteinkorrespondenz und für eine vielfältige Layout-Gestaltung (WYSIWIG) gehören bei allen Paketen zur Standardausstattung.

e) Bei den meisten Paketen ist Drucken im Hintergrund möglich.

Klausuraufgabe Nr. 9-20: (1 Punkt)

Welche der nachfolgend genannten Funktionen von Textverarbeitungsprogrammen dienen zur Texterfassung und -editierung?

a) Automatischer Seitenumbruch
b) Fettdruck
c) Umranden von Abschnitten
d) Löschen von Textteilen
e) Kopieren von Textteilen und Einfügen an anderer Stelle

Klausuraufgabe Nr. 9-21: (1 Punkt)

Was ist ein EDV-Endbenutzer?

a) Derjenige, der am Ende eines Arbeitstages als letzter einen Rechner benutzt.

b) Derjenige, der eine Terminalsitzung abschließt (Log-off).

c) Derjenige, der alle Anwendungen eines umfassenden Informationssystems beherrscht.

d) Derjenige, der als Client-Prozeß einen Server-Prozeß anfordert.

e) Derjenige, der an seinem Arbeitsplatz in einer Fachabteilung direkt - ohne Einschaltung von EDV-Personal - im Dialog mit einem Rechner arbeitet.

Klausuraufgabe Nr. 9-22: (3 Punkte)

Wie lautet das korrekte Ergebnis der Subtraktion der Dualzahlen 10100101 minus 1110010 ?

a) 110100   d) 101011

b) 110011   e) 101001

c) 1010000

Klausuraufgabe Nr. 9-23: (3 Punkte)

Ein Rechner wurde vom Hersteller wie folgt angekündigt:

"Das neue Flaggschiff unter den Desktop-Modellen ist dank des 66-MHz-486DX2-Prozessors um bis zu 35 % schneller als das bisherige 50-MHz-Modell. Er bietet in der Standardausstattung 8 MB Hauptspeicher sowie 256-KB-Sekundär-Cache. Eine Vielzahl an Ausstattungsmerkmalen ermöglicht die optimale Nutzung der leistungsfähigen 66-MHz-Prozessorplattform: schnelle QVision-Grafik-Controller zur Beschleunigung der Arbeit mit der Benutzeroberfläche Windows; integrierte "Business Audio"-Funktionen für Ton- und Sprachanwendungen; ein 32-Bit-EISA-Bus; intelligenter modularer Aufbau zur Erleichterung von Wartung und langfristiger Aufrüstfähigkeit auf noch modernere Intel-Prozessortechnologien, sobald diese zur Verfügung stehen."

Um welchen Rechner handelt es sich?

a) Apple-Schreibtisch-PC (Modell Macintosh IIvx)

b) Compaq-Schreibtisch-PC (Modell DESKPRO 66M)

c) NEC-Notebook (Modell Ultralite SL/25c)

d) IBM-AS/400-Minirechner (Modell 9406-E95)

e) SNI-7.500-Großrechner (Modell H130-P)

Klausuraufgabe Nr. 9-24: (2 Punkte)

Welche der folgenden Aussagen über Fernmeldenetze bzw. -dienste der Deutschen Bundespost sind (ist) richtig?

a) Im DATEX-P-Netz ist die Gebühr primär von der Distanz zwischen den beiden miteinander kommunizierenden Datenendgeräten abhängig.

b) Im DATEX-P-Netz wird eine virtuelle Verbindung zwischen den beiden miteinander kommunizierenden Datenendgeräten über die Paketadressen hergestellt.

c) Im DATEX-L-Netz findet eine Zwischenspeicherung der übertragenen Daten auf dem Übertragungsweg statt.

d) Das Telefonnetz dient der Sprachübertragung und kann daher nicht für die Datenübertragung verwendet werden.

e) Die Datenkommunikation über Satelliten ist auf die Geschäftskommunikation mit 64 kbit/s bis zu ca. 2 Mbit/s beschränkt. Privatpersonen dürfen an diesem Dienst nicht teilnehmen.

Klausuraufgabe Nr. 9-25: **(3 Punkte)**

Welche der folgenden Aussagen über Betriebssysteme sind (ist) richtig?

a) Betriebssysteme steuern und überwachen die Abwicklung von Programmen in einer EDVA.

b) Ob ein Rechner nur für den Einprogrammbetrieb oder auch für den Mehrprogrammbetrieb eingesetzt werden kann, hängt nicht von dem verwendeten Betriebssystem, sondern ausschließlich von der vorhandenen Hardware ab.

c) Moderne Betriebssysteme für mittlere und große EDVA erlauben gleichzeitig Stapel- und Dialogverarbeitung.

d) Kann ein Auftrag, z.B. aufgrund von fehlenden Hardwarekomponenten, nicht interaktiv verarbeitet werden, so wird er von modernen Betriebssystemen automatisch als Stapeljob verarbeitet, ohne daß das Programm abgebrochen wird.

e) Teilnehmerbetrieb kann als Synonym für Dialogverarbeitung, Teilhaberbetrieb als Synonym für Stapelverarbeitung verwendet werden.

Klausuraufgabe Nr. 9-26: **(4 Punkte)**

Das Datenpaketvermittlungsnetz der Post bzw. Telekom bietet sich vor allem an, wenn

a) kurze Datenströme mit relativ langen Pausen zu übertragen sind, also bei fast jeder Dialoganwendung Mensch-Computer.

b) Netzkonfigurationen unterschiedliche Endgeräte miteinander verbinden sollen.

c) sich die zwischen Endgeräten auszutauschenden Datenmengen um Größenordnungen unterscheiden.

d) Bewegtbilder übertragen werden müssen.

e) im Hochlastfall die gleiche Übertragungsrate wie im Normalfall garantiert sein muß.

Klausuraufgabe Nr. 9-27: **(2 Punkte)**

Unter individueller Datenverarbeitung versteht man

a) die Dialogprogrammierung der einzelnen Mitarbeiter einer zentralen Datenverarbeitungsabteilung.

b) die indirekte Datenerfassung mit Einzelgeräten.

c) die Verwendung von Programmsystemen, die es den Endbenutzern ohne Inanspruchnahme der Datenverarbeitungsabteilung ermöglichen, zu Problemlösungen zu gelangen.

d) die Auflösung der Datenverarbeitungsabteilung und Zuordnung ihrer Mitglieder zu den Fachabteilungen, damit die EDV-Spezialisten "vor Ort" rascher und gezielter bei lokalen EDV-Problemen helfen können.

e) die Programmsysteme, deren Einsatz die Effizienz der Anwendungsentwicklung durch das Datenverarbeitungspersonal erhöht.

Klausuraufgabe Nr. 9-28: (1 Punkt)

Welche der nachfolgenden Bezeichnungen sind Namen verbreiteter Datenbankverwaltungssysteme?

a) DB2
b) dBase
c) Prolog
d) Oracle
e) BS2000

Klausuraufgabe Nr. 9-29: (2 Punkte)

Die Vorteile von Datendirektverbindungen liegen in
a) der hohen Übertragungsqualität.
b) der hohen Verfügbarkeit, da der Fall, daß die Gegenstelle besetzt ist, nicht eintreten kann.
c) der günstigen Kostenstruktur, da die Verbindungskosten mengen- und entfernungsunabhängig sind.
d) einer gegenüber Wählleitungen höheren Sicherheit, da sich niemand anderer in die Standleitung einwählen kann.
e) einer höheren Ausfallsicherheit, da die Leitungen zwischen den Vermittlungsämtern der Telekom redundant vorhanden sind.

Klausuraufgabe Nr. 9-30: (2 Punkte)

CDDI ist
a) ein international genormtes Datenformat für CD-ROM-Laufwerke.
b) ein auf dem CSMA/CD-Verfahren beruhendes herstellerunabhängiges Netzwerk.
c) eine kostengünstige Alternative zu FDDI, bei der an Stelle von Lichtwellenleitern abgeschirmte verdrillte Kupferleitungen verwendet werden.
d) das Großrechnerbetriebssystem der Firma Control Data.
e) ein Standard für den interaktiven Multimedia-Einsatz.

Klausuraufgabe Nr. 9-31: (4 Punkte)

Welche der nachfolgenden Aussagen über elektronische Mautstellen an Autobahnen ("road pricing") ist (sind) richtig?

Auf diese Thematik wurde im Textbuch nicht explizit eingegangen. Sie sind also auf Ihr Basiswissen über das "informationstechnisch Mögliche" und das "informationelle Selbstbestimmungsrecht" angewiesen.

a) Die vollautomatische Gebührenerfassung kann mit einer in allen Last- und Personenkraftwagen fest installierten, zigarettenschachtelgroßen Plakette erfolgen. Diese sendet codierte Signale an Funkbrücken aus, die direkt oder in der Nähe der Autobahnausfahrten angebracht sind. Von dort werden die Daten über Wagen und Halter zu einem Zentralrechner übertragen, der den Preis für die jeweils gefahrene Strecke errechnet und, etwa in monatlichen Abständen, an die Fahrzeughalter Rechnungen verschickt.

b) Eine zweite Möglichkeit ist eine aufladbare Chipkarte, die im Fahrzeug mitgeführt wird und die die Fahrdaten übermittelt. Bei der Ausfahrt werden von den Signalbrücken - ähnlich wie bei einer Telefonwertkarte - via Funk die Gebühren für die gefahrenen Strecken abgebucht.

c) Bei der Variante b) ist es sogar möglich, die Strecken und bezahlten Beträge über einen angeschlossenen Kleinstdrucker im Fahrzeug jedesmal sofort zu quittieren.

d) Die Variante a) ist unter Datenschutzaspekten höchst problematisch, weil diese einen lückenlosen Nachweis darüber erlaubt, wer sich wann wohin bewegt hat.

e) Auch die Variante b) ist unter Datenschutzgesichtspunkten nicht unbedenklich, weil der Betreiber zu Nachweiszwecken bei Beschwerden die Daten von Auto und Strecke protokollieren und zumindest eine gewisse Zeit aufbewahren muß.

Klausuraufgabe Nr. 9-32: (5 Punkte)

Gegeben ist folgende Tabelle einer Studentendatenverwaltung, die mittels SQL (Name = 'STUDENT') definiert werden soll.

Feldinhalt	Feldname	Feldtyp	Min. Feldlänge	Max. Feldlänge
Vorname	VORNAME	Char.	10	30
Nachname	NAME	Char.	10	30
Postleitzahl	PLZ	Num.	4	4
Studienrichtg.	STUDR	Char.	2	2
Abschnitt	ABSCHN	Num.	1	1

Bemerkung: Studienrichtg. = Studienrichtung, Min. Feldlänge = Minimale Feldlänge, Max. Feldlänge = Maximale Feldlänge, Num. = Numerisch, Char. = Character

Mit welchem (welchen) der folgenden SQL-Befehle kann diese Tabelle angelegt werden?

a)
```
CREATE TABLE STUDENT
  (VORNAME        CHAR(30),
  NAME            CHAR(30),
  PLZ             NUMERIC(4),
  STUDR           CHAR(2),
  ABSCHN          NUMERIC(1)
  );
```

b) CREATE TABLE
```
(VORNAME         CHAR(30),
NAME             CHAR(30),
PLZ              NUMERIC(4),
STUDR            CHAR(2)
);
```

c) CREATE TABLE STUDENT
```
(VORNAME         CHAR(10-30),
NAME             CHAR(10-30),
PLZ              NUMERIC(0-4),
STUDR            CHAR(0-2),
ABSCHN           NUMERIC(0-1)
);
```

d) CREATE TABLE Studentendatenverwaltung
```
(VORNAME         CHAR(10-30),
NACHNAME         CHAR(10-30),
POSTLEITZAHL     NUMERIC(4-4),
STUDIENRICHTG.   CHAR(0-2),
ABSCHNITT        NUMERIC(1-1)
);
```

e) CREATE TABLE STUDENT
```
(ROW1            VORNAME(CHAR),
ROW2             NAME(CHAR),
ROW3             PLZ(NUMERIC),
ROW4             STUDR(CHAR),
ROW5             ABSCHN(NUMERIC)
);
```

Klausuraufgabe Nr. 9-33:   (3 Punkte)

Die grafische Benutzeroberfläche Windows von Microsoft bietet die standardisierte Datenaustauschfunktion DDE.

Welche der folgenden Aussagen über DDE sind (ist) richtig?

a) DDE ist die englische Abkürzung für "dynamic data exchange". Es handelt sich dabei um ein Kommunikationsprotokoll für den automatischen Datenaustausch zwischen Anwendungen über eine Zwischenablage.

b) Mit DDE lassen sich auch Daten zwischen Applikationen verschiedener Hersteller austauschen, wobei Datenverbindungen zwischen den Anwendungsprogrammen einmalig, dauernd oder intermittierend stattfinden können.

c) Damit ist es zum Beispiel möglich, Grafiken, z.B. aus CorelDraw, in Textverarbeitungen, z.B. AmiPro, zu übertragen.

d) Bei dauernden DDE-Verbindungen werden in diesem Beispiel c) Änderungen an Grafiken automatisch in die Textverarbeitung übertragen.

e) Über DDE können unter Windows ein Client- und ein Server-Programm Daten austauschen.

Klausuraufgabe Nr. 9-34: (3 Punkte)

In letzter Zeit werden immer wieder dramatische Berichte über heimtückische Computerviren verfaßt.

Stellen Sie fest, welche der folgenden Aussagen im Zusammenhang mit Computerviren zutreffend sind.

a) Computerviren befallen ausschließlich PC-Programme.

b) Der Data-Crime-Virus ist darauf spezialisiert, sich in Textverarbeitungsdokumente einzunisten.

c) Programme und Betriebssystemteile, die von Viren befallen sind, können unter Umständen mit "Virenbekämpfungsprogrammen" erfolgreich "behandelt" werden.

d) Die Übertragung von Computerviren erfolgt oft über Spielprogramme.

e) Die effizienteste Art und Weise, Viren weltweit zu verbreiten, stellt zweifellos das Einspielen von virenverseuchten Programmen in frei zugängliche, internationale Computernetzwerke dar.

Klausuraufgabe Nr. 9-35: (2 Punkte)

Was ist ein von-Neumann-Rechner?

a) Ein von dem Wiener Wirtschaftsinformatiker Gustaf A. Neumann entwickelter Rechner der 5. Generation.

b) Universalrechner, dessen klassische sequentielle Architektur den Prinzipien entspricht, die 1946 von dem gebürtigen Ungarn John von Neumann vorgeschlagen worden sind.

c) Massiv paralleler Rechner mit einer von Alfred E. Neumann gestalteten grafischen Benutzeroberfläche (MAD).

d) Virtuelle Maschine eines Benutzers im IBM-Großrechnerbetriebssystem VM/ESA.

e) Rechnertyp, dem die meisten heute in der Praxis eingesetzten EDVA entsprechen.

Klausurarbeit Nr. 10

Klausuraufgabe Nr. 10-1: (3 Punkte)

Welche der folgenden Aussagen zur Datenfernübertragung sind (ist) korrekt?

a) Ein Modem dient zur Umsetzung der digitalen Signale der Datenendeinrichtung in die analogen Signale des Übertragungsmediums (Telefonleitung, Breitbandweg) und umgekehrt.

b) Gegenbetrieb ist nur bei serieller Übertragung im Asynchronverfahren möglich.

c) Wechselbetrieb ist dann gegeben, wenn die Datenübertragungseinrichtung und Datenendeinrichtung in einer Datenstation immer nur abwechselnd aktiv sind.

d) Beim Gegenbetrieb sind die Datenübertragungseinrichtung und die Datenendeinrichtung in einer Datenstation abwechselnd aktiv.

e) Beim Synchronbetrieb besteht zwischen Sender und Empfänger ein ständiger Gleichlauf. Die Taktinformation wird im allgemeinen von der Datenübertragungseinrichtung geliefert.

Klausuraufgabe Nr. 10-2: (3 Punkte)

Sie sollen in einem Unternehmen ein Datenschutzkonzept erstellen. Die Unternehmensführung legt neben der Berücksichtigung der durch das Datenschutzgesetz normierten rechnergestützten Verarbeitung personenbezogener Daten besonderen Wert auf die Einbeziehung sonstiger, für das Unternehmen wichtiger, schutzwürdiger Daten. Welche der folgenden Tätigkeiten werden Sie erledigen müssen?

a) Analyse der Finanzbuchhaltungsprogramme auf Übereinstimmung mit den steuerlichen Vorschriften.

b) Analyse der Rechenzentrumsorganisation hinsichtlich Zugangs- und Abgangskontrolle sowie der Lagerung von Datenträgern.

c) Kontrolle der verwendeten Datenfernübertragungsleitungen hinsichtlich der Abhörsicherheit und Untersuchung möglicher Verschlüsselungsmethoden.

d) Erstellen eines Planes für die (hierarchische) Gestaltung von Benutzerberechtigungen.

e) Erhebung der Anforderungen an ein Jobsteuerungssystem.

Klausuraufgabe Nr. 10-3: (4 Punkte)

Mittels eines Tabellenkalkulationsprogramms ist für eine gegebene Produktionsmenge (PM) von 1 – 15 Verpackungsmaschinen das Betriebsergebnis zu berechnen und der Break-Even-Point (BEP = Gewinnschwelle) festzustellen. Das Betriebsergebnis wird durch Subtraktion der Gesamtkosten (GK) vom Gesamterlös (GE) ermittelt. Die Gesamtkosten (GK) bestehen aus einem Fixkostenanteil (FK = 350 000) und variablen Kosten (VK = 50 000) pro produzierter Anlage. Der Gesamterlös wird durch Multiplikation der Produktionsmenge (PM) mit dem erzielbaren Erlös pro produzierter Anlage (E = 95 000) errechnet.

$$GE = E * PM$$
$$GK = FK + (VK * PM)$$
$$BE = GE - GK$$

Sie sehen in der untenstehenden Abbildung ein Berechnungsschema, in dem für 1 - 15 Verpackungsmaschinen Gesamtkosten, -erlös und Betriebsergebnis (BE) gegenübergestellt werden.

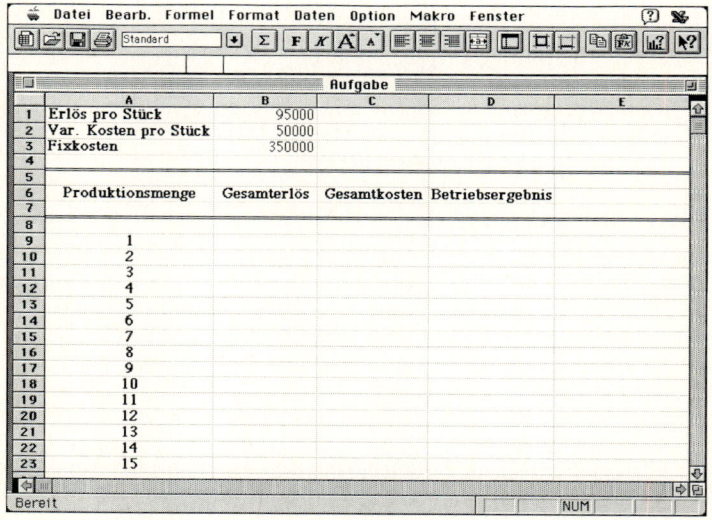

Für eine Stückzahl von 10 Verpackungsmaschinen wurden in Zeile 18 unterschiedliche Werte berechnet. Welche(s) Ergebnis(se) sind (ist) richtig?

	Gesamterlös	Gesamtkosten	Betriebsergebnis
a)	855 000,–	850 000,–	5 000,–
b)	950 000,–	500 000,–	450 000,–
c)	950 000,–	850 000,–	100 000,–
d)	950 000,–	350 000,–	600 000,–
e)	950 000,–	850 000,–	1 800 000,–

Klausuraufgabe Nr. 10-4:   (2 Punkte)

Eine der gebräuchlichsten problemorientierten Programmiersprachen für betriebliche Anwendungen ist COBOL. Worin liegen die Vorteile von COBOL?
- **a)** In der Standardisierung und damit der Portabilität der Programme.
- **b)** Im Bereich numerischer Algorithmen.
- **c)** In der guten Lesbarkeit der Programme.
- **d)** Im geringen Schreibaufwand bei der Programmentwicklung.
- **e)** In der Behandlung großer Datenmengen.

Klausuraufgabe Nr. 10-5:   (2 Punkte)

Bei der Sprecherverifikation im Rahmen einer rechnergestützten Sprachverarbeitung wird
- **a)** aufgrund von Sprachproben bei einem kooperativen Sprecher eine Berechtigungsprüfung durchgeführt.
- **b)** die Stimme einer anonymen Person aufgrund des charakteristischen Klangbildes identifiziert.
- **c)** festgestellt, was der Sprecher gesprochen hat.
- **d)** eine gesprochene Nachricht zur Übermittlung an Dritte in einem Rechner abgespeichert.
- **e)** die menschliche Lautsprache über ein Mikrophon erfaßt und einer Analog-Digital-Wandlung unterzogen.

Klausuraufgabe Nr. 10-6:   (4 Punkte)

Welche der folgenden Aussagen über die Vermittlungsverfahren bei der Datenübertragung sind (ist) richtig?
- **a)** Bei Durchschaltevermittlung erfolgt die Wegewahl (Routing) durch Modems, die virtuelle Verbindungen mittels Adreß- und Steuerangaben in den gesendeten Oktetts aufbauen.
- **b)** Über einen Telefonanschluß kann ein Bildschirmtext-Hostrechner jeweils nur mit einem einzigen Btx-Teilnehmer kommunizieren. Ist die Verbindung belegt, so erhalten andere Btx-Teilnehmer, die diesen Anschluß anwählen, ein Besetzt-Zeichen.
- **c)** Große Anwenderdatennetze (wie z.B. das DATEV-Netz) können nur mit Leitungsvermittlung arbeiten, weil alle angeschlossenen Stationen stets mit derselben Übertragungsgeschwindigkeit operieren müssen.
- **d)** Der TELEFAX-Dienst bedient sich sowohl der Leitungsvermittlung als auch der Paketvermittlung. Bei dem Einzelversand von Fernkopien wird eine exklusive physikalische Verbindung reserviert (= Leitungsvermittlung), bei Sammelsendungen an mehrere Teilnehmer wird hingegen mit Paketvermittlung gearbeitet.
- **e)** Im ISDN werden derzeit für das Telefonieren leitungsvermittelte Verbindungen und für die Daten- und Bildkommunikation paketvermittelte Verbindungen verwendet. Ab Mitte der 90er Jahre soll auch die

Sprachkommunikation auf die schnellere Paketvermittlung umgestellt werden.

Klausuraufgabe Nr. 10-7: (3 Punkte)

Welche Aussagen über das ISDN sind (ist) richtig?

a) Das ISDN ist ein universelles leitungsvermitteltes digitales Fernmelde-netz, in welches Daten- und Textübertragungsdienste integriert und hinsichtlich Zugang und Kommunikationsabwicklung vereinheitlicht werden.

b) Um die Zusatzdienste von ISDN (wie z.B. Anrufweiterschaltung, auto-matischer Rückruf, ...) anbieten zu können, ist eine durchgehende di-gitale Signalübertragung von Teilnehmer zu Teilnehmer erforderlich.

c) Bisherige Fernmeldedienste (wie z.B. Bildschirmtext) werden durch die Übertragung mit ISDN wesentlich beschleunigt.

d) An einen ISDN-Basisanschluß mit zwei 64-kbit/s-Nutzkanälen können entweder multifunktionale Terminals oder herkömmliche "Einzeldienst-geräte" angeschlossen werden, nicht aber beide Versionen gleichzei-tig.

e) Der ISDN-Basisanschluß wird deswegen "universelle Telekommuni-kationssteckdose" genannt, weil man darüber neben Telefongesprächen auch Fernseh- und Hörfunkprogramme empfangen kann.

Klausuraufgabe Nr. 10-8: (3 Punkte)

Welche der folgenden Datenschutzrechte haben Sie als Student, wenn Ih-nen von einem Universitätsinstitut der Nachweis einer negativen Lei-stungsbeurteilung über eine Prüfung zugeschickt wird, obwohl Sie nie an dieser Prüfung teilgenommen haben?

a) Auskunftsrecht nur über jene Daten, die das Universitätsinstitut in Zu-sammenhang mit dieser Prüfung falsch gespeichert hat.

b) Auskunftsrecht darüber, woher bzw. auf welche Weise das Univer-sitätsinstitut zu den falschen Daten gelangt ist.

c) Auskunftsrecht über sämtliche Daten, die das Universitätsinstitut über Sie gespeichert hat.

d) Recht auf Löschung sämtlicher Daten, die das Universitätsinstitut über Sie gespeichert hat.

e) Recht auf Schadensersatz, da Sie den Vorfall einem Freund erzählt ha-ben und nun glauben, daß Ihr Image als vorzüglicher Student für im-mer zerstört ist.

Klausuraufgabe Nr. 10-9: (4 Punkte)

Welche(s) der folgenden Kolonnenpaare zur Klassifikation der Maschinen-instruktionen sind (ist) richtig?

a) Allgemeiner Befehl SET PROGRAM MASK
 Arithmetische Operation ADD HALFWORD
 Logische Operation OR REGISTER
 Verzweigungsoperation BRANCH ON COUNT
 Statusoperation MOVE CHARACTER

b) Allgemeiner Befehl MOVE CHARACTER
 Arithmetische Operation ADD HALFWORD
 Logische Operation OR REGISTER
 Verzweigungsoperation BRANCH ON COUNT
 Statusoperation SET PROGRAM MASK

c) Allgemeiner Befehl OR REGISTER
 Arithmetische Operation ADD HALFWORD
 Logische Operation BRANCH ON COUNT
 Verzweigungsoperation MOVE CHARACTER
 Statusoperation SET PROGRAM MASK

d) Allgemeiner Befehl MOVE CHARACTER
 Arithmetische Operation ADD HALFWORD
 Logische Operation BRANCH ON COUNT
 Verzweigungsoperation OR REGISTER
 Statusoperation SET PROGRAM MASK

e) Allgemeiner Befehl MOVE CHARACTER
 Arithmetische Operation BRANCH ON COUNT
 Logische Operation OR REGISTER
 Verzweigungsoperation ADD HALFWORD
 Statusoperation SET PROGRAM MASK

Klausuraufgabe Nr. 10-10: (2 Punkte)

Die Kassenterminals aller Filialen einer Sparkasse sind ständig mit dem Zentralrechner der Hauptanstalt verbunden, auf dem das benutzte Buchungsprogramm läuft. Je nach Geschäftsfall (Abhebung, Einzahlung, Überweisung oder Abfrage des Kontostandes) gibt der Schalterbedienstete einen Transaktionscode und die dazugehörigen Daten ein.

Um welche Betriebsart(en) handelt es sich dabei?
a) Teilhaberbetrieb **d)** Stapelverarbeitung
b) Teilnehmerbetrieb **e)** Lokale Datenverarbeitung
c) Prozeßverarbeitung

Klausuraufgabe Nr. 10-11: (4 Punkte)

Der leistungsstärkste Mikroprozessor der Intel-80X86Familie, der 1993 von Intel eingeführte Mikroprozessor Pentium, verfügt über 3,1 Millionen Transistoren und leistet nach Herstellerangaben bei 66 MHz Taktrate

112 Mips. Der interne und der externe Datenbus sind jeweils 64 Bits breit.

Welche der folgenden Aussagen über diesen Mikroprozessor sind (ist) richtig?

a) Der Pentium kann durchschnittlich ca. 1,7 Prozessorbefehle pro Taktzyklus verarbeiten.

b) Wenn der Pentium als leistungsstärkstes Mitglied der 80X86-Familie bezeichnet wird, so bedeutet das, daß alle Programme, die auf leistungsschwächeren Mikroprozessoren dieser Familie (u.a. 80286, 80386, 80486 in diversen Varianten) laufen, auch auf dem Pentium zum Ablauf gebracht werden können.

c) Mit einem Arbeitsspeicherzugriff können acht Bytes in die Register des Zentralprozessors geschrieben werden.

d) Zwischen Leitwerk und Rechenwerk können in einem Taktzyklus 64 Bits Daten bzw. Befehle übertragen werden.

e) Der Befehlszähler des Leitwerks muß dementsprechend eine Kapazität von acht Bytes aufweisen. Ebenso muß das Befehlsregister, in dem der jeweils gerade ausgeführte Befehl steht, diese Länge von acht Bytes aufweisen.

Klausuraufgabe Nr. 10-12: (1 Punkt)

Welche der nachfolgend genannten Funktionen von Textverarbeitungsprogrammen dienen zur Textformatierung?
a) Zoom-Funktion zur Vergrößerung von Textausschnitten
b) Suchen und Ersetzen von einzelnen Worten in einem Text
c) Doppeltes Unterstreichen
d) Suche nach Dokumenten(namen) auf der Platte
e) Silbentrennung

Klausuraufgabe Nr. 10-13: (3 Punkte)

Welche der nachfolgenden Aussagen über das PC-Betriebssystem IBM OS/2 ab Version 2.0 sind (ist) richtig?
a) Dieses Betriebssystem ist in Computershops erhältlich oder wird vom Hersteller auf Wunsch direkt zugesandt und kann vom PC-Benutzer selbst installiert werden.

b) Echtes Multitasking beschleunigt die Arbeit, indem es den gleichzeitigen Betrieb von OS/2-, Windows-, MS-DOS-Programmen und Druckern ermöglicht.

c) Man kann wahlweise mit einer objektorientierten oder zeichenorientierten Benutzerschnittstelle arbeiten.

d) Von IBM wird die folgende Mindestkonfiguration für den Einsatz dieses Betriebssystems empfohlen: Intel 80386SX mit 20 MHz, 6 MB RAM und 60 MB Magnetplatte.

e) Der IBM-Verkaufspreis beträgt öS 20 454,- inkl. 20 % Mehrwertsteuer

(1993 in Österreich). Hierfür erwirbt der Kunde ein unbeschränktes Nutzungsrecht auf allen seinen Maschinen; nur hierfür und für Sicherungszwecke darf er beliebig viele Kopien der Software anfertigen.

Klausuraufgabe Nr. 10-14: (3 Punkte)

Welche der nachfolgenden Aussagen zum Client-Server-Konzept sind (ist) richtig?

a) Dem Endbenutzer kann es egal sein, auf welchem Rechner seine Anwendungen laufen bzw. wie diese verteilt sind, solange sich dadurch nicht die Antwortzeiten verschlechtern.

b) Client-Rechner müssen unbedingt multitaskingfähig sein. Deshalb kommt das Betriebssystem MS-DOS hierfür nicht in Betracht.

c) Müssen für umfangreiche Client-Server-Systeme mehrere Netze mit unterschiedlichen Protokollen durch Router verbunden werden, so verlangsamt dies den Datenfluß.

d) Durch die Umstellung auf Client-Server-Lösungen verringern sich die Probleme der Datensicherheit und der Betreuungsaufwand der Endbenutzer durch die zentrale EDV-Abteilung.

e) Als ideale "Einstiegsanwendung" für den Übergang auf Client-Server-Architekturen gilt die Textverarbeitung, weil sich bei dieser die Benutzeroberfläche, die funktionale Ebene und die Datenhaltung sehr einfach voneinander trennen lassen.

Klausuraufgabe Nr. 10-15: (3 Punkte)

Welche der folgenden Aussagen über die grafische Datenverarbeitung sind (ist) in allen Teilen richtig?

a) Auch Mikrorechner können farbige Grafiken erzeugen. Diese sind beliebig oft reproduzierbar und auch veränderbar.

b) Zur rechnerinternen Darstellung läßt sich eine Grafik durch Datenelemente wie Punkt, Kante, Fläche, Kurve u.a. beschreiben, die entsprechend der Bilddatenstruktur miteinander in Beziehung gesetzt werden.

c) Die meisten integrierten Tabellenkalkulationspakete bieten die Möglichkeit einer grafischen Aufbereitung von Zahlenmaterial.

d) Eine rechnerinterne Darstellung dreidimensionaler Objekte ist derzeit noch nicht möglich.

e) Durch einen Plotter lassen sich grafische Darstellungen in einen Rechner eingeben.

Klausuraufgabe Nr. 10-16: (2 Punkte)

Ein neuer Drucker wird vom Hersteller in einer Werbeanzeige wie folgt beschrieben:

"Intelligenz steckt im Kopf – bei dem ML 590/591 steckt sie im Druckkopf. Mit der Intelligent Print Head Technology stellt sich der Druckkopf automatisch auf den optimalen Abstand zum jeweiligen Papier ein. Dabei messen hochsensible Sensoren die "Flugzeit" der Nadeln und tasten so indirekt die Papierstärke ab. Die Vorteile: maximale Geschwindigkeit von 360 Zeichen/Sekunde, dauerhaft hohe Druckqualität und lange Lebensdauer. Sinnvolle Extras sorgen für eine flexible Papierverarbeitung - von Etiketten über Briefumschläge und Serienbriefe bis zu Formularen bis DIN A4 (ML 590) bzw. DIN A3 (ML 591) und Mehrfachsätzen mit drei Durchschlägen bedruckt der ML 590/591 fast alles. Und das auf Wunsch in Farbe."

Um welches Gerät handelt es sich?

a) Matrixdrucker
b) Thermodrucker
c) Laserdruckerr
d) Nadeldrucker
e) Typenbanddrucker

Klausuraufgabe Nr. 10-17: (3 Punkte)

Welche der folgenden Aussagen über Datenfernverarbeitung sind (ist) korrekt?

a) X.25 ist die Netzzugangsschnittstelle zu DATEX-P.
b) Synchrone Übertragungsverfahren ermöglichen grundsätzlich eine höhere Übertragungsleistung als asynchrone, weil die Start- und Stoppbits entfallen.
c) Die Definition, mit welchen Spannungswerten 0 und 1 am Kabel zu signalisieren sind, gehört in die Sicherungsschicht des ISO-OSI-Referenzmodells.
d) TCP/IP ist ein besonders im Großrechnerbereich stark verbreitetes Netzwerkprotokoll, das im Aufbau am ISO-OSI-Modell orientiert ist.
e) Das Anwendungssystem des ISO-OSI-Modells umfaßt folgende drei Schichten: Kommunikationssteuerungsschicht, Datendarstellungsschicht und Anwendungsschicht.

Klausuraufgabe Nr. 10-18: (4 Punkte)

Der Begriff des Schlüssels hat vor allem bei der Speicherung von Daten entscheidende Bedeutung. Welche der folgenden Aussagen sind (ist) richtig?

a) Bei der Erstellung eines konzeptionellen Schemas für ein Datenbanksystem bleibt es dem "Modellierer" überlassen, welche Attribute als Schlüssel festgelegt werden. Mit Hilfe einer Datendefinitionssprache können dann diese Schlüssel für eine Datenbank festgelegt werden.
b) Der Primärschlüssel einer Tabelle kann aus einer Kombination von Attributen zusammengesetzt sein. Die Wertebereiche dieser Attribute können verschieden groß sein; es können auch numerische und alphanumerische Attribute zu einem Schlüssel zusammengesetzt werden.
c) Oft genügt der Primärschlüssel nicht, um einen bestimmten Datensatz eindeutig zu kennzeichnen. In diesen Fällen muß ein Sekundärschlüssel angegeben werden, der sich logisch aus dem Primärschlüssel und

der Hash-Tabelle ergibt.

d) Bei einer indexsequentiellen Dateiorganisation werden neben allen Schlüsseln auch die Adressen der zugehörigen Datensätze angeführt. Die Schlüssel werden sowohl im eigentlichen Datensatz als auch in der Indexdatei gespeichert.

e) Bei einer indizierten Dateiorganisation kann auf einen Schlüssel verzichtet werden. In diesem Fall spricht man von einem unsortierten Index. Erst durch Hinzufügen eines Schlüssels ist es möglich, die indizierte Datei zu sortieren.

Klausuraufgabe Nr. 10-19: (3 Punkte)

Welche der folgenden Aussagen über Glasfaserkabel sind (ist) richtig?

a) In Glasfaserkabeln erfolgt die Informationsübertragung durch dünne Glasfasern mittels extrem kurzen Laserlichtimpulsen.

b) Bei der Übertragung treten keinerlei Verluste auf; Netze, die auf Lichtwellenleitern basieren, sind daher beliebig ausdehnbar.

c) Die Herstellung einer Verbindung zwischen Glasfaserkabeln ist sehr einfach und kann im Gegensatz zu Verbindungen von herkömmlichen Koaxialkabeln auch von Laien durchgeführt werden.

d) Glasfaserkabel sind zwar teurer als Koaxialkabel, dafür aber leichter verlegbar, weil sie wesentlich dünner und biegsamer sind.

e) Mit modernen Monomodefasern werden heute Übertragungsgeschwindigkeiten von ca. 100 - 600 Mbit/s realisiert.

Klausuraufgabe Nr. 10-20: (2 Punkte)

Welche der folgenden Funktionen sind für Softwarepakete zur Unterstützung des Workgroup Computing (Groupware) typisch?

a) Verwaltung persönlicher Termine und zeitliche Koordination von Teamarbeit (Zeitmanagement).

b) Leistungsvermögensanalyse lose gekoppelter Multiprozessorsysteme (Benchmarking).

c) Elektronische Post (mit Erweiterungen für das Workflow-Management).

d) Gemeinsames Editieren eines Dokuments von verschiedenen Orten aus (Verteilte Editoren).

e) Zentrale Verwaltung verteilter Datenbestände (Texte und formatierte Daten).

Klausuraufgabe Nr. 10-21: (3 Punkte)

Wie lautet das richtige Ergebnis, wenn Sie die Dualzahlen 101101 und 111010 multiplizieren?

a) 100110110010
d) 101100110010
b) 100101010010
e) 101100110110
c) 101000110010

Klausuraufgabe Nr. 10-22:   **(4 Punkte)**

COM-Anlagen stellen verschiedentlich eine Konkurrenz für Drucker dar. Im folgenden soll eine solche COM-Anlage mit einem Höchstleistungsseitendrucker (Laserdrucker) verglichen werden. Es sollen DIN-A4-Seiten mit 70 Zeichen pro Zeile und 55 Zeilen pro Seite verarbeitet werden.

COM-System:
Ausgabegeschwindigkeit: 20 000 Zeichen pro Sekunde, 307 Seiten pro Mikrofiche, Format DIN-A6. Ein Mikrofiche ist 0,15 mm dick. Um ein Fiche zu kopieren, benötigt man 10 Sekunden.

Seitendrucker:
Ausgabegeschwindigkeit: 10 000 Seiten pro Stunde, Format DIN-A4. Eine Papierseite ist 0,08 mm dick.

Welche der folgenden Aussagen sind (ist) unter diesen Bedingungen richtig?

a) Für den Ausdruck von 5 000 Seiten benötigt der Seitendrucker etwa 30 Minuten. Die COM-Anlage braucht mit etwa 16 Minuten wesentlich weniger Zeit.

b) Um 5 000 Seiten 20 mal auszudrucken, benötigt man mit dem Seitendrucker unter den oben genannten Bedingungen etwa 10 Stunden. Wenn man diese 5 000 Seiten einmal mit der COM-Anlage ausdruckt und dann 20 mal kopiert, benötigt man etwa 2 1/2 Stunden.

c) Um 66 000 Zeilen von der COM-Anlage auszudrucken, benötigt man drei Mikrofiches.

d) Ein Ausdruck von 66 000 Zeilen bringt einen Papierstapel von ca. 9,6 cm Höhe (Blätter werden nur einseitig beschrieben). Wird die gleiche Seitenanzahl über die COM-Anlage verarbeitet, ergibt sich ein Mikrofichestapel von ca. 0,6 mm Höhe.

e) Ein Vorteil der COM-Anlage ist der 16-Farben-Druck ohne Geschwindigkeitsverlust. Hochleistungslaserdrucker können hingegen in einem Arbeitsgang maximal vier Farben drucken.

Klausuraufgabe Nr. 10-23:   **(2 Punkte)**

Welche der folgenden Aussagen über die Benutzeroberflächen von Programmen sind (ist) richtig?

a) Benutzeroberflächen von alphanumerischen Datensichtstationen sind stets zeichenorientiert. Sie sind vor allem noch an Arbeitsplätzen zu finden, an denen ältere Anwendungen bzw. weniger komplexe und repetive Vorgänge wie etwa Datenerfassung und Datenauskunft abgewickelt werden.

b) Bei zeichenorientierten Benutzeroberflächen wird Ergonomie vor allem durch einen übersichtlich strukturierten Bildschirmaufbau mittels Masken erreicht. Für die Maskengestaltung gibt es keine Normen oder Standards.

c) Benutzeroberfächen von Großrechner-Terminals sind stets zeichenorientiert.

d) Benutzeroberflächen von UNIX-Minirechner-Terminals sind stets grafikorientiert.

e) Benutzeroberflächen von PCs sind stets grafikorientiert.

Klausuraufgabe Nr. 10-24: (3 Punkte)

Welche Aussagen über Betriebssysteme für Arbeitsplatzrechner sind (ist) richtig?

a) 32-Bit-Betriebssysteme für Arbeitsplatzrechner sind MS-DOS, MS-Windows/NT, IBM OS/2, Apple Mac-OS und UNIX.

b) UNIX bietet: Preemptives Multitasking, Multithreading, symmetrische Mehrprozessorsystemunterstützung (in einigen Versionen), Mehrbenutzerbetrieb, Portabilität (Lauffähigkeit auf verschiedenen Prozessorfamilien).

c) OS/2 bietet ab Version 2.0: Preemptives Multitasking, Multithreading, symmetrische Mehrprozessorsystemunterstützung, Einbenutzerbetrieb, Portabilität (Lauffähigkeit auf verschiedenen Prozessorfamilien).

d) MS-DOS bietet: Einprogrammbetrieb, Einbenutzerbetrieb, Portabilität (Lauffähigkeit auf verschiedenen Prozessorfamilien).

e) MS-Windows/NT bietet: Preemptives Multitasking, Multithreading, symmetrische Mehrprozessorsystemunterstützung, Mehrbenutzerbetrieb, Portabilität (Lauffähigkeit auf verschiedenen Prozessorfamilien).

Klausuraufgabe Nr. 10-25: (2 Punkte)

In einem CHIP-Artikel wird eine Programmiersprache wie folgt beschrieben:

"Diese Sprache ist ursprünglich, aufbauend auf dem ALGOL-Konzept, als Hilfsmittel zur Entwicklung eines komplexen Betriebssystems (UNIX) entstanden. Zu diesem Zweck wurde die Sprache zusätzlich mit Eigenschaften ausgestattet, die mächtige Werkzeuge in der Hand des Programmierers darstellen und es ihm erlauben, tief in die Mechanismen maschineninterner Prozesse einzugreifen. ... Auf der anderen Seite erlaubt diese Programmiersprache sehr knappe Formulierungen und ist in ihren formalen Ansprüchen nicht sehr streng. Daher verlangt sie vom Programmierer viel Disziplin."

Um welche Sprache handelt es sich?

a) Assembler

b) ADA

c) C

d) MODULA-2

e) SMALLTALK

Klausuraufgabe Nr. 10-26: (3 Punkte)

Welche der folgenden Aussagen über die Programmiersprachen ADA und MODULA-2 sind (ist) richtig?

a) ADA und MODULA-2 gehören zur Klasse der problemorientierten höheren Programmiersprachen (3GL).

b) Sie unterscheiden sich von älteren Vertretern dieser Sprachklasse (z.B. FORTRAN, COBOL oder PL/1) vor allem in ihrer Ausrichtung zur Unterstützung moderner softwaretechnischer Prinzipien.

c) Beide Sprachen basieren auf dem Modulkonzept und gestatten eine getrennte Übersetzung von Modulen. Für die meisten Rechner stehen Compiler für beide Sprachen zur Verfügung.

d) Beide Sprachen gestatten die Formulierung paralleler Prozesse, weisen jedoch im Hinblick auf die objektorientierte Programmierung Schwächen auf.

e) MODULA-2 ist einfacher und weist einen geringeren Sprachumfang auf als ADA. MODULA-2 ist daher schneller erlernbar und eignet sich besser für die Implementierung auf Personal-Computern als ADA.

Klausuraufgabe Nr. 10-27: (3 Punkte)

Ethernet ist der am weitesten verbreitete LAN-Standard. Welche der folgenden Aussagen über ein Ethernet sind (ist) richtig?

a) Ethernet ist relativ kostengünstig und bietet eine hohe Betriebssicherheit.

b) Ethernet verwendet einen passiven Basisbandbus, der eine Übertragungsgeschwindigkeit von 100 Mbit/s ermöglicht.

c) Das Ethernet-Zugangsprotokoll ist CSMA/CD.

d) Aufgrund des verwendeten Tokenverfahrens besitzt Ethernet ein deterministisches Antwortzeitverhalten.

e) Ursprünglich verwendete Ethernet nur Koaxialkabel als Übertragungsmedium. Neben dem sehr dicken "Yellow Cable" können inzwischen aber auch dünnere und biegsamere Kabeltypen, sowie verdrillte Kupferleitungen und Glasfaserkabel zum Einsatz kommen.

Klausuraufgabe Nr. 10-28: (2 Punkte)

Nachstehend sind zwei Kolonnen wiedergegeben, wobei die erste Kolonne Speichermedien, die zweite Eigenschaften enthält. Welche der folgenden Zeilen enthalten eine richtige Zuordnung?

a) Magnetband .... sequentieller Zugriff

b) Magnetplatte .... nur einmal verwendbar

c) Optische Speicherplatte .... weitgehend verschleißfrei

d) Diskette .... gutes Transportmedium

e) Halbleiterplatte .... Archivierungsmedium

Klausuraufgabe Nr. 10-29: (2 Punkte)

In Produktbeschreibungen findet man bei den Kenndaten auch immer eine Zahl für die Auflösung des Plotters.

Worüber gibt diese Zahl Auskunft?

a) Die Auflösung besagt, wieviele Punkte pro Flächeneinheit auf das Papier gebracht werden können.

b) Die Auflösung gibt die Lebensdauer der einzelnen Zeichenstifte des Plotters an.

c) Die Auflösung stellt die kleinste mögliche Bewegung des Zeichenstiftes dar.

d) Die Auflösung ist eine Kennzahl für die Lebensdauer des Schrittmotors.

e) Die Auflösung gibt an, wie stark das Papier bei elektrografischen Plottern auf die Spannung im Schreibkopf reagiert.

Klausuraufgabe Nr. 10-30: (4 Punkte)

Für ein Absatzinformationssystem eines Unternehmens, das verschiedene Arten von Waschmitteln herstellt, ist eine Tabelle PRODUKT mit den Attributen Produktnummer (PNR), Produktbezeichnung (BEZ), Preis pro Produkt (PREIS) und gelagerte Menge pro Produkt (MENGE) angelegt worden. Derzeit ist diese Tabelle nur mit vier Tupeln gefüllt:

PRODUKT	PNR	BEZ	PREIS	MENGE
	1201	Superpower	50	500
	1202	Superstrahler	60	100
	1203	Supermax	70	200
	1204	Superweiss	44	300

Vom Sachbearbeiter wird nun folgender SQL-Befehl eingegeben:

```
SELECT BEZ, PREIS
FROM PRODUKT
WHERE PREIS > 44 AND MENGE < 300
ORDER BY PREIS;
```

Welche der folgenden Tabellen sind (ist) das richtige Ergebnis dieser SQL-Abfrage?

a)

PNR	MENGE
1201	500
1202	100

b)

BEZ	PREIS
Superstrahler	60
Supermax	70

c)

PNR	PREIS
1202	60
1203	70

d)

BEZ	MENGE
Superpower	500
Superweiss	300

e)

PNR	BEZ
1202	Superstrahler
1203	Supermax

Klausuraufgabe Nr. 10-31: (3 Punkte)

Welche der folgenden Aussagen über Minirechnerbetriebssysteme sind
(ist) richtig?

a) Zu den weltweit verbreitetsten Minirechnerbetriebssystemen zählen
das proprietäre OS/400 für AS/400-Rechner von IBM und das proprietäre VMS für VAX-Rechner von DEC.

b) Tendenziell setzen sich auf dem Markt jedoch zunehmend UNIX-
Betriebssysteme gegenüber den früher dominierenden proprietären
Minirechnerbetriebssystemen durch. Zum Beispiel forciert DEC in
jüngster Zeit (notgedrungen?) stark das Standard-UNIX der Open
Software Foundation, OSF/1, anstelle von VMS. Die erfolgreichen
AS/400-Systeme mit dem proprietären OS/400 von IBM sind diesbe-
züglich (noch?) eine Ausnahme.

c) UNIX-Varianten laufen auch auf Großrechnern und Arbeitsplatzrechnern; die auf dieser Basis entwickelten Anwendungsprogram-

me (vorwiegend in C geschrieben) sind dadurch relativ leicht übertragbar.

d) UNIX-Dienstprogramme sind als Public-Domain-Software über das Internet in großer Zahl erhältlich.

e) Eine große Zukunft für Mehrplatzsysteme wird Windows/NT vorausgesagt, weil dieses MInirechner-Betriebssystem von Microsoft auf vielen verschiedenen CISC- und RISC-Plattformen lauffähig ist.

Klausuraufgabe Nr. 10-32: (1 Punkt)

Was ist ein neuronales Netz?
a) Methode der Künstlichen Intelligenz
b) Navigationshilfe in Datenbanksystemen
c) Software, mit der menschliche Denktechniken simuliert werden
d) Schädliche Strahlung bei CRT-Bildschirmen
e) Topologie eines lokalen Datenübertragungssystems (LAN)

Klausuraufgabe Nr. 10-33: (2 Punkte)

Was ist ein Expertensystem?
a) Kontextsensitive Hilfe in Endbenutzerwerkzeugen
b) Informationssystem zur Ausbildung von Fachleuten
c) Software, die intelligentes Verhalten nachbildet
d) Informationssystem, das eine Wissensbasis, eine Problemlösungskomponente und eventuell auch eine Erklärungs- und Wissenserwerbskomponente enthält
e) Groupware zur Unterstützung der Zusammenarbeit von Spezialisten

Klausuraufgabe Nr. 10-34: (3 Punkte)

Die Studentin Julia Emsig will sich zu ihrem 80486-PC einen Drucker kaufen, der mindestens 200 Zeichen pro Sekunde druckt, eine Auflösung von mindestens 300 x 300 dpi bietet und der nicht mehr als 1000 DM kostet.

Welche(r) der nachfolgend angeführten Drucker kommen (kommt) in Frage?
a) Kettendrucker   d) Thermodrucker
b) 24-Nadel-Drucker   e) Tischlaserdrucker
c) Tintenstrahldrucker

Klausuraufgabe Nr. 10-35: (5 Punkte)

Gegeben ist die folgende mit SQL angelegte Prüfungsnotendatei:
(Dateiname = "NOTEN")

Feldinhalt	Feldname	Feldlänge
Matrikelnummer	MATNR	7
Lehrveranstaltungsnummer	LVNR	6
Prüfer	PRUEFER	30
Prüfungsdatum	DATUM	8
Antritt	ANTRITT	1
Note	NOTE	1

Durch eine SQL-Abfrage sollen alle Studenten gefunden werden, die irgendeine Prüfung beim dritten Antritt nicht bestanden haben (d.h., die Note ist 5). Die Liste soll die Matrikelnummer, die Lehrveranstaltungsnummer, den Prüfer und das Prüfungsdatum enthalten. Die Datensätze sollen nach der Lehrveranstaltungsnummer sortiert werden.

Mit welchem oder welchen der folgenden SQL-Befehle kann diese Problemstellung gelöst werden?

a) SELECT MATNR; LVNR; PRUEFER; DATUM
WHERE ANTRITT = 3 AND NOTE = 5
ORDER BY LVNR;

b) SELECT MATNR, LVNR, PRUEFER, DATUM
FROM NOTEN
WHERE ANTRITT = 3 AND NOTE = 5
ORDER BY NOTE;

c) FROM NOTEN
WHERE ANTRITT = 3 AND NOTE = 5
ORDER BY LVNR;

d) SELECT MATNR, LVNR, PRUEFER, DATUM
FROM NOTEN
WHERE ANTRITT = 3 AND NOTE = 5
ORDER BY LVNR;

e) SELECT MATNR, LVNR, PRUEFER, DATUM
FROM NOTEN
WHERE ANTRITT = 3 AND NOTE = 5;

Lösungen zu den Klausurarbeiten

Nr. 1 bis 10

Lösungen zu Klausurarbeit Nr. 1

Nr. 1-1 Richtig: **a)**, **b)**, **e)**
Literaturhinweis:
Abschnitte 1.2.3.2,
2.2.2.2, 2.3.1.1

Nr. 1-2 Richtig: **a)**, **b)**
Literaturhinweis:
Abschnitte 1.2.1, 2.3.1,
2.3.1.2, 2.3.3, 2.4

Nr. 1-3 Richtig: **a)**, **c)**, **d)**
Literaturhinweis:
Abschnitt 1.2.1

Nr. 1-4 Richtig: **b)**, **c)**
Literaturhinweis:
Abschnitte 1.2.2, 2.3.1.1,
2.3.1.3

Nr. 1-5 Richtig: **c)**
Literaturhinweis:
Abschnitt 2.1.2.2

Nr. 1-6 Richtig: **b)**, **c)**
Literaturhinweis:
Abschnitte 1.2.2, 2.3.3

Nr. 1-7 Richtig: **a)**, **b)**, **c)**, **d)**
Literaturhinweis:
Abschnitt 2.3.2.4

Nr. 1-8 Richtig: **a)**, **b)**, **d)**
Literaturhinweis:
Abschnitte 2.3.2.6, 2.3.3

Nr. 1-9 Richtig: **a)**, **b)**, **d)**
Literaturhinweis:
Abschnitt 2.1.3.2

Nr. 1-10 Richtig: **d)**
Literaturhinweis:
Abschnitte 2.4.2.1,
2.4.2.2, 2.4.5

Nr. 1-11 Richtig: **a)**, **b)**, **c)**, **d)**
Literaturhinweis:
Abschnitte 2.4.2, 2.4.5

Nr. 1-12 Richtig: **c)**
Literaturhinweis:
Abschnitt 1.2.3.1

Nr. 1-13 Richtig: **a)**, **b)**, **c)**, **d)**, **e)**
Literaturhinweis:
Abschnitt 2.3.3

Nr. 1-14 Richtig: **e)**
Literaturhinweis:
Abschnitte 2.2, 2.2.2.3,
2.2.2.4, 2.2.3.2, 2.2.4.2

Nr. 1-15 Richtig: **c)**, **d)**
Literaturhinweis:
Abschnitte 1.2.2, 1.2.3.3,
2.1.3.4

Nr. 1-16 Richtig: **a)**, **b)**, **c)**
Literaturhinweis:
Abschnitt 2.2.5

Nr. 1-17 Richtig: **a)**, **b)**, **d)**, **e)**
Literaturhinweis:
Abschnitt 1.2.3.2

Nr. 1-18 Richtig: **a)**, **b)**, **c)**, **e)**
Literaturhinweis:
Abschnitte 1.2.3.2, 2.3.1.1

Nr. 1-19 Richtig: **a)**, **d)**, **e)**
Literaturhinweis:
Abschnitt 1.3.1

Nr. 1-20 Richtig: **c)**
Literaturhinweis:
Abschnitte 2.4., 2.4.1.4,
2.4.2.2

Nr. 1-21 Richtig: **c)**, **d)**, **e)**
Literaturhinweis:
Abschnitt 2.4.5

Nr. 1-22 Richtig: **b)**, **d)**
Literaturhinweis:
Abschnitte 1.2.2, 2.2.2.1,
2.2.2.2, 2.2.2.3, 2.2.3.2

Nr. 1-23 Richtig: **b)**, **e)**
Literaturhinweis:
Abschnitte 2.3.2.7, 2.3.3

Nr. 1-24 Richtig: **a)**, **b)**, **c)**, **e)**
Literaturhinweis:
Abschnitt 2.2.2.3

Nr. 1-25 Richtig: **a)**
Literaturhinweis:
Abschnitt 2.3.2.4

Nr. 1-26 Richtig: **a)**, **b)**, **c)**, **e)**
Literaturhinweis:
Abschnitte 1.2.3.2, 2.3.3

Nr. 1-27 Richtig: **a)**, **b)**, **c)**, **d)**, **e)**
Literaturhinweis:
Abschnitte 1.1.1, 1.1.2

Nr. 1-28 Richtig: **a)**, **b)**, **d)**
Literaturhinweis:
Abschnitt 2.4.2.1

Nr. 1-29 Richtig: **a)**, **c)**, **d)**
Literaturhinweis:
Abschnitte 1.1.3, 2.2.1.2

Nr. 1-30 Richtig: **c)**
Literaturhinweis:
Abschnitte 2.1.1, 2.1.2.2,
2.1.3.1

Nr. 1-31 Richtig: **a)**, **c)**, **e)**
Literaturhinweis:
Abschnitt 2.2.1.2

Nr. 1-32 Richtig: **a)**
Literaturhinweis:
Abschnitt 2.1.3.2

Nr. 1-33 Richtig: **b)**, **c)**
Literaturhinweis:
Abschnitte 1.2.2, 2.3.1.3

Nr. 1-34 Richtig: **b)**, **d)**
Literaturhinweis:
Abschnitte 2.4.2.2,
2.4.3.3, 2.4.5

Nr. 1-35 Richtig: **b)**, **c)**, **e)**
Literaturhinweis:
Abschnitt 2.1.2.1

Nr. 1-36 Richtig: **a)**, **b)**, **c)**, **d)**, **e)**
Literaturhinweis:
Abschnitt 2.4.1.5

Lösungen zu Klausurarbeit Nr. 2

Nr. 2-1 Richtig: **a)**, **b)**, **c)**
Literaturhinweis:
Abschnitte 1.1.2, 1.2.1

Nr. 2-2 Richtig: **a)**, **b)**, **c)**, **d)**, **e)**
Literaturhinweis:
Abschnitte 1.1.3, 2.2.1.2

Nr. 2-3 Richtig: **a)**, **d)**
Literaturhinweis:
Abschnitte 2.2.5, 2.3.2.1,
2.3.2.2

Nr. 2-4 Richtig: **c)**, **d)**, **e)**
Literaturhinweis:
Abschnitte 1.2.2, 1.2.3.2,
1.2.3.3, 2.3.1.3, 2.3.3

Nr. 2-5 Richtig: **d)**
Literaturhinweis:
Abschnitte 1.2.2, 1.2.3.2

Nr. 2-6 Richtig: **a)**, **b)**, **c)**, **e)**
Literaturhinweis:
Abschnitte 2.3.2.6, 2.3.3

Nr. 2-7 Richtig: **c)**, **d)**
Literaturhinweis:
Abschnitte 2.3.2.7, 2.3.3

Nr. 2-8 Richtig: **a)**, **c)**, **e)**
Literaturhinweis:
Abschnitt 2.1.2.2

Nr. 2-9 Richtig: **e)**
Literaturhinweis:
Abschnitt 2.3.1

Nr. 2-10 Richtig: **a)**, **c)**, **d)**
Literaturhinweis:
Abschnitte 1.1.1, 1.2.3.2,
2.4.2.1

Nr. 2-11 Richtig: **a)**, **b)**, **c)**, **d)**
Literaturhinweis:
Abschnitte 2.3.3, 2.4.2,
2.4.5

Nr. 2-12 Richtig: **a)**, **b)**
Literaturhinweis:
Abschnitte 2.2.2.3,
2.2.2.4, 2.2.3.2, 2.2.4

Nr. 2-13 Richtig: **a)**, **c)**, **d)**, **e)**
Literaturhinweis:
Abschnitte 2.2.2.2,
2.2.2.4, 2.2.5

Nr. 2-14 Richtig: **b)**
Literaturhinweis:
Abschnitte 2.2.2.2,
2.2.2.3, 2.2.2.4, 2.2.3.2,
2.2.4.2

Nr. 2-15 Richtig: **c)**, **e)**
Literaturhinweis:
Abschnitte 2.4.2.2,
2.4.3.3, 2.4.3.1

Nr. 2-16 Richtig: **b)**, **d)**
Literaturhinweis:
Abschnitt 2.4.2.1

Nr. 2-17 Richtig: **a)**
Literaturhinweis:
Abschnitt 2.1.3.2

Nr. 2-18 Richtig: **a), b), c)**
Literaturhinweis:
Abschnitt 2.5.2

Nr. 2-19 Richtig: **a), b), c), d)**
Literaturhinweis:
Abschnitte 2.3.1.3, 2.3.3

Nr. 2-20 Richtig: **a), c), d), e)**
Literaturhinweis:
Abschnitt 1.1.1

Nr. 2-21 Richtig: **a), b), c), d), e)**
Literaturhinweis:
Abschnitt 2.3.2.4

Nr. 2-22 Richtig: **b), d), e)**
Literaturhinweis:
Abschnitt 1.2.2

Nr. 2-23 Richtig: **b), d)**
Literaturhinweis:
Abschnitt 2.2.2.3

Nr. 2-24 Richtig: **a), c), d)**
Literaturhinweis:
Abschnitt 1.2.2

Nr. 2-25 Richtig: **a), b), d), e)**
Literaturhinweis:
Abschnitt 2.4.5

Nr. 2-26 Richtig: **a), b), c), d), e)**
Literaturhinweis:
Abschnitt 2.3.1.1

Nr. 2-27 Richtig: **a)**
Literaturhinweis:
Abschnitt 1.2.1

Nr. 2-28 Richtig: **b), c), d), e)**
Literaturhinweis:
Abschnitt 2.3.3

Nr. 2-29 Richtig: **c)**
Literaturhinweis:
Abschnitt 2.1.3.1

Nr. 2-30 Richtig: **c), d), e)**
Literaturhinweis:
Abschnitte 1.3.3, 1.2.3.1,
1.2.3.3, 2.3.1.1

Nr. 2-31 Richtig: **b), c)**
Literaturhinweis:
Abschnitte 2.2.1.3,
2.2.2.1, 2.2.2.3, 2.2.2.4,
2.2.4.1

Nr. 2-32 Richtig: **c)**
Literaturhinweis:
Abschnitt 2.2.2.4

Nr. 2-33 Richtig: **a), b), c)**
Literaturhinweis:
Abschnitte 2.2.2.3, 2.2.2.4

Nr. 2-34 Richtig: **d)**
Literaturhinweis:
Abschnitte 2.1.2.2,
2.1.3.1, 2.1.3.2

Nr. 2-35 Richtig: **a), b), c), d), e)**
Literaturhinweis:
Abschnitt 2.3.2.6

Nr. 2-36 Richtig: **a), c)**
Literaturhinweis:
Abschnitte 2.1.3.2,
2.4.1.2, 2.4.1.3, 2.4.1.5,
2.4.1.7, 2.4.2.2

Lösungen zu Klausurarbeit Nr. 3

Nr. 3-1 Richtig: **a)**, **b)**
Literaturhinweis:
Abschnitt 2.1.1

Nr. 3-2 Richtig: **c)**, **e)**
Literaturhinweis:
Abschnitt 2.1.3.3

Nr. 3-3 Richtig: **a)**, **b)**, **c)**, **d)**, **e)**
Literaturhinweis:
Abschnitt 2.2.1.2

Nr. 3-4 Richtig: **c)**
Literaturhinweis:
Abschnitt 2.2.2.2

Nr. 3-5 Richtig: **a)**
Literaturhinweis:
Abschnitt 2.2.2.3

Nr. 3-6 Richtig: **a)**, **b)**, **c)**, **d)**, **e)**
Literaturhinweis:
Abschnitte 2.2.4.2, 2.2.5

Nr. 3-7 Richtig: **a)**, **b)**, **c)**, **d)**, **e)**
Literaturhinweis:
Abschnitte 2.3.1, 2.2.2,
2.2.5

Nr. 3-8 Richtig: **a)**, **c)**
Literaturhinweis:
Abschnitt 1.2.2, 2.3.3

Nr. 3-9 Richtig: **c)**, **e)**
Literaturhinweis:
Abschnitt 2.3.2.4

Nr. 3-10 Richtig: **b)**
Literaturhinweis:
Abschnitt 2.3.2.6

Nr. 3-11 Richtig: **a)**, **c)**, **d)**
Literaturhinweis:
Abschnitt 2.1.3.3

Nr. 3-12 Richtig: **c)**, **e)**
Literaturhinweis:
Abschnitt 2.4.2.1

Nr. 3-13 Richtig: **b)**, **c)**, **d)**, **e)**
Literaturhinweis:
Abschnitte 2.4.3.2, 2.4.5

Nr. 3-14 Richtig: **a)**, **c)**, **d)**, **e)**
Literaturhinweis:
Abschnitte 1.2.3.3, 2.3.3

Nr. 3-15 Richtig: **a)**, **b)**, **d)**, **e)**
Literaturhinweis:
Abschnitte 1.3.3, 2.3.3

Nr. 3-16 Richtig: **c)**
Literaturhinweis:
Abschnitt 2.3.2.5

Nr. 3-17 Richtig: **a)**, **c)**, **d)**, **e)**
Literaturhinweis:
Abschnitte 2.4.3.3, 2.4.4

Nr. 3-18 Richtig: **c)**
Literaturhinweis:
Abschnitt 2.5.1.1

Nr. 3-19 Richtig: **a)**, **b)**
Literaturhinweis:
Abschnitt 2.4.1

Nr. 3-20 Richtig: **c)**, **d)**
Literaturhinweis:
Abschnitte 2.4.1, 2.4.2,
2.4.3.2, 2.4.4

Nr. 3-21 Richtig: **a)**, **b)**, **c)**
Literaturhinweis:
Abschnitte 2.3.2.6, 2.3.3

Nr. 3-22 Richtig: **b)**, **c)**, **e)**
Literaturhinweis:
Abschnitte 2.4.3.3

Nr. 3-23 Richtig: **a)**, **b)**, **d)**, **e)**
Literaturhinweis:
Abschnitte 2.5.1, 2.5.2

Nr. 3-24 Richtig: **a)**, **b)**, **c)**, **d)**, **e)**
Literaturhinweis:
Abschnitte 2.1.2.2, 2.3.2.7

Nr. 3-25 Richtig: **b)**, **c)**
Literaturhinweis:
Abschnitt 2.4.5

Nr. 3-26 Richtig: **a)**, **b)**, **c)**, **d)**, **e)**
Literaturhinweis:
Abschnitt 2.1.2.2

Nr. 3-27 Richtig: **a)**, **b)**, **c)**, **d)**
Literaturhinweis:
Abschnitt 2.2.3.2

Nr. 3-28 Richtig: **a)**, **b)**
Literaturhinweis:
Abschnitte 2.3.3, 1.2.3.3

Nr. 3-29 Richtig: **b)**, **c)**, **d)**, **e)**
Literaturhinweis:
Abschnitt 2.4.2.2

Nr. 3-30 Richtig: **b)**, **d)**
Literaturhinweis:
Abschnitte 2.4.3.1,
2.4.3.2, 2.4.4

Nr. 3-31 Richtig: **a)**, **c)**, **e)**
Literaturhinweis:
Abschnitte 1.2.3.3, 2.3.3

Nr. 3-32 Richtig: **c)**, **d)**, **e)**
Literaturhinweis:
Abschnitt 2.3.3

Nr. 3-33 Richtig: **a)**, **c)**, **d)**
Literaturhinweis:
Abschnitt 2.4.4

Nr. 3-34 Richtig: **c)**, **e)**
Literaturhinweis:
Abschnitte 2.4.1.3, 2.4.2.2

Nr. 3-35 Richtig: **c)**, **d)**
Literaturhinweis:
Abschnitt 2.4.1.7

Nr. 3-36 Richtig: **a)**, **b)**, **c)**, **e)**
Literaturhinweis:
Abschnitt 2.3.1

Lösungen zu Klausurarbeit Nr. 4

Nr. 4-1 Richtig: **a)**, **b)**, **e)**
Literaturhinweis:
Abschnitt 1.3.1

Nr. 4-2 Richtig: **c)**
Literaturhinweis:
Abschnitte 2.1.1, 2.1.2.2,
2.1.3.1

Nr. 4-3 Richtig: **c)**
Literaturhinweis:
Abschnitt 2.1.3.3

Nr. 4-4 Richtig: **a)**, **d)**
Literaturhinweis:
Abschnitt 2.1.2.1

Nr. 4-5 Richtig: **b)**, **c)**
Literaturhinweis:
Abschnitte 2.2.3.3, 2.2.5

Nr. 4-6 Richtig: **a)**, **c)**, **e)**
Literaturhinweis:
Abschnitte 2.2.1.2,
2.2.2.2, 2.2.3.1, 2.2.3.2,
2.2.4.1

Nr. 4-7 Richtig: **a)**, **d)**, **e)**
Literaturhinweis:
Abschnitte 2.4, 2.4.3.3,
2.4.5

Nr. 4-8 Richtig: **a)**
Literaturhinweis:
Abschnitte 2.1.2.2, 2.4.2.2

Nr. 4-9 Richtig: **e)**
Literaturhinweis:
Abschnitt 1.2.2

Nr. 4-10 Richtig: **e)**
Literaturhinweis:
Abschnitte 2.2.2.2,
2.2.2.4, 2.2.2.5, 2.2.3.2,
2.2.4.2, 2.2.4.3

Nr. 4-11 Richtig: **b)**, **e)**
Literaturhinweis:
Abschnitt 2.2

Nr. 4-12 Richtig: **a)**, **b)**
Literaturhinweis:
Abschnitte 2.2.4.2, 2.2.5

Nr. 4-13 Richtig: **a)**, **c)**
Literaturhinweis:
Abschnitte 1.2.2, 2.3.1.1

Nr. 4-14 Richtig: **a)**, **b)**
Literaturhinweis:
Abschnitte 2.3.2.2, 2.3.2.4

Nr. 4-15 Richtig: **a)**, **b)**
Literaturhinweis:
Abschnitt 2.3.2.4

Nr. 4-16 Richtig: **b)**
Literaturhinweis:
Abschnitte 2.3.1.1, 2.4.2.2

Nr. 4-17 Richtig: **a)**, **b)**, **d)**
Literaturhinweis:
Abschnitt 2.2.2.2

Nr. 4-18 Richtig: **a)**, **c)**, **e)**
Literaturhinweis:
Abschnitt 2.4.1.3

Nr. 4-19 Richtig: **b)**
Literaturhinweis:
Abschnitt 2.4.1.4

Nr. 4-20 Richtig: **c)**, **d)**, **e)**
Literaturhinweis:
Abschnitte 2.4.3.1,
2.4.3.2, 2.4.5

Nr. 4-21 Richtig: **a)**, **b)**, **d)**
Literaturhinweis:
Abschnitt 2.4.3.3

Nr. 4-22 Richtig: **c)**, **d)**, **e)**
Literaturhinweis:
Abschnitt 2.2.2.3

Nr. 4-23 Richtig: **a)**
Literaturhinweis:
Abschnitt 2.5.1.1

Nr. 4-24 Richtig: **b)**, **c)**, **d)**, **e)**
Literaturhinweis:
Abschnitte 2.3.2.7, 2.3.3

Nr. 4-25 Richtig: **a)**, **c)**, **e)**
Literaturhinweis:
Abschnitt 2.4.2

Nr. 4-26 Richtig: **a)**, **b)**, **c)**, **d)**, **e)**
Literaturhinweis:
Abschnitte 2.3.3, 2.4.5,
3.3.3.5, 3.3.4

Nr. 4-27 Richtig: **a)**, **d)**, **e)**
Literaturhinweis:
Abschnitte 1.2.2, 1.2.3.2,
1.2.3.3, 2.3.3

Nr. 4-28 Richtig: **b)**, **c)**, **d)**
Literaturhinweis:
Abschnitte 2.3.2.6, 2.3.3

Nr. 4-29 Richtig: **a)**, **b)**, **c)**, **e)**
Literaturhinweis:
Abschnitt 2.2.2.1

Nr. 4-30 Richtig: **c)**
Literaturhinweis:
Abschnitte 2.3.1, 2.3.3

Nr. 4-31 Richtig: **a)**, **d)**, **e)**
Literaturhinweis:
Abschnitt 2.4.3.3

Nr. 4-32 Richtig: **d)**, **e)**
Literaturhinweis:
Abschnitte 2.2.2.3,
2.2.2.4, 2.2.3.2, 2.2.4.2,
2.2.5

Nr. 4-33 Richtig: **b)**, **c)**, **d)**, **e)**
Literaturhinweis:
Abschnitte 1.2.2, 2.3.3

Nr. 4-34 Richtig: **b)**
Literaturhinweis:
Abschnitte 2.4.2, 2.4.4,
2.4.5

Nr. 4-35 Richtig: **a)**, **d)**, **e)**
Literaturhinweis:
Abschnitte 2.4.1.2, 2.4.1.3

Lösungen zu Klausurarbeit Nr. 5

Nr. 5-1 Richtig: **d)**, **e)**
Literaturhinweis:
Abschnitt 3.2.2.4

Nr. 5-2 Richtig: **b)**, **d)**
Literaturhinweis:
Abschnitt 3.2.1.1

Nr. 5-3 Richtig: **a)**, **b)**, **d)**, **e)**
Literaturhinweis:
Abschnitte 3.2.2.2.2,
3.2.2.2.3

Nr. 5-4 Richtig: **a)**, **b)**
Literaturhinweis:
Abschnitte 3.2.1,
3.2.2.2.1, 3.2.2.2.3

Nr. 5-5 Richtig: **a)**, **d)**
Literaturhinweis:
Abschnitt 3.2.2

Nr. 5-6 Richtig: **b)**
Literaturhinweis:
Abschnitte 3.2.2, 3.2.2.2.3

Nr. 5-7 Richtig: **a)**
Literaturhinweis:
Abschnitt 3.2.2.2

Nr. 5-8 Richtig: **a)**
Literaturhinweis:
Abschnitt 3.2.2.2.3

Nr. 5-9 Richtig: **a)**, **c)**, **d)**
Literaturhinweis:
Abschnitt 3.2.2

Nr. 5-10 Richtig: **e)**
Literaturhinweis:
Abschnitt 3.2.2.2.3

Nr. 5-11 Richtig: **b)**
Literaturhinweis:
Abschnitte 3.2.2.2, 3.2.1

Nr. 5-12 Richtig: **b)**, **c)**
Literaturhinweis:
Abschnitt 3.2.2.3.1

Nr. 5-13 Richtig: **a)**, **b)**
Literaturhinweis:
Abschnitt 3.2.2.2

Nr. 5-14 Richtig: **a)**, **d)**, **e)**
Literaturhinweis:
Abschnitt 3.2.2

Nr. 5-15 Richtig: **a)**, **c)**, **e)**
Literaturhinweis:
Abschnitte 3.2.2.2,
3.2.2.2.3

Nr. 5-16 Richtig: **e)**
Literaturhinweis:
Abschnitt 3.2.1.1

Nr. 5-17 Richtig: **d)**
Literaturhinweis:
Abschnitt 3.2.2.1

Nr. 5-18 Richtig: **a)**, **b)**, **c)**, **d)**, **e)**
Literaturhinweis:
Abschnitt 3.2.2.1

Nr. 5-19 Richtig: **a)**
Literaturhinweis:
Abschnitt 3.2.2.2

Nr. 5-20 Richtig: **b)**, **c)**, **d)**
Literaturhinweis:
Abschnitt 3.2.2.2

Nr. 5-21 Richtig: **c)**
Literaturhinweis:
Abschnitt 3.2.2.1

Nr. 5-22 Richtig: **b)**, **c)**
Literaturhinweis:
Abschnitte 3.2.2.1,
3.2.2.2, 3.2.2.3.1,
3.2.2.3.2

Nr. 5-23 Richtig: **d)**
Literaturhinweis:
Abschnitt 3.2.2.1

Nr. 5-24 Richtig: **a)**, **b)**, **c)**, **e)**
Literaturhinweis:
Abschnitte 3.2.1, 3.2.1.1

Nr. 5-25 Richtig: **b)**
Literaturhinweis:
Abschnitte 3.2.2.4,
3.2.2.2.3

Nr. 5-26 Richtig: **b)**
Literaturhinweis:
Abschnitte 3.2.2.4,
3.2.2.2.3

Nr. 5-27 Richtig: **a)**, **b)**
Literaturhinweis:
Abschnitt 3.2.1

Nr. 5-28 Richtig: **b)**, **d)**, **e)**
Literaturhinweis:
Abschnitt 3.2.2

Nr. 5-29 Richtig: **c)**, **d)**, **e)**
Literaturhinweis:
Abschnitt 3.2.2.2.3

Nr. 5-30 Richtig: **a)**
Literaturhinweis:
Abschnitt 3.2.1.1

Nr. 5-31 Richtig: **d)**
Literaturhinweis:
Abschnitte 3.2.2.2.3,
3.2.2.4

Nr. 5-32 Richtig: **a)**, **b)**
Literaturhinweis:
Abschnitt 3.2.2

Nr. 5-33 Richtig: **e)**
Literaturhinweis:
Abschnitte 3.2.2.2.3,
3.2.2.4

Nr. 5-34 Richtig: **a)**, **b)**, **c)**, **d)**, **e)**
Literaturhinweis:
Abschnitte 3.2.2.2,
3.2.2.2.3

Nr. 5-35 Richtig: **a)**, **b)**, **c)**, **d)**, **e)**
Literaturhinweis:
Abschnitt 3.2.2.2

Lösungen zu Klausurarbeit Nr. 6

Nr. 6-1 Richtig: **a)**
Literaturhinweis:
Abschnitt 3.2.1.1.2

Nr. 6-2 Richtig: **b)**, **d)**, **e)**
Literaturhinweis:
Abschnitt 3.1.3

Nr. 6-3 Richtig: **b)**, **c)**, **e)**
Literaturhinweis:
Abschnitt 3.1.3

Nr. 6-4 Richtig: **a)**, **c)**, **d)**, **e)**
Literaturhinweis:
Abschnitt 3.1.3

Nr. 6-5 Richtig: **b)**, **c)**
Literaturhinweis:
Abschnitt 3.1.3

Nr. 6-6 Richtig: **b)**, **c)**
Literaturhinweis:
Abschnitt 3.1.3.1

Nr. 6-7 Richtig: **a)**
Literaturhinweis:
Abschnitt 3.1.3

Nr. 6-8 Richtig: **a)**, **b)**, **d)**, **e)**
Literaturhinweis:
Abschnitt 3.1.4

Nr. 6-9 Richtig: **d)**
Literaturhinweis:
Abschnitt 3.2.1.1

Nr. 6-10 Richtig: **e)**
Literaturhinweis:
Abschnitt 3.2

Nr. 6-11 Richtig: **b)**, **c)**, **e)**
Literaturhinweis:
Abschnitt 3.2.1.1.1

Nr. 6-12 Richtig: **b)**, **d)**
Literaturhinweis:
Abschnitt 3.2.1

Nr. 6-13 Richtig: **e)**
Literaturhinweis:
Abschnitt 3.2.3

Nr. 6-14 Richtig: **b)**
Literaturhinweis:
Abschnitte 3.2.2.2.3,
3.2.2.4

Nr. 6-15 Richtig: **a)**, **d)**
Literaturhinweis:
Abschnitte 3.2.2.2.3,
3.2.2.4

Nr. 6-16 Richtig: **c)**
Literaturhinweis:
Abschnitte 3.2.2.2.3,
3.2.2.4

Nr. 6-17 Richtig: **d)**
Literaturhinweis:
Abschnitte 3.2.2.2.3,
3.2.2.4

Nr. 6-18 Richtig: **a)**, **d)**
Literaturhinweis:
Abschnitte 3.2.2.2.3,
3.2.2.4

Nr. 6-19 Richtig: **b)**, **c)**, **d)**
Literaturhinweis:
Abschnitt 3.2.2.2

Nr. 6-20 Richtig: **b)**
Literaturhinweis:
Abschnitt 3.2.1.1.1

Nr. 6-21 Richtig: **c)**
Literaturhinweis:
Abschnitt 3.2.1.1.2

Nr. 6-22 Richtig: **d)**
Literaturhinweis:
Abschnitt 3.2.1

Nr. 6-23 Richtig: **a)**
Literaturhinweis:
Abschnitt 3.2.1.2

Nr. 6-24 Richtig: **d)**
Literaturhinweis:
Abschnitt 3.2.1.1.2

Nr. 6-25 Richtig: **d)**
Literaturhinweis:
Abschnitt 3.2.1.2

Nr. 6-26 Richtig: **c)**
Literaturhinweis:
Abschnitte 3.2.1, 3.2.2.2,
3.2.2.3.2

Nr. 6-27 Richtig: **a), c), d)**
Literaturhinweis:
Abschnitt 3.2.2.4

Nr. 6-28 Richtig: **c), e)**
Literaturhinweis:
Abschnitt 3.2.2.2.3

Nr. 6-29 Richtig: **b)**
Literaturhinweis:
Abschnitt 3.2.1

Nr. 6-30 Richtig: **a), b), d)**
Literaturhinweis:
Abschnitt 3.2.2.2.3

Nr. 6-31 Richtig: **a), c), d), e)**
Literaturhinweis:
Abschnitt 3.2.1

Nr. 6-32 Richtig: **a), b), c), e)**
Literaturhinweis:
Abschnitt 3.1.3

Nr. 6-33 Richtig: **a), b), c), d)**
Literaturhinweis:
Abschnitte 3.2.2, 3.2.2.5,
3.2.2.6

Nr. 6-34 Richtig: **a), b), c)**
Literaturhinweis:
Abschnitte 3.2, 3.2.2.2,
3.2.2.3, 3.2.2.4

Nr. 6-35 Richtig: **c), d), e)**
Literaturhinweis:
Abschnitt 3.2.1.2

Lösungen zu Klausurarbeit Nr. 7

Nr. 7-1 Richtig: **b), d), e)**
Literaturhinweis:
Abschnitte 3.3.1.6,
3.3.3.1.2, 3.3.3.2.2, 3.3.4,
4.1.3.2, 4.1.3.3, 4.1.3.4,
4.1.3.5

Nr. 7-2 Richtig: **c)**
Literaturhinweis:
Abschnitt 4.2.1

Nr. 7-3 Richtig: **a), e)**
Literaturhinweis:
Abschnitte 2.3.3, 2.4.5,
3.3.1.4, 3.3.3.5

Nr. 7-4 Richtig: **d), e)**
Literaturhinweis:
Abschnitte 1.1.1, 2.1.2.2,
4.1.2.1

Nr. 7-5 Richtig: **b), c), d), e)**
Literaturhinweis:
Abschnitte 2.4.2.1, 3.3.1.2

Nr. 7-6 Richtig: **a), b), c), d), e)**
Literaturhinweis:
Abschnitt 4.1.3.1

Nr. 7-7 Richtig: **b), c), d)**
Literaturhinweis:
Abschnitt 4.1.3.4

Nr. 7-8 Richtig: **c)**
Literaturhinweis:
Abschnitte 3.3.3.1.7,
4.1.3, 4.1.3.2, 4.1.3.3,
4.1.3.4

Nr. 7-9 Richtig: **a), b), d), e)**
Literaturhinweis:
Abschnitt 4.1.2.1

Nr. 7-10 Richtig: **a), b), d), e)**
Literaturhinweis:
Abschnitt 4.1.2.1

Nr. 7-11 Richtig: **c)**
Literaturhinweis:
Abschnitte 2.4.2.2,
4.1.2.5, 4.1.3.5, 4.1.4.2

Nr. 7-12 Richtig: **a), b), d), e)**
Literaturhinweis:
Abschnitte 2.4.3.2, 2.4.5,
3.3.3.5

Nr. 7-13 Richtig: **a), b), c), d)**
Literaturhinweis:
Abschnitte 2.4.3.3,
4.1.2.2, 4.4

Nr. 7-14 Richtig: **a), b), c), d)**
Literaturhinweis:
Abschnitte 3.3.3.5,
4.1.2.6, 4.4

Nr. 7-15 Richtig: **b), d)**
Literaturhinweis:
Abschnitt 4.1.3.3

Nr. 7-16 Richtig: **c), d), e)**
Literaturhinweis:
Abschnitt 4.1.3.4

Nr. 7-17 Richtig: **b)**
Literaturhinweis:
Abschnitte 2.1.2.2,
2.4.1.6, 2.4.2.2, 2.4.4,
4.1.2.1

Nr. 7-18 Richtig: **b), c), d), e)**
Literaturhinweis:
Abschnitt 4.1.3.4

Nr. 7-19 Richtig: **a), b), d)**
Literaturhinweis:
Abschnitt 4.1.3.4

Nr. 7-20 Richtig: **a), c), d), e)**
Literaturhinweis:
Abschnitt 4.1.3.2

Nr. 7-21 Richtig: **a), b), c), d), e)**
Literaturhinweis:
Abschnitt 4.1.3.5

Nr. 7-22 Richtig: **a), b), d)**
Literaturhinweis:
Abschnitte 3.3.1.2,
3.3.1.4, 3.3.1.6, 3.3.4

Nr. 7-23 Richtig: **c), e)**
Literaturhinweis:
Abschnitte 3.2.3, 3.3.1.7,
4.2.2

Nr. 7-24 Richtig: **a), d), e)**
Literaturhinweis:
Abschnitte 3.1.4, 3.3.3.5,
4.1.3.5

Nr. 7-25 Richtig: **a), b), c), d), e)**
Literaturhinweis:
Abschnitt 3.3.1.3

Nr. 7-26 Richtig: **a), b), c), d), e)**
Literaturhinweis:
Abschnitte 3.3.1.4, 4.1.3.1

Nr. 7-27 Richtig: **c)**
Literaturhinweis:
Abschnitte 3.3.1.3,
3.3.1.4, 3.3.3.3.1

Nr. 7-28 Richtig: **a), b), c), d)**
Literaturhinweis:
Abschnitt 3.3.3.5

Nr. 7-29 Richtig: **c), d), e)**
Literaturhinweis:
Abschnitte 3.3.1.3, 4.1.3.2

Nr. 7-30 Richtig: **a), b), c), d), e)**
Literaturhinweis:
Abschnitte 4.1.2.4, 4.4

Nr. 7-31 Richtig: **c)**
Literaturhinweis:
Abschnitt 3.3.1.6

Nr. 7-32 Richtig: **c)**
Literaturhinweis:
Abschnitte 2.4.2.1, 3.2.3,
3.3.1.2, 3.3.1.4

Nr. 7-33 Richtig: **c), e)**
Literaturhinweis:
Abschnitte 2.4.2.1,
3.3.1.2, 3.3.1.3

Nr. 7-34 Richtig: **a), b), c), d), e)**
Literaturhinweis:
Abschnitt 4.1.5

Nr. 7-35 Richtig: **a), b), d)**
Literaturhinweis:
Abschnitte 2.3.1.2,
3.2.2.6.2, 3.3.1.4, 4.1.2.1,
4.2.1, 4.2.2

Lösungen zu Klausurarbeit Nr. 8

Nr. 8-1 Richtig: **a)**, **c)**, **d)**
Literaturhinweis:
Abschnitte 3.3.3.1.4,
3.3.3.1.5, 4.1.3.4

Nr. 8-2 Richtig: **a)**, **c)**, **d)**
Literaturhinweis:
Abschnitte 3.3.1.4,
3.3.3.3.1, 3.3.3.5, 4.1.3.1

Nr. 8-3 Richtig: **c)**, **d)**, **e)**
Literaturhinweis:
Abschnitte 3.3 3.3.1,
3.3.3.3.3

Nr. 8-4 Richtig: **a)**, **d)**, **e)**
Literaturhinweis:
Abschnitt 3.3.3.3.3

Nr. 8-5 Richtig: **a)**, **b)**, **c)**
Literaturhinweis:
Abschnitt 3.3.1.5

Nr. 8-6 Richtig: **b)**, **c)**, **e)**
Literaturhinweis:
Abschnitt 3.3.1.5

Nr. 8-7 Richtig: **d)**
Literaturhinweis:
Abschnitte 2.3.3, 3.3.1.6

Nr. 8-8 Richtig: **b)**, **c)**, **e)**
Literaturhinweis:
Abschnitte 3.3.1.6,
3.3.3.3.3, 3.3.4

Nr. 8-9 Richtig: **a)**, **c)**, **e)**
Literaturhinweis:
Abschnitt 3.3.1.7

Nr. 8-10 Richtig: **a)**, **c)**, **e)**
Literaturhinweis:
Abschnitt 3.3.2

Nr. 8-11 Richtig: **a)**, **b)**, **c)**, **d)**, **e)**
Literaturhinweis:
Abschnitt 3.3.3.4

Nr. 8-12 Richtig: **a)**, **d)**
Literaturhinweis:
Abschnitt 3.1.4, 4.1.3.5

Nr. 8-13 Richtig: **d)**
Literaturhinweis:
Abschnitte 2.3.3, 3.2.2.1,
3.2.2.5.2, 4.1.5

Nr. 8-14 Richtig: **b)**, **e)**
Literaturhinweis:
Abschnitte 3.3.1, 3.3.1.5,
3.3.3.5, 3.3.4

Nr. 8-15 Richtig: **b)**, **e)**
Literaturhinweis:
Abschnitte 3.3.3.1.4,
3.3.3.1.5, 3.3.3.1.6, 3.3.4

Nr. 8-16 Richtig: **b)**, **c)**, **e)**
Literaturhinweis:
Abschnitte 3.3.3.2,
3.3.3.2.1

Nr. 8-17 Richtig: **a)**, **c)**, **e)**
Literaturhinweis:
Abschnitte 3.3.1.3,
3.3.1.5, 3.3.3.1.3,
3.3.3.1.4

Nr. 8-18 Richtig: **c)**
Literaturhinweis:
Abschnitt 3.3.1.6

Nr. 8-19 Richtig: **a)**, **c)**, **d)**
Literaturhinweis:
Abschnitte 2.2.2.3,
2.2.3.2, 3.3.1.6, 3.3.3.3.3,
4.1.3.3

Nr. 8-20 Richtig: **a)**, **c)**, **e)**
Literaturhinweis:
Abschnitte 3.3.2, 3.3.3.3.3

Nr. 8-21 Richtig: **a)**, **b)**, **e)**
Literaturhinweis:
Abschnitte 3.3.1.4,
3.3.1.5, 3.3.3.3.3, 3.3.3.5,
3.3.4

Nr. 8-22 Richtig: **a)**, **b)**, **e)**
Literaturhinweis:
Abschnitte 4.1.4.2, 4.1.4.4

Nr. 8-23 Richtig: **a)**, **b)**, **c)**, **d)**, **e)**
Literaturhinweis:
Abschnitte 4.1.2.6, 4.4

Nr. 8-24 Richtig: **a)**, **b)**, **c)**, **e)**
Literaturhinweis:
Abschnitt 4.1.3.3

Nr. 8-25 Richtig: **b)**, **c)**, **e)**
Literaturhinweis:
Abschnitte 4.1.2.4, 4.4

Nr. 8-26 Richtig: **c)**, **e)**
Literaturhinweis:
Abschnitt 4.1.2.1

Nr. 8-27 Richtig: **a)**
Literaturhinweis:
Abschnitt 4.1.2.1

Nr. 8-28 Richtig: **a)**, **b)**, **c)**, **d)**, **e)**
Literaturhinweis:
Abschnitte 2.4.5, 4

Nr. 8-29 Richtig: **a)**, **b)**, **c)**, **d)**
Literaturhinweis:
Abschnitt 4.1.4.2

Nr. 8-30 Richtig: **d)**
Literaturhinweis:
Abschnitte 3.3.3.1.4,
4.1.3, 4.1.3.4, 4.1.4.2, 4.4

Nr. 8-31 Richtig: **a)**, **b)**, **c)**, **e)**
Literaturhinweis:
Abschnitt 4.1.2.1

Nr. 8-32 Richtig: **b)**, **d)**, **e)**
Literaturhinweis:
Abschnitt 3.3.3.5

Nr. 8-33 Richtig: **a)**, **c)**, **d)**, **e)**
Literaturhinweis:
Abschnitt 4.1.3.4

Nr. 8-34 Richtig: **a)**, **b)**, **d)**, **e)**
Literaturhinweis:
Abschnitte 3.3.1.4,
4.1.3.1, 4.4

Nr. 8-35 Richtig: **a)**, **b)**, **c)**, **d)**, **e)**
Literaturhinweis:
Abschnitt 4.1.6

Lösungen zu Klausurarbeit Nr. 9

Nr. 9-1 Richtig: **a)**, **b)**, **c)**, **d)**, **e)**
Literaturhinweis:
Abschnitt 2.1.3.2

Nr. 9-2 Richtig: **d)**
Literaturhinweis:
Abschnitt 3.3.1.5

Nr. 9-3 Richtig: **a)**, **d)**, **e)**
Literaturhinweis:
Abschnitt 3.3.1.6

Nr. 9-4 Richtig: **e)**
Literaturhinweis:
Abschnitte 3.3.1.4,
3.3.3.1.7, 3.3.3.3.3,
3.3.3.5

Nr. 9-5 Richtig: **a)**, **b)**, **c)**
Literaturhinweis:
Abschnitt 2.4.4

Nr. 9-6 Richtig: **a)**, **c)**, **e)**
Literaturhinweis:
Abschnitte 3.1.1, 3.1.2

Nr. 9-7 Richtig: **a)**, **b)**, **c)**, **d)**, **e)**
Literaturhinweis:
Abschnitt 4.1.3.5

Nr. 9-8 Richtig: **c)**, **d)**
Literaturhinweis:
Abschnitte 2.2.1.3, 2.2.3.1

Nr. 9-9 Richtig: **b)**, **d)**
Literaturhinweis:
Abschnitt 2.1.3.3

Nr. 9-10 Richtig: **c)**, **d)**
Literaturhinweis:
Abschnitte 1.2.2, 2.2.1.2,
2.4.5, 3.3.3.1.4, 3.3.3.3.1

Nr. 9-11 Richtig: **e)**
Literaturhinweis:
Abschnitt 3.2.2.4

Nr. 9-12 Richtig: **a)**, **c)**
Literaturhinweis:
Abschnitte 2.2.2.1, 2.2.3.3

Nr. 9-13 Richtig: **b)**, **c)**, **d)**, **e)**
Literaturhinweis:
Abschnitte 2.4.1.4, 2.4.1.5

Nr. 9-14 Richtig: **e)**
Literaturhinweis:
Abschnitte 2.2.2.2,
2.2.2.3, 2.2.3.2, 2.2.5

Nr. 9-15 Richtig: **a)**, **b)**, **e)**
Literaturhinweis:
Abschnitt 2.3.2.4

Nr. 9-16 Richtig: **a)**, **b)**, **c)**, **d)**, **e)**
Literaturhinweis:
Abschnitt 2.2.5

Nr. 9-17 Richtig: **a)**, **d)**, **e)**
Literaturhinweis:
Abschnitt 3.3.3.1.7

Nr. 9-18 Richtig: **c)**
Literaturhinweis:
Abschnitt 2.1.3.3

Nr. 9-19 Richtig: **c)**, **d)**, **e)**
Literaturhinweis:
Abschnitte 2.4.5, 4.1.2.1,
4.4

Nr. 9-20 Richtig: **d)**, **e)**
Literaturhinweis:
Abschnitt 4.1.2.1

Nr. 9-21 Richtig: **e)**
Literaturhinweis:
Abschnitte 2.5.2, 3.3.3.5

Nr. 9-22 Richtig: **b)**
Literaturhinweis:
Abschnitt 2.1.3.3

Nr. 9-23 Richtig: **b)**
Literaturhinweis:
Abschnitt 2.3.3

Nr. 9-24 Richtig: **b)**
Literaturhinweis:
Abschnitte 3.3.1.2,
3.3.3.1.1, 3.3.3.1.3,
3.3.3.1.4, 3.3.3.2.1

Nr. 9-25 Richtig: **a)**, **c)**
Literaturhinweis:
Abschnitt 2.4.2, 2.4.2.1

Nr. 9-26 Richtig: **a)**, **b)**, **c)**
Literaturhinweis:
Abschnitte 3.3.3.1.4,
3.3.3.1.7

Nr. 9-27 Richtig: **c)**
Literaturhinweis:
Abschnitt 2.4.1.4

Nr. 9-28 Richtig: **a)**, **b)**, **d)**
Literaturhinweis:
Abschnitte 2.4.1.7, 2.4.5,
3.2.3

Nr. 9-29 Richtig: **a)**, **b)**, **d)**
Literaturhinweis:
Abschnitte 3.3.3.1.5, 3.3.4

Nr. 9-30 Richtig: **c)**
Literaturhinweis:
Abschnitt 3.3.4

Nr. 9-31 Richtig: **a)**, **b)**, **c)**, **d)**, **e)**
Literaturhinweis:
Abschnitt 3.1.4

Nr. 9-32 Richtig: **a)**
Literaturhinweis:
Abschnitt 3.2.2.4

Nr. 9-33 Richtig: **a)**, **b)**, **c)**, **d)**, **e)**
Literaturhinweis:
Abschnitte 4.1.2.4, 4.4

Nr. 9-34 Richtig: **c)**, **d)**, **e)**
Literaturhinweis:
Abschnitt 3.2.2.5.4

Nr. 9-35 Richtig: **b)**, **e)**
Literaturhinweis:
Abschnitte 2.3.1, 2.4.1.3,
2.4.5

Lösungen zu Klausurarbeit Nr. 10

Nr. 10-1 Richtig: **a)**, **e)**
Literaturhinweis:
Abschnitte 3.3.1.2, 3.3.1.3

Nr. 10-2 Richtig: **b)**, **c)**, **d)**
Literaturhinweis:
Abschnitt 3.2.2.6.2

Nr. 10-3 Richtig: **c)**
Literaturhinweis:
Abschnitt 2.4.3.3

Nr. 10-4 Richtig: **a)**, **c)**, **e)**
Literaturhinweis:
Abschnitt 2.4.1.3

Nr. 10-5 Richtig: **a)**, **e)**
Literaturhinweis:
Abschnitt 2.1.2.2

Nr. 10-6 Richtig: **b)**
Literaturhinweis:
Abschnitte 3.3.1.1,
3.3.1.3, 3.3.3.1.7,
4.1.3.3, 4.1.3.4

Nr. 10-7 Richtig: **a)**, **b)**, **c)**
Literaturhinweis:
Abschnitt 3.3.3.1.7

Nr. 10-8 Richtig: **b)**, **c)**
Literaturhinweis:
Abschnitt 3.2.2.6.1

Nr. 10-9 Richtig: **b)**
Literaturhinweis:
Abschnitte 2.1.3.4,
2.3.1.2

Nr. 10-10 Richtig: **a)**
Literaturhinweis:
Abschnitt 2.4.2.1

Nr. 10-11 Richtig: **a)**, **b)**, **c)**, **d)**
Literaturhinweis:
Abschnitte 1.2.3.2,
2.3.1.3

Nr. 10-12 Richtig: **c)**
Literaturhinweis:
Abschnitt 4.1.2.1

Nr. 10-13 Richtig: **a)**, **b)**, **c)**, **d)**
Literaturhinweis:
Abschnitt 2.4.5

Nr. 10-14 Richtig: **a)**, **c)**
Literaturhinweis:
Abschnitte 2.3.3, 2.4.5,
3.3.3.5

Nr. 10-15 Richtig: **a)**, **b)**, **c)**
Literaturhinweis:
Abschnitte 2.1.2.2,
2.3.2.8, 2.4.3.3

Nr. 10-16 Richtig: **a)**, **d)**
Literaturhinweis:
Abschnitt 2.3.2.7

Nr. 10-17 Richtig: **a)**, **b)**, **e)**
Literaturhinweis:
Abschnitte 3.3.1.3,
3.3.1.5

Nr. 10-18 Richtig: **a)**, **b)**, **d)**
Literaturhinweis:
Abschnitte 2.1.1, 3.2.1,
3.2.1.1, 3.2.1.2,
3.2.2.2.3, 3.2.2.3.3

Nr. 10-19 Richtig: **a)**, **d)**, **e)**
Literaturhinweis:
Abschnitt 3.3.1.6

Nr. 10-20 Richtig: **a)**, **c)**, **d)**, **e)**
Literaturhinweis:
Abschnitt 4.1.5

Nr. 10-21 Richtig: **c)**
Literaturhinweis:
Abschnitt 2.1.3.3

Nr. 10-22 Richtig: **a)**, **d)**
Literaturhinweis:
Abschnitte 2.2.3.1,
2.3.2.7

Nr. 10-23 Richtig: **a)**, **b)**
Literaturhinweis:
Abschnitt 2.4.4

Nr. 10-24 Richtig: **b)**
Literaturhinweis:
Abschnitt 2.4.5

Nr. 10-25 Richtig: **c)**
Literaturhinweis:
Abschnitt 2.4.1.3

Nr. 10-26 Richtig: **a)**, **b)**, **c)**, **d)**, **e)**
Literaturhinweis:
Abschnitt 2.4.1.3

Nr. 10-27 Richtig: **a)**, **c)**, **e)**
Literaturhinweis:
Abschnitt 3.3.3.3.3

Nr. 10-28 Richtig: **a)**, **c)**, **d)**
Literaturhinweis:
Abschnitte 2.2.2.2,
2.2.2.3, 2.2.2.4, 2.2.3.2,
2.2.4.3

Nr. 10-29 Richtig: **a)**, **c)**
Literaturhinweis:
Abschnitte 2.3.2.6,
2.3.2.8

Nr. 10-30 Richtig: **b)**
Literaturhinweis:
Abschnitt 3.2.2.4

Nr. 10-31 Richtig: **a)**, **b)**, **c)**, **d)**
Literaturhinweis:
Abschnitt 2.4.5

Nr. 10-32 Richtig: **a)**, **c)**
Literaturhinweis:
Abschnitt 2.4.5

Nr. 10-33 Richtig: **c)**, **d)**
Literaturhinweis:
Abschnitt 2.4.5

Nr. 10-34 Richtig: **b)**, **c)**
Literaturhinweis:
Abschnitt 2.3.2.7

Nr. 10-35 Richtig: **d)**
Literaturhinweis:
Abschnitt 3.2.2.4

UTB für Wissenschaft

Wirtschaftsinformatik I
Einführung in die betriebliche Datenverarbeitung

Von Prof. Dr. Hans Robert Hansen, Wien

6., neubearb. u. stark erw. Aufl. 1992. XX, 952 S., 408 Abb.,
kt. DM 29,80 (UTB 802, ISBN 3-8252-0802-8)

Auf die Stoffauswahl und -aufbereitung dieser erfolgreichen Einführung in die betriebliche Datenverarbeitung haben die derzeitigen bzw. absehbaren EDV-Anwenderprobleme starken Einfluß. Im Vordergrund stehen Werkzeuge und Methoden der »individuellen Datenverarbeitung« mit Mikrorechnern, die Kommunikation und Integration dezentraler und zentraler Systeme sowie sonstige Aufgaben des Informationsmanagements.

Für die 6. Auflage wurde als Beispiel-Rechner ein PC mit 80486-Prozessor verwendet. Aufgenommen wurden umfassende Ergänzungen zur Hardware. Zusätzliche Ausführungen zur Software beziehen sich u. a. auf objektorientierte Programmiersprachen, Standards für offene Systeme, Anwendungsarchitekturen, Endbenutzerwerkzeuge, Public-Domain-Software und Shareware sowie neuronale Netze. Die Kapitel »Datenerfassung, Datenspeicherung, Datenübertragung« wurden grundlegend aktualisiert bzw. ergänzt. Das Kapitel über Büroinformationssysteme wurde völlig neu geschrieben.

in Verbindung mit
Arbeitsbuch
Wirtschaftsinformatik I
EDV–Begriffe und Aufgaben

Von Prof. Dr. Hans Robert Hansen, Wien

(UTB 1281, ISBN 3-8252-1281-5)

Preisänderung vorbehalten

GUSTAV FISCHER

UTB für Wissenschaft

Grundwissen der Ökonomik BWL

Herausgegeben von Prof. Dr. F. X. Bea, Tübingen, Prof. Dr. E. Dichtl, Mannheim und Prof. Dr. M. Schweitzer, Tübingen

Ahlert
Distributionspolitik
2. A. DM 29,80 (UTB 1364)

Bea/Dichtl/Schweitzer
Allgemeine Betriebswirtschaftslehre
Band 1 • Grundfragen
6. A. DM 27,80 (UTB 1081)
Band 2 • Führung
5. A. DM 29,80 (UTB 1082)
Band 3 • Leistungsprozeß
5. A. DM 27,80 (UTB 1083)

Bloech/Lücke
Produktionswirtschaft
DM 26,80 (UTB 860)

Böcker
Marketing
4. A. DM 39,80 (UTB 919)

Brockhoff
Produktpolitik
3. A. DM 39,80 (UTB 1079)

Preisänderungen vorbehalten

Buchner
Rechnungslegung und Prüfung der Kapitalgesellschaft
2. A. DM 39,80 (UTB 1586)

Büschgen
Bankbetriebslehre
2. A. DM 36,80 (UTB 917)

Drukarczyk
Finanzierung
5. A. DM 29,80 (UTB 1229)

Göpfrich
Wirtschaftsinformatik II
Strukturierte Programmierung in COBOL
4. A. DM 22,80 (UTB 803)

in Verbindung mit:
Göpfrich
Arbeitsbuch Wirtschaftsinformatik II
3. A. DM 18,80 (UTB 1283)

GUSTAV **FISCHER**
SEMPER BONIS ARTIBUS

UTB für Wissenschaft

Grundwissen der Ökonomik BWL

Herausgegeben von Prof. Dr. F. X. Bea, Tübingen, Prof. Dr. E. Dichtl, Mannheim und Prof. Dr. M. Schweitzer, Tübingen

Hammann/Erichson
Marktforschung
2. A. DM 39,80 (UTB 805)

Heigl
**Controlling –
Interne Revision**
2. A. DM 29,80 (UTB 750)

Kuß
Käuferverhalten
DM 22,80 (UTB 1604)

Meyer
**Operations Research –
Systemforschung**
3. A. DM 24,80 (UTB 1231)

Perlitz
Internationales Management
DM 49,80 (UTB 1560)

Preisänderungen vorbehalten

Scherrer
Kostenrechnung
2. A. DM 44,80 (UTB 1160)

in Verbindung mit:
Scherrer
**Kostenrechnung –
Arbeitsbuch**
DM 25,80

Schmalen
Preispolitik
DM 22,80 (UTB 1123)

Schünemann
Wirtschaftsprivatrecht
2. A. DM 44,80 (UTB 1584)

Schweiger/Schrattenecker
Werbung
3. A. DM 29,80 (UTB 1370)

Wagner/Dirrigl
**Die Steuerplanung der
Unternehmung**
2. A. in Vorb. (UTB 863)

SEMPER BONIS ARTIBUS GUSTAV **FISCHER**

Für Ihre Notizen

Bestellkarte

Ich bestelle über die Buchhandlung: ....

...... Expl. Ahlert, Distributionspolitik,
2. A. DM 29,80 UTB 1364

...... Expl. Bea, Allgem. BWL Bd. **1,**
6. A. DM 27,80 UTB 1081

...... Expl. Bea, Allgem. BWL Bd. 2,
5. A. DM 29,80 UTB 1082

...... Expl. Bea, Allgem. BWL Bd. 3,
5. A. DM 27,80 DM 1083

...... Expl. Bloech, Produktionswirtschaft,
DM 26,80 UTB 860

...... Expl. Böcker, Marketing,
4. A. DM 39,80 UTB 919

...... Expl. Brockhoff, Produktpolitik,
3. A. DM 39,80 UTB 1079

...... Expl. Buchner, Rechnungslegung,
2. A. DM 39,80 UTB 1586

...... Expl. Büschgen, Bankbetriebslehre,
2. A. DM 36,80 UTB 917

...... Expl. Drukarczyk, Finanzierung,
6. A. DM 34,80 UTB 1229

...... Expl. Göpfrich, Wirtschaftsinformatik II, 4. A. DM 22,80 UTB 803

...... Expl. Göpfrich, Wirtschaftsinfo. II,
Arbb., 3. A. DM 18,80 UTB 1283

...... Expl. Hammann, Marktforschung,
2. A. DM 39,80 UTB 805

...... Expl. Hansen, Wirtschaftsinfo. I,
6. A. DM 29,80 UTB 802

...... Expl. Hansen, Wirtschaftsinfo. I,
Arbb., 4. A. etwa DM 22,80 UTB 1281

...... Expl. Heigl, Controlling,
2. A. DM 29,80 UTB 750

...... Expl. Kuß, Käuferverhalten,
DM 22,80 UTB 1604

...... Expl. Meyer, Operations Research,
3. A. DM 24,80 UTB 1231

...... Expl. Perlitz, Int. Management,
DM 49,80 UTB 1560

...... Expl. Scherrer, Kostenrechnung,
2. A. DM 44,80 UTB 1160

...... Expl. Scherrer, Kostenrechnung-
Arbb., DM 25,80

...... Expl. Schmalen, Preispolitik,
DM 22,80 UTB 1123

...... Expl. Schünemann, Wirtschaftsprivatrecht, 2. A. DM 44,80 UTB 1584

...... Expl. Schweiger, Werbung,
3. A. DM 29,80 UTB 1370

Datum ....

Unterschrift ....
Preisänderungen vorbehalten

Absender:
(Studenten bitte Heimatanschrift angeben)

Werbeantwort/Postkarte
An die Buchhandlung

☐ **Teilverzeichnis Datenverarbeitung/Statistik**
Wirtschafts- und Sozialwissenschaften
(kostenlos)

Falls keine Buchhandlung bekannt, bitte einsenden an:
UTB FÜR WISSENSCHAFT, Uni-Taschenbücher GmbH,
Postfach 80 11 24, D-70511 Stuttgart

Hansen, Wirtsch.Inf.I - Arbb., UTB 1281. VI. 93. 10,5. nn.
Printed in Germany. Preisänderungen vorbehalten.